HACHETTE UNIVERSITÉ
LANGUE FRANÇAISE
Collection dirigée par Bernard Quemada et François Rastier

GRAMMAIRE DE LA PHRASE FRANÇAISE

Pierre Le Goffic

Du même auteur

Les Constructions Fondamentales du Français (en collaboration avec Nicole McBRIDE), Hachette (Collection « Le Français dans le Monde » - BELC ; Avant-propos de Maurice Gross), 1975.

Points de vue sur l'Imparfait (présentés par Pierre LE GOFFIC), Presses Universitaires de l'Université de Caen, 1986.

Les Linguistiques Comtemporaines : repères théoriques (en collaboration avec Catherine FUCHS), Hachette (Collection « Langue, Langage et Communication »), 1992 (6ᵉ édition revue et augmentée par C. FUCHS).

© HACHETTE LIVRE, 1993, 79, boulevard Saint-Germain, F 75006 Paris.

ISBN 2-01-020383-6

SOMMAIRE

Une table détaillée figure au début de chaque chapitre.

AVANT-PROPOS

La phrase est le cadre naturel de la grammaire : cet ouvrage (qui poursuit l'entreprise inaugurée dans *Les Constructions Fondamentales du Français* , Hachette, 1975) vise à donner une présentation complète, cohérente et ouverte, des formes syntaxiques et des ressources de la phrase française.

Tous les types de phrase, simple et complexe, verbale et non verbale, sont analysés, avec de très nombreux exemples : non seulement *Paul donne un livre à Marie*, mais aussi *Ce film, moi, j'ai adoré !*, *Ça me plairait de manger vietnamien, pour changer !* ou *La douce chose que d'aimer !* Oral ou écrit, familier ou littéraire, le français est un; les exemples illustrent surtout la langue des échanges quotidiens, mais aussi le langage littéraire (notamment Proust) ou la presse.

La **cohérence** repose sur le plan de l'ouvrage – qui voudrait être efficace et simple, sans lacunes ni redites : la quadrature du cercle ! –, et sur la stabilité de la démarche, qui procède toujours des formes vers l'analyse et l'interprétation. A côté des fonctions, les phénomènes liés au déroulement de la phrase sont importants : la structure logico-grammaticale (sujet - prédicat) doit s'accommoder de la dynamique communicative de l'énonciation, qui parfois commande et organise la structure syntaxique elle-même.

L'exposé **ouvre sur les problèmes de l'interprétation** : les structures syntaxiques, tout comme le lexique, sont affectées par la polysémie (l'ambiguïté) et la synonymie (la paraphrase), l'une et l'autre réduites ou accentuées en contexte. L'ouvrage esquisse les virtualités des structures, et les mécanismes qui conduisent à une interprétation effective.

Ce livre se réclame à la fois de la tradition et de la modernité : la tradition est respectée par le recours aux grands cadres habituels de l'analyse en fonctions et catégories, et l'emploi d'un vocabulaire grammatical familier; mais on ne pouvait s'interdire d'y adjoindre quelques termes (concepts) linguistiques plus modernes, et de procéder à quelques aménagements terminologiques, limités et justifiés, propres à la présentation renouvelée de certains points (par exemple la subordination) et à l'extension du champ couvert.

Le contenu de cet ouvrage n'est pas formel au sens strict : son ambition est de rester lisible tout en se rapprochant des conditions nécessaires pour être formalisable.

La Bibliographie (qui, si elle n'avait été sommaire, eût été bien longue sans pouvoir être complète) indique les principales sources utilisées, théoriques et documentaires.

L'index, détaillé, permet au lecteur de chercher un point précis, ou de se construire un itinéraire grammatical propre : l'idéal est une structure modulaire, telle que chacun puisse en réorganiser les matériaux à son gré.

Ce livre s'adresse à tous ceux qui étudient ou qui enseignent le français, à tous les niveaux, ainsi qu'à tous ceux qui veulent mieux le comprendre, pour pouvoir mieux l'utiliser.

Remerciements :

J'ai bénéficié d'un semestre sabbatique accordé par l'Université de Caen, ainsi que du soutien intellectuel et matériel du Laboratoire ELSAP (Etude Linguistique de la Signification à travers l'Ambiguïté et la Paraphrase, URA 1234 du CNRS, Université de Caen; responsable : Catherine FUCHS).

Je remercie mes amis et collègues d'ELSAP, Nathalie FOURNIER, Claude GUIMIER, Anne LACHERET, Bernard VICTORRI, pour leurs avis, critiques et suggestions. Merci à Caroline pour son aide aimable et sa virtuosité mackintoshienne. Comment remercier Catherine, pour tout ?

Remarques de présentation

• L'astérisque (*) signale un énoncé irrecevable (incorrect) ou impossible.

• Les gloses entre " ", en caractères romains, sont des notations explicatives qui peuvent ne pas correspondre à des énoncés. Exemple : "(ce) que P [est]".

1

LA PHRASE : VUE D'ENSEMBLE

1. La phrase : définition de la phrase-type

La phrase est une séquence autonome dans laquelle un énonciateur (locuteur) met en relation deux termes, un **sujet** et un **prédicat**. La phrase typique, de référence, est la phrase assertive (conclusive) à l'indicatif. Ainsi, dans une phrase telle que :

Marie chante.

le locuteur (source de l'énonciation) affirme (asserte) à propos du sujet (*Marie*, sujet de l'énoncé) un certain prédicat (*chante*). Les deux termes sont représentés par des mots de la langue (ici, un nom propre et un verbe); l'acte de discours de l'énonciateur (ou plus exactement la **modalité de phrase** qu'il utilise; voir § 51) est indiqué par l'ordre des mots, certaines marques du verbe (ici, le présent du mode indicatif) et la prosodie (ici, une intonation descendante en fin de phrase) ou, à l'écrit, la ponctuation (ici, le point).

Le sujet, et surtout le prédicat, sont souvent des groupes complexes, étoffés par des compléments de types divers :

La célèbre cantatrice Marie Z... chante ce soir à l'Opéra dans le rôle de Dona Anna.

De plus, certains éléments syntaxiquement accessoires (tels que des "adverbes de phrase": *enfin*, ...) peuvent faire partie de la phrase sans appartenir en propre ni au sujet ni au prédicat. Mais, si longue et complexe que soit la phrase, elle repose toujours sur la mise en relation d'un sujet et d'un prédicat par un locuteur.

La phrase est le niveau supérieur de la syntaxe : c'est, dans son ordre, une totalité indépassable (elle ne peut être dépassée qu'à condition de changer de niveau, et de passer au niveau du texte). La phrase peut contenir d'autres phrases : une structure de phrase non autonome, intégrée dans une structure de phrase supérieure, est une sous-phrase (ou proposition subordonnée).

2. Phrase, énoncé, énonciation

Cette définition de la phrase doit être entendue comme la définition *a priori* de la phrase type : elle a le caractère d'une définition de principe (définition *a priori*, logique, axiomatique) : c'est le modèle de référence, la phrase canonique.

Cette définition idéalisée est d'autant plus nécessaire que, dans leur discours effectif, les locuteurs sont loin de s'exprimer toujours par une succession de séquences normées correspondant au moule canonique de la phrase : ils produisent non pas des "phrases", mais des **énoncés** (souvent incomplets ou mal délimités). Mais la description de ces énoncés suppose référence au modèle de la phrase canonique.

> **Remarque :**
> La distinction entre phrase et énoncé, indispensable du point de vue théorique, n'empêche pas un très large recoupement de ce que désignent les deux termes ; en pratique, les deux termes sont souvent (et largement) interchangeables ; mais, même alors, parler d'énoncé fait référence à une production effective (en discours), tandis que parler de phrase fait référence au modèle canonique (en langue).

À l'origine de l'émission de la phrase (ou de l'énoncé), le locuteur ou **sujet énonciateur** est à la fois l'émetteur physique du message, et son responsable à tous les niveaux ; c'est lui qui a produit l'énoncé (en sélectionnant et en agençant ses termes, en choisissant ses repères par rapport à la situation d'énonciation) et qui en assume la dimension d'acte de langage (c'est lui qui s'engage sur la vérité d'une assertion ou sur l'authenticité d'une promesse ou d'un serment).

Ces différents aspects sont normalement indissociables (d'où l'équivalence entre locuteur et énonciateur). Ils peuvent toutefois se trouver occasionnellement disjoints, en particulier dans les situations dites de "discours rapporté", où l'énonciateur se fait le simple relais d'une énonciation d'autrui, en restreignant son rôle à n'être plus qu'un simple locuteur (émetteur physique), pour autant qu'il puisse (même s'il le veut) suspendre son propre rôle d'énonciateur (voir § 191).

Le sujet énonciateur (souvent noté JE) doit être distingué du sujet (grammatical ou logique) de l'énoncé (ou de la phrase), qui est le terme que le sujet énonciateur prend comme support d'une prédication. Cette distinction doit être maintenue même quand le sujet énonciateur JE se prend comme sujet de l'énoncé en disant *je*.

Le discours de l'énonciateur JE s'adresse à un destinataire TU qui peut être appelé récepteur (en tant que décodeur physique), allocutaire (en tant que personne visée par l'acte de discours), ou co-énonciateur (en tant que participant à la mise en place des coordonnées énonciatives), ces termes étant, sauf situation particulière, équivalents.

3. Les plans d'analyse de la phrase

Pour construire son interprétation, le récepteur dispose d'**un savoir grammatical et lexical** (sa compétence linguistique : il connaît les mots et les règles de la langue), qu'il applique à l'analyse des **indices que contient l'énoncé**, en s'aidant de ses connaissances d'univers (générales) et de sa **connaissance de la situation et du contexte** (qui lui permet, par exemple, de faire ou d'éviter certaines inférences et de résoudre des ambiguïtés, sans même en avoir conscience).

La grammaire (du moins la présente) ne vise pas à modéliser cette activité effective, ni même son résultat d'ensemble : elle ne prend en compte que quelques aspects de la représentation de la phrase que construit le récepteur.

Ces différents aspects correspondent à différents plans d'analyse qui doivent être distingués :

- **structuration fondamentale** déjà signalée, **logico-grammaticale** : sujet - prédicat ;
- **structure de constituants** : suite ordonnée de groupes ;
- **structure fonctionnelle** : les relations syntaxiques ;
- **structure thématique** : thème / rhème ;
- **structure sémantique** : les relations actancielles ;
- **modalité de phrase** : assertion, injonction, ...

Soit, sur un exemple élémentaire :

	Le chat		*mange*		*la souris*
str. fondamentale :	Sujet	-	P r é d i c a t		
constituants :	GN	-	GV	-	GN
fonctions :	Sujet	-	Verbe	-	Compl. dir. (objet)
rôles thématiques :	Thème	-	R h è m e		
rôles sémantiques :	Agent	-	Action	-	Patient
modalité de phrase:			assertion		

Les niveaux d'analyse sont à distinguer soigneusement, pour pouvoir être d'autant mieux reliés. Étiquetage en termes de fonctions et étiquetage en termes de catégories doivent être parallèles et distincts.

4. Structure de constituants : les groupes ordonnés

Toute phrase est constituée d'une **séquence ordonnée de constituants** (constituants catégoriels, ou "constituants" tout court) ou **groupes**, formés d'une "tête" (nom, adjectif, ...) et de ses expansions. Les différents types de constituants sont : Groupe Nominal, Groupe Verbal (doté ici d'une définition "étroite", et non de la définition large habituelle, dans laquelle il s'identifie au prédicat), Groupe Adjectival, Groupe Adverbial, Groupe Pronominal, Groupe Infinitival, Groupe Participial, Groupe Prépositionnel.

Un **groupe** peut être composé d'un seul terme, c'est-à-dire réduit à sa seule tête. C'est, par exemple, souvent le cas pour les Groupes Adjectivaux ou Adverbiaux, et toujours pour certains Groupes Pronominaux (clitiques : ex. : *il*). Un groupe peut être précédé d'une préposition (sauf le groupe verbal), formant alors un **Groupe Prépositionnel** Nominal, ou un GPrép. Adjectival (Adverbial, Pronominal, etc.). Les clitiques ont des formes particulières (datifs, *en*, *y*).

Un constituant peut avoir lui-même une structure de phrase : c'est alors une **sous-phrase** ou **proposition subordonnée**. Il en existe quatre types : complétives (*que P*), relatives, percontatives (= "interrogatives indirectes"), intégratives (= "relatives sans antécédent", ou certaines "circonstancielles", par exemple : *quand P*). Les percontatives sont toujours équivalentes à des GN; les autres types de sous-phrases peuvent s'analyser comme des GPronominaux ou GAdverbiaux.

Certaines sous-phrases peuvent être précédées d'une préposition : ainsi le GPrép. Complétif *pour que P*.

Historique : Les "parties du discours"
La reconnaissance des différentes catégories (ou "parties du discours"), même si elle s'est faite postérieurement à l'analyse de la phrase en sujet - prédicat (le point de vue logique a précédé le point de vue morphologique), est ancienne : les philosophes stoïciens et les grammairiens alexandrins du IIe siècle av. J.-C. ont établi pour le grec une liste des parties du discours, consignée dans la célèbre *Grammaire* de Denys le Thrace : "La phrase a huit parties : le nom, le verbe, le participe, l'article, le pronom, la préposition, l'adverbe, la conjonction". Cette liste, reprise par les grammairiens latins, se trouve encore à la base des travaux linguistiques actuels : toujours ardemment discutée, elle ne fait néanmoins l'objet que d'aménagements partiels (comme dans le présent ouvrage). Après les critiques des structuralistes, et leur échec à fonder une théorie unifiante du morphème, on a reconnu que l'hétérogénéité des catégories (et de leurs critères de définition) était nécessaire.

La notion de "groupe" (pour implicite et allant de soi qu'elle puisse avoir été depuis longtemps) ne fait l'objet d'une réflexion et d'une élaboration théoriques que depuis quelques dizaines d'années.

Quant à la **catégorisation des subordonnées** (qui était encore une question de Logique à l'époque classique, avec toute la problématique de la phrase complexe), c'est un des domaines où notre tradition est la plus récente et où ses fondements sont les moins assurés. Et si la reconnaissance de l'**équivalence entre les sous-phrases subordonnées et les termes simples** s'est fait jour progressivement à partir du XIXe siècle, le programme (descriptif et théorique) qu'implique cette affirmation de principe n'est encore qu'incomplètement rempli. Le présent ouvrage, pour intégrer complètement les sous-phrases subordonnées à l'architecture de la phrase (au même rang que les termes simples), cherche à en faire une analyse qui les rapproche des termes simples.

5. Structure fonctionnelle : les relations syntaxiques

Entre les groupes qui se suivent dans un énoncé existent des relations. Dans *La nuit (,) Paul dort*, il y a plus que la simple contiguïté entre le GN *Paul* et le verbe qui suit (avec accord) : il y a cette relation qu'on appelle "sujet - verbe", ou qu'on désigne encore en disant que le GN a la "fonction" : sujet du verbe. Quant au premier GN (*la nuit*), qui n'a de relation morphologiquement marquée avec aucun terme, il est en relation avec le reste de l'énoncé; on dit qu'il a une fonction de circonstant.

À côté de la structure linéaire de constituants existe donc pour toute phrase une **structure fonctionnelle** (**non linéaire** : un GN derrière un verbe est généralement son complément direct, mais il peut être aussi son sujet postposé). Les composants de cette structure sont :

sujet – **verbe** – (éventuellement) **compléments essentiels** du verbe – (éventuellement) **compléments accessoires** (du verbe et de la phrase).

Toute phrase se ramène à ce type de structure fondamentalement simple, quelle que soit sa longueur ou sa complexité de surface. On appelle, selon la tradition, "fonctions" des relations telles que sujet, circonstant, ou complément direct. Ces relations sont indiquées par l'ordre des mots, les accords, la prosodie (ou la ponctuation).

Même si des liens privilégiés existent entre certaines catégories et certaines fonctions, il reste vrai qu'**une même fonction peut être remplie par différentes catégories**, et qu'**une même catégorie peut remplir différentes fonctions** : les deux plans d'analyse sont donc complémentaires et à distinguer. On rappellera que les subordonnées jouent dans la phrase les mêmes rôles que les termes simples : sujet, complément essentiel, complément accessoire.

Les fonctions syntaxiques se définissent d'une façon formelle et fonctionnelle, non sémantique : une même fonction peut correspondre à des relations sémantiques différentes selon (en particulier) le lexique en jeu.

Bien entendu des relations existent non seulement entre groupes au niveau de la phrase, mais aussi à l'intérieur des groupes (par exemple : autour d'un nom dans un GN). On parlera alors d'un niveau secondaire : relations internes aux constituants.

⏐ **Historique :** voir § suivant.

6. Structure logico-grammaticale : sujet - prédicat

Au plus haut niveau de regroupement des groupes, on retrouve le principe organisateur de la phrase évoqué au § 1, à savoir sa division fondamentale en un sujet et un prédicat.

L'articulation avec l'analyse en fonctions peut se représenter ainsi :

sujet	prédicat			éléments extra-prédic.
sujet	verbe	compl. essentiels	compl. access. intra-prédic.	compl. access. extra-prédic.

Historique :

1. La tradition classique : sujet - prédicat

C'est le premier point de vue historiquement dégagé, par les philosophes grecs (Platon, Aristote) : les deux termes de la phrase se définissent mutuellement et circulairement : le sujet est ce dont on prédique, le prédicat est ce qu'on prédique; le prédicat lui-même s'analyse en "copule (*être*) + attribut".

Cette analyse est d'essence logique, c'est-à-dire qu'elle se donne comme vraie *a priori*, à partir de considérations sur l'activité de l'esprit et la possibilité du jugement (par attribution d'une qualité à une substance), sans avoir à être confirmée (et sans pouvoir être infirmée) par des faits d'observation.

Pendant de nombreux siècles, cette analyse (restée incontestée jusqu'au XVIIe siècle) a été réputée convenir par nécessité logique à toute phrase, quitte à faire les manipulations "transformationnelles" nécessaires dans tous les cas (nombreux) où son adéquation à la surface laissait à désirer (*l'homme dort* devait s'analyser "l'homme est dormant").

2. XIXe siècle : naissance de la grammaire des fonctions

La remise en question de l'analyse uniforme du prédicat en "*être* + attribut", à partir du XVIIIe siècle, a conduit à l'analyse en "fonctions grammaticales" : de l'analyse (éclatement) du prédicat (ou "attribut" des classiques) sont sortis notre "attribut" (avec le sens grammatical restreint que nous lui connaissons), le "C.O.D.", le complément circonstanciel, et les autres termes de fonctions, cependant qu'aucun changement apparent n'affectait le sujet (redéfini en termes d'accord).

Cette tradition des "fonctions" est plus récente qu'on ne l'imagine souvent : le "complément d'attribution" ne date, d'après Chervel, que de 1920 (après *le Cours de Linguistique Générale* de Saussure !), et le "complément d'agent", de 1930; rien de comparable aux deux millénaires des parties du discours. D'autre part, cette "tradition" n'a jamais abouti à une doctrine véritablement stabilisée (sans doute à cause de ses perpétuelles hésitations entre le sens et la forme), et elle ne couvre qu'une partie des faits de relation dans la phrase : des pans entiers du fonctionnement de la langue ne sont pas couverts par une quelconque dénomination de fonction (par exemple ce qui concerne les emplois de l'infinitif complément d'un verbe), sans justification théorique de ces carences (on ne dispose par exemple d'aucun terme assuré pour dénoter les relations ("fonctions") grammaticales dans une phrase telle que *Il y a un carreau de cassé*).

Le présent ouvrage cherche, à partir des acquis fondamentaux de cette tradition (sur les grandes fonctions essentielles dans la phrase), à systématiser une représentation des relations sur une base formelle, pour améliorer sa cohérence et la couverture qu'elle donne des faits linguistiques.

3. Fonctions et prédicat

La notion de prédicat n'en conserve pas moins sa validité et son intérêt logique, à condition de ne plus se réduire au seul jugement d'inhérence (le verbe *être* lui-même ne se réduit pas à son fonctionnement de copule d'attribution). L'opposition sujet - prédicat reste le cœur de l'analyse de la phrase.

D'autre part, dans l'analyse classique, la décomposition en sujet - prédicat épuisait nécessairement la phrase, qui ne pouvait par définition rien contenir qui ne fût dans l'un ou dans l'autre. À l'époque actuelle, la reconnaissance de l'existence d'éléments extérieurs à cette opposition s'affirme et se documente peu à peu : un élément initial, par exemple, peut porter sur la mise en relation du sujet et du prédicat (*Astucieusement, Paul a répondu*), sur la totalité de la phrase (*Heureusement, ...*) ou sur son énonciation (*Franchement, ...*). Mais la frontière entre éléments intra- et éléments extra-prédicatifs est difficile à fixer.

7. Structure thématique : thème - rhème

Autre plan de structuration : celui de la structuration thématique. Une phrase (ou plutôt ici : un énoncé) porte sur quelque chose (le **thème** ou **topique**) pour apporter une information le concernant (le **rhème** ou **propos**) : *Paul* (thème) *est revenu* (rhème).

Le thème, qui est toujours et par définition ce dont l'énoncé parle, est souvent aussi ce dont on parlait déjà (dans l'énoncé précédent), quelque chose de déjà connu, déjà là : thème et rhème s'opposent alors comme information ancienne – information nouvelle.

La distinction entre ce dont on parle et ce qu'on en dit tend naturellement à se confondre avec la distinction sujet - prédicat dans les cas les plus simples (comme *Paul est revenu* ou *Le chat a mangé la souris*) : le sujet logico-grammatical est aussi bien "ce dont on parle" (thème) que "ce dont on prédique" (sujet), le prédicat est tout autant le rhème.

Mais la distinction thème - rhème est d'ordre plus **psychologique** que logique ou grammatical. Reposant essentiellement sur l'ordre des mots et la prosodie, qui n'offrent pas toujours d'indice formel d'interprétation sûre, elle est fréquemment incertaine ou sujette à controverse. Il est clair du moins qu'il n'y a pas concordance systématique entre sujet - prédicat et thème - rhème.

Ainsi le thème n'est pas le sujet (mais le GN détaché initial ou final) dans *Paul, je ne l'ai pas vu depuis longtemps* ou *Je ne l'ai pas vu depuis longtemps, Paul.* Dans un énoncé comme *La nuit, tous les chats sont gris*, il n'est pas évident de dire quel est le thème : est-ce le sujet *les chats* ? est-ce le circonstant *la nuit* (en comprenant que la phrase vise à caractériser la nuit, et non les félins) ? est-ce l'association du sujet et du circonstant ("orienté-sujet") *"les chats - la nuit"* ? Il apparaît par cet exemple que c'est en fait toute une construction thématique complexe qui se met en place dans un énoncé (cf. encore *Paul, lui, une chose pareille, il ne l'aurait jamais faite !*).

Il en va de même, de façon encore plus évidente, du côté du rhème, qui suppose une construction complexe quand le prédicat se développe sur plusieurs termes, mais qui peut aussi ne pas correspondre au prédicat : cf. *Paul* (accentué; rhématique) *est arrivé le premier*, ou un énoncé comme *Beaucoup de gens sont venus*, qui peut se comprendre "de beaucoup de gens (thème), je vous informe qu'ils sont venus", ou "des gens qui sont venus, je vous informe qu'ils sont beaucoup (rhème)".

Au total, **la structuration thématique est donc bien distincte de la structuration logico-grammaticale ou fonctionnelle** (même si les recouvrements sont fréquents dans la phrase simple). Souvent difficile à appréhender, elle intéresse essentiellement certains aspects de l'interprétation, au plan sémantique, et surtout au niveau du texte.

À ce compte, elle pourrait apparaître marginale pour la grammaire. Mais on n'oubliera pas que c'est la dynamique communicative qui guide les choix du locuteur et qui apparaît en particulier comme responsable de plusieurs types (importants et systématiques) de structures syntaxiques non canoniques : énoncés disloqués (avec prolepse), phrases impersonnelles du type *Il y a un livre sur la table, Il est arrivé un accident*, phrases incomplètes du type (*Quand viendras-tu ?*) - *Demain* (énoncé réduit à sa partie rhématique), etc.

Historique :

Le plan de la structuration thématique, jusque-là confondu avec la structuration logique, n'a été dégagé qu'à la fin du XIXe siècle : on a alors distingué un **sujet** et un **prédicat psychologiques** (= thème et rhème) du sujet et du prédicat logiques. Cette distinction permettait d'échapper à des contradictions comme celles de la *Logique* de Port-Royal disant que le "sujet" de *Dieu commande d'honorer les Rois* est non pas *Dieu* mais *les Rois*.

En l'absence de marques formelles systématisables, l'élaboration théorique des notions de thème et de rhème, d'une pertinence incontestable, s'avère difficile. De nouvelles approches cognitives s'efforcent de renouveler l'approche du problème, en termes de "continuité de topique" ou d'"échelle d'accessibilité des référents".

8. Structure sémantique : les relations actancielles

La phrase peut aussi être envisagée comme une sorte de mini-pièce de théâtre où différents acteurs jouent différents rôles : ainsi dans *Le chat a mangé la souris*, on verra naturellement deux acteurs (actants ; terme repris à Tesnière) participant, l'un comme agent, l'autre comme patient, à l'action (révolue) *manger*.

Cette interprétation tient à des facteurs lexicaux et structurels tels que (au minimum) les suivants : il faut reconnaître que *le chat* est sujet, et que *la souris* est objet du procès *manger*, lequel possède certaines caractéristiques (dynamicité, ...) et met en jeu typiquement deux arguments (deux actants) au rôle bien défini; les GN possèdent des traits (animé, ...) qui les rendent propres à jouer respectivement l'un et l'autre rôles; les valeurs de détermination et d'aspect permettent d'assigner au procès des coordonnées référentielles.

De tout ce processus complexe, on ne considérera ici que ce qui concerne la **sémantique des fonctions syntaxiques** (sujet, attribut, complément indirect, ...), en traitant de la sémantique de chaque fonction à l'occasion de son étude syntaxique.

Pour chaque fonction syntaxique, on cherchera quelle est la relation sémantique fondamentale induite, et quels sont les principaux paramètres qui modulent cette relation fondamentale : type de constituant (la relation verbe - complément direct ne s'interprète pas de la même façon selon que le complément est un nom, un infinitif ou une complétive), traits inhérents des GN (*payer le pain / payer le boulanger*), détermination (*être N / être un N / être le N*), etc. Voir par exemple, l'interprétation des constructions indirectes du type *V N à N* (combinant des traits tels que animé / inanimé, statique / dynamique), § 205.

Il ne sera pas envisagé de "cas profonds" susceptibles de se réaliser sous différents "cas de surface". Nous considérons que dans *Paul a battu Jean* et *Jean a été battu par Paul*, même si les deux décrivent le même événement extra-linguistique, la présentation linguistique des rôles actanciels n'est pas exactement la même. Un sujet et un "complément d'agent" ne sont pas exactement "agent" de la même façon : le second est plus "instrument" et moins "source" que le premier, ces différences venant s'ajouter aux différences de thématisation.

On rappellera aussi que l'identification des actants n'est pas toujours aussi évidente que dans *Le chat mange la souris* : en particulier, elle n'est pas nécessairement en parallèle avec les constituants syntaxiques (par exemple beaucoup de compléments directs ne sont pas des "objets" : *La table mesure deux mètres*).

Le terme de circonstant ne sera utilisé que dans une acception strictement syntaxique, et non sémantique (= complément accessoire ; voir
§ 42).

Historique :
Si les préoccupations sémantiques sont aussi vieilles que la réflexion
sur le langage, les études systématiques de sémantique (autre que
lexicale) sont chose récente : elles se sont beaucoup développées
depuis un quart de siècle, en particulier à partir des travaux de Fillmore visant à élaborer un cadre limité de "cas" avec lesquels on
puisse décrire le plus grand nombre possible de verbes (chaque verbe
ayant sa structure casuelle) et d'énoncés (les cas pouvant se manifester de diverses façons en surface). Ce type d'entreprise est lié aux
efforts de représentation du sens des énoncés en intelligence artificielle.
D'autres approches sémantiques ont été développées (p. ex. le classement sémantique des prédications de Pottier), ou se développent
actuellement, notamment autour de typologies des prédicats : états,
événements, actions, ...

9. Modalité de phrase

Toute phrase suppose une mise en relation d'un sujet et d'un prédicat, d'une façon telle que cette relation est, par exemple, posée, affirmée
(*La terre est ronde*, assertion), ou mise en question (*Tu viens ?*, interrogation) : l'assertion et l'interrogation sont des **modalités de phrase**, comme
l'exclamation ou l'injonction. Les modalités de phrase, en nombre fini et
liées à des marques formelles, constituent un système dans le cadre du
système général de la langue.

Ces modalités de phrase doivent être, dans leur principe, bien distinguées d'avec les **actes de discours** (réalisés dans les énoncés) tels que
l'ordre, la demande, la promesse, la menace, l'accomplissement performatif, etc. : ces actes sont des réalités de discours, d'un autre ordre, dont
il n'est probablement pas possible de dresser une liste cohérente et
exhaustive.

Il y a bien entendu des rapports entre les modalités de phrase et les
actes de discours, en ceci que les modalités de phrase sont des composants
essentiels à la base des actes de discours : la valeur assertive fondamentale
de la phrase indicative à mélodie descendante se spécifie selon le cas en
simple constat, accomplissement performatif, promesse, etc. ; une interrogation peut tout naturellement être une demande d'information, mais
peut être aussi un acte indirect tel qu'une "demande de faire" (*Pourriez-
vous ouvrir la fenêtre ?*), etc.

Le présent ouvrage traitera des modalités de phrase, à partir de leurs caractéristiques formelles (au Chap. 4), et non des actes de discours (qui relèvent davantage de la pragmatique que de la syntaxe).

Historique : d'Aristote à Austin

Leur recherche de la vérité avait conduit les philosophes grecs à isoler très tôt la classe des énoncés où elle pouvait se manifester (les énoncés assertifs), par opposition à tous ceux qui se situaient en dehors de l'opposition du vrai et du faux (les questions, les prières, etc.) : c'est **Aristote** qui a fondé en droit **le primat de la phrase assertive**. Cette problématique s'est doublée par la suite d'une typologie des modes verbaux élaborée par les grammairiens grecs. L'Antiquité et le Moyen Age ont ainsi abondamment discuté, dans leurs théories de la proposition, de la problématique des modalités de phrase - actes de discours, sur ses deux versants, grammatical d'un côté, logique et rhétorique de l'autre. Après une période de moindre intérêt, la problématique logique a été redécouverte et remise à l'honneur au milieu du xxe siècle par le philosophe **J. Austin**, dont les travaux sur les énoncés performatifs (une catégorie particulière d'énoncés assertifs, qui semble relever d'autre chose que de l'opposition entre le vrai et le faux) ont fondé un nouveau champ, la **pragmatique**, au carrefour de la logique, de la rhétorique et de la grammaire.

Vu du point de vue de la grammaire, le point clé est de relier les considérations pragmatiques à des indices formels. Le présent ouvrage se limite à la prise en compte de quelques indices fondamentaux, tels que le mode verbal.

2

LES CONSTITUANTS : CATÉGORIES, GROUPES, SOUS-PHRASES

10. Les constituants

Les constituants de la phrase sont des groupes, qui reposent sur des catégories élémentaires (élargies).

11. Catégories

Les catégories élémentaires nécessaires à la syntaxe de la phrase sont au nombre de huit : le nom, le verbe, l'adjectif, l'adverbe, le pronom, l'infinitif, le participe, la préposition.

Parmi ces catégories, quatre sont fondamentales (mots pleins pouvant être constituants de phrase) :

– **deux catégories majeures : le nom (ou substantif) et le verbe**. Ces deux catégories suffisent pour former des phrases :
Paul (sujet) *travaille* (prédicat) ;

– **deux catégories mineures : l'adjectif et l'adverbe**, qui, dans la phrase verbale, ne peuvent être par elles-mêmes ni sujet ni prédicat :
Paul est grand (l'adjectif est attribut)
Marie arrivera demain (l'adverbe est circonstant).

> **Remarques :**
> **1.** Les articles et autres déterminants (possessifs, démonstratifs), qui ne peuvent pas être constituants de phrase, sont des espèces particulières d'adjectifs.
> **2.** Les interjections *(hélas !)* peuvent être regroupées avec les adverbes.

À ces quatre catégories fondamentales s'ajoutent :

– un équivalent fonctionnel du nom, le **pronom** (fort ou faible) :
Paul prend celui-ci (le pronom fort est objet).
Paul le prend (le pronom faible est objet).

– deux catégories "mixtes" : l'**infinitif** (forme quasi-nominale du verbe : équivalent du nom, mais sans détermination, et avec la complémentation du verbe) et le **participe en -ant** (forme quasi-adjectivale du verbe : équivalent de l'adjectif, mais sans accord, et avec la complémentation du verbe) :
Dormir est indispensable (l'infinitif est sujet).
Je l'imagine réussissant (le participe est attribut de l'objet).

> **Remarque :**
> La forme dite "participe passé", quand elle n'est pas instrument de formation de temps composés, ressortit à la catégorie de l'adjectif.

– la **préposition**, qui ne peut pas être par elle-même constituant de phrase, mais qui permet de former des constituants de phrase, dits indirects :

Paul est en vacances (le constituant prépositionnel est un complément indirect essentiel).

Remarques :

1. Il serait possible de regrouper la préposition et l'adverbe dans une unique catégorie (des mots invariables), en s'appuyant :
– sur les problèmes de frontière et de passage entre les deux catégories (cf. *avant* : adverbe ou préposition ?; cf. les nombreuses formations prépositionnelles qui sont souvent appelées adverbes : *sans doute* ; cf. aussi la diachronie),
– sur les zones considérables d'équivalence fonctionnelle systématique entre les groupes adverbiaux et les groupes prépositionnels (par exemple en fonction de circonstant),
et en considérant que ce qui les oppose (à savoir la possibilité de régir une complémentation) est du même ordre que ce qui sépare les verbes transitifs des verbes intransitifs : les problèmes d'analyse posés par *Paul est pour* (= "Paul est favorable à cette idée" ; emploi adverbial, "absolu", ou avec complément sous-entendu) sont les mêmes que ceux que pose *Paul mange* ; voir § 167.

2. Il n'est pas utile de distinguer à ce niveau une catégorie spéciale de **"conjonction"** : le fait de "conjoindre" est un fait de fonctionnement et les termes "conjonctifs" ou "connecteurs" ne cessent pas pour autant d'être adverbes ou pronoms.

3. Remarque générale sur les catégories. Il est notoire que toute classification des "parties du discours" s'expose à des critiques concernant l'**hétérogénéité** de ses critères définitoires (fonctionnels, morphologiques, ...). Le maintien des catégories traditionnelles se justifie néanmoins pleinement pour la raison suivante : elles n'ont jamais pu être remplacées par une architecture logiquement impeccable, et opératoire, de "morphèmes" ou de "monèmes", pour la raison que chacune d'elles rassemble des propriétés originales, et constitue un point de référence (un "centre attracteur", un "prototype") dans un espace non homogène.
En d'autres termes, nature et fonctionnement sont liés, même s'il est méthodologiquement indispensable de (commencer par) les distinguer rigoureusement. Un exemple de difficulté : dans une phrase comme *Beaucoup sont partis,* il n'est satisfaisant de dire ni que c'est un adverbe qui est sujet, ni que l'adverbe s'est transformé en nom. On est contraint à une réflexion sur les rapports entre le nom et l'adverbe dans le domaine de la quantification (*beaucoup* a une origine nominale transparente). On ne peut dire simplement qu'un terme change de catégorie au gré de ses emplois, mais il s'agit de comprendre en quoi et comment une différence de fonctionnement peut retentir sur la "nature" même d'un terme.

4. Le problème des "locutions". Il est d'usage de parler de "locution", pour désigner une suite de plusieurs mots graphiques considérée comme inanalysable et équivalente à un terme simple : ainsi *avoir envie (de)* est considéré comme une "locution verbale" (équivalente à un verbe simple comme *vouloir*), *sans doute* est considéré comme une "locution adverbiale" (équivalente à *certainement*).

On ne recourra ici à la notion de "locution" qu'avec réticence, et sans jamais renoncer à l'**analyse** : *envie* est un type particulier de complément direct nominal du verbe *avoir*, et doté d'une expansion en *de* (cf. *Il n'a qu'une envie : l'envie de retourner dans son pays*) ; *sans doute* est un GPrép nominal (cf. *sans le moindre doute*). La plupart des locutions sont analysables d'une façon évidente ; aucune n'est inanalysable.

Par suite, chacun des composants de la locution a son rôle propre, et l'équivalence avec un terme simple n'existe qu'à un niveau de paraphrase sémantique : l'équivalence sémantique avec *vouloir* n'entraîne pas que *avoir envie* soit syntaxiquement un verbe (non plus que *être content (de)*, par équivalence avec *se réjouir (de)*) ; si *sans doute* et *certainement* sont proches par leur fonctionnement, c'est en tant que l'un et l'autre sont circonstants.

Reste néanmoins que, s'il faut reconnaître l'individualité des termes, on ne peut nier leur **solidarité** remarquable ("coalescence", comme disent Damourette et Pichon) : c'est la raison pour laquelle la notion de locution n'est pas totalement abandonnée (faute d'une théorie adéquate du degré de cohésion entre éléments).

Pour les "locutions verbales", voir § 171, 173 ; pour les "locutions prépositives", § 299 ; pour les "locutions conjonctives de subordination", voir § 378.

Voir les "constituants discontinus", § 46.

12. Groupes

Un **groupe** est composé d'une série de mots regroupés autour d'une **tête**, tel que l'ensemble est fonctionnellement équivalent à cette tête : *ce cher Paul, que je n'avais pas vu depuis si longtemps* est un Groupe Nominal, fonctionnellement équivalent au nom simple *Paul* (tête du groupe), avec lequel il peut commuter.

Remarque :
Terminologie : pour des raisons de simplicité de vocabulaire, nous utilisons "groupe" plutôt que "syntagme".

On parle d'**expansions** par rapport au mot tête.

Les mots regroupés autour de la tête peuvent être reliés d'une façon plus ou moins étroite. Certains peuvent être nettement détachés, ce qui leur confère une certaine forme d'autonomie dans la phrase, sans briser pour autant leur dépendance par rapport à la tête du groupe :

Voyant cela, Paul...
Tout heureux de la bonne nouvelle, il...

Les groupes sont d'une longueur *a priori* indéfinie: les Groupes Nominaux, par exemple, sont souvent longs. Un groupe adverbial commençant par *indépendamment du fait que...* peut être également très étendu. La raison essentielle tient dans la récursivité, c'est-à-dire dans le fait qu'un constituant peut en contenir d'autres: un groupe nominal contient souvent d'autres groupes nominaux ou des structures de phrase (comme la relative après *ce cher Paul*), de même qu'une phrase contient souvent d'autres structures de phrase (subordonnées).

Le groupe prépositionnel fait exception à la définition donnée des groupes, en ceci qu'il n'est pas équivalent à une préposition: *à la maison* n'est pas équivalent à la préposition *à*.

Phrases enchâssées ou sous-phrases (subordonnées)

Parmi les constituants de phrase, certains présentent eux-mêmes une structure de phrase; ainsi dans

Cela prouve que Paul avait raison,

que Paul avait raison (= que P) est le troisième constituant de la phrase. Ces constituants enchâssés, de type phrase, sont les **propositions subordonnées**. Il en existe de plusieurs types, chacun étant équivalent à une catégorie (ou un groupe) simple. Schématiquement (et à ne considérer que les subordonnées introduites par un connecteur), le système est le suivant (cette nomenclature est justifiée et explicitée ci-dessous § 22):

propositions nominales : complétives
                              percontatives
                              intégratives pronominales
                              relatives pronominales

propositions adverbiales : intégratives adverbiales
                              relatives adverbiales.

Ces subordonnées remplissent donc des rôles qui sont dévolus au nom (sujet, objet,...) ou à l'adverbe (circonstant,...).

Pour les autres types de subordonnées, voir § 27.

13. Nom et groupe nominal

Certains noms s'emploient normalement seuls: *Charles, Sophie* (noms propres: on peut alors parler d'un "groupe nominal" composé d'un seul élément).

Certains noms communs se trouvent employés seuls (avec déterminant zéro) dans certaines structures plus ou moins figées ou conservées par archaïsme:

Je viendrai avec plaisir (prép. + nom sans déterminant).
Prenez garde.
Noblesse oblige.
Bon chien chasse de race.
Mais normalement le nom est utilisé dans un groupe.

À gauche, c'est essentiellement la zone de la **détermination** et de la **quantification** (zone dite du "spécificateur"), assurée par des espèces particulières d'adjectifs:

– prédéterminants, quantificateurs:
le livre
les quatre autres enfants.

> **Remarque:**
> La quantification peut prendre elle-même forme nominale :
> *la plupart des étudiants* (cf. l'origine nominale de *beaucoup*; il peut y avoir ambiguïté sur le point de savoir quelle est la tête du GN; cf. les problèmes d'accord après *la plupart de...*),
> ou forme prépositionnelle :
> *De 5 à 10 minutes de préparation sont nécessaires*
> *Paul a perdu jusqu'à son dernier sou*
> ou adverbiale :
> *Ils ont comme un air de famille* (= "quelque chose qui est comme un air de famille" ou "un air qui est comme un air de famille"). Voir aussi § 258 Rem.

– certains adjectifs: *un petit service* (adjectif toujours antéposé), *cette admirable exposition* (l'adjectif *admirable* peut être antéposé, ou, le plus souvent, postposé).

À droite, un nom peut être suivi d'une longue suite d'expansions:

– adjectifs:
la rose rouge
un coup aussi terrible qu'inattendu

– un autre nom:
le président Mitterrand
une crème maison

– adverbe ou groupe adverbial (occasionnellement):
un homme bien, la maison là-bas

– un GPrép (très fréquemment):
le fils du voisin (avec récursivité de *N de N*)
un vin de pays des sables du Golfe du Lion (problèmes de structuration)
la maison au coin de la rue
des cartes à jouer

une méthode pour apprendre l'anglais
des souvenirs de quand j'étais enfant
la construction de la maison par l'architecte, en 1905, à la
demande de mes parents (le substantif *construction* est une
nominalisation à partir du verbe *construire*; sa complémentation est proche de celle du verbe).

Parmi ces expansions peuvent figurer des structures phrastiques :
– relative (très fréquent) :
   l'homme qui est venu
   cette obscure clarté qui tombe des étoiles
   le candidat dont j'avais parié qu'il l'emporterait
Pour l'équivalence des relatives, voir § 25.

– complétive :
   l'idée que tout est possible;
– percontative en *si* (rare) :
   son incertitude s'il devait obéir;
– intégrative adverbiale :
   la joie de Paul quand il a vu Marie,
   un homme comme il faut (comme les autres).

Des types différents d'expansion peuvent être coordonnés :
   un homme plutôt généreux et qui aime à recevoir
   l'idée de devoir recommencer, et que tout cela ne serve à rien.

Parmi les **traits sémantiques du nom**, il en est un qui a une importance
particulière : le caractère animé ou inanimé, qui est souvent décisif pour
l'interprétation sémantique d'une relation. Mais l'opposition peut être
non pertinente. Les inanimés de caractère "puissant" *(le vent)* peuvent se
rapprocher des animés. Voir les différents paragraphes consacrés à
l'interprétation sémantique des fonctions.

À côté des traits inhérents, des traits contextuels comme la détermination jouent un grand rôle (cf. avec *être*).

Fonctions

Le nom est (avec ses équivalents) le seul **donneur de marques**, au
verbe et à l'adjectif.

Le nom (ou GN), pièce maîtresse de la syntaxe de la langue, est le
terme par excellence qui remplit les **rôles essentiels** (fonction primaire)
dans la phrase (à l'exception de la fonction nodale et prédicative du
verbe) :

– sujet (ou séquence d'impersonnel),

– complément direct d'un verbe (attribut, objet).

Le nom s'emploie aussi comme **terme libre**, en annonce ou reprise. C'est encore le complément par excellence de la préposition.

Certaines classes de noms ont des emplois non prépositionnels comme circonstants (temps, lieu, mesure,...):

Paul travaille le matin (tous les samedis).
J'ai rencontré Paul place de la République.
Les pommes valent dix francs le kilo.

Pour d'autres emplois du nom en fonction accessoire, voir Chap. 12.

Un nom peut aussi être interne à un constituant (fonction secondaire), comme complément direct (par exemple apposition à un nom) ou complément indirect (derrière préposition; par exemple complément d'un nom).

Équivalents du nom

Certaines catégories sont équivalentes au GN: le pronom, l'infinitif, et, parmi les subordonnées, la complétive (l'équivalence entre le GN, l'infinitif et la complétive est une des données majeures de la syntaxe du français), la percontative, l'intégrative pronominale, la relative pronominale (voir § 25), ainsi que les sous-phrases enchâssées directes.

Ces catégories peuvent accéder à une partie plus ou moins grande des emplois du nom.

D'autres faits d'équivalence se produisent par nominalisation en discours: un déterminant peut nominaliser un adjectif:

le petit
les petits et les grands

et même, plus généralement, n'importe quel terme:

le plus vite [sera le mieux] (adverbe nominalisé)
le peu d'espoir qui me reste
le moi [est haïssable]
ce "mais" (ce "bof!") [ne veut rien dire].

Un terme en "mention", même sans article, acquiert un statut temporaire de nom:

"Couvent" peut être un nom ou un verbe.

14. Pronom et groupe pronominal

Le pronom est un mot qui joue le rôle fonctionnel d'un nom dans la phrase, sans avoir les mêmes possibilités de complémentation (en particulier, les pronoms ne peuvent pas être précédés d'articles). Certains pronoms sont anaphoriques *(il)*, d'autres *(personne, je)* ne le sont pas.

En syntaxe de la phrase, au niveau des fonctions, le pronom est une catégorie annexe du nom, et ce qui est dit du nom vaut *a priori* pour le pronom (par exemple pour les groupes pronominaux en *ce qu- P*), sous réserve d'une étude pronom par pronom (qui ne sera pas faite ici).

Il y a lieu de distinguer très nettement entre deux sous-catégories de pronoms :
- les **pronoms forts**, ou **pronoms pleins** *(rien, celui-ci)*, et
- les **pronoms faibles**, ou **pronoms conjoints**, ou **pronoms atones**, souvent appelés aussi **clitiques**, c'est-à-dire "prenant appui (sur le verbe)" : *je, il, on.*

Pour une troisième sous-catégorie, les pronoms en *qu- (qui, que, quoi + lequel)*, voir § 21.

Pronoms forts

- pronoms personnels forts : *moi, toi, lui, elle, soi,...*
- pronoms possessifs : *le mien,...*
- pronoms démonstratifs : *ce* (dans *ce qu-*), *celui (-ci, -là), celle, ceux, cela (ça),...*
- pronoms indéfinis : *personne, rien, tous, chacun,...*

Plusieurs de ces "pronoms" sont en fait des formations analysables :
    le mien, lequel, les autres (article + adjectif)
    quelqu'un (adjectif indéfini + numéral).

Les pronoms forts peuvent avoir dans certains cas quelques expansions :

à gauche : *tous ceux-là*
           juste ce qu'il faut
           presque tout ce que vous voulez

à droite : *rien de neuf (rien de plus beau)*
           quelqu'un de compétent
           quelqu'un qui P
           ce qui se conçoit bien
           celui qui aura fini le premier
           ceux qui sont inscrits en première année.

La possibilité de rattacher un participe ou un GPrép. à *celui* fait l'objet de difficultés et de contestations :
    celui pour ta sœur
    celui préféré par Paul.

Remarque :
Groupes Pronominaux en *ce qu- P*, *celui qu- P* :
Pour la syntaxe de la phrase, les **groupes pronominaux en *ce qu- P*** (avec le pronom *ce* antécédent d'un relatif) sont d'une particulière importance, en raison de leur fréquence, liée à leur rôle pour pallier les déficiences et les lacunes du système des pronoms neutres (indéfinis) *que* et *quoi* :
Ce qu'on a fait peut être défait (seule possibilité pour de l'inanimé, à côté de *Qui* [animé] *a fait cela peut le défaire*).
Dis-moi ce que tu as fait (seule possibilité, à côté de *Dis-moi qui tu as vu*).

Ce que (avec *ce* en emploi généralisant, non anaphorique) est équivalent à un pronom indéfini neutre : "cela, quel qu'il soit, qui" ; par des procédés différents, la suite *ce qui, ce que* revient à exprimer sensiblement la même chose que les pronoms (fondamentalement indéfinis) de la famille *qu-*. Cette équivalence est exploitée par la langue : *ce qui* et *ce que* s'emploient systématiquement en lieu et place de *quoi* (indéfini) subordonnant.
La reconnaissance de ce rôle ne modifie en rien l'analyse des structures en *ce qu- P* comme étant des groupes pronominaux ; il n'y a aucune anomalie à ce que puissent fonctionner en distribution complémentaire un GPron (englobant une relative) et une structure (*qui P*) appelée subordonnée, qui est en fait aussi une espèce particulière de groupe pronominal.
La même équivalence existe entre **celui qui P** (généralisant) et *qui P*, mais le pronom simple *qui* (indéfini animé) se maintient mieux que son correspondant inanimé, au moins dans une perspective interrogative (percontative) :
Celui qui a fait cela peut le défaire (plus usuel que *Qui a fait cela peut le défaire*, qui reste possible avec des connotations d'aphorisme archaïsant).
Dis-moi celui qui t'a fait ça (moins usuel, et suspect au regard de la norme, par rapport à la forme normale *Dis-moi qui t'a fait ça*).
Dans l'**exclamation**, *ce que* (où *que* appartient encore à la série des relatifs) concurrence fortement l'adverbe simple *que* :
Ce que Paul peut être ennuyeux ! (plus usuel que l'expression artificielle et livresque *Que Paul peut être ennuyeux !* ; c'est ici l'adverbe *que* qui tend à être suppléé).
Vous savez ce que Paul peut être ennuyeux (l'emploi de l'adverbe simple *que* est exclu : *que* s'interpréterait comme le connecteur complétif).

Pronoms conjoints (clitiques)

Les pronoms conjoints (*je, tu, il, elle, nous, vous, ils, elles, on, ce*) ont une importance particulière pour la structuration syntaxique de la phrase. Voir § 89 et 116 sq.

Ils n'ont pas d'adjectivation (liée) possible, mais peuvent recevoir des adjectivations détachées antéposées :
Voyant cela, il partit content.

15. Verbe et groupe verbal

On peut donner du Groupe Verbal plusieurs définitions, plus ou moins larges :

- définition large : c'est le verbe et tous ses compléments, essentiels ou accessoires (du moment qu'ils appartiennent au prédicat) ; le Groupe Verbal ainsi défini s'identifie au prédicat. C'est une définition souvent adoptée (par exemple en grammaire générative, d'où la règle de réécriture qui décompose la phrase en un GN (= sujet) et un GV (= prédicat)).

- définition étroite : cette définition ne comprend pas les compléments du verbe, et le groupe verbal se réduit en pratique au seul verbe lui-même (éventuellement en deux ou plusieurs parties s'il s'agit d'une forme auxiliée), avec, le cas échéant, une négation (*ne ... pas*) ou une exception (*ne ... que*).

Les deux définitions ont leurs avantages et leurs inconvénients : la définition large double la notion de prédicat, et fait difficulté pour tous les éléments extra-prédicatifs ou compléments de phrase (*peut-être* appartient-il au GV dans *Il est peut-être arrivé ?*) ; la définition étroite fragmente la structure de la phrase, ce qui évite (ou diffère) certaines difficultés, mais n'exprime pas la solidarité qui unit le verbe et ses compléments pour constituer ce qui est en propre, face au sujet, le prédicat.

Compte tenu de l'existence de la notion de prédicat, c'est la définition étroite du GV qui est adoptée ici.

> **Remarque :**
> Le groupe verbal syntaxique (qu'il soit large ou étroit) se distingue encore du "groupe verbal" intonatif (groupe de souffle dont le noyau est le verbe) : ce dernier inclut par exemple les pronoms clitiques, alors que ces pronoms représentent des constituants syntaxiques distincts (le sujet est toujours un constituant distinct, les compléments le sont dans le cas de la définition étroite du GV).

Le verbe a toujours une fonction prédicative (même s'il n'épuise pas le prédicat), assortie d'une valeur de modalité de phrase, telle que par exemple l'assertion (voir Chap. 4). Il a également ce qu'on peut appeler une fonction nodale, en tant que centre organisateur ("nœud") d'une constellation (éventuellement très étendue) de constituants syntaxiques.

En pratique, en parlant du verbe d'une phrase, on désigne à la fois la catégorie et sa fonction (dans ses différents aspects) : le terme de "verbe", cas unique, appartient à la fois au vocabulaire des catégories et à celui des fonctions. On dit par exemple pour *Pierre bat Paul* :

N (ou GN) - V (ou GV) - N (ou GN) : catégories (V = catégorie), ou

S (sujet)   - V (verbe)   - O (objet) :   fonctions (V = fonction).

> **Remarque :**
> Rappelons qu'en syntaxe de la phrase, les infinitifs et les participes sont des catégories distinctes du verbe : il n'y a de verbe qu'à un mode personnel (indicatif, subjonctif, impératif).

Il n'y a pas d'équivalent du verbe, même si d'autres catégories peuvent jouer un rôle prédicatif (voir la phrase sans verbe, dite phrase nominale, Chap. 17).

16. Adjectif et groupe adjectival

L'adjectif considéré ici est l'adjectif susceptible d'être à soi seul constituant de phrase, c'est-à-dire essentiellement l'**adjectif qualificatif** (à l'exclusion des adjectifs qui ne peuvent jamais jouer ce rôle, comme les déterminants).

La forme dite "participe passé" (considérée en dehors des temps composés "actifs"), tout en conservant une partie de la puissance nodale du verbe (sa complémentation indirecte), est adjectif par son rattachement à un nom, avec accord. Elle retient une partie plus ou moins grande (à apprécier subjectivement) du dynamisme verbal; le passif est un cas particulier de la relation adjectivale attributive avec *être*, dans lequel le participe conserve un dynamisme verbal appréciable; voir § 135.

Pour l'adjectif *quel*, voir § 21.

L'adjectif, comme l'adverbe, s'emploie facilement seul et n'appelle pas nécessairement des éléments qui lui soient subordonnés (au sein d'un groupe dont il est la tête), mais il peut néanmoins avoir **divers types d'expansion** :

    à gauche :   *très facile, très fatigué* (quantification par adverbe)
                  incroyablement résistant
                  beaucoup plus grand (que Paul) (sur le statut de la comparative, voir § 286).

    à droite :

                  - compléments prépositionnels
                  indépendant de ce facteur

lavable à 40°
prêt à tout
heureux de vous voir
facile à dire
- complétive (introduite par une préposition présente ou sousjacente ; pour *ce* devant le *que* complétif, voir § 373) :
heureux (de ce) que Paul soit revenu
enclin à ce que tout se fasse très vite
- corrélative après *même, autre, tel* (sous réserve des problèmes de statut de la comparative) :
Paul est bien tel que je l'imaginais.

Remarque :
Des points de contact nombreux existent entre l'adjectif et le substantif (ou nom) : la tradition ancienne les regroupait sous la catégorie du "nom", à l'intérieur duquel elle distinguait le **"nom substantif"** et le **"nom adjectif"**.
En pratique, toutefois, la distinction entre substantif (ou nom) et adjectif est claire et opératoire dans l'immense majorité des cas, et elle repose sur deux classes largement disjointes d'éléments. Les procédures de passage d'une classe dans l'autre sont claires : un nom sans article (sans extension) se rapproche de l'adjectif (cf. *Paul est très travailleur, Marie est très artiste*), cependant qu'un adjectif se nominalise en prenant l'article (*le grand, les meilleurs*).
Mais un adjectif nominalisé par l'article ne commute pas toujours avec un nom et ne peut pas toujours être considéré sans restriction comme un GN (cf. *Marie est arrivée la première ; Marie a été la seule à comprendre*).

Fonctions

L'adjectif est toujours "épinglé" sur un nom (comme disent Damourette et Pichon), très souvent au sein d'un groupe nominal (épithète liée ou détachée).

En tant que constituant de phrase, l'adjectif est rapporté à un support nominal par le verbe ou le mouvement de la phrase, en fonction de :
- attribut,
- attribut de l'objet,
- attribut accessoire (du sujet ou de l'objet).

Plus marginalement, d'autres fonctions sont possibles, quand le support nominal est implicite : *Paul mange épicé, Il achète français, Il risque gros* (voir § 168), ou contenu dans l'idée du verbe : *Il voit clair* (on est alors très proche de l'adverbe ; voir § 266).

Pour les emplois du type *J'ai froid*, voir § 168.

Equivalents

Parmi les équivalents de l'adjectif, on peut distinguer :
- expressions ou termes divers (en général de type nominal ou phrastique) assimilables (en discours sinon en langue) à des adjectifs :
  (très) chic
  (très) bon marché
  (très) BCBG ("bon chic, bon genre")
  (très) "suivez-moi, jeune homme"
- autres catégories (ou sous-catégories) présentant une équivalence fonctionnelle plus ou moins systématique avec l'adjectif :
  - participe en *-ant*
  - adverbes, et en particulier adverbes de manière (voir § 153) :
    [une personne] (très) bien, (très) comme il faut
    [la maison] là-bas
    [mon frère] quand il avait dix ans
  - certains groupes prépositionnels :
    de bonne humeur
    sans danger
  - certains types de structures phrastiques averbales (voir § 335) :
    (les) pieds nus
    (les) bras croisés
  - noms, dans certains emplois :
    une crème maison
    le lion, terreur des forêts
  - relatives : l'équivalence fondamentale des relatives avec des groupes nominaux (ou adverbiaux dans le cas de *où P*) n'exclut pas que leurs emplois aient la plupart du temps un caractère adjectival au sein d'un GN :
    le lion, qui terrorise les forêts (cf. *le lion, terreur des forêts*).

17. Adverbe et groupe adverbial

La catégorie de l'adverbe, très composite, regroupe tous les mots invariables sauf les prépositions. Cette définition, formelle et morphologique, fait que
- sont ici considérés comme adverbes des mots habituellement étiquetés "conjonction" (*mais, et*) ou interjection (*hélas*) ;
- ne sont pas considérés comme des adverbes les groupes clairement

décomposables (communément assimilés à des adverbes en raison de leur emploi typique comme circonstant) :
- groupes prépositionnels : *sans (aucun) doute, d'ailleurs, d'habitude, en général* (mais sont adverbes *aujourd'hui, parfois*)
- groupes nominaux : *chaque fois* (mais sont adverbes *autrefois, quelquefois* : les décisions, fondées sur la graphie, sont nécessairement arbitraires, par rapport au continu de la réalité).

Les adverbes ici considérés sont ceux qui peuvent être constituants de phrase (à l'exclusion de ceux qui ne peuvent jamais jouer ce rôle, comme *très*).

Pour les adverbes en *qu-* (*où, quand, comme, comment, combien, que* dans *que c'est gentil !*), aussi *quelque* (dans *quelque prometteur que cela paraisse*), et pour *si*, voir § 21.

Voir aussi les intégratives (et relatives) adverbiales, § 24.

> **Remarque :**
> Une importante zone de contact existe entre l'adverbe et le groupe nominal (sans préposition) dans le domaine de l'expression de la quantité. Le témoignage le plus éclatant en est l'histoire de *pas, point, mie* ou *goutte* devenus "adverbes" de négation. Mais l'origine nominale est encore visible dans la forme de *un peu, beaucoup, longtemps, autrefois*, etc., d'où
> - des hésitations sur l'analyse de groupes comme *la plupart des gens, un peu de répit* (cf. le GN *le peu de temps qui me reste*),
> - des emplois de caractère nominal (par exemple en fonction sujet) de *beaucoup, un peu* (et par extension *combien*).
> Le caractère vivant de cette expression nominale de la quantité est attesté par des emplois familiers tel que *Il ne travaille pas des masses* (*pas un poil*).

Groupe adverbial

L'adverbe s'emploie souvent seul, mais peut avoir divers types d'expansion :
- à gauche : *très (assez, moins, si, bien, particulièrement, presque, ...)*
  facilement (quantification par un autre adverbe)
  beaucoup plus, quelque peu
  tout près, même ici, jusque-là.

La quantification peut être une expression nominale de quantité :
  trois jours plus tard (*trois jours* quantifie *plus tard*)
  vingt ans après (*vingt ans* quantifie *après*)
  un kilomètre plus loin
  dix fois trop

ou un groupe prépositionnel, dans *d'autant plus* (*d'autant* quantifie *plus*)

- à droite : groupe prépositionnel (*indépendamment de ce facteur, de ce que P* (expansion de l'adverbe), d'où les "locutions prépositionnelles" : *près de, loin de (loin de toi, loin d'y penser, loin (de ce) que P)*.

Certains adverbes peuvent être élargis par des sous-phrases, notamment corrélatives (*plus que P, aussitôt que P*) mais aussi relatives (*aujourd'hui que P, aujourd'hui où P*) ou complétives (*déjà que P*); voir la formation des "locutions conjonctives", § 378.

Pour *heureusement que P*, voir § 356.

Fonctions

A côté de certains emplois comme complément essentiel d'un verbe (*Paul est ici, Il va là-bas, Ce film est très bien, Fais autrement*), l'adverbe (le Groupe Adverbial) est par excellence complément accessoire (circonstant); voir Chap. 13.

Remarque :
L'adverbe tombe en dehors de la distinction complément direct / complément indirect : presque toujours, (sauf dans le cas de GPAdverbial : *d'ici*) il est formellement direct, mais son fonctionnement le rapproche des groupes indirects.

L'adverbe s'approche de la fonction sujet quand il est employé comme terme d'annonce et repris par *ce* ou *ça* (*Ici, c'est mieux ; Quand je marche, ça me fait mal*). Le cas des quantificateurs comme *beaucoup* (aussi *combien*) a été signalé ci-dessus.

Les possibilités d'emploi en fonction secondaire, au sein d'un GN, en rattachement direct ou prépositionnel, ne sont pas négligeables : *un type bien; la maison là-bas ; des souvenirs d'autrefois (de quand j'étais enfant)*.

Remarque :
Les corrélatives : [*Marie est plus jolie*] *que Sophie (que n'était Sophie au même âge)* posent des problèmes délicats : sont-elles par elles-mêmes constituant de phrase ou forment-elles un seul constituant (souvent discontinu) avec le terme antécédent (type *plus*) pour lequel elles seraient une expansion ? voir § 286.

Equivalents

Il existe plusieurs types d'équivalents de l'adverbe (ou plutôt de tel ou tel type d'adverbe) :

- Groupe Prépositionnel : il s'agit d'une équivalence très générale, en particulier pour la fonction circonstant (*Marie chante très agréablement et avec beaucoup de goût*). Cf. les "locutions adverbiales".
- Groupe nominal (sans préposition) : *l'autre jour, plusieurs fois* (voir § 308), cf. les compléments de prix, de mesure, et d'une façon générale l'expression nominale de la quantité : *un peu; (pas) des masses* (familier).

Certains adverbes sont substantivés par un article (*le moins; le plus vite ; le mieux du monde ; le plus vite possible ; le plus doucement que j'ai pu*).

- Adjectif invarié : *Paul a parlé net* (voir § 266).

18. Infinitif et groupe infinitival

L'infinitif (comme le participe en *-ant*) est une **catégorie mixte** :

- en tant que **catégorie régissante** (c'est-à-dire ayant des expansions, des compléments), **l'infinitif est un verbe**. C'est une forme verbale non personnelle (n'ayant ni sujet ni marque de personne), dépourvue d'ancrage temporel ou de valeur modale (autre que l'indication du concept), mais qui retient du verbe sa puissance nodale (avec les possibilités de circonstancement et de négation du verbe) :

donner (avoir donné) volontiers un livre à quelqu'un
ne pas le lui donner volontiers.

> **Remarque :**
> Si l'infinitif n'a pas de sujet, il implique néanmoins toujours, en tant qu'il est verbe, une place de sujet (sujet virtuel, logiquement et sémantiquement) : cette place peut rester vide, prise en toute généralité (dans *Il faut manger pour vivre*, valable pour l'ensemble des êtres susceptibles de manger et de vivre), ce qui ne l'empêche pas d'être support d'adjectivation (dans *Il faut rester calme(s)*) ou source de référence (dans *Vivre à sa fantaisie, c'est l'idéal*).

Quand le "sujet virtuel" est spécifié dans le discours, il est appelé **contrôleur** :

Paul veut venir : il y a **coréférence** entre le contrôleur de *venir* (= Paul) et le sujet du verbe introducteur.

Marie demande à Paul de venir : le contrôleur de l'infinitif est co-référent avec le complément indirect du verbe.

Marie propose à Paul d'aller au cinéma : il y a ambiguïté sur le contrôleur (Paul ?, Marie ?, les deux ?).

La question du contrôleur de l'infinitif sera examinée pour chacun de ses emplois.

- en tant que **catégorie régie** (c'est-à-dire étant complément d'un terme), **l'infinitif se comporte comme un nom** (sans en avoir la rection) : il peut être sujet, objet, régime indirect, ... L'équivalence entre l'infinitif et le nom est une donnée fondamentale de la syntaxe.

> **Remarque :**
> L'infinitif ne peut être précédé des déterminants du nom, mais il est souvent précédé (dans des emplois directs) de *de*, considéré alors, non comme une véritable préposition, mais comme un "article de l'infinitif", appelé "indice" :
> *De respirer lui a fait du bien* (infinitif sujet)
> *Je jure de dire la vérité* (infinitif complément direct : cf. *je le jure*)
> Cet emploi de *de* rappelle son emploi partitif (*de l'air*). Voir § 115.
> L'infinitif ne peut pas se pronominaliser en *il*.

L'originalité de ce double comportement, et son importance dans la syntaxe de la phrase, font de l'infinitif (comme, *mutatis mutandis*, du participe) une catégorie syntaxique (ou partie du discours) à part entière, qu'on a intérêt à considérer comme telle (et à ne pas réduire à un simple mode du verbe). Telle était d'ailleurs la tradition ancienne concernant le participe, cependant que le statut de l'infinitif (mode du verbe ou catégorie ?) faisait l'objet de discussions.

Groupe infinitival

Le groupe infinitival (ou Groupe Infinitif) est donc composé de l'infinitif lui-même et de tous les compléments qu'il a, le cas échéant, en tant que verbe (par exemple un objet et un circonstant : *bien savoir sa leçon*). En pratique, on parle souvent simplement d'Infinitif, étant entendu que l'infinitif s'accompagne naturellement de ses compléments éventuels.

On parle souvent de "proposition infinitive" dans le cas de *[J'entends] les oiseaux chanter* (en considérant que *les oiseaux* est le "sujet de l'infinitif"). Cette appellation, trop inexacte, ne sera pas retenue. Pour l'analyse de cette structure, voir § 192.

Fonctions

Dans une phrase verbale, l'infinitif (groupe infinitival) a les fonctions du nom.

Sur l'emploi de l'infinitif comme centre prédicatif autonome, dans la phrase infinitive, voir § 80.

L'infinitif (équivalent au nom) n'a pas lui-même d'équivalent spécifique.

19. Participe et groupe participial

En tant que **catégorie régissante**, le participe en -*ant* est un **verbe** (sans sujet, ni marques de personne ou de temps) :

> *donnant (ayant donné) volontiers un livre à quelqu'un*
> *ne le lui donnant pas volontiers.*

En tant que **catégorie régie**, le participe se comporte comme un **adjectif** : bien que ne s'accordant pas, il se rapporte à un support nominal (ou pronominal) :

> *Voyant cela, Paul (*ou *il) ...*

> **Remarques :**
> **1.** Les formes variables en -*ant, -ante, -ants, -antes,* appelées "adjectifs verbaux", sont de purs adjectifs (*Cette couleur est voyante*).
> **2.** Il a déjà été signalé que les formes dites "participes passés", quand elles ne sont pas des formes auxiliées (dans les temps composés), ne peuvent pas être séparées des adjectifs.

Le terme nominal auquel le participe se rapporte est son **contrôleur**.

Le groupe participial (ou groupe participe) est composé du participe et de tous les compléments qu'il a, le cas échéant, en tant que verbe.

Fonctions

Le participe en -*ant* est peu souvent constituant de phrase : il ne peut pas être attribut du sujet, mais il se rencontre quelquefois comme attribut de l'objet (*Je le vois jouant*).

En revanche, dans certains types de textes, il a une grande fréquence et joue un grand rôle au sein d'un GN (mais avec une certaine autonomie sémantique), comme complément détaché.

Il se rencontre derrière la préposition *en* pour former le **gérondif** (*en mangeant*), auquel cas, en syntaxe stricte, il se rapporte nécessairement au sujet de la phrase.

> **Remarque :**
> On pourrait contester (pour des raisons synchroniques et diachroniques) qu'il s'agisse d'une seule et même forme en -*ant* dans le participe et le gérondif. La présentation ici adoptée, fondée sur l'unicité de la forme, est la plus simple en synchronie.

Sur la structure dite "proposition participiale" (*la nuit tombant*), voir § 334.

Le participe n'a pas d'équivalent spécifique.

20. Préposition et groupe prépositionnel

Peu nombreuses, les prépositions (termes simples) sont des éléments syntaxiques importants. Certaines (en particulier *de* et *à*) sont extrêmement fréquentes.

> **Remarque :**
> La préposition *de* peut être sous-jacente (*heureux [de (ce)] que P*) ; voir § 113.
> Inversement, *de* a des emplois non prépositionnels (devant un nom, devant un infinitif) ; voir § 115.

Groupe prépositionnel (= préposition + compléments)

L'ensemble constitué par une préposition et ses compléments n'est pas équivalent à une préposition (*de la maison* n'est pas équivalent à *de*), mais forme un constituant original, un complément indirect (par définition).

> **Remarques :**
> **1.** Le "groupe prépositionnel", entendu au sens où l'on parle des autres "groupes", serait ce qui est généralement appelé "locution prépositive" : exemple : *à cause de*.
> **2.** On parlera de Groupe Prépositionnel Nominal (Infinitival, etc.) plutôt que de Groupe Nominal Prépositionnel (ou Groupe Infinitival Prépositionnel, etc.) pour des raisons de structure : la préposition précède son complément, et le groupe est prépositionnel avant d'être, en second lieu, nominal (infinitival, ...).

Les prépositions ont comme complément :

- typiquement, un nom ou un pronom :
  à Paris, pour le principe (Groupe prépositionnel nominal)
  pour toi, pour ce qui est de notre affaire, pour rien au monde
  (Groupe prépositionnel pronominal),
- un Infinitif ou une complétive :
  pour finir (GPrép infinitival)
  après avoir parlé
  pour que tout le monde soit content (GPrép complétif).

Ainsi sont formées de nombreuses "locutions conjonctives" : *sans que, depuis que, dès que, pendant que,* etc. (voir § 302); avec *ce* devant *que* (voir § 373) : *à ce que, de ce que, en ce que; parce que.*

- un participe, avec la seule préposition *en* (qui n'admet pas l'infinitif), mais très fréquemment : *en mangeant* (gérondif).

- occasionnellement, un adjectif ou un adverbe :

d'ici, de loin, depuis quand, pour quand (Groupe prépositionnel adverbial); aussi les formations du type *là-dessus* ; *à nouveau, à sec, à froid, à plein* (Groupe prépositionnel adjectival) ;

- dans certains cas, une autre préposition :

pour avant les vacances
pour dans quinze jours
de chez mes parents.

Remarques :

1. Quelques formations prépositionnelles sont difficilement analysables en synchronie : *à tâtons, de travers, à cloche-pied, à tue-tête.*

2. Dans le tour populaire du type *[Ce pain est] pour moi manger*, la préposition a un double complément, nominal et infinitival, d'une façon qui rappelle la construction des verbes de perception (*Je vois les enfants manger*).

On peut ainsi classer les prépositions selon les compléments qu'elles admettent :

- uniquement un GN : *avec, dans, chez, vers, ...*
- un GN et une complétive : *dès, depuis, selon, ...*
- un GN, un Infinitif et une complétive : *à, de, pour, sans, ...*

Ici comme ailleurs, la triade de termes équivalents que constituent le GN, le GInf et la complétive joue un rôle important :

sans raison
sans prévenir
sans qu'on sache pourquoi.

Fonctions

Une préposition peut être régie par un verbe, un adjectif, un nom, un adverbe (*loin de*), ou se trouver appelée par la nécessité d'instaurer une relation entre un terme et une relation prédicative ou une phrase (dans le cas d'un circonstant détaché).

Par suite, le Groupe Prépositionnel, constituant syntaxique capital, constitue (par définition) un complément indirect, qui peut être :

- complément essentiel derrière certains verbes (*être en vacances; renoncer à un projet*)

- complément accessoire: circonstant

- interne à un groupe (fonction secondaire) : *le train pour Paris, les enfants de ma sœur.*

> **Remarque :**
> Le complément indirect étant le GP dans son ensemble (par exemple
> *à un projet*, dans *renoncer à un projet*), ce n'est que par une sorte de
> raccourci (et pour donner au GN un statut au niveau de la phrase) que
> l'on peut parler du GN *un projet* comme étant par lui-même complé-
> ment indirect : il est simplement, en toute rigueur d'analyse syn-
> taxique, complément de la préposition *à*.

21. Une même famille, plusieurs catégories : les termes en *qu-*

Il existe des "familles" de termes dont les membres appartiennent à des catégories différentes : ainsi les démonstratifs en *c-* (adjectif : *ce livre*, pronoms : *ça, celui-ci*, etc.).

Le cas le plus important pour la syntaxe de la phrase est celui de la famille des termes en *qu-*. Ces termes (à valeur fondamentalement indéfinie) sont (avec *si*) les seuls termes interrogatifs et les seuls connecteurs du français.

Ces termes constituent un ensemble peu nombreux et nettement structuré :

Pronoms : *qui, que, quoi.* La répartition entre ces pronoms varie selon qu'ils sont interrogatifs ou relatifs. En emploi interrogatif, *qui* renvoie à un animé, *que* et *quoi* (respectivement forme atone et forme tonique) à un inanimé.

La valeur fondamentale indéfinie, par exemple de *qui* dans un segment *qui V*, peut se gloser en disant que le pronom marque un parcours (sans sélection) de toutes les valeurs possibles pouvant vérifier (instancier) le prédicat V : "quiconque V", "celui, quel qu'il soit, qui V". L'effet interrogatif (obtenu avec les marques contextuelles et dans les relations d'interlocution appropriées) correspond à la nécessité déclarée de pointer la valeur qui instancie effectivement V dans la situation considérée, c'est-à-dire à la nécessité de mettre fin à l'indétermination (indéfinition).

Adjectif : *quel* (parcours des qualités), et par suite pronom *lequel*

Adverbes : *où* (latin *ubi* : l'initiale *kw-* est tombée) (parcours des lieux)

quand (parcours des valeurs temporelles)

comme (bas-latin **quomo*, de *quomodo* ; parcours des valeurs de manière), et les formes dérivées :

comment (= *comme* + *ment*, suffixe adverbial)

combien (= *comme* + *bien*)

que (homonyme du pronom : *que c'est gentil !* ; latin *quam* ; parcours des degrés possibles).

On peut ajouter *pourquoi* (dont la formation est transparente : *pour* + *quoi*), et *dont* (étymologiquement adverbe doublet de *d'où* ; uniquement relatif).

Cette famille remonte aux origines connues de notre système linguistique : à l'indo-européen, comme en témoigne l'existence de séries de termes très proches par leur morphologie et leurs emplois (indéfinis-interrogatifs, généralement aussi relatifs), non seulement à date historique en sanskrit, en grec, en latin, etc., mais encore à notre époque dans les langues germaniques (les termes en *wh-* de l'anglais, en *w-* de l'allemand), dans les langues slaves, les langues celtiques, etc., et bien entendu dans les langues romanes.

Ces termes constituent une grille de catégorisation de l'expérience humaine, filtrée par le langage ("qui a fait quoi, où, quand, comment et pourquoi ?" ; cf. la rhétorique), restée remarquablement stable au fil de l'évolution des langues.

Leurs emplois interrogatifs (*qui as-tu vu ?*) et exclamatifs (*comme c'est gentil !*) en phrase simple sont étudiés au Chap. 4.

Les emplois indéfinis, en phrase simple, ne sont pas attestés directement (c'était déjà pour l'essentiel le cas en latin) ; mais un système proche a été refait à partir de l'adjectif *quelque* (lui-même formé par réduplication de la racine *qu-*, selon un principe de formation que le latin exploitait déjà) : *quelque, quelqu'un, quelque chose, quelque part* (lieu), *quelque temps* (cf. *quelquefois*), *en quelque sorte* (manière), *quelque peu*, etc.

Remarque :
Dans le tour recherché et archaïsant *Ils allaient qui d'un côté, qui de l'autre*, on a sans doute affaire au pronom indéfini *qui* (animé) : "certains (quels qu'ils soient) allaient d'un côté, certains (quels qu'ils soient) allaient de l'autre côté". De même (selon Moignet) dans l'emploi populaire de *quoi* (*Il fallait bien y aller, quoi !*).
L'ensemble de la série (ou presque) se retrouve avec une valeur indéfinie parfaitement claire, devant un relatif, dans les structures dites concessives du type :
qui que vous soyez
quoi que vous fassiez
quelles que soient les difficultés
quelques efforts que vous fassiez (avec *quelques*, adjectif ; équivalent à *quels* renforcé)
où que vous alliez
quelque difficiles que soient ces problèmes (avec *quelque* : adverbe ; équivalent à *que* adverbe renforcé). Voir § 336.

Quel que soit leur emploi, les termes en *qu-* restent nécessairement ce qu'ils sont et ne changent pas de catégorie : *qui* est toujours un pronom, et *quand* ou *comme* toujours des adverbes, y compris en cas de rôle connecteur (ou "conjonctif").

> **Remarque :**
> Les adverbes marquant la quantité (*combien*) ou le degré (*que*) peuvent porter (au moins en apparence) sur des noms : *que de complications, combien de fois* (d'où un fonctionnement de GN).

22. Les propositions subordonnées (ou sous-phrases)

Les termes en *qu-* (ainsi que *si*) ont aussi la propriété, d'une singulière importance, de permettre d'enchâsser des structures de phrase comme termes de phrase. Dans la sous-phrase, ils occupent alors nécessairement la première place (position dite du "complémenteur" par les générativistes), sous réserve d'aménagements s'ils font partie d'un groupe (*vous savez au nom de qui il parle*).

Schématiquement, cet enchâssement peut se réaliser de quatre façons, auxquelles correspondent les **quatre grands types de subordonnées (par connexion)** du français :

- **percontative :** connecteur(?) doté de fonction, non anaphorique
  [dis-moi] qui tu as vu
  [dis-moi] où tu vas

- **intégrative :** connecteur doté de fonction, non anaphorique
  qui dort [dîne]
  quand on veut, [on peut]

- **relative :** connecteur doté de fonction, anaphorique(?)
  [le livre] qui est là
  [la maison] où je suis né

- **complétive :** connecteur non doté de fonction, non anaphorique
  [je crois] que c'est fini

Le tableau ci-dessous figure la correspondance avec les dénominations des propositions subordonnées usuellement utilisées (écrites en italique) :

percontative	*interrogative indirecte*
intégrative (pronominale)	*relative sans antécédent*
" (adverbiale)	*circonstancielle en* qu- *ou* si
relative	*relative avec antécédent*
complétive	*complétive*

Ces quatre catégories saturent un cadre logique : toute subordonnée introduite par un connecteur doit appartenir à l'un de ces quatre types.

Equivalence entre proposition subordonnée et terme simple

Les percontatives sont toujours équivalentes à un GN.

Les autres subordonnées sont équivalentes à un groupe de la catégorie de leur terme introducteur ; elles SONT elles-mêmes, en fait, des groupes, d'un type particulier, de la catégorie de leur terme introducteur.

Remarque:
Le fait de parler de "proposition subordonnée" suppose un verbe principal mais n'entraîne pas l'existence d'une "proposition principale", qui se trouverait réduite au seul verbe dans
Que Paul ait gagné montre qu'il était le plus fort.
Les propositions sont emboîtées hiérarchiquement, et non juxtaposées ; voir § 44.

Pour les autres types de sous-phrases (sans connecteur), voir § 27.

23. Subordonnées percontatives

Le connecteur (si tant est qu'il mérite ce nom, la subordonnée, enchâssée directement, conservant un caractère proche d'une indépendante) est

- doté d'une fonction (variable selon les cas) dans sa sous-phrase (*qui* est objet de *as vu* dans *Dis-moi qui tu as vu*),

- non anaphorique (il ne reprend aucun élément présent dans le discours).

Peuvent introduire une percontative :

- pronoms : ***qui*** (référent animé ; toutes fonctions).

> ***que*** et ***quoi*** (référent inanimé) n'ont plus que des emplois directs résiduels (*Je ne sais que faire ; Je ne sais pas quoi faire*) et sont suppléés par une autre structure, le tour *ce qu-* (*Je ne sais pas ce que je dois faire*). Mais *quoi* reste d'emploi vivant derrière une préposition.

- adjectif : ***quel*** (et ***lequel***).

- adverbes : ***où, quand, comment, combien, pourquoi.***

> ***comme*** ne peut être qu'exclamatif.

> ***que*** (adverbe de degré) n'a que des emplois résiduels (*Vous vous rappelez que de mal Paul s'est donné !*) ; il est généralement suppléé par un autre adverbe ou *ce que* (*Vous vous rappelez ce qu'il s'est donné comme mal !*)

De plus, *si*, interrogatif ou exclamatif.

Exemples :
Je voudrais savoir (je ne sais pas, je sais) qui a gagné la course
(quelle mouche l'a piqué, où il est allé)
Paul cherche (se demande) comment il pourrait faire
Paul se demande s'il va réussir.

La **perspective percontative** réside en ceci que la subordonnée indique une question ouverte (même après *je sais*), l'indéfini balayant toutes les valeurs possibles sans sélection, comme dans l'interrogation simple. Avec *si*, les valeurs parcourues sont le "oui" et le "non".

Ce fonctionnement est **indépendant de la valeur (illocutoire) de l'énoncé dans son ensemble** : le fait que celui-ci soit une demande d'information (*Dis-moi qui a gagné*) ou l'affirmation d'une connaissance (*Je sais qui a gagné*) ne change rien au sémantisme local inhérent à la subordonnée, qui marque par elle-même une question ouverte (même si sa réponse est dans le même temps, sans être donnée, déclarée connue : *Je sais qui ...*).

Les **percontatives exclamatives** ("exclamatives indirectes") ouvrent (fictivement) un débat circonscrit dans le "haut degré" (voir § 66) :
Vous n'imaginez pas quelle chance j'ai eue !
Si vous saviez combien je suis fatigué !
Voyez comme c'est facile ! (*comme* ne peut être qu'exclamatif, proche de *combien*)
Vous savez si je vous aime ! (dans l'interprétation exclamative, il ne s'agit pas de "oui / non", mais de "quelle est la force de l'amour profond que j'ai pour vous" : *si* est alors senti comme "adverbe de degré").

Equivalence : les percontatives sont toujours équivalentes à un GN, quel que soit le terme qui les introduit (pronom, adverbe, adjectif). Cette propriété sépare les percontatives des intégratives (et des autres subordonnées), et montre que, même si le matériel est le même, il y a entre elles des différences profondes : leur mode de rattachement est radicalement différent.

Emploi : les percontatives ne sont courantes que comme complément direct d'un verbe (*Dis-moi qui tu as vu* ; voir § 187) ou comme terme hors fonction (en prolepse ou reprise : *Qui a fait ça, je ne vous le dirai pas !*). Elles ont occasionnellement d'autres emplois :
Cette incertitude s'il doit venir est pesante (percontative complément de nom ; recherché)
Qui a commis ce crime n'a jamais été établi (percontative sujet)
Je me moque de pourquoi vous avez fait ça ! (percontative indirecte ; familier).

> **Remarque :**
> C'est la double inadéquation, rapidement pointée ci-dessus, des termes de subordonnée "interrogative" et "indirecte" qui fait préférer le terme moins dangereux de "percontative".

24. Subordonnées intégratives

Le terme connecteur est clairement le pivot organisateur des deux structures de phrase. Il est :

- doté d'une fonction dans sa subordonnée : le connecteur est en rapport avec le verbe de sa sous-phrase. Mais il est aussi en rapport avec le verbe principal : il a en fait une double portée (fondamentalement à l'identique), sur les deux verbes,

- non anaphorique.

Exemples :

Qui veut voyager loin ménage sa monture (*qui,* pronom indéfini, est sujet du verbe de sa subordonnée; la subordonnée qu'il introduit est, de son fait, sujet du verbe principal : "celui, quel qu'il soit, qui veut voyager loin, - (celui-là) ménage sa monture").

Quand on veut, on peut (*quand,* adverbe indéfini, marque une circonstance temporelle sur le verbe de sa subordonnée; la subordonnée qu'il introduit marque, de son fait, une circonstance temporelle sur le verbe principal : "au moment, quel qu'il soit, où on veut, - (à ce moment-là) on peut").

La différence de perspective avec les percontatives réside dans le fait que le parcours des valeurs sans sélection ne laisse pas de question ouverte : toute valeur qui satisfait V1 (verbe de la subordonnée) est déclarée satisfaire également V2 (verbe principal). Les connecteurs sont *a priori* les mêmes :

Dis-moi qui tu veux voir (percontatif, indéfinition à dépasser) - *Je verrai qui je voudrai* (intégratif, indéfinition maintenue : toute valeur est bonne; remarquer que ce *qui* objet ne peut pas être le pronom relatif).

Dis-moi quand tu partiras - Je partirai quand je voudrai.

Exception : à *comment* percontatif correspond *comme* intégratif :

Dis-moi comment tu fais - Je fais comme je veux.

Mais une distinction s'impose entre les intégratives introduites par un pronom (résiduelles) et les intégratives introduites par un adverbe (très vivantes).

Intégratives pronominales

On ne rencontre plus que des intégratives en *qui* (indéfini animé ; toutes fonctions). Pour l'inanimé, *que* et *quoi* sont complètement remplacés par les structures *ce qui, ce que*.

Les intégratives pronominales en *qui* ne sont elles-mêmes plus qu'une survivance, limitée pour l'essentiel à des emplois comme sujet (cf. *Qui dort dîne* et autres dictons) ou à des formules courantes mais figées (*qui vous voulez, qui vous savez : Allez voir qui vous voulez*).

Remarque :
Leur dénomination habituelle de "relative sans antécédent" est inadéquate en ce que le connecteur *qui* n'est pas le relatif : il n'a pas les emplois du *qui* relatif, mais ceux du *qui* interrogatif percontatif (par exemple l'emploi comme objet dans *Embrassez qui vous voulez*) ; il s'agit d'un indéfini, pour lequel la question d'un antécédent ne se pose pas.

Equivalence : une intégrative introduite par un pronom (*qui*) est un groupe pronominal, c'est-à-dire en fin de compte l'équivalent d'un **groupe nominal**.

(Les intégratives en *quel* ont disparu depuis l'époque classique. Molière écrivait encore : *Vous pourrez avoir avec eux quel mal il vous plaira.*)

Intégratives adverbiales

Les intégratives adverbiales (habituellement : "subordonnées circonstancielles") en *quand* ou *comme* sont en revanche très vivantes :
Quand on veut, on peut
Venez quand vous serez prêt
Paul a fait comme on lui avait demandé (de faire).

Les intégratives en *où* (*Allez où on vous a dit d'aller*) sont concurrencées par *là où*, avec *où* relatif : *Allez là où on vous a dit d'aller.*

Pour la série (importante) des intégratives avec *que* adverbe intégratif, seul (*Il ment, que c'est une honte !*) ou corrélatif (*Marie est aussi jolie qu'elle est gentille*), voir § 285 sq. Voir aussi les "locutions conjonctives" du type **aussitôt que, tant que**, § 290.

Intégratives en *si* (hypothétique) :
Si vous avez fini, vous pouvez sortir.

Les connecteurs intégratifs adverbiaux prennent en contexte des valeurs sémantiques diverses (ce qui n'est pas le cas avec les percontatives).

> **Remarque :**
> Pour les autres formations habituellement rangées sous l'étiquette de
> "subordonnée circonstancielle", voir § 378.

**Equivalence : une intégrative introduite par un adverbe est un Groupe
Adverbial** .

Emploi : les intégratives adverbiales sont de façon privilégiée complément circonstanciel; comme les adverbes, elles peuvent jouer d'autres rôles d'une façon occasionnelle :
> *des souvenirs de quand j'étais enfant* (l'intégrative adverbiale est complément de *de*, le Groupe Prépositionnel Adverbial étant complément de nom; cf. *des souvenirs d'autrefois).*

Pour le cas des corrélatives en *que*, voir § 286.

25. Subordonnées relatives

Le connecteur est doté de fonction dans sa subordonnée comme dans les cas précédents, mais il est de plus anaphorique (il reprend un terme antécédent), au moins en apparence :
> *le médecin qui est venu*
> *la maison où je suis né.*

> **Remarque :**
> Dire que le relatif est anaphorique de son antécédent n'est pas totalement exact, dans la mesure où il contribue très fréquemment à le déterminer. On peut faire l'hypothèse que le relatif est à l'origine un intégratif, qu'un terme (devenu son antécédent) vient saturer. Il est difficile d'expliquer autrement le passage d'un indéfini à un anaphorique.

Pronoms relatifs : le système se différencie nettement de celui des pronoms interrogatifs ou intégratifs :

qui : sujet, avec l'antécédent animé ou inanimé ; aussi, avec antécédent animé : régime de préposition ;

que : complément direct, animé ou inanimé ; nombreuses extensions d'emploi ;

quoi : avec antécédent inanimé, régime de préposition (emplois limités, avec valeur indéfinie).

Un second système existe, formé sur *lequel* (*laquelle*, etc., reprenant les marques de genre et de nombre de l'antécédent, animé ou inanimé) : emploi recherché comme sujet (relative appositive), interdit comme complément direct, courant derrière préposition.

Adverbes : *où* (seul adverbe).

L'adverbe **dont** (latin *de unde*) concurrence *d'où*, mais surtout il se rattache au système du pronom en concurrençant (dans des conditions complexes) les formes *de qui, de quoi, duquel* (*de laquelle*, etc.).

Emploi : Du fait de leur rattachement à un antécédent (le plus souvent nominal), les relatives sont très généralement des constituants secondaires, internes à un GN (épithète ou apposition). Elles ne peuvent remplir la fonction attribut. Dans la grande majorité de leurs emplois, elles n'interviennent donc pas dans la structure de la phrase au niveau des constituants primaires.

Néanmoins, une relative est constituant de phrase dans quelques cas :
- dans le "clivage" : *c'est X qu-*, et ses extensions (voir § 155)
- comme attribut de l'objet :
   Je vois les enfants (je les vois) qui jouent au ballon.

Équivalence : On a coutume de considérer que les relatives sont équivalentes à des adjectifs, en raison de leur emploi privilégié auprès du nom, comme épithète (ou apposition), avec possibilité de coordination entre relative et adjectif. Mais la relative se distingue de l'adjectif en ce que la fonction attribut du sujet lui est impossible. De plus, l'équivalence avec l'adjectif n'est plus possible dans le clivage et la construction à attribut de l'objet. En fait, la correspondance souvent alléguée entre l'adjectif et la relative dans *la rose qui est rouge / la rose rouge* est déterminée par la forme du prédicat (avec *être*); à une relative au prédicat autre que *être* correspond plutôt une paraphrase nominale :

   les animaux qui mangent de la viande / les animaux mangeurs de viande
   le lion qui terrorise les forêts / le lion terreur des forêts
   le gardien (,) qui détient la clé / le gardien détenteur de la clé.

Il est plus cohérent avec l'ensemble du fonctionnement des subordonnées de dire que la relative introduite par un pronom est un groupe (pro)nominal, peut-être systématiquement équivalent à un nom en *-eur* (cf. *c'est Paul qui a gagné / c'est Paul le vainqueur*), c'est-à-dire à un type de nom ayant des propriétés communes avec l'adjectif, et en particulier susceptible comme lui de s'employer comme épithète auprès d'un nom.

Les mêmes raisons font considérer les relatives en *où* comme des formations adverbiales (cf. *la maison où je suis né / la maison là-bas*).

26. Subordonnées complétives

Le connecteur (*que*) n'est ni anaphorique ni doté de fonction : c'est le type du connecteur "pur" : ne reprend rien à gauche, sans fonction à droite (du moins en apparence, voir § 372). De ce fait, la structure de phrase enchâssée est très proche d'une indépendante.

> *Je crois qu'il va pleuvoir*
> *Je dis que Paul, c'est un farceur* (prolepse dans la complétive)
> *Je pense que oui* (complétive réduite à *oui*).

Une complétive peut aussi se rattacher à un nom (qui peut alors être senti comme proche d'un antécédent), par exemple dans :

> *son idée que tout va mal*
> *la peur que le ciel leur tombe sur la tête,*

ou à un démonstratif :

> *Tu as raison, à ceci près que tes prémisses sont fausses !*
> *Il a dit ceci d'incroyable qu'il s'en moquait complètement !*

En particulier, le *que* complétif est obligatoirement précédé de *ce* derrière certaines prépositions comme *à* et *de* :

> *Je tiens à ce que vous veniez.*

Remarque :
Ces faits (et la diachronie) tendent à indiquer que le *que* complétif est à l'origine le pronom relatif, attribut d'un verbe *être* sous-jacent : *son idée que P* = "son idée que P [est]" ; "P (= tout va mal) est son idée" *ceci d'incroyable que P* = "ceci d'incroyable que P [est]" ; "P (= il s'en moque complètement) est cette chose incroyable".
Cette analyse est nécessaire pour d'autres emplois de *que* (voir § 371).
Dans le cas de *Il dit que P*, l'analyse est la même, à ceci près que le *que* complétif repose sur un pronom intégratif (sans antécédent) et non sur un relatif ("P est quoi [= ce que] il dit").
Ces considérations ne remettent pas en cause ce qui fait la spécificité du *que* complétif, une fois dégagé de ses origines et devenu "connecteur pur". Le point essentiel est qu'il ne joue pas de rôle dans la proposition qu'il introduit, telle qu'elle se présente.

Le *que* complétif se retrouve dans de nombreuses "locutions conjonctives" : *pour que, parce que, de peur que.* Voir § 302.

Équivalence : une complétive est (équivalente à) un groupe (pro)nominal : le fait est reconnu et admis, mais on doit ajouter qu'il se justifie par l'analyse du *que* qui l'introduit.

Emploi : les complétives sont une pièce essentielle du dispositif syntaxique : elles représentent la possibilité de nominaliser une structure de phrase sans la modifier, et de l'insérer dans une structure matrice comme on ferait d'un nom. Elles peuvent être non seulement complément direct (emploi type), mais sujet, séquence d'impersonnel, régime de préposition, complément de nom, etc. : toutes les fonctions du nom leur sont accessibles.

27. Sous-phrases sans connecteur

D'autres sous-phrases se rencontrent (sans connecteur), qui sont des formes de phrase affectées de perte d'autonomie ou de "dégradations" diverses :

Enchâssement direct par citation :
Il a dit : "Je suis d'accord."
Paul a grommelé : "Va pour cette fois !" ("Bof !").

La phrase enchâssée, typiquement en fonction d'objet, est traitée comme un GN (voir § 190).

Sous-phrases compléments accessoires (sans connecteur) :

Les procédés de subordination à l'œuvre dans ces sous-phrases (auxquelles est consacré le Chap. 16) sont essentiellement la dégradation de la phrase au niveau du verbe (celui-ci apparaissant comme participe, ou n'apparaissant pas du tout) et la mise en relation paratactique. Quelques exemples :

- Subordonnées paratactiques (voir § 341 sq.) :
Vous m'auriez appelé, je serais venu tout de suite.
Plus il gagne d'argent, plus il en veut.
Paul a beau crier, on ne l'écoute pas.
A peine était-il arrivé, il prenait les choses en main.

La première proposition, subordonnée paratactiquement, fait fonction de circonstant. Se rattachent à ce type de fonctionnement certaines complétives :
Qu'il pleuve ou qu'il vente, Paul sort tous les jours. (voir § 343)

et les subordonnées en *qu... que* ou *si... que* telles que
qui que vous soyez, quoi que vous fassiez
où que vous alliez, quelque malin qu'il soit (voir § 336)
si malin qu'il soit (voir § 337).

- Incises et incidentes (décalage de plans énonciatifs) :
J'accepte, dit-il (voir § 338)
Il a (on s'en doute) accepté (voir § 339).

- Sous-phrases dégradées au niveau du verbe : propositions participiales (voir § 334) :
La nuit tombant, ils rentrèrent
Les choses étant ce qu'elles sont, voilà ce que je propose.

Avec l'ellipse de *étant*, on arrive à des **sous-phrases nominales** (voir § 335) :
Cette affaire (étant) terminée, nous pouvons penser à la suite.
Nous réglerons cette question le moment venu.

Paul (étant) Président, les affaires marcheront mieux.
Il est tombé la tête la première.
Paul arriva, les mains dans les poches.

Certaines de ces structures peuvent prendre une coloration adjectivale :
*Il était pieds nus (*ou *nu-pieds).*

3

LES RELATIONS : LINÉARITÉ ET STRUCTURE

28. Les procédés de mise en relation

Les procédés de mise en relation des constituants sont au nombre de trois :
1. **l'ordre des mots.**
2. **la prosodie, à l'oral, ou la ponctuation, à l'écrit.**

Ces deux premiers procédés sont inséparables : les constituants ne sont pas simplement rangés dans un certain ordre, comme on alignerait une série d'objets ou de chiffres sur un espace neutre et homogène; ils sont plus ou moins serrés ou disjoints, collés ou dissociés, hiérarchisés ou traités comme égaux : la prosodie (ou la ponctuation) les découpe en blocs, accuse ou atténue la distance entre deux groupes consécutifs, et donne des indications sur le type de relation qu'ils entretiennent.

Ainsi par exemple le placement d'un constituant à l'initiale de la phrase s'accompagne souvent de marques prosodiques de détachement :

Sous Louis XIV, la monarchie était absolue
Paul, je ne l'avais pas vu depuis des années,

les deux concourant à marquer le caractère pour ainsi dire "en dehors de la phrase" du complément initial. A l'inverse, un complément placé au voisinage immédiat du verbe, au cœur de la phrase, fait corps prosodiquement avec lui dans la majorité des cas, le rapport étroit au verbe étant ainsi doublement marqué par la contiguïté et la cohésion :

J'aimerais bien aller vous voir.

Chacun de ces deux procédés contribue à établir plusieurs niveaux de structuration : syntaxique, communicative, énonciative (modalités de phrase). Chaque niveau de structure s'établit grâce à ces deux procédés.

3. l'accord : ce procédé accessoire (de redondance de marques) indique certaines relations syntaxiques importantes, comme la relation entre le sujet et le verbe. Ce marquage (dont les réalisations sont très différentes à l'écrit et à l'oral) peut, selon le cas, être décisif (désambiguïsant) ou apporter une simple confirmation d'une relation s'établissant sans équivoque.

29. La linéarité (l'ordre des mots)

La linéarité s'impose au locuteur comme une contrainte : on ne peut pas prononcer, ni écrire, deux mots en même temps. Pour le récepteur, il peut sans doute arriver qu'il entende ou voie deux mots simultanément, mais on peut tenir pour normal que son interprétation se déroule elle aussi dans le temps, avec une progression qui intègre les éléments selon leur ordre d'arrivée un par un.

Ordre contraint / ordre libre :

L'ordre des constituants sur la chaîne parlée (ou écrite) est, pour le locuteur, un mélange de liberté et de contrainte. Il doit ordonner son discours, en fonction de sa visée (elle-même soumise à un développement temporel), en tenant compte d'un ensemble de déterminations parmi lesquelles, pêle-mêle et entre beaucoup d'autres, la nécessité de commencer par dire de quoi on va parler, la quasi-nécessité (sauf conditions particulières) de mettre le sujet avant le verbe, le respect de contraintes formelles comme la place de la négation ou des clitiques, etc.

Certains constituants ont un placement fixe (ainsi les pronoms clitiques) ou quasi-fixe (par exemple les termes interrogatifs en *qu-*). D'autres (les GPrép et les adverbes, constituants non soumis à accord) peuvent apparaître à différents points de la phrase. Cette liberté est liée au fait qu'ils ne déterminent généralement pas les fonctions décisives de l'énoncé : elle se réduit ou disparaît quand il leur arrive d'être compléments essentiels (*Paul est ici*).

Parler de "liberté de placement" d'un terme ne signifie pas que la place qu'il occupe n'est pas signifiante (que toutes les places sont équivalentes) : une différence de placement s'accompagne nécessairement d'une différence, si légère soit-elle, de portée (et donc d'une différence dans la signification totale de la phrase), même si cette différence est trop ténue pour être considérée comme une différence de fonction grammaticale.

Les GN ont une liberté de placement limitée par l'importance décisive de leur position par rapport au verbe. On peut parler à cet égard de contraintes de précorrection d'ambiguïté. Une sorte de compensation existe néanmoins, dans la possibilité d'emploi comme "termes libres", hors fonction (*Paul, je le connais depuis vingt ans*).

Tendances générales concernant l'ordre des mots :

Sans pouvoir parler de règles absolues (ni, *a fortiori*, d' "ordre naturel"), on constate un certain nombre de régularités dans l'ordre des mots. Toutes choses égales d'ailleurs, on trouve plus fréquemment :

- un complément direct avant un complément indirect (ce qu'on peut expliquer en disant que le complément direct est *a priori* senti comme plus étroitement rattaché au verbe, et que, en sens inverse, le complément indirect est plus autonome);

- un complément court avant un complément long (ce qu'on peut expliquer en disant que le complément long, plus développé, est *a priori* plus informatif, plus rhématique, et de ce fait tend vers une position finale).

Le rôle de l'ordre des mots :
L'ordre des mots joue un rôle capital sur trois plans :
- dynamique communicative (et structuration thématique),
- structuration syntaxique (fonctionnelle),
- modalité de phrase (voir sur ce point le Chap. 4 ; cf. l' importance de l'ordre respectif du verbe et du sujet pour la modalité de phrase : *tu viens / viens-tu ?*).

Le même fait d'ordre peut selon le cas valoir prioritairement sur l'un ou l'autre de ces plans : la postposition d'un GN au verbe s'interprète *a priori* sur le plan syntaxique comme marquant la fonction objet, mais si d'autres indices conduisent à interpréter ce GN comme sujet, la postposition restera signifiante au plan thématique (*puis vinrent les autres*).

La façon dont un locuteur agence linéairement les termes qu'il a choisis constitue un des éléments de son "style", mais la grammaire cherche à appréhender les faits de style en termes de fonctionnement, plutôt qu'à travers des jugements esthétiques.

30. Ordre des mots et dynamique communicative (thématisation)

L'ordre des mots (lié à l'intonation) est ici dans sa fonction première.

1. D'une façon générale, **la place d'un terme est signifiante**, quelle que soit sa fonction syntaxique. Des relations s'établissent entre les termes, du seul fait de leur contiguïté : relations de compatibilité ou de contraste, d'intégration ou de juxtaposition, de portée précise ou diffuse, de spécification, d'explicitation, etc. Seule une partie de ces relations est appréhendée, codifiée et étiquetée par la syntaxe des fonctions.

Ainsi, dans une phrase commençant par
Au XVIIIe siècle, la bourgeoisie ...
une association naturelle se crée, compte tenu de leur compatibilité sémantique, entre le GPN initial, interprété comme un circonstant indiquant le cadre temporel de l'énoncé, et le GN : cf. la paraphrase *la bourgeoisie du XVIIIe siècle*, mais celle-ci, par ailleurs, instaure une relation (explicite) légèrement différente entre le nom et le repérage temporel.

2. Un énoncé dans son ensemble comporte une **dynamique communicative**, selon laquelle normalement l'information va croissant, **du thème vers le rhème** : une fin d'énoncé qui n'apporterait rien au plan informatif serait inutile.

Le **début de l'énoncé** comporte naturellement l'indication de ce sur quoi l'énoncé va rouler, le **thème** ou **topique** = ce dont on parle. Ainsi un énoncé, de structure banale, comme

Paul est arrivé le premier

est un énoncé à propos de *Paul* (thème), dont il est dit qu'il *"est arrivé le premier"* (propos).

> **Remarque :**
> Divers **procédés de thématisation** permettent de faire apparaître en début de phrase des éléments thématiques : le choix entre la diathèse active et la diathèse passive, le lancement d'un ou plusieurs GN proleptiques, etc.

Puis la **suite de l'énoncé** énonce le **propos**. Dans

Paul n'est pas arrivé à huit heures,

on constate que la négation (souvent utilisée, de même que l'interrogation, comme critère pour dégager le propos de l'énoncé) porte sur le circonstant ("Ce n'est pas à huit heures que Paul est arrivé (mais à neuf heures)"), d'où l'interprétation de celui-ci comme étant le rhème de l'énoncé (l'information essentielle et nouvelle, qui motivait l'énonciation). Le dernier à droite des compléments liés au verbe apparaît normalement comme le rhème par excellence :

Paul n'a pas traversé la Seine à la nage ("... mais en barque").
Paul n'a pas traversé à la nage la Seine ("... mais l'Orne").

La devinette *Pourquoi Napoléon portait-il des bretelles vertes ?* égare le destinataire en lui faisant attribuer spontanément un rôle rhématique à *vertes* (= "Pourquoi les bretelles que Napoléon portait étaient-elles vertes ?").

> **Remarque :**
> Divers **procédés de rhématisation** permettent de faire apparaître à droite du verbe les constituants voulus rhématiques ; par exemple :
> *Il est arrivé un accident* (voir § 97)
> *C'est Paul qui l'a dit* (voir § 155 ; cette façon d'identifier tout spécialement un terme (*Paul*) afin de dégager clairement sa valeur rhématique est souvent appelée **focalisation**).
> Pour souligner la valeur rhématique d'un verbe, on dira :
> *Paul ne fait que (de) brailler*
> *Ce que Paul fait, c'est brailler* ("... et non pas *chanter*").

Mais une **fin de phrase**, détachée par l'intonation (comme si l'élément arrivait après la fin de la phrase), peut marquer au contraire **le rappel d'un thème connu** des interlocuteurs (on parle alors quelquefois d' "anti-topique", ou d'un élément "post-final") :

Je ne l'ai pas encore vu aujourd'hui, Paul (tour très courant).
Eh !, vous la retrouverez, votre casquette (Flaubert).

Ils arrivèrent enfin, ces fameux Comices ! (Flaubert ; les Comices ont été évoqués précédemment).

Remarque :
L'intonation peut contrebalancer l'ordre des mots : dans *Paul* [fortement accentué] *est arrivé le premier*, elle confère une valeur rhématique à *Paul*.

Le **rhème** d'une séquence a **vocation à devenir le thème** d'une séquence suivante (de repéré, il devient à son tour repère), et ainsi de suite. *Il y a* est la formule type pour introduire (à partir du "thème zéro" qu'est la situation, représentée par *il* impersonnel) un actant (rhématisé), destiné lui-même à servir immédiatement de thème par rapport au propos suivant :

Il y a Jean, il m'a dit que ...
Il y a quelqu'un qui vous demande
cf. aussi *Il y a des fois, je me demande comment tout ça va finir.*

31. Ordre des mots et structuration fonctionnelle

L'ordre des mots fournit pour la structuration syntaxique de l'énoncé :

1. un certain nombre de repères stables, en particulier du fait des termes à place fixe : par exemple un terme en *qu-*, s'il n'est pas interrogatif, est une borne de proposition (sauf dans *ne ... que*).

2. de fortes présomptions sur la "macro-structure" de l'énoncé : toutes choses égales d'ailleurs, on s'attend par exemple à trouver l'ordre "Sujet - Verbe - Compléments", d'où :

- un certain nombre d'hypothèses guidant la mise en place de l'interprétation. Par exemple : le premier GN libre est le sujet présumé de la phrase (sauf dans un certain nombre de cas énumérables : le GN est du type *le matin, chaque année*, ou du type *quel N*; le GN est détaché intonativement : prolepse, vocatif, ...) ;

- le fait que c'est *a priori* l'ordre des constituants qui détermine la fonction dans une suite du type GN1 - V - GN2 : les deux phrases *Paul bat Jean* et *Jean bat Paul* se distinguent par la place respective des deux GN. La postposition du sujet nominal est à peu près impraticable si le verbe comporte un objet ou un attribut (mais la postposition du sujet pronominal clitique ne pose pas les mêmes problèmes).

Remarque :
Il va de soi que l'ordre des mots n'est pas toujours suffisant ; cf. *Quel âge a cet enfant ?* (O - V - S) / *Quel élève aurait une meilleure note ?* (S - V - O) ; le problème vient de l'interrogatif, qui s'arroge normalement la première place.

Laissez-moi cinq minutes ("accordez-moi cinq minutes" / "laissez-moi tranquille un peu de temps"); le problème vient de la double analyse possible de *moi* et de *cinq minutes*.

3. des présomptions au niveau des "micro-structures" : on a fréquemment des empilements de compléments qui se structurent par rattachements successifs de gauche à droite, à la manière de cercles concentriques; si par exemple un verbe A est suivi de deux compléments B et C, le deuxième complément C se rattache plutôt à AB qu'à A seul. Ainsi dans

Un véhicule arrivait en face dans le virage,

le complément *dans le virage* ne se rattache pas à *arrivait* comme s'il était directement derrière lui (il aurait alors facilement une interprétation ingressive : "pénétrer dans le virage"), mais il vient en second localiser *arrivait en face* : le véhicule qui arrivait en face se trouvait dans le virage. De nombreuses ambiguïtés apparentes de rattachement peuvent ainsi se dissiper. Mais bien entendu ce genre d'exemple ne permet pas de formuler une règle interprétative absolue.

32. **L**es accords

L'accord établit ou confirme les liens syntaxiques de rattachement entre certains constituants. C'est une sorte de "système de sécurité" (plus ou moins utilisé selon les langues).

L'accord suppose un donneur de marques et un preneur de marques.

Le seul donneur de marques est le nom (ou ses équivalents, parmi lesquels au premier chef les pronoms), - ce qui souligne sa place prééminente dans le dispositif syntaxique de la langue. Le nom donne ses marques au verbe et à l'adjectif :

- il donne au verbe des marques de nombre (singulier / pluriel), dans le cadre de la relation nom (sujet) - verbe (noyau du prédicat), qui est la grande relation structurante de la phrase ;

- il donne à l'adjectif des marques de genre (masculin / féminin) et de nombre, dans le cadre de la relation nom (support) - adjectif (apport), qui est la grande relation structurante du groupe nominal (l'article, qui prend les marques du nom, est un adjectif). L'accord entre l'adjectif et le nom se retrouve également dans les différentes relations attributives (attribut du sujet, attribut de l'objet, attribut accessoire) et dans certaines formations composées du système verbal.

Ainsi dans une phrase comme
La jolie fille est arrivée la première,

le nom *fille* donne ses marques à chacun des autres mots de la phrase écrite.

Le système des marques diffère grandement, comme on sait, entre le français écrit et le français oral. Ce dernier marque moins les oppositions de genre ou de nombre, et les marque d'une manière parfois différente de l'écrit (comparer l'opposition *il aime - ils aiment*, et l'opposition */ ilem / - / ilzem /*). Dans un cas de différenciation extrême comme le suivant :

Leur(-s) secrétaire(-s) était(-ent) parti(-e, -s, -es),

il existe une seule réalisation phonique contre quatre réalisations graphiques (correspondant au masculin singulier, féminin singulier, masculin pluriel ou féminin pluriel de *secrétaire(s)*). Mais le système de l'accord reste identique dans son principe à l'oral et à l'écrit, malgré les différences de fonctionnement.

La redondance de marques que constitue l'accord peut être, selon le cas, une simple confirmation d'une relation évidente (par exemple dans *Marie est venue*) ou un indice pertinent qui permet de prévenir une ambiguïté (à l'écrit, à l'oral, ou dans les deux) :

Paul a quitté Marie content (/ contente) ;
Voici la maison des voisins que j'ai vus (/ vue) hier ;
J'ai vu Paul et Jacques, qui est (/ sont) anxieux.

Mais l'accord est toujours un facteur de cohésion.

Pour les problèmes de l'accord sujet - verbe, voir § 83.
Pour l'accord du participe passé avec *avoir,* voir § 169.
Pour le problème de l'accord dans les cas du type *Elle s'est laissée faire*, voir § 196.

Remarques :
1. Le choix d'un pronom anaphorique pour reprendre un terme suppose un certain type d'accord :
Marie viendra-t-elle ?
2. Avec certains pronoms sujets, l'accord de l'adjectif attribut se fait selon la référence :
On est content (-e) (-s) (-es).
Êtes-vous satisfaite, Madame ?

33. La prosodie

Le terme de prosodie désigne tout ce qui est phonique sans être phonématique (segmental).

Les limites des connaissances concernant la prosodie, et leur raccordement difficile à la syntaxe, sont la plus grande faiblesse des études linguistiques sur la phrase. Après les études pionnières de Delattre, on trouve une présentation d'ensemble dans Rossi *et al.*

L'analyse physique de l'onde sonore est bien maîtrisée, et des appareils indiquent les valeurs des paramètres acoustiques de l'onde sonore, à savoir :

- la **fréquence** (donnée par la vitesse de vibration des cordes vocales), qui produit la hauteur de la voix (la mélodie),

- la **durée** (durée d'émission de chaque phonème ou syllabe; aussi durée des silences ou pauses),

- l'**intensité** (énergie contenue dans le signal).

Mais l'analyse perceptive est beaucoup plus délicate. Elle suppose la capacité d'extraire du continuum physique les indices linguistiques pertinents, de décomposer le flux continu de l'intonation en unités discrètes significatives (organisées en "contours"). Cela est d'autant plus difficile que les différents paramètres interagissent, physiquement (par exemple une consonne voisée abaisse la hauteur) et surtout psychologiquement (par ex. une diminution d'intensité accroît la sensation de hauteur). Les données objectives ont donc besoin d'être pondérées ou corrigées pour être transformées en valeurs perceptives.

Ce travail étant fait, des **niveaux intonatifs** ont été distingués (au nombre de six, du suraigu à l'infra-grave, en passant par le medium). Des contours intonatifs pertinents, appelés **intonèmes** (Rossi), ont été isolés, parmi lesquels notamment :

- un **intonème de continuation** (ou **progrédience**), avec des sous-espèces :

- **continuation majeure** (montée de la voix, marquée ci-après /) : jonction de type syntactique, subordonnant,

- **continuation énumérative** : jonction de type coordonnant, qui se distingue par un ton "concave",

- **continuation mineure** (marquée |), en particulier à l'intérieur d'un GN;

- un **intonème conclusif** (marqué \),

- un **intonème parenthétique** ou "incident" (marqué —), comme dans les constituants terminaux (post-finaux) de

Il va à la pêche/ le lundi—
Il va à la pêche/ Jean-Paul—,

-etc.

| **Remarques :**
| **1.** Dans ce cadre, la notion d'accent (notion pourtant bien établie dans la tradition des études linguistiques) ne joue pas un grand rôle en tant

que telle. Elle tend à s'intégrer, de même que les différents types de pauses, dans les "contours" caractéristiques des intonèmes.

2. Les caractéristiques liées aux facteurs personnels, régionaux, affectifs, sont encore peu étudiées et mal connues.

Le rôle de la prosodie

Outre sa fonction expressive ou stylistique, et compte tenu des nécessités physiques de la respiration (qui entraînent un découpage en "groupes de souffle"), la prosodie joue un rôle central

- dans le découpage en constituants,
- dans la structuration thématique et syntaxique,
- dans la structuration énonciative et les modalités de phrase.

34. Prosodie, découpage et structuration

La prosodie (par des contours mettant en jeu des variations mélodiques, des pauses, des accents) sépare les constituants sur la chaîne : deux termes consécutifs peuvent s'enchaîner aussi étroitement que les différentes syllabes d'un même mot (ainsi une séquence Article + Nom), ou au contraire se trouver expressément séparés (par exemple dans les constructions détachées ou disloquées).

Différents types de "jointures" (cf. la continuation mineure et la continuation énumérative) permettent de donner des indications sur le degré de cohésion et le type de rapport entre les éléments. Le découpage en constituants est déjà riche d'informations interprétables au plan syntaxique : *un savant aveugle*, sans liaison (= N + Adj), n'est pas la même chose qu'*un savant aveugle*, avec liaison (= Adj + N) ; l'intonation, dans

Le président de la République, M. François Mitterrand, et le Premier ministre sont en réunion de travail,

suffit à faire comprendre à une personne peu au fait de la politique française que le nom propre est apposé au premier GN, et que la réunion de travail réunit deux personnes et non pas trois. Et l'intonation contribue à mettre en place et à renforcer les effets de rattachements par cercles concentriques évoqués au § 31 sur l'exemple *Un véhicule arrivait en face dans le virage.*

La prosodie est, de plus, structurante au niveau d'ensemble de l'énoncé : une phrase assertive se divise prosodiquement en deux parties, de part et d'autre d'un sommet, comme le montre le schéma ci-dessous :

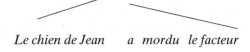

Le chien de Jean   a mordu le facteur

La première partie est montante et se termine sur un intonème continuatif majeur (qui se réalise dans le haut médium ou dans l'infra-aigu) ; la deuxième partie est descendante et se termine sur un intonème conclusif (qui se réalise dans le grave ou dans l'infra-grave). Les deux parties correspondent respectivement, la première au sujet (et au thème), et la seconde au prédicat (et au rhème). Mais, de ces deux oppositions (dont on sait qu'elles ne se recouvrent pas nécessairement), quelle est celle qui est décisive ?

Il semble bien que l'opposition déterminante pour l'intonation soit la **distinction énonciative thème - rhème**, et non la distinction syntaxique sujet - prédicat. Ainsi en est-il dans les exemples ci-dessous, où la frontière marquée / sépare clairement une première partie thématique d'une seconde partie rhématique, sans égard pour la structure syntaxique (si ce n'est la marque de continuation mineure |) :

>   *Il vient/ demain* (frontière après le verbe)
>   *Il dévore/ des poissons| multicolores* (en réponse à la question
>   *Que fait-il ?;* frontière après le verbe)
>   *Il dévore| des poissons/ multicolores* (en réponse à la question
>   *Quels poissons dévore-t-il ?;* frontière au milieu du GN objet)
>   *Il mange| des poissons/ le vendredi* (frontière entre l'objet et le
>   circonstant)
>   *Le vendredi après-midi/ Paul travaille* (frontière après le circonstant initial)
>   *Marie/ elle est allée à Venise* (frontière après le GN proleptique initial).

De plus, pour qu'un énoncé soit intonativement bien formé, il suffit qu'il comporte la seconde partie (descendante) de la courbe mélodique :

>   *Il est venu* : le clitique sujet (anaphorique et thématique) est
>   intonativement fondu dans le groupe rhématique (et prédicatif)
>   *Demain* en réponse à la question *Quand viendras-tu ?;* la phrase
>   est incomplète au regard de la syntaxe.

L'intonation fait des énoncés à un constituant, là où la syntaxe fait une phrase à deux constituants ou une phrase tronquée.

Cet état de choses complique la "phonosyntaxe" : la prosodie découpe la phrase en constituants qui n'ont pas toujours un statut syntaxique bien clair, ou qui ont un statut syntaxique mineur.

Remarque :
La fonction démarcative du découpage intonatif de la phrase peut éviter à l'oral l'ambiguïté que présentent certains énoncés dans leur forme écrite :
Le petit/ garde la montre : *le petit* (GN sujet) *garde* (verbe) *la montre* (GN objet)
Le petit garde/ la montre : *le petit garde* (GN sujet) *la* (pronom objet) *montre* (verbe).

Par ailleurs, sur le plan thématique, des effets surajoutés d'intonation peuvent venir modifier le schéma d'interprétation qui découlerait du seul ordre des mots : un accent spécial d'insistance peut par exemple conférer une valeur rhématique au sujet initial :

> *Paul* (fortement accentué, et éventuellement suivi d'une pause) *est arrivé le premier.*

35. Prosodie, niveaux énonciatifs, modalité de phrase

L'intonation touche très directement à tout ce qui concerne les relations entre les interlocuteurs :

- elle marque l'interpellation directe du destinataire (faits intonatifs liés au vocatif) ;

- elle marque le rapport que l'énonciateur entretient avec son propre discours : des effets de "style indirect libre" ou de citation sont rendus perceptibles par l'intonation ;

- elle permet de **distinguer** et de hiérarchiser des **niveaux** (ou **plans**) énonciatifs : un locuteur peut facilement interrompre le cours de son discours pour faire un commentaire, éventuellement long (avec des marques de "décrochement" intonatif) ; en suite de quoi il peut aisément reprendre (avec une "remontée" intonative) le fil qu'il avait laissé. Un énoncé oral transcrit est souvent difficile à structurer et à comprendre parce qu'il y manque précisément les marques intonatives qui assurent la distinction entre ces différents niveaux. Voir § 338, 339 ;

- elle est un facteur primordial de détermination de la **modalité de phrase**, le facteur décisif étant ici l'**intonation de fin de phrase** : la mélodie descendante caractérise la phrase assertive, la mélodie ascendante donne à la phrase un caractère non conclusif, qui peut prendre diverses valeurs (on a ainsi pu établir les différences entre la continuation et la question, la distinction étant assurée par l'étendue du glissando montant). Voir à ce sujet le Chap. 4.

36. La ponctuation

Les signes de ponctuation peuvent se répartir en trois groupes : le point et ses variantes (séparateur fort, entre phrases), la virgule (séparateur faible, entre parties de phrase), les marques d'encadrement (parenthèses, tirets, guillemets).

Séparateur fort : le point et ses variantes

Le point (simple) marque une séparation très nette : il n'y a pas de relation syntaxique entre ce qui précède et ce qui suit le point ; les deux parties séparées par un point sont autonomes l'une par rapport à l'autre. Le point trouve naturellement son utilisation type au niveau de la phrase : il marque la frontière entre une fin de phrase et le début de la phrase suivante (début souligné par la majuscule de la première lettre). Il s'accompagne normalement d'une intonation descendante, à valeur conclusive, et d'une pause.

Le **point d'interrogation** et le **point d'exclamation** remplacent le point (simple) dans certains cas. Comme lui, ils séparent des unités indépendantes, tout en marquant le caractère interrogatif ou exclamatif de la phrase qu'ils terminent. Voir § 53.

> **Remarque :**
> Quand il leur arrive d'être employés à l'intérieur d'une phrase (voir § 38), ces trois points ne sont plus suivis que d'une minuscule.

Le **point-virgule** (suivi d'une minuscule) est une variante affaiblie du point : il signale que deux phrases, tout en étant syntaxiquement indépendantes, sont nécessairement reliées par un lien textuel ou sémantique fort (*Il a accepté ; moi, j'ai refusé.*) ; c'est le cas en particulier quand une phrase se prolonge par une autre phrase (incomplète, elliptique) qui lui fait écho (*Il a accepté ; moi, non.*). La séparation par un point (*Il a accepté. Moi, non.*) marquerait que les deux attitudes évoquées relèvent de deux "univers" différents : soit qu'elles soient sans rapport, soit qu'on veuille, par cette présentation dissociée, renforcer le contraste entre les deux.

Moins net est le fonctionnement de deux autres signes :

Les **points de suspension** marquent l'inachèvement : soit l'inachèvement syntaxique (et sémantique) d'une phrase laissée incomplète (*À votre place, moi ...* ; la phrase suivante peut commencer par une majuscule ou une minuscule selon qu'on veut les associer ou les dissocier) ou interrompue (*Je voudrais ... - Silence !*), soit le sentiment d'incomplétude sémantique que le locuteur (scripteur) éprouve après une phrase (même syntaxiquement achevée : *Tout est encore possible ...*). Sauf le cas de la phrase interrompue, les points de suspension correspondent à une intonation non conclusive, généralement montante. À un niveau inférieur à la phrase, les points de suspension marquent une énumération interrompue.

Les **deux points** (suivis d'une minuscule) marquent un rapport essentiellement sémantique : ils annoncent un exemple, une explication, un commentaire, quelle qu'en soit la forme syntaxique (du mot à la phrase) :
Paul n'a qu'une idée en tête : gagner à tout prix.
Marie est ravie : elle va enfin pouvoir réaliser son rêve.

Associés aux guillemets, les deux points servent à introduire des citations : *Le Président a déclaré : "L'heure est grave"*.

Séparateur faible : la virgule

La **virgule** est le séparateur faible par excellence, le séparateur "à tout faire", aussi courant que polysémique. Elle peut suffire à séparer des phrases courtes, entre lesquelles existe un lien sémantique fort et qui constituent un tout (*Il est venu, il a vu, il a vaincu.*). Mais elle apparaît essentiellement à l'intérieur d'une phrase, et pour des raisons évoquées au § suivant.

Deux virgules placées de part et d'autre d'un constituant constituent fréquemment une marque d'encadrement, comme celles qui sont évoquées ci-dessous. Le détachement entre deux virgules est un procédé très important de structuration :

Paul s'est, à mon avis, très mal conduit.

Ce fonctionnement peut être obscurci si une des deux virgules disparaît, ce qui est la règle à l'initiale de phrase ou devant une ponctuation forte de fin de phrase.

Marques d'encadrement : tirets, parenthèses, guillemets

Trois signes de ponctuation (en plus de la virgule) ont la particularité d'être doubles, et de marquer le début et la fin d'un constituant dont la présence ne découle pas du cours normal de l'énoncé, et que le scripteur veut clairement individualiser et isoler du reste de la phrase. Ce constituant peut lui-même avoir une ponctuation interne (virgule), voire finale (voir § 38).

Les **guillemets** signalent un discours (ou un fragment de discours) rapporté, ou un terme dont l'emploi renvoie à un autre énonciateur que le locuteur (emploi dit "autonymique").

Les **parenthèses** signalent un élément syntaxiquement accessoire, une apposition marquant une variante, une précision, une explication, etc. :

le berbère (dialecte marocain) : ambigu : parenthèse explicative (= le berbère est un dialecte marocain) ou spécifiante (= le dialecte marocain du berbère) ?

Les **tirets** (qui peuvent être doublés de virgules) marquent un contraste plus accentué. Le second tiret disparaît devant une ponctuation forte de fin de phrase.

Paul a raison (,) - à mon avis, du moins.

> **Remarque :**
> Le choix entre les tirets, les parenthèses et la double virgule ne répond pas à des règles strictes.

Les rôles de la ponctuation

S'il est vrai que la ponctuation a dans l'ensemble les mêmes fonctions relativement à l'écrit que la prosodie relativement à l'oral, la correspondance entre les deux systèmes n'est qu'approximative et partielle. Les signes de ponctuation n'ont pas toujours de correspondant prosodique stable (cf. le point d'interrogation, qui ne correspond pas toujours à une montée de la voix).

Par ailleurs, comme les intonèmes, ils peuvent jouer à plusieurs niveaux (par exemple structuration et modalité). Les paragraphes qui suivent distinguent pour les besoins de l'exposé :

- découpage en constituants et structuration,

- modalités de phrase et niveaux énonciatifs.

Ces plans n'épuisent pas le rôle des signes de ponctuation : on a déjà par exemple signalé ci-dessus le rôle directement sémantique de certains d'entre eux : les deux points (explication), le point d'exclamation (affect surajouté), les points de suspension (prolongement sémantique), les tirets (opposition, contraste).

37. Ponctuation, découpage et structuration

En plus du blanc séparant les mots (et les séparant tous de la même façon), le seul signe de ponctuation dont on ne peut imaginer de se passer (sauf usage déviant) est le point : on peut facilement imaginer (et sans doute trouver) un texte composé de phrases courtes, qui ne comporterait comme ponctuation que les points séparant les diverses phrases.

Une phrase typique comme *Le chien de Jean a mordu le facteur* ne comporte pas (et même : ne peut pas comporter) de signe de ponctuation interne : *a priori*, ni un GN, ni un groupe prédicatif (Verbe + compléments), ni même l'union des deux constituant une phrase, ne nécessitent (ni n'admettent, sauf raisons évoquées ci-dessous) une quelconque ponctuation interne. Les constituants centraux de la phrase sont *a priori* liés, et la structuration intonative en sujet - prédicat (ou thème - rhème) n'a pas de parallèle au plan de l'écrit : la forme graphique segmente uniformément et mécaniquement en mots (ce que ne fait pas l'oral), non en constituants.

Très schématiquement, la ponctuation (au premier chef la virgule) peut apparaître **à l'intérieur d'une phrase** pour trois raisons essentielles :

- **coordination non marquée morphémiquement** : il n'y a pas de virgule dans *Sylvie et Paul*, mais il y en a dans *J'ai invité Sylvie, Paul, Jacques,*

Marie, et Stéphane; la dernière virgule, devant *et* au terme d'une énumération, étant facultative ;

- **subordination qu'on pourrait appeler inessentielle ou périphérique** : éléments extra-prédicatifs (par exemple circonstants initiaux ou terminaux, termes en prolepse ou en reprise, vocatifs), appositions, éléments annexes (commentaires, exemples), incises, etc. On retrouve ici la construction détachée et ses diverses marques. Rappelons une de ses utilisations : la présentation d'un thème par un GN en prolepse.

- **longueur de certains constituants** : la ponctuation devient alors une aide bienvenue à la lecture, un guide pour le placement des respirations.

Cette dernière considération, purement physique, rejoint d'ailleurs les deux premières, plus linguistiques : pour des raisons à la fois linguistiques et physiques, dans un énoncé où les constituants sont nombreux et longs, tous ne peuvent pas rester essentiels et liés au même titre et au même degré. Un énoncé long comporte donc nécessairement une hiérarchie interne de constituants diversifiée, se traduisant nécessairement par l'apparition d'une ponctuation, justifiée tant linguistiquement que physiquement.

Reste que, sur un texte donné, l'apparition de la virgule ou sa non-apparition est, dans le détail, en partie aléatoire.

38. Ponctuation, niveaux énonciatifs et modalité de phrase

1. Le point et ses variantes de fin de phrase contribuent de façon importante à la modalité de phrase.

Le **point d'interrogation** marque la fin d'une phrase "interrogative" au sens large (voir § 53), c'est-à-dire d'une phrase par laquelle le locuteur en appelle au destinataire et instaure (ou feint d'instaurer) une discussion, en exprimant une perplexité, en demandant une information, une confirmation, etc.

> *Il vient ?*
> *Je peux vous voir une minute ?*
> *Pouvez-vous me dire l'heure ?*
> *Moi, héron, que je fasse une si pauvre chère ?* (La Fontaine)

Le point d'interrogation est seul responsable de l'interrogation dans *Il vient ?* (par différence avec *Il vient.*) ; il est alors à l'écrit le correspondant de l'intonation montante de l'oral. Il double et confirme d'autres marques interrogatives dans *Viens-tu ?*, *Est-ce que tu viens ?* ou *Quelle heure est-il ?* (énoncés à intonation finale non pertinente, généralement descendante).

Le **point d'exclamation** marque un affect particulier du locuteur (indiqué à l'oral, quand la phrase est à l'indicatif, par diverses formes d'intonation montante) et n'est pas la marque d'un type de phrase formellement caractérisable par ailleurs :

> *Tu as osé faire ça !* (phrase assertive, énoncée avec un surplus d'affect, une emphase, une surcharge d'intensité émotionnelle; montée intonative dans le suraigu)
> *Allez-vous en !*
> *Que je ne t'y reprenne plus !*

Son emploi déborde largement ce qu'on peut appeler strictement la phrase exclamative (*Il est d'une patience ! ; Comme je vous comprends !* ; voir § 59). La différence peut être quelquefois mince entre le point d'exclamation et le point d'interrogation (on pourrait avoir l'un ou l'autre sur l'exemple de La Fontaine ci-dessus).

Par différence, le **point** (simple) est dans la phrase indicative le signe (ou la confirmation) d'une modalité assertive.

2. Les **marques doubles d'encadrement** permettent, on l'a vu, d'insérer comme élément détaché une énonciation distincte, sous forme de phrase complète ou incomplète. Cette insertion peut aussi se terminer par un point d'interrogation, un point d'exclamation ou des points de suspension :

> *Un jour (tu te rappelles ?), on en avait déjà parlé;* comparer : *Un soir, on en avait déjà parlé. Tu te rappelles ?*
> *Marie est maintenant (mais pour combien de temps ?) revenue en France;* comparer : *Marie est maintenant revenue en France. Mais pour combien de temps ?*
> *Il a pris cette décision - incroyable, mais vrai ! - sans avertir personne.*
> *Hélas ! ça devait finir comme ça !* (Les interjections, mots-phrases, sont généralement suivis d'un point d'exclamation.)
> *Il était, déjà !, reparti.*
> *Il s'est alors mis - (et) avec quel empressement ! - au service de son nouveau maître.*
> *Il a même (quelle honte ! ...) accepté toutes ces conditions.*

La ponctuation permet, dans ce mélange des niveaux énonciatifs, de préserver la modalité de phrase propre de l'énonciation insérée.

Cet emploi ne se rencontre pas avec le point simple : une énonciation insérée, simplement assertive, ne comporte pas de ponctuation finale autre que la marque encadrante de droite (virgule, parenthèse, tiret) :

> *Nous avons déjà (vous vous en souvenez sans doute) abordé cette question.*
> *Il a pris cette décision - et je crois qu'il a eu raison - sans avertir personne.*

Remarque :
Le point s'emploie, à un niveau inférieur à la phrase, comme marque d'abréviation (*M.* = *Monsieur*), ou parfois comme séparateur dans les nombres supérieurs au millier (*1.333.652*).

39. L'analyse hiérarchique : les fonctions syntaxiques

Du linéaire au hiérarchique.

La relation d'ordre, soutenue par la prosodie, est à elle seule insuffisante pour structurer complètement la phrase : le fait pour un terme A d'être avant ou après un terme B ne suffit pas toujours à indiquer leurs relations, et A peut aussi être en relation syntaxique avec un terme C qui ne lui est pas contigu. L'interprétation de la phrase suppose donc l'établissement entre les constituants de relations d'un autre type : la relation fondamentale de la phrase (la relation sujet - prédicat) n'est pas d'ordre linéaire, même si elle est associée de façon privilégiée à un certain ordre ; de même la relation "complément de ..." n'est pas linéaire : une épithète antéposée n'en est pas moins épithète, même si l'ordre est signifiant.

Il faut donc une structure hiérarchisée pour représenter les **relations de dépendance** (de subordination, au sens étymologique du mot : les éléments se commandent) et les **relations d'égalité** (de coordination, au sens étymologique du mot) s'établissant entre les termes.

Les relations (essentiellement de dépendance, - les relations d'égalité ayant été moins étudiées) sont généralement exprimées en termes de fonctions. Une **fonction syntaxique** est la relation syntaxique qu'entretient un constituant (groupe) donné avec un autre (ou le cas échéant avec la phrase dans son ensemble), et l'analyse syntaxique consiste à établir pour la phrase un réseau de fonctions (par exemple sujet - verbe - attribut), chaque fonction étant remplie par un constituant. Le sujet et le verbe, qui sont les deux piliers de la phrase (le verbe étant le noyau du prédicat), sont en relation de dépendance mutuelle. Les autres constituants ont des fonctions qui sont du type **"complément de ..."** : seul le terme dépendant est marqué comme ayant une fonction.

Remarques :
1. La terminologie traditionnelle des fonctions est lacunaire. Toute entreprise d'analyse qui veut étendre la couverture des faits de langue est donc nécessairement amenée à proposer des termes nouveaux et/ou à redéfinir certaines étiquettes.
2. Le terme de **"complément"** doit être utilisé largement, selon son sens d'"élément qui complète (syntaxiquement) un autre élément" : il faut parler par exemple de complément (ou régime) de préposition dans *pour Paul*.

3. Le vieux verbe *régir* permet une série d'expressions souvent commodes : on peut parler de terme "recteur" ou "régissant", et de terme "régi" ou "régime" ("régime" étant équivalent à "complément").

Les fonctions doivent être définies au **niveau strictement syntaxique**, en termes de complémentation, directe ou indirecte. Il faut se méfier du contenu sémantique (largement implicite) des termes habituels de fonction (par exemple "complément d'attribution" : voir § 204) et rechercher le vocabulaire le plus formel et le moins sémantique possible : on parlera plutôt de complément direct que d'objet ou de complément d'objet direct, l'"objet" n'étant qu'un type particulier de complément direct (voir § 174, 175).

Remarque :
Pour étudier les constructions possibles d'un terme (par exemple pour établir le système des pronoms interrogatifs ou relatifs), il est souvent commode d'envisager au départ trois types de mise en fonctionnement :
- sujet,
- régime direct (= objet, attribut, séquence d'impersonnel),
- régime indirect (= complément de préposition).

Les différentes fonctions se répartissent en :
- fonctions primaires / fonctions secondaires,
- parmi les fonctions primaires, fonctions essentielles / fonctions accessoires.

40. Fonctions primaires et fonctions secondaires

Les fonctions primaires se situent au niveau de la phrase (exemples : sujet, attribut, circonstant), et les fonctions secondaires au niveau (interne) des constituants de la phrase (exemples : complément de nom, complément d'adjectif).

Niveau primaire :

L'analyse ici retenue est l'analyse (ternaire) traditionnelle : Sujet - Verbe - Compléments du verbe, auxquels s'ajoutent les "compléments de phrase" (compléments extra-prédicatifs, comme l'adverbe dans : *Franchement, je n'aime pas ça*), - pour autant qu'ils soient distincts des précédents. Aucune distinction syntaxique n'est donc faite *a priori* entre complément de verbe et complément de phrase, les deux étant considérés comme des compléments du niveau de la phrase.

Ainsi, la phrase
Le frère aîné de Jean a passé très facilement le concours d'entrée à l'Université

comporte quatre constituants primaires :
- *le frère aîné de Jean* : sujet,
- *a passé* : verbe,
- *très facilement* : circonstant,
- *le concours d'entrée à l'Université* : complément direct.

Chacun de ces constituants primaires est un groupe plus ou moins complexe.

> **Remarque :**
> Comme il a déjà été indiqué, le "prédicat" n'est pas considéré comme une fonction grammaticale et n'est pas retenu dans la liste. (Corrélativement, le Groupe Verbal large qui lui correspond (le GV de la grammaire générative) n'est pas utilisé dans la nomenclature des constituants). On fait ainsi l'économie d'un niveau syntaxique, qui suppose de surcroît établie la distinction entre éléments appartenant et n'appartenant pas au prédicat, ce qui est très souvent problématique (voir § 313 sq.). Cela n'empêche pas d'utiliser la notion de prédicat, dans son rapport au sujet, quand c'est nécessaire pour marquer l'articulation logico-grammaticale fondamentale de la phrase.

Niveau secondaire :

À l'intérieur de chaque constituant primaire, la tête du groupe régit un certain nombre de compléments, qui sont donc par définition des compléments secondaires ; ainsi dans l'exemple ci-dessus (analyse non exhaustive) :
- *le, aîné, de Jean* sont des compléments (secondaires) du nom *frère,*
- *très* est complément (secondaire) de *facilement,*
- *à l'Université* est complément de *entrée,* qui est lui-même complément de *de;* le GPN *d'entrée à l'Université* est lui-mêmes complément de *concours* : tous ces compléments sont "secondaires" en ce sens qu'ils ne relèvent pas par eux-mêmes du niveau de la phrase.

Voici quelques compléments secondaires habituellement reconnus par la tradition grammaticale : complément de nom (qui peut être direct ou indirect), épithète (espèce particulière de complément direct du nom), complément d'adjectif, etc. Les compléments secondaires et leurs différents niveaux ne sont pas traités dans cet ouvrage.

> **Remarque:** **Les fonctions dans une phrase enchâssée.**
> Dans *Paul a compris que Marie attendait une invitation*, la complétive *que Marie attendait une invitation* est un constituant primaire de la phrase, en fonction de complément direct; mais on retrouve dans cette subordonnée un sujet, un verbe et un complément direct, c'est-à-dire une structuration primaire (sans préjudice d'un niveau secondaire pour

l'analyse du groupe sujet ou complément) : il convient donc (dans le cas où l'on veut entrer dans l'analyse du constituant *que P*) de parler d'un **deuxième niveau de structure primaire.**

41. Limites entre les niveaux primaire et secondaire

La distinction tracée au paragraphe précédent est en théorie d'une netteté absolue : un constituant donné relève nécessairement soit du niveau de la phrase, soit d'un niveau inférieur à la phrase. Toute ambiguïté doit en principe être levée. Dans

Il regarde le toit de la tour,

il faut déterminer s'il s'agit de regarder, *de* (= depuis) *la tour* (fonction primaire), *le toit*, ou de regarder le *toit-de-la-tour* (fonction secondaire).

Mais dans plusieurs séries de cas, la distinction entre les deux niveaux ne peut pas être maintenue sans difficulté et semble même être neutralisée :

Rattachement de constituants prépositionnels :
Dans
Paul fait des réflexions sur sa voisine,
le GPN *sur sa voisine* est-il

- complément du nom *réflexions* (GN : *des réflexions sur sa voisine*) ?
- complément du verbe (cf. *faire sur sa voisine des réflexions déplacées* ; auquel cas on peut encore hésiter sur le statut de complément essentiel ou accessoire; voir § 42) ?
- complément du noyau prédicatif que constituent le verbe et le nom (qu'on serait tenté d'appeler alors " locution verbale ") ?

En l'absence d'enjeu sémantique, il semble que la question soit un pur artefact de la théorie syntaxique.

Remarque :
On retrouve ici l'idée de rattachement par "cercles concentriques" qui avait déjà été évoquée à propos de l'ordre des mots et de la prosodie, sur l'exemple *arriver en face dans le virage*. Sur le présent exemple :
- il se crée un constituant étroitement uni *faire des réflexions*,
- le constituant venant par la suite (*sur sa voisine*) est complément de l'unité qui vient d'être formée (avec distributivité sur ses deux parties).
Le fonctionnement ici esquissé est à la racine de la formation des " locutions " et notamment des " locutions verbales " du type *avoir le temps de, avoir envie de*, etc. Voir § 171, 173.

Autres exemples :
L'espérance d'être soulagé lui donne du courage pour souffrir (Proust) ; quel est le statut de *pour souffrir* ?

Il y a encore un carreau de cassé (voir § 203).
Paul a été le premier à répondre (voir § 154).
Le moment est venu de prendre une décision (voir les constituants discontinus, § 46).

Pour la difficulté d'analyse comparable, qui affecte systématiquement les propositions corrélatives (comparatives en *que P*), voir § 286.

"Montée" des clitiques :
Dans une phrase telle que
Je vous en ai déjà indiqué les raisons,
en est analysé comme complément de nom de *raisons* (= "les raisons de cette décision"), mais son placement, à l'écart du substantif censé le régir, et en appui sur le verbe, lui confère un certain degré d'autonomie et incite à lui reconnaître un fonctionnement de constituant de phrase (ou proche de celui d'un constituant de phrase) : "de cette décision (= au sujet de cette décision), je vous ai déjà indiqué les raisons". Même cas dans :
J'y suis prêt.
Voir § 118.

Adjectivation autonome :
Des termes nominaux ou adjectivaux (ou quasi-adjectivaux), tout en ayant un rattachement sans équivoque à un constituant nominal ou pronominal (ce qui est la définition même de la fonction secondaire), jouent néanmoins un rôle manifeste, avec une nette autonomie du point de vue énonciatif, au niveau de l'énoncé. Ainsi les termes initiaux détachés, dans
Furieux, Paul a claqué la porte.
Voyant cela, Paul est parti.
Imbécile ! je t'avais pourtant bien prévenu !
On peut certes soutenir que le rôle joué par ces constituants est, en stricte syntaxe, secondaire, mais cela devient plus difficile dans :
Furieux, au bout de dix minutes, Paul s'en alla : l'adjectif est séparé, par un circonstant, du nom qui le régit.
Furieux, et sans rien vouloir entendre, Paul s'en alla : la coordination marque une homologie de fonctionnement entre un constituant réputé "secondaire" (l'adjectif) et un constituant réputé "primaire" (le GP).
Voir les compléments primaires accessoires, Chap. 12.
Voir aussi les problèmes d'analyses posés par
C'est Paul qui est arrivé le premier.
Il y a quelqu'un qui vous demande.
Paul est le seul (qui soit) honnête.
où le dernier constituant semble à la fois se rattacher à un terme nominal,

et jouer un rôle au niveau de la structuration d'ensemble de l'énoncé. Voir l'étude de ces diverses structures.

En **conclusion** de ce paragraphe, malgré l'existence de ces cas, embarrassants pour la théorie syntaxique (qui semblent montrer qu'il n'y a pas contradiction ou incompatibilité entre le rattachement à un terme, et un rôle au niveau de l'énoncé), on maintiendra le principe de la distinction entre les niveaux primaire et secondaire, logiquement fondé et applicable à la majorité des énoncés.

> **Remarque :**
> Une des caractéristiques du langage poétique est la possibilité de donner position et statut de complément autonome (au niveau primaire) à des constituants qui dans une expression plus banale seraient des compléments secondaires.

42. Fonctions primaires essentielles / accessoires

Les **constituants primaires essentiels**, peu nombreux dans la phrase, forment une **structure nécessairement simple**, si longue et complexe que soit la phrase (sauf coordination de prédicats) :

sujet + verbe + (éventuellement) compléments essentiels du verbe

Les compléments essentiels du verbe peuvent être au nombre de zéro, un, deux, éventuellement trois ou quatre (mais alors leur caractère essentiel devient incertain; voir § 217). Ils peuvent être directs ou indirects (voir § 113).

Exemples de **compléments directs essentiels** (certains ont un nom traditionnel, d'autres non) :
   Marie est jolie (attribut, relié au sujet par l'accord).
   Paul mange un sandwich (objet).
   La table mesure un mètre cinquante (?).
   Paul veut venir.
   Je sais où je dois aller.
   Marie dit que tout va bien.
   On a nommé Paul directeur (objet + attribut de l'objet).
   J'entends les oiseaux chanter (objet + ? ; voir § 192).
   aussi : *Il est arrivé un accident* (séquence de verbe impersonnel).

Exemples de **compléments indirects essentiels** :
   Paul est au chômage.
   Marie va à l'Université.
   Je compte sur votre aide.
   Paul apprend à nager à sa petite sœur.

Exemples de **compléments directs + compléments indirects** :
   Paul a serré la main à Jean.

Marie aide Paul à travailler.
Marie empêche Paul de travailler.

Remarque :
Pour les pronoms clitiques (par exemple *le* : accusatif, *lui* : datif), voir § 116.

Les fonctions essentielles sont des **places fonctionnelles saturables** : dans

Paul a mangé un hors d'œuvre, un plat et un dessert,

les GN compléments coordonnés occupent conjointement une seule place fonctionnelle : celle de complément direct (objet) de *a mangé* ; il n'y a pas trois compléments d'objet, mais un seul (qui est triple).

La longueur des constituants est syntaxiquement non pertinente : un GN de dix lignes ou un simple pronom comme *il* jouent de la même façon le rôle syntaxique de sujet.

Les **constituants primaires accessoires** ne sont, par définition, pas nécessaires pour que la phrase "tienne debout" syntaxiquement : ainsi *hier* et *en revenant du lycée* dans

Hier, j'ai rencontré Marie en revenant du lycée.

Le qualificatif d'accessoire est à prendre au plan strictement syntaxique et ne signifie pas que ces constituants ont une importance sémantique de second ordre : ils peuvent être rhématiques, et donc cruciaux sémantiquement, - mais, même alors, ils ne sont pas nécessaires à la bonne formation syntaxique de l'énoncé.

Les constituants primaires accessoires types sont les circonstants (groupes prépositionnels ou adverbiaux), dont le nombre dans une même phrase n'est pas limité :

Paul conduit prudemment.
Paul est parti à cinq heures.
À mon avis, Marie réussira facilement.

Mais il en existe beaucoup d'autres types :

Paul, as-tu acheté du pain ? (vocatif)
Marie est repartie contente (attribut accessoire)
Paul a échoué, ce qui m'étonne (apposition à la phrase).

L'étude des fonctions primaires sera détaillée dans les Chap. 5 à 16.

43. Limites entre les compléments essentiels et accessoires

La limite entre les compléments essentiels et compléments accessoires ne peut pas être déterminée dans tous les cas de façon assurée. Le pro-

blème se pose en particulier pour les groupes prépositionnels, comme par exemple dans :
Paul s'avance au-devant de ses camarades.
La voiture stationne à l'angle de la rue.
Les critères généralement invoqués de mobilité et de suppressibilité ne sont pas probants.

Le critère de la mobilité est clairement inadéquat : un circonstant interne au prédicat est peu mobile (peut-on dire *Au-devant de ses camarades Paul s'avance ?*), sauf à permuter avec un autre complément en restant à droite du verbe et lié par l'intonation; quand son déplacement à gauche n'est pas impossible, il altère gravement l'économie de l'énoncé de départ (*À l'angle de la rue, la voiture stationne* : le circonstant a changé de portée, il est devenu extérieur au prédicat, qui n'a plus exactement la même interprétation) et ne permet pas de conclure relativement à une position qui n'est plus : le caractère accessoire d'un complément initial détaché n'entraîne pas le caractère accessoire du même constituant lié au verbe.

Le critère de la suppressibilité (en laissant un énoncé syntaxiquement viable, dans lequel les relations existantes restent inchangées) est théoriquement plus satisfaisant, mais il est souvent peu net, avec une réponse en "plus ou moins", et il conduit par ailleurs à des difficultés (faut-il considérer l'objet de *il mange du pain* comme accessoire, en raison de la possibilité de dire simplement *il mange ?* ; cf. § 167).

Il faut donc admettre le **caractère relatif de l'opposition entre essentiel et accessoire** : un complément est senti comme essentiel s'il est fortement lié au verbe; dans le cas des compléments prépositionnels, la préposition est elle-même fortement régie par le verbe.

Il existe en fait dans le degré de liaison entre le verbe et un complément un **continuum** qu'on peut schématiser comme suit :

ressembler à N	*mentir à N*	*dormir à N*
essentiel	?	accessoire

- le complément du verbe *ressembler* (dans, par exemple, *ressembler à Paul*) est clairement un complément indirect essentiel : il est très lié au verbe et même obligatoire ; on parle quelquefois à son sujet d'"objet indirect" ;
- le complément du verbe *dormir* (dans, par exemple, *dormir à Carpentras*) est clairement accessoire : sa présence, non nécessaire, ne découle pas par nécessité syntaxique de celle du verbe, avec lequel il n'entretient aucune relation privilégiée ; c'est un circonstant ;
- entre les deux, le complément du verbe *mentir* (dans, par exemple, *mentir à ses parents*) a un statut intermédiaire : il n'est pas syntaxique-

ment nécessaire, mais il est très lié au verbe, auprès duquel sa présence a un caractère naturel et attendu en tant qu'il indique un des participants au procès. C'est donc un cas frontière.

L'appréciation des **cas intermédiaires** dépend de plusieurs facteurs, plus ou moins réguliers ou subjectifs :

- on considère plus volontiers comme essentiel un complément direct qu'un complément indirect (cf. *habiter Paris / habiter à Paris*), un complément animé qu'un inanimé (cf. *sourire à quelqu'un / sourire à cette idée*) ou un adverbe ;

- par ailleurs, le statut d'un complément n'est pas fixé rigoureusement en langue ; les locuteurs sont libres de resserrer plus ou moins le lien entre verbe et complément, au gré de leurs interprétations en discours.

La frontière entre essentiel et accessoire est de pure nécessité descriptive ; on ne peut être sûr qu'elle corresponde toujours à des fonctionnements distincts ou à de véritables enjeux interprétatifs.

44. Annexe : l'inadéquation de l'analyse dite "logique"

L'analyse dite "logique" considère une phrase complexe comme une juxtaposition de propositions, alors que les propositions subordonnées sont enchâssées dans la structure générale de la phrase. Dans

Je dis qu'il faut partir,

il n'y a pas deux propositions qui seraient une principale *je dis* et une subordonnée *qu'il faut partir*, mais une seule structure de phrase, analysable en

sujet (*je*) - verbe (*dis*) - objet (*qu'il faut partir*).

On peut donc légitimement parler de proposition subordonnée pour la complétive objet, mais il n'existe pas de "proposition principale" *je dis* : le terme inadéquat étant bien plus "proposition" (car il n'y a là rien qui puisse s'appeler de ce nom) que "principale" (car le verbe *dis* est bien en effet le verbe syntaxiquement principal de la phrase).

Cette inadéquation de l'analyse est encore plus manifeste dans des phrases telles que

Que Paul ait gagné prouve qu'il était le meilleur,

où la prétendue "proposition principale" est réduite au seul verbe *prouve*. L'analyse doit être :

sujet (*que P*) - verbe (*prouve*) - objet (*que P*),

les deux complétives subordonnées étant enchâssées respectivement comme sujet et objet du verbe principal *prouve*.

De même, une relative ne peut pas être sortie du GN dans lequel elle est enchâssée, pour être opposée au reste de la phrase baptisé "proposition principale".

Le découpage linéaire est moins choquant quand on a affaire à une subordonnée détachée, par exemple une circonstancielle (en *quand, si, ...*) adverbe de phrase :

S'il pleut, je resterai à la maison.
Comme je vous l'avais promis, je viendrai.

On pourrait alors effectivement soutenir que la phrase dans son ensemble s'articule autour de l'opposition entre une première proposition (la protase), subordonnée, et une seconde (l'apodose), qui est la principale. Mais dans ce cas il faudrait également sortir de la proposition principale le circonstant initial (non phrastique) dans

En cas de pluie, je resterai à la maison.
Conformément à ma promesse, je viendrai,

car il est manifeste que *s'il pleut* et *en cas de pluie* jouent le même rôle.

D'où l'analyse

circonstant	sujet	verbe	complément
s'il pleut	*je*	*resterai*	*à la maison*
en cas de pluie	"	"	"

En résumé, dans tous les cas, les propositions subordonnées sont fonctionnellement équivalentes à des termes simples (de même qu'elles leur sont équivalentes sur le plan des catégories ; voir § 22). Elles doivent donc être traitées comme des constituants ordinaires, et intégrées comme tels dans l'analyse.

45. Aperçu sur le déroulement de la phrase

Les paragraphes qui suivent présentent rapidement quelques aspects du déroulement de la phrase. Le but idéal est de se représenter comment l'interprétation se construit dans le temps, la construction d'une syntaxe hiérarchique se faisant au fil du développement linéaire de l'énoncé.

On distinguera (très grossièrement) trois zones : début de phrase, centre de phrase, fin de phrase. Ces zones se définissent par rapport aux repères fonctionnels, pivots organisateurs, que sont le sujet et le verbe (dans le cadre de la phrase type : phrase indicative, avec ordre sujet - verbe, sans terme en *qu-*).

Autres schémas de déroulement de phrase :
pour la postposition du sujet, voir Chap. 4 et 5,

pour la place des termes en *qu-*, voir Chap. 4,
pour la phrase sans verbe, voir Chap. 17.

En préalable, on examinera brièvement deux problèmes : celui des "constituants discontinus", et celui de la "construction détachée".

46. Le problème des "constituants discontinus"

Alors que normalement les termes composant un constituant se trouvent les uns à côté des autres (ce qui est considéré comme une continuité), il y a des cas où (en première analyse du moins) ils sont séparés ; on parle alors de **constituant discontinu** : les exemples types sont la négation (dont les deux parties, *ne* et *pas* se trouvent de part et d'autre d'un verbe conjugué : *il ne chante pas*) et les temps composés des verbes (l'auxiliaire et le participe sont deux mots graphiques différents, susceptibles d'être séparés par diverses insertions : *on n'avait encore jamais vu ça*).

> **Remarque :**
> A l'inverse, il existe quelques cas de fusion de signifiant (**amalgame**) : *au* doit s'analyser comme étant **à le*.

Mais il existe d'autres types de discontinuité de constituants : cf.

Cette décision, les experts n'en avaient apparemment pas mesuré aussi complètement les conséquences qu'il aurait été souhaitable.

On parlera alors facilement de "constituant discontinu" non seulement pour la négation et pour la forme verbale (plus-que-parfait), mais aussi pour *en (...) les conséquences* (= "les conséquences de cette décision" ; le complément de nom est pronominalisé et " monte " ; voir § 118), pour la structure corrélative (*aussi complètement (...) que P*), et même éventuellement pour la "locution verbale" *mesurer (...) les conséquences*.

Cet enchevêtrement des constituants est une difficulté importante pour l'analyse (et les traitements automatisés). La nécessité de mettre en relation *ne* et *pas*, l'auxiliaire et le participe, *en* et *conséquences*, *aussi* et *que*, ne saurait être contestée; mais tout le problème est de savoir quel degré d'autonomie relative (ou d'existence propre interprétable) on doit accorder à ces *disjecta membra*. Les analyses visant à reconstituer à tout prix l'unité postulée des constituants (éclatés en surface) sont contraintes de recourir à des transformations de déplacement *ad hoc*, et de minimiser la pertinence des positions de surface.

À l'inverse, on peut se refuser à considérer comme purement arbitraires toutes ces brisures supposées (qui n'apparaissent que dans certains cas bien précis). On recherchera alors tout ce qui peut justifier cette "fragmentation", et permettre de donner un statut propre à chaque élément, en préservant au maximum la possibilité d'une analyse compatible avec la linéarité. La notion même de "constituant discontinu" ne s'impose plus de façon aussi évidente, même si restent les **dépendances lointaines**, et la nécessité de reconstituer des cohésions étroites entre éléments non contigus.

Les phénomènes linguistiques évoqués ci-dessus ont été, ou peuvent être, abordés de cette façon.

Ainsi pour la négation : quelle que soit l'unicité de l'opérateur logique de négation, Damourette et Pichon, dans une analyse célèbre, ont montré que la négation se compose en français de l'alliance d'une discordance (marquée par *ne*) et d'une forclusion (marquée par *pas*). Chacun de ces deux éléments a sa part de signifiance, et peut s'employer séparément : le discordanciel s'emploie seul dans de nombreuses structures (*C'est plus cher que je ne pensais*), suffisant à la négation dans certains contextes (*Je ne peux vous le dire*) ; le forclusif s'emploie seul, dans des tours comme *Avais-je pas raison ?*, ou dans l'oral familier (*C'est pas vrai !*).

Pour les formes composées des verbes, les signes de l'autonomie relative des deux parties sont nombreux, au plan formel (cf. les possibilités d'insertion : *On a généralement ...* ouvre un paradigme dans lequel l'apparition d'un participe passé n'est qu'une des possibilités), comme au plan sémantique : l'apport spécifique de l'auxiliaire et du participe est sensible en particulier dans les valeurs de présent accompli (l'auxiliaire marquant une acquêt (*j'ai*) ou une situation présente (*je suis*), relativement au stade dépassé du procès indiqué par le participe passé; pour le passif, voir § 135).

C'est cette ligne de dégroupement des constituants réputés "discontinus" qui est adoptée ici :

- pour la montée des clitiques (*On en connaît les raisons*), voir § 118 : le complément clitique est aussi complément du verbe.

- pour les structures corrélatives du type *Il a moins bien travaillé que son frère*, voir § 286.

- pour *Quand as-tu dit que commençait le spectacle ?*, voir § 74. Le mot interrogatif est mis aussi en relation avec le verbe *dire*, ce qui justifie sa place.

Ce point de vue devrait être étendu à d'autres difficultés (non traitées) telles que

Le moment est venu de prendre une décision (GN : *moment de Inf* ?, ou sorte d'apposition en *de Inf*, mais avec quel statut ?).
L'idée ne l'a pas effleuré qu'il pouvait gêner les autres.

La difficulté de fond reste bien entendu de n'ignorer ni la cohésion entre les éléments disjoints, ni les justifications de leur apparition en des points non contigus de l'énoncé. On manque pour cela d'une théorie adéquate. La même difficulté se rencontre dans l'analyse des "locutions".

47. Construction liée / construction détachée

Le déroulement normal d'une phrase courte, réduite à une structure élémentaire sujet - prédicat, est lié en totalité :
Le tirage de la tombola aura lieu demain soir.
Aucune virgule ne peut apparaître; les marques prosodiques (courbe intonative, et même pauses éventuelles) s'interprètent comme des signes de cohésion de l'ensemble de l'énoncé.

Mais un constituant peut être détaché par l'intonation (ou la ponctuation) : les marques (voir § 34 et 36) s'interprètent comme des marques de rupture, et le constituant est alors en quelque sorte extérieur à la phrase (hors fonction, soustrait à la progression "normale " de l'énoncé).

> **Remarque :**
> La terminologie est mal fixée (à l'image de l'analyse des constructions en question) : on parle de **construction détachée**, ou **segmentée**, ou **disjointe.**
> La **construction disloquée** est un cas particulier du détachement : quand un GN est détaché en prolepse (ou en annonce; dislocation à gauche), avec reprise anaphorique par un pronom clitique, ou en reprise (dislocation à droite) d'un pronom clitique cataphorique. Exemples ci-dessous et § 275, 276.

L'opposition avec la construction liée ressort clairement derrière un verbe employé avec une négation. En construction liée, le constituant est dans le champ de la négation; en construction détachée, il y est extérieur :
Il n'a pas répondu astucieusement (lié; = "il a fait une réponse qui n'était pas astucieuse") / *Il n'a pas répondu, astucieusement* (détaché; = "il n'a pas répondu, ce qui était astucieux" ; paraphrase : *Astucieusement, il n'a pas répondu).*

De même, par rapport à l'interrogation :
Franchement, a-t-il parlé ? (l'adverbe détaché est en dehors de l'interrogation: "je vous demande franchement si, oui ou non, il a parlé") / *A-t-il parlé franchement ?* (l'adverbe lié est ce sur quoi porte la question : "sa parole a-t-elle, oui ou non, été franche ?").

Nature des constituants en construction détachée

Tous les types de constituants peuvent être détachés, à l'exception du verbe (conjugué) et des clitiques.

- Adverbe (Groupe Adverbial), Groupe Prépositionnel, ou équivalents :

En réfléchissant bien, je me suis dit que tu avais raison.

- Groupe Adjectival
  Il ne partit pas, furieux (détaché ; paraphrase : *Furieux, il ne partit pas*) / *Il ne partit pas furieux* (lié ; = "il partit, mais non pas en fureur").

- Proposition relative : c'est l'opposition classique entre relative descriptive (appositive, explicative : détachée) et relative restrictive (déterminative : liée) :
  Les enfants qui pleuraient ont été renvoyés à leurs parents (relative liée; "ceux parmi les enfants qui pleuraient ...") / *Les enfants, qui pleuraient, ont été renvoyés à leurs parents* (relative détachée ; "tous les enfants (dont il est présentement question) pleuraient et ...").

- Groupe Nominal et équivalents :
  Mes chers amis, je propose un toast.
  J'aimerais bien les rencontrer, vos amis.
  Qu'il se soit trompé, c'est possible (complétive en prolepse).
  Qui a fait ça, je n'en sais rien (percontative en prolepse).
  Travailler la nuit, c'est dur (Groupe Infinitival en prolepse).

- Sous-phrase sans connecteur :
  Il était, - c'était visible -, absolument enchanté.
  Cela étant dit, revenons à nos affaires.

> **Remarque :**
> Le verbe conjugué ne peut être détaché. Mais il existe des structures qui permettent de mettre en détachement l'idée verbale pour la thématiser :
> *Pour bouffer, il bouffe !*

Place, portée et interprétation des compléments détachés

Les positions privilégiées sont le début et la fin de la phrase, mais les compléments détachés peuvent s'insérer à toutes les frontières (au minimum) de constituants primaires de la phrase :
Mesdames et Messieurs [= MM], *vous allez (MM) pouvoir (MM) assister (MM) à la finale du 100 mètres (MM).*

Le détachement correspond toujours à une forme d'extériorité par rapport à la phrase, mais la valeur exacte du procédé dépend beaucoup de la nature du terme détaché : le détachement d'un adverbe ou d'un GP en fait des compléments accessoires extra-prédicatifs (voir Chap. 15) ; il existe plusieurs types de détachement d'un GN (vocatif, ou prolepse à valeur thématique, ...) ou d'un adjectif (voir Chap. 12). Pour ce dernier, le détachement lui confère une autonomie énonciative qui contraste avec sa fonction syntaxique secondaire par rapport à un GN.

Problèmes et limites de la construction détachée

Construction détachée (considérée d'un point de vue strictement formel), d'une part, et extériorité par rapport à l'énoncé, d'autre part, ne sont pas dans une relation biunivoque :

- certains constituants sont intrinsèquement extra-prédicatifs, que leur construction soit reconnaissable comme détachée ou non : ainsi par exemple *d'autre part* ou *à mon avis*, dont le sens indique par lui-même qu'ils renvoient à l'énonciation :

Je dirai (,) d'autre part (,) que P

Il n'a aucune chance (,) à mon avis (une virgule devant *à* est de mise à l'écrit, par pure convention, mais sans avoir nécessairement de correspondant intonatif : elle marque simplement la conscience du scripteur du caractère "extérieur" de *à mon avis*).

- la position initiale, ou la position entre le sujet et le verbe, confèrent *a priori* une valeur extraprédicative, quelle que soit l'intonation (ou la ponctuation), pour des raisons évidentes (la phrase n'a pour ainsi dire pas commencé) :

Naturellement (,) j'ai accepté.

Remarque :
Pour le tour *Peut-être Paul est-il arrivé*, voir § 104 Rem.

- certaines constructions, que l'analyse syntaxique conduit à interpréter comme des constructions disloquées, ne s'accompagnent pas toujours des marques intonatives attendues, – ce qui conduit en retour à s'interroger sur l'analyse. C'est le cas pour beaucoup d'énoncés à prolepse ou reprise :

Ça m'inquiète, qu'il ne soit pas encore revenu (voir § 176).

La guerre, c'est terrible (voir § 93).

Ils sont fous, ces Romains.

Dans ces exemples, la virgule, obligatoire, est de pure convention écrite, mais l'oral peut être lié ou plus ou moins détaché (intonation "parenthétique", voir § 33). La possibilité de construction intonative liée jette un doute sur l'analyse par dislocation : l'effet de dislocation n'est plus sensible et on pense plutôt à un doublement de l'expression du sujet, avec clitique nécessaire, ce qui constituerait un type *sui generis* de construction, à rapprocher de *Peut-être Paul est-il arrivé*. À ce compte, la construction détachée et la construction liée peuvent apparaître comme les deux extrêmes opposés sur une échelle continue de degrés de cohésion.

Voir aussi § 155 à propos du clivage *C'est Paul (,) qui est arrivé le premier.*

48. Début de phrase

En début d'énoncé, l'énonciateur dispose d'une zone de liberté relative, avant d'être pris dans le réseau serré des relations syntaxiques de son énoncé (réseau dont il peut toujours, certes, sortir par la construction détachée, mais d'une façon plus coûteuse). On peut définir une position "pré-initiale" par la possibilité d'apparition avant un terme interrogatif initial en *qu-* :

À votre avis, que dois-je faire ?

Le début d'énoncé est donc l'endroit par excellence pour énoncer des éléments extérieurs à la structure sujet - prédicat ; ces éléments pré-initiaux, extérieurs à la négation et à l'interrogation, sont fréquemment (mais pas nécessairement) en construction détachée, sauf s'ils sont très courts.

Le début de phrase est le lieu privilégié pour les liens avec la phrase précédente (d'où des éléments anaphoriques fréquents), les indications thématiques, les indications concernant l'organisation du discours, et autres instructions à l'usage du récepteur, etc. :

A. Éléments invariables

- renvoyant à la situation d'énonciation (voir § 318) :
>   *Bon, alors,* ... (marque de prise de parole)
>   *A mon avis* ... (commentaire sur la position d'énonciateur)
>   *Franchement,* ... (qualification de l'énonciation)
>   *Puisque vous insistez,* ... (justification)
>   *Comme je vous l'avais annoncé,* ...

- organisant le discours (voir § 318) :
>   *Et* ... (rattachement à ce qui précède par coordination)
>   *Mais, donc, ensuite, en revanche, par conséquent, seulement* (articulation temporelle ou logique)
>   *Bref, en d'autres termes, premièrement, tout d'abord, pour finir,* ... (planification du discours)
>   *Du point de vue de ..., linguistiquement, moralement, juridiquement, théoriquement, légalement* (spécification du domaine ou point de vue)

- portant sur l'énoncé comme un tout (voir § 319) :
>   *Heureusement, par bonheur* (modalités appréciatives)
>   *Apparemment, manifestement, évidemment* (modalités épistémiques)
>   *Décidément, paradoxalement.*

Pour *Peut-être est-ce encore possible,* voir § 104 Rem.

- **fournissant un cadre circonstanciel ou logique** à l'ensemble de l'énoncé (Voir § 320) :
  (coordonnées spatio-temporelles)
  L'autre jour, ...
  En France, ...
  Si j'étais riche, ...
  Dès que nous aurons terminé, ...
  Cette affaire étant réglée, ...
  Quel que soit x, ...
- précisant les **objets du discours** :
  En ce qui concerne Marie, ... ; Quant à lui, ...
- Certains éléments initiaux n'ont pas la même extériorité :
  Astucieusement, il a répondu (adverbe " orienté sujet " ; voir § 321).
  Prudemment, il repartit (= *par prudence / avec prudence*).
  Lentement, il avança.

B. Éléments nominaux ou adjectivaux :

- **vocatifs :**
  Paul, es-tu prêt ?
- **actants thématisés (GN proleptiques, ...) :**
  Cette affaire, je la connais bien.

> **Remarque :**
> Pour *Moi, le chocolat, j'adore !*, voir § 167.

- **adjectivations détachées :**
  Furieux, il ...

Plusieurs éléments initiaux peuvent se cumuler :
  Citoyens, pour ma part, le drapeau rouge, je ne l'adopterai jamais !
  (Lamartine) : trois éléments détachés précèdent le sujet : GN vocatif + GPrép circonstant modalisateur d'énonciation + GN en prolepse (thème).

Bien entendu, ce qu'apporte chacun des éléments initiaux peut être exprimé sous la forme d'une structure sujet - verbe, auquel cas l'analyse syntaxique et l'analyse du contenu sémantique divergent. Comparer les paraphrases :
  Heureusement, P / Il est heureux que P
  Premièrement, P / Je dirai pour commencer que P
  A mon avis, P / Je pense que P.

49. Centre de phrase

Le "centre" de la phrase est le verbe, à la fois centre organisateur et terme médian entre le sujet et les compléments : c'est avec lui et par lui que se réalise la jonction du sujet et du prédicat, confirmée par l'accord verbal ; du point de vue du récepteur, c'est là que les relations syntaxiques jusque-là présumées (relation sujet - verbe) trouvent leur confirmation, cependant qu'une nouvelle série d'anticipations commence, à partir des constructions possibles du verbe.

La présence d'un verbe conjugué (avec une morphologie générale-ment distinctive), flanqué éventuellement d'éléments à place fixe (cli-tiques préverbaux, négation) est un élément important de balisage de l'énoncé.

À partir du verbe, la zone de présentation thématique s'étant (norma-lement) achevée avec les pronoms clitiques (par définition anapho-riques), on entre dans la partie rhématique où se situent *a priori* les infor-mations décisives.

L'énoncé peut connaître des développements importants à droite du verbe : les compléments peuvent se déployer, se ramifier (enchâssements à droite, coordinations), du moment que le lien de chaque constituant apparaît clairement avec le centre prédicatif :

> *Alors il écrivit au pharmacien de l'endroit pour savoir quel était le chiffre de la population, la distance où se trouvait le confrère le plus voisin, combien par année gagnait son prédécesseur, etc.*

(Flaubert) : l'énoncé déroule les compléments de *écrivit* : à GN, pour GInf, puis les compléments de *savoir* : une percon-tative, un GN (complexe), une autre percontative, etc., soit quatre éléments de même rang, coordonnés par des virgules, remplissant à eux tous la fonction de complément direct de *savoir*.

Ordre des compléments, voir § 328.

Le centre de la phrase peut comporter des éléments " extérieurs " :

- la suite immédiate du verbe (et, plus encore, l'intervalle entre l'auxi-liaire et le participe, dans le cas d'une forme verbale composée), est la zone privilégiée pour tous les marqueurs de la convenance mutuelle du sujet et du prédicat, - à commencer par le forclusif *pas*. Ces éléments sont le plus souvent en construction liée :

> *C'est pas possible !* (oral familier, sans *ne*)
> *Cette solution est tout de même préférable.*
> *On considère généralement que P*
> *Paul a vraiment fait le maximum.*

Remarque :
On remarquera les structures du type :
Paul, lui [accentué], *il n'aurait jamais fait ça !*
Malin, ça (alors), il l'est (, Paul) !

Le pronom détaché après le terme en annonce a pour effet de marquer un arrêt sur ce terme : il fixe l'attention, il restreint le champ de conscience, il agrandit comme par une montée de gros plan (un "zoom") : plus personne d'autre que Paul n'est considéré, plus aucune autre qualification que celle d'être malin. L'effet de sélection (par contraste avec les termes opposables) est oublié : "Paul, en tout cas...". Le terme en annonce attire l'attention, fait émerger un terme; le pronom (de "zoom ") lui assure l'exclusivité de l'attention.

- des éléments clairement extraprédicatifs peuvent apparaître :

Il a (,) à mon avis (,) les meilleures chances de succès (lié ou détaché).

Paul a - chacun le comprendra - refusé avec indignation (détachement très marqué : rupture énonciative forte).

Remarque :
Pour le détail des insertions possibles entre auxiliaire et participe (cf. *On n'a jamais tant ri*, etc.), voir § 108 Rem.

50. Fin de phrase

La fin de phrase est la zone de fin du prédicat, mais elle comporte souvent des éléments extérieurs : de là peuvent naître divers problèmes.

La fin du prédicat est la zone des circonstants et compléments accessoires, à forte valeur rhématique. L'éloignement progressif par rapport au verbe, centre organisateur du prédicat, est générateur d'ambiguïtés de rattachement et de structuration, notamment en ce qui concerne les adverbes et les GP :

Il a menacé de tuer son propriétaire par téléphone (plaisanterie, qui illustre le problème des ambiguïtés syntaxiques, et la désambiguïsation par les connaissances d'univers. Ordre des mots pré-correcteur d'ambiguïté : *Il a menacé par téléphone de tuer son propriétaire).*

Il a prévenu ses amis de son arrivée le premier août.

Ces problèmes se posent d'autant plus que la phrase a une structure complexe : un constituant final de phrase peut appartenir *a priori* à une structure enchâssée ou à une structure enchâssante. Et plus la phrase est longue, plus les marques de ponctuation (en particulier les virgules) sont d'interprétation incertaine.

Mais à côté de réelles équivoques, beaucoup d'ambiguïtés ne sont que virtuelles : la nature des termes et le contexte indiquent le plus souvent les rattachements adéquats, et d'autre part, les différentes portées théoriquement possibles (et concurrentes) ne s'opposent pas toujours nécessairement : comme il a été déjà indiqué, le rattachement de certains constituants tardifs peut supposer la globalisation (la compactification) des constituants précédents. L'opposition entre portée intra-prédicative et portée extraprédicative est souvent moins nette pour un élément final (sauf négation sur le verbe), qui embrasse rétrospectivement tout l'énoncé.

Mais il faut marquer que la fin de phrase offre aussi, comme le début, une zone de liberté : les compléments prédicatifs étant épuisés, il devient possible d'ajouter des éléments franchement extérieurs, comme une sorte de surplus. On pourrait parler ici d'une position "post-finale", par analogie avec la position "pré-initiale".

On retrouve ici sensiblement les mêmes éléments qu'en début d'énoncé (à l'exclusion de certains éléments qui ne peuvent se trouver qu'à l'initiale : *mais, or, car, seulement*) :

- éléments renvoyant à la situation d'énonciation ;

- éléments précisant le mode de discours, les objets du discours ;

- modalités appréciatives, ...

Ces éléments sont typiquement détachés : ils sont "ajoutés" par-delà des marques prosodiques de fin d'énoncé (voir toutefois § 325).

Mais un élément détaché en position finale n'est pas exactement identique à un élément détaché en position initiale : le "mouvement de pensée" et l'organisation du discours diffèrent. Dans la position initiale, on place un cadre, qu'on remplit par une relation prédicative ; à l'inverse l'élément détaché final vient restreindre ou spécifier après coup une relation prédicative posée.

Ainsi un GN détaché postposé (avec intonation "parenthétique") a valeur de rappel de connaissances partagées :

> *C'est vraiment ce qu'il y a de mieux, ce projet.*
> *Il est arrivé, le Beaujolais nouveau* (y a-t-il véritablement cataphore, ou anaphore fictive, – avec confirmation *in fine* ?).

À un clitique datif (ou *en, y*) correspond en reprise détachée non pas un GN simple, mais un GPrépositionnel nominal :

> *Je lui en ai déjà parlé, à Paul, de cette histoire.*
> *J'y suis souvent allé, à Florence.*

4

LES MODALITÉS DE PHRASE. INTERROGATION ET EXCLAMATION

51. Les modalités de phrase : les paramètres

La modalité de phrase (à distinguer de l'acte de discours : voir § 9) dépend de trois facteurs nécessairement présents (dans la phrase verbale), ou d'un quatrième, non nécessaire, mais déterminant quand il est présent.

Les trois facteurs nécessairement présents sont :
- **le mode verbal** (indicatif / autres modes),
- **l'ordre sujet / verbe**,
- **l'intonation (ou la ponctuation) de fin de phrase.**

Pour la phrase sans verbe, voir § 348.

Le quatrième facteur est la présence éventuelle d'un morphème en *qu-* (non subordonnant).

52. Mode verbal

L'opposition décisive est entre l'indicatif et les autres modes.

L'**indicatif** est le **mode du jugement, de l'assertion** (affirmative ou négative), c'est-à-dire le mode par lequel le locuteur s'engage en présentant comme certain ce qu'il dit. C'est le mode (exclusif) par lequel peut passer l'expression de la vérité.

Sous sa forme la plus simple et la plus nette, une assertion est un constat sur l'état du monde :

Il pleut en ce moment (c'est nécessairement soit vrai soit faux).
Marie est heureuse.
Deux et deux font quatre (c'est vrai).
Charlemagne est mort en 1789 (c'est faux).

Pour des enrichissements ou des modulations de cette valeur de base, voir § 57.

L'assertion est à la fois le degré zéro de la modalité, et un puits sans fond si on entreprend de l'analyser : "je dis, et jc sais qu'il est vrai, que P ; je veux te convaincre de la vérité de P ; je veux même que tu reconnaisses mon intention de te convaincre, ...".

L'indicatif est aussi le mode sur la base duquel se développe l'interrogation (ainsi que l'exclamation) : **il n'y a pas de "mode interrogatif"**. Cela indique que l'interrogation part d'une assertion, qu'elle remet en question (c'est une sorte de débat sur la validité d'une assertion), ou qu'elle appelle à compléter. Voir plus loin.

Les autres modes ont en commun de ne pouvoir présenter un constat, de ne pas être des jugements. Ils ne jouent (à part l'impératif) qu'un rôle très marginal comme centre prédicatif d'une phrase autonome.

L'**impératif** marque un **rapport direct à l'allocutaire**, auquel le locuteur communique une injonction.

Le **subjonctif** indique une **suspension du jugement** : le contenu propositionnel est pris en considération, sans jugement prononcé. Il est par conséquent naturel que ses emplois comme prédicat d'une phrase indépendante soient restreints, et qu'il soit usité essentiellement en subordonnée (comme son nom l'indique).

L'**infinitif**, expression du **pur concept** associé au verbe (voir Chap. 2 : l'infinitif est une partie du discours à part entière), n'est à considérer comme un simple mode du verbe que de façon très limitée, et pour autant qu'il est susceptible de jouer un rôle prédicatif dans une phrase.

53. Intonation (ou ponctuation) de fin de phrase

Quelles que soient les difficultés relatives à la prise en compte de l'intonation (continuum physique, de l'intonation descendante à l'intonation montante, avec possibilité de fin modulée, d'élément post-final, etc.), aggravées par le problème des limites de la phrase, une opposition très nette existe entre deux types de mélodie de fin de phrase:

- **fin de phrase descendante : valeur conclusive, catégorique, thétique ;**

- **fin de phrase ascendante : valeur suspensive, non conclusive, non thétique**. Selon le cas et en liaison avec les autres facteurs, cette suspension s'interprétera comme une mise en doute, une remise en question de l'assertion, un recours à l'interlocuteur (*Vous ne trouvez pas ?*), ou une simple indication de continuation (cf. parataxe, avec simple virgule).

À l'écrit, la ponctuation de fin de phrase, si elle a le mérite d'être discrète, n'en est pas moins un équivalent grossier de l'intonation. Le point correspond généralement à une intonation descendante, le point d'exclamation à une intonation montante; le point d'interrogation ne correspond pas nécessairement à une intonation montante (*Où vas-tu ?*, intonation descendante).

En pratique, néanmoins, malgré les critiques rituellement adressées à la ponctuation, la plupart des grammaires (et celle-ci n'y fait pas exception) reposent plus qu'il ne faudrait sur les marques conventionnelles de l'écrit : le point d'interrogation en fin de phrase tend bel et bien à être pris comme signe nécessaire et suffisant d'une modalité, dite interrogative. Le point d'exclamation, en revanche, est un indice trop fragile pour permettre l'équivalent du côté de l'exclamation (voir plus loin).

54. Ordre sujet - verbe

L'**antéposition** du sujet par rapport au verbe est l'ordre normal, le plus courant, à valeur thétique (= qui pose). C'est le corrélat naturel du mode indicatif et d'une intonation conclusive :

>*Les premiers concurrents arrivèrent à cinq heures.*

La postposition du sujet se présente sous deux aspects à bien distinguer :

La **postposition du sujet nominal** n'est qu'une simple variante de l'antéposition (avec une autre thématisation) ; elle n'a par elle-même aucune influence sur la modalité de phrase :

>*À cinq heures arrivèrent les premiers concurrents.*

En revanche, **la postposition (simple ou complexe) du sujet clitique (pronominal)** remet puissamment en question l'assertion, qu'elle transforme en interrogation (ou en hypothèse, avec parataxe) :

>*Arriveront-ils à cinq heures ?* (postposition simple)
>*Les premiers concurrents arriveront-ils à cinq heures ?* (postposition complexe).

> **Remarque :**
> Exceptions : dans deux cas, la postposition du sujet clitique n'influence pas la modalité de phrase :
> - les incises (*dit-il*),
> - l'inversion pronominale après certains adverbes d'enchaînement :
> *Peut-être (les premiers concurrents) arriveront-ils à cinq heures.*

Cette question est traitée plus en détail au Chap. 5.

55. Présence d'un terme en *qu-*

La présence dans la phrase (simple) d'un morphème en *qu-* suffit pour la rendre interrogative ou exclamative. L'interrogation (ou exclamation) porte alors sur un terme ; elle est dite partielle.

56. La phrase indicative : vue d'ensemble des modalités de phrase

Le tableau ci-dessous schématise le jeu de ces différents paramètres, à effet de déterminer la modalité de phrase. On remarquera que la pertinence respective des différents paramètres n'est pas constante.

Mode verbal	Terme en *qu-*	Ordre S - V	Intonation finale	Modalité de phrase
Indicatif	non	S - V ou V- S nominal	descendante	assertion

Les premiers arriveront à cinq heures.
A cinq heures arriveront les premiers.

"	"	"	ascendante	mise en question (interrogation)

Les premiers arriveront à cinq heures ?

"	"	V - S clitique	non pertinente	mise en question (interrogation)

Arriveront-ils à cinq heures ?
Les premiers arriveront-ils à cinq heures ?

"	oui	non pertinent	non pertinente	interrogation ou exclamation

Les premiers arriveront à quelle heure ?
A quelle heure les premiers arriveront ?
A quelle heure arriveront les premiers ?
A quelle heure les premiers arriveront-ils ?

Dans la phrase indicative sans morphème en *qu-*, la modalité fondamentale est donc l'assertion.

L'assertion peut être mise en question par les effets (séparés ou combinés) de l'intonation et de l'ordre sujet - verbe.

L'interrogation (au sens strict du mot) n'est qu'une des manifestations de cette mise en question, et il y a donc quelque abus à assimiler (comme on a coutume de le faire) remise en question de l'assertion (avec à l'écrit le point d'interrogation) et interrogation, sauf à donner à ce dernier terme un sens étendu.

Pour la question de l'exclamation totale, voir § 59.

La phrase comportant un morphème en *qu-* est, *ipso facto*, interrogative (ou exclamative) : c'est l'interrogation (ou l'exclamation) dite "partielle". Le terme d'interrogation (comme celui d'exclamation) est ici indiscutable.

Pour les différences de niveau de langue, voir la suite du chapitre.

57. La phrase à intonation conclusive : assertion

La phrase type associe le mode indicatif, l'ordre sujet - verbe (le sujet, point de départ syntaxique et thématique de la phrase, est normalement antéposé; voir § 102), **et l'intonation conclusive**, pour produire une assertion franche : l'indicatif peut alors produire ses pleins effets assertifs :
Paul est arrivé.

Cette valeur de base de la phrase peut être enrichie ou modulée de nombreuses façons, en fonction de la personne ou du temps du verbe, du lexique (performatifs, éléments modaux), etc. :

Maintenant Paul se couche (constat) / *Maintenant vous allez vous coucher (!)* (l'assertion emprisonne linguistiquement le destinataire en énonçant "ce qu'il fait" : effet résultant d'ordre).

Je peux le faire (constat par le locuteur de sa propre capacité) / *Tu peux le faire* (le locuteur reconnaît ou confère au destinataire cette capacité) / *Paul peut le faire* (compatible avec les effets de sens des autres personnes, + expression d'une possibilité abstraite).

On ne fume pas ici (pseudo-constat, valant incitation pressante à se conformer à la situation prétendument constatée).

Je jure de dire toute la vérité (énonciation performative, qui est bien moins un constat qu'un acte par lequel je m'engage).

En dernière analyse de discours, un énoncé assertif peut toujours avoir des effets et correspondre à des actes multiples et divers, dont l'étude n'appartient plus à la grammaire :
Le thé sera servi au salon
peut être une simple information, une consigne, un avertissement, une menace, une promesse, ...

La postposition du sujet nominal constitue **une simple variante** de l'ordre normal, qui n'altère pas la modalité de phrase (voir § 103) :
En 1939 éclate la Deuxième Guerre mondiale.
Au coin de la rue s'élevait une vieille maison.

En pratique, la postposition du sujet nominal ne se rencontre guère qu'avec intonation descendante; mais la même phrase dite avec une intonation montante, non conclusive (par exemple en cas de reprise étonnée : *Comment ! en 1939 éclate la Deuxième Guerre mondiale ???*), a valeur de remise en question : c'est donc bien l'intonation qui est ici le facteur déterminant de la modalité de phrase.

Dans le cas d'un sujet clitique (pronominal), par contre, la postposition du sujet n'est pas une simple variante : *viens-tu* ne peut pas être assertif (purement et simplement); voir § 104.

58. La phrase à intonation non conclusive : mise en question

Dans des énoncés, extrêmement naturels, comme
Les enfants sont rentrés ?
Tu es là ?,
l'interprétation thétique, qui s'est construite à partir du mode indicatif et de l'ordre sujet - verbe, est remise en question en fin de phrase, par l'absence d'intonation conclusive : "P, est-ce que c'est sûr ?", "peut-on asserter P ?". Partant de P, au lieu d'arrêter et de fixer thétiquement l'assertion, le locuteur, par un mouvement vers autrui, ouvre une discussion sur la possibilité de cette assertion : l'intonation non conclusive signale que le point final n'a pas été mis, et en appelle à l'interlocuteur pour statuer sur la validité de l'assertion de P.

> **Remarque :**
> Une intonation physiquement identique ou comparable peut marquer, dans un environnement différent, un inachèvement (avec effet de légère subordination paratactique) :
> *Les enfants sont rentrés (/), on va pouvoir dîner.*
> On peut gloser : "les enfants sont rentrés ? oui bien sûr, alors ...".
> Effet subordinatif plus marqué :
> *Il n'avait pas cinq ans, il savait déjà lire.*
> *Je serais vous, j'accepterais* (voir § 345).

La **remise en question** porte sur la totalité de la phrase, en bloc, et non sur la convenance mutuelle du sujet et du prédicat.

> **Remarque :**
> Mais l'intonation peut focaliser un élément :
> *Les enfants sont rentrés à pied ?* (avec marque intonative sur *à pied*).

Cette remise en question, soulignée à l'écrit par le point d'interrogation, est généralement étiquetée "interrogation", mais ce terme est loin de convenir toujours sans difficulté. Parmi les principales exploitations (en discours) de la remise en question de l'assertion, on peut distinguer (cf. Moignet) :

- **demande de confirmation** de quelque chose de connu ou jugé probable :
Alors, vous voulez devenir aviateur ?

- **reprise**, plutôt **dubitative** que proprement interrogative, d'une assertion qu'on vient d'entendre : "est-il vrai que ... ?"
Votre mari est mort. - Mon mari est mort ? (Molière)

- **réaction vive** (refus, indignation, ...) :
Vous croyez vraiment que ça va se passer comme ça ?

> *Comment ! vous voulez qu'on fasse semblant de ne rien voir !*

- **visée hypothétique**, discussion d'une éventualité :
> *J'ouvrirais pour si peu le bec ?* (La Fontaine)

- **suggestion** :
> *On y va ?*

- **demande d'information** :
> *Tu viens ?*
> *Paul vient aussi ?*

- etc.

On remarquera

- que le terme d'interrogation ne convient intuitivement qu'à certains effets, peu nombreux (essentiellement demandes d'information), et non à tous;

- que dans la plupart des cas (ceux pour lesquels il est difficile de parler d'interrogation), il n'y a pas de paraphrase possible avec sujet clitique postposé ou avec *est-ce que*, à moins d'altération profonde du caractère de la phrase :

> *Alors, vous voulez devenir aviateur ?*
> différent de *Alors, voulez-vous devenir aviateur ?* ou *Alors, est-ce que vous voulez devenir aviateur ?*
> *Mon mari est mort ?*
> différent de *Mon mari est-il mort ?* ou *Est-ce que mon mari est mort ?*
> *Comment ! vous voulez qu'on fasse semblant de ne rien voir ?*
> différent de *Comment ! voulez-vous qu'on fasse semblant de ne rien voir ?* ou *Comment ! est-ce que vous voulez qu'on fasse semblant de ne rien voir ?*
> *On y va ?*
> différent de *Y va-t-on ?* ou *Est-ce qu'on y va ?* (plus proche)
> *J'ouvrirais pour si peu le bec ?*
> différent de *Ouvrirais-je pour si peu le bec ?* ou *Est-ce que j'ouvrirais pour si peu le bec ?*

Au total, la phrase à intonation non conclusive n'est pas une "variante familière" de formes plus canoniques d'interrogation, mais un type d'énoncé irremplaçable. On remarquera que toute phrase peut être dite (ou redite) avec intonation non conclusive, alors qu'il n'est pas vrai que toute phrase soit compatible avec l'interrogation par inversion ou par *est-ce que ?*

59. L'exclamation totale

La notion de "phrase exclamative" est mal définie.

Le point d'exclamation, qui est considéré comme sa marque habituelle à l'écrit, a des conditions d'apparition variables, subjectives, et il marque en fait simplement une **certaine quantité d'affect ou d'expressivité**, surajoutée à l'expression "normale" de la phrase : toute phrase peut être énoncée avec un " supplément affectif ", traduit au niveau prosodique (accent, montée de la voix, rythme, ...), et interprétable comme la manifestation d'une émotion ou d'un sentiment :

> *Paul est arrivé !* (joie, surprise, colère, indignation, etc.).
> *J'en suis sûr !*
> *C'est malin !*

La possibilité pour tout énoncé déclaratif de devenir "exclamatif" (au sens intuitif ordinaire du mot), sans qu'on puisse tracer de ligne de démarcation assurée, empêche de définir et de caractériser une classe nette d'énoncés exclamatifs, sur la base d'une modalité exclamative. Le point d'exclamation n'est pas à cet égard homologue du point d'interrogation.

Il existe néanmoins des phrases qu'on peut tenir de façon assurée pour exclamatives (quelle que soit leur courbe intonative), pour la raison qu'elles ne pourraient pas être énoncées d'une façon simplement déclarative :

> *Paul est d'une grossièreté !*
> *Il a une patience !*
> *Il a un de ces culots !*
> *Il a eu une de ces veines !*
> *Tu as vu cette tête qu'il faisait !*

Seule l'exclamation fait admettre la présence de l'article indéfini *un* avec des termes qui n'admettent normalement pas le dénombrement, comme *patience* : la "patience" en question est rapportée à elle-même ("Paul a une patience comme la patience qu'il a" ; A. Culioli).

Remarquer le démonstratif *ce*, en particulier devant un nom suivi d'une relative (cf. *ce que* dans l'exclamation; voir § 351).

Remarque :
A signaler également les tours familiers :
Tu parles d'une veine !
Tu parles (tu penses) si j'ai sauté sur l'occasion !

Pour l'exclamation " partielle " en *qu-* ou *si*, voir § 66 sq., 75.

60. La postposition du sujet clitique : *(Paul) vient-il ?*

Accolé à droite du verbe, au cœur de la phrase, le clitique sujet postposé tient en suspens la relation entre le sujet et le prédicat : il met (ou remet, dans le cas d'un sujet nominal antéposé) en question leur convenance mutuelle : ce prédicat convient-il à ce sujet ? Une véritable alternative "oui / non" est ouverte, à charge à l'allocutaire de trancher.

> **Remarques :**
>
> **1.** De là vient qu'on ne rencontre guère d'énoncés tel que *Est-ce vrai ou est-ce faux ?*, qui est aux limites de l'étrangeté parce que chaque branche ouvre déjà une alternative, alors que *C'est vrai ou c'est faux ?* est un énoncé naturel, parce que la réunion des deux branches est nécessaire pour produire l'alternative.
>
> **2.** Sur l'utilisation subordonnante (hypothétique) de ce tour :
> *Seriez-vous vingt contre moi, j'irais quand même*
> *Pleurait-il, tout le monde se précipitait,*
> voir § 344.

L'intonation de fin de phrase est non pertinente; on peut avoir une intonation descendante sur :

(Paul) est-il arrivé ?

Ce type de structure correspond à une véritable interrogation, avec par exemple demande d'information et réponse "oui / non" :

Avez-vous accompli les formalités demandées ?

> **Remarque :**
>
> Le fonctionnement, avec cette valeur, du pronom clitique postposé, a même abouti à la création d'un véritable morphème *-ti* (de *-t-il*) généralisé dans certains parlers comme marque de l'interrogation :
> *Tu viens-ti ?* (populaire).
> Le tour prend valeur exclamative dans
> *Est-il bête !* (= "combien il est bête !")
> *L'aime-t-elle !*
> *Faut-il qu'il l'adore !*

Pour l'incise, et les constructions derrière un adverbe d'enchaînement, voir § 104 Rem., 338.

Pour l'ensemble des questions relatives au sujet clitique postposé, voir Chap. 5.

61. *Est-ce que P ?*

Le tour interrogatif *Est-ce que P ?* (apparu plus tardivement en français que l'interrogation partielle "renforcée" du type *qu'est-ce que*) est la version du tour (à valeur causale ou emphatique) *C'est que P*, avec post-position du sujet clitique *ce* : identification sur la phrase, prise dans son ensemble comme terme.

La valeur originelle du tour peut encore se faire sentir à l'occasion, en se manifestant notamment par quelques défigements de *est-ce que* :

> *Est-ce donc que vous m'en voulez ?* (="ce [= la raison de ce qui se passe] est donc que P ?")
> *Serait-ce que vous m'en voulez ?*
> *Ne serait-ce pas plutôt que vous n'osez pas le dire ?*

Mais dans l'ensemble la valeur "expressive" du tour s'est estompée, et *est-ce que* n'est plus senti que comme un instrument d'interrogation (on parle parfois du "morphème /esk/") :

> *Est-ce que les enfants sont rentrés ?*

Le sujet précède le verbe dans la subordonnée.

Remarque :
La formule *P, n'est-ce pas ?* s'utilise quand le locuteur veut s'assurer que son allocutaire est prêt à accepter l'énoncé.

De par la postposition du clitique, ce tour pose une alternative oui / non, mais cette alternative se situe à un niveau énonciatif : elle porte, de l'extérieur, sur toute la phrase ("P est / P n'est pas"), et non sur le rapport entre sujet et prédicat à l'intérieur de celle-ci.

Le tour *Est-ce que tu viens ?* (qui rend non pertinente l'intonation de fin de phrase) participe donc à la fois de la postposition du clitique (comme dans *Viens-tu ?*) et de la mise en question de l'assertion de la phrase (comme dans *Tu viens ?*).

La proximité sémantique (souvent très grande) de ces trois tours n'exclut pas quelques différences :

> *Tu as fini tes devoirs ?* : on part de l'assertion "tu as fini tes devoirs" pour vérifier sa légitimité (avec, selon le cas, espoir de confirmation, refus indigné, ou tout autre attitude ou attente, y compris la simple demande d'information)
>
> *As-tu fini tes devoirs ?* : on pose d'emblée l'alternative "toi - avoir fini / toi - ne pas avoir fini"; on remet à l'interlocuteur de choisir la bonne branche de l'alternative (réponse attendue en oui / non)
>
> *Est-ce que tu as fini tes devoirs ?* : on pose une alternative "peut-on, ou ne peut-on pas dire «tu as fini tes devoirs» ?".

Le tour avec *est-ce que* ne peut pas être une demande de confirmation.

62. La phrase indicative avec *qu-* : interrogation et exclamation partielles

On étudiera d'abord le système des différents termes interrogatifs, puis leur valeur, puis leur place et leur emploi.

Les morphèmes en *qu-* peuvent (ou doivent dans certains cas : pronoms à référent inanimé) se combiner avec *est-ce que* ; ils constituent alors ce qu'on appelle l'"interrogation renforcée" (*Qu'est-ce que tu fais ?*) ; voir § 73.

Pour *Ce que c'est beau !*, voir § 351.

Pour *Que crois-tu qu'il a fait ?*, voir § 74.

Pour l'interrogation partielle à l'infinitif, voir § 80.

63. Pronoms : *qui, que, quoi*

Le système des pronoms est le suivant :

	Animé	**Non animé**	
Sujet	*qui*	*ø*	
Régime direct	*qui*	*que*	atone (clitique), initial
		quoi	tonique, médian ou final
Régime indirect	*à qui*	*à quoi*	

Le système est très nettement structuré selon le paramètre "animé / inanimé" (à la différence du système des pronoms relatifs, voir § 25).

Qui assume très clairement tous les rôles dans le cas de l'**animé** :

   Qui est là ? (toujours au singulier; occasionnellement avec un attribut au féminin : *Qui est jolie, Marie ou Sylvie ?*)
   Qui es-tu ? Qui sont ces gens ? Qui as-tu vu ? Qui (qui d'autre) y avait-il ?
   De qui parles-tu ?

Pour l'**inanimé**, le système présente des difficultés :

- la forme théorique attendue pour le **sujet** (*quoi*) est d'emploi impossible, si ce n'est dans des conditions très limitées et particulières :

   Quoi d'autre aurait pu lui être aussi agréable ? (le pronom sujet est suivi d'une expansion).

L'interrogation sur l'inanimé sujet s'exprime par un **tour périphras-**

tique supplétif : *qu'est-ce qui ?* (qui n'autorise aucune expansion). Pour une tentative d'explication de ce phénomène, voir § 73 Rem.

- pour les emplois de **régime direct**, *que* et *quoi* sont en distribution complémentaire :
    Qu'est-ce ? Que fais-tu ? / C'est quoi ? Tu fais quoi ? (familier).

Mais le premier tour, avec pronom interrogatif atone initial, est faible et quelque peu livresque (surtout pour *que* attribut) ; le second, avec pronom tonique postposé, est familier (voir § 68) : le tour le plus courant et le moins marqué stylistiquement est avec la forme périphrastique : *Qu'est-ce que c'est ? Qu'est-ce que tu fais ?* ; on y retrouve, à l'initiale, le pronom interrogatif *que* en fonction d'attribut.

> **Remarque :**
> Pour *Qu'est-ce que c'est que ça ?*, voir § 159.
> Pour *que* au sens de *pourquoi*, voir § 360.

- *quoi* (accentué) s'emploie sans restriction **derrière préposition** :
    À quoi penses-tu ?

> **Remarque :**
> À signaler quelques emplois archaïsants (qui attestent que le système a mis du temps à se mettre en place) :
> *Qui vous empêche de partir ?* (avec *qui* sujet inanimé, au sens de "qu'est-ce qui vous empêche ...?")
> *Que vous en semble ?* (= "qu'est-ce qu'il vous en semble ?").

64. Adjectif : *quel* (et *lequel*)

Quel interroge sur l'identité (plutôt que sur la qualité : voir *comment*) de quelqu'un ou de quelque chose, par sélection dans une classe :
    Quel est votre nom ? (l'adjectif interrogatif est attribut du sujet ; *quel* ne s'emploie pas comme attribut de l'objet)
    Quelle heure est-il ? (l'adjectif est épithète dans un GN)
    A quel bureau dois-je m'adresser ?

La forme pronominalisée par l'article : **lequel** (*laquelle, lesquels, lesquelles*) est employée en toutes fonctions :
    Lequel (d'entre vous) a fait ça ?
    Lequel est le meilleur ? Lequel (des deux) préférez-vous ? Lequel rendez-vous responsable ?
    Duquel parlez-vous ?

Quel est souvent exclamatif, avec un sens qualitatif :
    Quelle chance j'ai eue ! À quel prix l'a-t-il emporté !

65. Adverbes : *où, quand, comment, combien, comme, pourquoi, que*

Les adverbes sont les suivants :

- *où* (lieu), *quand* (temps), *comment* (manière), *combien* (quantité; interrogatif ou exclamatif)

- *pourquoi* (= pour + quoi)

- *comme* (manière), et *que* (degré), uniquement exclamatifs :
> *Où vas-tu ?*
> *Quand partez-vous ?*
> *Comment allez-vous faire ?*
> *Combien en voulez-vous ?*
> *Pourquoi dites-vous cela ?*

L'adverbe *comment* est le terme normal pour interroger sur les qualités de quelqu'un ou de quelque chose :
> *Le nouveau directeur, comment est-il ?*

Emplois exclamatifs (avec des valeurs très voisines pour les trois adverbes) :
> *Combien je le regrette !*
> *Comme j'en suis heureux !*
> *Que c'est gentil !*

L'adverbe exclamatif porte sur le prédicat. Quand celui-ci est attributif, l'adverbe est senti comme portant sur l'adjectif attribut (*heureux, gentil*). *Combien* peut porter spécifiquement sur un adverbe (*combien volontiers je l'aurais fait !*, ou *Combien je l'aurais fait volontiers !*).

Les adverbes *combien* et *que* peuvent se trouver pris (comme quantificateurs) dans un GN (*combien de N, que de N*), qui peut se trouver en toutes fonctions. Mais la dissociation du quantificateur par rapport au GN est possible en général :
> *Combien de points Paul a-t-il gagné ? / Combien Paul a-t-il gagné de points ?* (= "combien Paul a-t-il gagné, en fait de points ?")
> *Combien de temps comptez-vous rester ici ? / Combien comptez-vous rester ici de temps ?* (rare et difficile, en raison du lien étroit entre les constituants dans *combien de temps*)
> *Que de mal il s'est donné ! / Qu'il s'est donné de mal !* (l'emploi de *que* adverbe, de toute façon limité, est encore moins fréquent et plus difficile quand il est dissocié d'un GN ; la formulation naturelle est plutôt *Qu'est-ce qu'il s'est donné comme mal !*)
> *Que d'ennuis il a pu avoir !* (plus naturel : *Qu'est-ce qu'il a pu avoir comme ennuis !*).

Quand le GN est sujet, la dissociation n'est pas possible :
Combien d'élèves de votre établissement ont réussi le baccalauréat ? (dissociation impossible, sauf à changer la préposition :
Combien ont réussi le baccalauréat, parmi les élèves de votre établissement ?)
Que de gens préféreraient être à votre place !

Combien s'emploie seul, équivalent à un GN du type *combien de gens* :
Combien ont réglé leur cotisation de l'année ?
Combien préféreraient être à votre place !

Pour *ce que* et *qu'est-ce que*, exclamatifs, voir § 73.

Pour *si*, voir § 75.

66. Indéfinition, interrogation, exclamation

Les mécanismes de l'interrogation et de l'exclamation par des morphèmes en *qu-* peuvent être schématisés comme suit, à partir de la valeur indéfinie de ces morphèmes :

- Dans **l'interrogation**, le locuteur, parcourant la classe de toutes les valeurs possibles (dans le domaine des substances, du temps, du lieu, de la manière, etc.), remet à son interlocuteur la tâche indispensable et urgente de choisir la bonne valeur, celle pour laquelle le prédicat (ou le reste du prédicat) est valide :

Qui est là ?

signifie : "il y a quelqu'un [indéfini] qui est là" (par là se justifie l'emploi de l'indicatif) + "il faut spécifier ce quelqu'un".

Où vas-tu ?

signifie : "tu vas quelque part [indéfini]" + "il faut spécifier ce quelque part".

En d'autres termes, une interrogation en *qu-* est une indéfinition dont il est indispensable de sortir : il a déjà été signalé (§ 21) que les termes en *qu-*, employés comme constituants d'une phrase simple, ne se maintiennent pas dans une valeur indéfinie positive (celle de la série des formes redoublées du type *quelque*).

Dans la production du sémantisme d'ensemble de l'interrogation, il est difficile de délimiter ce qui appartient en propre au sémantisme du morphème en *qu-*, et ce qui relève de la configuration générale de l'énoncé. Une intonation non conclusive et la postposition (simple ou complexe) d'un sujet clitique peuvent le cas échéant renforcer cette valeur interrogative, mais ni l'une ni l'autre ne sont nécessaires ni toujours présentes, loin s'en faut. La puissance d'un morphème en *qu-* employé comme constituant de phrase simple (et ce, quelle que soit sa place) est par elle-même suffisante pour interdire d'interpréter l'énoncé comme une assertion.

La plupart des questions en *qu-* se terminent en fait sur une intonation plutôt de type descendant et conclusif : *Qui est là ?* (avec intonation descendante de fin de phrase) peut donc se gloser par : "j'asserte que quelqu'un est là, et que le problème est de savoir qui est ce quelqu'un".

Qui plus est, une intonation montante sur la fin d'un énoncé en *qu-* s'interprète (plutôt qu'au plan des modalités) au plan de la structuration syntaxique de l'énoncé, c'est-à-dire comme un signe d'inachèvement. Ainsi *Qui est là* ...(avec intonation montante) fait plutôt attendre une continuation par le même locuteur, du type *je vais vous le dire* : la première structure de phrase, interrogative, est sentie comme une structure subordonnée jetée en prolepse.

Pour l'interrogation à l'infinitif (*Que faire ?*), voir § 80.

- Dans **l'exclamation**, un pseudo-choix (en trompe-l'œil) est demandé à l'interlocuteur, parmi les valeurs du haut degré (en quantité et/ou qualité) d'un prédicat gradable :

  Comme c'est beau !

La nécessité de la "réponse" est moins urgente, car il n'y a pas d'enjeu. Il importe peu que cette "réponse", si réponse il y a, soit *C'est très beau* ou *C'est extrêmement beau* ou *C'est merveilleusement beau*. L'interlocuteur est en fait plutôt requis d'avoir une réaction empathique, d'abonder simplement dans le même sens (*Oui alors, moi aussi je trouve que c'est vraiment très beau*).

> **Remarque :**
> On peut aussi considérer, comme fait A. Culioli, que l'exclamation fonctionne par auto-repérage :
> *Comme c'est beau !* = "c'est beau comme c'est beau".

On comprend ainsi que l'exclamative soit équivalente par un certain côté à l'assertion qu'elle englobe (*C'est beau* ; d'où la présence courante d'un *oui* de confirmation dans la réaction-réponse), cependant que d'un autre côté clle se rapproche de l'interrogation par le choix de valeur (en réalité fictif) qu'elle semble demander à l'interlocuteur.

La différence entre interrogation et exclamation apparaît clairement par exemple dans les emplois de *combien*. L'interrogation

  Combien as-tu payé cette voiture ? (ou, plus familier, *Combien tu as payé cette voiture ?* ou encore *Tu as payé cette voiture combien ?*)

appelle une réponse qui peut se situer à n'importe quel point entre *Je l'ai eue pour rien du tout (J'ai payé zéro franc, zéro centimes)* et *Je l'ai payée une fortune*, valeurs extrêmes comprises. *Je ne l'ai vraiment pas payée cher* et *Je l'ai payée très cher* sont également recevables.

L'exclamation

    Combien il a payé ses erreurs ! (seule formulation possible) peut s'accompagner d'une réaction *(Oh oui !, il les a payées cher / très cher / affreusement cher)* qui, si elle fait mine de spécifier ce qui restait indéfini, ne peut le faire que dans la zone haute des valeurs (le haut degré); une réaction telle que *Oh oui !, il ne les a vraiment pas payées cher* serait d'une totale incongruité.

La même différence vaut, *mutatis mutandis*, pour les valeurs interrogatives et exclamatives de *quel*.

> **Remarques :**
>
> **1.** Quelques (rares) ambiguïtés peuvent se produire entre interrogation et exclamation, avec *quel* ou *combien* :
> *Combien de fois je te l'ai dit ?/!*
> Mais en général la nature du prédicat suffit (avec l'ordre des mots, voir les § suivants) à préciser.
>
> **2.** Les termes interrogatifs peuvent parfois se rapprocher d'une valeur exclamative. Ainsi dans
> *À qui le dites-vous !,*
> glosable, avec effet d'auto-repérage circulaire, par "le dites-vous à qui vous le dites ?", c'est-à-dire, en situation : "est-ce que c'est bien à moi que vous le dites ?", "vous rendez-vous compte que vous le dites à quelqu'un qui est MOI !".
> Ainsi également quand ils renvoient à des valeurs "extraordinaires" :
> *Où va se nicher la simplicité !*
> *A quoi en sommes-nous réduits désormais !*

67. Place de *qu-*, place du sujet, et interprétation

Le fait dominant est la "remontée" des termes interrogatifs ou exclamatifs en *qu-* vers le début de la phrase, mais le détail des faits est complexe : plusieurs structures sont en concurrence, appartenant à des registres différents. Cette question est un point sensible, pour la norme langagière comme pour la théorie linguistique.

Quand le morphème en *qu-* est sujet (ou dans un GN sujet), sa place à l'initiale est sans discussion (voir § 70) :

    Qui est là ?
    Combien de personnes sont déjà arrivées ?

Quand il n'est pas sujet, deux places sont possibles :

- derrière le verbe, c'est-à-dire à la place où serait le complément dont il tient lieu :

Tu vas où ? (familier)

- en position initiale, ce qui est la position canonique. On a alors une double possibilité concernant la place respective du sujet et du verbe : sujet antéposé (très familier) ou sujet postposé (forme canonique) :

Où tu vas ? (très familier) */ Où vas-tu ?* (expression normale).

On a donc, avec sujet pronominal clitique, trois formes (sur des registres différents) : *Tu vas où ? / Où tu vas ? / Où vas-tu ?*, et même quatre si l'on compte *Où est-ce que tu vas ?* (voire cinq, avec le tour vulgaire : *Où c'est que tu vas ?*).

Quand le sujet est un terme nominal, une possibilité supplémentaire, la postposition complexe, s'offre encore :

Paul est parti où ? (très familier)

Où Paul est parti ? (peu fréquent; très familier)

Où est parti Paul ? (expression normale, avec postposition simple)

Où Paul est-t-il parti ? (expression normale, avec postposition complexe).

On a donc, avec sujet nominal, quatre formes (sur des registres différents) : *Paul est parti où ? / Où Paul est parti ? / Où est parti Paul ? / Où Paul est-il parti ?*, et même cinq si l'on compte *Où est-ce que Paul est parti ?* (voire six, avec *Où c'est que Paul est parti ?*, vulgaire).

De même :

Il est quelle heure ? (familier)

Quelle heure il est ? (très familier)

Quelle heure est-il ?

Quelle heure est-ce qu'il est ?

Paul viendra quel jour ? (familier)

Quel jour Paul viendra ? (très familier)

Quel jour viendra Paul ? Quel jour Paul viendra-t-il ?

Quel jour est-ce que Paul viendra ?

Cette situation complexe fait ressortir en premier lieu que la présence du morphème en *qu-* suffit en tout état de cause à conférer à la phrase sa modalité interrogative (ou exclamative) : sa place est à cet égard non pertinente, de même que l'ordre sujet - verbe, et même l'intonation de fin de phrase.

Les différentes structures évoquées doivent être étudiées plus en détail séparément : les différents termes en *qu-* n'ont pas exactement le même comportement. De surcroît, des différences notables apparaissent entre interrogation et exclamation.

68. Qu- post-verbal : *Tu vas où ?* (familier)

Le morphème en *qu-* se rencontre derrière le verbe, à la place où serait le complément dont il joue le rôle, dans le langage familier (d'aucuns diraient : relâché) de tous les jours :

Tu vas où ?

Le morphème *où* a ici le placement "normal" d'un complément (abstraction faite de la spécificité des termes en *qu-*): il est accentué, clairement rhématique. Commutant avec des lieux définis, il apparaît nettement comme une spécification de l'assertion (*tu vas ...*).

On rencontre ainsi derrière le verbe la plupart des morphèmes en *qu-* : *qui, quoi, quel N, lequel, où, quand, comment, combien* (seul ou *de N*) (et *pourquoi*) :

Vous êtes qui, vous ? (interpellation irrespectueuse) ; *Vous avez rencontré qui ?*
Vous faites quoi ce soir ?
Il est quelle heure ?
Vous voulez lequel des deux ?
Paul est parti où ? quand ? Ça marche comment, ce truc ?
Il a payé sa voiture combien, Paul ? Vous en voulez combien de mètres ?

Ces emplois, d'un caractère familier accusé, sont très naturels. Le complément fait clairement partie du prédicat.

Derrière préposition, les emplois perdent une bonne partie de leur caractère familier et sont mieux tolérés par la norme :

Paul est venu avec qui ?
Tu as fait ça avec quoi ?
Vous êtes de quelle nationalité ?
Ce travail est à faire pour quand ?
Il a couru le cent mètres en combien de temps ?
Tu as fait ça pourquoi ?

On ne rencontre jamais derrière le verbe un terme en *qu-* sujet, ni une forme atone : *que* pronom, *quel* attribut (seul), *comme, que* adverbe.

L'exclamation, rare, n'est possible qu'avec *combien de N*, ou *quel N* :

Je te l'ai répété combien de fois ! (familier)
Je viendrai avec quel plaisir !!! (recherché ou affecté).

69. Qu- initial, ordre sujet - verbe : *Où tu vas ?* (très familier), *Comme c'est beau !*

Il faut ici distinguer entre interrogation et exclamation.

Interrogation : l'alliance de l'antéposition de *qu-* interrogatif et de l'ordre sujet - verbe produit des énoncés marqués, à connotations de langage relâché ou vulgaire, et clairement réprouvés par la norme.

> *Qui c'est ? Qui vous voulez voir ? À qui tu écris ?*
> *À quoi tu penses ?*
> *Quelle heure il est ?*
> *Lequel vous préférez ?*
> *Où tu vas ?*
> *Pour quand vous voulez la livraison ?*
> *Comment tu fais ?*
> *Combien de temps vous restez ?*
> *Pourquoi vous avez fait ça ?*

Ce tour est peu usité avec un sujet nominal :

> *Quelle langue les Gaulois parlaient ?*
> *Comment cet accident est arrivé ?*

Il est impossible avec *être* et sujet nominal (**Qui Paul est ?*).

Il est également impossible avec *que* pronom, quasi-impossible avec *quoi* (*Quoi d'autre tu voudrais encore ?*) ; cf. *qu'est-ce que.*

Exclamation : en revanche, avec les morphèmes exclamatifs, c'est la construction type, favorisée par la norme :

> *Quel idiot j'ai été ! Quelle aventure ça a été !*
> *Combien il le regrette !*
> *Combien de fois je vous l'ai déjà dit !*
> *Comme je vous suis reconnaissant !* (seule possibilité avec *comme*)
> *Que c'est assommant !* (seule possibilité avec *que*)
> *Que d'ennuis il a pu avoir ! Que de patience Paul a su montrer !*
> *Que Paul a su montrer de patience !* (plus naturel : *Ce que (qu'est-ce que) Paul a pu avoir comme ennuis !*).

Avec un sujet nominal, la construction est moins usitée. En voici néanmoins un exemple :

> *Combien de fois mon père me l'a rappelé !*

Mais l'usage est incertain et flottant (aussi *Combien de fois mon père ne me l'a-t-il pas rappelé !*, voir § 72 Rem.).

70. Qu- (sujet) initial : *Qui est là ?*

Quand le morphème en *qu-* est sujet (ou pris dans un GN sujet), la position initiale est de toute façon normale en raison de la fonction. C'est le seul ordre possible :

> *Qui est là ?*

Quoi d'autre aurait pu occasionner cette sortie ? (avec *quoi* séparé du verbe)
Quel autre pourrait faire mieux ?
Lequel est arrivé le premier ?
Combien (combien de gens, combien d'entre vous) sont déjà inscrits ?

> **Remarque :**
> La séquence *qui (qu- N) - V - GN* est *a priori* ambiguë ("S - V - O" ou "O - V - S" ?) :
> *Quel médecin connaissait Paul ?*
> *Combien de notables élisent les sénateurs ?*
> Mais le contexte est généralement discriminant :
> *Quel âge a cet enfant ?* (pas de véritable ambiguïté).

Emplois exclamatifs (GN sujet avec quantificateur) :
Combien (de gens) voudraient être à votre place !
Que de gens ont déjà essayé !

> **Remarque :**
> Pour *Combien d'entre vous sont-ils déjà inscrits ?*, *Combien de gens n'ont-ils pas déjà essayé !*, avec postposition du clitique, voir § 72 Rem.

71. Qu- initial, sujet clitique postposé : *Où vas-tu ?*

De même que le placement de *qu-* à l'initiale, la postposition du sujet est la solution normale, canonique, du français.

Elle comporte des variantes, selon que le sujet est nominal ou pronominal, et selon les termes en *qu-*.

> **Remarque :**
> Toute forme de postposition du sujet est exclue avec *comme*.

Avec sujet pronominal (clitique), **la postposition du clitique sujet est toujours possible, normale au regard de la norme, et naturelle :**
Qui êtes-vous ? Qui as-tu vu ? Pour qui allez-vous voter ?
Que fais-tu ? Que diable allait-il faire dans cette galère ?
(Molière; passé en dicton)
A quoi penses-tu ?
Quelle heure est-il ?
Lequel veux-tu ?
Où vas-tu ? Quand pars-tu ? Comment fais-tu ?
Combien veux-tu ?

Tour impossible avec *quoi* (lui-même réfractaire à l'antéposition) et *comme*.

Que s'emploie fréquemment avec une négation :
Que ne faut-il pas faire !
Que ne voit-on pas de nos jours ! (= "il n'y a pas grand-chose qu'on ne voie pas de nos jours", "on en voit de drôles", "on voit vraiment de tout, on aura tout vu").

Egalement *que* (pronom) au sens de *pourquoi*, très "exclamatif" :
Que ne l'a-t-il dit plus tôt !

Avec *quel, combien, que* (adverbe) exclamatifs, ce tour est une variante "soignée" du tour ordinaire (avec sujet antéposé) :
Dans quel guêpier suis-je encore allé me fourrer !
Combien de fois te l'ai-je dit !
Que de fois l'ai-je vu !

> **Remarque :**
> Sur *qu'est-ce que* (interrogatif et exclamatif), particulièrement fréquent, voir § 73.

72. Qu- initial, sujet nominal postposé ou repris : *Où va Paul ? Où Paul va-t-il ?*

Si le sujet est un nom, on rencontre la postposition nominale simple et la postposition complexe ; l'existence de cette double possibilité, sans influence sur la modalité de phrase, est un cas exceptionnel.

La **postposition nominale simple** (tour ancien qui a perdu beaucoup de terrain, mais qui conserve des positions très fortes avec certains interrogatifs) n'a pas par elle-même valeur "interrogeante" : son emploi semble lié à une question d'équilibre (thématique et stylistique) de la phrase : le sujet postposé a un caractère rhématique net. Avec la **postposition complexe** (le sujet nominal, resté devant le verbe, étant repris derrière lui par un pronom clitique), l'interrogation est en quelque sorte marquée deux fois. Ainsi :
Où est allé Paul ? = "Paul est allé quelque part; il faut préciser où"
Où Paul est-il allé ? : l'indéfinition (en attente d'être levée) concernant l'endroit où Paul est allé, empêche le locuteur de maintenir avec un statut de fait asserté que Paul est allé quelque part.

> **Remarque :**
> En cas de *qu- (qu- N)* COD ou attribut, la postposition nominale simple peut faire équivoque :
> *Quel médecin connaissait Paul ?* (O - V - S / S - V - O ?),

> alors que la postposition complexe est sans ambiguïté (quel que soit le contexte) :
> *Quel médecin Paul connaissait-il ?*
> C'est là un des facteurs qui expliquent la diffusion de ses emplois. Corrélativement, la postposition nominale se rencontre préférentiellement avec des verbes intransitifs.

Le détail des emplois des deux tours varie selon le morphème en *qu-* et sa fonction (cf. l'impossibilité de postposition complexe après *qu-* attribut) :

Qui est ce monsieur ? (tour normal quand *qui* est attribut) / *Qui ce monsieur est-il donc ?* (tour exceptionnel)
À qui profite le crime ? À qui le crime profite-t-il ?
Que demande le peuple ? (seule possibilité)
Quoi d'autre t'a raconté ton frère ? (emploi limite, possible seulement quand *quoi* est suivi d'une expansion; postposition complexe impossible; plus naturel : *Qu'est-ce que ton frère t'a raconté d'autre ?*)
À quoi pensent les jeunes de maintenant ? / À quoi les jeunes de maintenant pensent-ils ? (le tour avec postposition simple, plus proche de l'assertion, s'interprète plus facilement comme "exclamatif")
Quel sera votre choix ? (seule possibilité avec *quel* ou *lequel* attribut (clitique))
Quelle langue parlaient les Gaulois ? / Quelle langue les Gaulois parlaient-ils ?
À quelle heure part le train ? / À quelle heure le train part-il ?
Où (quand, comment) est arrivé cet accident ? / Où (quand, comment) cet accident est-il arrivé ?
Combien gagne ton beau-frère ? Combien ton beau-frère gagne-t-il ?

Le cas de *pourquoi* est instructif : avec *pourquoi* (= "pour quelle raison ?"), la postposition complexe est de rigueur :

Pourquoi l'usine a-t-elle fermé ? (seule possibilité)
Pourquoi les ouvriers débrayent-ils ? (seule possibilité).

Il semble bien que cela soit lié au fait que *pourquoi* (adverbe de phrase) marque une question sur les motifs de la convenance du prédicat au sujet : "pourquoi a-t-on «ouvriers - débrayer» ?"; or la postposition du clitique sujet (on l'a vu § 60) a précisément pour fonction de mettre en question cette convenance. La postposition du sujet nominal est inadéquate, car elle ne fait que moduler et non questionner la relation prédicative.

À l'inverse, avec *pour quoi* en deux mots (= "en vue de quoi ?"), la postposition simple est possible et même préférable :

> *Pour quoi travaillent les ouvriers ?* (réponse : *Ils travaillent pour l'exportation*).

Le complément en *pour quoi* est interne au prédicat, et la postposition du sujet nominal est ici à sa place, en tant que variante de présentation (thématique et stylistique) du schéma prédicatif; la postposition d'un clitique est ici peu adéquate, car elle place le questionnement là où il n'est pas.

> **Remarque :**
> Le schéma *pourquoi* (ou *pour quoi*) S - V ? est compatible avec les deux types de questionnement.

Dans l'exclamation, la postposition du sujet nominal est une recherche, liée à un souci d'équilibre de la phrase :

> *À quelle extrémité en arrivent des gens comme lui !*
> *Que de choses savaient les Anciens !* (rare).

La postposition complexe se rencontre surtout avec une négation rhétorique :

> *Que de fois (combien de fois) mon père ne m'en a-t-il pas parlé !* (tour impossible avec postposition simple).

> **Remarque :**
> Le tour à postposition complexe est quelquefois étendu (sans nécessité) aux phrases exclamatives (ou interrogatives) dont le sujet est un GN comportant un morphème en *qu-* :
> *Combien de gens n'ont-ils pas déjà essayé !*
> *Combien de gens ont-ils déjà répondu ?*
> *Combien d'entre vous sont-ils déjà inscrits ?*
> Sur ce point, l'usage est flottant, et le sentiment linguistique des locuteurs, hésitant.

73. *Où est-ce que tu vas ?*

Très anciennes dans la langue (en particulier avec les pronoms interrogatifs), les formes dites "renforcées" (avec *est-ce qu-*), indispensables pour suppléer aux déficiences des pronoms inanimés (voir § 63), constituent au-delà de ce secteur un véritable système-bis. On y retrouve en première position le terme interrogatif (attribut ou complément), le deuxième terme en *qu-* étant le relatif, avec pour antécédent *ce* (sujet de *est*) :

qui est-ce qui	*qu'est-ce qui*
qui est-ce que	*qu'est-ce que*
à qui est-ce que	*à quoi est-ce que :*

> *Qui est-ce qui a fait ça ?*
> *Qu'est-ce qui se passe ?*
> *Qu'est-ce qu'il y a ?*
> *Qu'est-ce qu'on ne ferait pas pour ses enfants !*

quel N est-ce qu- (*à quel N est-ce que*)
lequel est-ce qu- :
　　A quelle heure est-ce que vous pouvez venir ?
　　Dans quel guêpier est-ce que tu es encore allé te fourrer !

où (*quand, comment, combien* (*de N*)*, pourquoi*) *est-ce que* :
　　Combien est-ce que vous voulez de places ? / *Combien de places*
　　est-ce que vous voulez ?

> **Remarque :**
> Sont impossibles :
> **quel est-ce que*
> **comme est-ce que*

Comme le montrent les exemples du type *Qu'est-ce qui se passe ?* (littéralement "quoi est ce qui se passe ?"), qui sont diachroniquement et logiquement à l'origine du tour, il s'agit d'une interrogation au "deuxième degré" : faute de pouvoir interroger directement sur 'la chose qui se passe', on interroge sur "ce que la 'chose qui se passe' est".

> **Remarque :**
> Pourquoi cette impossibilité d'interrogation au premier degré sur un inanimé sujet, - impossibilité caractéristique du français, et dont seule l'accoutumance nous empêche de ressentir le caractère *a priori* surprenant ? On peut avancer l'hypothèse que se manifeste ici la moindre individualisation des entités inanimées : alors qu'une question sur un animé a pour réponse type un nom propre (*Qui est venu ?* - *Paul*), l'identification d'un inanimé passe par ses propriétés, c'est-à-dire précisément par "ce que c'est"; les choses n'ont pas de nom "propre", elles n'ont qu'un nom "commun", vecteur de propriétés.

Le rapport entre l'interrogation "renforcée" et le clivage (voir § 155) ressort de la suite des exemples suivants :
　　C'est Paul qui a gagné
　　C'est qui qui a gagné ? (familier ou relâché ; l'interrogatif est à la
　　　　même place que le complément dont il joue le rôle)
　　Qui c'est qui a gagné ? (vulgaire ; l'interrogatif "remonte" à l'ini-
　　　　tiale; mais l'ordre reste S - V)
　　Qui est-ce qui a gagné ? (l'ordre devient, canoniquement,
　　　　qu- - V - S ?).

La valeur originelle (de clivage) peut se faire sentir sporadiquement (*Qui était-ce donc que vous vouliez me présenter ?*), mais elle est généralement estompée ou annulée. Il n'y a plus alors aucun effet de "mise en relief" sensible, et l'interrogation dite "renforcée" n'est plus qu'une forme banalisée de l'interrogation partielle.

Par extension du procédé :
　　C'est là que Paul est allé.

C'est où que Paul est allé ? (relâché)
Où c'est que Paul est allé ? (vulgaire)
Où est-ce que Paul est allé ?

L'utilisation de *que* est ici la même que dans le clivage : à partir d'emplois canoniques de *que* relatif (complément direct), il se produit une généralisation en toutes fonctions : *à qui est-ce que ... ?, où est-ce que ... ?* ; voir § 370. On arrive ainsi à un complexe parfois caractérisé comme un morphème unique : *est-ce que* (phoniquement */esk/*).

Ordre des mots :
- la marque d'interrogation renforcée est toujours initiale (**Tu vas où est-ce que ?*), ce qui se comprend par l'analyse : *être* est syntaxiquement le verbe principal, *que P* est une relative sur *ce* ;
- l'antéposition du sujet *ce* à *est*, comme on l'a vu, est nettement proscrite par la norme ;
- dans la proposition commençant par *que*, l'ordre est généralement sujet - verbe. La postposition du sujet nominal est possible (*Qu'est-ce que les gens pensent ? / Qu'est-ce que pensent les gens ?*), mais non la postposition pronominale, ce qui conduit à penser que l'inversion est liée à la structure subordonnée (voir § 103) et non à l'interrogation.

Intonation : non pertinente.

Remarques :
1. On rencontre, dans l'expression spontanée, des formes d'interrogation avec encore un degré supplémentaire d'identification :
Qu'est-ce que c'est que tu as fait là ?
Où est-ce que c'est que tu es allé ?
Ces formes, à éviter, sont considérées comme lourdes et redondantes.

2. Pour *Qu'est-ce que cela [est] ?*, voir § 159
Mais ce tour est très courant avec un degré supplémentaire d'identification :
Qu'est-ce que c'est que ça ? (voir § 159), plus vite dit qu'écrit (parfois transcrit par les écrivains soucieux de pittoresque ou de proximité avec l'oral sous la forme plaisante *kèksèksa ?*)
Qu'est-ce que c'est encore que toute cette agitation ?

Qu'est-ce que s'emploie avec une valeur **exclamative** (*"quoi est ce que ..."*), pour marquer un degré quantitatif ou qualitatif remarquable. Selon le prédicat, *qu'est-ce que* correspond tantôt à un objet (de type nominal) :
Qu'est-ce qu'il a pu faire de bêtises (plus usuel : *comme bêtises*) *!*
Qu'est-ce qu'il s'est donné comme mal !
Qu'est-ce qu'il a pu avoir comme ennuis !
Qu'est-ce qu'il y a comme déperdition d'énergie !

tantôt à une quantification de type adverbial :
Qu'est-ce que c'est difficile !
Qu'est-ce qu'il fait froid !
Qu'est-ce que Paul peut être ennuyeux !
Qu'est-ce qu'on s'embête ici !
sans qu'existe entre ces deux analyses une opposition sémantique nette.

> **Remarque :**
> On retrouve dans ces derniers exemples une expression nominale de la quantité ou de la mesure : *ce que* ... (voir § 13 Rem.).
> Cette expression nominale peut, à elle seule, s'employer avec valeur exclamative :
> *Ce que Paul peut être ennuyeux !*
> *Ce qu'on s'embête ici !* Voir § 351.

74. *Où dis-tu que tu vas ?*

Un interrogatif peut être antécédent d'un relatif, comme dans :
Qui y aurait-il qui puisse nous aider ?
Qui y a-t-il que nous puissions solliciter ?
Qu'y a-t-il qui ne va pas ? (familier : Il y a quoi (,) qui ne va pas ?)
Qu'y a-t-il que je puisse faire pour vous ?
avec "renforcement" :
Qu'est-ce qu'il y a qui ne va pas ?

La reprise d'un interrogatif par un relatif (mais cette analyse est controversée; voir ci-dessous) se rencontre en particulier après des verbes du type *dire, croire, vouloir : Que voulez-vous que je fasse ?* Quelle que soit l'analyse, il est clair qu'une relation existe entre l'interrogatif initial et le verbe de la subordonnée.

Le système est le suivant :

qui dis-tu qui ...	*que crois-tu qui ...*
qui dis-tu que ...	*que crois-tu que ...*
à qui dis-tu que ...	*à quoi crois-tu que ...*
quel N dis-tu qu- ...	
lequel dis-tu qu- ...	
où (quand, comment, combien (de N), pourquoi) dis-tu que ...	

> **Remarque :**
> Sont impossibles :
> **quel dis-tu que ...*
> **comme dis-tu que ...*

Cette construction est cumulable avec l'interrogation "renforcée" (ce qui ajoute un relais supplémentaire et augmente les incertitudes de l'analyse) :

> *Qui est-ce que tu crois qu- ...*
> *Qu'est-ce que tu crois qu- ...*
> *Comment est-ce que tu crois que ...*
> etc.

Exemples avec *qui* relatif sujet :

> *Qui dis-tu qui est venu ?*
> *Que croyez-vous qui a causé cette avalanche ?*
> *Qu'est-ce que vous croyez qui va se passer ?*

Ces énoncés avec *qui* (relatif sujet) ont eux-mêmes un statut controversé : ils sont considérés comme normaux par certains locuteurs, et mal acceptés (considérés comme artificiels ou obsolètes) par d'autres, plus nombreux, qui ne les emploient jamais. De fait on constate une tendance à éviter *qui* (relatif sujet) quand c'est possible :

> *Qu'est-ce que vous croyez qu'il va se passer ?*

tend à remplacer (par passage à l'impersonnel) *Qu'est-ce que vous croyez qui va se passer ?*

Exemples (très usuels) avec *que* complément direct (objet, attribut, séquence d'impersonnel) :

> *Qui veux-tu que j'aille voir ?*
> *Qui dis-tu que c'est ?*
> *Que croyez-vous qu'il a répondu ?* (ou *Qu'est-ce que vous croyez qu'il a répondu ?*)
> *Que faut-il que je fasse ?* (ou *Qu'est-ce qu'il faut que je fasse ?*)
> *Que crois-tu donc que c'est ?* (ou *Qu'est-ce que tu crois donc que c'est ?*)

Exemples avec *que* "omni-fonction" :

> *À qui dis-tu que tu as donné cet argent ?*
> *Où dis-tu que Paul est allé ?*
> *Quand voulez-vous que je vous livre votre commande ?*
> *Comment voulez-vous qu'il fasse ?*
> *Combien d'argent dis-tu qu'il a demandé ? / Combien dis-tu qu'il a demandé d'argent ?*

L'utilisation de *que* (l'extension de ses emplois) est ici encore, comme le montrent les exemples, la même que dans le clivage (voir § 157).

Exemples d'enchâssements multiples :

> *Qu'est-ce que tu crois qu'il a dit qu'il allait faire ?*
> *À qui pensez-vous qu'il vaut mieux que je m'adresse ?*

Remarque :
Une analyse alternative consiste à considérer le *que* subordonnant comme étant le *que* complétif, du moins quand l'interrogatif est

adverbial ou prépositionnel. On retrouve alors la construction normale des verbes *dire, croire, vouloir* + complétive.

De fait, les exemples ci-dessus ont une paraphrase très proche, où le verbe d'attitude propositionnelle est suivi d'une complétive comportant le terme interrogatif :

Tu dis que qui est venu ?
Tu crois qu'il a répondu quoi ? (le terme interrogatif, s'il n'est pas sujet, ne peut pas être au début de la complétive)
Vous voulez que je vous livre votre commande quand ?
Tu crois qu'il va où ?
Tu dis que tu as donné cet argent à qui ?

On pose alors que dans le type *À qui dis-tu que tu as donné cet argent ?*, le terme interrogatif remonte par-dessus les frontières de sa proposition pour aller se placer à l'initiale de l'énoncé ; le verbe principal est alors traité comme une modalité (cf. avec des infinitifs *Quand voulez-vous être livré ? Que veux-tu faire ?*).

Mais les deux tours procèdent de deux constructions sémantiques certes très voisines, mais distinctes : dans *Où crois-tu qu'il va ?* (ou, familier, *Où tu crois qu'il va ?*), l'objet de la croyance (mise en question) est un lieu (défini comme le lieu où il va) ; dans *Tu crois qu'il va où ?* (*Crois-tu qu'il va où ?* est impossible), l'objet de la croyance est une relation complexe dont, *in fine*, un élément apparaît comme mis en question. Cette dernière structure est d'ailleurs aux limites de l'anomalie sémantique : on pose une croyance, dont le contenu consiste en une question (cf. le fait que cette structure suppose la plupart du temps une reprise discursive : *Je crois que Paul est allé à* [bruit] - *Tu crois que Paul est allé où ?*).

La très forte tendance constatée à la "remontée" du terme interrogatif a pour effet (sinon pour motivation fondamentale, au plan sémantique et psychologique) de lever cette menace de contradiction, en rattachant la question à la croyance elle-même : l'objet de la croyance (ou du dire, de la volition) est proprement le terme en *qu-* (en tant que pris dans une structure de phrase qui est celle de la subordonnée) : cf. *la personne que tu dis, l'endroit que tu dis.* Cet objet est dans une relation "directe" avec le verbe, même s'il est prépositionnel (*A qui dis-tu que ... ?* ; cf. le même fonctionnement dans l'identification par *c'est*, § 157).

En dépit de ces arguments, on peut néanmoins se demander s'il ne faut pas au total considérer cette construction comme un "croisement" des deux structures, complétive et relative.

Ordre des mots :

- l'ordre Sujet - *dire* est familier (ou relâché) :

Où tu dis qu'il va ?
Quelle place Jean a dit qu'il voulait ?

- la postposition pronominale (simple ou complexe) est la norme ; la postposition nominale (simple) est impossible :

Où Paul a-t-il dit que la réunion avait lieu ? (*Où a dit Paul que ...)

- dans la subordonnée : comme dans les relatives, la postposition du sujet nominal est possible, mais non celle du sujet pronominal :

> *Que veux-tu que Paul fasse ?* ou *Que veux-tu que fasse Paul ?*
> *(mais non *Que veux-tu que fasse-t-il ?)*

Remarque :

La structure du type *qu- as-tu dit que P* ? peut prêter à ambiguïté :

Quand as-tu dit que Paul était mort ? = *Quand as-tu dit « Paul est mort »* ? ; *quand* est circonstant de *dire*, qui a pour objet une complétive / = *Tu as dit que Paul était mort quand ? Quelle date de la mort de Paul as-tu dite ?* ; *quand* est "objet" de *dire*, et la subordonnée est de type relatif (compte tenu des réserves exprimées ci-dessus). On remarquera que *Quand as-tu dit qu'était mort Paul ?* n'est pas ambigu : la postposition du sujet nominal exclut qu'il s'agisse d'une complétive. Ne reste donc que l'interprétation *Quelle date de la mort de Paul as-tu dite ?*

À qui as-tu dit qu'il devait parler ? ambigu

Pourquoi veux-tu que j'accepte ? (= *Pourquoi tiens-tu à ce que j'accepte ?* / *Pourquoi accepterais-je ?*).

75. Interrogation et exclamation en *si*

L'emploi de *si* (adverbe) dans l'interrogation ou l'exclamation est surtout net en subordonnée (*Dis-moi si c'est vrai ; Vous savez si j'ai de l'estime pour vous* ; voir les subordonnées percontatives objet, § 187), mais il existe aussi, à un degré restreint, en indépendante :

Si interrogatif s'emploie dans la seconde branche d'une alternative, derrière *ou* :

> *Il parlait sérieusement, ou si c'était pour rire ?* (proche de : ... *ou est-ce que c'était pour rire ?)*

Si exclamatif est senti comme exprimant le degré et portant sur l'adjectif du prédicat :

> *Si c'est gentil !* (paraphrasable par *Comme c'est gentil !*)

> *Si c'est (ça n'est) pas malheureux de voir ça !* (avec négation ; non paraphrasable par *comme*)

> *Mince alors ! s'il y a du vent !* exemple oral, cité par Damourette et Pichon (§ 2167), qui commentent : "*si* confirme la réalité du phénomène, et marque l'intensité de cette réalité".

> **Remarque :**
> Dans un emploi comme
> *Si vous saviez !*,
> on a sans doute affaire au *si* intégratif (hypothétique), dans une pro-
> tase sans apodose (voir § 288). De même pour *Quand j'y pense !* ; *Et*
> *quand cela serait !*

76. La phrase à un mode autre que l'indicatif

Les phrases comportant un mode autre que l'indicatif s'éloignent du modèle canonique. Elles constituent un ensemble hétérogène, mais elles partagent au moins deux propriétés liées l'une à l'autre :

- **absence d'assertion** (sauf exception, au moins apparente; voir les paragraphes qui suivent); le verbe a, selon son mode, une valeur modale de base, avec une définition pauvre ou négative (absence de validation). Mais ce "vide" relatif est rempli par les effets contextuels, d'où en résultat une gamme d'effets de sens pour chaque mode;

- **facilité du glissement vers des emplois subordonnés** : tous ces types de phrase posent la question : "est-on sûr qu'il s'agit d'une véritable phrase (ou d'un énoncé indépendant), et non pas d'un terme de phrase ?". Même si ce phénomène n'est pas propre aux phrases à un mode autre que l'indicatif (cf. par exemple la subordination paratactique dans *Tu lui parles, il n'écoute même pas !*), il est particulièrement sensible avec les autres modes, pour lesquels les limites entre énonciation indépendante et subordination sont particulièrement délicates à déterminer. Cf. :

> *Parlez-lui, il n'écoute même pas !*
> *Qu'il s'en aille, ça serait mieux !*
> *Moi, accepter !, il ne saurait en être question !*

La phrase à mode autre que l'indicatif est moins nette et moins "robuste", précisément parce qu'il lui manque l'assise que constitue l'assertion inhérente à l'indicatif.

Pour la phrase sans verbe, voir Chap. 17.

77. Phrase subjonctive

Un verbe au subjonctif se construit (avec sujet et compléments) comme un verbe à l'indicatif; seul diffère le mode.

Comme on peut s'y attendre avec un mode marquant une suspension du jugement (voir § 52), les emplois du subjonctif comme centre prédicatif d'une phrase indépendante sont restreints; ils présentent des différences notables selon le tiroir ("temps").

Subjonctif présent

Une phrase au subjonctif présent marque un "**mouvement de l'âme**", généralement un vœu, un souhait :

> *Fasse le ciel que tout soit prêt à temps !* *(quelquefois sujet antéposé : Le ciel fasse que ...)*

N'étant pas assertive, une phrase au subjonctif ne peut pas être interrogative, ni exclamative (si ce n'est au sens faible); elle ne peut comporter de terme en *qu-*.

Ce type d'énoncé est résiduel et marginal : il s'agit presque toujours de formules consacrées, à ordre immuable (sauf exception), avec des verbes dont le subjonctif est morphologiquement distinct de l'indicatif :

> *Puissé-je (puisse-t-il) y parvenir !* (postposition du sujet clitique obligatoire)
> *Comprenne qui pourra !; Sauve qui peut !* ; mais l'intégrative sujet est antéposée dans *Qui m'aime me suive*
> *Dieu vous bénisse !*
> *Le ciel vous entende !*
> *Ainsi soit-il; Soit un cercle de rayon AB* (optatif affaibli et banalisé)
> *Le diable l'emporte !* (l'homonymie entre le subjonctif et l'indicatif favorise le doublet *Que le diable l'emporte !*).

Les poètes peuvent exploiter l'indétermination modale du subjonctif pour créer une sorte d'espace d'interprétation libre :

> *Vienne la nuit sonne l'heure*
> *Les jours s'en vont je demeure* [sans ponctuation] (Apollinaire) : le vague des deux subjonctifs, et le vague de la construction (y a-t-il subordination ?) reflètent les incertitudes ou l'ambivalence des sentiments du poète face à la fuite du temps, et les diffusent dans le lecteur, - sauf à provoquer en lui un effort de clarification, promis sans doute à ne pas aboutir.

L'exemple d'Apollinaire illustre, dans une syntaxe poétique et archaïsante, les limites de l'autonomie d'une énonciation au subjonctif avec GN sujet postposé (subordination paratactique).

Remarques :
1. Le figement de certaines formes au subjonctif aboutit à faire oublier leur nature verbale :
Vive la République !
2. Le verbe *savoir* peut (cas unique) s'employer avec un subjonctif valant affirmation atténuée, dans le tour *je ne sache pas que*:
Je ne sache pas qu'il en soit question ("je n'ai pas connaissance du fait que P").

Subjonctif imparfait

Le subjonctif imparfait ne se rencontre guère comme prédicat d'une phrase indépendante qu'avec le verbe *plaire* :
> *Plût au ciel qu'il fût encore temps !* (recherché et archaïsant).

Remarque :
Il est en revanche plus fréquent dans des tours qui relèvent clairement de la subordination paratactique (avec postposition pronominale, simple ou complexe) :
dussé-je (= "même si je devais ..." ; voir § 342).

Subjonctif plus-que-parfait

Il s'agit d'un tour très différent : le subjonctif plus-que-parfait (ici dans un emploi conservé du latin) est l'équivalent d'un conditionnel passé (certaines grammaires l'appelaient naguère dans cet emploi "conditionnel passé deuxième forme"). Il se trouve alors assertif au même titre que le conditionnel (temps de l'indicatif : *Paul tuerait père et mère* asserte que Paul est capable (susceptible) de tuer son père et sa mère le cas échéant). L'ordre sujet - verbe, et l'intonation, sont les mêmes que dans la phrase indicative :
> *Il eût été préférable de le dire plus tôt* (doublet de *Il aurait été préférable ...*)
> *J'eusse aimé vous voir plus tôt* (doublet de *J'aurais aimé ...*).

Par suite, les emplois interrogatifs et exclamatifs sont possibles :
> *Eussiez-vous vous-même agi autrement ?*
> *Comment eussions-nous pu faire autrement ?*
> *Combien eussé-je préféré cette solution !*
> *Que c'eût été préférable !* (avec *que*, adverbe = *combien* ; ne pas confondre avec le *que* lié au subjonctif ; cf. § ci-dessous).

Ce tour est très vivant dans la langue littéraire soignée, où il est librement productif (sous réserve de son caractère recherché).

Remarque :
Le même tour syntaxique (avec postposition du sujet) peut valoir comme sous-phrase paratactique (équivalent de la protase dans le système hypothétique) :
L'eût-il demandé, nous eussions (ou aurions) immédiatement accepté (= "s'il l'avait demandé ..." ; voir § 342).
De même derrière *si* :
Même si je l'eusse voulu, ... (= même si je l'avais voulu, ...).

78. Phrase subjonctive avec *que*

La phrase subjonctive avec *que* est une forme syntaxique vivante et productive, qui n'est grevée d'aucune limitation morphologique, d'aucune difficulté de personne ou d'ordre des mots, et qui tend à remplacer la phrase à subjonctif seul :

Qu'il obéisse !

On débat depuis des siècles sur le point de savoir si une phrase en *que P* est une authentique phrase indépendante, ou une proposition subordonnée dépendant d'un verbe sous-entendu (type *[je veux] qu'il vienne*), - question qui ne se posait pas pour les phrases au subjonctif sans *que*.

Sans trancher la question, on observera que la forme indique une incomplétude : la phrase commence par un terme subordonnant (clairement apparenté au *que* complétif ; voir § 375) et peut s'analyser formellement comme un terme nominal. On est alors renvoyé au problème général de la phrase sans verbe.

La phrase subjonctive en *que* se rencontre uniquement avec le subjonctif présent (ou sa forme composée, le subjonctif passé). Elle présente le même ordre des mots que la phrase indicative.

Effets de sens typiques (déterminés par le contexte, et les variations de l'intonation) :

- évocation et mise en discussion (souvent dans le sens d'un rejet) :

Moi, héron que je fasse / Une aussi pauvre chère ? (La Fontaine) (cf. avec un terme nominal : *moi, un repas pareil ?*)
Que je change la date de mes vacances ?

En dépit du point d'interrogation final, ce type de phrase ne peut en aucun cas véhiculer une demande d'information; il serait donc abusif de parler d'interrogation.

Pour le glissement à la prolepse *(Que je change la date de mes vacances, il n'en est pas question !)*, voir la remarque ci-dessous.

- vœu, souhait :

Qu'il aille au diable !
Que le meilleur gagne !
Que je sois pendu si je comprends ce que vous voulez dire !
Que le ciel vous entende ! (doublet de la même phrase sans *que*).

- ordre (impossible sans *que*) :

Qu'il parte !
Qu'il soit reparti avant demain (tiroir "subjonctif passé")
Que je n'oublie pas de vous dire encore une chose.

Cette structure fonctionne (pour la première et la troisième personne) en distribution complémentaire avec l'impératif.

> **Remarque :**
> Une structure en *que Psubj* comme *Qu'il parte* peut avoir le statut d'une phrase indépendante, d'un terme nominal en prolepse, ou d'un terme circonstant (par parataxe), selon le contexte et la prosodie. Voir § 375.

79. Phrase impérative

Le verbe à l'impératif a la même complémentation qu'à l'indicatif, à une différence près : les pronoms clitiques accompagnant un impératif affirmatif sont postposés, avec quelques modifications de forme et d'ordre (voir § 117) :

> *Regarde-moi (*à côté de *Ne me regarde pas,* comme *Tu me regardes)*
>
> *Donne-le moi (*à côté de *Ne me le donne pas,* comme *Il ne me le donne pas).*

Mais la phrase impérative se distingue radicalement de la phrase canonique, en ce que l'impératif n'a pas de sujet : dans *Pars !*, le sujet n'est ni *je* ni *tu* : le locuteur envoie un message direct à un destinataire (allocutaire) sans donner de sujet à son énoncé, il court-circuite en quelque sorte la présentation normalisée d'une relation prédicative ; la phrase impérative procède d'un mouvement affectif et/ou d'une volonté d'action, elle est en prise directe sur la situation d'énonciation. Le résultat est une sorte d'"imposition directe" de l'idée contenue dans le verbe sur le destinataire. On peut appeler **injonction** cette valeur fondamentale de la phrase impérative.

Le destinataire peut être multiple : *Partez*, et même inclure l'émetteur lui-même : *Partons* (qui s'adresse toujours à "toi + moi", et jamais à "lui + moi", à la différence du *nous* de *nous partons*).

> **Remarque :**
> Le destinataire (comme le "sujet virtuel" de l'infinitif) peut être support d'attribut ou source de référence :
> *Soyez attentifs.*
> *Regardez votre route.*
> Il est fréquemment représenté par un vocatif :
> *Paul, viens ici !*

La phrase impérative, qui se situe en dehors du vrai et du faux, est exclusive de toute valeur modale d'assertion, et par suite de toute valeur d'interrogation, d'exclamation (au sens défini § 59 ; il est clair par ailleurs que la phrase impérative, généralement terminée par un point d'exclamation, est presque toujours "exclamative" au sens faible et vague du mot : "dit avec une expressivité particulière").

Une phrase impérative s'accompagne normalement (mais non nécessairement) d'une intonation descendante, à valeur conclusive. Elle ne peut comporter de terme en *qu-*, sauf demande (très métalinguistique) de redite :

>   *Fais quoi ? tu peux répéter ?*

> **Remarque :**
> Chaque phrase indicative n'a pas son correspondant à l'impératif : *Sois grand* est impossible s'il s'agit d'une propriété essentielle, involontaire, mais peut prendre un autre sens (par exemple "montre-toi généreux").

Effets de sens : Une phrase impérative comme *Allez-y* peut, selon la prosodie, la situation, le contexte, avoir des effets de sens (et correspondre à des actes de discours) **très divers**, qui sont des modulations de sa valeur modale fondamentale : ordre, permission (acceptation, concession), souhait (supplication, suggestion, invitation, recommandation), etc.

> **Remarque :**
> **Phrase impérative et parataxe :** une phrase impérative terminée par une intonation montante et suivie d'une phrase indicative, peut s'interpréter comme le premier élément d'un système conditionnel :
> *Chassez le naturel, il revient au galop* (voir § 345).

80.   Phrase infinitive

La possibilité pour un infinitif d'être le centre prédicatif d'une phrase, à l'instar d'un indicatif, ne va pas de soi, bien au contraire : l'infinitif, dépourvu de sujet, signifie le pur concept verbal (cf. § 18), en dehors de toute assertion (ce qui le distingue de l'indicatif) et même de toute valeur modale propre (ce qui le distingue du subjonctif).

Une phrase à l'infinitif (pour autant qu'il en existe d'indiscutable) est donc une sorte d'expression nominale, modalement vide par elle-même, qui prend en contexte une (pseudo-) valeur modale (ainsi qu'une (pseudo-) valeur d'acte de langage). Elle tend facilement à être interprétée comme phrase incomplète ou partie de phrase.

Emplois de l'infinitif sans *de* :

Le procès est simplement considéré : le contexte, explicite ou implicite, fournit l'ambiance modale, l'infinitif restant clairement non assertif.

- emploi "exclamatif" (au sens faible)

La distinction est particulièrement difficile à faire avec un emploi du groupe infinitival comme terme de phrase :

Venir embêter les gens comme ça ! [, c'est quand même malheureux !]

(Et) dire que P ! [, c'est incroyable !]

avec contrôleur explicite : *Paul, faire une chose pareille ! [, c'est impossible !]*

La Fontaine aurait pu écrire *Moi, héron, faire une si pauvre chère !* (au lieu de *que Psubj* ; cité § 78).

Ah ! partir huit jours aux Antilles ... !

L'impossibilité d'avoir *de* avec l'infinitif maintient clairement l'infinitif dans sa valeur de concept envisagé, sans actualisation, emportant un espace propice le cas échéant à la rêverie ou au fantasme (cf. par exemple une exploitation comme celle de Jules Laforgue dans sa "Complainte des nostalgies préhistoriques").

- emploi interrogatif (dit "délibératif"), avec terme en *qu-* (très usuel) :

Que faire ? (= "que dois-je faire ? que faut-il faire ? que puis-je faire ?" ; forte valeur modale)

Où aller ?

Comment vous remercier ?

> **Remarque :**
> Ces énoncés peuvent toujours s'interpréter comme des termes interrogatifs proleptiques, suivis (ou non) de leur verbe :
> *Où aller (?), je ne sais vraiment pas !* (c'est le problème ! je me le demande !)

- emploi dit "hortatif" dans des consignes générales :

Ne pas fumer

Ne pas dépasser la dose prescrite

Ralentir

Laisser mijoter à feu doux.

Emploi très fréquent (constitué sans doute à partir de la forme négative : *Ne pas fumer* = "il n'est pas question de fumer").

Différences avec les paraphrases à l'impératif : l'impératif prend à partie le destinataire, alors que l'infinitif ne vise personne (ce qui peut être le plus sûr moyen d'atteindre tout le monde).

À rapprocher de certaines expressions nominales (non moins "hortatives" que l'infinitif) : *Défense de fumer, Attention à ..., Cuisson à feu vif.*

Emploi de l'infinitif avec *de* : l'infinitif dit "narratif"

Il s'agit d'un emploi littéraire et archaïsant, qui peut s'analyser comme une phrase nominale à deux termes :

Grenouilles aussitôt de rentrer dans les ondes,
Grenouilles de rentrer dans leurs grottes profondes (La Fontaine)
Et tout le monde de rire !
Et lui alors de s'exclamer : "Pourquoi ?".

Le fait remarquable est que la phrase est très proche d'une assertion (mais sans pouvoir passer à l'interrogation), avec intonation conclusive. Plusieurs éléments contribuent à expliquer cette quasi-assertion :

- la présence nécessaire de *de*, indice du prélèvement d'une occurrence de *rire* ou de *rentrer dans les ondes* : l'infinitif devient de ce fait "concret", marque d'une réalité effective et non plus d'un concept,

- la présence nécessaire d'un terme nominal (antéposé) que seule l'absence d'accord empêche d'appeler sujet,

- la présence nécessaire de termes du type *aussitôt, alors, et,* qui assignent à l'énoncé des coordonnées temporelles (dans un passé révolu), et contribuent à lui donner une (apparence de) réalité référentielle.

5

LE SUJET

81. Le sujet : définition

Le sujet est le **terme qui donne ses marques au verbe** :
Les enfants jouent
Paul est revenu.
Le sujet est **nécessaire** (tout verbe à mode personnel doit avoir un sujet) et **unique**: dans le cas d'une coordination (*Pierre et Paul sont revenus*), il y a fonctionnellement un seul groupe sujet composé de deux parties.

L'accord entre le sujet et le verbe est la manifestation du lien entre le sujet et le prédicat (dont le verbe est le noyau): le sujet est, selon la tradition logique, "**ce dont on prédique**". La relation sujet / prédicat (verbe) est la grande relation structurante de l'énoncé.

Le sujet est également l'**actant premier** de la phrase, le point de départ de la construction sémantique.

Le terme sujet possède généralement plusieurs autres propriétés :

- il est naturellement le "**sujet psychologique**" **ou thème** (ce dont on parle). C'est souvent un élément déjà connu, déjà présenté dans le discours (cf. les contraintes sur sa détermination) ;

- étant le point de départ (logico-sémantique) de la relation prédicative, le sujet est **normalement antéposé**. Un sujet postposé reste un sujet, mais il n'a plus la même valeur informative (voir aussi la phrase impersonnelle, et la phrase disloquée).

La relation entre le sujet et le verbe (prédicat) n'est pas (par elle-même, *a priori*) quantifiée : *Marie chante* n'indique pas si Marie est seule, ou une parmi d'autres, à chanter; on sait seulement que, en tout état de cause, Marie chante.

En cas de prédicats coordonnés, le sujet est souvent sous-entendu devant le deuxième verbe : *Paul parle et agit*. Voir § 106.

Remarques :
1. Reconnaissance du sujet : le sujet s'identifie en général aisément, en raison de l'accord, et des emplois nombreux de pronoms qui ne peuvent être que sujet; c'est *a priori* le premier GN (ou équivalent) libre de la phrase.
Quelques cas d'équivoque peuvent se produire, en particulier quand un GN non sujet est antéposé au verbe, et que le sujet lui est postposé :
Chaque jour grandissait son angoisse (CC-V-S, avec GN circonstant antéposé / S-V-O)
Quel livre recommande cet article ? (O-V-S, avec GN en *qu-* objet antéposé / S-V-O)

> **2. Sujet ou attribut ? :** le rapport entre deux termes nominaux (ou équivalents) de part et d'autre du verbe *être* (*La solution est de rester ici*) n'est pas toujours aisé à déterminer; en particulier dans *Ce sont ...* (*Ce sont des Anglais*). Voir § 142.
>
> **3. Les verbes à un mode non personnel n'ont pas de sujet,** par définition.
> Le participe a, en tant que forme adjective, un support (*Voyant cela, Paul s'en alla* : le participe *voyant* se rapporte à son support *Paul*). De même pour le gérondif.
> L'infinitif a généralement, présent dans l'énoncé, un "contrôleur" syntactico-sémantique (*Paul a promis de venir* : le contrôleur de *venir* est *Paul*).
> L'impératif a un sujet implicite (2ᵉ personne).

82. Le sujet, point de départ syntaxique

Le sujet, constituant primordial, domine à sa manière la phrase entière et peut se voir rattacher différents types d'éléments (adjectifs, participes, infinitifs, gérondifs, GN, voire adverbes), même à grande distance dans la phrase, et par-delà d'autres constituants nominaux :

> *Voyant cela, Paul est parti tout triste et en pleurant, le pauvre !*
> (le sujet *Paul* est support de *voyant, triste, pleurant, le pauvre*)
> *Paul a encore voulu battre son frère, l'idiot !* (dans l'interprétation la plus naturelle de cette phrase, c'est au sujet *Paul* que se rattache *l'idiot*, et non au GN adjacent *son frère*).

Les autres constituants (y compris la séquence de l'impersonnel) n'ont pas le même rayonnement sur la phrase.

83. Le sujet, donneur de marques : l'accord sujet-verbe

Le sujet donne ses marques de personne et de nombre au verbe.

À l'écrit, les marques de pluriel sont généralement présentes à la fois sur le GN sujet et sur le verbe (il y a redondance, ce qui donne une marge de sécurité et de liberté à la construction de la phrase). À l'oral, le pluriel est loin d'être systématiquement marqué et la redondance est moindre : le pluriel n'est marqué qu'une fois dans la réalisation orale de *Les portes claquent* (par l'article *les*) ou *Ils dorment* (par le verbe) ; singulier et pluriel sont morphologiquement confondus à l'oral dans *Il(s) mange(nt)*, et la distinction doit être assurée par le fil du discours.

Quelques marges de jeu (d'où des hésitations) existent quand il y a conflit entre la pure morphologie du groupe nominal sujet, et son sens ou sa référence. En particulier :

- quand le sujet est un GN quantifié par *beaucoup (trop, assez, ...) de, la moitié (la plupart, ...) de, une foule (quantité, collection, ...) de* :
> *La plupart des gens en est (sont) capable(s).*

- quand le sujet est constitué de plusieurs éléments coordonnés ou juxtaposés. Très généralement ces éléments constituent autant d'éléments distincts, et entraînent l'accord au pluriel :
> *Pierre et Paul sont venus.*
> *Ni Corneille ni Racine n'ont encore été surpassés* (Sainte-Beuve ; cit. Grevisse § 438).

Mais il arrive qu'ils ne soient que des aspects différents d'une même entité, auquel cas l'accord peut se trouver au singulier :
> *Et un dégoût, une tristesse immense l'envahit* (Flaubert ; cit. Grevisse § 438b).
> Mais : *Le port du prince, sa manière de se tenir n'étaient point sans majesté* (Stendhal ; cit. Grevisse).

Pour *c'est / ce sont des Anglais*, voir § 142.

84. Le sujet, point de départ psychologique : le thème

En liaison avec sa place en début de phrase, et son rayonnement sur le verbe et au-delà, le sujet a vocation à être le "sujet psychologique" de la phrase, c'est-à-dire ce dont on parle (versant psychologique de la relation sujet / prédicat) : dans *La terre tourne*, c'est bien de *la terre* qu'il est question.

En tant que pierre de fondation de tout l'énoncé, le sujet doit vérifier un **présupposé d'existence** (par rapport à un univers de discours donné, qui peut être un monde fictif). Un sujet violant cette présupposition, comme dans *L'actuel roi de France est chauve* (exemple de Russell), entraîne, plus que la fausseté de l'énoncé, sa nullité.

1. Dans le cas de figure le plus banal, il y a effectivement concordance entre la structure syntaxique (sujet grammatical - verbe), la structure logique (sujet logique - prédicat) et la structure communicative ("sujet psychologique" ou thème / "prédicat psychologique" ou propos).

Ce rôle thématique du sujet est clair dans un texte suivi. Le choix du sujet, son maintien (nombreuses reprises anaphoriques par un pronom, assurant la continuité thématique) ou son changement d'une phrase sur l'autre, sont des éléments déterminants de la conduite discursive du locuteur. Divers choix syntaxiques (comme celui de la diathèse, active ou passive) permettent d'ajuster la suite de l'énoncé en fonction de l'actant choisi.

Comment Candide fut élevé dans un beau château (Voltaire ; titre du chapitre premier de *Candide*).

Corollairement, nombre d'anomalies concernant le sujet peuvent s'expliquer par des réticences à employer comme sujet un terme qui ne serait pas le thème : cf. l'impersonnel, les restrictions sur l'emploi de *un N*.

2. Mais il s'en faut que le sujet soit toujours mécaniquement assimilable au thème de l'énoncé. Les logiciens de Port-Royal estimaient déjà que *Dieu commande d'honorer les rois* est un énoncé ayant comme "sujet" (logique ou psychologique) non pas *Dieu* mais *les rois*.

Voici quelques cas où le sujet ne peut être assimilé au thème de l'énoncé :

- le sujet est sémantiquement "vide" (*on, ce*), ou se trouve dans une formulation à valeur modale (*je crois que ...*) ;

- le sujet à lui tout seul ne représente pas le thème : *La nuit, tous les chats sont gris* est un énoncé qui concerne au moins autant la nuit que les chats ;

- le sujet contient des éléments thématiques et rhématiques : *Peu de gens sont venus* n'est pas un énoncé qui nous dit, à propos de "peu de gens", que les gens en question sont venus, mais un énoncé qui nous dit, au sujet des gens qui sont venus (thème), qu'ils sont peu (propos).

3. Le sujet, accentué, peut prendre par lui-même une valeur rhématique :

> *(Jean est arrivé le premier) - Mais non, Paul* (accentué) *est arrivé le premier !*

> **Remarque :**
> Un énoncé comme *Paul est arrivé* peut être paraphrasé de diverses façons, qui modulent la valeur thématique ou rhématique du sujet:
> *Paul, il est arrivé.* (voir § 274)
> *Paul, lui, il est arrivé.* (voir § 49 Rem.)
> *C'est Paul qui est arrivé.* (voir § 155)
> *Il y a Paul qui est arrivé.* (voir § 202).

85. Nature syntaxique du sujet

Le sujet par excellence est le nom (ou groupe nominal).

L'article (ou le démonstratif) permet de nominaliser un élément d'une autre catégorie :

> *Le mieux est de partir.*

Peuvent également être sujet tous les équivalents (systématiques ou occasionnels) du nom :

- les pronoms et groupes pronominaux (avec une catégorie de pronoms particulièrement importante : les pronoms personnels conjoints (clitiques) du type *il*),

- des adverbes quantificateurs (le plus souvent d'origine nominale), interprétables comme des déterminants d'un GN dont la tête nominale serait sous-entendue : *beaucoup, peu, combien* :
>   *Combien seraient heureux d'être à votre place !*

- un infinitif (ou groupe infinitival),

- une complétive,

- une intégrative pronominale : *Qui dort dîne.*

- une percontative (exceptionnellement) :
>   *Comment Paul a pu s'en sortir reste un mystère.*

- n'importe quel segment utilisé en "mention" :
>   *"Généralement" est un adverbe.*

- une phrase traitée comme un GN :
>   *Cinq cents vers à toute la classe ! exclamé d'une voix furieuse,*
>   *arrêta, comme le* Quos ego, *une bourrasque nouvelle* (Flaubert ;
>   l'énoncé sujet reçoit même une adjectivation : *exclamé ...*).

Remarque :
Les structures disloquées (avec annonce ou reprise) permettent (dans une certaine mesure, sur le plan sémantique) de tourner les restrictions à l'emploi comme sujet de certaines catégories (adverbe, GPrép, voire adjectif) :
Quand je bouge le bras, ça me fait mal.
Ailleurs, c'est mieux.
À la maison, c'est plus intime qu'au restaurant.
Plus solide, ce serait mieux.

86. Le sujet est un nom (groupe nominal)

C'est la forme typique du sujet. Tous les types de noms et de groupes nominaux peuvent être sujet.

Avec article :
>   *Le Proviseur nous fit signe de nous rasseoir* (Flaubert).

L'article s'utilise pour substantiver des éléments non nominaux :
>   *Le mieux est l'ennemi du bien.*
>   *Le plus tôt sera le mieux.*

Un sujet nominal déterminé par *un* ne pose aucun problème si l'article a une valeur générique :
>   *Un chat est un chat,*

mais, avec une autre valeur, il appartient au style de l'écrit conventionnel :

> *Un livre est sur la table.*
> *Un homme entra.*
> *Une place est libre.*
> *Des inconnus ont tiré sur le gardien.*

(L'expression spontanée évite ce tour, et utilise par exemple *il y a : Il y a un livre sur la table, Il y a un homme qui est entré, Il y a une place de libre, Il y a des inconnus qui ont tiré sur le gardien*). Avec *être* et un attribut plus défini, le tour est désagréable :

> *Une autre solution est celle-ci,* voir § 138.

Sans article (archaïsmes) :

> *Noblesse oblige.*
> *Bon sang ne saurait mentir.*

87. Interprétation sémantique du sujet

Le sujet par excellence (prototypique) est un animé agent volontaire *(Le chasseur a tué le lion)*, mais les relations sémantiques entre le sujet et le verbe (prédicat) peuvent être de différents types, selon les traits sémantiques du sujet et le type de prédicat.

Si le sujet est animé, il peut remplir trois grands types de rôles (avec tous les cas intermédiaires possibles) :

> causateur <————————> agent <————————> siège

- **causateur** : *Le jardinier brûle* (ou *fait brûler*) *des herbes* (relation causative)

- **agent** : *Paul a cassé la vitre* (relation agentive)

- **siège du procès** :
> *Paul est malade* (relation sémantiquement attributive)
> *Paul a été traité ignoblement* (le rôle de patient n'est qu'un cas particulier du rôle de siège du procès).

Remarque :
Ces relations sémantiques ne se recouvrent pas avec des types de structures syntaxiques : une construction syntaxiquement transitive, par exemple, peut être causative, agentive, ou sémantiquement attributive. Voir § 175.

Si le sujet est inanimé, il peut être, sémantiquement :

> instrument <————————> siège

- **instrument** : *La pierre a cassé la vitre* (un agent et un instrument ne peuvent pas être coordonnés)

- **siège du procès** : *Le métal fond* (relation sémantiquement attributive).

Les traits sémantiques du sujet :

Le facteur essentiel est l'opposition **animé** (spécialement, humain) / **inanimé**.

Peuvent fonctionner comme des animés des collectifs du genre *l'assemblée, le gouvernement, le public*, ou des inanimés "puissants" (Pottier) tels que *la tempête* (*La tempête a déraciné un chêne*).

> *Le jardinier brûle (*ou *fait brûler) les herbes* (causateur) / *Le feu brûle les herbes* (instrument).

> *Paul cuit le poulet* (causateur) / *La chaleur du four cuit le poulet* (instrument).

> *Louis XIV a construit Versailles* (causateur) / *Mansart a construit Versailles* (autre type de causateur ?, ou agent ?) / *Des milliers d'ouvriers ont construit Versailles* (agent, senti comme très "instrumental" : simples instruments d'exécution).

> *Paul recouvre la table (d'une nappe)* : procès agentif / *La nappe recouvre la table* (exemples de Pottier) : état (résultant) : = "la nappe est sur la table". Ces différences d'interprétation retentissent sur le type de procès associé au verbe : verbe d'action en situation / verbe d'état.

> *Paul ouvre la porte* : sujet animé agent volontaire, action *a priori* en situation (paraphrase par le passif : *La porte est ouverte par Paul*).

> *Cette clef ouvre la porte* : sujet inanimé, irresponsable, plutôt instrument, ou siège d'une propriété (cette clef est appropriée pour ouvrir la porte, elle permet de l'ouvrir ; paraphrase par l'intransitif : *La porte ouvre avec cette clef*).

> *Paul pose plusieurs questions / Cet article pose plusieurs questions.*

Cas d'ambiguïté :

> *Paul amuse Marie* : Paul est agent volontaire (il fait le pitre) ou instrument involontaire (il est objet, source d'amusement).

> *Il s'est tué* : dans un accident de voiture / en se suicidant (interprétation marquée); ambiguïté très fréquente (sinon systématique) avec les constructions réflexives à sujet animé : discussion sur la responsabilité du sujet (voir § 221).

> *Il s'est fait renvoyer par son patron* : (il a été renvoyé) sans le vouloir / volontairement, délibérément (interprétation marquée, à confirmer contextuellement). Voir § 226.

Le type de prédicat :

Le caractère plus ou moins dynamique du sujet dépend évidemment du prédicat : cf. *Paul court / Paul sait le français.*

La construction du verbe est également importante. Ainsi y a-t-il un lien net entre un sujet inanimé et une construction intransitive dans par exemple *Le poulet* (siège du procès) *cuit dans le four.*

Le verbe peut quelquefois imposer une catégorisation au sujet, d'où par exemple des effets de "désanimation" de sujets animés :

> *Paul a encore beaucoup remué cette nuit* = le corps de Paul, malade ou agité.

> (?) *Jeanne d'Arc a brûlé* : énoncé anomal : il signifierait que le sujet est considéré comme une simple substance matérielle susceptible de brûler.

Dans l'exemple suivant, où il y a ambiguïté de construction, l'interprétation sémantique du sujet reste constante en ce sens qu'il est toujours siège d'une propriété, bien qu'il joue un rôle plus ou moins dynamique selon le cas :

> *L'alcool brûle (bien)* : = "l'alcool est inflammable, prend feu" ou "est en train de brûler" (emploi intransitif) / "provoque des brûlures, met le feu" (emploi transitif avec objet implicite).

88. Le sujet est un pronom ou un groupe pronominal

Les différents types de pronoms peuvent être sujet :

- pronoms **démonstratifs** : *ceci, cela, celui-ci*
Avec élargissement par relative *celui qu-, ce qu-* :

> *Ce qui t'est arrivé ne me surprend pas.*
> *Celui qui commande doit savoir obéir.*

- pronoms **indéfinis** : *personne, rien, tout, ...*

- pronoms **interrogatifs** (en *qu-*) : *qui, lequel, combien de ...*

S'y ajoutent les **propositions intégratives pronominales** (cf. § 24) :

> *Qui dort dîne*
> *Quiconque a étudié ce problème en connaît les difficultés.*

Parmi les **pronoms personnels**, à signaler l'emploi des pronoms **forts** de la 3e personne, en emploi accentué :

> *Lui (elle, eux, elles,* accentués*) ne ferait (feraient) pas une chose pareille !*

Ces pronoms forts peuvent être supports de relatives, de certaines épithètes, de compléments détachés; ils peuvent être séparés du verbe par des compléments accessoires :

Lui aussi (lui-même, lui seul, lui qui ...) s'est trompé.
Ils peuvent être coordonnés à des termes nominaux :
Ma femme et moi aimerions y aller.
Sur le plan de l'interprétation sémantique, ce qui a été dit pour le GN sujet vaut pour les pronoms.

89. Le sujet est un pronom personnel conjoint (clitique)

Les pronoms personnels conjoints (clitiques) sont d'emploi particulièrement courant comme sujets : *je, tu, il, elle, nous, vous, ils, elles* (*on* et *ce, ça*, étudiés dans les § suivants, participent également du même fonctionnement).

Leur fréquence est comparable dans un texte à celle des sujets nominaux.

Les pronoms de la 1re et de la 2e personnes renvoient aux protagonistes de l'énonciation (avec, au pluriel, "étoffement" de la personne).

Les pronoms de la 3e personne réfèrent à des participants de l'énoncé autres que *je* et *tu*.

Le pronom *ils* peut avoir une référence non spécifiée (*Ils vont encore augmenter les impôts !*)

Le pronom *il* (à la différence de *ce, ça*) ne peut anaphoriser ni une complétive ni un infinitif ni un GPronominal en *ce qu-*.

En dehors de la formule consacrée *Je soussigné Paul Dupont certifie ...*, un sujet clitique ne peut être séparé du verbe que par le discordanciel *ne*, ou un (ou deux) clitiques compléments :
Elle ne leur en a pas encore parlé.

Ils peuvent recevoir une adjectivation détachée (*Voyant cela, il ...*).

Les pronoms personnels conjoints (sujets) ne peuvent pas être coordonnés. On emploie alors les formes fortes suivies (de préférence) d'un pronom marquant la réunion : *Toi et moi, nous irons.*

90. Le sujet est *on*

On est une ancienne forme du mot *homme*. Il en est resté la possibilité de le faire précéder de l'article défini : *l'on*, en début de phrase ou après *et, ou, où, que, si*.

On ne s'emploie que comme sujet, et pour renvoyer à un ensemble indéfini d'animés, qui peut inclure ou ne pas inclure le locuteur, rappeler ou appeler *nous*, ... :

On verra bien !
On ne sait jamais.
Alors, on n'est plus fâché ?
Si on téléphone, dis que je serai rentré à sept heures.
Nous aussi, on saurait le faire.

C'est un morphème précieux pour le vague systématique de sa référence, qui varie très souvent d'un emploi sur l'autre dans le même texte.

Avec *être*, l'accord de l'attribut se fait selon la référence de *on* :
On est (tous, toutes) très fatigués (fatiguées) (attribut au pluriel avec un verbe au singulier).

91. Le sujet est *ce* (ou *ça*)

Les emplois de *ce* (*c'*) et *ça* se répartissent de la manière suivante :
- *ce* (*c'*) s'emploie avec le verbe *être* :
    c'est, c'était
    est-ce, n'est-ce pas
    ce sera, ce soit, ce n'est pas (ou *ça sera, ça soit, ça n'est pas*)
- *ça* s'emploie dans les autres cas :
    ça a (avec abrègement possible), *ça va, ça fait, ça doit, ça peut*, etc.

> **Remarque :**
> **Statut de *ça*.** *Ça* a par ailleurs tous les emplois d'une forme forte, non clitique (type *lui*) : autres fonctions (objet, toujours postposé, régime de préposition, ...), emploi comme forme libre : *j'ai pris ça ; pour ça ; ça, je n'en veux pas.*
> Il n'est pas rare que les emplois forts et faibles coexistent :
> *Ça, ça nous ferait plaisir !*
> Dans la mesure où ils mettent en jeu *c'est, c'était* (usités dans tous les types de discours), les emplois ici étudiés appartiennent à tous les registres. Mais dans la mesure où ils se réalisent par *ça* (sans possibilité de substitution par *cela*), ils appartiennent en propre au français familier.

Pronom morphologiquement masculin, sémantiquement "neutre", *ce* (*ça*) peut référer à de l'animé ou de l'inanimé : c'est proprement "ce qui est là", qu'on peut viser, désigner (*ce* est un déictique), mais qu'on appréhende toujours indirectement, sans le nommer autrement.

Le pronom *ce* (*ça*) n'est jamais ni "vide", ni directement anaphorique au sens strict; il effectue une "anaphore médiate" : *X, c'est* ... = "ce que X est, ce(la) est ...". Reprendre un terme X par *ce* (ou *ça*), c'est donc le reprendre en tant que vérifiant "être X" (voir plus loin *La guerre, c'est terrible*).

92. Le sujet est *ce* ou *ça* (non représentant)

Quand *ce* (*ça*) ne représente explicitement aucun élément du contexte, il est généralement qualifié de "présentatif", surtout dans des emplois du type

> *C'est toi ?*

Mais le pronom n'est **jamais totalement "vide"** : on peut toujours suppléer un contenu, si vague soit-il :

> *C'est toi ?* = "ce qu'est cette personne qui frappe à la porte (ou ce bruit que j'entends), est-ce toi ?"
>
> *C'est tout ?* = "ce que je vois (ce que vous venez de faire ou dire, ou ...), est-ce là tout ?"
>
> *Ça sent bon ici !, Ça va mal !, Ça fume dans la cuisine !, Ça fait mal !* : *Ça,* irremplaçable dans ces emplois (même par *cela*), renvoie à un référent implicite, non spécifié, mais nécessaire : ce qui sent bon, qui va mal, qui fume, qui fait mal.
>
> *Comment ça va ?* : "les choses importantes pour vous, que je ne peux ou ne veux nommer, comment vont-elles ?".

Dans nombre d'emplois où *ça* est en concurrence avec *il* impersonnel, la référence implicite (mais toujours plus ou moins explicitable) contenue dans *ça* (à la différence de *il*) donne au tour où il figure un caractère plus "concret" :

> *Ça gèle, ce matin !*, plus familier et expressif que *Il gèle,* parce que renvoyant à une référence concrète, immédiatement sensible.
>
> *Si ça vous plaît* sollicite directement l'approbation de l'interlocuteur sur quelque chose de spécifié, alors que *s'il vous plaît*, la formule de politesse par excellence, renvoie à la situation actuelle prise dans sa globalité, indécomposable (même si une demande précise s'ensuit).
>
> *C'était neuf heures* s'emploie occasionnellement au lieu de *Il était neuf heures* (plus naturel et plus courant), si l'on veut charger de référence le sujet, dater tel instant, ou tel tableau ou élément de situation passée. Mais dans une situation d'actualité, l'heure est toujours celle de la situation dans son ensemble, d'où *Il est neuf heures* (seul possible au présent).
>
> *C'est le moment !* : (toujours avec *c'est*) / *C'est l'heure !* / *Il est l'heure !* : la situation est de moins en moins prégnante.

De ce type d'emploi où le pronom n'est pas spécifié, on passe naturellement à un emploi avec une reprise, qui développe et explicite ce qui était contenu implicitement (et avait pu être déjà compris) dans le pronom :

> *Ça sent bon, ce pot-au-feu !*

Comment ça va, la santé ?
Ça suffit, toutes ces simagrées !

(reprise toujours plus ou moins attendue, plus ou moins facultative).

93. Le sujet est ce ou ça (représentant)

Ce (ou *ça*) peut représenter un terme d'une phrase précédente (ou la phrase précédente elle-même), ou rappeler (ou appeler) un terme présent dans la même phrase :

C'est drôle, la façon dont on oublie.
Paul s'est trompé. Ça (= "P", c'est-à-dire "le fait que Paul se soit trompé") *m'a beaucoup étonné.*
J'ai aperçu quelqu'un. C' (= "ce que (ce) quelqu'un était) *était Marie.*
Quand je l'ai vu, ça (= "le fait de le voir") *m'a tout de suite rappelé que j'avais quelque chose à lui dire.*

Comme il a été dit ci-dessus, le propre de l'anaphore par *ce* est de reprendre un terme non pas directement avec sa référence (comme fait *il*) mais d'une façon médiate : "*X, ça V*" = "ce que X est, (ça) V". Il en résulte que *ce* (*ça*) peut reprendre quantité d'expressions qui ne se prêtent pas à une reprise anaphorique directe par *il* : *ce* (*ça*) est l'anaphore par excellence (sans concurrence) de tout ce qui est sémantiquement "neutre", "abstrait" :

- Infinitif, complétive :
Faire ce genre de choses, ça n'a aucun intérêt.
Que Paul en soit arrivé là, c'est incroyable !

- Percontative :
Qui a fait ça (où il est allé), ça m'est égal

- adverbes et groupes adverbiaux :
C'est vraiment bien, ici = "ce que 'ici' est, est vraiment bien".
Ici, c'est chez moi.
Comme vous faites, c'est mieux (GAdv *comme P* intégratif).
Ça fait du bien, quand ça s'arrête.
Ça me fait mal quand je marche peut s'interpréter : "le fait de marcher, au moment où je marche, me fait mal" ; autre interprétation : "ça (= ma jambe) me fait mal, au moment où je marche (circonstant)"; mais les deux interprétations peuvent se confondre.

- groupes pronominaux en *ce qu-* :
Ce qui m'ennuie, c'est que ...

- termes en mention :
«Book», ça veut dire «livre» : "ce que book est, veut dire livre".

Dans la reprise de termes nominaux par *ce (ça)*, il se produit toujours un effet (si léger soit-il) de déplacement, d'écran, dû au fonctionnement particulier de ce type d'anaphore :

> *La guerre, c'est terrible* = "la guerre, c'est quelque chose de terrible", "ce que la guerre est, est quelque chose de terrible" ; valeur générique.

> *La guerre de 14, ça a été terrible* : anaphore médiate "ce que la guerre de 14 a été, a été terrible" : caractérise non seulement la guerre de 14 en tant que telle, mais tout ce qu'elle représente (par exemple la période de la guerre pour des populations civiles) / *La guerre de 14, elle a été terrible* : anaphore directe, et caractérisation directe.

> *Toutes ces roses, c'est merveilleux* = "ce que toutes ces roses sont, est quelque chose de merveilleux", "l'ensemble de ces roses fait quelque chose de merveilleux" / *Ces roses, elles sont merveilleuses* : caractérisation directe des roses en question ; *toutes ces roses, elles sont merveilleuses* (moins naturel) = "chacune de ces roses est merveilleuse".

> *C'est beau la vie !* : la vie dans toute sa généralité, tout ce que la vie représente; distinct de *La vie est belle !*, où *la vie* s'interprète plus concrètement et qui peut aller jusqu'à signifier : "mes perspectives concrètes sont bonnes !"

> *Un éléphant, ça trompe énormément* : "ce que un éléphant est, ça trompe énormément" : caractérise l'éléphant en tant que type, générique.

> *Une fourmi de dix-huit mètres, ça n'existe pas.*

> *Un chapeau comme ça (ce genre de chapeau), ça se voit de loin.*

Ce type de reprise favorise le passage du concret à l'abstrait, ou de l'abstrait au concret, notamment dans les énoncés avec *être* (cf. § 140 sq.) :

> *La solution (le mieux), c'est de rester ici* :"ce que la solution est (effet d'interprétation concrétant), est de rester ici". La reprise d'un point de départ abstrait par *ce (ça)* est usuelle.

> *La capitale de la France, c'est Paris.*

> *Le patron, c'est Paul.*

> *Paul, c'est un menteur* : "ce que Paul est (effet d'interprétation abstrayant), est un menteur", "la personne de Paul est un membre de la classe des menteurs", jugement catégorique, identification entre deux instances de même niveau logique / *Paul, il est menteur* : caractérisation directe, adjectivale.

> *Paul, c'est mon meilleur ami* : identification / *Paul, il est mon meilleur ami* (moins usuel ; forme marquée) : attribution d'une qualité.

> *Paris, c'est fabuleux !* : la qualité "fabuleux" est rapportée à tout

ce que Paris représente, mais on ne peut avoir *Paul, c'est intelligent !* : la qualité "intelligent" doit être rapportée directement à un référent animé.

Moi, c'est moi : "ce que je suis, est Moi", identification; distinct de *Je suis moi(-même)*: attributif; *Il était parfaitement lui-même* (= "comme à l'ordinaire").

L'Etat, c'est moi.

Pour *ce* dans *c'est X qu-* (*C'est Paul qui est arrivé le premier, C'est à boire qu'il nous faut*), voir § 155.

Ça fait dix ans que nous sommes ici, voir § 176.

94. Le sujet est *ce* ou *ça* : tour quasi-impersonnel

Quand l'élément reprenant *ce* (*ça*) est étroitement lié au verbe par l'intonation, comme dans

C'est étonnant que Paul n'ait encore rien dit ! (énoncé sans pause médiane ni rupture de mélodie),

le statut de *ce* (*ça*) n'est plus de façon aussi évidente celui d'un pronom d'appel, cataphorique, chargé par avance du sémantisme de l'élément terminal : il apparaît bien plutôt comme un outil grammatical, qui remplit syntaxiquement la place du sujet tout en "réservant une place", sémantiquement, à l'élément qui va venir en fin d'énoncé. Dans ce fonctionnement, il est proche du *il* impersonnel (qui le concurrence effectivement), - de même que l'élément final rappelle la séquence de l'impersonnel (voir § 97).

> **Remarque :**
> On peut passer par des gradations insensibles d'un franc détachement de l'élément de reprise, à une diction liée : c'est typiquement un cas de continuum. Mais il n'est pas satisfaisant d'évoquer systématiquement une "pause virtuelle". Mieux vaut considérer que la liaison intonative, par la régularité de sa manifestation, est constitutive d'une structure à étudier pour elle-même.

Les **éléments postposés** entrant le plus clairement dans ce type de structure sont de type phrasoïde :

- **complétive** :

Ça m'est égal que tu te mettes en colère.
Ça m'inquiète que Paul ne soit pas encore rentré.

- **infinitif** :

C'est une folie d'y aller !
Ça me fait de la peine de voir ça.

- **percontative** :

C'est incroyable à quel point Paul est susceptible.

C'est merveilleux comme Marie comprend vite (exclamatif).
Paul, c'est à peine s'il me dit bonjour.
Ça m'est égal si tu te fâches.
Ça vous ennuie si j'ouvre la fenêtre ? (le caractère percontatif, et
non pas intégratif, des derniers exemples, n'est pas évident).

- avec des **éléments nominaux**, l'interprétation du tour est moins
nette : la pause virtuelle, et le caractère cataphorique de *ce* sont plus sensibles (de même, les séquences nominales sont moins nombreuses). Mais
on trouve fréquemment une suite en *ce que* à valeur exclamative :

C'est incroyable ce que Paul peut être susceptible !

Dans ce type de structure, *ce (ça)* se rencontre dans :

- *c'est Adj* (cf. § 132, 133) :
C'est trop cher d'y aller en avion.

- *c'est N* (cf. § 143, 137) :
C'est une réelle surprise (,) qu'il en soit arrivé là !
C'est un plaisir de vous entendre.
C'est une folie de faire ça (cf. **Il est une folie de faire ça,* comme
*Cette idée, elle est une folie).

- *ça + V* transitif ou intransitif (cf. § 176, 241, 248, 249) :
Ça m'embête qu'il ne soit pas encore rentré.
Ça m'ennuie qu'il ouvre la fenêtre.
Ça arrive à tout le monde de se tromper.

> **Remarque :**
> Restrictions sur l'écriture : les structures quasi-impersonnelles en *ça*
> ne s'écrivent pas dans la prose académique.

95. **L**e sujet est *il* impersonnel

Certaines phrases ont pour sujet le pronom *il* sans que celui-ci représente un autre terme :

Il pleut.
Il est arrivé un accident.

Le pronom *il* impersonnel (non anaphorique) est sujet en tant que
donneur de marques (le verbe se met à la 3e personne du singulier) : il
manifeste le caractère nécessaire et contraignant de la structure formelle
sujet - verbe.

Il est sémantiquement vide et ne peut avoir par lui-même valeur
d'actant ; on peut le comprendre comme un renvoi vague à la situation,
dans toute sa généralité, avec valeur de "thème zéro" (cf. *il y a*...) : c'est le

point de départ le plus "faible", dont l'emploi répond à une nécessité du type : "il faut bien commencer par quelque chose".

Parmi les phrases impersonnelles, on distingue :

- celles où le verbe est suivi d'un élément nominal (ou équivalent) souvent appelé "**séquence**" depuis Brunot (ou "**sujet réel**", dans la tradition dominante) : *Il est arrivé un accident,*

- celles qui ne comportent pas de séquence : *Il pleut.*

> **Remarques :**
> **1.** Le terme d'"impersonnel" est restreint, conformément à la tradition, aux constructions comportant le pronom impersonnel *il*. On ne parlera donc pas d'impersonnel à propos de constructions mettant en jeu un sujet autre que *il* impersonnel, même si ce sujet a une référence vague ou indéterminée (*on, ça,* un infinitif, ...).
> **2.** Sur l'intercalation d'une modalité entre *il* et le verbe impersonnel :
> *Il peut pleuvoir*
> *Il risque d'arriver un accident,*
> voir § 109 Rem.

96. Le sujet est *il* (impersonnel) sans séquence

Le tour impersonnel sans séquence se rencontre avec certains verbes, peu nombreux, mais dans des emplois presque tous très usuels :

- ***Il est ...*** : emplois limités, mais très vivants et très usuels, avec des indications de temps (cf. § 143) :
>   *Il est huit heures, il est tard, trop tôt.*
>   *Il est temps de rentrer (que tu partes), il est l'heure d'aller au lit*
>   *(que P*subjonctif*) (*concurrence de *c'est l'heure de ...).*

Avec quelques noms : *Il est question de Inf (que P* subjonctif*).*

Aussi emplois recherchés et archaïsants : *Il (n') est (pas) besoin de ..., il en est ainsi (de même).*

- ***Il fait ...*** : *Il fait chaud, Il fait jour* (§ 133, 134).

- ***Il pleut, il neige,*** et verbes apparentés (§ 240)

- ***Il faut ...*** :
>   *Il me faut du papier et de l'encre.*
>   *Il faut que tu sois rentré à cinq heures* (§ 179, 183).

Le statut de complément (et non pas de séquence) du terme qui suit *il faut* est garanti par l'emploi du clitique accusatif : *Ce livre, il me le faut absolument !*

- ***Il y a ...*** : *Il y a un livre sur la table.* Le statut du GN est délicat à déterminer, et ne correspond exactement à aucun cas de figure général : il s'apparente par bien des égards à celui d'une séquence, avec les mêmes remarques à faire concernant les déterminants (une complémentarité existe entre *Il y a UN livre sur la table* et *LE livre est sur la table*, - mais le verbe diffère). D'autre part, le verbe *avoir* manifeste dans *Il y a N* une forme de transitivité comparable à celle qu'il a dans *J'ai N* (cf. *Il y a des difficultés* comme *J'ai des difficultés*), ce qui peut justifier le classement ici retenu.

- ***Il s'agit de ...*** et quelques verbes réflexifs (§ 224).

- **Tours divers avec verbes intransitifs** (emplois archaïsants et recherchés) (§ 248, 249):

    Il me souvient de cette rencontre.
    Il en va ainsi.
    Il y va de mon honneur.

> **Remarques :**
> **1.** Dans le langage familier, on rencontre certains des verbes cités ci-dessus employés sans *il* : *Fait pas chaud aujourd'hui !* ; *Faut le faire !* ; *Y a du monde !*
> **2.** Dans certaines expressions figées, on rencontre un pronom *il* d'allure impersonnelle, mais en réalité plus ou moins clairement anaphorique et doté d'une référence vague (*ce (ça, cela)* concurrence *il* dans la plupart des cas) :
> - expressions usuelles :
> *s'il vous plaît*
> *il me semble* (en incidente ; aussi *ce me semble*, très recherché, avec un emploi exceptionnel de *ce*)
> - expressions recherchées :
> *il est vrai* (en incidente) = *c'est vrai*
> *s'il est possible* (en incidente) = *si c'est possible*
> *il suffit !* = *ça suffit !*
> *il n'importe !* = *cela n'importe pas, peu importe !*
> *il n'empêche (que P)* = *cela n'empêche pas que ...*
> *comme il se doit.*

97. La séquence du verbe impersonnel

Dans
    Il est arrivé un accident,

le terme nominal *un accident* n'est ni sujet formel ni point de départ, ni thème, mais il représente logiquement la substance sémantique qui supporte la prédication : il a un statut intermédiaire entre le sujet et les compléments. On l'appelle **séquence**.

L'existence de ce tour impersonnel, à côté du tour personnel *Un accident est arrivé*, semble se justifier (au moins dans certains cas) par des considérations de rôle thématique.

Dans le tour personnel (*Un accident est arrivé*), syntaxiquement canonique, le sujet énoncé en premier (*un accident*) s'interprète comme le thème ; puis vient le propos, sous la forme du prédicat *est arrivé*. Mais l'élément informatif est manifestement le GN *un accident* (avec son article de première présentation), dont le prédicat ne fait qu'asserter (confirmer) la réalisation.

La postposition du GN permet de lui conserver sa valeur rhématique de principale information, cependant que la présence du sujet vide *il* ("thème zéro") devant le verbe assure une structure syntaxique normale (sujet - verbe) et permet de développer une dynamique d'information croissante. La phrase s'interprète alors d'une façon plus conforme aux attentes du discours, l'information essentielle (apportée par *un accident*) ayant été préparée adéquatement.

> **Remarque :**
> Sur les rapports avec la simple postposition du sujet, voir § 103.

Nature de la séquence :

- groupe nominal : *Il manque trois personnes.*

Le GN séquence est typiquement accompagné d'un article indéfini, ou d'un partitif, de numéraux, qui marquent une sélection dans le domaine (posé et subsumé par *il*) des valeurs pouvant vérifier le prédicat :

> *Il reste du pain et quelques oranges.*
> *Il manque trois pages à mon livre.*

On rencontre difficilement comme séquence un nom propre, un GN avec un article défini, anaphorique (remarque valable aussi pour *il faut, il y a*), ou des marques de totalité (*tous*). Les emplois de définis ou d'expressions de totalité s'interprètent par un mouvement complexe :

> *Il manque le plus beau diamant de la collection* = "il manque quelque chose, à savoir le plus beau diamant" (effet fréquent avec les prédicats d'existence (ou d'inexistence) *manquer, rester, falloir, il y a*).
> *Il manque tout* = "ce qui manque est égal à : tout".
> *Il est arrivé Pierre, Jacques et Marie* = "il est arrivé une certaine quantité de gens, à savoir : Pierre, Jacques et Marie (énumération).

Equivalents du nom : *Il reste de quoi manger.*

La séquence n'a pas la force actancielle d'un sujet : elle ne peut en particulier jamais jouer pleinement le rôle d'agent. Elle n'a pas de forme pronominalisée, par définition (cela supposerait l'antéposition et l'anaphore). Mais on peut trouver *en* (partitif sur l'ensemble associé à la séquence) :

> *Des trains, il en passe (un) toutes les cinq minutes.*

- complétive ou infinitif : *Il m'arrive de me tromper.*

Emploi plus naturel et plus large, mais moins facile à mettre en rapport avec une dynamique de l'information, en l'absence de déterminants spécifiques. Il semble en tout cas que les séquences phrasoïdes soient assimilables à des termes faiblement déterminés, incapables de prendre une valeur anaphorique.

Ces tours sont concurrencés par le tour voisin avec *ce (ça)*, voir § 94.

L'infinitif est toujours précédé de *de* (sauf après *il fait bon* et *il vaut mieux*).

Le mode de la complétive varie selon le cas (*Il est certain que Paul réussira / Il vaut mieux que Paul vienne*).

98. Le sujet est *il* (impersonnel) avec séquence

La construction impersonnelle avec séquence se rencontre avec :

- ***être*** (ou verbes sémantiquement apparentés) (§ 129, 132, 143, 150) :
  Il est des gens honnêtes.
  Il en est peu qui auraient fait comme lui.
  Il était une fois une princesse.
  Il est une église au fond d'un hameau (chanson).
  (emplois littéraires et archaïsants; français naturel : *il y a*)

  Il est (semble, reste) vrai, certain, que P
  Il est nécessaire, impossible, de Inf, que P
  Il n'est pas d'usage de Inf, que P

  Il fait bon dormir ici, Il ferait beau voir ça !, voir § 133

- ***être*** **dans le passif impersonnel** (§ 137):
  Il a été trouvé un portefeuille (emplois restreints avec séquence nominale).
  Il a été décidé que P, de Inf
  Il s'est avéré décisif que P

- ***valoir, coûter*** (§ 175 Rem.):
  Il vaut mieux un autre livre.
  Il vaut mieux y aller, que tu viennes.
  Il m'en coûte de l'avouer.

- **verbes intransitifs** (§ 241, 248, 254) :

  manquer, rester, suffire :
  Il manque encore plusieurs personnes.
  Il suffit d'un peu de patience (remarquer la construction en *de N*), *d'y penser, que tu fasses attention.*

sembler, paraître :
   Il paraît que Paul est arrivé (= "on dit que").
   Il me semble que Paul est arrivé.

Type *passer, arriver* :
   Il est arrivé un accident.
   Il est tombé beaucoup de pluie.
   Il passe souvent des camions dans cette rue.
   Il n'est venu personne d'autre.
   Il m'arrive de me tromper.
   Il arrive qu'on se trompe.

Autres verbes en emploi intransitif :
   Il pleut des cordes.
   Il me revient une histoire.
   Il m'a échappé un lapsus.
   Il me convient, plaît que P subj / de Inf
   Il ne tenait qu'à vous de venir.
   Il m'a échappé que P ind
   Il me revient que P ind
   Il mange tous les jours une centaine de personnes dans ce restaurant (emploi transitif "absolu").

- **verbes réflexifs (à sens passif) (§ 224) :**
   Il s'est produit un accident.
   Il se passe des choses bizarres.
   Comment se fait-il que tu ne sois pas encore prêt ?
   Il s'est avéré que P ind
   Il s'en est fallu de peu que tout soit remis en question.
   Il se peut que P subj.

La construction impersonnelle avec séquence ne se rencontre jamais avec un verbe employé transitivement : la présence d'un objet après le verbe empêche la postposition d'un autre groupe nominal (c'est le mécanisme qui empêche la postposition d'un sujet nominal : voir § 103 Rem.). Les exceptions s'expliquent par le fait que le complément direct est très lié au verbe et n'a pas la véritable autonomie d'un actant : *Il ne fait pas de doute qu'il viendra, Il en coûte une fortune de Inf, Il s'est fait jour que P* ; de plus la séquence est phrasoïde, ce qui évite d'avoir deux GN consécutifs.

> **Remarque:**
> Il existe une concurrence (ou confusion) entre sujet et séquence, dans des cas du genre : *Qu'est-ce qui (/ Qu'est-ce qu'il) se passe ?*

99. Le sujet est une complétive

L'emploi d'une complétive comme sujet permet de prendre un fait (envisagé) comme support de prédication. Le mode de la complétive est normalement le subjonctif, mode par lequel l'énonciateur envisage, considère, un fait, sans préjuger de sa réalité :

Que Paul ait gagné prouve qu'il était le plus fort.

Ce type d'emploi appartient au style soutenu :

Que M. Hissène Habré et le colonel Kadhafi, ennemis jurés, aient enfin consenti à se serrer la main est déjà en soi un succès. (Le Monde)

Dans l'expression spontanée, la complétive sujet est remplacée, soit par une construction proleptique, soit par une construction impersonnelle (dans laquelle la complétive est séquence) ou, plus naturellement encore, par un tour quasi-impersonnel en *ce (ça)* :

Que Paul ne soit pas rentré est regrettable (style soutenu).

Que Paul ne soit pas rentré, c'est regrettable (complétive en prolepse).

Il est regrettable que Paul ne soit pas rentré.

Ça m'ennuie (,) que Paul ne soit pas rentré (familier)*.

Cette restriction d'emploi touchant de fait les complétives est sans doute à mettre en relation avec leur caractère abstrait.

100. Le sujet est un infinitif

Un infinitif (présentation conceptuelle d'un procès), accompagné de ses compléments éventuels, peut être sujet d'un verbe :

Pleurer ne sert à rien.

L'infinitif sujet, quand il n'exprime pas purement le concept, peut être précédé de *de* (appelé "indice"), qui marque un prélèvement sur le procès, non quantifiable de façon plus précise (cf. le *de* partitif avec GN), d'où un effet de discrétisation, de concrétisation (cf. la paraphrase par "le fait de"), plus ou moins sensible :

Mentir est honteux : caractérisation du concept dans sa généralité / *De mentir est honteux* = "quand on ment, c'est honteux".

De voir ça m'a bouleversé.

De respirer un peu d'air frais lui a fait du bien.

L'emploi de *de* a un caractère naturel, voire même familier, comme si l'expression spontanée préférait une vision plus concrète.

Les mêmes restrictions de fait que sur les complétives existent sur les infinitifs :

Mentir est honteux (style soutenu).
Mentir (ou de mentir), c'est honteux.
Il est honteux de mentir.
C'est honteux (,) de mentir (familier).

101. Le sujet est une percontative ou une intégrative

Occasionnellement, on peut rencontrer comme sujet (de certains prédicats) une **percontative** :
Peu importe comment j'ai fait (tour usuel avec le verbe *importer*).
Comment j'ai fait importe peu.
Où il est allé reste un mystère.
Qui a cassé le vase de Soissons n'a jamais pu être établi clairement.

Le sujet est une **intégrative pronominale** ("relative sans antécédent") en *qui* (animé), essentiellement dans de nombreux proverbes ou dictons :
Qui dort dîne.
Qui vivra verra.
Rira bien qui rira le dernier (sujet postposé).

mais aussi dans des énoncés recherchés à valeur généralisante :
Qui (quiconque) a étudié cette question en connaît les difficultés.

Sur la concurrence de *celui qui*, voir § 14. Sur le tour pronominal *ce qui, ce que*, pour l'inanimé, voir § 14, 23, 24.

102. La place du sujet. Antéposition / postposition

L'**antéposition** (sujet placé avant le verbe) est la **place normale** du sujet; elle correspond au fait que c'est le sujet qui est le point de départ de la phrase, qui donne ses marques au verbe, et qui constitue (*a priori*) le thème psychologique de l'énoncé.

La **postposition** du sujet par rapport au verbe se présente sous plusieurs aspects : il faut distinguer la postposition du sujet nominal (*... vient Paul ...*) de la postposition du sujet clitique (*... vient-il ...*), qui n'ont ni les mêmes emplois ni la même valeur :

- la postposition du sujet nominal n'est qu'une variante de position qui ne change pas la modalité énonciative de la phrase et, en particulier, ne va pas à l'encontre de l'assertion véhiculée par le verbe :
Il y a d'abord Marie et Jacques. Ensuite vient Paul, puis Sophie.
(variante de *Paul vient ensuite*, avec une autre présentation thématique),

- **la postposition du sujet clitique** remet en question cette assertion :
> *Vient-il ?* (valeur interrogative)
> *Vient-il, tout le monde se précipite comme si on n'attendait que lui !* (valeur de type hypothétique, effet subordonnant : "prenez le cas qu'il vient, alors ..." ; paraphrase en *si* ou *quand*).

- il existe une **forme complexe de postposition** (... *Paul vient-il* ...), qui a les mêmes emplois et valeurs que la postposition du sujet clitique :
> *Paul vient-il ?* (interrogatif)
> *Paul vient-il, tout le monde se précipite ... !* (hypothétique).

Les trois constructions se répartissent donc comme suit en deux valeurs :

1.	*vient Paul*	inversion nominale simple	pas d'effet modal
2.	*vient-il*	inversion pronominale simple	remise en
3.	*Paul vient-il*	inversion pronominale complexe	question

> **Remarques :**
> Au fonctionnement ci-dessus indiqué font exception les cas suivants :
>
> **1. L'incise.** On emploie l'inversion nominale ou l'inversion pronominale simple, équivalentes dans ce cas : *X, dit Paul = X, dit-il*. La postposition pronominale complexe est inusitée. Voir § 338.
>
> **2. Avec certains adverbes d'enchaînement** (type *aussi, peut-être*), on rencontre dans le français soutenu la postposition pronominale simple ou complexe, sans que l'assertion soit remise en question : *Peut-être (Paul) s'est-il trompé*. Voir § 104 Rem.
>
> **3.** Plus important : **la présence d'un terme en *qu-* interrogatif ou exclamatif** (dans une phrase et non dans une sous-phrase subordonnée) suffit à neutraliser l'opposition entre les différentes positions du sujet : *Où va Paul ? ; Où va-t-il ? ; Où Paul va-t-il ?* sont trois formes d'expression de l'interrogation (sans compter *Paul va où ?*, et même *Où Paul va ?* vulgaire). Voir § 67 sq.

103. Postposition du sujet nominal

Ce tour, disparu comme marque de l'interrogation totale depuis 1600, n'est plus qu'une variante de thématisation, dans la langue soutenue.

Le sujet (GN ou équivalent, sauf pronom personnel conjoint) est alors un élément à valeur rhématique, lié intonativement au verbe, qui vient se placer dans le cadre (thématique) préalablement tracé par le prédicat. Il reste pleinement sujet (à la différence de la séquence de l'impersonnel), avec sa valeur sémantique (agent, ...). C'est le plus souvent un élément nouveau (sans anaphore), avec un déterminant à valeur spécifique, dans un énoncé en situation. Il est souvent chargé de complémentations diverses, et par conséquent plus long que le prédicat (ce qui fournit une justification supplémentaire à sa postposition).

L'énoncé a normalement une intonation conclusive.

La postposition du sujet nominal se rencontre :

- derrière *être*, avec un adjectif attribut antéposé (langue recherchée) :

> *Beaucoup plus importantes sont les raisons suivantes...*
> *Telle (si grande) était sa fureur que ...*

- derrière un verbe intransitif, avec un GPrép ou un adverbe antéposé.
Les verbes marquent le plus souvent, mais pas exclusivement, une survenance ou un mouvement. Ils peuvent être précédés de compléments clitiques.

L'antéposition d'un complément indirect essentiel (non locatif) est rare et recherchée :

> *À moi n'appartenait pas l'honneur d'avoir découvert un si beau livre* (Mérimée, cit. Damourette et Pichon § 1584).

L'antéposition d'un complément essentiel de lieu ou d'un complément circonstanciel (lieu, temps, manière, ...) est beaucoup plus naturelle et banale :

> *À l'angle de cette rue se trouvait une vieille maison.*
> *De là vient ce qu'on peut appeler un renouveau* (GPronominal sujet).
> *Ici est né (ci-gît) le sculpteur X.*
> *En 1939 commence la reconstruction du moulin.*
> *À chaque jour suffit sa peine.*
> *Alors seulement s'évanouit ce qui lui restait d'espérances amoureuses* (M. Yourcenar, cit. Damourette et Pichon).
> *Ainsi s'explique que nous ne nous soyons pas rencontrés* (complétive sujet).

- derrière un verbe intransitif placé à l'initiale de la phrase. "Le phénomène [verbal] est jeté assez brutalement dans l'esprit de l'allocutaire sans préalable toile de fond" (Damourette et Pichon § 1586); mais une sorte de lien anaphorique implicite existe nécessairement avec ce qui précède :

> *Survint un loup* (= "à ce moment survint un loup").
> *Entre le Comte* (indication scénique).
> *Entre silencieusement le vice appuyé sur le bras du crime* (Chateaubriand).
> *Restait cette redoutable infanterie de l'armée d'Espagne* (Bossuet).
> Souvent avec énumération : *Sont déclarés reçus les étudiants dont les noms suivent : ...* (formule stéréotypée, en situation).
> *Rira bien qui rira le dernier* (tour figé, avec intégrative sujet).

Remarques :

1. En plus de ce qui vient d'être dit, et qui concerne la phrase indépendante, la postposition du sujet nominal est particulièrement usuelle et banale en subordonnée, en particulier dans les relatives : *Écoutez cette histoire, que me racontait mon père.*

2. La postposition du sujet nominal est presque totalement impraticable si le verbe a un complément nominal direct : trop d'équivoques sont possibles. Voici néanmoins des exemples de construction de ce type, avec des prédicats très "soudés" devant le sujet :
Alors se précisa et prit tout son essor le rôle de la mer dans la vie nationale des Grecs (J. Toutain, cit. Damourette et Pichon).
Ainsi décrivait la Lorraine Nicolas Goulas dans ses Mémoires (L. Batiffol, *ibidem*).
Ont obtenu le premier prix : M. X, M. Y, M. Z (le singulier de l'objet facilite ce tour).

Dans tous les exemples de ce paragraphe, un sujet clitique (et non plus nominal) postposé serait impossible. (Une exception est peut-être à faire pour les exemples avec *ainsi*, adverbe pour lequel les fonctionnements d'adverbe de manière, et d'adverbe d'enchaînement (voir§ 104 Rem.), ne sont pas toujours très distincts).

104. Postposition du sujet clitique

La postposition simple du sujet clitique (*je, tu, il,* personnel ou impersonnel, *elle, nous, vous, ils, elles, on, ce,* à l'exclusion de *ça*) est un tour utilisé par le français depuis les origines. Le pronom clitique sujet se place directement derrière le verbe (derrière l'auxiliaire le cas échéant), auquel il est relié par un trait d'union.

La différence de valeur de ce tour par rapport à la postposition du sujet nominal est à mettre en rapport avec la nature propre du pronom sujet. Celui-ci, anaphorique par définition à la 3e personne (et donc réfractaire à une utilisation comme élément nouveau, rhématique), a peu à peu, en devenant franchement clitique, cessé d'être compris de la même façon qu'un sujet nominal postposé. Les deux tours ont divergé (sauf dans l'incise) et la postposition du sujet clitique s'est fixée avec **valeur de remise en question de l'assertion** - valeur que, simultanément, perdait la postposition du sujet nominal.

Manquait alors la possibilité de remise en question de l'assertion, par postposition, dans une phrase à sujet nominal. Cette lacune a été comblée par l'**émergence, relativement récente (XVIIe siècle), du tour complexe** *Paul est-il venu ?*

L'analyse de ce dernier tour n'est pas sans difficulté : quel y est exactement le statut respectif de *Paul* et de *il* ? Le terme nominal, point de départ, antéposé au verbe (alors que sa postposition aurait une valeur rhématique), lié à lui par l'intonation, et lui donnant ses marques, s'interprète comme le sujet d'un verbe assertif, jusqu'à ce que l'irruption du clitique postposé (qui reprend à son compte la collation des marques) vienne brutalement mettre en doute la convenance du prédicat au sujet (ou la convenance mutuelle du sujet et du prédicat).

Le rapprochement avec le tour à annonce proleptique *Paul (,) est-il venu ?* (version interrogative de l'assertif *Paul (,) il est venu*) s'impose. La différence est dans le degré d'autonomie du terme nominal par rapport au prédicat, autonomie maximale dans l'annonce détachée *Paul, il est venu* (où seul le terme anaphorique est véritablement constituant syntaxique et fonctionnel dans la phrase), autonomie moindre, sinon nulle, dans *Paul est-il venu ?*.

Remarques :

1. La postposition (simple ou complexe) du sujet clitique suffit pour remettre en question l'assertion, quelle que soit l'intonation, montante ou descendante, de la phrase.

2. Le fonctionnement avec cette valeur du pronom conjoint postposé a même abouti à la création d'un véritable morphème -*ti* (de -*t-il*) généralisé dans certains parlers comme marque de l'interrogation : *tu viens-ti ?* (populaire).

Le tour avec postposition, simple ou complexe, du sujet clitique est possible sans restriction avec tous les verbes et tous les types de constructions. L'existence d'un objet nominal ne fait pas problème (comme elle en faisait pour la postposition d'un sujet nominal). Tout circonstant à l'initiale est clairement exclu du prédicat.

Exemples avec valeur interrogative :

> *A-t-on le droit de parler ainsi ?*
> *Est-ce donc que vous m'en voulez ?* (sur *est-ce que*, voir § 61)
> *Votre mari est-il là ?*
> *Quelqu'un vous a-t-il offensé ?*
> *Tout est-il prêt ?*
> *Cela n'est-il pas préférable ?*
> *Mentir n'est-il pas honteux ?*

On remarquera que ni *tout*, ni *cela*, ni un infinitif, ne pourraient être repris par *il* dans une phrase affirmative : on est proche des tours avec *il* impersonnel.

Exemples avec valeur exclamative :

> *Est-ce assez ridicule !*
> *Suis-je bête !*
> *Les hommes sont-ils bêtes !*

Sur les valeurs interrogative et exclamative, voir Chap. 4.

Remarque :

Postposition du sujet pronominal sans valeur interrogative, derrière certains adverbes. Derrière certains adverbes, on rencontre fréquemment (dans un langage soutenu) la postposition pronominale simple ou complexe, sans que la valeur assertive de la phrase soit remise en question.

Il s'agit d'adverbes (ou GPrép équivalents) à valeur énonciative, marquant de la part de l'énonciateur un commentaire sur la relation prédicative : explication (avec *aussi, ainsi*), évaluation sur ses probabilités (*peut-être*), ... ; ces adverbes sont très liés au verbe (normalement sans pause ni virgule); la phrase porte une intonation conclusive.

Ainsi l'homme parvint-il peu à peu à surpasser les autres animaux : ainsi a le sens de "de cette façon s'explique que ...", extraprédicatif; différent de *Ainsi parlait Zarathoustra* (adverbe de manière intraprédicatif, avec postposition du sujet nominal); mais la différence est parfois mince: *Ainsi fit-il, Ainsi Paul fit-il, Ainsi fit Paul.*

Aussi suis-je dans l'impossibilité de vous répondre : au sens de: "c'est pourquoi ..."

Aussi bien la question n'a-t-elle pas été soulevée (*aussi bien,* marquant qu'un fait est en concordance avec la phrase précédente).

Peut-être est-il encore temps d'y aller (paraphrase : *Peut-être que P,* voir § 356).

Encore (au sens de : *encore faut-il que ce soit possible*).

Du moins (*au moins, tout au moins, tout au plus, à plus forte raison, a fortiori* mais non *a priori*) *cette affaire est-elle réglée.*

Sans doute cette affaire aurait-elle pu se régler autrement (paraphrase *sans doute que P,* voir § 356).

À peine (Paul) est-il capable de marcher.

Toujours, dans le tour figé *toujours est-il que P.*

La "mise en discussion" de la relation prédicative effectuée par la postposition du sujet clitique ne va pas jusqu'à une "remise en question", en raison des adverbes initiaux qui à la fois ouvrent la discussion et la circonscrivent.

On rencontre occasionnellement le même tour employé par extension, et quelquefois très artificiellement, avec des adverbes (ou équivalents) comme *volontiers, inutilement, en vain, vainement, difficilement, de même, oncques, ...*

105. Place du sujet avec un terme en *qu-* (en indépendante)

Cette question a été étudiée au Chap. 4, § 67 sq.

106. Absence de sujet : le sujet sous-entendu

Mis à part le cas de l'impératif, l'absence de sujet devant (ou derrière) un verbe peut relever d'un des cas suivants :

- absence de sujet dans certains types de phrase :
- registre familier : *Connais pas !*
- style télégraphique ou administratif : *A voté !*
- archaïsmes (souvenirs d'un état de langue ancien où le pronom sujet n'était pas indispensable) : *Peu me chaut, Je le ferai si bon me semble ;*

Cette absence affecte en particulier le *il* impersonnel, dans certaines expressions telles que : *Faut le faire ! Y a du monde ! N'empêche que ... ; Reste que ... ; Suffisait d'y penser !* (exemples de style relâché).

- non-répétition du sujet dans des structures coordonnées :

Quand le sujet est repris par une anaphore, il y a coordination de phrases (avec ou sans *et*) : *César est venu, il a vu, il a vaincu.*

Quand le sujet n'est pas repris, il y a coordination de prédicats (avec ou sans *et*) :
> *Tous, au retour, ont été traînés ou se sont spontanément présentés devant les juges (Le Monde).*

La coordination de prédicats rapportés à un même sujet, exprimé une seule fois, les unit, crée un lien étroit entre eux : c'est un seul prédicat multiple qui est rapporté au sujet. Cela s'accompagne le plus souvent d'un parallélisme étroit, sémantique et syntaxique, des verbes ainsi coordonnés :
> *Les mouches, que le reste de l'humanité extermine rageusement, il les cultive, les nourrit, les bichonne (...)* (B. Poirot-Delpech, dans *Le Monde*).

La répétition du sujet, à l'inverse, martèle sa présence :
> *Capturé, converti, devenu raïs, il aime la course, il s'est bien plu à vivre en Turc à Tunis. Il le crie, il résiste jusqu'au bout (Le Monde).*

Remarque :
La répétition peut être rendue nécessaire par une série de facteurs : par exemple par la postposition du sujet clitique : *Peut-être (Paul) viendra-t-il et restera-t-il.*

6

LE VERBE ET SES COMPLÉMENTS ESSENTIELS

107. Le verbe

Le verbe (par exception, terme à la fois de fonction et de catégorie) joue un triple rôle:

- **rôle prédicatif** : le verbe est par nature un prédicat, seul ou avec ses compléments :
> Le chat dort
> Le chat a griffé Sébastien ;

- **rôle énonciatif** : modalité de phrase ;

- **rôle syntaxique** (nodal) : nœud de relations syntaxiques (et sémantiques) entre le sujet et les compléments, pivot de l'organisation de la phrase.

Pour la place du verbe, voir § 54, 103. Pour le rôle qu'il joue dans la structure thématique, voir § 30, 49.

Après avoir délimité le verbe (par rapport aux problèmes de l'auxiliation), on présentera quelques considérations d'ensemble d'abord sur le verbe et ses compléments (essentiels) dans la phrase, puis sur le verbe avec l'ensemble de ses constructions dans le lexique de la langue.

108. L'auxiliation : *avoir* et *être*

La délimitation du verbe suppose réglé le problème de l'auxiliation : les seuls auxiliaires au sens strict sont *avoir* et *être*. Certains verbes, souvent qualifiés d'auxiliaires modaux (*pouvoir*), aspectuels (*aller*) ou factitifs (*faire*), ont un fonctionnement qui se rapproche de celui des auxiliaires, mais qui s'en distingue toujours par quelque côté (mais voir § 230 certains emplois de *se faire* ou *se voir*) : ils relèvent de la modalité (au sens large), qui ne doit pas être confondue avec l'auxiliation.

Dans un énoncé comme
> Paul ne nous a pas chanté sa chanson,

le verbe est en deux parties séparées :

- la première (*a*, forme du verbe *avoir*) s'accorde avec le sujet (3e personne) et porte les marques formelles de mode et de temps ; son apport sémantique (bien qu'indiscutable) est malaisément isolable; de plus, c'est elle qui fonctionne comme centre proprement verbal, pour l'organisation morpho-syntaxique de la phrase : c'est par rapport à elle que se disposent les éléments de la négation et le pronom clitique ;

> **Remarque :**
> Sur l'accord du participe passé quand l'objet précède le verbe (*Cette chanson, Paul nous l'a déjà chantée*), qui souligne le rôle verbal de *a*, voir § 169.

- la seconde (*chanté*, participe passé du verbe *chanter*) porte le sens lexical du verbe, tout en concourant à l'expression de l'aspect (accompli); c'est par rapport à elle (ou plutôt par rapport au prédicat *chanter*) que se fait l'organisation syntactico-sémantique de la phrase : "Paul - nous (datif) - chanter - une chanson". La phrase au passé composé ne se distingue pas à cet égard de la même phrase à un temps simple *Paul ne nous chante pas sa chanson* : les relations syntaxiques (sujet, complément direct, complément indirect) et l'interprétation sémantique (rôles actanciels) s'établissent à partir de *chanter* et non à partir de *avoir*.

On peut donc définir, à partir de ce double fonctionnement, une forme verbale comportant auxiliation comme une forme verbale en deux parties, telle que

- la première partie (auxiliaire ou auxiliante) sert de support verbal formel, et reçoit en particulier les compléments clitiques,

- la seconde partie (auxiliée) sert de base de construction aux relations syntactico-sémantiques de la phrase.

Cette définition ne s'applique qu'aux formes verbales auxiliées par *avoir* et *être*.

AVOIR : le verbe *avoir* sert à former les temps composés de la très grande majorité des verbes français (voir § 169). Il s'auxilie lui-même (*j'ai eu*), et il auxilie le verbe *être* (*j'ai été*).

ÊTRE : le verbe *être* a trois types d'emplois auxiliants : il sert à former les temps composés de certains verbes intransitifs perfectifs (*aller, ...*), les temps composés de toutes les constructions réflexives (*Les bonnes places, Paul se les est attribuées*), et le passif. Sur les relations entre ces formations et le tour attributif, voir § 134.

Les deux auxiliaires peuvent se cumuler :
Son salaire ne lui a pas été payé régulièrement.

> **Remarque :**
> Un certain nombre d'éléments peuvent venir s'intercaler entre l'auxiliaire et le participe :
> - obligatoirement : forclusifs (*pas, jamais, rien*),
> - préférentiellement : quantificateurs, *tout*,
> - facultativement : adverbes, groupes prépositionnels (circonstants)
> *Je n'ai rien vu* (mais *je n'ai vu personne*).
> *Il a beaucoup grandi, il a trop bu.*
> *Ces copies, je les ai toutes lues et relues* (les compléments s'organisent formellement par rapport au verbe *avoir*).
> *Paul n'a pas encore pris sa décision.*
> *Paul n'est généralement pas rentré avant cinq heures.*
> *Il nous a tous, si je peux me permettre de m'exprimer ainsi, pigeonnés.*
> *Marie a, selon sa bonne habitude, tergiversé.*

109. Auxiliation et modalité

Un énoncé comme
Marie doit chanter
est à certains égards comparable à *Marie a chanté* : c'est *doit* qui s'accorde avec le sujet et qui porte les marques verbales de temps et de mode, cependant que la relation sémantique primordiale (à la base de la structure actancielle de la phrase) est (considère-t-on généralement) celle qui s'établit entre *Marie* et *chanter*.

Mais il existe plusieurs différences avec les temps composés :

- le terme "auxilié" est un infinitif (catégorie équivalente au nom, donc plus substantielle et moins dépendante que le participe passé) qui conserve ses compléments clitiques :
Marie doit nous la chanter, sa chanson.

Le Groupe Infinitival est donc un constituant syntaxique bien délimité : les modalités ne répondent pas au critère syntaxique de l'auxiliation.

> **Remarque :**
> Diachronie : l'usage était différent à l'époque classique, et autorisait une analyse légèrement différente des modalités :
> fr. classique : *Il le peut faire*
> fr. classique : *Il n'y faut plus penser*
> Ces tours sont encore possibles de nos jours, par recherche archaïsante, à côté des expressions normales
> *Il peut le faire, il ne faut plus y penser.*

- le terme "auxiliaire" a un apport sémantique clairement isolable;
- si auxiliaire il devait y avoir (pour des motifs sémantiques : les liens existant entre le sujet et l'infinitif), le paradigme des auxiliaires serait impossible à établir : on sait que les modalités ne constituent pas une classe fermée. Cf. des séries comme :
Marie va (semble) chanter.
Marie est en train de chanter.
Marie croit pouvoir chanter.
Marie veut essayer de chanter.
Marie croit utile, voire nécessaire, de chanter.
Marie semble croire qu'il est indispensable de chanter.

Paul peut perdre son poste.
Il se peut que Paul perde son poste.
Il est possible que Paul perde son poste.
Paul risque de perdre son poste.
Paul court le risque de perdre son poste.
Paul est en grand danger de perdre son poste.

Le problème est ici celui de la délimitation des modalités, ou de l'élaboration d'une notion de "prédicat complexe" : ce sont des problèmes sémantiques. Il n'est pas évident *a priori* de pouvoir dire dans *Paul est en grand danger de perdre son poste* si la relation sémantique primordiale est "Paul - perdre son poste" (avec une modalité "forte probabilité") ou "Paul - être en grand danger" (avec un complément indiquant le domaine). Il n'existe néanmoins qu'une seule et unique analyse syntaxique de la phrase. À la limite, la même ambiguïté sémantique peut se retrouver dans *Marie doit chanter* : le modal, surtout s'il est accentué, peut constituer le premier plan sémantique.

Remarque :

Les constructions impersonnelles pourraient fournir un critère de délimitation des modalités : parmi les verbes sentis comme modaux, seuls un certain nombre acceptent comme sujet un *il* impersonnel. En voici la liste (modalités "transparentes", comme dit Gross) :

Il commence (se met, continue, persiste) à pleuvoir (mais non **il persévère à pleuvoir*).

Il commence (finit) par pleuvoir.

Il (s') arrête (cesse, (n'en) finit (pas), s'interrompt) de pleuvoir (mais non **il achève, *il termine de pleuvoir*).

Il tarde à pleuvoir (mais non **il se presse de pleuvoir*).

Il va (vient à, vient de) pleuvoir (mais non **il s'en va pleuvoir*).

Il est en train (sur le point, près, loin) de pleuvoir.

Il ne fait que (de) pleuvoir (avec *faire*, représentant de la classe des verbes; mais non **il se contente de pleuvoir*).

Il a failli (manqué de, n'a pas manqué de) pleuvoir.

Il peut (doit, ne saurait) pleuvoir (mais non **il veut, *sait, *ose, *faut pleuvoir*; toutefois *il semble vouloir se mettre à pleuvoir* est acceptable).

Il risque (menace) de pleuvoir (mais non **il court le risque de pleuvoir*).

? il ne demande qu'à pleuvoir (mais non **il demande à pleuvoir*).

Il semble (paraît, a l'air de) pleuvoir.

Il a beau pleuvoir (exemple : *il a beau pleuvoir, l'eau continue à manquer*).

Exemples de cumul :

Il risque de se mettre à pleuvoir.

Il ne saurait tarder à pleuvoir.

Dans ces phrases impersonnelles avec modalité, le sujet *il* est impersonnel du fait de sa relation *à pleuvoir* : on n'a pas affaire à une construction impersonnelle *il commence ...* suivie d'un complément *pleuvoir* ; au contraire c'est la construction impersonnelle *il pleut* qui s'est incorporé la modalité *commencer*. L'analyse syntaxique de la phrase et l'interprétation de *il* conduisent à reconnaître que *commence* et les autres verbes sont des modalités.

Mais ces modalités ne sont pas des auxiliaires pour autant : un éventuel clitique (tel que *y*) reste toujours appuyé sur l'infinitif *pleuvoir* :

Mon grenier, il ne saurait tarder à y pleuvoir.

110. Auxiliation et verbes factitifs ou perceptifs

Les verbes *faire, laisser* (verbes factitifs), *envoyer* (verbe causatif de mouvement), *voir, entendre, sentir* (verbes de perception), suivis d'un Infinitif, ne peuvent pas être considérés exactement comme des auxiliaires. Ces verbes tendent à former avec leur Infinitif une unité syncrétique, sans pour autant perdre ni même affaiblir leur sens, (si ce n'est dans certains emplois réflexifs de *se faire* et *se voir,* pour lesquels on peut alors parler d'emploi auxiliant). Pour le détail, voir les différentes constructions concernées de ces verbes § 192 - 196, 225 - 226, 229 - 230.

Verbes de perception, *laisser, envoyer*

On peut considérer, en schématisant, trois types de relation entre le verbe et l'infinitif :

1. Le verbe et l'infinitif constituent **deux noyaux verbaux distincts**, chacun avec ses clitiques éventuels :

> *Je vois (laisse) Paul lui parler ; je le vois (laisse) lui parler.*
> *J'ai vu Marie le faire ; je l'ai vue le faire.*
> *J'ai entendu (laissé) Marie en parler ; je l'ai entendue (laissée) en parler.*
> *Je m'entends encore lui dire : «Attention !» ; je m'entends encore le lui dire.*
> *Je l'ai envoyé en chercher.*

Ces deux zones de compléments sont reliées : l'infinitif a un contrôleur qui est l'objet du verbe.

2. Le verbe et l'infinitif tendent à constituer **un seul noyau verbal prédicatif**, avec un seul réseau de compléments; les compléments clitiques se rattachent au premier verbe, même ceux qui paraissent le plus clairement dépendre sémantiquement de l'infinitif :

> *J'en ai entendu parler* (plus courant que *J'ai entendu en parler*).
> *Le médecin, je l'ai envoyé chercher immédiatement* = "j'ai envoyé [quelqu'un] chercher le médecin" ; (plus usuel que *? Le médecin, j'ai envoyé le chercher ;* sentiment d'une unité *envoyer chercher*).
> *Cette affaire, je l'en ai entendue parler (, Marie).*

> **Remarque :**
> Voir la "montée" des clitiques, § 118.

Cette imbrication ne va pas sans problèmes : elle amène une expression indirecte (ou au datif) du contrôleur de l'infinitif quand celui-ci est employé transitivement :

Cette affaire, j'en ai entendu parler à Marie ; je lui en ai entendu parler.

J'ai entendu dire cela à Marie; je le lui ai entendu dire.

Cette affaire, j'en ai entendu parler par Marie ; j'en ai entendu parler par elle.

et peut entraîner des ambiguïtés :

Je l'ai entendu dire (*l'* = *Paul*, avec objet de *dire* sous-entendu, ou *l'* = *cela* ; beaucoup plus courant que *J'ai entendu le dire* ; sentiment d'une unité *entendre dire*).

Le paradoxe dans ces constructions est que l'imbrication, l'unification des deux structures verbales paraît plus poussée sur le plan syntaxique que sur le plan sémantique.

3. Dans certains emplois réflexifs de *se voir* (surtout avec *se* datif), il n'est plus possible de parler de deux structures verbales distinctes, et *voir* (au terme de sa "subduction") ne signifie plus guère la perception : il est alors essentiellement un **outil de diathèse**, et on peut parler d'auxiliation :

Je me suis vu faire des kilomètres à pied, quand j'étais jeune !; je m'en suis vu faire ! (*se* = accusatif ; mais *Je me suis vu en faire* est acceptable également).

Paul s'est vu préférer son rival; il se l'est vu préférer (*se* = datif ; tour auxiliant ; voir § 230).

Faire

Avec le verbe *faire*, la tendance à la fusion est beaucoup plus accentuée.

1. Une claire dissociation des noyaux verbaux est difficile. Dans

Les élèves, le professeur les a fait [invariable d'après la norme traditionnelle] *travailler,*

le clitique est complément du groupe *a fait travailler* plutôt que de *a fait*, mais une grande confusion règne dans l'usage; voir § 196.

Je fais travailler Paul; Paul, je le fais travailler (*Paul* est considéré comme complément de *fais*).

2. L'imbrication des structures est très marquée, syntaxiquement et sémantiquement : dans

Ses leçons, tu les lui feras réciter, à Paul,

on a le sentiment d'un noyau verbal *faire réciter*, doté de compléments, même si l'accusatif se met préférentiellement en relation avec *réciter*, et le datif avec *faire*.

Il en résulte les ambiguïtés attendues :

Je les ferai expédier à Marie : ambigu.

Je le ferai manger (seul tour possible, malgré son ambiguïté ; voir § 225).

3. Dans le tour *se faire + Inf*, le verbe *faire*, fortement subduit (encore que toujours justifiable : voir § 226), devient outil de diathèse, auxiliaire :

> *Paul s'est fait arrêter par la police* (*se* = accusatif).
>
> *Paul s'est fait arracher une dent ; il s'en est fait arracher une* (*se* = datif).
>
> *Les meilleures places, il se les est fait attribuer.*

111. Le verbe et ses compléments dans la phrase

Les chapitres qui suivent décrivent des constructions, des types de phrase, et non des verbes (à l'exception du plus important, *être*).

Les **principes de description** cherchent à être **formels** et simples : présence ou absence de complément, nombre, nature, caractère direct ou prépositionnel.

Le principe de l'**analyse en fonctions** a été exposé au Chap. 3.

Les problèmes d'**interprétation sémantique** seront abordés pour **chaque construction**, en fonction, prioritairement, du type de complément (nature syntaxique, le cas échéant traits sémantiques, détermination, ...) : ainsi par exemple de *être* + adjectif, *être* + *un N*, *être* + *le N*, etc.

Un complément, même nominal, ne correspond pas toujours à un actant (cf. les "locutions verbales" du type *avoir raison, avoir l'habitude de*) ; un infinitif ou une complétive ne peuvent pas être "objet" de la même façon qu'un GN. Il est d'autant plus nécessaire de distinguer rigoureusement une analyse syntaxique formelle et une problématique d'interprétation.

112. Nature des compléments

Le complément type est le GN, avec sa variante le GPron (non clitique ; par exemple *ce que P*).

Les équivalents du GN (voir § 13, § 85) jouent un rôle important :

- **infinitif.** Plusieurs points sont à examiner : sa construction (voir § 113) ; le problème de son contrôleur (déterminé, ambigu, susceptible de rester vague ; coréférent au sujet du verbe introducteur ou à un autre complément) ; rapport à une éventuelle construction complétive.

- **subordonnée complétive.** À examiner : sa construction (voir § 113) ; son mode et son interprétation (assertion ?) ; rapport à une éventuelle construction infinitive (possibilité de sujet coréférent au sujet du verbe introducteur).

- **subordonnée percontative**

- **subordonnée intégrative pronominale (**très rare)
- **subordonnée relative :** emploi marginal, uniquement attribut de l'objet d'un verbe de perception (voir § 202)
- **phrase** («**P**») enchâssée directement (voir § 190).

Les pronoms **clitiques** occupent une place importante et originale : voir § 116.

Autres types, différents du GN :

- **l'adjectif :** essentiellement représenté derrière le verbe *être*. Mais voir § 168 (*avoir froid*, etc.).

- équivalent de l'adjectif, **le participe en -ant :** emploi marginal, uniquement attribut de l'objet d'un verbe de perception.

Il faut aussi tenir compte de certains **adverbes** (bien que l'adverbe soit considéré *a priori* plutôt comme un complément accessoire) ; voir § 258.

113. Complément direct / complément indirect

La distinction entre compléments directs et indirects (prépositionnels) est très généralement évidente. Un complément direct est *a priori* en contact plus étroit avec le verbe (voir § 244 : *toucher qch / toucher à qch*).

> **Remarque :**
> Les complétives indirectes sont en *à ce que* et *de ce que* (sauf quand elles sont réduites à *que* ; voir ci-dessous ; voir § 373).

Mais la distinction pose néanmoins certains problèmes :

Sont considérés comme des compléments directs, malgré la présence d'une préposition :

- **les GN en** *de* **(partitif)** :
> *Je ne veux pas de pain.*
> *Je veux du [= *de le] pain.*

- **certains Infinitifs en** *à* **ou** *de* : certains verbes qui se construisent avec des GN directs prennent une préposition devant un complément à l'infinitif. Néanmoins cet infinitif n'est pas pronominalisable par *y* ou *en* ; ou bien il ne l'est pas du tout (pronominalisation zéro), ou bien il se pronominalise en *le*, à l'instar d'un complément direct :

- Infinitif en *à*, après quelques verbes :
> *commencer un travail / commencer à travailler* (pronominalisation zéro)
> *chercher la sortie / chercher à sortir (> le)*
> *apprendre le chinois / apprendre à parler chinois (> le)*

demander une autorisation / à être autorisé (> le)
il me reste à vous remercier (pas de pronominalisation)
Voir aussi *Voulez-vous à boire ?* § 209.

- Infinitif en de, après de très nombreux verbes (voir § 184) :
promettre un remboursement / promettre de rembourser (> le)
regretter une contrainte / d'être contraint (> le)

De est alors "indice de l'infinitif", plutôt que pleinement préposition.

Sont, à l'inverse, considérés comme des compléments indirects, en dépit de l'absence de préposition en surface :

- **certaines complétives** (et quelques percontatives) pronominalisées par *en*, et commutant avec un GN ou un Infinitif en *de* :

Je doute de ses chances / Je doute de pouvoir venir / Je doute que ce soit possible (> en) = "de ce que ce soit possible".

Ça dépend du temps / Ça dépend qui vous voulez voir (> en) = "ça dépend de qui vous voulez voir".

De même pour les complétives compléments d'un adjectif ou de certain noms :

la peur que P = "la peur (de ce) que P" (cf. *j'en ai peur*)
heureux que P = "heureux (de ce) que P" (cf. *j'en suis heureux*)

- de façon plus discutable, les infinitifs compléments des verbes de mouvement :

Paul est parti chercher des secours (paraphrase : *pour chercher des secours* ; la phrase peut répondre à la question *Où est-il parti ?*).

114. Les compléments en *à*

Les grandes lignes de l'interprétation (valeurs types) sont les suivantes, en fonction du verbe et du type de complément en *à* (bien entendu, le type de sujet et éventuellement de complément direct, devrait être également pris en compte) :

1. relation non dynamique (en fonction du verbe), complément en *à* non animé = **localisation statique**

Je suis (je vis) à Paris.
Paul est seul à travailler (l'infinitif n'est pas nécessairement dynamique par lui-même).
Paul a du plaisir à travailler.
Habiter à Paris
Prendre qqn à témoin
Prendre qqn à tricher
Je renonce à ce projet, à essayer.

L'animé est traité comme une localisation dans :
> *Ce livre est à moi.*
> *Je pense à toi.*

2. relation dynamique, complément en *à* non animé = **destination (localisation dynamique)**
> *Je vais à Paris.*
> *Ces papiers sont à jeter.*
> *Le train arrive à Caen.*
> *J'ai du travail à faire.*
> *J'ai donné ma voiture à réparer.*
> *Paul appelle son frère à l'aide.*
> *J'oblige Paul à venir.*

3. relation dynamique, complément en *à* animé = **attribution**
> *Paul parle à Marie.*
> *Paul donne un livre à Marie.*
> *Paul chante une chanson à Marie.*
> *J'ai promis une sortie aux enfants.*

Jeu sur animé / inanimé :
> *Paul donne du travail à Jean / Paul se donne à son travail (Paul se prête à une combine).*

4. relation non dynamique, complément en *à* animé = **affectation**
> *Ça fait de la peine à Marie que Paul soit malade.*
> *Cette voiture a coûté une fortune à Paul.*
> *Paul vole un livre à Marie.*

Voir les exemples (avec interprétation) de *mettre N à X* (§ 205), *arriver à X, tenir à X* (§ 243).

115. Les compléments en *de*

La préposition *de* possède la particularité de s'affaiblir, jusqu'à ne plus être une véritable préposition, dans ses rôles d'article partitif et d'indice de l'infinitif. Ces deux rôles ne sont d'ailleurs pas exactement superposables puisqu'ils n'ont pas les mêmes conséquences sur la pronominalisation :
> *Je te promets des bonbons > je t'en promets.*
> *Je te promets de venir > je te le promets.*

Les deux rôles partent de la valeur de prélèvement de *de*.

Dans *Je veux de la poudre et des balles*, *Je te promets des bonbons*, le prélèvement s'exerce (notionnellement) au niveau de l'objet, et n'annule pas la "transitivité directe" du verbe : on parle encore d'"objet direct"; ce prélèvement se manifeste néanmoins lourdement dans la forme pronominale : *J'en veux (un peu, beaucoup) ; Je t'en promets (quatre, des bons !).*

Sur un Infinitif, entité conceptuelle, l'effet de prélèvement est encore moins sensible : un prélèvement sur une notion revient sensiblement à la notion elle-même (même si le mouvement va dans le sens d'un "passage au concret") : *Je te promets de venir* ; toute trace de prélèvement disparaît même alors dans la forme pronominale : *Je te le promets.*

> **Remarques :**
> 1.La nuance est aux limites de l'insaisissable entre *Je souhaite réussir* et *Je souhaite de réussir.*
> 2. Pour *Il y a encore un carreau de cassé,* voir § 203.

Par contraste, un verbe "intransitif" en *de* (comme *douter, dépendre*) est un verbe pour lequel le mouvement marqué par *de* prend naissance dans le verbe lui-même.

Les effets de sens de ce mouvement peuvent pour l'essentiel se ramener à deux grandes familles apparentées :

- **origine** : prélèvement, cause, séparation, éloignement : *provenir de, protéger qqn de, se méfier de (/ se fier à) ;*

- **point de référence**, point de vue, "au sujet de" : *il s'agit de, parler de, changer de, ...*

La frontière accessoire / essentiel est souvent délicate à tracer : le complément en *de* est un complément "d'arrière".

> **Remarque :**
> La "disparition" de *de*, préposition sous-jacente, dans par exemple *prévenir qqn que P* (> *en*), a été évoquée § 113. Cf. : *l'impression d'être étouffé et que l'air allait me manquer.*

116. Les compléments clitiques

Les compléments clitiques nécessitent quelques considérations d'ensemble, préalablement à leur étude systématique dans les chapitres ultérieurs.

Ces pronoms présentent une véritable flexion, d'où les termes d'**accusatif** et de **datif** (il serait mal venu de parler de "complément indirect" à propos de *lui*). Pour les formes indistinctes, le verbe et l'environnement des compléments permettent de déterminer s'il s'agit d'un datif ou d'un accusatif.

> **Remarque :**
> Une ambiguïté (derrière impératif) comme *Laissez-moi cinq minutes* (= "accordez-moi [datif] cinq minutes [objet]" / "laissez-moi [accusatif] pendant cinq minutes [circonstant]") est exceptionnelle (et peu pertinente sémantiquement).

	1er rang accusatif/datif (forme unique)	2e rang accusatif	3e rang datif	4e rang	5e rang
1 sg.	me (m')				
2 sg.	te (t')				
3 sg./pl. réflexif	se (s')				
3 masc. sg.		le } l'	} lui		
3 fém. sg.		la			
1 pl.	nous				
2 pl.	vous				
3 masc./fém. pl.		les	leur		
Adverbes anaphoriques				y	en

Remarque :
Il n'existe pas de clitique complément correspondant aux clitiques sujet *on* (aucune forme de complément), *ce, ça* (*ça* complément est toujours postposé, et non clitique).

Les accusatifs correspondent à des compléments directs, de nature variée : *le* peut reprendre un GN, un infinitif, une complétive, un adjectif (avec *être*), etc.

Remarque :
La différence est grande avec les possibilités d'anaphore de *il* sujet, beaucoup plus restreintes. Par suite, le rapport entre *le* et *ça*, compléments, n'est pas le même qu'entre *il* et *ce* (*ça*), sujets; cf.:
Que Paul soit parti, c'est [*il est] possible.
Que Paul soit parti, je le [*ça] crois.

Les datifs correspondent à un sous-ensemble des compléments en *à N* (typiquement animés), et jamais en *à Inf* ou *à ce que P* : le datif est souvent considéré comme le type du "complément d'attribution". Il renvoie à certains modes particuliers d'implication d'un actant, dont le datif de la "possession inaliénable" et le "datif éthique".

Le référent des pronoms de première et deuxième personne est donné par la situation de discours. Le référent des pronoms (non réflexifs) de troisième personne est fourni par le contexte, éventuellement par la situation.

Dans le cas prototypique, le plus simple, le contexte antérieur fournit un terme qui indique le référent du pronom, et qui pourrait figurer en propre si l'anaphore n'avait pas lieu :
Je vois Paul. - Moi aussi, je le vois (= je vois Paul).

Mais il n'en va pas toujours ainsi : il n'y a pas toujours de terme antécédent précis, livrant un référent précis, en amont (*le* ou *en* peuvent renvoyer à toute une phrase, ou à une idée plus ou moins diffuse), pas plus qu'on ne peut toujours dire rigoureusement quel serait le terme qui pourrait être substitué au pronom dans la phrase où il figure (ces deux points rappellent les problèmes de l'ellipse) :

>*Paul est parti. - Je m'en doutais !* (de quoi ? "(de ce) qu'il allait partir" ?, "qu'il est (était) parti" ?)

> **Remarque :**
> Ces possibilités de flou, de relative indétermination, permettent la constitution de nombreuses "locutions" comportant des pronoms clitiques dont le référent ne peut guère être totalement explicité : *l'emporter sur qqn, en vouloir à qqn,* etc.

En d'autres termes, les pronoms clitiques ne sont pas seulement des moyens de raccourci, des variantes syntaxiques limpides de constructions développées (même si cela reste le cas le plus fréquent), mais leur emploi constitue un mode original de référence.

> **Remarque :**
> Dans la cataphore, le pronom précède l'antécédent qui lui donne son référent :
> *Dès qu'on l'aperçoit, on trouve Marie adorable.*
> Avec des problèmes de détermination du référent :
> *Puisqu'il le faut, voici mes raisons (le = ?, "que je vous donne mes raisons" ?)*
> *Puisque vous me le demandez, je vous répondrai que P.*

Les pronoms clitiques sont toujours des termes de rappel, thématiques (même dans la cataphore, qui pose un effet de "déjà connu" sur un terme encore à identifier).

117. Place, cumul, ordre des clitiques

Par définition, les clitiques (= "qui s'appuient") ne peuvent être séparés du verbe (ou de l'infinitif, ou du participe en *-ant*).

On peut avoir deux clitiques compléments :

- un datif et un accusatif, ou l'inverse (mais deux accusatifs ou deux datifs sont exclus) :

rang 1 + rang 2 : *Paul me le donne* (= datif + accusatif)
rang 2 + rang 3 : *Paul le lui donne* (= accusatif + datif)

- un clitique + *y* ou *en* :

rang 1/2 (?3)+ 4 : *Paul m'/l'y oblige*
rang 1/2/3 + 5 : *Paul m'/lui en donne*
            Paul l'en dissuade

- les deux adverbes *y* + *en* :
rang 4 et rang 5 :   *Il y en a.*

Sont donc exclus :
- rang 1 et rang 1 (d'où *Je me livre à vous* : le datif cède la place à un GPrép avec pronom fort)
- rang 1 et rang 3 (d'où *Je vous recommande à lui* : même chose).

Un datif lié à l'énonciation (datif éthique) peut venir se surajouter, hors normes, aux schémas admis :

  Elle vous lui détacha un coup de sabot si terrible ... (Alphonse
   Daudet) : deux datifs
  Il te le lui fera bien avaler ! : trois clitiques.

Ordre à l'impératif affirmatif :

Les pronoms sont postposés.

Ce sont les mêmes formes (accentuées : *regarde-le*), à l'exception de *moi* et *toi* (*regarde-moi, regarde-toi*).

Ordre : un changement: accusatif (rang 2) avant rang 1 : *Donne-le moi.*

Mais il y a des flottements : tendance à utiliser le même ordre qu'à l'indicatif, en laissant en première position les personnes 1 et 2. Cette tendance est sévèrement combattue par la norme pour *moi* et *toi* (*Donne-moi-le* a des connotations vulgaires) et mieux acceptée avec *vous* et *nous* : on trouve *Dites-vous-le, Apportez-nous-le*, à côté de l'ordre inverse.

> **Remarque :**
> On rencontre à l'oral des formes populaires avec une "liaison" indue : *"donne-moi z-en"* (sur le modèle de *donnes-en*, normalement prononcé "donne z-en"), au lieu de la forme canonique : *donne-m'en*. Une forme populaire comme *"envoie-moi z-y"* n'a pas de correspondant canonique !

118. La "montée" des compléments clitiques

On parle de montée des compléments clitiques quand on trouve devant le verbe des clitiques qui ne sont pas compléments de ce verbe, mais des "compléments de complément" :

  Nous en connaissons les raisons : en = *de N,* complément du GN
   les raisons : par exemple *(nous connaissons) les raisons de*
   cette décision.
  J'y suis prêt : y = complément de l'adjectif *prêt (je suis prêt à cela,*
   à partir, à ce que tout le monde puisse intervenir).

On pourrait parler de montée à propos des compléments clitiques dans le cas d'une forme verbale auxiliée :

> *Marie lui en a longuement parlé* (*lui* et *en*, compléments de *parler*, sont "captés" par l'auxiliaire).
>
> *Ce livre lui a, sauf erreur de ma part, été offert pour son anniversaire.*

Mais on réserve en pratique le terme de montée à deux types de cas :

1. montée de compléments secondaires

- *en* représente un GPrép en *de (de N, de Inf, (de ce) que P)*, en fonction secondaire (complément p.ex. d'un GN objet) ;

- *y* représente un GPrép en *à* en fonction secondaire :

Peuvent faire "monter" leurs compléments (en *de* ou *à*) ;

- un GN sujet de *être* : *Le principe en est simple*
- un GN objet direct : *J'en connais les raisons*
- un GN séquence de verbe impersonnel : *Il m'en reste le souvenir*
- un adjectif attribut : *J'en suis certain ; j'y suis prêt*
- un adverbe (quasi-attribut) : *J'en suis loin.*

> **Remarques :**
> **1.** Des paraphrases sont possibles dans certains cas : cf. *La liberté, nous en connaissons le prix / nous connaissons son prix.*
> **2.** La "montée" ne peut pas se faire à partir d'un groupe qui soit lui-même prépositionnel.

L'interprétation du phénomène en termes de "montée" du complément clitique (interprétation que nous semblons adopter implicitement en reprenant le terme même de "montée") est d'inspiration transformationnelle : on considère que le complément a été déplacé de sa place logique et originelle.

Mais pourquoi un tel déplacement, si déplacement il y a ? Le placement du clitique est à mettre en tout état de cause en rapport avec la structure thématique de l'énoncé : il marque le rappel d'un élément thématique, non dénué d'importance, qui vient prendre sa place dans la "boîte de rangement" des éléments thématiques anaphorisés : la zone des compléments clitiques préverbaux. On remarquera que la "montée" s'accompagne souvent (ou peut s'accompagner) d'un détachement (en prolepse ou reprise) de l'élément repris :

> *Cette décision, tout le monde en connaît les raisons.*
>
> *Jouer cette sonate en public, l'occasion ne lui en avait jamais été donnée jusqu'ici* (pas de paraphrase concurrente).

Comme l'élément qu'il reprend, le clitique lui-même est aussi un complément du verbe et de la phrase, et pas seulement de son recteur syntaxique *stricto sensu.*

Sont à rapprocher des phénomènes de montée certains emplois du datif :

> *Il lui court après ; Il lui tombe dessus* (voir § 254).
> *Il lui serre la main* (datif de la possession inaliénable ; voir § 227).

2. en cas d'infinitif complément de verbe factitif ou perceptif :

Les verbes factitifs et perceptifs autorisent ou demandent selon le cas la montée de leurs compléments clitiques : c'est le problème qui a été évoqué au § 110 :

> *J'en ai déjà entendu parler.*
> *Je lui en ferai porter.*

Dans *J'en ai entendu vanter les mérites*, la montée participe à la fois de la montée du complément secondaire, et de la montée des compléments de l'infinitif.

119. Les constructions réflexives (dites "pronominales")

Une construction réflexive est une construction comportant un pronom clitique (accusatif ou datif) coréférent au sujet :

> accusatifs : *je me lave, tu te regardes, nous nous battons, vous vous trompez*
> datifs : *je me le demande, tu te donnes du mal, nous nous le promettons, vous vous serrez la main.*

À la 3ᵉ personne, il existe un pronom spécial, réflexif : *se*, accusatif ou datif :

> *Paul se change* (accusatif), *se ment* (datif).
> *Elles se changent, se mentent.*

Ces constructions, très fréquentes, posent un problème d'analyse syntaxique et sémantique : le clitique complément correspond-il à un actant distinct du sujet (nonobstant la coréférence), et, par suite, peut-on lui attribuer une fonction syntaxique propre ?

La réponse varie selon les exemples, de *Paul se lave* (où la distinction des actants est possible) à *Paul s'en va* (où elle ne l'est pas). Il apparaît d'une manière générale que la coréférence du sujet et du complément est un facteur de brouillage des rôles actanciels (avec leurs problèmes d'indétermination), mais que ce brouillage est une source importante d'effets sémantiques (*se tromper, se réveiller* : autant d'interactions subtiles entre le côté agissant et le côté subissant du même être ; comparer *s'essayer à* et *essayer* ; etc.). On comprend que certains soient allés jusqu'à faire du réflexif une "voix" du français, entre l'actif et le passif.

Les différentes constructions seront néanmoins examinées, dans tous les cas, à partir d'une analyse formelle du réflexif, toujours possible (par exemple, le pronominal à "sens passif" sera étudié dans les stuctures transitives à complément direct), sans préjudice d'une analyse sémantique qui essaie de faire justice aux effets de composition résultants.

120. *Y* et *en*

Y et *en* sont des adverbes anaphoriques, représentant des adverbes ou des GPrép. Leur rôle les fait souvent considérer comme des pronoms (par exemple en reprenant un GN partitif).

Y : *Y* correspond à un adverbe de lieu ou à un groupe prépositionnel, généralement en *à* (*à N, à Inf, à ce que P*), ou le cas échéant formé avec une autre préposition de sens local (*en, dans, sur, ...*). Il ne peut représenter un animé (sauf à le "désanimer", ou dans des usages à connotations très relâchées ou vulgaires).

Y peut être :

- complément indirect essentiel du verbe :

>   *J'y suis* (= *ici, à la maison, où je voulais arriver*).
>   *J'y vais* (= *là-bas, au bureau, chercher du pain* : infinitif sans préposition, voir § 251).
>   *J'y tiens* (= *à ce livre, à voir ça, à ce que vous veniez*) ; pour *Il y tient, à sa femme !* (effet de sens "désanimant") / *Il tient à elle*, voir § 256.
>   *J'y répondrai* (= *à cette objection*) (/ *Je lui répondrai*, voir § 227).
>   **J'y dirai* = vulgaire pour *Je lui dirai*.

- circonstant :

>   *Ils y sont très heureux* (= *là-bas, à Lyon, en Espagne*).
>   *J'y ai rencontré des amis* (mêmes lieux possibles).

- complément secondaire monté devant le verbe :

>   complément d'un adjectif attribut :
>   *J'y suis prêt* (= *prêt à ce sacrifice, à mourir, à ce que tout soit recommencé*).

- complément de localisation vague, dans des locutions :

>   *Ça y est !* (= "le but visé est atteint").
>   *Il y a du monde à la maison.*
>   *Paul s'y connaît en électricité.*

> **Remarque :**
> De nombreux compléments (inanimés) en *à* ne peuvent pas être pronominalisés par *y* : *Ce paquet est à expédier, Il cherche à comprendre* ; etc.

EN : *EN* est à *de* ce que *y* est à *à*: il correspond à un groupe prépositionnel en *de* (*de N, de Inf, (de ce) que P* ; aussi *de* + percontative, *de* + adverbe). Ses emplois sont extrêmement étendus, à la mesure des emplois de *de*.

L'emploi de *en*, en particulier comme représentant d'un GN direct "partitif", et d'un GPrép complément secondaire (avec montée), est un des traits originaux du français (proche à cet égard de l'italien), et soulève des difficultés d'analyse.

- complément correspondant à un GN partitif (attribut, complément direct, séquence d'impersonnel) :

En marque le prélèvement d'une quantité indéfinie, sur un ensemble dénombrable ou sur une notion. Le statut de *en* fait difficulté (faut-il l'assimiler à un complément direct ?) :

> *C'en est* (= *de l'eau, du fromage, des épinards, de la folie, des Anglais*).
> *Paul en veut* (= *du vin, de l'argent, des enfants, des oranges*).
> *Il en faut; il y en a ; il s'en trouve ; il en reste* (= *du beurre, de la bière, des gens honnêtes, des livres*).

Le prélèvement peut être quantifié et/ou qualifié :

> *C'en est un (un bon)* (= *un bon fromage*).
> *Paul en veut beaucoup* (= *beaucoup de vin, d'argent, d'enfants, d'oranges*).
> *Il en reste deux* (*beaucoup, assez, d'autres, trois autres, une tonne, de meilleurs*).

Faut-il alors considérer *en* comme complément de l'expression quantifiante ou qualifiante (auquel cas on est proche du phénomène de montée) ?

- complément indirect essentiel :

En correspond à un GPrép en *de*, complément essentiel du verbe :

> *Paul en doute* (= *du succès, de pouvoir réussir, (de ce) que tout soit prêt*).
> *Il en vient* (= *de là-bas ; de Perpignan*).
> *Votre vie en dépend* (= *de cela, de quel régime vous suivez*).

> **Remarque :**
> Il peut y avoir ambiguïté, comme dans *Il m'en garde*, entre une interprétation "complément indirect" (= "il m'en préserve ; il me garde de ce malheur"), et une interprétation "complément direct partitif" (= "il m'en réserve ; il me garde des places").

- complément accessoire (circonstant) :

Marie en pleurait (= *de (du fait de) cela*, origine ou cause).

> **Remarque :**
> De nombreux compléments en *de* ne peuvent pas être pronominalisés
> par *en* : *Il est de bonne humeur ; Il promet de venir* ; etc.

- complément secondaire monté devant le verbe :

L'idée en est séduisante (= *l'idée de cette réunion, de Inf, que P*) :
complément du GN sujet.

J'en suis heureux (= *heureux de votre succès, d'avoir réussi, que*
(= "de ce que") *vous ayez réussi*) : complément de l'adjectif
attribut.

J'en ai fait le tour (= *le tour du jardin, le tour de la question*) :
complément du GN objet direct.

J'en ai envie (besoin) ; ça en vaut la peine.

Il en reste le souvenir : complément du GN séquence (ou circonstant d'origine ?).

- représentant un complément vague :

Sans référent précis (marquant d'une façon plus ou moins vague une
origine, un point de vue, ...) :

Où en êtes-vous ? - J'en suis à la page trente.

J'en ai assez.

Fais-en autant.

Vous ne vous en porterez que mieux (= "de cela, de ce fait", "si
vous agissez ainsi").

Locutions verbales : *en découdre, en vouloir à qqn, en finir, ...*

Avec impersonnel : *il en est de même*

Avec réflexifs : *s'en aller, en venir à, s'en tenir à.*

121. Le verbe dans le lexique

Un verbe se caractérise, dans le lexique de la langue, par son entou-
rage lexico-syntaxique (quel type de sujet, quelles constructions, avec
quels types de compléments), et par son sens, celui-ci étant susceptible de
varier selon l'environnement.

La question du regroupement des verbes en classes ne sera pas abor-
dée dans son ensemble.

> **Remarque :**
> Rappelons simplement quelques-uns des principes de classement les
> plus importants et les plus étudiés :
> **- typologie des "aspects lexicaux"** (types de procès, Vendler)

- **classements à base logique ou sémantique :**
. classement (logique) selon le **nombre d'arguments** accepté par le verbe (prédicat) : ø argument : *pleuvoir* ; 1 argument: *dormir* ; 2 arguments : *battre* ; 3 arguments : *donner ;*
. typologie actancielle ou casuelle, à partir des travaux de Fillmore (ainsi *ouvrir* comporte dans sa **structure casuelle** un agent, un instrument, et un objet) ;
. du classement des verbes, on passe au **classement sémantique des prédications** : Pottier, par exemple distingue cinq "voix" : l'existentiel, le situatif, l'équatif, le descriptif, le subjectif, + le causatif, qui s'applique à ces cinq voix ; J.François et d'autres travaillent sur des notions du type état, événement, action;
- **classement au regard de l'énonciation et des actes de discours :** verbes constatifs, performatifs, interrogatifs, modaux, ...
- **classements à base morpho-syntaxique :**
. classement selon les possibilités de variation diathétique (présentation respective du procès et des actants) : cf. la classe des verbes actifs (*battre : Paul bat Jean / Jean est battu par Paul*), la classe des verbes "neutres" (*casser : le vent casse la branche / la branche casse*)
. classement systématique selon les constructions (tables de Gross) :
- 43 tables de constructions nominales (huit mille entrées verbales)
- 18 tables de constructions complétives et infinitives (trois mille entrées verbales), sans oublier
- 20 tables d'expressions verbales figées (*louper le coche*) (vingt mille entrées) (cf. Christian Leclère, "Organisation du lexique-grammaire des verbes français", *Langue Française* 87, 1990, pp. 112-122).

Les chapitres qui suivent ne visent pas à classer systématiquement les verbes, mais à étudier les constructions. Ils visent à répondre à la question : étant donné une construction, pour quels verbes (ou quels types de verbes) la trouve-t-on, et non pas : étant donné un verbe, quelles sont ses constructions ? (Une exception : le verbe être, Chap. 7.)

Nous présentons néanmoins, dans les quatre paragraphes qui suivent, un échantillon de la description des verbes, telle qu'elle se dégage des traitements donnés dans les chapitres ci-après. Nous cherchons à corréler les constructions (prises comme point de départ), le lexique en jeu (avec ses traits), et le sens résultant. La description reste volontairement schématique.

Remarques :
1. Les verbes impersonnels (ou, comme on redit, verbes unipersonnels) ont été évoqués à propos du sujet impersonnel, § 95 sq. Ils sont étudiés avec leurs constructions dans les chapitres suivants.

2. Pour les **"verbes pronominaux"**, voir § 119 et les chapitres suivants : constructions réflexives.

3. *Voilà* et *voici*, formés anciennement sur l'impératif du verbe *voir*, entrent encore dans les mêmes constructions que ce verbe, même si l'étymologie n'est plus sentie.

122. Exemple : le verbe *écrire*

Le verbe *écrire* présente de nombreuses constructions qui, à partir du sens de base de "tracer des lettres", permettent d'enrichir et de compléter le schéma actanciel (destinataire, contenu du message). Le caractère graphique de la communication peut être décisif ou sans importance.

Le sujet est typiquement un animé humain (sauf au passif et pour certains emplois réflexifs).

Schémas fondamentaux :

écrire sans complément :   *Paul écrit*
écrire à GN (destinataire) :   *Paul écrit à Marie*
écrire + GN (complétive, ...) (objet) : *Paul écrit une lettre*
écrire + GN (complétive, ...) + *à GN* : *Paul écrit une lettre à Marie*

Détail des constructions et des interprétations :

1. emploi intransitif

1.1. sans complément : de "tracer des lettres" (situation) à "être écrivain" (propriété) selon le temps et l'interprétation aspectuelle, selon les circonstants, ... :

Paul ne sait ni lire ni écrire
Paul écrit (= "il est en train d'écrire" ou "il est écrivain")
Paul écrit bien (= "il a une belle écriture ou un beau style").

Des compléments accessoires peuvent venir préciser le sens du verbe; comparer :

Paul écrit gros, au crayon, sur son ardoise, sans faire de faute, en s'appliquant ("tracer des lettres, orthographier")
Paul écrit mieux qu'il ne parle (écrire *vs* parler)
Paul écrit dans une revue, contre les idéalistes, sur la musique (être écrivain ou auteur).

1.2. *à N* (ou datif) (humain) : destinataire visé d'une communication écrite :

Paul écrit à Marie (objet transmis non spécifié : typiquement, une lettre).

2. emploi transitif

2.1. objet = GN (inanimé) ou équivalent : objet effectué :

Paul écrit un "b", une lettre, un roman, des bêtises, ce qu'il veut, "Zut !"
Comment écrivez-vous votre nom ?

Écrire + complétive (ou + percontative) : "faire savoir par écrit" (le caractère écrit de la communication pouvant même être dénué de pertinence) :

> *Vous avez écrit que vous étiez prêt à tout*
> *Écrivez quel est votre choix.*

Écrire + infinitif, + *de* Inf : surtout avec *à* N (ci-dessous).

2.2. objet + complément indirect en *à* N (ou datif) : "faire savoir qch à qqn par écrit (par lettre)". Le complément indirect ajoute un actant, sans modifier les relations.

> *Paul a écrit une lettre à Marie*
> *Marie m'a écrit qu'elle viendrait* (complétive à l'indicatif; coréférence des sujets possible)
> *Il m'a écrit comment je devais faire ; il ne m'a pas encore écrit s'il viendrait ou non*
> *Marie a écrit à Paul de venir* (*de* Inf : le contrôleur est le complément indirect ; valeur injonctive ; pronominalisation par *le*)
> *Marie nous a écrit avoir l'intention de venir* (Inf : le contrôleur est le sujet; tour recherché, usuellement remplacé par une complétive).

3. emploi avec *être* : passif

Sujet : GN inanimé (objet des emplois transitifs)

> *C'est mal écrit* (affaire de graphisme, d'orthographe, ou de style)
> *C'est écrit là* (= "c'est marqué là")
> *Cette lettre a été écrite au Président (par Marie)*
> *Comment il faut faire est écrit dans la notice; c'est écrit dans la notice, comment il faut faire.*

passif impersonnel : séquence : GN, *de* Inf, complétive

> *Il a été écrit toutes sortes de bêtises sur la question*
> *Il est écrit de ne pas fumer*
> *Il est écrit que je n'y arriverai pas !*
> *Il nous a été écrit que ce n'était pas possible.*

4. emploi réflexif

- sujet animé (agent), datif réflexif :

> *Paul et Marie s'écrivent (régulièrement) (de longues lettres)* (interprétation naturelle : réciproque)

- sujet inanimé, accusatif réflexif : sens "moyen" ; le procès est circonscrit dans le sujet (pas d'agent) :

> *Cette langue ne s'écrit pas* (propriété du sujet au regard de l'écriture)
> *Son nom s'écrit avec deux f.*

réflexif impersonnel : *Il ne s'est pas écrit de bêtises pareilles depuis des lustres !*

123. Le verbe *apprendre*

Le cas du verbe transitif *apprendre* illustre en particulier le rôle factitif d'un complément en *à N* humain (*apprendre qch* = "acquérir une
connaissance" / *apprendre qch à qqn* = "faire acquérir une connaissance,
enseigner"), ainsi que l'importance de la nature de l'objet.

Schémas fondamentaux :

- *apprendre* + complétive (GN) : acquisition d'une information :
    J'apprends que Paul est arrivé
    J'apprends l'arrivée de Paul
- *apprendre* + *à* Inf (GN) : acquisition d'une compétence :
    J'apprends à nager, j'apprends l'anglais

- *apprendre* + complétive (GN) + *à GN* : transmission d'une information :
    J'apprends à Marie que Paul est arrivé
- *apprendre* + *à* Inf (GN) + *à GN* : transmission d'une compétence :
    J'apprends à nager (l'anglais) à Marie.

Détail des constructions et des interprétations :

1. emploi sans objet (avec sujet animé) :

> *On apprend vite, à cet âge* (le complément de manière est néces-
> saire) = "l'apprentissage est rapide".
> *J'ai envie d'apprendre* = "d'acquérir des connaissances".

L'objet non exprimé conserve toutes ses virtualités : information,
savoir-faire, ...

2. emploi avec objet direct (sans complément indirect en *à N humain*) :
ACQUÉRIR UNE CONNAISSANCE

Le sujet est typiquement humain, ou, par extension, toute entité
"intelligente" (*la cellule, le système informatique*). Il peut être plus ou
moins actif, selon qu'il y a, ou non, processus d'apprentissage (*apprendre
une nouvelle / la physique*).

> **Remarque :**
> Un sujet inanimé, non susceptible d'apprentissage, s'interprète
> comme l'instrument d'un enseignement dont le destinataire reste
> sous-entendu; le sens est donc factitif :
> *La suite du texte n'apprend rien de plus* (= *ne nous apprend rien de plus*)
> *Tous ces machins-là, ça n'apprend rien !* = *ça n'apprend rien à per-*
> *sonne* (différent de *Ça* [animé] *passe dix ans en classe, et ça n'apprend*
> *rien !* = "ça n'acquiert aucune connaissance").

Objet direct : la distinction essentielle est entre *apprendre que P*, acquisition d'une information, et *apprendre à Inf*, acquisition d'une compétence, les compléments nominaux (*apprendre N*) se distribuant dans les deux catégories.

apprendre + **complétive (ou + percontative) :**
> *J'ai appris (de Paul, par les voisins) que vous alliez partir, que deux et deux faisaient quatre.*
> *J'ai appris quel malheur venait de frapper un de vos proches*
> Pronominalisation en *le*.

apprendre + *à Inf* **(ou + percontative à l'Infinitif) :** acquisition d'un savoir-faire dynamique :
> *J'apprends à nager*
> *J'ai appris à me méfier*
> *J'ai appris comment me comporter en public*
> Pronominalisation en zéro (ou *le*) mais jamais **y*.

apprendre + *N* **:** comme souvent, les N sont moins clairs. Comparer avec les exemples ci-dessus :
> *J'apprends (de Paul, par les voisins) votre prochain départ*
> (nominalisation ; cf. complétive)
> *J'ai appris le malheur qui vient de frapper un de vos proches*
> *J'apprends le crawl*
> *J'ai appris la méfiance (la sagesse)*
> *J'apprends le piano, l'anglais, ma leçon, la mécanique auto, un métier.*

Facultativement, un **complément indirect accessoire** peut indiquer la **source** de la connaissance :
> soit source humaine : *de, par Paul*
> soit source non humaine : *à l'école, dans un livre.*

3. emploi avec objet direct et complément indirect animé *à N*
(ou datif) : sens factitif *FAIRE ACQUÉRIR UNE CONNAISSANCE*

Les constructions syntaxiques sont les mêmes (sauf le réflexif) que sans le complément indirect, mais la présence du complément indirect transforme le schéma actanciel : la connaissance passe du sujet vers lui.

Le sujet est typiquement un animé, agent du procès (sinon causateur : "faire apprendre") ; il peut être aussi inanimé (instrument).
> *C'est vous qui me l'avez appris*
> *Tout ce que je sais, c'est l'expérience qui me l'a appris.*

Types d'objet, avec les mêmes différences que ci-dessus :
> *J'ai appris à Marie que vous alliez partir (votre prochain départ)*
> (information)
> *Paul apprend à nager (le crawl) à Marie* (compétence)

> *Je lui ai appris comment se tenir (les bonnes manières, son*
> *métier).*

Avec datif seul, sans objet :
> *Je vais t'apprendre, moi !*
> *Ça t'apprendra !*

4. emploi avec *être* : passif (avec ou sans complément indirect)

Le sujet est un N (objet des phrases transitives) :
> *Cette leçon a été mal apprise*
> *Cette nouvelle m'a été apprise ce matin par Jean.*

5. emploi réflexif

accusatif réflexif avec sujet inanimé (objet d'apprentissage) : sens "moyen" :
> *Une langue étrangère (la politesse), ça s'apprend (facilement)*
> = "cela peut être appris" ; voir § 223.

datif réflexif : *Paul s'est appris l'anglais tout seul.*

124. Le verbe *changer*

Schémas fondamentaux

changer intransitif :
changer sans complément :
> *Paul a changé*

changer de N (sans déterminant ; substitution d'un terme caractéristique du sujet) :
> *Paul change de métier*

changer transitif :
changer GN (objet extérieur) :
> *Paul a changé la roue*

changer GN de N (caractéristique de l'objet) :
> *Paul a changé ses enfants d'école*

changer GN à GN :
> *Paul a changé ses vêtements au bébé.*

Détail des constructions et des interprétations

1. emploi intransitif

1.1. intransitif sans complément

Le sujet est siège du procès : son être se modifie : changer, c'est devenir autre tout en restant le même. Sujet humain, ou non humain, mais
évolutif, susceptible de se modifier (*le ciel, la situation, les conditions, les
mœurs*) ; difficilement un objet matériel inerte : ? *Ce frigidaire a changé*
est peu interprétable.

> *Paul a (beaucoup) changé* = "il n'est plus le même, il n'est plus
> ce qu'il était"
> *Le ciel (la situation) change à chaque instant*
> *Le gouvernement a changé* : le changement peut être un change-
> ment d'avis, ou un changement de composition, mais même
> dans ce cas, c'est toujours *le gouvernement*
> *Tout passe, tout change !*
> *Il va falloir que ça change !*
> *Ça change vite !* (en situation = *le temps, l'humeur de Paul* ; mais
> *ça change* est *a priori* ambigu, voir ci-dessous).

1.2. intransitif avec complément indirect : *changer de N* **(sans article)**

Il ne s'agit pas de changer un objet précis, individualisé, pour le modifier ou lui substituer un remplaçant défini, mais de remplacer un terme
(étroitement rattaché au sujet) par un autre terme, non défini, du même
ensemble de référence ; le changement passe localement par le terme en
de, mais il affecte globalement le sujet.

> *Paul a changé : d'avis, de coupe de cheveux, de femme, de tout !*
> *Paul a changé de place (avec qqn)*
> *Paul a changé d'opinion, de camp, de style, d'humeur, de tac-
> tique, de couleur*
> *On a changé de gouvernement cette nuit !* (c'est nous qui sommes
> concernés)
> *On va bientôt changer d'heure* (nous allons nous retrouver à
> l'heure d'hiver)
> *Ce quartier a complètement changé d'aspect*
> *Notre revue a changé de présentation*
> *L'automobiliste change de vitesse* : le changement caractérise
> l'automobiliste dans sa conduite, bien plus qu'il ne porte sur
> un "objet affecté"; la "vitesse" est un élément intégré, non
> dissocié du sujet conducteur; cf., par contraste, *changer un
> pneu crevé*
> *Paul a changé d'appartement* = "il a déménagé, il est allé dans
> un autre appartement"; cf., par contraste, *Paul a changé son
> appartement* = "il a fait des changements dans son apparte-
> ment" ; *Paul a changé son appartement contre (pour) une mai-
> son* = "il a échangé ..."
> *Vous vous changez* (cf. ci-dessous), *changez de Kelton* (message
> publicitaire d'une marque de montres bon marché) = "mettez

une autre Kelton". Effet : 1. une montre Kelton est partie intégrante de nous-même ; 2. nous disposons d'une série de Kelton. Cf., par contraste, *changez votre Kelton* = "achetez-en une autre" : l'objet est unique et extérieur.

Bien entendu, la distance peut être parfois très réduite, et non pertinente, entre *changer de N* et *changer N*, équivalents en contexte :

> *Paul a changé d'habitudes* = "ses habitudes sont modifiées"
> *Paul a changé ses habitudes* = "il a modifié (volontairement ?) ses habitudes".

2. emploi transitif

2.1. emploi absolu transitif. Essentiellement dans :

> *Ça change* (ambigu ; voir ci-dessus) = "c'est un facteur de changement (pour nous, sur nous)"
> *La cuisine japonaise, ça change un peu*
> *Ça change un peu (,) d'aller au restaurant (que P)* (tour quasi-impersonnel).

2.2. *changer N* (complétive ou infinitif impossibles). Le sujet, typiquement animé, est agent d'un changement qui concerne l'actant objet, extérieur et bien individualisé : on introduit des modifications dans l'objet, ou on le remplace.

> *Le serrurier a changé la serrure* (on interprète plutôt *a remplacé* que *a modifié*)
> *Il a fallu changer la roue*
> *J'ai changé mes francs contre des lires* = j'ai échangé
> *La fée a changé la citrouille en carrosse (changer N en N)*
> *J'ai changé ce qui n'allait pas*
> *Tu veux toujours tout changer !*
> *Changer la vie* (slogan politique; sans sujet : agent indéterminé = "faire que la vie change, faire changer la vie"; tour senti comme factitif)
> *La maladie a beaucoup changé Paul* (sujet inanimé, instrument du changement).

Emplois spécialisés (avec métonymie) :

> *changer qqn* = "changer ses vêtements à qqn" : *changer un bébé, un malade.*

2.3. *changer N de N*. On retrouve le complément en *de N* (sans article), qui précise le point où le changement, qui affecte globalement le N objet, se manifeste localement :

> *J'ai dû changer mes enfants d'école* : c'est un changement qui concerne mes enfants, quant à leur lieu de scolarisation
> *La maîtresse a changé Paul de place*

Ça nous a changés d'air.

Ne pas confondre avec :
*Ça nous change un peu de nos vieilles habitudes (*avec déterminant : =“par rapport à, par différence avec”).

2.4. *changer N à N*. Surtout avec datif :
Avez-vous changé ses vêtements au malade ?
Ça nous a changé les idées
Aussi avec *y* : *Ça n'y change rien.*

3. *être changé* : passif. Le sujet était l'objet des emplois transitifs.

La serrure a été changée (par le serrurier) : il y a eu substitution
d'une nouvelle serrure à l'ancienne
Tout est changé maintenant : résultatif, statique ; le sujet est le
siège purement passif d'un changement venu de l'extérieur ;
opposer *Tout a changé* : le changement procède d'une évolution interne du sujet.
Le bébé a été changé (voir ci-dessus)
Paul a été changé de place par la maîtresse : être changé de N
Je ne retrouve plus rien, tout est changé de place !

4. *se changer* : réflexif transitif
4.1. accusatif réflexif = l'objet transformé ; sujet plus ou moins agentif,
animé ou inanimé ; mais pas d'agent extérieur mentionné.
Le lion s'est changé en chevalier (ambigu sur l'agentivité : pouvoir volontaire de métamorphose, ou transformation subie ? :
opposer *Merlin se changea en un vieux mendiant* à *Aussitôt la
chaumière se changea en un palais magnifique*, proche du
“sens moyen”)
Je me change = “je change de vêtement”, comme *changer un
malade.*
4.2. accusatif réflexif, sujet inanimé : “sens moyen”
Une pièce cassée, ça se change
4.3. datif réflexif (cf. 2.4.)
On est sorti pour se changer les idées.

125. Le verbe *sembler*

Le verbe *sembler* est une modalité :
N (ou équivalent) *(me) semble* Infinitif.
Le datif ou complément en *à N* indique l'actant animé aux yeux duquel se
produit l'impression de semblance. La construction est fréquemment

impersonnelle. Si l'infinitif est *être*, il peut (ou doit, selon le cas) ne pas être exprimé.

Schémas fondamentaux

1 - *N semble* + Infinitif (/(*être*) + Adj.) (+ *à N ou datif*) :
   Paul (me) semble hésiter
   Paul (me) semble (être) satisfait

2 - *il* [impers.] *(me) semble* + Inf.(/(*être*) +Adj.) + *que P* (/*de Inf*) :
   Il (me) semble en résulter que le projet est à revoir
   Il (me) semble (être) nécessaire de vous avertir

3 - *il* [impers.] *(me) semble* + *que P* :
   Il me semble que c'est possible
  - *il* [impers.] *me semble* + Infinitif :
   Il me semble vous l'avoir déjà dit.

Détail des constructions et des interprétations

1. Tour personnel :

N semble + Infinitif (/(*être*) + Adjectif) (+ *à N*) :
   Paul semble hésiter.

Les relations sémantiques s'établissent entre le sujet et l'infinitif (on parle de "montée du sujet" devant le modal). *Sembler* fait partie des modalités "transparentes" qui se rencontrent dans des constructions impersonnelles :
   Il semble pleuvoir.

Si l'infinitif est *être*, celui-ci disparaît souvent, et *sembler* est suivi directement de l'attribut :
   Paul semble être satisfait ; Paul semble satisfait (il semble l'être, et non **il le semble).*

Emplois avec d'autres compléments de *être* (sémantiquement proches d'un attribut) :
   Marie semble (être) la mieux placée
   Paul semble (être) de mauvaise humeur
   Paul semble (être) sur le point de craquer.

Avec sujet autre que N animé :
   Cela semble convenir; cela semble (être) difficile
   S'arrêter de fumer semble (être) au-dessus de ses forces
   Que Paul ait abandonné semble indiquer qu'il est malade.

Avec un complément en *à N* (ou, le plus souvent, un datif) :
   Cela semble (être) impossible à tous ceux qui s'y sont essayés

Paul me semble (être) satisfait.

2. Tour impersonnel :

il [impers.] *(me) semble* + Inf.(/*(être)* +Adj.) + *que P* (/ *de Inf*):

Ce tour est la variante impersonnelle (avec séquence phrasoïde) du tour personnel ci-dessus :

> *Il (me) semble (être) nécessaire de vous avertir*
> *Il semble (être) au-dessus de ses forces de s'arrêter de fumer*
> *Il (me) semble en résulter que le projet est à revoir*
> *Il* [impersonnel] *semble (être) certain maintenant que tout est perdu.*

Tour quasi-impersonnel en *ça* :

> *Ça semble (être) au-dessus de ses forces, de s'arrêter de fumer !*

3. Tour impersonnel "absolu" :

- *il* [impers.] *(me) semble* + *que P* :

> *Il me semble que c'est possible*

Interprétation : la modalité sembler porte sur une relation sous-jacente de type [*être*] "absolu" (sans complément : = "être le cas que") :

> = "il me semble [être le cas] que c'est possible".

Mode de la complétive :

- indicatif usuel avec *il me semble que* ou *il semble à N que*, proche d'une opinion ("je crois que, N croit que") :

> *Il a semblé à tous les experts que le projet était bon*

- subjonctif usuel avec *il semble que* (qui n'a pas le caractère d'une opinion assertée et prise en charge) ou *il ne me semble pas que* :

> *Il ne me semble pas que ce soit complètement impossible.*

Pas de structure quasi-impersonnelle en *ça*.

- *il* [impers.] *me semble* + Infinitif (séquence) :

> *Il me semble vous l'avoir déjà dit*
> ="il me semble [être le cas] que je vous l'ai déjà dit".

Cette structure n'est possible qu'avec un datif, qui est le contrôleur de l'infinitif séquence. La complétive reste possible : *Il me semble que je vous l'ai déjà dit.*

Pas de structure quasi-impersonnelle en *ça*.

Le tour impersonnel "absolu" se rencontre encore avec séquence pronominale : *ce qu'il me semble*

> *P, à ce qu'il m'a semblé* (= "P, selon ce que il m'a semblé [être le cas]")

Ce qu'il me semble, c'est que P.

Aussi dans le tour archaïsant *Que vous en semble ?* (= "que vous semble-t-il [être le cas] de cela ?")

- Le tour impersonnel absolu se retrouve dans des emplois en incidente :

Ça suffit, il me semble (ou *me semble-t-il*) = *il me semble que ça suffit* ; aussi, archaïsant : *ce me semble.*

126. Plan d'étude des constructions verbales

Constructions du verbe *être* (Chap. 7)

  sans complément
  1 complément direct
  1 complément indirect
  2 compléments
  compléments clitiques

Constructions des autres verbes

Constructions transitives (= à complément direct) (Chap. 8 à 10)

  1 complément direct (Chap. 8)
  2 compléments directs (Chap. 9)
  1 complément direct + 1 complément indirect (Chap. 9)
  compléments clitiques (Chap. 10)

Constructions intransitives (Chap. 11)

  sans complément
  1 complément indirect
  2 compléments indirects
  compléments clitiques

Les constructions impersonnelles et les constructions réflexives sont traitées dans des paragraphes intégrés à l'exposé.

7

LES CONSTRUCTIONS DU VERBE *ÊTRE*

127. *Être* : vue d'ensemble

Les emplois principaux (typiques) du verbe *être* sont les suivants :

- avec des adjectifs, pour **attribuer** à un sujet une qualité, permanente ou occasionnelle :

> *Paul est content.*

- avec des GN, pour **identifier** le sujet et l'attribut :

> *Paris est la capitale de la France.*

- avec des GPrép (essentiels, non suppressibles), pour **localiser** (au propre ou au figuré) :

> *Paul est au Venezuela.*
> *Paul est de bonne humeur.*

Les emplois de *être* comme verbe **auxiliaire** (avec des participes passés) sont liés à sa nature de copule, d'instrument de liaison : il n'y a pas de solution de continuité entre les emplois attributifs adjectivaux :

> *Paul est très fatigué* (avec un participe très adjectival),

et les emplois attributifs où l'attribut est un participe auxilié :

> *Paul est fatigué par tout ce tintamarre* (= passif, avec un participe très verbal).

Les emplois de *être* dans *c'est X qu-* :

> *C'est Paul qui est arrivé le premier.*
> *C'est là que je voulais en venir.*

se rattachent à son rôle d'instrument d'identification.

> **Remarque :**
> Parallèlement au verbe *être*, on étudiera aussi les constructions, syntaxiquement et sémantiquement apparentées, de quelques verbes (*devenir, rester, sembler, faire, ...*).

128. *Être* sans complément

Les emplois de *être* sans complément (marquant simplement l'existence du sujet) sont marginaux, et limités à un registre recherché :

> *La vérité est.*
> *Que la lumière soit, et la lumière fut* (La Bible).

si ce n'est dans la formule *soit ...* :

> *Soit un triangle ABC* (avec antéposition du verbe).

129. Emploi impersonnel avec GN séquence

Les emplois impersonnels de *être* marquant l'existence, avec un GN séquence (voir § 97) , sont d'allure archaïsante. Ils se conservent dans des proverbes, dans quelques tournures figées, et en particulier dans la formule qui ouvre les contes : *il était (une fois)* :

> *Il était une bergère (...) qui gardait ses moutons* (chanson).
> *Il est une église au fond d'un hameau / dont le fin clocher se mire dans l'eau* (chanson).
> *Il n'est bon bec que de Paris* (dicton).
> *Il n'est pire sourd que celui qui ne veut pas entendre* (proverbe).
> *Sans la liberté de blâmer, il n'est pas d'éloge flatteur*
> (Beaumarchais).
> *Toujours est-il que* ... (locution figée).

Au-delà de ces emplois figés, cette construction reste usitée dans un langage soutenu :

> *Il est des gens plus habiles* (français usuel : *il y a, il existe* ...).
> *Il en est peu qui auraient fait comme vous.*
> *Il n'est rien que je ne fasse pour vous faire plaisir.*

Pour la détermination du GN séquence, voir § 97.

La prédication d'existence est en fait difficilement séparable de l'attribution d'une qualité (... *qui gardait ses moutons, ... plus habiles*) ou d'une localisation (... *au fond d'un hameau, ... une fois*). Les éléments adjectivaux ne sont pas simplement épithétiques : *flatteur* conserve une part sensible de valeur attributive dans *Il n'est pas d'éloge flatteur* (="il n'y a pas d'éloge qui soit flatteur"). Pour la relative de *Il était une bergère qui gardait ses moutons*, cf. les relatives dans *C'est Paul qui* ... (voir § 155) et dans *Il y a Paul qui* ... (voir § 202). Et les indications de lieu ou de temps (*au fond d'un hameau, une fois*) sont proches des locatifs essentiels (voir § 146).

Remarques :

1. *C'est* est impossible avec valeur quasi-impersonnelle dans ce genre de tour : *C'était une bergère qui gardait ses moutons* signifierait soit "Marie, c'était une bergère qui gardait ses moutons", soit "la personne qui gardait ses moutons, c'était une bergère" (structure dite "clivage"), avec dans ce cas ambiguïté sur le référent de *ses* ("la personne qui gardait les moutons de Paul" ou "la personne qui gardait ses propres moutons").

2. Avec *rester* et *demeurer*, on a des constructions impersonnelles comparables à *il est* (*Il reste des gens honnêtes* ; voir § 241), mais la part de valeur attributive de l'adjectif y est moindre.

130. *Être* + adjectif : l'attribution

La structure *être* + Adjectif est la structure type qui permet d'attribuer une qualité, permanente ou occasionnelle, à un sujet :

> *Paul est content.*
> *Marie est contente.*

Le verbe *être* (verbe copule) établit le lien entre le nom (sujet) et l'adjectif (appelé attribut du sujet). Ce lien est marqué par l'accord.

Le rapport d'attribution s'établit entre deux termes très dissymétriques : le sujet (par excellence un GN déterminé) est une substance restreinte, d'extension spécifiée, concrète par nature et (ou) par rôle (cf. *Le vrai n'est pas toujours vraisemblable*) ; l'attribut est une qualité abstraite : un adjectif, non déterminé, sans extension propre.

Il n'y a qu'un seul actant, qui est le siège de l'attribution.

Remarques :

1. Certains adjectifs (adjectifs de relation, non prédicatifs, par exemple *présidentiel*) sont réfractaires à l'emploi comme attribut.

2. Avec un sujet au pluriel, la relation peut être distributive ou non (cf. *Les Français sont chauvins / Les Français sont nombreux*).

L'adjectif peut avoir ses expansions propres, constituant un **groupe adjectival**, et susceptibles d'entraîner la montée de *en* ou *y* :

> *Je suis très heureux que tu sois là (de vous voir, de cette rencontre).*
> *J'en suis heureux* (= "je suis heureux de X").
> *J'y suis sensible* (="je suis sensible à X").

L'adjectif, plus que le verbe *être*, est le véritable élément signifiant du prédicat : l'ensemble *être* + Adjectif est sémantiquement équivalent à un verbe, et les compléments de l'adjectif attribut sont sémantiquement (mais non syntaxiquement) de même niveau que des compléments d'un verbe (cf. *Je suis triste que P = Je déplore que P*).

Place de l'adjectif attribut : l'adjectif attribut, normalement postposé, peut occasionnellement se trouver antéposé au verbe (avec un sujet nominal postposé), dans une langue soutenue ou littéraire :

> *Triste était mon âme.*
> *Particulièrement significatifs sont les résultats suivants : ....*

Des **équivalents de l'adjectif** peuvent être attribut :

> *La robe de Marie est chic.*
> *Paul est très "Nouveau Roman".*
> *C'est vraiment très bon marché dans ce magasin.*
> *Marie est très BCBG* ("bon chic, bon genre").
> *Il est (reste) pieds nus* (ou *nu-pieds*).
> *Ne reste pas les bras croisés (les deux pieds dans le même sabot).*

Pour les adverbes de manière et autres éléments invariables (*être bien, être de mauvaise humeur*), voir § 153.

131. Autres verbes attributifs

D'autres verbes (indiquant qu'on entre dans un état, ou qu'on y reste, ou qu'on y est en apparence) peuvent être suivis d'un adjectif complément essentiel attribuant une qualité au sujet :

devenir : *Marie est devenue très jolie.*

tomber (= "entrer brutalement dans un état imprévu"), avec quelques adjectifs :

> *Paul est tombé malade.*
> *Marie est tombée amoureuse.*

sembler, paraître :

> *Marie semble désorientée.*
> *Cette solution paraît préférable.*

Les paraphrases existant avec *être (Marie semble être désorientée, Elle semble l'être, Cette solution paraît être préférable)* invitent à faire l'hypothèse d'une ellipse du verbe *être*. Voir § 125.

faire ("donner l'impression qu'on est", usuel dans un parler spontané) :

> *Marie fait vieille pour son âge* (="Marie donne l'impression qu'elle est vieille").

Il y a en quelque sorte croisement entre une relation causative (transitive), liée au sens propre de *faire*, "produire une (impression de) vieillesse" et une relation attributive "Marie être vieille". D'où des hésitations sur l'accord : on rencontre aussi *Elle fait vieux* (="elle donne, produit, une impression de vieux, de vieillesse"; la structure n'a plus la même valeur attributive).

Avec sujet inanimé, la relation causative l'emporte : *Cette valise fait trop lourd (trop cher)* [sans accord] *pour moi* (="elle constitue une lourdeur excessive (une cherté excessive) pour moi").

> **Remarque :**
> La même hésitation sur l'accord se retrouve avec ***avoir l'air*** : *Marie a l'air gentille* (= "semble gentille") / *Marie a l'air gentil* (= "c'est un air gentil qu'elle a").

rester, demeurer : *Paul est resté (demeuré) très calme.*

Ces verbes ne sont pas uniquement copulatifs et ajoutent à leur rôle de liaison (copulatif) un apport sémantique propre, qui peut aller jusqu'à les rendre autonomes (*Paul est resté, // très calme* : l'adjectif n'est plus mis en relation avec son support par le verbe, il n'est plus attribut, mais épithète détaché; dans le cas de *tomber*, c'est l'autonomie qui est première : *Paul est tombé*). L'adjectif perd son statut d'attribut essentiel du sujet à proportion de l'autonomie du verbe (voir les attributs accessoires : *tomber évanoui, mourir jeune*, § 261 sq.).

> **Remarque :**
> Autres emplois de l'adjectif complément :
> *coûter cher,* voir § 175 Rem.
> *faire court, dire vrai, parier gros*, voir § 168
> *parler fort*, voir § 266
> *avoir froid*, voir § 168
> *avoir mangé*, voir § 169.

132. Emploi impersonnel et quasi-impersonnel de *être* + Adj

La construction attributive avec adjectif se rencontre fréquemment avec un sujet impersonnel et une séquence phrasoïde *(de Inf, que P)* :

> *Il est difficile de résister.*
> *Il est impossible que nous arrivions avant la nuit.*
> *Il est vrai (certain) que c'est mieux ainsi* (le mode de la complétive dépend de l'adjectif).
> *Il est heureux que cette affaire se soit bien terminée* : exemple ambigu : *il* impersonnel (la complétive est séquence) ou personnel (avec complétive complément de l'adjectif).

Ce tour est préféré, dans l'expression spontanée, à la construction personnelle avec infinitif (ou complétive) sujet : *Résister est difficile.*

Avec d'autres verbes que *être* :

> *Il reste (demeure, devient) difficile de Inf , que P.*
> *Il semble (paraît) dangereux de Inf, que P.*

Un pronom conjoint datif est possible :

> *Il (m') est (devient) difficile de vous répondre* (plus naturel que *Il est difficile que je vous réponde*).
> *Il (me) semble difficile de vous accorder cette permission.*

> **Remarque :**
> On peut évoquer pour ces phrases impersonnelles une autre analyse (inhabituelle), qui, au lieu de considérer l'infinitif comme séquence ("sujet logique", "sujet réel") de *être*, et donc sans lien avec l'adjectif attribut, ferait de lui un complément de l'adjectif *(Il est // difficile de vous répondre)* ; cette analyse aurait en tout cas l'intérêt de respecter une certaine intuition concernant le découpage de la phrase.

Quasi-impersonnel en *ce (ça)* : le langage des échanges quotidiens utilise encore plus spontanément le tour quasi-impersonnel en *ça* (voir § 94) :

> *Ça m'est bien égal de rester ici tout seul.*

C'est facile de critiquer !
C'est malheureux que vous ne puissiez pas rester plus longtemps.
C'est plus pratique de tout trouver au même endroit.
Ça devient impossible de garer sa voiture.

Ce tour ne s'emploie pas dans un oral soutenu, et ne s'écrit pas dans une prose académique.

133. Emploi impersonnel et quasi-impersonnel de *faire* + Adj

Le verbe *faire* s'emploie avec *il* impersonnel (et non *ça*) et un adjectif
- très couramment, à propos du temps qu'il fait :

> *Il fait chaud (froid, beau, mauvais, doux, gris, noir, sec, humide, ...).*
> *Ici, il fait bon (meilleur).*

L'adjectif s'interprète comme une qualité attribuée à la situation représentée par *il*.

Pour un attribut nominal *(il fait jour, il fait un froid vif)*, voir § 143.

- dans le tour figé *il fait bon + Inf* (sans forme personnelle concurrente) :

> *Auprès de ma blonde, qu'il fait bon dormir* (chanson ; très proche de *qu'il est bon de dormir*).

L'infinitif séquence se construit sans *de* (peut-être, originellement, l'adjectif se rapportait-il à l'infinitif : *il fait // bon dormir,* comme dans *il ferait beau voir*, ci-dessous, et dans *avoir beau Inf*, § 345 Rem.).

Aussi, tour figé *il ferait beau voir* :

> *Il ferait beau voir ça !*
> *Il ferait beau voir que tu désobéisses !*

Faire + Adj se rencontre en emploi quasi-impersonnel avec *ça* :

> *Ça (me) fait trop cher de prendre l'avion.*
> *Ça me fait froid dans le dos (, rien que) d'y penser !* (="(le seul fait) d'y penser me cause une sensation de froid"),

mais alors la valeur propre (factitive) du verbe est très sensible.

134. Être + participe passé

Le verbe *être* est souvent suivi d'un participe passé.

Les participes sont les formes adjectives du verbe. En tant que formes verbales, ils retiennent l'expression du procès verbal et une partie au moins de sa puissance nodale ; en tant qu'adjectifs attributs, ils se rattachent à un nom et lui attribuent une qualité (plus ou moins statique ou dynamique). Selon les cas (le type de verbe, le contexte), ils sont sentis comme plus ou moins "verbaux" ou "adjectivaux" (avec une marge appréciable de liberté d'interprétation) : il y a là un continuum qui est inscrit dans le système de la langue (la nature du participe).

> *Paul est très fatigué* (valeur adjectivale, attributive).
>
> *Paul est constamment fatigué par le bruit des marteaux-piqueurs qui n'arrêtent pas en bas de chez lui* (="incommodé, conduit à un état de fatigue par ..."; valeur verbale, passive).
>
> *Paul est fatigué de toutes ces querelles* (="las de ..."; valeur intermédiaire).

> *La porte est ouverte* (état, valeur adjectivale, attributive).
>
> *La porte est ouverte par le Comte, hors de lui* (indication scénique; valeur verbale : passif d'action).

Le verbe *être* auxiliant un participe passé sert à former trois séries de formes composées :

- les **formes composées de certains verbes intransitifs** perfectifs, peu nombreux mais très fréquents : *aller, venir, naître, mourir, entrer, sortir, arriver, rester, tomber, devenir, ...* Pour certains autres verbes, une alternance est possible avec *avoir*.

La forme composée marque naturellement l'état résultant *(il est mort, il est né, il est arrivé, ...)* avec une valeur très adjectivale du participe, mais elle peut prendre sans difficulté en contexte une valeur verbale de temps du passé (par exemple, pour le passé composé, une valeur d'"aoriste de discours" : *Paul est arrivé hier à 3 heures)*, auquel cas elle sera, suivant l'usage, considérée comme un temps (composé) du verbe (et non plus analysée comme une structure attributive).

- les **formes composées de tous les verbes réflexifs** :

> *Paul et Marie se sont embrassés.*

Ces formes seront considérées comme des temps du verbe, et non comme des structures attributives.

- les **formes composées constituant le passif :**

> *La maison a été cambriolée.*

Le passif appartient aux structures attributives.

Remarques :

1. L'emploi du participe présent (en -*ant*) comme attribut du sujet n'appartient pas à la langue normale. On le rencontre plus facilement comme attribut de l'objet (voir § 197).

2. Voir § 169 pour le participe avec *avoir*.

135. Le passif

Le passif est une structure attributive, à considérer pour elle-même (et non pas seulement en tant que structure obtenue par transformation à partir de l'actif) :

> *Comment Candide fut élevé dans un beau château, et comment il fut chassé d'icelui.* (Voltaire)
> *Remarquez bien que les nez ont été faits pour porter des lunettes.* (Voltaire)
> *Le Président X a été assassiné.*
> *Ma voiture a encore été esquintée cette nuit.* (familier)
> *Toutes les mesures nécessaires ont été prises.*

Le passif permet de présenter une situation ou un événement en prenant comme **point de départ (thème)** un actant autre que l'instigateur du procès ou sa cause : **le sujet est l'actant affecté, ou "siège du procès"** :

> *Ce tableau est considéré comme un chef-d'œuvre*
> *Paul a été élu député*
> *Trois personnes ont été blessées (par l'explosion)* : le terme humain est en position de sujet
> *Cette question n'a pas encore été réglée* : le sujet est un élément thématique déterminé (cf. l'anaphore).

Le "patient" n'est autre que l'actant (humain) affecté d'un procès dynamique :

> *Paul a été battu.*

Le participe rapporte une qualité au sujet, il le caractérise (même en cas de procès dynamique (*battre*)). Il est pronominalisable en *le* comme un adjectif, même en cas de "passif d'action" :

> *Paul a été battu par Jacques, et Max l'a été* [= "a été battu"] *par Joseph.*

Cette pronominalisation n'est pas possible dans le cas des temps composés (avec *être*) des verbes intransitifs ou réflexifs (sauf exception, voir § 161).

Types de verbes auxiliaires : à côté de *être*, les verbes *rester, demeurer, sembler* peuvent occasionnellement être suivis d'un participe passé dans des conditions comparables à *être* :

> *Paul semble éprouvé par cet échec (ou semble être éprouvé).*
> *Je reste intéressé par votre offre.*

Types de participes (verbes auxiliés) : on peut rencontrer les participes de tous les verbes transitifs exprimant un procès sémantiquement agentif (voir § 174).

La construction passive existe dans certains cas sans correspondant à l'actif :

Nous sommes censés remplir ce questionnaire.
Il est supposé avoir fini ce soir.

Remarque :
Du point de vue des valeurs aspectuelles, en liaison avec les types de procès, on distingue passif d'action et passif d'état :
La porte est ouverte
= "janua patet" ; passif d'état, cf. *On a ouvert la porte.*
/ = "janua aperitur" ; passif d'action, cf. *On ouvre la porte.*

136. Particularités syntaxiques de la phrase passive

L'attribut est constitué du participe avec sa complémentation. Le participe est entouré le cas échéant d'un réseau de compléments qui appelle les observations suivantes :

- les compléments directs (de type complément d'objet) sont exclus (par définition)

- les pronoms compléments clitiques se placent devant l'auxiliaire (montée) :

> *Ce livre vous est prêté pour trois semaines.*
> *J'en ai été informé.*

- les compléments indirects sont les mêmes que dans le tour actif :

> *Paul a été invité à faire un exposé.*
> *Mon costume a été donné à nettoyer au teinturier.*

- dans certains cas apparaît le complément propre au passif appelé le "complément d'agent" :

> *Paul a été battu par Jacques,*

mais c'est loin d'être le cas le plus fréquent : selon un sondage effectué (en 1970) dans le journal *Le Monde,* une tournure passive sur quatre seulement comporte un complément d'agent (en *par, de,* ou même avec une autre préposition), ce qui donne à penser que cette précision est dans la majorité des cas inutile, impossible ou mal venue. La possibilité de ce "silence" est sans doute une raison négative mais importante de l'emploi du passif. De plus, quantité de compléments peuvent fournir les indications nécessaires à l'interprétation sans désigner nommément un responsable du procès :

> *Ce discours a été bien reçu au Quai d'Orsay* (= par les responsables de la diplomatie française).

Quand il apparaît, le complément en *par* s'apparente à un complément de moyen, et le complément en *de* à un complément de cause ou d'origine, le caractère humain ou non humain du N étant primordial pour l'interprétation :

> *Le violoniste était accompagné de son imprésario / Le violoniste était accompagné par un pianiste.*
> *Cette sonate est composée de trois mouvements / Cette sonate a été composée par Beethoven.*
> *Il a été nommé par protection / par le roi.*
> *La route a été déviée par la gendarmerie* (ambigu).

Ce complément a en théorie un statut de complément accessoire, circonstanciel, souvent vérifié (outre ses absences) dans des exemples :

> *Les luttes politiques n'ont pas été apaisées par la chute de la royauté. (Le Monde)*

mais il est non suppressible dans nombre de cas :

> *Ce spectacle est mis en scène par P. Chéreau.*
> *L'orchestre est dirigé par D. Barenboïm.*
> *La séance de travail sera suivie d'une réception.*

- de nombreuses phrases passives comportent, par-delà le participe, un autre attribut (qui serait un attribut de l'objet à l'actif) : il y a "superposition" d'attributs :

> *César est donné favori dans la troisième course.*
> *Cette figure est appelée trapèze.*
> *Il a été élu député.*
> *Paul en a été jugé digne* (avec *en*, complément de *digne*).

Aussi avec des attributs accessoires (voir § 263) :

> *Paul a été retrouvé mort (a été enterré vivant, brûlé vif).*

Cumul : *Paul a été nommé directeur jeune* (3 rangs successifs d'attributs).

Aussi avec un infinitif ou un autre complément (voir les constructions des verbes de perception § 192 sq.) :

> *Paul a été vu jeter / jetant / en train de jeter / qui jetait des cocktails Molotov.*

Remarque :
Pour le tour *Il s'est fait renvoyer*, voir § 226.

137. Le passif impersonnel ou quasi-impersonnel

Le passif peut se rencontrer à la forme impersonnelle, dans un registre soutenu et conventionnel (langage administratif) :

- sans séquence :

> *Il a déjà été débattu de ce problème.*
> *Il a été beaucoup écrit sur ce sujet.*

- avec séquence :
séquence nominale (peu fréquente) :

> *Il a été trouvé un parapluie* (="il a été trouvé quelque chose, à

savoir un parapluie"), *Il en a été trouvé un.*
Il a déjà été pris toutes les mesures nécessaires pour enrayer l'épidémie.
Page 17, il est fait allusion à la théorie des quantas.

séquence phrasoïde :

Il est démontré, disait-il [Pangloss], *que les choses ne peuvent être autrement.* (Voltaire)
Il a été décidé de Inf, que P (style officiel, *ça* impossible).
Il a été déclaré inconstitutionnel que P.

Le langage spontané utilise quelques tours quasi-impersonnels. Pour les conditions d'emploi de *ça* par rapport à *il*, comparer :

Qu'il me soit permis de rendre hommage à mon illustre prédécesseur.
Ça n'est pas permis de faire une chose pareille !

138. *Être* + GN : de l'attribution à l'identification

Les constructions avec attribut nominal prolongent les constructions avec attribut adjectival : il y a toujours prédication d'une propriété (qualitative) sur le sujet, mais le rapport au sujet change.

Les points essentiels sont ici la détermination de l'attribut nominal :

Ce monsieur est médecin : attribution d'une qualité
Ce monsieur est un médecin : appartenance à une classe
Ce monsieur est le médecin de l'équipe : identification.

et l'équilibre entre le sujet et l'attribut. Le sujet et l'attribut ont normalement les mêmes nombre (et genre) : dans une phrase telle que

Les Français sont un peuple chauvin.

on tendra spontanément à remplacer *sont* soit par *c'est*, soit par des synonymes du type *forment, constituent.*

Une phrase où le sujet est moins déterminé (moins concret) que l'attribut a quelque chose d'anomal ; la phrase :

Un autre (bon) exemple est celui-ci

laisse une impression de maladresse et de malaise, comme si la phrase était "à l'envers". Le souci de thématisation l'a emporté sur la structuration logique, mais non sans dommage.

Autres verbes que *être* :

Paul devient (semble) notre principal fournisseur.
Marie est toujours restée la meilleure en maths.

Le verbe *faire* admet des compléments nominaux qui sont aux limites entre l'attribut et l'objet :

Marie fait l'idiote (="Marie crée un personnage d'elle-même qui est idiot" : combinaison d'action et d'état).

Sur les emplois de *représenter, former, marquer, ... :*
> *Cette initiative représente une avancée indéniable.*
> *Marie et Pierre forment un beau couple,*

voir § 175.

139. *Être* + nom sans article

Avec un nom sans article, la construction est encore proche de la construction avec un adjectif attribut : l'absence de déterminant retire toute extension à l'attribut, et impose un point de vue intensionnel. Le substantif attribut marque une qualité (non restreinte), qui imprègne totalement le sujet, dans laquelle le sujet (d'extension restreinte) s'absorbe entièrement :
> *être homme* ="participer de l'humanité, en tant qu'ensemble des caractéristiques qui font l'homme"
> *être femme* = "posséder la féminité"; cf. *Marie est femme jusqu'au bout des ongles / être une femme* combine intension et extension (appartenir à l'ensemble des femmes).

Cette construction se rencontre usuellement avec certains types de substantifs :

- noms en *-eur*, à la frontière du nom et de l'adjectif :
> *être menteur, menteuse*

- noms désignant des états qualitatifs, des métiers, des fonctions, ...
> *être enfant, être jeune fille, ...*
> *être Français, ...*
> *être consul, président, Premier ministre, chef des armées, ...*
> *être boulanger, instituteur, acteur, médecin, ...*

Elle peut s'étendre à des caractérisations abstraites :
> *La musique est source de joie* ("être source de joie est une propriété de la musique") / *La musique est une source de joie* ("la musique est de ces choses qui sont source de joie").
> *Marie est tout sourire* (avec *tout* invariable)

et à des expressions auxquelles l'absence d'article donne une coloration archaïsante :
> *C'est peine perdue.*
> *Ce n'était partout que pleurs et gémissements.*

Des possibilités (limitées) de quantification (de type adjectival) existent :

John est plus Anglais qu'il n'est possible !
Paul est très Français moyen.

Emploi avec d'autres verbes (*rester, devenir, faire*) :
À douze ans, Marie fait déjà (très) femme.
Paul est resté enfant.
Charlemagne devint empereur en l'an 800.

140. Être un (du) N

L'attribut précédé de l'article indéfini *un (des)* marque la relation d'**appartenance**. La phrase :
Ce livre est un dictionnaire

signifie à la fois

- "ce livre a les qualités, les propriétés d'un dictionnaire, la "dictionnarité"" : point de vue intensionnel (de la compréhension) ; valeur d'attribution, et
- "ce livre est un élément de la classe des dictionnaires" : point de vue de l'extension ; valeur d'identification à un élément.

Ces deux interprétations sont équivalentes ; on a en fait un mélange de valeurs, à mi-chemin entre la pure attribution et l'identification.

Le sujet (même s'il est générique ou par nature abstrait) est le terme le plus concret, le plus déterminé, il indique une substance ; il est point de départ, support. L'attribut est le terme le moins concret, le moins déterminé, le plus qualitatif ; il est second, apport.

Ce tableau est un Picasso de la période rose.
Paul est un imbécile.
Marie est une collègue très appréciée.
L'Angleterre est une monarchie.
La baie de laurier est un poison violent.
L'amour est une bonne excuse pour ce genre de folies.
Toute sa vie n'a été qu'un sacrifice.
Le chat est un mammifère.
L'homme est un loup pour l'homme (avec prédominance naturelle de l'interprétation attributive, en compréhension).

Avec attribut au pluriel (valeur d'inclusion) :
Les oiseaux sont des cons (Chaval)
Les Français sont des gens légers.

Avec sujet autre que GN :
Vous n'êtes qu'un malotru !
Faire une chose pareille est une honte !

Remarque :

Un énoncé de structure *Le N est un N* peut être ambigu, et admettre, outre celle qui vient d'être exposée, une autre interprétation (au moins). Ainsi

Le chef est un brigand (exemple de Damourette et Pichon § 452)

peut signifier :

a) "le chef (Jacques) se range dans la catégorie des brigands". Interprétation naturelle, selon ce qui vient d'être exposé (appartenance, avec mélange de valeur d'attribution et de valeur d'identification; interprétation "abstrayante"),

[Variante de cette interprétation : "quel que soit le chef, il se range (certainement, il doit se ranger) dans la catégorie des brigands (pour avoir commis des horreurs pareilles)", différent de a) par la lecture non spécifique du sujet]

b) "le rôle de chef est tenu par un brigand concret, à savoir Jacques", en réponse par exemple à une question *"Le chef est* (ou plutôt *c'est*) *qui ?"*. Cette interprétation, moins naturelle (à valeur d'identification et non d'attribution ; "concrétante"), suppose un mouvement interprétatif complexe : on part d'une interprétation a priori concrète du premier GN pour le rendre abstrait (d'où facilement la reprise en *c'est* et l'impossibilité de *il est*), pour passer ensuite à l'attribut pris concrètement. Il semble intuitivement que l'énoncé a une structure logique qui est plutôt *"un brigand est le chef"*, mais que cette structure est mal venue en surface pour des raisons de thématisation.

Exemples avec le sujet déterminé par *un* :

Une rose est une fleur.

Un solécisme est une faute qui consiste à ...

Une femme est une femme (interprétation "abstrayante", non tautologique : "une femme concrète a toujours les qualités typiques de la femme").

Remarque :

C'est un ... / il est un ... : tous les exemples (à la 3e personne) de ce paragraphe se trouveraient, dans un français oral spontané, avec *c'est* au lieu du verbe *être* seul :

Ce livre, c'est un dictionnaire.

Paul, c'est un imbécile.

etc.,

c'est-à-dire avec un terme en annonce, repris en anaphore médiate par *ce* (voir § 93). D'une façon générale, un attribut en *un N* est naturellement précédé de *c'est*.

Un énoncé comme *Le chef, c'est un brigand* conserve l'ambiguïté (appartenance, abstrayante / identification, concrétante) de l'énoncé correspondant avec le seul *être*. Mais l'interprétation concrétante s'y envisage plus naturellement.

Le tour *Il est un N (? *Paul, il est un grand spécialiste)*, à l'inverse, est rare et marqué : il renforce la valeur d'attribution au détriment de la valeur d'identification.

Être du ... : Avec l'article partitif, la valeur de la relation est du même ordre qu'avec l'article indéfini : le sujet a les qualités qui sont celles de l'attribut, il participe de la nature de l'attribut (en extension et en compréhension).

> *(Qu'est-ce que c'est ?) C'est de l'eau !*
> *Cette crème Chantilly, c'est du vrai savon à barbe !*
> *C'est de la folie, ce que vous faites !*

Le sujet est naturellement *ce* (d'où *c'est* et non *il est*).

141. *Être le* N

L'attribut fortement déterminé suppose un sujet également déterminé. La phrase a valeur d'**identification** : deux instances distinctes sont ramenées à l'unité, renvoient au même objet (relation équative). Il n'y a en définitive qu'un seul actant, mais cette unicité est le résultat d'une construction :

> *Le cheval est la plus belle conquête de l'homme.*
> *Paris est la capitale de la France.*
> *Marie est la bonté même* (exploitation de la relation équative, avec effet caractérisant).

Souvent avec, comme attribut, des adjectifs substantivés par l'article, du type :

> *être le meilleur, le plus grand, le premier, le seul, ...*

La tendance à l'égalité de statut du sujet et du prédicat se manifeste dans certaines possibilités de réversibilité de la relation :

> *La capitale de la France est Paris.*
> *La plus belle conquête de l'homme est le cheval.*

Néanmoins, si forte soit-elle, l'identification entre le terme sujet et le terme attribut n'empêche pas la dissymétrie (sur laquelle repose l'équilibre de la phrase) : le terme sujet reste normalement le plus concret (ce qui est facilité par le caractère "concrétant" de sa fonction), et l'attribut le plus abstrait, le plus qualitatif (ce qui est également facilité par sa fonction).

Remarque :
L'identité totale des deux termes unis par la copule risquerait d'être une tautologie ou une contradiction. C'est la dissymétrie qui sauvegarde la valeur de l'énoncé comme apport de signification.

L'utilisation comme point de départ sujet (thématisé) du terme le plus abstrait, comme dans *La capitale de la France est Paris*, ne va pas sans créer une (légère) difficulté (nonobstant tout ce qui peut justifier ce choix dans un contexte discursif donné) : la possibilité de maintenir une interprétation concrète de *la capitale de la France* (comme dans *La capitale de la France a accueilli de nombreux visiteurs*) étant bloquée par la présence de l'attribut *Paris*, réfractaire par nature à une interprétation abstraite, le sujet représente donc le terme le plus abstrait, (un rôle : "ce qui est la capitale de la France"), et c'est l'attribut qui est le plus concret : d'où le caractère peu naturel (presque artificiel) et quelque peu livresque de cette phrase.

La difficulté est levée dans
> *La capitale de la France, c'est Paris.*
> *La plus belle conquête de l'homme, c'est le cheval.*

(énoncés beaucoup plus naturels), par la présence du pronom *ce*, qui est ici dans ses conditions d'emploi typiques.

Au total, les quatre paraphrases ci-dessous se distinguent du point de vue de leur valeur et de leur emploi :
> *Paris est la capitale de la France* est un énoncé naturel, identification très attributive
> *Paris, c'est la capitale de la France* est une variante naturelle, à valeur marquée d'identification (les deux termes sont envisagés séparément, et identifiés)
> *La capitale de la France est Paris* est un énoncé artificiel (sauf en réponse à une question)
> *La capitale de la France, c'est Paris* est un énoncé naturel d'identification, procédant du rôle vers le terme qui le remplit.

Comme pour l'attribut en *un N*, les possibilités d'emploi de *Il est le N* sont limitées :
> *Il est le meilleur* (qualification, attribution de la qualité "être le meilleur") / *C'est le meilleur* (identification : "qui est le meilleur ? - c'est lui").
> *Paul, il est mon meilleur ami* (refusé par certains locuteurs ; exemple déjà brièvement commenté § 93 : "être mon meilleur ami" est une qualité de Paul) / *Paul, c'est mon meilleur ami* (identification)
> *Elle est la reine / C'est la reine.*

142. *C'est* marqueur d'identification. *C'est / ce sont*

Comme on l'a vu à de multiples reprises, *c'est* est le marqueur type d'identification en français :
> *C'est elle !*

Il peut jouer ce rôle devant n'importe quel type d'élément :
> *C'est ce que je voulais dire.*

Oui, c'est bien ici (peut combiner une valeur d'identification et une valeur de localisation)
cf. *c'est-à-dire.*

C'est le fonctionnement qui est à l'œuvre dans le tour *c'est X qu-*, voir § 155.

C'est tend à devenir une formule invariable : sa fixation au présent s'explique par son caractère métalinguistique : c'est le signe d'une opération d'identification faite par le locuteur, ce qui fait qu'elle apparaît quasi-exclusivement au présent (d'énonciation), quelle que soit la structure du texte où elle prend place.

Concernant le nombre, il y a hésitation devant un terme pluriel :
Ces gens-là, c'est des Anglais ; C'est les meilleurs.
Ces gens-là, ce sont des Anglais ; Ce sont les meilleurs.

La forme plurielle est généralement considérée comme préférable dans un registre soigné, la forme au singulier passant alors pour familière ou relâchée.

Un fonctionnement de type logique voudrait l'invariabilité au singulier (qui a ses lettres de noblesse et ses défenseurs) : quels que soient les éléments repris, *ce*, opérateur d'identification, les subsume et les rassemble dans une nouvelle entité.

Mais des raisons de "congruence" vont en sens inverse : de fait, la forme *ce sont* conjoint deux pluriels. Parler simplement d'"accord avec l'attribut" n'est guère acceptable ; soutenir que *ce* est attribut et *des Anglais* sujet pose plus de problèmes que cela n'en résout. Il faut sans doute considérer qu'il y a à la fois transmission de la pluralité grammaticale et référentielle de *ces gens-là* (s'agissant d'humains ; la même chose vaudrait en cas de renvoi par *ce* à un référent resté implicite) par *ce* (cf. *On est arrivés*), et attraction du pluriel qui suit.

Sur les ambiguïtés possibles concernant le statut de l'attribut et les différents fonctionnements de *être*, voici une petite charade :
Mon premier est bavard,
Mon second est oiseau,
Mon troisième est chocolat,
Mon tout se mange.
Réponse : *Bavaroise au chocolat.*

143. Emploi impersonnel ou quasi-impersonnel de *être* + GN

- Emploi avec GN attribut, sans séquence (emplois limités, mais très vivants et très usuels) :

Il est + GN (domaine temporel)
>*Il est huit heures, midi* (cf. *L'heure du rendez-vous est midi*)
>*Il est temps de Inf, que Psubj. (Il en est temps encore, Il en est grand temps)*, (mais *C'est le moment de,* voir § 92)
>*Il est l'heure (de, que)* (concurrence de *C'est l'heure !*)

>dans d'autres domaines :
>*Il est question de Inf, que Psubj* ("la situation est : la question de ..., de ce que ..."), *il en est fortement question*
>*Il est besoin* (archaïsme ; cf. l'expression *s'il en était besoin*)

- Emploi avec séquence phrasoïde :
>*Il est dommage de Inf, que Psubj*

- Emploi quasi-impersonnel en *ce (ça)*, sans concurrence de *il* impersonnel :
>*C'est dommage de perdre ça (que vous partiez si vite) !*
>*Ce sera une joie de vous revoir !*
>*C'est une honte de traiter les gens de cette façon !*
>*C'est de l'inconscience (,) de faire une chose pareille !*

144. Emploi impersonnel de *il fait* + GN

Le tour impersonnel *il fait chaud* (voir § 133) se retrouve avec des compléments nominaux :
>*Il fait nuit, jour.*
>*Il fait grand jour.*
>*Il fait nuit noire* (sans déterminant ; groupes figés).

>*Il fait un froid vif.*
>*Il faisait une nuit froide.*
>*Il fait du soleil, un beau soleil.*
>*Il faisait une chaleur accablante* (avec déterminant, choix des adjectivations).

Remarque :
Pour *Il s'est fait jour que,* voir § 228.

145. Être + complétive ou infinitif

Le verbe *être* peut être suivi d'un complément phrasoïde, complétive ou infinitif :
>*Le mieux est de Inf / que Psubj*
>*Le plus important est de Inf / que Psubj*
>*La raison de ce comportement est que Pind*

La solution est de recommencer (que vous fassiez comme moi)
Mon idée est de Inf (que P).

La relation est de type identification, avec les problèmes que pose le caractère "abstrait" du sujet, - d'où tendance aux tours en *c'est* :

Le mieux, c'est ...

Mon idée, c'est ...

C'est que Pind (valeur d'explication : "la raison de ce qui se passe est que") (voir *est-ce que P,* § 61).

Pour le complément infinitif, plusieurs tours sont en concurrence :

La solution est partir (rare, artificiel ; abstrait : comme si *est* était suivi de deux points*)*

La solution est de partir (proposition concrète d'action)

mais, en raison du caractère abstrait du sujet, on préfère les tours avec *c'est* :

La solution, c'est partir (identification, équatif)

La solution c'est de partir (proposition concrète d'action).

Avec autres verbes :

Le mieux semble (semble être) (reste) de Inf / que Psubj.

On rencontre aussi des énoncés établissant entre deux infinitifs une relation de type définitoire (où l'attribut ne peut être précédé de *de* : la relation est de type strictement équatif Inf 1 = Inf 2) :

Tricher n'est pas jouer.

Partir, c'est mourir un peu.

146. *Être* + complément indirect : la localisation

Le verbe *être* est fréquemment suivi d'un GPrép essentiel :

Paul et Marie sont à la maison (localisation spatiale).

La réunion est à cinq heures (localisation temporelle).

La Callas n'était pas dans son meilleur jour (localisation figurée).

Ce complément n'est pas suppressible, et ne pourrait pas figurer à une autre place dans la phrase. Il se distingue clairement du complément circonstanciel qui figure par exemple dans *Les parents de Marie sont très heureux, en Bretagne.* Il sera appelé **locatif**, par une convention s'appliquant à tous les cas de construction de *être* + complément indirect, même quand il n'y entre plus rien de proprement spatial.

Ce type de phrase est fondamental, et à mettre sur le même plan que la phrase attributive : la possibilité de localiser, au sens large, est une ressource irremplaçable du langage, et le verbe *être* en est la pièce maîtresse. Si ce type de structure a été méconnu par la tradition, c'est sous l'influence de la philosophie aristotélicienne, qui concevait l'existence davantage comme la possession de qualités que comme un ancrage dans l'espace et le temps, méconnaissant ainsi que "être", c'est aussi "avoir lieu", comme le marque le langage.

Les constructions locatives ne permettent pas seulement des localisations spatiales ou temporelles, elles permettent de situer, par extension métaphorique ou figurée, et avec des valeurs diverses, dans "l'espace notionnel" (cf. B. Pottier) :

Ce vieux château est à l'abandon
Cette question est à reprendre,

souvent avec des valeurs proches de l'attribution :

Paul est dans l'angoisse (= est angoissé)
Ce médicament est sans danger (= n'est pas dangereux).

Dans ces fonctionnements, le verbe *être* se relie d'autre part aux verbes de mouvement (*aller, ...* ; voir Chap. 11) : verbe d'état statique, il marque (comme *rester, demeurer*) l'absence de mouvement, le "mouvement zéro".

Il peut d'ailleurs en arriver à marquer lui-même un déplacement spatial, au passé simple ou à un temps accompli (composé) : "avoir été à un autre endroit (que celui où on est)" suppose qu'un déplacement a été effectué, et en vient à s'utiliser pour marquer le déplacement lui-même :

As-tu déjà été en Angleterre ? peut signifier "As-tu déjà séjourné en Angleterre ?" ou "Es-tu déjà allé en Angleterre ?"

Cet emploi, très fréquent dans le langage quotidien, existe également (au passé simple) dans un style soutenu archaïsant :

Il fut alors chez le roi (= il alla).
Remarquer : *Il s'en fut alors chez le roi* (sur le modèle de *Il s'en alla*).

Beaucoup de constructions locatives sont des expressions figées, "locutions", "tournures idiomatiques" ... (*être aux abois, c'est-à-dire, ...*). Les locutions aspectuelles *être en train de, être sur le point de* permettent de situer par rapport à un procès.

Remarques :

1. Locatifs (essentiels) et circonstants (accessoires) peuvent se cumuler :
J'étais à Rome [essentiel] *en février* [accessoire].
Nous sommes ici [accessoire] *dans l'ancien réfectoire des moines* [essentiel].

2. Un locatif peut avoir une structure complexe (*La réunion est de 3 à 5*) ou poser des problèmes de délimitation (*Nous sommes en bas, à la place Blanche*).

Autres verbes : on retrouve les verbes *sembler, paraître*, ainsi que les verbes (de mouvement) *rester, demeurer*, mais il n'y a pas de frontière nette avec des verbes comme *habiter*, et même la totalité des verbes de mouvement. Plus le sens du verbe s'affirme, plus le complément tend à devenir accessoire (circonstanciel).

147. *Être* à ...

Être à ... est la relation de localisation par excellence.

- être à GN :

Espace :

> *Paul est à Marseille.*
> *être à l'abri* (plus ou moins métaphorique)
> *être au chaud*

Avec mouvement :

> *J'ai été à la poste.*
> *J'ai été au pain* (rejeté par la norme).

Temps :

> *J'étais juste à temps.*
> *Paul est toujours à l'heure.*
> *La réunion est à cinq heures.*

Localisation abstraite par rapport à quelque chose, avec effets de sens divers :

> *Paul est au travail.*
> *Ce vieux château est à l'abandon* (= "est abandonné" ; très proche de l'attributif).
> *Tout est au mieux.*
> *Il faut être à ce qu'on fait* (= "être présent par rapport à ce qu'on fait", "s'en occuper sérieusement, ne pas se laisser distraire").

La localisation par rapport à quelqu'un s'interprète comme la possession par celui-ci :

> *Ce livre est à Paul.*
> *C'est à qui en veut.*
> *C'est à vous de jouer.*

On remarquera l'impossibilité de pronominaliser par le datif : il s'agit fondamentalement d'une localisation et non d'une "attribution" (comme dans *donner quelque chose à quelqu'un*).

- être à Inf :

- le sujet animé est contrôleur de l'infinitif :

> *Paul est encore à travailler* (= en train de travailler, au travail).
> *Paul (en) est encore à se demander s'il a bien fait.*

- le sujet, inanimé, s'interprète comme l'objet (sémantique) de l'infinitif (sans contrôleur précisé) :

> *Cet avertissement est à prendre au sérieux* ("doit être pris").
> *Ce travail est à faire pour demain.*
> *Ce paquet est à expédier* (destination).
> *C'est à prendre ou à laisser !*
> *Paul est (très) à plaindre* (= "on doit plaindre Paul" ; le verbe *plaindre* nécessite un objet ; opposer *Paul est encore à se plaindre ! = en train de se plaindre*).
> *c'est-à-dire* (marque de reformulation explicative).

Autre relation dans : *C'est à mourir de rire !* = "cela est tel qu'il y a de quoi mourir de rire".

- être à GAdj : *être à court de munitions.*

Avec d'autres verbes :

> *Cela semble à craindre.*
> *Paul reste à ne rien faire toute la journée* (voir les constructions intransitives, § 245) / *Cela reste à prouver.*

148. *Être de ...*

À partir de la valeur d'origine, le tour *être de N* s'emploie avec des effets de sens multiples.

Origine : *Marie est de Quimper.*
> *Vous n'êtes pas d'ici ?*
> *Ce texte est de Flaubert.*
> *Ce pain est d'hier.*
> *Ce tableau est de 1550 environ* (="date de 1550 environ").

Valeur proche de l'attribution, avec sujet humain ou non humain :
> *Paul est de service.*
> *Paul est de bonne humeur, de bonne composition* (sans article).
> *Nous sommes de passage.*
> *être de la plus extrême grossièreté*
> *être d'un grand mérite, de haute taille* (prélèvement : on participe d'une qualité)
> *être de face, de profil, de travers* (cf. *debout*)
> *Ce tableau est d'une grande valeur.*
> *Ce rectangle est de 30 mètres de long.*
> *Ces recommandations sont de toute nécessité, de rigueur.*
> *Ça n'est pas de trop.*

Avec autres verbes :
> *Paul est resté de marbre.*

Dans la structure *être de Inf (Le mieux est de rester ici)*, l'élément *de* est toujours l'indice de l'infinitif (voir § 145).

> **Remarques :**
>
> **1.** Le passage de *de*, préposition, à *de*, intégré au système de l'article, se laisse voir dans des énoncés comme :
> *Paul n'est pas de ces gens qui font des histoires.*
>
> **2.** Quelques hésitations existent entre la construction directe et la construction en *de* :
> *C'est (ce n'est pas) ma faute. / C'est (ce n'est pas) de ma faute.* (très usuel, en particulier dans le langage des enfants, mais critiqué par la norme).

149. *Être* + autre préposition

Il ne saurait être question de passer en revue toutes les autres prépositions entrant dans la construction locative. Voici simplement quelques exemples de certaines d'entre elles, illustrant la diversité des emplois et des valeurs de la localisation (spatiale, temporelle, métaphorique) :

Chez :   *As-tu été chez le médecin ?* (valeur de déplacement ; voir § 146)

Dans :   *être dans la maison*
             être dans les délais
             être dans la détresse

En :   *être en Bretagne*
             C'était en mars 1942
             être en retard
             être en verve, en veine de confidences
             être en admiration devant quelqu'un
             être en mesure de, être en âge de
             Ce projet est en discussion (en cours de réalisation)
             Noter : *être en train de Inf* ("être dans le cours de")
             être en jaune

Pour :   *C'est pour qui ?*
             Vous êtes pour ou contre ? (emploi de la préposition sans complément)
             C'est pour bientôt
             C'est pour mieux vous voir
             J'étais pour le faire, et puis ...

Sans :   *être sans danger, sans alcool, sans méchanceté*

Sur :   *être sur le toit*
             Noter : *être sur le point de Inf* ("au bord de" ; cf. *le point du jour*)
             être sur le départ
             être sur ses gardes.

150. Emploi impersonnel et quasi-impersonnel de être + GPrép

La tournure locative se rencontre à la forme impersonnelle, avec séquence phrasoïde :

> *Il est d'usage de Inf, que Psubj*
> *Il n'est pas dans mes habitudes de me laisser traiter de la sorte.*
> *Il est à craindre que tout soit perdu.*

Avec *ça* quasi-impersonnel :

> *C'est tout de même de mauvais goût (,) de faire des plaisanteries pareilles.*

Voir *Il est une église au fond d'un hameau*, § 129.

Voir *il y a*, § 96.

151. Être + GN de localisation

Le verbe *être* est souvent suivi d'un groupe nominal (sans préposition) indiquant une date ou une localisation spatiale :

> *Nous sommes samedi.*
> *Nous sommes le matin.*
> *Nous sommes avenue du 6-Juin (place de l'Etoile).*

La nature des termes nominaux exclut clairement une interprétation de type identification, qui n'aurait aucun sens.

Avec *c'est*, dans des cas comme :

> *C'était le 20 janvier 1827,*

on peut comprendre, selon ce que représente *ce*, "cette affaire était (= se passait) le 20 janvier 1827" (localisation), soit "la date était le 20 janvier 1827" (identification) ; mais les deux se confondent en pratique.

152. Être + infinitif de localisation

Le verbe *être* employé au passé simple ou à un temps accompli (composé) et marquant un déplacement spatial, s'utilise couramment avec un Infinitif :

> *As-tu été chercher le pain ? (= es-tu allé)*
> *Quand tu auras été voir le médecin, fais bien tout ce qu'il te dira (= quand tu seras allé).*
> *Il fut alors trouver le roi (= il alla).*

Pronominalisation par *y*.

Cf. *Je suis resté voir ce qui se passait* (§ 251).

153. *Être* + adverbe

Le verbe *être* s'emploie avec certaines classes, bien délimitées, d'adverbes (compléments essentiels). Ces différentes constructions s'apparentent aux différents types d'emploi de *être*.

Adverbe de manière : *C'est bien*

> *bien, mal, ainsi, autrement, comment ?, comme X*
> > *Ce film est vraiment très bien.*
> > *C'est ainsi et pas autrement !*
> > Aussi : *Ça fait très bien !*

Remarquer l'emploi de *comment* (mode d'interrogation normal sur la qualité) et *comme* (introduisant une intégrative, souvent elliptique) :

> *Comment est-il, le nouveau directeur ? - Il est comme l'ancien.*
> *Ça n'est pas comme je pensais.*
> *Cette dame est tout à fait comme il faut.*
> *C'est comme ça.*
> *Il était comme transfiguré :* voir § 284.

La manière d'être revient à une qualité.

> **Remarque :**
> Dans certains de ces emplois, *être* a comme équivalent le verbe *aller* :
> *Comment allez-vous ? - Je vais très bien, merci.*
> *Cela ne va pas comme je voudrais.*

Emploi impersonnel (recherché) : *Il en est (va)* + Adv de manière :

> *Il en est (va) ainsi, autrement, de même.*
> *Il en est (va) (de Paul) comme de tous ses pareils.*
> (aussi *Je vais vous dire ce qu'il en est,* avec séquence pronominale).

Adverbe de quantité : *C'est assez*

L'adverbe est équivalent à un GN (dont il serait un déterminant) :

> *C'est trop* (cf. *C'est trop d'honneur*)
> *C'est assez, beaucoup, peu.*

La construction s'apparente à une identification.

Emploi quasi-impersonnel, avec séquence phrasoïde :

> *Ce n'est pas assez d'avoir la mention passable.*
> (pour *Ce n'est pas assez que de Inf,* voir § 158).

Adverbe de localisation : *C'est ici*

> lieu :
> > *ici, là, où ?, ailleurs*
> > *là-dessus* (et la série *là-dedans, ...*)
> > *près, loin*

temps :
> *quand ?, aujourd'hui, demain, ...*
> *tard, tôt*

(aussi *y, en*, voir § 163, 164).

La valeur de la construction est fondamentalement une localisation :
> *Tu es là ?*
> *Tout le monde est ici,*

tout en se rapprochant parfois beaucoup d'une qualification (attribution) :
> *La poste est tout près* (= *toute proche*)
> *La réunion était très tard* (*tard* est proche de *tardive*)
> Cf. *être debout* (senti comme très attributif),

ou d'une identification :
> *Le secrétariat, c'est ici*
> *La réunion, c'est demain.*

Emploi impersonnel :
> *Il est tard (tôt, plus tard que je ne pensais)* ("l'heure qu'il est est tardive" ; *ça* est impossible avec cette valeur).

154. *Être* + deux compléments

Le verbe *être* peut se rencontrer avec deux compléments, un complément attributif (inventaire restreint) et un complément locatif :
> *Paul est le seul à se faire du souci.*
> *Il a été le premier à réaliser l'ascension du Mont Blanc.*
> *Nous sommes trois à avoir gagné.*

Mais il existe une solidarité particulière entre les deux compléments comme en témoigne la structure disloquée *Le seul à se faire du souci, ça a été Paul.*

Le complément prépositionnel locatif peut se réduire à un adjectif sur le modèle :
> *Il a été le premier (à être) surpris.*

Le deuxième complément peut être une relative (qui n'est pas sans point commun avec celle du clivage ; cf. *infra*) :
> *C'est le seul qui existe.*
> *Ce modèle est le seul que nous ayons.*
> *Il est le seul (qui soit) capable de ...*

ou une construction en *de* :
> *C'est encore une occasion de perdue.*

Le statut du deuxième complément (en particulier son mode de rattachement au premier) fait difficulté.

155. *C'est ... qu- ...* : le "clivage"

La phrase

C'est Paul qui est arrivé le premier

est un énoncé d'identification entre *ce* (représentant *qui est arrivé le premier*), et *Paul* :

"qui est arrivé le premier, cela est Paul".

Le membre de phrase en *qu-* représente (rappelle) ce qui est déjà là, l'élément connu, c'est-à-dire le thème : *qui* (indéfini, c'est-à-dire "quelqu'un") *est arrivé le premier* ; l'attribut de *être*, *Paul*, est l'élément nouveau, informatif, le propos ou rhème (on parle aussi dans ce cas de **focus**, en raison de la mise en relief appuyée dont le terme fait l'objet) : "Paul, et personne d'autre, est celui qui est arrivé le premier". La structure (dite "clivage", terme que nous conservons à regret et faute de mieux) permet de faire ressortir un élément, pris dans une certaine relation, en lui donnant la garantie et l'exclusivité du premier plan.

Analyse : des difficultés existent concernant la proposition en *qui* : il y a contradiction entre, d'une part, son rôle (commenté ci-dessus) dans l'économie de l'énoncé, qui en fait un terme de phrase, reprise du pronom *ce*, et, d'autre part, son apparence de relative banale, rattachée à son antécédent nominal immédiatement adjacent, *Paul* (cf. la morphologie du pronom *qu-*, qui est bien celle du relatif, et l'accord dans *C'est moi qui suis*).

Il semble que la proposition en *qu-* soit à l'origine une intégrative (c'est-à-dire un terme pronominal largement autonome), qui aurait été "attirée", "captée" par le substantif adjacent, jusqu'à le prendre comme support (antécédent) et à apparaître comme une simple relative.

En tout état de cause, pour que l'analyse respecte le fonctionnement de la phrase, la relative, nonobstant son lien à son antécédent, doit être considérée comme un groupe pronominal constituant de phrase, avec un statut de reprise (appelée par le pronom *ce*). Le pronom *ce* a son fonctionnement caractéristique de représentation d'un "rôle" ("celui qui P").

Remarques:

1. La suite *C'est N qu-* est par elle-même ambiguë. Dans la phrase *(Qui est ce Monsieur ?) - C'est le voisin qui vient d'emménager au-dessus de chez nous,*
la relative est une simple relative épithète. Dans la phrase
C'est le voisin qui vient d'emménager (,) qui m'a aidé à mettre le vin en bouteilles,
la première relative est épithète (interne au GN attribut), la seconde est du type de celles qui sont étudiées dans le présent paragraphe.

2. Deux intonations typiques existent pour une phrase clivée, qui

> sont les intonations des phrases avec reprise :
> - ou bien la phrase est dite d'un seul tenant, avec montée sur *Paul*, et intonation de fin de phrase conclusive sur *arrivé le premier*,
> - ou bien elle se divise en deux : une première partie *(c'est Paul)*, avec intonation de fin de phrase conclusive, suivie d'une pause, et d'une deuxième partie énoncée sur un ton de glose *recto tono (..., // qui est arrivé le premier)*.
> Cette seconde diction correspond à un effet de rappel d'une connaissance présumée commune aux deux interlocuteurs.
> Les deux intonations se retrouvent dans les phrases de reprise :
> - *C'est difficile, // de trouver du travail*, en deux blocs (l'effet de reprise est clair)
> - *C'est difficile de trouver du travail*, dit d'un seul tenant (l'énoncé avec effet de reprise glisse vers le tour quasi-impersonnel).

Par rapport à une structure de phrase plane telle que :

> *Marie est arrivée hier à Paris, à dix-huit heures,*

tous les éléments (y compris, dans une certaine mesure, le verbe ; voir ci-dessous) **peuvent faire l'objet d'une identification par *c'est*.**

Inversement, n'apparaissent pas entre *c'est* et *que* (avec cette valeur) les éléments qu'on peut qualifier d'"extérieurs à la phrase", tels que par exemple les subordonnées en *puisque* (relatives à l'énonciation).

Il y a lieu de distinguer selon que le terme en *qu-* *(qui, que)* se laisse immédiatement *(C'est Paul qui est venu)* ou non *(C'est alors que Paul entra)* analyser comme un pronom relatif.

156. *C'est Paul qui (que)*

Dans une première série de cas, *qui* ou *que* ont dans la proposition qu'ils introduisent un fonctionnement clair de pronom relatif, avec une fonction clairement assignable :

C'est N (ou équivalent : GPron, ...) *qui* (sujet) :

> *C'est Paul qui est arrivé le premier.*
> *C'est ce que vous venez de dire qui est le plus important.*
> *Pour notre rendez-vous, c'est demain qui m'arrange le mieux.*

C'est N que (objet, attribut, ...) :

> *C'est Marie que Paul veut épouser* : "que (= ce que, celle que) Paul veut épouser, c'est Marie".
> *Paul, c'est plombier qu'il est, et pas électricien.*
> *C'est cent francs que ça vaut.*
> *Je te dis que c'est le brûlé que ça sent !*

Le verbe lui-même peut faire l'objet d'un identification (avec reprise par le pro-verbe *faire*) :

> *Ce n'est pas chanter qu'il fait, c'est beugler !*

> **Remarque :**
> Dans un énoncé comme :
> *C'est Paul le chef* (dit d'un seul tenant ; tour très courant),
> *le chef* est bien une reprise de *ce* (dans *c'est*), mais n'a pas la valeur
> d'un thème rappelé. La phrase nous apprend plutôt simultanément
> qu'il y a un chef et que c'est Paul.
> Cette structure (délicate à analyser) fait penser à un clivage très ellip-
> tique. Le statut exact de *le chef* reste à éclaircir. (On remarquera que,
> d'une manière générale, font difficulté tous les emplois de *ce* (ou *ça*)
> avec une "reprise liée".)

157. *C'est alors que*

On trouve aussi des termes autres que nominaux identifiés par *c'est* et repris par *que* :

- groupes prépositionnels de toute nature :
  C'est à vous que je parle, ma sœur.
  C'est pour ton bien que je dis ça.
  Ce n'est pas sans émotion que je rappellerai ses dernières paroles.
  C'est en forgeant qu'on devient forgeron.
  aussi : *C'est le matin que je travaille* (GN de localisation, équiva-
      lent à un GPrép)
- adverbes et groupes adverbiaux :
  C'est demain qu'il doit venir.
  Ce n'est pas comme ça qu'il faut faire.
  C'est ici que les Athéniens s'atteignirent.

L'identification par *c'est* porte ici sur des termes (facilement complexes) dont la nature propre n'est pas pertinente (*c'est à vous que ...*, *c'est
ici que ...* ne sont pas des énoncés de localisation (voir § 146)), mais qui
font, "en bloc", l'objet d'une prédication d'identification, d'un caractère
métalinguistique.

Que s'interprète comme un relateur omni-fonction, dont l'interpréta-
tion se spécifie en fonction du terme qui lui sert d'antécédent :
  C'est à vous que [*que* reprend *à vous*, et en "copie" les traits : =
      "à qui"] *je parle.*
  C'est en forgeant qu' [= "comment, de quelle façon"] *on devient
      forgeron.*
  C'est ici que [= "où"] *les Athéniens s'atteignirent.*

Sur l'extension d'emploi de *que* comme relatif "à tout faire" (cf. *le jour
que, chaque fois que, du moment que, maintenant que P*), voir § 370.

Voir aussi le passage au *que* complétif.

Remarque :

Le système du clivage comporte, à côté de *C'est à vous que je parle* (tour largement dominant), deux types de **variantes** :

1. Premier type :

C'est vous à qui je parle.

C'est ça de quoi (dont) je voulais vous parler.

C'est le tour le plus clair à analyser, et peut-être celui qu'on pourrait attendre théoriquement : "à qui je parle, c'est vous", "de quoi je voulais vous parler, c'est ça". L'identification se fait sur un terme nominal, très individualisé (pointé), mis en relief pour lui-même, indépendamment de sa relation au reste de la phrase.

Mais précisément le clivage a souvent pour but de flécher, moins un terme (actant) pour lui-même, qu'un ensemble complexe comportant sa propre relation au reste de l'énoncé ; dans ce cas le tour *C'est vous à qui je parle* ne convient pas : on dit *C'est avec plaisir que ...* (et non "c'est du plaisir avec quoi ..."), *C'est comme ça que ...* (et non "c'est ça comme quoi ..."). De surcroît, la relation se laisse souvent malaisément formuler pour elle-même indépendamment du terme qui s'y associe : comment faudrait-il faire pour leur donner des formulations dissociées, dans le cas par exemple de *C'est en forgeant qu'on devient forgeron* ?

2. Deuxième type :

C'est à vous à qui je parle.

C'est de ça dont je voulais vous parler.

C'est à l'amour auquel (à quoi) je pense.

Tour contesté, qualifié de redondant. L'identification a ici un caractère métalinguistique renforcé : ""à qui je pense", c'est "à vous"", "à quoi je pense = à l'amour" (encore ce schéma est-il brouillé par le relatif *auquel*, qui perd la nécessaire indéfinition du relatif, et dont l'usage ici est peut-être un fait d'hypercorrection mal avisée).

Ce tour présente en pratique les mêmes inconvénients et les mêmes limites que le précédent (on ne dit pas "c'est avec du plaisir avec quoi j'accepte") : en formulant deux fois la relation, il ne laisse l'effet de mise en relief que sur le seul terme.

3. Le tour ***C'est là où je voulais en venir*** (dans lequel le terme identifié est un adverbe) est usuel et concurrence *C'est là que ...* Sa forme ne permet pas de dire s'il relève du premier ou du second des tours examinés ci-dessus.

158. *C'est ... que* (subordonnée incomplète)

Dans certaines formes de clivage, la subordonnée est incomplète :

C'est une triste nouvelle que la mort de Paul.

Nous interprétons : "c'est une triste nouvelle que la mort de Paul [est]", c'est-à-dire "(ce) que la mort de Paul est, est une triste nouvelle".

Le membre de phrase en *que* est une relative comparable (à l'ellipse

du verbe près) à celle qu'on trouve dans *C'est une triste nouvelle que vous m'apprenez là* (="(ce)que vous m'apprenez là est une triste nouvelle").
Cf. *qu'est-ce que cela ?*, § 159, et l'analyse du *que* complétif, § 372.
> *C'est une étrange croyance que la métempsychose.*
> *C'est une drôle de chose que cette affaire.*
> *C'est une douce chose que d'aimer* (pour le *de* devant l'infinitif, voir § 18).

On a des paraphrases très proches sans *que* :
> *C'est une étrange croyance, la métempsychose,*

dans lesquelles la reprise est simplement nominale : *la métempsychose*, au lieu d'être la formule complexe : *(ce) que la métempsychose [est]*. Il en est résulté pour *que* le qualificatif d'"explétif".

> **Remarques :**
> **1.** L'ensemble peut se trouver sans verbe, constituant une phrase nominale (voir § 352) :
> *Triste nouvelle que la mort de Paul !*
> *Étrange croyance que la métempsychose !*
>
> **2.** *Si j'étais que de vous, ...* (locution figée)
> = "si j'étais (ce) que de vous (= vous concernant) [est (impers.)]", c'est-à-dire à peu près "si j'étais ce qu'il en est de vous, ...".

159. *Est-ce que* dans l'interrogation

Correspondant à l'énoncé affirmatif
> *C'est Paul qui est arrivé,*

il existe trois formes d'interrogation attestées, dont deux sont rejetées par la norme :
> *C'est qui qui est arrivé ?* (insertion du terme interrogatif à la même place ; tour considéré comme relâché, à moins d'être une réaction immédiate, du type "je n'ai pas bien compris, peux-tu me redire ...")
> *Qui c'est qui est arrivé ?* (antéposition du terme interrogatif sans inversion du sujet; tour considéré comme vulgaire).

La troisième forme, acceptée, est de grande utilisation :
> *Qui est-ce qui est arrivé ?* (antéposition du terme interrogatif avec inversion du sujet ; forme canonique).

Elle constitue ce qu'on appelle l'**interrogation renforcée** (voir § 73). On voit qu'elle n'est autre qu'une forme de clivage avec inversion. Mais la valeur propre du clivage, l'effet de "mise en relief" s'estompe à la forme interrogative, d'autant plus facilement que cette structure a été généralisée pour pallier les lacunes du système interrogatif des termes en *qu-*(voir § 73) :

Qu'est-ce qui se passe ?

La valeur de clivage peut redevenir perceptible le cas échéant :

Qui est-ce donc qui a bien pu envoyer cette lettre anonyme ?

(surtout avec accent sur *est-ce* et intonation de glose sur la subordonnée).

Ce type s'étend aux formes prépositionnelles ou adverbiales d'interrogation (voir les formes correspondantes du clivage, § 157) :

À qui est-ce que tu parles ? (cf. *C'est à vous que je parle*)

Avec quoi est-ce que tu as fait ça ?

Quand est-ce qu'il doit venir (cf. *C'est demain qu'il doit venir*)

Comment est-ce que tu as fait ?

Il se présente également avec ellipse de *être* (dans les mêmes conditions que le clivage correspondant) :

Qu'est-ce que la métempsychose ? (cf. *C'est une étrange croyance que la métempsychose*)

Qu'est-ce que cela ?

Qu'est-ce qu'aimer (que d'aimer) ? (cf. *C'est une douce chose que d'aimer*).

Le langage familier utilise même couramment des formes d'interrogation où l'identification joue par trois fois : comparer la série :

Qu'est-ce ? (ou *qu'est cela ?*) : une identification ; forme théoriquement adéquate, mais rarement employée, sinon avec des connotations livresques.

Qu'est-ce que c'est ? : deux identifications ; littéralement : "quoi est ce que cela est ?"; l'interrogation, médiatisée, ne porte pas directement sur l'objet, mais sur "ce que l'objet est".

Qu'est-ce que c'est que ça [est] ? : trois identifications, la dernière étant elliptique : "quoi est ce que cela (que cela est), est ?". Forme éminemment spontanée et populaire, en dépit de sa (supposée !) complexité.

Il y a là un des traits marquants du français.

Pour l'utilisation de *Est-ce que P ?*, voir § 61.

160. *Être* avec des clitiques compléments

Être peut être précédé de *le* (attribut), d'un datif, de *y* ou *en*.

En dehors des cas où il est auxiliaire, il ne peut être précédé que d'un seul clitique :

À Marseille, nous sommes heureux > Nous y sommes heureux ou *À Marseille, nous le sommes,* mais non **nous l'y sommes.*

Quand *être* est auxiliaire (y compris, à cet égard, quand il sert à former des passifs), les clitiques le précédant sont à mettre en relation avec le verbe auxilié (cf. la "montée", § 118) :

> *Cela m'est arrivé hier.*
> *Des adresses, il m'en a été indiqué d'autres.*
> *Les meilleures places, il se les est attribuées* (accord, voir § 228)
> *Il s'en est attribué une partie.*

161. *Le* + *être*

Le pronom clitique *le* est le seul de la série des pronoms clitiques accusatifs à se rencontrer comme attribut devant *être*.

> **Remarque :**
> Parler de pronom "accusatif" avec *être* n'est pas dans la tradition, mais se justifie par l'unité de la forme du pronom, et n'implique pas qu'on veuille en faire un "objet".

Le **peut représenter :**

- un adjectif attribut. Une qualité n'a pas par soi-même de genre ni de nombre (pas de détermination) : elle se représente donc par le pronom masculin, c'est-à-dire non marqué, indifférencié :

> *Marie est jolie, et Sophie l'est aussi (l' = jolie).*
> *Marie est contente, et Paul l'est aussi (l' = content).*
> *Les choses étaient déjà graves, elles le sont devenues plus encore (le = graves).*
> *Il ne faut pas croire les autres plus forts qu'ils ne le sont.*

Le peut reprendre **le participe dans le tour passif** :

> *Jean a été renvoyé, et Marcel l'a été aussi.*
> *Le crime n'est pas toujours puni dans ce monde ; les fautes le sont toujours* (Chateaubriand)
> *Ce livre-ci m'a été donné par Jean, et celui-là me l'a été par Marie* (remarquer les deux pronoms, dont le premier suppose le participe *donné*, lequel est représenté par *l'*).

> **Remarque :**
> Le passif peut n'avoir pas été exprimé :
> *Traitez-le comme il doit l'être* (= "être traité").

La reprise du participe des formes composées (non passives) avec *être* (*il est venu*) est exceptionnelle, et suppose que le participe a une valeur très résultative, très proche d'un adjectif :

> *Paul est arrivé, mais Jean ne l'est pas encore.*

- un GP, s'il est sémantiquement **équivalent à un attribut** (dans ce cas, la pronominalisation par *en* ou *y* est exclue) :

> *Paul est de bonne humeur (en colère), et Marie l'est aussi.*

Cet article-ci est de bonne qualité; celui-là l'est également.
Vous êtes à l'abri, nous le sommes aussi.
aussi *Ce paquet-ci est à expédier, celui-là l'est aussi.*

- **un GN attribut** (tour recherché, voire même artificiel) :
Maintenant c'est Paul le chef ; Jacques l'a été avant lui.
(La) capitale de la France, Paris l'est depuis longtemps.
Le meilleur, Paul a su le rester.

Dans l'expression courante, le GN attribut n'est pas repris (surtout quand le sujet est *ce* ou *ça*) :
Maintenant c'est Paul le chef ; ça a été Jacques avant lui.

Des énoncés comme *C'est le patron, C'est le meilleur*, ou (moins encore, au pluriel) *Ce sont les meilleurs*, n'ont pas de variante usuelle avec pronominalisation.

> **Remarque :**
> L'emploi du pronom féminin *la* n'est plus possible : une question du type *Vous êtes la reine ?*, appelle une réponse *Oui, c'est moi* (et non plus *Oui, je la suis*, comme on pouvait faire à l'époque classique).

162. Datif + *être*

Lui et les datifs correspondent à un complément en *à N* ou en *pour N* :
Je vous serais très obligé (reconnaissant) de bien vouloir m'accorder cette autorisation.
Il m'est difficile de vous donner satisfaction (= "il est difficile pour moi de ...").

Le datif devant *être* peut être considéré comme un complément secondaire (complément de l'adjectif) monté devant le verbe.

> **Remarque :**
> Les compléments en *à N* du type *Ce livre est à Paul* ne peuvent pas se pronominaliser par un datif clitique (on ne peut dire que : *Ce livre est à lui*).

163. Y + *être*

Y peut représenter des compléments de statut différent :

- **locatif :** représentant un complément essentiel en *à* (ou préposition locale), ou un adverbe :
Nous sommes sur la place du marché > nous y sommes.
Tu es là ? - Oui, j'y suis.
(À) Paris, ma famille y est depuis trois générations.
J'y suis, j'y reste !

Localisation vague, en situation :

> *Ça y est ! Nous y sommes ! (= "nous sommes parvenus au but visé")*

Y ne peut pronominaliser un infinitif tel que dans *Ce papier est à jeter.*

- circonstant :

> *Ils sont à Marseille, et ils y sont très heureux, bien que la vie y soit devenue difficile.*

- montée d'un complément secondaire (complément de l'adjectif) :

> *J'y suis prêt (= prêt à cette solution, à partir, à ce que tout soit fait comme vous voulez).*
> *J'y suis résolu, opposé, habitué.*

164. *En* + *être*

- correspondant à un attribut en *du N* ou *un N* (voir § 140) :

> en être < être du, de la, des (partitif ou indéfini), de N (attribut)
>> *C'en est = C'est du pain ; des épinards ; de l'or ; de la folie ; du Mozart*
>> *Mais non, ce (ça) n'en est pas !*
>> *C'est (ce sont) des Anglais, tu crois ? - Oui, c'en est sûrement !*
>> (*c'en sont* : artificiel, généralement évité, pour raison invoquée de cacophonie)

> en être un(e) < être un(e) N
>> *C'en est un(e) = un dentiste ; un Rembrandt ; une folie ; une bonne occasion*
>> *Mais non, ce (ça) n'en est pas un(e) !*

> Avec des expansions (qualification) sur *un(e)* :
>> *C'en est un qui me reste*
>> *C'en est une mauvaise ! (= une mauvaise raison, affaire)*
>> *Vous en êtes un autre*
>> *C'en est un de meilleure qualité*
>> très familier : *C'en est une bonne, de raison !*
>> aussi : *C'en est du bon (= du bon tabac, vin).*

Pour les problèmes d'analyse et de statut de *en*, voir § 120.

- représentant une séquence en *de N* ou *un N* (derrière *il est* impersonnel)

>> *un véritable ami, s'il en est (= s'il en existe ;* très recherché)
>> *Il en est un que je préfère*
>> *Il en est d'autres*
>> *Il en est qui feraient mieux* (emplois recherchés)

- représentant un complément indirect en *de N* (locatif, origine) :

> *Je suis du groupe B, et Marie en est aussi*
> *Paul est de mes amis, et tu en es aussi*

Avec ellipse de discours, *en être* marque l'appartenance à un groupe quelconque.

(Si le complément indirect est équivalent à un attribut, la pronominalisation est souvent en *le*, voir § 161).

- représentant un circonstant en *de* :

Les exemples sont rares avec *être*. À signaler *en* représentant un "complément d'agent" en *de* :

> *Il en est aimé (= de sa femme).*

- montée d'un complément secondaire (en *de N, de Inf, (de ce) que P*) :

> *La raison en est très simple* (complément du GN sujet : *la raison de cette décision*).
> *J'en suis très heureux, tout à fait certain* (complément de l'adjectif attribut).
> *Dès qu'il a vu Marie, Paul en est tombé amoureux* (*en* représente Marie ; aussi : *amoureux d'elle*).
> *Je n'en suis pas responsable, partisan.*
> *Cette association, j'en suis le trésorier depuis le début* (complément du GN attribut).

Dans des expressions impersonnelles :

> *Il en est question*
> *Il en est besoin, temps.*

- dans des locutions :

> *J'en suis de ma poche*
> *Il en a été pour ses frais*
> *C'en est trop !*
> *Il en est ainsi.*

8

LES CONSTRUCTIONS TRANSITIVES À UN COMPLÉMENT

165. Transitivité et complément direct. Vue d'ensemble

Ce chapitre est consacré aux constructions verbales à un complément direct. Exemple :

Paul rencontre Marie.

Ces constructions sont dites **transitives,** par définition.

La notion de complément direct ne se confond pas avec celle d'objet direct : si, dans l'exemple ci-dessus, *Marie* représente bien un "objet" (c'est-à-dire un actant clairement individualisé, affecté par le procès verbal), en revanche dans

La table mesure un mètre vingt
Ce vin sent le bouchon
Paul doit partir,

le verbe a un complément direct qui ne saurait être qualifié d'objet. Les constructions de ce type sont néanmoins traitées dans ce chapitre.

Tout complément direct est présumé essentiel, appelé par le verbe, et non suppressible (mis à part quelques cas répertoriés, par exemple les groupes du genre *le matin* ; voir § 308). Pour les objets suppressibles *(manger / manger un bifteck)*, voir § 167.

166. Nature du complément direct

Le complément direct par excellence est le GN.

À la place d'un GN complément direct, on peut rencontrer un de ses équivalents : c'est la construction où l'on rencontre le maximum de structures équivalentes au GN.

- GPronominal (par exemple *ce qu- P* ; pour l'interprétation dans une perspective percontative ou intégrative, voir § 174 Rem.) ;
- toutes formes d'équivalents par emploi en mention *(Paul préfère "chantassiez")* ou citation *(Il a dit : "D'accord !", Il a dit : "Merci".)* ;
- complétive ;
- infinitif ;
- intégrative pronominale *(Embrassez qui vous voulez)* ;
- percontative ;
- sous-phrase enchâssée directe.

On rencontre aussi quelques cas de complément direct adjectival *(avoir froid, boire chaud).*

Pour le cas des adverbes, voir § 258.

Pour le cas (très important) des pronoms personnels conjoints (clitiques), voir le Chap. 10.

Chacun de ces compléments est un complément direct, mais avec ses particularités : la plupart des compléments (autres qu'un sous-ensemble des constructions nominales et pronominales) ne sauraient être dénommés "objets".

> **Remarques :**
> **1. GN et quantification.** Il existe des points de contact entre le GN et la quantification (voir § 17 Rem.) : dans
> *Paul mange beaucoup*
> le quantificateur (lui-même d'origine nominale : *beau / coup*) peut s'interpréter comme un adverbe (syntaxiquement accessoire) portant sur le verbe, ou comme un terme relevant de la sphère nominale : soit complément direct par lui-même, soit déterminant d'un GN sous-entendu (du type *beaucoup de nourriture*). Cf. le GN équivalent à *beaucoup* dans
> *Il ne travaille pas des masses* (familier).
> *Paul a bu (dormi) tout son saoûl.*
> Dans *Il a attendu longtemps* (cf. avec GN *Il a attendu trois semaines*)
> *Paul boit trop*
> *J'en ai assez,*
> l'adverbe participe à la fois du quantificateur et de l'objet.
> Voir § 175 le complément nominal direct exprimant la mesure.
>
> **2. Construction directe / construction indirecte :** *Dis de quoi tu as envie, Je voudrais à boire* sont malgré les premières apparences des constructions directes (la préposition est interne au groupe complément direct, elle ne sert pas à rattacher le complément au verbe).
> Par contre *Je doute que ce soit possible* n'est direct qu'en apparence (cf. *J'en doute*) ; voir § 373.
> Derrière un verbe, *de N* peut être un GN partitif *(ajouter du sucre)* ou un GPrép *(juger de sa diction)*, malgré la pronominalisation par *en* dans les deux cas *(en ajouter* comme *en juger)* ; voir § 115.
>
> **3. Verbes à double complément coordonné**
> Certains verbes *(comparer, mélanger)* impliquant la mise en rapport de deux choses se construisent avec un double objet :
> *Paul compare les avantages et les inconvénients de la situation*
> *Paul mélange l'huile et le vinaigre,*
> concurremment avec une construction où le second complément est prépositionnel *(comparer les avantages aux inconvénients).*

167. Emploi sans complément des verbes transitifs

Des verbes comme *manger* ont la plupart du temps un complément direct qui est clairement appelé par le verbe et correspond exactement à la définition intuitive de l'"objet" :

Paul mange son beefsteak.

Mais ces verbes s'emploient aussi sans objet exprimé :

Paul mange.

Cette possibilité d'emploi sans complément de verbes transitifs crée une difficulté, puisque le caractère essentiel (et non suppressible) fait partie de la définition du complément direct.

L'examen des emplois sans compléments des verbes transitifs peut apporter quelques éléments de solution. On peut distinguer parmi eux :

- les cas (**emploi "absolu"**) où **le procès ne concerne que le sujet** (sur lequel il se "boucle") et n'installe comme actant aucun objet :

Paul écrit tout le temps, enfermé dans son bureau.

Il faudrait que cet enfant mange, pour surmonter son anémie.

Docteur, ma fille ne mange plus (toute "chose mangée" est niée)

Vous avez mangé ? (= "avez-vous déjà pris votre repas ?")

Paul boit, depuis la mort de sa femme (= "il s'adonne à l'alcool").

Quand on aime, on ne compte pas (= "quand on est amoureux, on ne tient pas de comptabilité (on est généreux)" ; la relation s'établit, dans le sujet, entre les deux procès, indépendamment de leurs objets).

Quand on a promis, on a promis ! (= "une promesse est une promesse, elle doit être tenue quoi qu'on ait promis")

Ça promet ! (= "cette situation est prometteuse, riche de promesses, ou de signes inquiétants, pour l'avenir").

L'objet, bien que toujours référentiellement nécessaire à la réalisation du procès (on ne peut *manger* ou *écrire* qu'à condition de *manger qch* ou d'*écrire qch*) est non pertinent ; il n'a qu'une existence virtuelle et indéfinie, comme une "place vide".

> **Remarque :**
> Cet objet virtuel, bien que dépourvu d'expression linguistique, peut néanmoins être qualifié : *Paul mange épicé (léger, vietnamien)* ; voir § 168.

En particulier avec une quantification ou une qualification :

Paul comprend très vite

Paul écrit (mange) proprement (le procès est envisagé, pour lui-même, sous l'angle de sa qualité)

On boit trop dans ce pays (la limite entre la quantification et l'objet n'est pas tranchée),

et souvent à l'infinitif (qui exprime le procès en tant que tel) :

Il faut manger pour vivre, et non pas vivre pour manger (Molière).

- les cas où **le procès implique un complément sous-entendu dans le discours** :

Mange ! (le verbe à l'impératif suppose une situation concrète, de nature à impliquer un objet sous-entendu, par exemple *Mange ce qu'il y a dans ton assiette !*)
Regarde ! (= "regarde ce qui est devant toi")
Je comprends (= "je comprends ce que vous voulez dire")
Je vois ! Je sais.

On a un phénomène comparable avec les modalités : *Je peux sortir ? - Oui, tu peux.*

La distinction entre ces deux types de cas est souvent délicate ou impossible.

Rares sont les verbes transitifs qui ne peuvent s'employer sans complément :

Paul donne facilement (= "fait facilement des dons")
Donne ! (= "donne ça !").

Pour revenir au problème initial : dans les emplois de ces verbes avec complément *(manger un beefsteak, écrire une lettre)*, le complément peut être qualifié d'essentiel, en ce sens que sa suppression (quand elle ne serait pas une ellipse de discours) modifierait l'interprétation du verbe et sa relation au sujet.

> **Remarque :**
> On rencontre parfois, dans l'oral spontané, des énoncés du type :
> *Moi, le chocolat, j'adore !*
> *Du caviar à ce prix-là, j'achète tout de suite !*
> (avec pause interne, facultative, mais éventuellement très marquée).
> Un terme nominal est jeté comme annonce, mais n'est pas repris : il n'est donc pas à proprement parler complément du verbe, qui est employé sans complément.
> Nous glosons : "quand il est question de chocolat, je tombe en adoration", "quand il y a du caviar à ce prix-là, je deviens immédiatement acheteur".
> Le terme d'annonce n'est pas un simple "objet" (point d'aboutissement) par rapport aux procès *adorer* et *acheter*, il en est la source, c'est lui qui déclenche tout le processus, qui fait naître en moi l'adoration ou le désir d'achat.
> Comparer, dans un énoncé averbal :
> *Moi, le poisson congelé (les sonates de Beethoven), beuhh ...*

168. Le complément est un adjectif invariable

La transitivité peut dans certains cas mener à un terme non substantiel et non quantifié, qui est néanmoins l'aboutissement de la visée du verbe : on rencontre quelques constructions dans lesquelles un verbe (autre que le verbe *être* ou les verbes apparentés) est suivi d'un adjectif :

> *Marie a froid.*
> *Paul achète français.*

L'adjectif s'apparente plutôt à un objet qu'à un attribut : il est invariable et marque une réalité extérieure qui ne se fond pas avec le sujet.

Le type *avoir froid*

> *Paul a très chaud (froid)* (inventaire des adjectifs très restreint).

Avoir froid exprime le fait pour un humain de "ressentir le froid" (ou "du froid") ; le froid est une réalité distincte du sujet qui l'éprouve, réalité sans extension propre (sans détermination). La nature adjectivale ou nominale de *froid* peut certes être discutée ; mais la quantification est de type adjectival *(très, trop)* et il est impossible de voir apparaître des marques formelles de substantivation (en passant au GN articulé pour pouvoir adjectiver, comme on fait dans *avoir une faim dévorante*) : il n'y a pas de raison de ne pas conserver à *froid* sa catégorie de base.

Un rapport s'établit entre le sujet qui *a froid* et le froid, mais ce rapport n'est pas un rapport attributif ; *J'ai froid* n'est en aucune façon concurrencé par *Je suis froid*, et les deux tours se distinguent nettement. En français, un humain ne peut *être froid* qu'en un sens strictement calorimétrique (*Il est tout froid* = "la température de son corps est froide") ou métaphorique ("être peu chaleureux"). Dans les deux cas, le froid, climatique ou métaphorique, est une propriété du sujet dans son ensemble. Le sujet qui dit *J'ai froid* exprime une sensation, le fait de ressentir en lui-même l'action de quelque chose de fondamentalement extérieur à lui et à son propre corps. Celui qui veut exprimer que la totalité de son propre corps vérifie "être froid" utilisera pour ce faire une tournure attributive, par exemple *Je suis frigorifié (gelé, glacé).*

Pour *avoir faim* (coordination possible : *Paul a très froid et très faim*), *avoir mal*, voir § 171.

Avec d'autres verbes :

> *Paul a attrapé chaud.*
> *Marie a pris froid.*
> *De tels propos font froid (dans le dos).*

Le type *acheter français*

La qualité (le fait d'être français) est la seule chose qui importe en l'objet, et elle devient objet par elle-même : "achetez du français, des choses, quelles qu'elles soient, qui soient françaises".

Ce tour peut peut-être être rapproché de *parler français* (compris comme "avoir un parler français", d'où "parler en langue française").

Le type *rapporter gros*

> *Le loto, c'est pas cher et ça peut rapporter gros* (publicité à visée "populaire"; emploi de *pas* sans *ne* pour la négation).

L'adjectif (essentiellement *gros*) représente une quantité, transmuée en une qualité attachée à une sorte d'"objet interne" :

> *rapporter gros* = "rapporter un gros rapport"
> *parier (risquer) gros* = "parier un gros pari"
> *jouer gros* = "jouer gros jeu".

On est proche d'un complément accessoire. Voir l'adjectif invarié quasi-adverbial (§ 266).

Le type *boire chaud*

L'adjectif qualifie la chose bue, dans toute sa généralité ("boire du chaud"), et non un objet sous-entendu (voir § 167) :

> *Il ne faut pas manger trop épicé.*
> *Tu devrais boire chaud (Nous ne bûmes point frais,* dit Rabelais).
> *Je conclurai, pour faire court.*
> *À dire vrai, ...*
> *Alors j'ai vu rouge !* ("les choses vues sont rouges")

À distinguer également de *boire sec* ou *voir clair*, où l'adjectif qualifie le fait de boire ou de voir (voir § 266).

Le type *chercher plus grand*

> *Paul et Marie cherchent (voudraient, ...) plus grand* (= "cherchent qch de plus grand").
> *Il me faudrait plus moderne* (= "qch de plus moderne").

L'adjectif (essentiellement au comparatif) porte sur un objet non spécifié, qui se tire de la situation ou du contexte (par exemple "un appartement plus grand").

Avec adverbe employé d'une façon équivalente à un adjectif :

> *Paul cherche plus près de son lieu de travail*
> *Nous n'avons pas trouvé mieux*
> *Je voudrais comme Paul* (= "qch comme ce que Paul a voulu").

169. Avoir + participe : les temps composés

Le verbe *avoir* se retrouve, dans un emploi d'une particulière importance, avec comme complément un participe passé :

> *Paul a couru.*
> *Paul a mangé une tarte.*

Ces emplois sont analysés comme des formes composées du verbe au participe passé *(courir, manger)*, d'une façon légitime en synchronie.

Mais on doit remarquer que *Paul a couru* (invariable : *Marie a couru*) s'apparente à *Paul (Marie) a froid*.

Quant au tour avec objet nominal, on sait qu'à l'origine le participe y était attribut de l'objet du verbe *avoir* ("Paul a une tarte mangée") ; cette fonction originelle se fait encore sentir (selon la norme historique) dans l'accord du participe avec l'objet, quand celui-ci est antéposé :

> *la tarte que Paul a mangée*
> *la tarte, Paul l'a mangée.*

Quand l'objet nominal est postposé, le participe n'est plus analysé comme attribut de l'objet, mais comme deuxième élément d'une forme verbale composée *avoir mangé*, laquelle a pour complément d'objet *la tarte*.

Paul a mangé une tarte est ainsi devenu parallèle à *Paul a couru.*

Sur les insertions possibles entre auxiliaire et participe, voir § 108 Rem.

Sur *Marie a de l'argent déposé à la banque*, voir § 263.

170. Le complément est un groupe nominal ou pronominal

C'est le complément direct par excellence.

Ce complément direct peut représenter un actant individualisé (c'est le cas prototypique) ou non (en particulier quand le GN n'est pas déterminé).

Le GN peut être remplacé par des pronoms forts *(cela)* ou des groupes pronominaux (un groupe pronominal en *ce qu-* peut toujours commuter avec un GN). Mais les pronoms pleins peuvent s'employer parfois là où on ne rencontre pas de complément nominal : par exemple avec *pouvoir* ou *oser* :

> *Si vous (y) pouvez quelque chose …*
> *Paul ne peut plus rien.*
> *Paul ose tout* (il n'est pas nécessaire de supposer un verbe sous-entendu du type *faire*).

La construction nominale paraît en général (intuitivement) première par rapport aux constructions avec infinitif ou complétive, mais ce n'est pas toujours le cas. Une construction nominale peut être un substitut (recherché ou familier) d'un complément phrasoïde :

> *J'interdis toute sortie* (nominalisation = *j'interdis totalement qu'on sorte, de sortir*)
> *savoir la mort de qqn* (équivalent d'une complétive = "savoir que qqn est mort")
> *Chacun sait le soin avec lequel Paul prépare chacune de ses expositions* (recherché ; équivalent d'une percontative = *Chacun sait avec quel soin …*).

171. Le complément est un nom sans déterminant

Il existe un grand nombre de "locutions" (coalescentes), plus ou moins figées, composées d'un verbe et d'un nom sans déterminant, telles que : *avoir faim*. Le complément ne représente pas un actant distinct. Ces locutions se rencontrent massivement avec des verbes opérateurs (Mel'chuk, Gross) très courants, tels que *avoir* ou *faire* :

- avoir : *avoir faim (soif, sommeil), avoir peur (de quelque chose), avoir raison, avoir tort* (cf. *avoir froid*), *avoir honte, avoir lieu, ... :*
> *En raison du mauvais temps, le match n'a pas pu avoir lieu.*

- faire : *faire dodo, faire pipi* (langage enfantin), *faire (dire) ouf, miaou* (="produire (un son)"), *faire silence, faire tapisserie, faire faillite, faire sensation, faire date, faire merveille, faire surface, faire mouche, faire feu, faire appel* (devant une juridiction), ...
> *Il vaut mieux faire envie que pitié* (dicton)
> *La bataille fait rage.*

- autres verbes (très nombreux) :

- *dire ouf, dire adieu (au revoir, bonjour, merci, salut)* (le complément est censé reproduire littéralement ce qui est dit)

- *crier gare :*
> *Paul est parti sans crier gare.*
> *Mon estomac crie famine.*
> *Cette infamie crie vengeance.*

- *demander pardon, grâce*
- *perdre patience, perdre connaissance*
- *prendre place, prendre fin, prendre garde, prendre congé*
- *souffler mot*
- *tenir parole*
- etc.

Le N sans déterminant n'est pas un GN à part entière : il n'est généralement ni anaphorisable (par un pronom personnel ou relatif), ni clivable, ni susceptible de recevoir des expansions ou de figurer comme sujet dans la phrase renversée au passif. L'absence de déterminant s'interprète à la fois (et en proportions variables selon les cas) comme un pur archaïsme syntaxique, et un fait (synchronique) de détermination zéro.

Une quantification de type *très* est possible (dans un registre familier) dans certains cas (mais non dans tous) :
> *faire très (un peu) attention*
> *avoir très faim (très peur, très envie), avoir si peur que P.*

Dans certains cas on aura une certaine adjectivation possible (figée, archaïsante) :

avoir grand tort
avoir grand faim (grand peur, grand peine) (avec la forme ancienne de féminin conservée dans *grand-mère*)
avoir grande confiance.

Expressions figées avec adjectif :

- *avoir bon (mauvais) goût*
- *faire bonne garde, faire peau neuve, faire bonne contenance, faire bon visage, faire bonne impression* (ou *une bonne contenance, un bon visage, un bonne impression*)
   Il faut faire contre mauvaise fortune bon cœur (dicton).

Mais normalement une adjectivation, quand elle est possible, entraîne l'apparition d'un déterminant :
   Paul a une faim de loup (une peur atroce, le plus grand tort).
   Marie a fait une très forte impression.

Les constructions avec un **complément indirect en** *à*, du type (très fréquent) *faire peur à*, ressortissent aux constructions transitives à deux compléments :

- *avoir recours à N*
- *faire attention à N, faire mal, peur, pitié, honte, plaisir, signe, grâce, violence, face, ..., à qqn*
- *chercher querelle à qqn*
- *porter préjudice, ..., à N*
- *prendre garde, intérêt, plaisir, à N*
- *prêter main forte à qqn*
- *rendre justice, grâce, à N, rendre service à qqn*
- *tenir compagnie à qqn.*

Voir deuxième complément *à N* (§ 206), *à Inf* (§ 209), *à ce que P* (§ 210).

Le nom sans déterminant est souvent suivi d'un **complément en** *de* :

- *avoir besoin (envie) de, avoir pitié de qqn*
- *faire vœu de, faire assaut de, faire preuve de, faire provision de*
- *recevoir ordre de*
- *tenir lieu de*
- *tirer avantage (parti) de.*

Ces locutions sont perçues comme des unités sémantiques équivalentes à des verbes simples : *J'ai peur* suivi de complément est équivalent à *Je crains*, avec une gamme de constructions comparables : *J'ai peur de N, de Inf, que P*, comme *Je crains N, de Inf, que P*. Elles sont souvent analysées comme des "locutions verbales transitives". Mais, analytiquement, on a affaire à des expansions (en fonction secondaire) du substantif, telles qu'on peut en rencontrer indépendamment de ces locutions :

Paul a peur de glisser (peur de l'inconnu) ; cf. *La peur de glisser (la peur de l'inconnu) paralyse Paul.*

Les Gaulois avaient peur que le ciel leur tombe sur la tête ; cf. *La peur que le ciel leur tombe sur la tête était la seule crainte des Gaulois.*

L'étude de ces constructions relève par conséquent d'une étude des constructions des noms.

Remarques :

1. On rencontre parfois un complément direct avec *avoir besoin (avoir envie)* : *Dites-moi ce que vous avez besoin (ce que vous avez envie)*, au lieu de la forme canonique *Dites-moi de quoi vous avez besoin* (ou *ce dont vous avez besoin*). Le complément direct, sans se justifier, s'explique par une tendance à interpréter *avoir besoin* comme une unité verbale transitive.

2. Dans la construction *parler politique*, on a un complément nominal direct et sans déterminant, paraphrasable par *parler de politique*. Le complément direct marque une sorte de mesure ou d'étendue : la parole porte sur (est sur le terrain de) la politique. Voir § 175, 249.

172. Le complément est un groupe nominal déterminé

Le rapport entre le verbe et son complément peut être de différentes natures :

- **la relation peut être plus ou moins étroite ou libre** : cf. *prendre la fuite / prendre un livre* ;

- **le rapport sémantique varie**. Comparer par exemple :

- *avoir deux yeux / avoir une sœur / avoir un mètre de long / avoir de la chance / avoir la grippe / avoir des soucis / avoir une voiture / avoir une femme / Paul, on l'a bien eu !* (familier ; *avoir qqn* = "prendre le dessus sur qqn" ; cf. *se faire avoir*).

- *L'horloge sonne minuit / Paul sonne le rassemblement / Paul sonne le gardien /Le bedeau sonne les cloches.*

- *Paul descend l'escalier / Paul descend tous ses rivaux.*

Le complément direct, selon les cas, représente un actant distinct ou non. Le terme "objet" correspond au cas prototypique : actant distinct sur lequel s'exerce une action (avec paraphrases marquant des variations possibles de diathèse). Et l'objet lui-même peut relever de rapports sémantiques différents (voir § 174).

L'accord ou l'invariabilité du participe passé (quand le complément direct précède le verbe) est un révélateur de la construction et de l'interprétation, pour autant qu'il corresponde à une pratique qui puisse faire figure de "donnée de base" : l'accord manifeste le sentiment qu'on a affaire à un "objct", l'absence d'accord signifie que le complément direct n'est pas un "objet" (voir *infra*, § 175). (Mais bien souvent, à l'inverse, on a recours à une analyse comme moyen de décider s'il faut accorder le participe passé.)

On examinera successivement :

- les GN indissociables du verbe ("locutions")
- parmi les GN dissociables,
    - ceux qu'on peut considérer comme des "objets", et
    - ceux qu'on ne peut pas considérer comme des "objets".

173. Le complément est un GN coalescent ("locution verbale")

Le complément direct peut faire corps avec le verbe, constituant une "locution" voisine des locutions où le N complément était sans déterminant. Le complément ne représente pas un actant individualisable.

Les possibilités d'adjectivation du GN sont variables, ainsi que les possibilités de relativisation (et autres propriétés transformationnelles).

Voici quelques exemples :

- *avoir : avoir le moral (de la chance, de l'idée), avoir l'audace (l'idée, la bêtise, le courage, le temps, le droit, l'air, la chance, l'habitude, ...) de Inf*

    Paul a eu la bonne idée de venir nous voir.

    Marie a eu beaucoup de chance.

- *faire: faire un sourire, un compliment, une addition, ...*

faire l'admiration de, les délices de, la joie de (on est proche d'une relation attributive)

faire l'unanimité, ...

> **Remarque :**
> Si on compare un couple de paraphrases tel que *Paul fait des compliments à Marie* et *Paul complimente Marie* (moins usuel), on voit que la "locution" dissocie ce qui était exprimé par le seul verbe *complimenter*, en deux parties : une partie, verbale, qui exprime l'activité pure du sujet (*faire*, verbe opérateur), et une partie, nominale, qui indique le contenu de cette activité (*des compliments*). Cette expression nominale individualise linguistiquement le contenu : celui-ci prendra d'autant plus facilement une pleine valeur rhématique, pour lui-même, et recevra d'autant plus facilement des quantifications et des qualifications : *Paul fait quelques compliments, les plus grands compliments, des compliments sincères, ...*

- *crever la faim* (expression figée)
- *perdre la tête*
- *prendre les devants, la fuite, la mouche, la tête, son pied*
- *commettre : commettre une (grave) erreur*
    L'erreur que Paul a commise a été de surestimer ses forces
- *courir : courir des risques (le risque de Inf)*
- *intimer l'ordre de* (seul contexte d'emploi du verbe *intimer*).

Les expansions en *de* sont senties comme des compléments d'une locution transitive, même si, analytiquement, ce sont des compléments du N (la même remarque valait pour le N complément, sans article; cf. *supra*).

La même séquence V + SN peut parfois s'interpréter comme locution figée ou comme formation libre, ce qui correspond souvent à une différence de sens du type "sens propre" / "sens figuré". Ex.: *prendre son pied* : au sens propre "saisir son pied", au sens figuré "trouver son plaisir".

174. Le complément est "objet". Interprétation

L'interprétation d'un complément direct comme "objet" ne pose encore qu'une relation très générale, qui se spécifie de façons très diverses selon le contexte.

Les exemples types sont avec le schéma d'interprétation :

Agent - Action - Patient (**relation agentive**) :
    Le chat a attrapé un oiseau.
    Vous la retrouverez votre casquette (Flaubert).

Le sujet est vu comme le promoteur responsable et volontaire de l'action. Il est agent, typiquement animé (humain).

Le verbe désigne un procès actif (une "action") bien individualisé, concevable par lui-même, qui suppose transitivement un point d'application.

L'objet est patient : animé ou inanimé, il subit l'action. Il représente un actant bien individualisé, qui a fait l'objet d'un choix spécifique de la part du locuteur (outre la sélection du sujet, et la sélection du procès) ; c'est le terme du procès, son point d'application naturel (après réalisation du procès, on pourra dire que *L'oiseau est attrapé*). Cette situation tout à fait claire sémantiquement, avec des rôles bien distingués, va de pair avec une gamme étendue de variations paraphrastiques pour le même événement, selon le point de vue thématique choisi par le locuteur : passif, clivage, etc.

Objet affecté / objet effectué : on distingue généralement les objets selon qu'ils préexistent ou non à l'action qui porte sur eux; l'objet est affecté dans *Je prends un livre*, et "effectué" dans *J'ai composé une sonate*. Certaines phrases peuvent être ambiguës à cet égard, comme

> *Cet été Paul a peint un bateau,*

où il peut s'agir d'une création picturale (un tableau : objet "effectué") ou d'une opération de peinture en bâtiment (objet "affecté"). *Peindre le bateau* oriente *a priori* vers un bateau existant, affecté ; mais le contexte peut imposer l'autre interprétation.

Le complément direct peut correspondre à beaucoup d'autres relations : il peut marquer par exemple **l'espace affecté** par le déplacement :

> *La balle a traversé la cuirasse.*
> *Le cosmonaute a traversé l'espace.*
> *Paul a traversé la rue.*
> *Paul regagne sa place (rejoint son poste)* (avec accord : *la place que j'ai regagnée*).

D'une façon générale, entrent en ligne de compte le sujet (voir § 87), le verbe (avec ses caractéristiques propres de type de procès, et celles qui sont liées au temps auquel il est employé), l'objet, les déterminants, la présence de circonstants éventuels, ... : un processus complexe de filtrage mutuel des valeurs permet au récepteur d'affiner son interprétation (avec un degré de précision dépendant de son exigence interprétative du moment).

On fera simplement ici quelques remarques sur deux paramètres : le trait animé / inanimé de l'objet, et sa détermination.

Objet animé / inanimé :

- Ce trait n'est pas toujours pertinent : *présenter Paul*, ou *présenter son successeur* ne met pas en jeu d'autres propriétés que *présenter une réalisation* ou *présenter un spectacle* (les propriétés de l'animé ne jouent pas sensiblement).

- Mais il peut y avoir variation sensible de sens, soit par accommodation en continu au type d'objet (objet matériel / non matériel, concret / abstrait, ...) :

> *briser un vase / briser une grève / briser qqn* (senti comme métaphorique)
> *Paul a reçu une lettre / un coup / le prix Goncourt / quelques amis*

- soit par modification plus radicale du schéma actanciel associé au verbe :

> *voler cent francs (à Paul)* (objet = chose volée) / *voler Paul (de cent francs)* (objet = personne volée)
> *payer le pain (au boulanger) / payer le boulanger (pour son pain)*

commander la manœuvre (nominalisation) *(au régiment)* / *commander un régiment*
conseiller la prudence (nominalisation) *(au roi)* / *conseiller le roi.*

Une telle modification du schéma d'actance peut même se produire avec des types différents d'objets inanimés :

cultiver des légumes (dans son jardin) (objet effectué) / *cultiver son jardin (en légumes)* (objet affecté).

Détermination de l'objet. La détermination de l'objet ne modifie pas le schéma actanciel mais influe sur les valeurs aspectuelles et le type de procès associés au verbe (cf. les distinctions, de plus grande conséquence, concernant la détermination de l'attribut, § 138 sqq.).

Paul boit du thé (= facilement, "est buveur de thé" ; aussi dans *Il ne boit pas de thé, que du thé*) / *Paul boit son thé* (signifie plus facilement qu'il est en train de boire son thé, sauf si l'on précise *volontiers, tous les jours à la même heure*).

boire de l'eau / *boire un verre d'eau*

ouvrir la porte / *ouvrir toutes les portes* (plutôt propriété, mais non dans *Il ouvrit successivement toutes les portes*).

Remarque :
Perspective percontative / perspective intégrative : La perspective percontative liée à certains verbes (*chercher, demander, savoir, ...*) peut se faire sentir, même en dehors de l'emploi des propositions "spécialisées" (les subordonnées percontatives : *Dis-moi qui est venu* ; voir § 187), avec des compléments nominaux, et spécialement avec des groupes pronominaux en *ce qu-* :
Paul ne sait pas sa date de naissance (paraphrase par subordonnée percontative : *Paul ne sait pas quelle est sa date de naissance* ; la perspective percontative est caractéristique du verbe *savoir*, par différence avec le verbe *connaître*, intégratif)
Tu as vu la tête (ou *cette tête*) *qu'il fait !* (remarquer la combinaison "ce N + relative" ; à côté de *Tu as vu quelle tête il fait !*)
Paul cherche la date de l'avènement de Charlemagne
Parmi ces livres, dis-moi celui que tu veux (= *Dis-moi quel est celui que tu veux, Dis-moi lequel tu veux*)
Dis-moi ce que (tout ce que) tu as fait.
Les groupes en *ce qu-* P sont ici irremplaçables en ce qu'ils suppléent les lacunes du système subordonnant en *qu-* (tant percontatif qu'intégratif ; voir § 23).
Toutefois l'opposition entre les deux perspectives est loin d'avoir toujours avec des compléments nominaux ou pronominaux (surtout quand ils renvoient à un référent inanimé, comme c'est très généralement le cas) la netteté qu'elle a avec des subordonnées compléments ; ainsi
Paul n'a pas compris ce que je lui demandais
peut s'entendre percontativement ("Paul n'a pas compris quelle était ma demande" : je lui demandais X et il a cru que je lui demandais Y) ou

intégrativement ("Paul n'a pas su interpréter ma demande" : il a mal compris le X que je lui demandais), sans qu'il y ait véritablement d'enjeu interprétatif (l'opposition entre les deux perspectives est neutralisée). Aussi bien n'y a-t-il pas lieu de chercher systématiquement à spécifier la perspective. (Les groupes en *ce qu- P* sont ce qu'ils sont, c'est-à-dire des groupes pronominaux, et non pas des subordonnées qu'il y aurait lieu de ranger parmi les "interrogatives indirectes" ou les "relatives sans antécédent" ; voir § 14.)

Verbes réflexifs, réflexifs passifs, réflexifs impersonnels, voir § 220 sq.

175. Le complément direct n'est pas un "objet"

Le GN complément est proche d'un attribut :

- Avec des verbes comme *former, constituer, représenter, marquer* (et aussi *faire*), le complément ne constitue pas un actant distinct du sujet ; les verbes marquent ce qu'on pourrait appeler "l'instauration dynamique d'une relation statique" (relation équative, sémantiquement attributive) :

> *Deux et deux font quatre* (le français classique disait aussi *... sont quatre*).
> *Paul fait le malin (l'âne, celui qui ne comprend pas).*
> *Paul et Marie forment un beau couple.*
> *Vos dernières notes représentent un léger progrès.*
> (pas de passif pour ces phrases)

Ces exemples attestent de ce qu'il n'y a pas de solution de continuité dans la langue entre le pôle de l'attribution et le pôle de la relation agentive : il y a toujours discussion possible sur le degré de statisme et de dynamisme du procès, ainsi que sur le point auquel il y a émergence (du côté de l'objet) d'un actant distinct du sujet.

> **Remarque :**
> Des ambiguïtés peuvent résulter :
> *Cela ne fait pas mal*
> peut signifier "cela ne cause pas de douleur" (au sens actif ; *faire mal = faire du mal*) ou "cela n'a pas mauvaise apparence" (au sens attributif ; *faire mal = faire mauvaise impression* ; voir § 153), sans exclure, pour certains locuteurs, "cela n'agit pas mal" (= "ce produit est efficace", avec emploi "absolu" de *faire = agir*).

- *sentir quelque chose* : "être quelque chose sous le rapport de l'odeur", "exhaler une odeur de quelque chose" :

> *Ce vin sent le bouchon* (différent de *Sentez donc ce vin!*, relation agentive avec objet), *La voiture sent l'essence.*
> *Ça sent le tabac (une drôle d'odeur)* (cf. *toutes les odeurs que ça a senti*, sans accord).

Ça sent (bon) le chèvrefeuille (pour *sentir bon, sentir mauvais,* voir § 266).
Ça pue le fuel dans la cave.
aussi *Paul respire l'honnêteté* (distinct de *Paul respire l'air pur de la campagne,* avec objet).

Le GN complément est proche d'un circonstant : mesure :

Quand le complément est distinct d'une simple évaluation ou mesure, il devient plus ou moins ressenti comme un objet, et par conséquent susceptible le cas échéant d'entraîner l'accord du participe passé.

- *valoir, coûter* : le complément marque le prix, la valeur
   Ce livre vaut (coûte) 100 francs ; aussi avec l'adjectif *cher : ce livre vaut très cher.*
   Comparer *les 100 francs que ce livre m'a coûté* (avec le participe invariable) / *les efforts que cela m'a coûtés* (avec accord du participe : *efforts* est senti comme objet, à la différence de *100 francs*)
   On accorde ou non dans *tous les ennuis que cela m'a valu* (ou *valus*)
   Ça ne valait vraiment pas la peine (pas le coup, familier).

L'expression *valoir mieux* (= "être préférable"), avec l'adverbe *mieux,* est très fréquente :
   Cette solution vaut beaucoup mieux.

Le complément peut également être rapproché d'un attribut (cf. *Ce livre, c'est 100 francs ; Ce n'était pas la peine ; C'est mieux*).

> **Remarque :**
> **Construction impersonnelle ou quasi-impersonnelle avec séquence.**
> *Il vaut mieux un autre livre (s'en aller, que Psubj)* (souvent sans *il* dans le registre familier).
> *Il (ça) m'a coûté beaucoup (d'efforts) (,) de Inf.*
> *Ça coûte (il en coûte) très cher (cent francs) (,) de brûler un stop.*
> *Il (ça) vaut la peine de Inf, que Psubj : Ça valait la peine (,) d'attendre ; Ça valait le coup d'essayer* (familier). Le statut du terme final est discutable : complément de *peine (coup)* ou séquence ? les deux sont sans doute possibles, et peut-être même non exclusifs.

- *mesurer, faire* : le complément marque une dimension
   Cette table mesure (fait) 1,50 m (de long, de longueur).

- *courir, marcher, nager, ...* : le complément marque la distance
   Paul a couru 100 mètres (= "sur une distance de 100 mètres),
   courir deux heures (valeur très proche du circonstanciel)
   Paul a couru le cent mètres en moins de dix secondes (= "a accompli sa course de 100 mètres" ; le complément direct est ici un actant, qui peut être sujet : *les 100 mètres qui ont été*

courus depuis le début de la saison ..., ou entraîner, en tant qu'objet, l'accord du participe passé : *tous les Tours de France que Poulidor a courus*).

- *descendre, monter :* le complément marque aussi la distance, l'espace parcouru :

Paul a descendu l'escalier (proche de *Il est descendu par l'escalier*). *J'ai descendu deux étages, trois marches* (différent de *J'ai descendu les valises,* avec objet).

- *vivre, durer :* le complément marque une durée

Mathusalem a vécu des siècles (= "pendant une durée de plusieurs siècles").

les cinq minutes que cela a duré (= pendant lesquelles)

Mais : *les moments intenses que nous avons vécus, les meilleurs moments que nous ayons vécus* (objet).

Le GN complément est un "objet interne" :

Le complément explicite et détaille l'idée contenue dans le verbe ; il se rapproche également d'un complément de mesure.

- *vivre sa vie*
- *pleurer de grosses larmes* (différent de *pleurer ses morts* avec objet)
- *aller son chemin.*

176. Construction quasi-impersonnelle

Le tour impersonnel (avec séquence) est impossible pour les verbes transitifs (sauf en emploi absolu) ; voir § 98.

La **construction quasi-impersonnelle en *ça***, du type

ça V O de Inf (que Psubj)

se rencontre dans deux cas :

1. avec de très nombreux verbes, formant une classe sémantique homogène ("quelque chose affecte psychologiquement quelqu'un") :

- *affecter, affliger, agacer, amuser, atterrer, bouleverser, calmer, chagriner, choquer, consterner, contrarier, décevoir, démoraliser, dérider, désavantager, désoler, divertir, éberluer, échauder, édifier, effrayer, émouvoir, enchanter, ennuyer, enthousiasmer, épater, étonner, exaspérer, gêner, impressionner, indigner, inquiéter, intriguer, irriter, navrer, outrer, passionner, peiner, préoccuper, ravir, réjouir, révolter, scandaliser, sidérer, stupéfier, surprendre, terroriser, tracasser, troubler*
- *embêter, emmerder* (vulgaire), *estomaquer, lessiver, raser*
- *rajeunir*

Ça contrarie beaucoup Paul que Marie ne soit pas libre.

Ça m'ennuie de devoir partir.

- verbes employés au sens figuré : *assommer, choquer, désarmer, frapper, piquer, toucher, tuer*
- aussi *arranger, dépanner*
  Ça arrangerait Paul d'avoir son mercredi.

- nombreuses formations du type :
  Ça (me) fait de la peine que P.
  Ça fait du bien de se reposer.

> **Remarque :**
> Pour *Ça fait du bien quand ça s'arrête*, voir § 93.

Tous ces emplois appartiennent au langage familier.

2. avec le verbe *faire*, dans le tour :
  Ça fait dix ans (longtemps, un bon bout de temps) que P (l'analyse et l'interprétation de *que P* sont les mêmes que dans *C'est alors que P* ; voir § 157. Voir aussi *Il y a dix ans que P*, § 202).

177. Le complément direct est une complétive

De nombreux verbes (près de 3 000 ; cf. Gross) admettent comme complément direct une complétive :
  Je dis (je pense) que Paul viendra.

Une complétive, par définition, ne peut pas être un "objet" de même nature qu'un groupe nominal : c'est une structure de phrase, représentant un événement ou une situation, posée ou envisagée (selon son mode et le verbe introducteur).

Les verbes introducteurs sont des verbes "d'attitude propositionnelle", marquant le rapport que le sujet entretient avec la proposition subordonnée : c'est, selon Bally, le *modus* portant sur un *dictum*. Mais des problèmes complexes d'interprétation peuvent surgir quant à la façon dont le locuteur (sujet d'énonciation) prend ou ne prend pas en charge le contenu propositionnel de la subordonnée : voir § 181.

> **Remarque :**
> Certaines constructions peuvent donner une illusion de construction directe : *douter que P* ; la pronominalisation par *en*, et la possibilité de coordination avec des compléments en *de* attestent qu'il s'agit en fait d'une construction indirecte en *de* (voir § 113).

Les listes de verbes des paragraphes ci-dessous ne représentent pas des classes de verbes disjointes.

Sur les restrictions à l'emploi d'une complétive dont le sujet soit le même que le sujet du verbe introducteur, voir § 186.

178. Complétive à l'indicatif

La complétive à l'indicatif indique un état de fait comme tel ; on la rencontre après des verbes qui marquent l'existence d'un fait *(il y a)*, son appréhension intellectuelle *(savoir, croire)*, l'extériorisation de cette connaissance ou de ce point de vue *(dire)*.

1. Verbes marquant l'existence ou la cause d'un fait :

- *il y a* (aussi *avoir*, avec sujet animé ; emploi familier)
> *(Qu'est-ce qu'il y a ?) - Il y a que tout va mal !*
> *(Qu'est-ce que tu as ?) - J'ai que je vais démissionner !*

- *causer, entraîner, faire, produire, ...* (marquant l'origine ou la cause du fait) :
> *C'est votre négligence qui a fait que nous avons failli tout perdre.*

- *dénoter, signifier* (explication, justification)
> *Cette brusque aggravation de la situation signifie que nous avions sous-estimé certains facteurs.*

La complétive a le statut d'un fait clairement asserté.

2. Verbes de connaissance ou d'opinion :

- verbes marquant la prise de connaissance d'un fait, le jugement, l'opinion d'un humain (sujet animé) :

admettre, apercevoir, apprendre, calculer, comprendre, considérer, constater, croire, décider, découvrir, deviner, espérer, estimer, imaginer, juger, lire, noter, observer, penser, piger (fam.)*, pressentir, présumer, prétendre, prévoir, reconnaître, remarquer, rêver, savoir, sentir, supposer, trouver, vérifier, voir* (ainsi que *voilà*)

aussi : *ignorer, oublier*
aussi : *ne pas douter*
> *Marie trouve que Paul exagère.*
> *N'oublie pas que nous avons rendez-vous à cinq heures.*

Dans cette construction les verbes de perception ont un sens plus ou moins figuré (intellectuel, non sensoriel) :
> *Je vois que vous avez compris.*
> *Paul a bien senti qu'il fallait faire attention.*

- de nombreux verbes qui, employés isolément, n'admettent pas de complétive, peuvent en admettre une quand ils prennent un sens intellectuel, en liaison avec un complément prépositionnel : *garder en mémoire, ne pas perdre de vue, prendre en considération, ... que Pind* (le complément prépositionnel fait référence à l'activité intellectuelle d'un sujet).
> *Il ne faut pas perdre de vue que nous devons agir très vite.*

3. Verbes déclaratifs :

Ils marquent l'extériorisation, la communication à autrui de la connaissance ou du jugement (= "faire savoir").

Le verbe type est le verbe *dire*, entouré d'un grand nombre de verbes spécifiant la modalité du dire, qu'il s'agisse des modalités physiques *(aboyer, chanter, crier, ...)*, relatives au type de discours tenu *(déclarer, raconter, répliquer)* ou à l'acte de discours effectué *(avouer, prétendre, promettre)* :

aboyer (beugler, ...), affirmer, ajouter, annoncer, assurer, attester, avouer, balbutier, certifier, chanter, chuchoter, claironner, clamer, concéder, confesser, confier, confirmer, conter, crier, déclarer, démontrer, dire, écrire, enseigner, expliquer, exposer, exprimer, garantir, hurler, indiquer, insinuer, jurer, maintenir, mentionner, montrer, murmurer, nier, notifier, préciser, proclamer, prouver, raconter, rappeler, réciter, répéter, répliquer, répondre, révéler, signaler, souligner, soutenir, téléphoner, télégraphier
aussi : *cacher, camoufler, dissimuler, masquer, nier, taire*

par métaphore : *balancer, envoyer, ...* (familiers)
par extension : *gémir, pleurnicher, ... que Pind* (= "dire en gémissant, en pleurnichant")
> *Paul a dit qu'il viendrait à la réunion.*
> *Le directeur n'a pas caché que cette décision lui coûtait beaucoup.*

Ces verbes sont souvent accompagnés d'un complément indirect en *à N* (voir § 206).

Certains de ces verbes admettent aussi un sujet inanimé :
> *Les derniers sondages confirment (attestent, indiquent, montrent, prouvent, révèlent, ...) que la popularité du Président est en hausse.*
> *Ça prouve que le calcul était juste.*

179. Complétive au subjonctif

Une complétive au subjonctif se rencontre après trois groupes de verbes (parallèles aux groupes de verbes admettant une complétive à l'indicatif) : verbes marquant un lien logique entre deux faits *(nécessiter)*, un "mouvement de l'âme" *(craindre, vouloir)*, une action sur autrui *(commander)*.

1. Verbes de relation logique :

L'état de choses envisagé dans la complétive est sous la dépendance logique d'un facteur extérieur (autre état de fait, nécessité, ...) :

exclure, impliquer, inclure, nécessiter

éviter, faciliter, occasionner, ... (sujet non animé)
il faut

> *Cet étalement est destiné à éviter que tout le monde (ne) soit en vacances en même temps.*
> *Cette entreprise nécessite que tous les moyens disponibles soient mobilisés.*
> *Il faut que je sois revenu avant cinq heures.*

2. Verbes de "mouvements de l'âme" :

- Verbes marquant une réaction à un événement, réalisé ou non réalisé (envisagé, virtuel) : sentiments (joie, douleur, surprise, crainte, regret, ...), appréciation (jugement de valeur), volonté, effort :

accepter, admettre, aimer (mieux), apprécier, appréhender, attendre, choisir, concevoir, condamner, contester, craindre, décider, décréter, déplorer, désirer, entendre, envisager, essayer, éviter, exiger, feindre, goûter, mériter, négliger, omettre, prier, réclamer, redouter, refuser, regretter, revendiquer, risquer, souffrir, souhaiter, supporter, tâcher, tolérer, vouloir aussi *obtenir* (= "réussir à avoir")

> *J'attends qu'il fasse nuit*
> *Je veux que vous veniez tous*
> *Je crains qu'il (ne) pleuve* (avec *ne* explétif)
> *Je regrette que vous soyez si peu nombreux.*

- Aussi verbes d'opinion ou de déclaration (deuxième et troisième groupes des verbes admettant une complétive à l'indicatif) quand ils n'ont pas par eux-mêmes de force assertive (interrogation, mode autre que l'indicatif) ou qu'ils sont employés avec une négation :

> *Considérons donc que ce point soit (*ou *est) réglé*
> *Que vous pensiez que Paul soit (*ou *est) innocent, c'est votre droit*
> *Croyez-vous qu'il soit (*ou *qu'il est) encore temps ?*
> *Je ne crois (dis) pas qu'il puisse (*ou *qu'il peut, qu'il pourra) le faire*
> *Je ne trouve pas que ce soit (*ou *que c'est) mieux ainsi*
> *Je n'ai jamais dit que ce soit (*ou *que c'était) facile !*
> *Je ne nie pas qu'il puisse (*ou *qu'il peut) y avoir quelques difficultés.*

Le subjonctif appartient à un registre plus soigné.

> **Remarque :**
> Le verbe *savoir*, à la forme négative, se met lui-même au subjonctif (dans une langue très recherchée) : *Je ne sache pas que ce soit possible.*

- Verbes prenant, en liaison avec un complément prépositionnel ou adverbial, un sens de réaction à un état de choses : *prendre en mauvaise part que, avoir à cœur que, voir d'un mauvais œil que, mal vivre que Psubj* :

Paul voit d'un mauvais œil (vit très mal) que Marie fasse tant de sourires à Jean.

3. Verbes d'action sur autrui :

- Verbes marquant un "mouvement de l'âme" à la fois relatif à un procès et tourné vers autrui. L'indicatif est totalement exclu :

commander, conseiller, déconseiller, défendre, demander, empêcher, éviter, imposer, interdire, offrir, ordonner, pardonner, permettre, préconiser, prescrire, prohiber, proposer, quémander, recommander, reprocher, souhaiter, suggérer.

Quelques-uns de ces verbes admettent un sujet non animé :

La loi interdit (empêche, permet, ...) que l'on soit électeur dans deux collèges différents (à rapprocher des verbes de "relation logique", ci-dessus).

- Verbe *dire* et quelques autres verbes déclaratifs, prenant un sens injonctif :

Dis à Marie qu'elle vienne le plus tôt possible (le message communiqué prend valeur d'injonction).

Tous ces verbes impliquent par définition un deuxième complément (*à N*) ; voir § 206. La structure avec complétive est fortement concurrencée par la structure avec Infinitif : *commander (demander, dire, ...) (à qqn) de Inf* ; voir § 184.

180. L'interprétation du mode de la complétive

Les verbes classés ci-dessus selon le mode de la complétive qu'ils introduisent, ne constituent pas des classes disjointes, même si la plupart d'entre eux se rencontrent toujours avec l'un ou l'autre mode.

Le fonctionnement d'ensemble peut se schématiser de la façon suivante :

je vois, je sais	*je comprends*	*je veux*
←———————————————————————————————→		
indicatif	choix du mode	subjonctif
("jugements")		("mouvements de l'âme")

La différence entre les modes réside non dans la certitude ou le doute dans l'esprit du locuteur, mais dans le statut du procès de la subordonnée :

- indicatif : assertion, statut de fait ;

- subjonctif : non assertion, situation envisagée sous l'angle indiqué par le verbe introducteur.

Le subjonctif est compatible avec la réalité effective d'une situation :

Je regrette que vous soyez ici : le locuteur fait une (et une seule) assertion, portant sur son état d'esprit, à propos d'une situation dont l'évidente réalité se tire du sens général de la phrase, mais qui n'est énoncée que comme objet de considération. L'indicatif est totalement impossible ici.

La marge de choix du mode par le locuteur est sans doute limitée. Le système de la langue impose pour l'essentiel ses contraintes (ainsi *espérer* veut l'indicatif, et *souhaiter* le subjonctif ; mais l'examen des sens et des constructions fait ressortir des différences de fond entre les deux verbes : *espérer* est plus intellectuel et rationalisant que le performatif *souhaiter*).

Exemples de variation de mode avec le même verbe :

C'est ce qui a fait que je me suis trompé !
Mon Dieu, faites qu'il soit encore temps !

Je comprends que je me suis trompé (= "je me rends compte de mon erreur").

Je comprends que je me sois trompé (= "je m'explique les raisons de mon erreur" ; remarquer la coréférence des sujets).

Ceci implique que tu viennes reste sur le terrain des relations logiques : "ceci a pour conséquence la nécessité de ta venue" (cf. *Ça n'empêche pas qu'il soit venu*).

Ceci implique que tu viens va plus loin, confère à une conséquence logique le statut d'un fait certain : "ceci a pour conséquence nécessaire le fait suivant (certain, indiscutable) : "tu viens !"" (cf. *Ça n'empêche pas qu'il est venu*).

Admettons que tu aies raison (ce n'est qu'à titre d'hypothèse).
Admettons que tu as raison (admettons-le en tant que fait).

Je prétends qu'il a obéi, qu'il vient, qu'il a le droit (= "j'affirme").
Je prétends qu'il obéisse, qu'il vienne (= "j'entends, je veux").

dire que P indicatif : déclaration
dire que P subjonctif : injonction.

Le choix du mode après un verbe d'opinion à la forme négative ou interrogative (§ précédent) est largement une question purement stylistique.

Sur les possibilités de complétive à sujet coréférent au sujet du verbe introducteur, voir § 186. La possibilité de coréférence peut être source d'ambiguïté ; comparer :

Paul prétend qu'il a réussi (*il* ambigu : coréférent à *Paul* ou non).
Paul prétend qu'il réussisse (*il* non ambigu : coréférence impossible).

181. Assertion et vérité dans la complétive

Le verbe introducteur d'une complétive marque *a priori* la place que tient l'état de choses consigné par la complétive dans le système de croyances (de connaissances, de désirs, ...) du sujet du verbe introducteur. Mais le rapport entre le sujet de l'énoncé (sujet du verbe introducteur) et le locuteur (sujet de l'énonciation) pose une série de problèmes, dont quelques-uns sont évoqués ici brièvement.

Ainsi par exemple,

> *Je sais (Paul sait) que P*
> *Je reconnais (Paul reconnaît) que P*

présupposent la vérité de P à la fois pour le sujet de l'énoncé (*Paul, je*) et pour le locuteur (les deux étant coréférents dans le cas dc *je* ...).

Autre exemple, un verbe comme *prétendre* traduit un conflit de croyances ou de volontés, - celles du locuteur ayant le pas sur toute autre, d'où :

> *Moi, je prétends que Paul a raison* = "je m'engage fortement sur la vérité de P, tout en sachant que vous êtes enclin à croire que non P".
> *Paul prétend qu'il n'est pour rien dans toute cette affaire* = "Paul affirme que P, mais j'émets des réserves".
> *Paul prétend que tout le monde le suive* = "Paul affirme sa volonté que P, mais je pense que sa volonté rencontre des résistances".

Les verbes du type *dire* posent le **problème de la source énonciative du discours rapporté :** dans *Paul dit que P*, le garant de l'assertion de P est, à première vue, *Paul*, sujet du verbe introducteur de la complétive. La phrase

> *Paul dit qu'il fera beau demain*

laisse à *Paul* la responsabilité de son affirmation sans engager celle du locuteur.

Mais il n'est pas vrai que le locuteur d'un discours rapporté se trouve inéluctablement dessaisi de son privilège d'énonciateur garant d'assertion. Dans un énoncé comme

> *Le Président (La Bible) dit que les choses se sont effectivement passées de cette façon,*

on peut comprendre que *effectivement* renvoie directement à l'énonciateur par-dessus le sujet de l'énoncé : il donne à entendre, non seulement que le locuteur se range au côté de l'autorité qu'il invoque et tient lui aussi pour vrai que "les choses se sont passées de cette façon", mais même qu'il n'invoque cette autorité que pour confirmer une vérité dont il était déjà porteur et garant.

Un énoncé négatif comme

> *Je n'ai pas dit que tu étais un imbécile*

renseigne sur ce que le locuteur n' a pas dit, mais laisse dans le doute ce qu'il pense ; ce peut être un moyen de "dire sans dire" : *Tu es un imbécile, - mais je ne l'ai pas dit.* Cette possibilité se renforce encore avec le temps présent dans la complétive (présent d'énonciation très chargé de valeur assertive), en rupture avec la concordance des temps : *Je n'ai pas dit que tu es un imbécile.*

Voir § 191, le discours rapporté au style indirect.

> **Remarque :**
> Les grammairiens-logiciens de Port-Royal avaient déjà clairement reconnu que, dans un énoncé comme :
> *Tous les philosophes nous assurent que les choses pesantes tombent d'elles-mêmes en bas (Logique* de Port-Royal*),*
> il n'est pas possible de savoir au compte de qui doit être portée l'affirmation *les choses pesantes tombent d'elles-mêmes en bas.* Ce peut être au compte
> - du locuteur (sujet de l'énonciation) ; dans ce cas *Tous les philosophes nous assurent ...* n'est qu'une "proposition incidente" (c'est-à-dire proposition subordonnée), rattachée comme une modalité à la "proposition principale" qu'est alors la proposition en *que,*
> - des philosophes (sujet de l'énoncé) : le locuteur peut très bien alors exprimer un désaccord : *"Or cela est une erreur; et par conséquent il se peut faire qu'une erreur soit enseignée par tous les philosophes"* (comme dit Port-Royal). Dans ce cas, *tous les philosophes nous assurent ...* est la "proposition principale" (incluant la proposition en *que* en tant qu'une partie de son prédicat).
> La tradition (et en particulier celle de la grammaire scolaire codifiée au XIXe siècle) ne devait pas conserver cette double possibilité d'analyse, fondée sur l'interprétation sémantique, non plus que cette (juste) conception de l'emboîtement hiérarchisé des propositions.

182. Le complément direct est un infinitif

Le complément infinitif représente un procès envisagé abstraitement, en tant que concept. Il est étroitement lié à son verbe recteur, qui apparaît, sémantiquement, comme une modalité introductive. On distinguera ainsi deux points de vue d'analyse pour des phrases comme

On croit rêver.

Vous pouvez sortir.

- analyse syntaxique (fonctionnelle) : le verbe régit (= a pour complément) un infinitif ; cet aspect est d'autant plus évident si l'infinitif complément peut commuter avec une complétive ou un GN ; mais l'infinitif complément direct ne peut guère être appelé "objet" (ni devenir sujet d'une phrase passive) ;

- analyse sémantique : le verbe est une simple modalité (on parle souvent d'"auxiliaire de modalité" ; voir § 109) de l'infinitif, qui est le lexème prédicatif. Ce caractère est particulièrement accusé avec les verbes n'admettant pas d'autre construction que l'infinitif complément (*pouvoir, devoir*).

Le point de vue suivi dans cet ouvrage est le point de vue syntaxique, mais il ne faut cependant pas perdre de vue que le verbe introducteur d'un infinitif a toujours un caractère modal et lui est toujours d'une certaine façon subordonné.

Les verbes admettant des infinitifs compléments sont très largement les mêmes que ceux qui admettent une complétive, en particulier au subjonctif (la complétive à l'indicatif, procès asserté, est plus éloignée de l'infinitif, procès abstrait) : voir § 179.

L'infinitif pose le **problème de son contrôleur** : il y a normalement coréférence entre le contrôleur (le "sujet" sémantique, logique, sousentendu) de l'infinitif et le sujet du verbe introducteur (modalité) : *Paul veut partir*. Des fonctionnements particuliers seront signalés.

> **Remarque :**
> Voir aussi une autre série de compléments directs à l'infinitif avec des verbes de mouvement *(Il est parti chercher du pain)*, § 251.

Selon les cas l'infinitif complément direct est accompagné ou non de l'indice *de* (*Je veux partir / J'accepte de partir*). Voir § 115. L'infinitif sans *de* paraît caractériser, d'une part les cas de fusion la plus étroite (avec *pouvoir, vouloir, ...*), et, à l'opposé, les cas où l'infinitif est une variante recherchée d'une complétive à l'indicatif (*Je reconnais être coupable*). L'infinitif avec *de* semble être la variante non marquée. Quelques verbes admettent l'un et l'autre, avec des emplois différenciés (voir par exemple *jurer* ci-dessous).

> **Remarque :**
> Les constructions avec infinitif complément recréent, à l'instar des complétives, des conditions d'ambiguïté possible de prise en charge ("contexte opaque") : dans *Œdipe voulait épouser sa mère*, les mots *sa mère* relèvent de la responsabilité du locuteur, et non de celle du sujet de l'énoncé (Œdipe).

183. Infinitif sans *de*

L'infinitif seul se rencontre couramment avec les modalités pures (*pouvoir*), avec quelques verbes d'opinion (*croire*), de "mouvement de l'âme" (*vouloir*), *il faut*.

Verbes de modalité pure (n'admettant pas de complétive) :
(verbes peu nombreux, mais très importants)

- *devoir, pouvoir, oser* (variante de *pouvoir*)
- aussi *savoir*, marquant un savoir-faire (en un sens proche de *pouvoir*) et non une connaissance intellectuelle
- *avoir failli*

> *Paul peut (doit) venir demain.*
> *Il pourrait bien pleuvoir* (impersonnel).
> *Je n'osais pas vous en parler.*
> *Paul sait nager* ("il a la capacité de nager").
> *J'ai failli tomber.*

- *paraître, sembler*

> *Cette proposition semble convenir à tout le monde.*
> *Cette solution semble être la meilleure (*pour la même construction sans le verbe *être*, voir § 125*).*

Verbes d'opinion (complétive à l'indicatif) :
croire, espérer, estimer, juger, penser, reconnaître :

> *Je crois (j'estime) pouvoir le faire moi-même.*
> *Je crois devoir vous prévenir.*
> *J'espère (je pense) venir demain.*
> *Paul a reconnu (a admis) avoir assassiné Marie (= qu'il avait assassiné Marie).*

Par contre, avec les verbes marquant une connaissance et les verbes déclaratifs, l'emploi est peu fréquent et peu naturel. L'infinitif complément est le plus souvent *être*, un infinitif accompli, ou un autre infinitif de modalité (*pouvoir, devoir*) :

> *Paul a compris s'être trompé* (rare, moins usuel que *Paul a compris qu'il s'était trompé*).
> *Le gouvernement a déclaré (affirmé, annoncé, confirmé, ...) être prêt à toute éventualité* (= *qu'il était prêt ...,* plus usuel) ; le contrôleur de l'infinitif est le sujet du verbe principal (malgré l'existence effective ou sous-entendue d'un complément indirect en *à N*).

> **Remarque :**
> Le verbe *savoir*, marquant une connaissance intellectuelle (et non un savoir-faire) se rencontre quelquefois avec un infinitif, paraphrasable dans ce cas par une complétive (*savoir que P*). Il s'agit d'une construction savante :
> *Il savait n'avoir plus beaucoup de temps* (="il savait qu'il n'avait plus beaucoup de temps").
> *Je savais (bien) vous trouver ici* (= "je savais que je vous trouverais ici").

Verbes de "mouvements de l'âme" (complétive au subjonctif) :
aimer, détester, préférer, souhaiter, vouloir :

Paul veut épouser Marie.

Aussi *il faut* : *Il faut manger pour vivre.*

> **Remarque :**
> Un infinitif complément se rencontre aussi avec le verbe *faire* (marquant l'origine, la production d'un état de choses) :
> *C'est votre négligence qui (nous) a fait tout perdre.*
> *Le maire a fait établir la liste des bénéficiaires (par ses services).*
> Il s'agit d'une construction très différente des précédentes : le contrôleur de l'infinitif n'est pas le sujet de *faire*, mais un autre actant impliqué, explicite ou sous-entendu. Dans *Paul fait travailler ses élèves* ou *Cette photographie fait rêver (tous ceux qui ont la chance de la voir)*, il s'agit d'une construction à deux compléments directs. Pour toutes ces constructions du verbe *faire* avec un infinitif, voir § 195.
> Pour *Paul se voit couvrir d'éloges par la critique*, voir § 230.

184. Infinitif précédé de *de* (indice)

L'infinitif entrant dans les constructions ci-dessous commute avec des compléments directs (GN, complétive), et, quand il peut se pronominaliser (ce qui n'est pas toujours le cas), c'est en *le*, à l'exclusion de *en*. Le *de* est ici l'indice de l'infinitif. (Pour *de* véritable préposition devant infinitif, comme dans *désespérer de réussir*, voir § 249.)

L'infinitif précédé de *de* (indice) se rencontre après des verbes de modalité aspectuelle (*finir*), après certains verbes admettant une complétive à l'indicatif (*jurer, promettre, oublier*), et surtout après de nombreux verbes admettant une complétive au subjonctif : verbes de "mouvements de l'âme" (*redouter*), d'action sur autrui (*permettre*), de relation logique (*nécessiter*).

Verbes n'admettant pas de complétive (modalités aspectuelles) :

finir de, arrêter de, cesser de, achever de, terminer de, manquer de :
> *Paul a cessé de travailler.*
> *J'ai manqué de tomber* (familier = *j'ai failli tomber*).

Aussi *commencer de, continuer de* (à côté de *commencer à, continuer à*).

> **Remarque :**
> Sur la possibilité (ou l'impossibilité) d'emploi des modalités devant un verbe impersonnel, voir § 109 Rem.

Verbes admettant une complétive à l'indicatif :

- les verbes *jurer, promettre* (complétive à l'indicatif) ; ces verbes admettent un complément en *à N* ; mais le contrôleur de l'infinitif est le sujet du verbe principal :
> *Je (vous) jure de dire toute la vérité.*

(Le verbe *jurer* admet aussi l'infinitif sans *de*, quand il a le sens d'une affirmation sous serment relative à des faits passés : *Paul jure (de) n'avoir jamais rencontré le témoin.*)

- *oublier* : *N'oublie pas de prendre un parapluie.*

Verbes de "mouvements de l'âme" (complétive au subjonctif). Emploi très usuel :

accepter, admettre, apprécier, appréhender, attendre, choisir, concevoir, craindre, décider, déplorer, envisager, essayer, éviter, exiger, feindre, mériter, négliger, obtenir, omettre, projeter, réclamer, redouter, refuser, regretter, revendiquer, risquer, supporter, tâcher, tolérer, ...

imaginer, prévoir (emploi commutant avec une complétive au subj.)

aussi, avec complément prépositionnel, *avoir à cœur de Inf*

> *Paul n'a pas admis d'être traité aussi mal* (= *qu'on le traite* [subj.] *aussi mal*).
> *Paul a accepté de prendre la vice-présidence.*
> *J'attends de voir ce qui va se passer.*
> *Paul évite de se compromettre.*
> *On n'imagine plus de pouvoir faire autrement* (= *qu'on puisse ...*).
> *Tu risques de glisser.*
> *J'essaierai de faire mieux.*

Le contrôleur de l'infinitif est le sujet du verbe introducteur.

Verbes d'action sur autrui (complétive au subjonctif) : l'emploi est usuel surtout avec un complément indirect (voir § 206), qui est le contrôleur de l'infinitif (même s'il reste implicite) :

commander, conseiller, défendre, interdire, ordonner, pardonner, permettre, ...

dire, répondre, répéter, ...

> *Marie (me) recommande (conseille, permet, ...) de rester tranquille.*
> *Marie dit de l'attendre* (contrôleur sous-entendu ; = *Marie dit qu'on l'attende ; l'* est ambigu = Marie ou quelqu'un d'autre).

Avec les verbes déclaratifs, l'opposition entre *dire de Inf* et *dire Inf* est parallèle sémantiquement à l'opposition entre *dire* + complétive au subjonctif et *dire* + complétive à l'indicatif :

> *Paul dit (à Marie) de sortir* (usuel ; le contrôleur est *Marie* ; valeur injonctive ; cf. complétive au subjonctif).
> *Paul dit (à Marie) être sorti* (rare ; le contrôleur est *Paul* ; valeur déclarative ; cf. complétive à l'indicatif).

Avec quelques verbes, peu nombreux (*proposer, demander, offrir*), il y a ambiguïté sur le contrôleur de l'infinitif :

Paul propose (offre, demande) à Marie d'aller au cinéma (le contrôleur peut être *Paul,* ou *Marie,* voire les deux ensemble).

> **Remarque :**
> On voit que dans la structure *N V (à N) de Inf*, le contrôleur de l'infinitif dépend du verbe ; comparer et opposer :
> *Paul permet / promet / propose (à Marie) de sortir.*

Verbes de relation logique (complétive au subjonctif) :
impliquer, nécessiter, éviter
> *Ce tablier évite de se salir (="qu'on se salisse").*
> *Cela implique de faire attention (="que l'on fasse attention").*

Le contrôleur de l'infinitif n'est pas le sujet (non animé) du verbe introducteur, mais l'actant, généralement humain (plus ou moins spécifié selon le cas) qui est concerné, explicitement ou implicitement.

185. Infinitif précédé de *à* (indice)

Quelques verbes, qui se construisent avec des GN directs, se construisent avec un Infinitif en *à*, qui n'est en aucun cas pronominalisable par *y* :

commencer à, continuer à
chercher à, demander à
apprendre à
aimer à

> *Paul commence à travailler (/ Il commence son travail).*
> *Marie demande à émigrer* (pronominalisation en *le*) *(/Elle demande l'émigration, un visa).*
> *Le prisonnier cherche à s'évader (Il le cherche ; Il cherche une occasion).*
> *Marie apprend à nager (/Elle apprend le crawl).*
> *Paul aime à jouer du Schubert* (variante recherchée de *Il aime jouer du Schubert*).

> **Remarque :**
> La construction en *à* s'étend parfois à la complétive *(à ce que Psubj)*, avec *chercher* et *demander*. Cette construction est combattue par la norme :
> *Je cherche à ce que tout le monde soit content (= je cherche que).*
> *Je demande à ce que cette mesure soit rapportée (= je demande que).*
> Pour *apprendre à qqn à Inf, demander à qqn à Inf,* voir § 206 Rem.

186. Les rapports entre l'infinitif et la complétive

Les deux structures sont complémentaires, l'infinitif pouvant apparaître comme une simple "réduction" de la complétive, à des fins d'économie, en cas de coréférence des sujets :

J'espère réussir / J'espère que tu réussiras, qu'il ..., que nous ...
Je souhaite réussir / Je souhaite que tu réussisses, qu'il ..., que nous ...

Mais, en ce qui concerne la distribution respective de la complétive et de l'infinitif, il existe une dissymétrie entre les verbes admettant une complétive à l'indicatif et ceux admettant une complétive au subjonctif : alors que la "réduction" est de rigueur avec ces derniers (il n'y a pas d'alternative complétive à *Je souhaite réussir*), la complétive reste possible en cas de coréférence quand le verbe subordonné est à l'indicatif :

J'espère que je réussirai.

Cette différence jette un jour sur la nature des constructions concernées.

La construction complétive met en jeu deux structures propositionnelles distinctes, avec des actants distincts : *Je pense que Paul viendra* est une affaire d'estimation, de croyance, une opération intellectuelle sur un contenu propositionnel extérieur (la phrase est proche de "Je crois que Paul viendra", "Paul viendra probablement").

La construction infinitive (*Je pense venir*) suppose au contraire une absence de dissociation entre "*je* qui pense" et "*je* qui viendra", d'où une relation plus étroite des prédicats, et la possibilité pour cette phrase de se charger contextuellement de valeurs volitives ou désidératives : *Je pense* s'interprète alors comme "j'ai l'intention, la volonté, l'espoir de"; le verbe est devenu une modalité de l'action et non plus de la connaissance (il n'est plus synonyme de *croire*).

De même s'opposent *Je veux que tu viennes* (volonté tournée vers l'extérieur, interprétable comme un ordre : "j'ordonne ...") et *Je veux venir* (où le vouloir du sujet relatif à lui-même s'interprète comme une intention ou un désir).

Entre les deux, la complétive avec sujets coréférents (exemples pris à la première personne) réalise la dissociation des rôles entre "*je1*" (qui dans *Je pense que je viendrai* effectue une opération intellectuelle), et "*je2*" (qui, dans la phrase considérée, doit venir), tout en marquant leur unicité référentielle. La valeur résultante intègre ces deux données (en proportions contextuellement et subjectivement variables) : l'interprétation de *Je pense que je ...* peut osciller entre *Je crois que ...* et *Je compte bien ...*

Mais on conçoit que cette formule mixte ou moyenne soit plus acceptable pour un verbe comme *penser* (marqueur d'une opération intellectuelle qui porte sur un contenu propositionnel extérieur) que pour un verbe comme *vouloir*, pour lequel la dissociation entre "*je1* qui veut" et "*je2* sur qui porte le vouloir de *je1*" est intellectuellement et psychologiquement intenable, et pour lequel le contenu propositionnel ne peut avoir la même autonomie relative. Or ces traits des deux verbes sont précisément ceux qui leur font gouverner respectivement l'indicatif et le subjonctif : ainsi peut peut-être s'expliquer la corrélation ci-dessus mentionnée entre le mode de la complétive et sa possibilité de comporter un sujet coréférent à celui du verbe introducteur.

Au total :

- les verbes n'admettant pas de complétive sont ceux pour lesquels une dissociation (sujet1 / sujet2) est inconcevable : type *pouvoir*. Ce sont les pures modalités, indissociables de ce sur quoi elles portent; la complétive devient possible, sans être naturelle, avec un verbe comme *essayer* (*J'essaierai que tout soit prêt à temps*) ;

- les verbes n'admettant pas d'infinitif, à l'inverse, sont ceux pour lesquels la dissociation est toujours requise : type *remarquer* ;

- la très grande majorité des verbes admettant une des deux constructions admet aussi l'autre :

  - pour les verbes gouvernant l'indicatif, la dissociation des rôles est le cas fondamental, et n'est pas remise en question en cas d'unicité du sujet : d'où le fait que la plupart d'entre eux ne soient suivis d'un infinitif que de façon marginale voire artificielle (*Paul a dit être déjà venu ici* : un verbe déclaratif a du mal à être une modalité), si ce n'est quelques-uns des verbes d'opinion (*croire, penser, espérer*), voisins des "mouvements de l'âme" ; et même ces derniers admettent le type *Je V que je Vind* (*Je pense que je viendrai*) ;

  - pour les verbes gouvernant le subjonctif, la dissociation n'est normalement plus possible en cas d'unicité référentielle, d'où la fréquence des constructions infinitives, où le verbe introducteur prend un caractère accentué de modalité (*vouloir*), et l'exclusion du type *Je V que je Vsubj* (**Je veux que je vienne*).

Les contre-exemples sont avec des verbes admettant les deux modes (*Je comprends que je me sois trompé ; On n'imagine plus qu'on puisse faire autrement*), ou ont valeur de dissociation forcée (ou artificielle) à l'intérieur du sujet : *Je crains que je ne puisse pas y arriver* n'est pas une phrase normale de la langue.

187. Le complément est une percontative

Les verbes admettant une percontative (interrogative ou exclamative) comme complément sont des verbes admettant aussi une complétive (essentiellement à l'indicatif).

- verbes de connaissance :
apprendre, comprendre, découvrir, deviner, ignorer, imaginer, lire, observer, oublier, prévoir, remarquer, savoir, trouver, vérifier, voir
voilà

> *Paul a compris (appris, oublié, trouvé, ...) comment il fallait faire.*
> *Voilà où je voulais en venir.*
> *Je ne sais pas qui vous êtes, si je dois vous en parler.*
> *Vous savez si je vous aime !* (exclamatif)
> *Si vous saviez comme c'est difficile !* (exclamatif)
> *Vous savez quelle est mon affection pour vous* (exclamatif)

aussi *choisir, décider*

> *Je n'ai pas encore décidé où j'irais.*

- verbes déclaratifs *(à N)* :
dire, démontrer, enseigner, expliquer, indiquer, montrer, préciser, raconter, rappeler, révéler
cacher, dissimuler

> *Dis (dis-moi) qui tu as vu.*
> *Montre (montre-moi) comment tu fais.*
> *Il n'a pas caché quelles étaient ses préférences.*
> *Cela n'explique pas pourquoi il a agi ainsi.*

- verbe d'action sur autrui (complétive au subjonctif) *(à N)* :
demander

> *Je (vous) demande si quelqu'un pourrait m'aider.*

> **Remarque :**
> Comme dans le cas des complétives, il existe des percontatives pseudo-directes :
> *Réfléchissez dans quelle aventure vous vous embarquez !* (cf. *réfléchir à quelque chose, réfléchissez-y* ; voir § 247).

Concernant la **structure de la subordonnée percontative** les points suivants sont à souligner :

- une percontative (directe) peut comporter une préposition portant sur le terme en *qu-* :

> *J'ai trouvé à qui j'allais m'adresser.*
> *Je me demande au nom de qui vous parlez.*
> *Je ne sais pas d'où je viens.*
> *Montre un peu de quoi tu es capable !*

Les percontatives de ces exemples sont des compléments directs : la préposition est interne à la subordonnée.

- une percontative peut être à l'infinitif :

> *Je ne sais pas où aller (qui croire).*

Je ne sais plus à quel saint me vouer.
Je ne sais que faire (recherché) = *Je ne sais pas quoi faire.*

- la subordonnée est parfois réduite au seul terme introducteur (sauf *quel* et *si*) :

J'ai rendez-vous, mais je ne sais plus avec qui.

- dans une expression spontanée, il arrive fréquemment qu'un verbe (en perspective percontative) soit suivi d'abord d'un GN objet, puis d'une percontative relative audit objet (voir § 192, Rem.) :

Regarde Marie (,) comme elle est jolie !
Va voir le rôti s'il est cuit.
Je vais vous montrer la photocopieuse (,) comment elle marche.

> **Remarque :**
> Les subordonnées percontatives sont les structures percontatives types (spécialisées), mais d'autres structures peuvent être employées dans une perspective percontative (voir § 174 Rem.) :
> *Je vous demande la raison de votre absence* (à côté de *Je vous demande quelle est la raison de votre absence*).
> *Dis-moi ce que tu as fait* (forme obligée ; voir § 23).

188. L'interprétation des percontatives

Subordonnée percontative / phrase interrogative :

Une subordonnée percontative ne fait pas nécessairement une phrase interrogative : il ne faut pas confondre la construction syntaxique (le fait qu'une percontative soit complément direct) et la signification globale de l'énoncé, incluant sa valeur illocutoire. Les quatre phrases ci-dessous ont la même construction, mais des valeurs illocutoires différentes :

Je te demande quelle heure il est.
Dis-moi quelle heure il est.
Je ne sais pas quelle heure il est.
Je sais quelle heure il est.

Dans ces quatre phrases, la subordonnée est construite de la même façon ; elle a la même signification propre, à savoir l'évocation de "l'heure qu'il est", d'une manière indéfinie, non spécifiée, quelle qu'elle soit, cette indéfinition étant en même temps présentée comme un "vide à combler". C'est le contexte (c'est-à-dire le verbe introducteur) qui indique si le locuteur demande à son interlocuteur de combler le vide (*Je te demande, Dis-moi ...*), ou s'il affirme son incapacité ou au contraire sa capacité à le combler (*Je ne sais pas / Je sais ...*) ; mais dans tous les cas la subordination se fait selon le même mécanisme, avec le même matériel, et avec la même signification pour ce qui la concerne en propre (*Je sais quelle heure il est* signifie "je peux répondre à la question "quelle heure est-il ?" ; cf. *Moi, je sais quelle heure il est, mais je ne vous le dirai pas !*, qui manifeste clairement que la subordonnée a intrinsèquement valeur de "question posée").

Les différences entre ces énoncés sont au niveau de la signification de la phrase et de l'acte de discours accompli (demande d'information ou non). Elles n'empêchent pas l'unité de sens et de fonctionnement de la construction percontative.

Percontative / complétive :

La différence entre une complétive et une percontative ressort des exemples suivants :

> *Paul ne sait pas que Marie est rentrée* : la complétive énonce un état de fait.
> *Paul ne sait pas si Marie est rentrée* : la percontative laisse ouverte la question.
> *Paul m'a dit qu'il allait là* (indication "en plein").
> *Paul m'a dit où il allait (*indication "en creux").
> *Vous voyez que c'est bien fait* (assertion).
> *Vous voyez si c'est bien fait !* (question ouverte, fictivement : la réponse est dans le "haut degré").

189. Le complément est une intégrative

Les intégratives (pronominales) complément direct sont rares :

> *J'aime qui j'aime* (emploi type : intégrative en *qui*, le pronom ayant même fonction dans sa subordonnée que la subordonnée par rapport au verbe principal).

Avec intégrative semi-figée (elliptique) du type *qui vous savez (voulez, pouvez, pensez)* :

> *Embrassez qui vous voulez.*
> *J'ai rencontré qui vous savez.*

Intégrative à l'infinitif :

> *Paul n'a pas à qui parler (de quoi se nourrir).*
> *Paul a de qui tenir.*
> *Je n'ai que faire de cette machine* (= "je n'ai pas quoi que ce soit à faire de cette machine", "je n'ai rien à en faire").
> *Il n'y a pas de quoi rire !*

Recherché (intégrative au subjonctif) :

> *Il n'y a pas là de quoi nous puissions nous réjouir.*

Intégrative adverbiale : le statut du complément est discutable dans :

Pour la réunion, je préfère quand tout le monde sera rentré (comme *je préfère demain*) : l'intégrative adverbiale est-elle objet de *préfère,* ou circonstant d'une structure avec ellipse ?

190. Le complément est une sous-phrase enchâssée sans connecteur

Les verbes déclaratifs, introducteurs de complétives ou de percontatives, peuvent naturellement introduire une sous-phrase enchâssée sans connecteur (discours rapporté au "style direct") :

> *Il déclara : "C'est bien".*
> *Il dit : "D'accord !"*

Mais une telle sous-phrase peut aussi être introduite par des verbes (souvent non transitifs) qui ne sont pas normalement des introducteurs de discours :

> *Il grogna : "P" = il dit en grognant : "P".*
> *Il gémit : "P" = il dit en gémissant : "P".*
> *Il s'indigna : "P" = il dit en s'indignant (avec indignation) : "P".*
> *Il continua : "P" = il dit en continuant : "P".*
> *Il riposta : "P".*
> *Il poursuivit : "P".*
> *Il s'insurgea : "P".*

Il n'y a guère de verbe ou de prédicat qui ne puisse jouer ce rôle :

> *Il se gratta l'oreille : "P".*
> *Il se frotta les mains : "P".*

Remarque :
Le rapport de subordination tend à s'inverser quand le verbe théoriquement introducteur est inclus dans le discours rapporté (c'est l'incise ; voir § 338) :
C'est bien, continua-t-il.

191. Note sur les formes du discours rapporté

On distingue le discours rapporté au "style direct", au "style indirect" (pour le "style indirect libre", voir la Remarque ci-dessous).

- discours rapporté au "style direct" (cf. § 190) :

Le sujet énonciateur s'efface entièrement derrière celui dont il rapporte les paroles : l'énoncé rapporté est censé redonner fidèlement, dans leur littéralité, les propos tenus par autrui ; il est donc sans limitation aucune : ce peut être un énoncé incomplet, sans verbe, chargé de marques

énonciatives. Il conserve son propre système de coordonnées énonciatives : ses personnes *je - tu*, son temps présent, etc.
> *Il a dit : "Paul, espèce de crétin, tu m'embêtes ! Arrête immédiate-
> ment !"*
> *Il a dit : "Quelle belle journée !"*

- discours rapporté au "style indirect" :

> **Remarque :**
> Le terme d'"indirect" est ici emprunté à la tradition rhétorique (comme
> dans "interrogation indirecte"); on prendra garde que la subordonnée
> consignant le "discours indirect" est (normalement et sauf exception)
> en construction syntaxique directe.

Le sujet énonciateur reprend à son compte le discours d'autrui, qu'il
insère dans son propre discours sous la forme syntaxique d'une complétive ou d'une percontative ("interrogative indirecte").

Les contraintes syntaxiques liées à la subordination font alors que
- le "discours rapporté" doit avoir la forme d'un structure de phrase
verbale (canonique) à l'indicatif,
- tout est référé au système de coordonnées de l'énonciateur : d'où des
"transpositions" des temps et des déictiques (indices de personne et de
situation) :
> style direct *Paul m'a dit : "Tu es fou !"*
> > style indirect *Paul m'a dit que j'étais fou*

> style direct *Paul a dit : "Je suis malade ; je ne viendrai pas demain."*
> > style indirect *Paul a dit qu'il* [ambigu : coréférent à Paul ou
> non] *était malade et qu'il ne viendrait pas demain* (ou *le lende-
> main*, selon le cas, par rapport au moment d'énonciation de JE)

> style direct *Il demanda : "Qui veut m'aider ?"*
> > style indirect *Il demanda qui voulait l'* [ambigu] *aider* (avec
> subordonnée percontative).

> **Remarque :**
> L'emploi des percontatives (voir § 188) n'est pas limité aux interroga-
> tions rapportées au "style indirect", contrairement à ce que l'appella-
> tion elle-même d'"interrogative indirecte" (appellation fallacieuse)
> donne à penser : cf. *Je sais qui a commis ce crime.*

> style direct *Paul a demandé : "Tu es prêt ?"*
> > style indirect *Paul a demandé si j'étais prêt* (ou *s'il était prêt,*
> selon que *tu* dans le discours de Paul renvoie à JE : *Il m'a
> demandé ...*, ou non : *Il a demandé à Jacques ...*).

Par suite, de nombreux types d'énoncé ne peuvent pas se "transposer"
au style indirect : énoncés à l'impératif, phrases sans verbe, ainsi que les
vocatifs et marques d'énonciation diverses : cf. les exemples ci-dessus de

"style direct", qui n'ont pas de correspondant mécanique en "style indirect".

La différence entre style direct et style indirect n'est donc pas seulement de forme syntaxique, mais elle se situe au niveau de la responsabilité de l'énonciation : dans le style direct, l'énonciateur se démet temporairement de cette responsabilité, alors que dans le cas du style indirect la situation est beaucoup moins claire : l'énonciateur se dissimule derrière le sujet de l'énoncé, mais le "style indirect" ne peut pas garantir la littéralité des propos rapportés (il l'interdit même souvent, on l'a vu). L'énonciateur reste en définitive le seul maître des choix : un discours rapporté au style indirect est, non plus une citation, mais une reformulation à responsabilités partagées, la responsabilité ultime étant toujours celle de l'énonciateur.

L'énonciateur peut même faire entendre ses propres mots sous couleur de rapporter le discours d'autrui ; l'énoncé

Paul a dit que cet imbécile de Jean avait encore tout raté

ne permet pas d'exclure que Paul ait seulement déclaré : *"Jean s'est trompé"*, paroles que le locuteur aurait reformulées en y mêlant des commentaires à sa façon, jusqu'à aboutir à un mélange de voix n'offrant pas d'indices sûrs au récepteur pour les démêler.

De plus, le discours rapporté au style indirect, si on l'étend comme on peut être tenté de le faire, n'a plus de limites nettes et se fond dans le discours propre de l'énonciateur : va-t-on considérer qu'il y a discours rapporté dans

Il a dit à ses amis de venir

du fait que cet énoncé peut rapporter (transposer) entre autres *Il a dit : "Mes amis, venez !"* ou *"Paul, Jacques, j'aimerais que vous passiez me voir un jour"* ? Et que faire alors de

Il a parlé de ses projets ou *Il a évoqué ses projets*

(= *il a dit : "J'aimerais ..., j'ai l'intention de ..."*) ? Inversement, le discours de Paul : *Je le jure* (performatif) est rapporté plus authentiquement par *Il l'a juré* que par *Il a dit qu'il le jurait*.

On réservera donc plutôt l'appellation de "discours rapporté au style indirect" à des formes (complétive ou percontative) qui peuvent préserver, ne serait-ce que partiellement, la littéralité du discours d'autrui, - sans méconnaître à quel point le discours de chacun se nourrit de celui des autres (J. Authier).

> **Remarque :**
> **Le discours rapporté au "style indirect libre".** Les propos rapportés le sont sans verbe introducteur, à charge à l'énonciateur de faire comprendre néanmoins qu'il passe à un discours rapporté :
> *Il protesta. Quelle méprise ! Il était totalement étranger à toute cette affaire :*

le verbe *protester*, l'exclamation, le contenu de la phrase suivante, l'imparfait, sont autant d'indices pour faire comprendre "il protesta en disant : «...»".

Le "style indirect libre" se prête par nature à de nombreuses ambiguïtés : dans un roman, une même phrase peut souvent se lire comme une description émanant de l'auteur, ou une réflexion intérieure d'un personnage.

Une phrase de "style indirect libre" utilise la même syntaxe de "transposition" que le "style indirect", mais sans en avoir les restrictions (cf. *Quelle méprise !*). Syntaxiquement, c'est une phrase indépendante, et son étude ne relève pas de la complémentation des verbes.

9

LES CONSTRUCTIONS TRANSITIVES À PLUSIEURS COMPLÉMENTS

192. Les constructions à deux compléments directs

Dans certains cas, le verbe a, à côté d'un complément direct du type habituel (objet), un second complément direct :

> *Paul entend les oiseaux chanter* (ou *Paul entend chanter les oiseaux).*
>
> *Paul trouve cette sonate ennuyeuse* (ou *Paul trouve ennuyeuse cette sonate).*

Chacun des deux compléments est en relation avec le verbe (*trouver ennuyeuse, trouver cette sonate; écouter chanter, écouter les oiseaux*), mais une relation s'établit également entre eux par l'intermédiaire du verbe : *écouter (les oiseaux - chanter) ; trouver (cette sonate - ennuyeuse)*, à tel point qu'on pourrait parler d'un complément double tout autant que de deux compléments. L'ensemble constitue un réseau complexe de relations entre trois termes, dont chacun est en relation avec les deux autres.

Dans *"les oiseaux - chanter"*, la relation se rapproche de la relation sujet - verbe (d'où l'**étiquette traditionnelle de "proposition infinitive"**, - étiquette non reprise dans cet ouvrage) ; mais elle s'en distingue par l'absence d'accord, ainsi que par l'absence de modalité de phrase et de temps sur l'infinitif (l'assertion concerne strictement ce que Paul entend, et non pas le fait que les oiseaux chantent).

Dans *"cette sonate - ennuyeuse"*, la relation (soulignée par l'accord) est sémantiquement attributive, d'où l'**appellation traditionnelle d'"attribut de l'objet"**. Le verbe *être* peut d'ailleurs apparaître dans certains cas (notamment dans des relatives) :

> *un problème que Paul croyait facile* ou *un problème que Paul croyait être facile.*

On retrouve donc dans ces compléments doubles des correspondants des phrases verbales, y compris des phrases à verbe *être* : c'est la raison pour laquelle les constructions à "proposition infinitive" et les constructions à attribut de l'objet **doivent être étudiées parallèlement**. La dénomination habituelle de "proposition infinitive" pourrait peut-être être remplacée par celle de construction à "prédicat de l'objet", pour souligner le parallélisme avec les structures à "attribut de l'objet".

À côté des constructions à attribut de l'objet, on trouve aussi des constructions de **"localisation de l'objet"** :

> *Je croyais Sophie en Italie,*

dans l'interprétation "je croyais que Sophie était en Italie" (avec *en Italie*, non déplaçable, complément essentiel caractérisant *Sophie* par l'intermédiaire de *je croyais*), - et non pas dans l'interprétation "en Italie, je croyais Sophie; en France, je ne la crois plus" (avec *en Italie* complément circonstanciel accessoire). Ces "localisations de l'objet" (bien qu'étant par elles-mêmes des compléments prépositionnels ou adverbiaux, et non des compléments formellement directs) seront traitées dans ce chapitre au § 200.

Les **verbes** entrant dans ces diverses constructions à deux compléments appartiennent principalement à **deux groupes** : les verbes de **perception** ou d'attitude propositionnelle (*voir, croire*) et les verbes **factitifs** (*faire*).

Seul le complément de type objet (considéré par convention comme le "premier complément") peut être pronominalisé :

> *Les oiseaux, Paul les écoute chanter.*
> *Cette sonate, Paul la trouve ennuyeuse.*

> **Remarque :**
> D'autres constructions présentent en apparence deux compléments distincts, l'un et l'autre directs :
>
> **1.** Dans *J'ai prévenu Paul que la réunion était annulée*, la complétive n'est directe qu'en apparence : il y a une préposition *de* sous-jacente, qui entraîne une pronominalisation par *en* (*J'en ai prévenu Paul*) (voir § 115).
>
> **2.** Dans des énoncés relevant de la perspective percotative comme les suivants (dits généralement sans pause) :
> *Regarde bien papa (,) comment il fait*
> *Regarde Marie (,) comme elle est jolie !*
> *Tu as entendu maman (,) ce qu'elle a dit ?*
> *Tu as vu Paul (,) la tête qu'il fait !,*
> on trouve deux compléments directs, un GN, puis une subordonnée percotative ou un autre GN (incluant une relative). Le premier GN est un complément du verbe qui joue également un rôle d'annonce par rapport à la suite, et qui est repris par une anaphore. Ce GN complément est donc en même temps un fragment anticipé de la structure qui le suit (voir § 187).

Pour *Je vois Paul qui arrive*, et *J'ai (il y a) mon frère qui m'attend*, voir § 202.

Voir aussi *Il y a un carreau de cassé*, § 203.

193. Le deuxième complément direct est un infinitif

La solidarité du verbe et de l'infinitif est étroite, au point que des groupes comme *entendre dire, laisser faire, faire faire, envoyer chercher*, sont sentis comme de véritables unités lexicales.

Cette solidarité se manifeste également par une tendance (plus ou moins marquée selon les verbes) à la remontée (devant le verbe) des clitiques compléments de l'infinitif (voir § 118) :

J'en ai souvent entendu parler (*en* = "de cela", complément de *parler*).

> **Remarque :**
> Le complément direct du verbe tend à être remplacé par un complément indirect, en particulier quand l'infinitif régit lui-même un complément direct :
> *Paul, je l'ai déjà entendu raconter cette histoire* ou *Je lui ai déjà entendu raconter cette histoire.*
> *Paul fait chanter une chanson à Marie (Il lui fait chanter une chanson)* (obligatoire avec *faire*).
> Voir § 207.

Les **verbes introducteurs** sont très peu nombreux, mais très utilisés : verbes de perception, verbes factitifs.

> **Remarque terminologique :**
> Dans ce paragraphe et dans les suivants, on utilise l'opposition entre **verbe** (pour désigner le verbe introducteur des deux compléments directs) et **infinitif** (pour le complément direct à l'infinitif). Cette distinction ne signifie naturellement pas que le "verbe" ne puisse pas se trouver lui-même à l'infinitif *(Je n'ai pas pu entendre les oiseaux chanter).*

194. Verbes de perception

1. La construction avec un deuxième complément à l'infinitif est très courante avec les **verbes usuels de perception** :
- *écouter, entendre, regarder, sentir, voir*
- aussi *voici, voilà* (emplois restreints)
  J'entends les oiseaux chanter.
  J'entends le vent siffler.
  Je regarde les enfants jouer au ballon.
  Je sens venir l'orage.
  Paul se sent rajeunir (objet réflexif ; très courant).
  Paul se verrait très bien commander un régiment.
  Voici venir notre homme (formule semi-figée).

L'objet (contrôleur de l'infinitif) peut être non exprimé (objet attendant). Il se tire alors du contexte ("quelqu'un, des gens" : actant non spécifié, inconnu et/ou de peu d'intérêt) :
  J'ai déjà vu faire ça = "j'ai déjà vu des gens faire ça".
  J'entends chanter = "j'entends quelqu'un chanter".
  J'ai déjà entendu dire ça = "j'ai déjà entendu des gens dire ça"; le groupe *entendre dire* est senti comme une véritable unité lexicale.

La construction avec infinitif est l'expression normale de la perception (effective ou imaginaire), alors qu'avec les constructions complétives, ces verbes ont un sens intellectuel.

Ordre des compléments : ... V GN Inf ... ou ... V Inf GN ... ?

- si l'objet et le groupe infinitival sont de même longueur, les deux ordres se rencontrent :

> *J'entends Marie chanter = J'entends chanter Marie*
> (avec différence de thématisation)

- le complément le plus long est généralement en dernier :

> *J'entends chanter les enfants du voisin.*
> *J'entends les enfants chanter à tue-tête.*

- si l'Infinitif a un complément direct, on a nécessairement l'ordre GN + Infinitif (avec ses compléments):

> *J'entends les enfants du voisin chanter une chanson.*

Une ambiguïté peut naître de la présence d'un seul GN (ou pronom), susceptible d'être complément du verbe (et dans ce cas également contrôleur de l'infinitif) ou complément de l'infinitif :

> *J'ai déjà vu manger des poulets* (les poulets peuvent manger ou être mangés).

> **Remarques :**
> **1.** Le verbe *apercevoir* n'admet pas l'infinitif, mais seulement la construction à localisation de l'objet (par *en train de*), la construction avec une relative, ou avec un participe en *-ant* :
> *J'aperçois les enfants du voisin en train de jouer au ballon.*
> *J'aperçois les enfants du voisin qui jouent au ballon.*
> *J'aperçois les enfants du voisin jouant au ballon.*
>
> **2.** Pour *Je lui ai déjà vu faire ça*, voir § 229.
> Pour *Paul s'est vu décerner le premier prix*, voir § 230.

2. D'autres verbes (**verbes de connaissance ou d'opinion**) s'emploient avec la même construction, mais uniquement **dans des relatives**, et dans une langue recherchée :

admettre, croire, estimer, penser, savoir, supposer :

> *Voici la solution que j'estime convenir.*
> *Je me suis adressé à un ami que je savais être de bon conseil* (avec concurrence du même énoncé sans *être*).

Ce tour (dans lequel on voit généralement un latinisme) permet d'éviter les difficultés des constructions imbriquées du type *un ami dont je savais qu'il était de bon conseil*, ou *un ami que je savais qui était de bon conseil*.

Ce tour peut également conduire à des ambiguïtés :

> *Paul, que j'imaginais pouvoir vaincre*, ... = "j'imaginais qu'il pouvait vaincre" / "j'imaginais pouvoir le vaincre" (interprétation la plus naturelle).

195. Verbes factitifs

- *Laisser*

L'ordre des compléments est libre *a priori*, comme pour les verbes de perception :

> *Paul laisse jouer les enfants* ou *Paul laisse les enfants jouer.*
> *Le conducteur prudent laisse passer les véhicules prioritaires* (*laisse passer* est senti comme une unité).
> *Paul laisse les enfants (Paul les laisse) faire leurs devoirs.*
> *Paul se laisse vivre* (construction réflexive).
> *Laisse tomber !* (familier ou vulgaire ; objet sous-entendu : = "laisse ça tomber").

> **Remarque :**
> Pour *Paul leur laisse faire leurs devoirs*, voir § 229.

- Verbes causatifs de mouvement :

amener, conduire, emmener, envoyer

Ordre des compléments :

emmener, envoyer : comme les verbes de perception

amener, conduire : seulement N + Inf (qui apparaît comme un complément de destination) :

> *J'emmène jouer les enfants* ou *J'emmène les enfants jouer.*
> *J'envoie Paul chercher le médecin.*
> *Je l'ai envoyé promener* (sens figuré ; familier).
> *Le choc a envoyé des morceaux de tôle frapper le mur.*
> *J'ai immédiatement envoyé chercher des secours* (objet sous-entendu : "j'ai envoyé quelqu'un chercher du secours").
> *J'ai conduit Jean voir ses parents* (sens propre de *conduire*, à distinguer de *conduire à*).

Ce tour est à rapprocher de l'infinitif direct après les verbes de mouvement, § 251.

Les verbes causatifs de mouvement ne prêtent ni à la montée des compléments clitiques de l'infinitif, ni à l'expression indirecte (ou au datif) du contrôleur de l'infinitif.

- *Faire*

Le verbe *faire*, verbe factitif par excellence, manifeste plus que les verbes vus ci-dessus une tendance à constituer une unité avec l'infinitif (mais voir les phénomènes d'accord § 196).

Seul ordre possible : *faire* + Inf + GN objet du verbe

> *Le professeur fait travailler ses élèves.*

La pluie fait pousser l'herbe.
Ça fait rêver (objet sous-entendu : "ça fait rêver tout un chacun").

Il y a une très forte solidarité entre *faire* et l'infinitif : on est proche de la formation d'une unité *faire travailler, faire pousser* dont le GN serait le complément (plutôt que le complément du seul verbe *faire*).

La montée des compléments clitiques devant *faire* en est un témoignage :

Les élèves, le professeur les fait travailler.
L'herbe, la pluie la fait pousser.

Cette construction (avec un objet direct et un infinitif contrôlé par l'objet) n'est possible que si l'infinitif lui-même n'a pas, en plus, de complément direct qui lui soit propre (voir § 225).

196. Annexe : difficultés d'analyse et problèmes d'accord

Des problèmes se posent aux usagers de la langue quand ils utilisent à un temps composé un des verbes vus ci-dessus, et qu'un "objet" (en pratique, un pronom anaphorique, soit le relatif *que*, soit un des pronoms personnels accusatifs *le, la, les*) le précède. Le verbe *faire* est à distinguer ici des autres verbes.

1. Verbes de perception, *laisser*, verbes causatifs de mouvement :

Selon la norme académique stricte, aucun embarras ne devrait surgir, suffisant d'**appliquer la règle générale** : le participe s'accorde avec le complément antéposé quand celui-ci est son complément d'objet direct. Toute la question est donc de savoir si le complément antéposé est objet du verbe à un temps composé, ou objet de l'infinitif.

À ce compte, l'accord se fait dans

les enfants que j'ai entendus chanter, ou *les enfants que j'ai entendus chanter une chanson* : le relatif, représentant *enfants* (sans préjudice de son rôle de contrôleur de l'infinitif), est complément de *j'ai entendu*, et le participe s'accorde en conséquence
ma fille, que j'ai laissée dormir, ou *ma fille, que j'ai laissée regarder la télévision* (même analyse)
ma fille, que j'ai envoyée travailler, ou *ma fille, que j'ai envoyée voir une pièce de théâtre* (même analyse) ;

mais l'accord ne se fait pas dans

la chanson que j'ai entendu chanter (le relatif, représentant *la chanson*, est complément de *chanter* ; le participe *entendu* n'a donc pas à s'accorder)

la télévision, que j'ai laissé ma fille regarder (même analyse)
la pièce de théâtre que j'ai envoyé ma fille voir (même analyse).

La distinction est même, de ce fait, assurée (théoriquement) entre
les poulets que j'ai vus manger = "j'ai vu + les poulets + manger"
et
les poulets que j'ai vu manger = "j'ai vu + manger les poulets"
(objet).

Toutefois ce type d'analyse est loin d'être toujours présent dans le subconscient (et *a fortiori* dans la conscience) linguistique des sujets parlants, comme en témoigne l'insécurité des locuteurs en la matière, ainsi que la confusion et l'embarras qui règnent dans l'usage (écrit, - l'oral ne marquant pas les distinctions en jeu, sinon régionalement). Deux tendances opposées se manifestent selon les locuteurs, l'une à l'extension de l'accord, l'autre à l'invariabilité du participe.

D'une part on constate une **tendance à étendre l'accord du participe** passé, en interprétant systématiquement le complément antéposé comme régi par le verbe :
la chanson que j'ai entendue chanter
la nouvelle que j'ai entendue dire
la pièce que j'ai vue jouer.

Quelle est alors l'analyse faite (implicitement) par les locuteurs (scripteurs) de l'ensemble de la structure ? À défaut de certitude, on peut évoquer l'idée d'une utilisation diathétiquement neutre de l'infinitif (cf. de surcroît l'homophonie entre *chanter* et *chantée*, - mais non entre *dire* et *dite*), ou faire l'hypothèse d'une double rection de l'objet (*la chanson* étant régime à la fois de *j'ai entendu*, et de *chanter* ; on aurait alors dans *la chanson que j'entends chanter* un autre réseau complexe de relations entre trois termes, dont chacun est en relation avec les deux autres ; voir § 192).

(Mais l'accord ne se fait pas si le verbe paraît clairement régir un autre complément : l'accord du participe ne se rencontre guère dans *la chanson que j'ai entendu les enfants chanter* ou *la pièce que j'ai vu une troupe d'amateurs jouer.*)

D'autre part la **tendance générale à la régression de l'accord** du participe passé entraîne chez d'autres locuteurs l'invariabilité du participe dans des cas comme
les enfants que j'ai entendu chanter (chanter une chanson).

Des marges de tolérance ont été édictées, fort à propos, à ce sujet. Elles sont justifiées, non seulement par des considérations sociologiques d'opportunité (le désarroi de la communauté francophone), mais aussi par la difficulté qu'il y a à donner de ces structures une analyse linguistique à la fois sûre et simple.

2. *Faire*

Le verbe *faire* a en théorie un comportement différent de *voir, laisser,* ou *envoyer* : selon la norme du bon usage académique, le participe *fait* suivi d'un infinitif est **invariable** en cas d'objet antéposé :

> *Ses élèves, le professeur les a fait* [invariable] *travailler.*

Cette invariabilité manifeste que *les* n'est pas pris comme le complément propre de *a fait*, mais comme celui de *a fait travailler*, et témoigne donc de l'unité de *faire travailler*.

La tendance générale à la régression de l'accord du participe passé va (pour une fois) dans le sens de la norme, mais néanmoins *faire* est traité en pratique comme les autres verbes ci-dessus : on constate une tendance à considérer tout objet antéposé comme complément de *faire* ; on entend :

> *Marie, je l'ai faite rentrer comme secrétaire chez IBM* (énoncé considéré comme fautif),

et même :

> *Cette robe, je l'ai faite nettoyer il y a quinze jours* (énoncé considéré comme fautif), alors que *robe* semblerait devoir s'analyser sans équivoque comme complément du seul *nettoyer*.

(Cette tendance va jusqu'à entraîner **Marie s'est faite faire une décoloration* (énoncé fautif), où le datif réflexif est traité comme un accusatif.)

Cette tendance à l'extension de l'accord redonne à *faire* un statut de verbe à part entière, alors que la norme le tirait du côté de l'auxiliaire. Ici encore, les flottements de l'usage traduisent les incertitudes de l'analyse.

> **Remarques :**
>
> **1.** Les usages populaires ou familiers mentionnés ci-dessus sont aussi à leur manière des hypercorrections, et attestent (paradoxalement) que l'accord du participe passé avec *avoir* (ou dans le tour réflexif) est encore enraciné dans la conscience des locuteurs.
>
> **2.** Le comportement des verbes modaux est inverse de celui de *faire* : pas de variation du participe (cf. *la voiture que j'ai voulu* (invariable) *acheter, les efforts que j'ai dû faire*), pas d'antéposition des clitiques (*j'ai voulu l'acheter*) (sauf souvenir de l'usage classique).

197. Le deuxième complément direct est un adjectif (ou un GN) : l'attribut de l'objet

Exemple type :

> *Paul trouve Marie jolie (Il la trouve jolie).*

L'objet (direct par définition) peut être l'un ou l'autre des types d'objet direct : GN ou équivalents, y compris les termes phrasoïdes ; *ça* suivi d'une reprise, pronoms réflexifs (très courants) ; objet sous-entendu (*ça rend aimable*), ...

Comme **attribut de l'objet**, on rencontre :

- essentiellement des adjectifs et équivalents (dont les adverbes de manière : *bien, mal*, aussi *comme ..., comment*) ;

- un participe en -*ant* (*J'imagine Paul faisant du slalom*) ;

- un GN, généralement sans déterminant (mais le déterminant se rencontre avec les superlatifs : *rendre (croire) qqn le plus heureux du monde*).

L'attribut de l'objet ne peut pas être pronominalisé. C'est sur lui que porte la négation (*Je ne trouve pas ça correct*).

> **Remarques :**
>
> **1.** Pour *prendre qqn pour N*, voir § 216.
>
> **2.** Les verbes à attribut de l'objet se rencontrent fréquemment au passif (voir § 136) :
> *Paul a été jugé coupable (élu député).*
> *Il a été jugé inconstitutionnel que P.*

Les verbes introducteurs appartiennent à deux classes : les verbes de perception ou d'attitude propositionnelle, et les verbes factitifs.

198. Verbes de perception et d'attitude propositionnelle

Ils constituent un sous-ensemble des verbes introducteurs de complétives (surtout à l'indicatif). De fait, une paraphrase par une complétive est possible.

- verbes de sensation : *voir, sentir*, aussi *voilà* :

> *On sentait la foule excitée* (très proche de *On sentait que la foule était excitée*).
> *Paul ne se sent pas bien* (tour réflexif ; adverbe de manière équivalent d'un adjectif).
> *Je vois (= j'imagine) très bien Paul candidat aux présidentielles.*
> *Me voilà bien embarrassé.*

Ces constructions sont à rapprocher des constructions avec infinitif : *Je vois très bien Paul se présenter aux présidentielles.*

- verbes de connaissance et d'opinion : *considérer, croire, estimer, imaginer, juger, reconnaître, tenir, trouver* :

> *Je croyais Paul plus malin.*
> *Je trouve Marie adorable.*
> *Paul se croit un génie* (réflexif ; très courant)
> *Le tribunal a reconnu Paul coupable.*

J'ai cru bon de commencer par là (le "premier complément" est un infinitif avec son indice).

Je trouve plus raisonnable de partir (que nous partions).

Je trouve curieux de procéder de cette façon (le contrôleur de l'infinitif reste vague, comme dans *Procéder de cette façon est curieux*).

Comment trouvez-vous ça ? - Je trouve ça très bien (adverbes de manière équivalant à des adjectifs).

Je trouve ça terrible, moi, la guerre (avec comme objet le pronom *ça*, suivi d'une reprise).

Vous trouvez ça normal, vous, qu'on soit obligé (d'être obligé) d'attendre pendant des heures ?

«Vous ne trouvez pas ça joli tous ces arbres, ces aubépines et mon étang dont vous ne m'avez jamais félicité ?» (Proust, *dicit* le père Swann ; sans ponctuation après *joli* ; le pronom *ça* permet d'attribuer globalement la joliesse à un ensemble diffus d'éléments qui sont ensuite détaillés, sans que l'énumération épuise nécessairement ce que contenait *ça*).

Avec des verbes du type *considérer*, on rencontre un attribut de l'objet en *comme* (marquant non pas une comparaison, mais une qualification ; cf. § 284) :

Je considère la question comme (étant) réglée.

On considère ce résultat comme acquis.

Tout le monde considère Paul comme le meilleur candidat (= "considère que Paul est le meilleur candidat").

On considère Paul comme un charlatan.

On le considère comme le roi (ambigu : qualification ou comparaison ; dans ce dernier cas, valeur de circonstant de manière, et non plus d'attribut).

- verbes déclaratifs : *déclarer, dire, montrer*

On dit Paul très capable.

Paul se dit décidé à travailler.

On dirait (on jurerait) Paul (objet sous-entendu; "on dirait que cette personne est Paul", "il semble que ce soit Paul").

On croirait un fou (de même, *un fou* est attribut d'un objet sous-entendu).

Paul s'est montré le plus fort.

- verbes de "mouvements de l'âme", demandant le subjonctif (volonté, sentiment) : *aimer (mieux), préférer, souhaiter, vouloir, il faut* :

Je veux (préfère) ma viande saignante.

Un historien se veut objectif.

Cette formulation se veut légère (sujet non animé).

L'exposé des motifs, il le faut court (= *Il faut qu'il soit court*).

199. Verbes factitifs

Le verbe marque l'instauration d'une relation entre l'objet et son attribut (relation que les verbes de perception et de déclaration ne faisaient que constater). Il n'y a pas de paraphrase complétive.

- Factitifs proprement dits : *faire* (peu utilisé), *laisser, rendre* (verbe par excellence pour exprimer la relation "faire être + Adj") :

> *Paul rend Marie heureuse.*
> *Le brouillard rend peu probable que Paul vienne* (complétive objet).
> *Les carottes, ça rend aimable* (objet du verbe sous-entendu).
> *Alors, le bon génie se rendit invisible.*
> *Qui t'a fait roi ?*
> *Ça laisse rêveur* (sans objet exprimé).
> Aussi *La fourrure, ça tient chaud* (sans objet exprimé).

- Verbes de création et de nomination :

- *appeler, nommer, surnommer* :

> *Les grammairiens appellent ce complément un attribut.*
> *Il faut appeler un chat, un chat.*
> *Comment t'appelles-tu ? - Je m'appelle Jean.*
> *J'appelle ça tricher* ("selon moi, cela est tricher" : l'infinitif a ici une valeur très nominale, de concept, et non la valeur de procès qu'il a dans *Je l'ai vu tricher*).

- *élire, couronner, proclamer, sacrer* :

> *Nous avons élu Paul Président d'honneur.*
> *Les juges d'arrivée ont proclamé Paul vainqueur.*

Ces verbes sont facilement employés au passif, avec sujet thématisé (voir § 136) : *Paul a été élu député, Il s'est fait élire député, Paul a été ordonné prêtre (sacré Empereur).*

- *créer, instituer, constituer* :

> *Paul s'est constitué prisonnier* (uniquement à la forme réflexive).

200. La localisation de l'objet (G Prépositionnel "direct")

Le **"locatif de l'objet"** :

> *Je croyais Paul en Italie* (au sens de "je croyais que Paul était en Italie")

est parallèle à l'attribut de l'objet (voir le Chap. 7, pour un rapprochement de l'attribution et de la localisation). Il est traité ici (en dépit de son caractère prépositionnel), à titre de "deuxième complément direct", en raison de ce parallélisme : en fait et malgré les apparences, son mode de rattachement à l'objet est "direct" : la préposition n'intervient qu'à l'intérieur du complément, mais celui-ci, pris globalement, est mis avec l'objet dans une relation terme à terme qui n'est pas prépositionnelle.

Il se rencontre avec les mêmes **verbes de perception ou d'attitude propositionnelle** que ceux qui admettent un attribut de l'objet : *sentir, croire, trouver, dire, vouloir, ...* Aussi avec *laisser* :

> *Je crois Paul de bonne volonté* (valeur attributive).
> *Cette maison, je la croyais à vendre.*
> *On se serait cru au Carnaval !*
> *Je ne me sens pas dans mon assiette* (fam.)
> *Je me voyais déjà en haut de l'affiche* (chanson).
> *Je veux mon bain à 23°.*
> *Je voudrais mon petit déjeuner demain matin à 8 heures.*
> *On dit Paul sans scrupules.*
> *Paul s'est montré à son avantage (à la hauteur).*
> *Cela a laissé Paul de marbre.*

Les valeurs de la localisation peuvent être diverses, à l'égal des valeurs de la localisation avec *être* : localisation spatiale, temporelle, notionnelle, valeur attributive, ...

Remarquer la fréquence de *en train de*, même avec des verbes qui n'admettent pas (ou guère) l'infinitif, comme dans :

> *Je te croyais en train de travailler.*
> *On a trouvé Paul en train de dormir.*
> *On a aperçu des loups en train de rôder.*
> *Le voilà maintenant en train de pérorer !*

On rencontre aussi des équivalents du GP, tels qu'un **adverbe** ou un **GN sans préposition** :

> *Je vous croyais encore là-bas.*
> *Paul se croit lundi (le matin)* (="Paul croit qu'il est lundi").
> *Pour ma part, je voyais plutôt cette réunion un autre jour* ("j'imaginais plutôt que cette réunion serait un autre jour", c'est-à-dire "je pensais qu'un autre jour conviendrait mieux").

201. Fragilité et ambiguïté de ces structures

Les structures à attribut (ou locatif) de l'objet sont des structures fragiles, en ce qu'elles prêtent à beaucoup d'ambiguïtés et d'incertitudes : une suite du type V - N - Adj est *a priori* ambiguë, et peut s'analyser de deux façons :

- V + GN objet (avec un simple adjectif épithète, constituant secondaire appartenant au GN) ; cette analyse convient dans la très grande majorité des cas ;

- V + N objet + Adjectif (constituant primaire de la phrase) attribut de l'objet.

L'analyse par attribut de l'objet suppose une configuration lexicale particulière (type de verbe introducteur, adjectif), ainsi que certaines conditions de détermination de l'objet (généralement avec article défini, ou équivalent), mais des ambiguïtés peuvent survenir; une phrase comme

Le magistrat a cru ce témoin digne de foi

peut s'analyser et s'interpréter de deux façons :

- adjectif épithète du nom : "le magistrat a fait confiance à ce témoin digne de foi"

- adjectif attribut de l'objet : "le magistrat a estimé que ce témoin était digne de foi".

> **Remarque :**
> L'antéposition de l'adjectif (avant le déterminant du GN) signale sa fonction d'attribut :
> *Paul a trouvé bon ce vin* (= "Paul a apprécié ce vin"),
> de même que sa postposition si sa position normale se trouve entre le déterminant et le nom :
> *Paul a trouvé ce vin bon.*
> Dans les deux cas, l'adjectif est attribut; il est épithète dans
> *Paul a trouvé ce bon vin* (="il a déniché cette bonne bouteille").

Voici, à défaut de réelle équivoque, un exemple de rédaction maladroite où le récepteur (lecteur du journal) peine et met quelque temps à démêler les fonctions pour structurer la phrase (des adjectifs épithètes précédant des adjectifs attributs) :

Il fallait être bien anxieux pour imaginer cette société dure mais stable en quoi que ce soit menacée, appelée à disparaître (Le Monde).

> **Remarque :**
> Avec *comme*, une ambiguïté peut exister entre une valeur d'attribut et une valeur de circonstant :
> *Marie croyait Paul comme les autres* = "Marie croyait que Paul était comme les autres" (attribut de l'objet) / "Marie croyait Paul de même qu'elle croyait les autres" (circonstant).

Une seconde difficulté existe pour ces structures : même une fois écartée son analyse comme épithète, l'adjectif attribut a-t-il un statut de complément essentiel ou accessoire ?

Voici des cas douteux :

Les tomates, choisis-les bien mûres.
Ce tableau représente Marie assise.

> *Bois ton café chaud !* (= "pendant qu'il est chaud" ; effet de sens de type circonstanciel).

et, plus encore :

> *Paul a déclaré comme revenu une belle somme.*
> *Nous avons désigné Paul comme successeur de Jean.*
> *Paul prend Marie comme femme.*

(Le complément en *comme* se surajoute sans l'altérer à une relation établie ; voir § 263 l'attribut accessoire de l'objet.)

Le verbe *avoir* (aussi dans *il y a*) fournit des exemples d'attribut au statut malaisé à préciser :

> *Marie a les yeux bleus (les mains sales, les doigts gelés)* : la relation n'est pas la même dans *avoir des yeux bleus* (adjectif épithète).
> *Marie a de l'argent déposé à la banque* (cf. l'origine des temps composés).
> *Nous avions l'abbé Constantin comme aumônier* (= en tant que ; *comme étant*).
> *La France avait l'Italie comme alliée* (aussi *pour alliée*, voir § 216).
> *Il y a des choses vraiment scandaleuses.*

Remarque :
Pour *Il y a qch de marqué sur le dessus du paquet*, cf. § 202.

En ce qui concerne les "locatifs de l'objet", des difficultés comparables existent. Dans *Marie croyait Paul en Italie*, le GP peut être "locatif de l'objet" ou circonstant, avec une importante différence d'interprétation de la phrase. Il importe toutefois de marquer que l'ambiguïté théorique (syntaxique) ne s'accompagne pas toujours d'une véritable équivoque sémantique : dans

> *Marie imaginait Paul autrement*

il n'y a guère de différence entre "une autre imagination" (circonstant) et "un autre Paul" (portée sur l'objet).

202. Le deuxième complément direct est une relative

Avec certains verbes, on rencontre comme deuxième complément direct une relative :

> *Je l'ai vu qui courait.*

Cette relative peut, comme dans l'exemple ci-dessus, être séparée de son antécédent pronominal, ce qui montre qu'elle n'est pas une simple adjectivation épithétique.

Cette construction, très courante, se rencontre avec

- des verbes de perception : *voir* (et *voilà*), *apercevoir, sentir,* aussi *trouver*

> *Je vois les enfants qui rentrent.*
> *J'entends les enfants qui chantent* proche de *J'entends les enfants chanter* (la différence étant notamment dans le caractère assertif propre du verbe de la relative).
> *Voilà Paul qui arrive* (très courant).
> *On l'a trouvé qui dormait.*

On remarquera que la relative est toujours introduite par *qui* (sujet) (sauf avec *voilà* ; cf. *il y a* ... ci-dessous).

- des verbes marquant l'existence ou la localisation : *avoir, il y a*

> *Il y a quelque chose qui me préoccupe (dont je voudrais vous parler)* (variations du relatif possibles)
> *J'ai mon frère qui m'attend.*

Le tour *il y a X qu-* est complémentaire du tour *c'est X qu-*. Ce dernier marque l'identification d'un élément comme étant le seul dans un certain rôle (*C'est Paul qui est arrivé*). Le tour *il y a X qu-* marque qu'un élément remplit un certain rôle, sans exclure que d'autres éléments le remplissent aussi :

> *Il y a Paul qui est arrivé.*
> *Il y a des gens qui ne sont jamais contents.*
> *Il y a quelqu'un qui vous demande (quelque chose qui ne va pas).*

Ce tour permet de poser l'existence d'un terme, d'introduire (comme rhème par rapport à un "thème zéro") un élément nouveau, qui va lui-même devenir thème :

> *Il y a un étudiant qui est venu me voir ce matin. Il m'a demandé ...*

Il permet d'éviter des débuts de phrase en *Un N* ... (voir § 97).

Il s'est étendu à l'indication d'une durée :

> *Il y a dix ans que Pind* (comme *Voilà dix ans que, Ça fait dix ans que,* voir § 176).

203. Le tour *Il y a un carreau de cassé*

On rencontre (dans le français oral) avec *avoir* ou *il y a* un deuxième complément (adjectif ou participe) en *de*, dans des phrases comme :

> *Il y a un carreau de cassé.*
> *J'ai déjà la moitié de mon devoir de faite* (avec accord).

Le groupe en *de* doit s'interpréter comme marquant au départ un prélèvement : "pour ce qui est de ...", "en fait de ..." et servant de repère à *il y a* : "pour ce qui est de (chose) cassé(e), en fait de (chose) cassé(e), il y a un carreau". L'objet marque la quantité prélevée (*la moitié, un*).

Le groupe prépositionnel en *de* se trouve ensuite "attiré" par le GN qui le précède (d'une façon analogue à l'attraction qui s'est exercée sur la relative (ou intégrative) dans *c'est N qui*), et prend un statut quasi adjectival (comme l'intégrative est devenue relative).

L'emploi de l'adjectif sans *de* est proche (*Il y a un carreau / cassé*), mais la présence du *de* permet de mieux marquer son véritable rôle de complément de phrase.

Ce tour est très courant dans l'expression naturelle :
> *J'ai un rendez-vous de pris chez le médecin.*
> *Il y a eu trois personnes de blessées dans l'accident.*
> *Il y a quelque chose de marqué sur le dessus du paquet.*

Même tour avec un autre verbe :
> *Je ne connais (trouve) que ça de bon.*

204. Un complément direct et un complément indirect

Une construction à complément direct s'accompagne souvent d'un complément indirect. Exemple :
> *Paul prête un livre à Marie.*
> *Paul empêche Marie de travailler.*

Le problème des limites entre les compléments indirects essentiels et les compléments indirects accessoires (circonstanciels) se pose très vite. Une structure comme *envoyer un paquet à Paul à Paris à grands frais* fait ressortir l'éloignement progressif des compléments par rapport au verbe et leur "baisse de statut". Par ailleurs des facteurs sémantiques et lexicaux jouent : le complément indirect est senti comme plus essentiel dans *emprunter des livres à un ami* que dans *emprunter un livre à la bibliothèque* ; un complément représentant un inanimé (et, *a fortiori* un lieu) est senti d'autant plus facilement accessoire et circonstanciel.

Il existe une variété de compléments indirects (prép. + GN, + Inf, + complétive), mais aussi certaines limitations : peu (ou pas) de percontatives, pas de sous-phrase enchâssée directe.

La préposition *de* peut être "cachée", sous-jacente (par exemple dans *J'ai prévenu Marie que je viendrais*); inversement *de* peut être simple indice d'infinitif (*Je promets à Marie de venir* ; voir § 184).

Les constructions réflexives ont ici une importance particulière *(se mettre à, s'acharner à, ...)*. Elles seront mentionnées rapidement dans ce chapitre, avec renvoi au Chap. 10.

Problème de dénomination du complément indirect :

Plusieurs termes sont en usage, sans qu'aucun soit pleinement satisfaisant :

- **"objet indirect"** : suppose une "transitivité" qui a été exclue par définition. Le terme convient mieux aux cas du type *renoncer à* (voir Chap. 11).

- **"objet second"** : convient pour *dire qch à qqn* (ou *faire un sourire à quelqu'un*), mais non pour *parler à qqn* (ou *sourire à qqn*), alors que la construction du complément et son interprétation semblent bien être les mêmes.

- **"complément d'attribution"** : cette notation sémantique ne convient qu'à une partie des compléments en *à N* (*donner qch à qqn*); elle est gênante pour *enlever qch à qqn*. Remarquer *Il a donné deux livres et en a repris trois à Paul* : il s'agit bien du même complément.

En pratique, on parlera simplement de **complément indirect essentiel**, au plan strictement syntaxique, en utilisant par ailleurs des termes sémantiques là où il en existe qui paraissent appropriés (destinataire, ...).

Ordre des compléments : *a priori*, le complément direct occupe la première position (*donner qch à qqn*), en signe d'un lien plus étroit avec le verbe. Mais de nombreux facteurs (déjà évoqués, voir § 29) peuvent influer sur la place respective des termes. Rappelons seulement le rôle de la structuration thématique : *donner à Paul un livre (et non pas un disque)*, et, corrélativement, le rôle de la longueur : un bref complément en *à N* précède généralement une complétive (*J'ai dit à Marie que Sophie était arrivée*).

205. Le complément indirect est en *à*

Nature du complément en *à* :

- *à N*
- *à Inf*
- *à ce que P.*

Le complément indirect en *à N* est souvent représenté par un clitique datif ou *y* (voir § 227, 231).

On rencontre aussi quelques cas de GP Adjectival : *mettre qch à neuf.*

Interprétation sémantique : l'interprétation dépend en particulier de la nature du complément indirect (*à N, à Inf, ...*) et du caractère ± humain du complément direct.

Exemple de la construction *mettre N à X* :

1. Le complément indirect est un terme nominal localisateur, soit concret (spatial), soit notionnel ou métaphorique : "mettre (= faire être) qch (ou qqn) quelque part". On a un énoncé "factitif de localisation" (*à* n'étant ici qu'une préposition de lieu parmi d'autres), marquant la destination, avec des paraphrases en *placer, envoyer, installer* :

> *mettre sa voiture au garage, ses enfants à l'école, deux personnes à la porte* (au sens propre ou figuré), *se mettre à l'aise.*

2. Le complément indirect est un infinitif ou un substantif déverbal : "mettre qch (ou qqn) à qch (procès, activité)". On a une localisation dynamique, qui s'interprète comme une destination, une visée : il s'agit de "faire faire qch" à l'actant objet. La relation entre l'objet et l'infinitif (ou la nominalisation) pourra être différente selon le type d'objet (animé ou non, doté de puissance ou non) :

> *mettre le poulet à cuire, le vin à rafraîchir, une théorie (son amour, un candidat) à l'épreuve, qqn au travail (à contribution), se mettre à réfléchir (se mettre à pleuvoir,* impersonnel*), J'ai mis trois gars à travailler sur votre voiture* (familier).

3. Le complément indirect (ou le datif) est un N humain : "mettre qch à qqn". La localisation en un animé, avec un verbe dynamique, prend valeur d'"attribution" (au sens où on parle de "complément d'attribution") : le N est le destinataire, le bénéficiaire :

> *mettre ses gants à un enfant, mettre* (= donner) *une note à un élève, mettre un mot à Marie* (familier = "envoyer ou déposer une courte lettre").

Ce ne sont là que des fonctionnements types, des valeurs repères, là où la langue permet un jeu de valeurs en continu : dans

> *mettre deux heures à venir de Paris,*

le complément direct n'est pas un "objet" (il ne représente pas un actant) localisé dans le complément indirect par le verbe. Il représente la mesure de l'activité exprimée par le complément indirect en *à Inf* (qui a pour contrôleur le sujet). La phrase

> *Paul a mis son point d'honneur à tout faire lui-même*

participe à la fois de "mettre qch qq part" et de "mettre du temps à qch". Et le complément indirect peut être adjectival (*mettre un vêtement à neuf*).

206. Le complément indirect est *à* N

C'est une structure très usuelle : le complément indirect vient la plupart du temps ajouter à une construction transitive un actant supplémentaire :

Paul écrit une lettre + à Marie.

Le complément direct peut être de l'un ou l'autre des types déjà étudiés : GN, complétive, infinitive, percontative, ... C'est souvent un pronom réflexif : *se fier à, se prêter à, s'habituer à, se faire à (à une idée), s'attendre à,* ... (voir § 221).

L'actant supplémentaire, indirect, est plus ou moins attendu selon le cas. Il modifie parfois le sens du verbe, comme avec *apprendre* :

> *Paul a appris la mort de Jean / Paul a appris à Marie la mort de Jean* : l'énoncé à deux compléments a pris un sens factitif "faire savoir" ; voir § 123.

Très schématiquement, les emplois et valeurs types (repères) du complément en *à N* peuvent être présentés dans l'ordre suivant :

1. *donner (jeter, dire) qch à Paul*
2. *jeter qch à l'eau*
3. *faire du mal (voler qch) à Paul*
4. *perdre son temps au jeu.*

1. Localisation dynamique, *à N* animé : destinataire, bénéficiaire, "complément d'attribution"

- avec des verbes de déplacement ou de transfert d'objet (type *apporter, donner*); le complément en *à N* est souvent appelé "bénéficiaire" ou "complément d'attribution" :

> *Paul lance (jette, envoie, tend, ...) le ballon à Jean.*
> *Marie envoie (apporte, porte, remet, tend, ...) une lettre à Sophie.*
> *Paul donne (attribue, offre, prête, propose, rend, vend, ...) un livre à Marie.*
> *Paul a marié sa fille à un notaire.*
> *Paul sert du champagne à ses invités.*
> aussi avec *devoir* : *Paul doit cent francs à un ami.*
> *Je dois à la vérité* (traitée comme un complément humain) *de dire que j'ai cru mourir.*

> **Remarque :**
> Il y a ambiguïté sur l'interprétation du complément indirect avec *acheter, louer* : cf. ci-dessous.

- avec des verbes déclaratifs (type *dire*, voir § 178). Le destinataire du message est plus ou moins attendu :

> *Marie chante une berceuse à son bébé.*
> *Paul a dit (écrit, juré, répondu, ...) à Marie qu'il l'aimait.*
> *Paul a promis (juré) à Marie qu'il l'épouserait / de l'épouser.*
> aussi *Je souhaite à tous nos amis un grand succès (de réussir :* avec *de Inf).*

- **avec des verbes d'action sur autrui :** *commander, demander, défendre, pardonner, permettre* (voir § 179)

aussi *dire à qqn de Inf* :

> *Paul a demandé à Marie si elle l'aimait.*
> *Marie a permis à ses enfants de sortir.*
> *J'ai dit aux enfants de m'attendre.*
> *Paul a demandé à Marie de l'épouser* (le complément indirect est contrôleur de l'infinitif ; mais la construction peut dans certains cas prêter à ambiguïté, voir § 184 ; voir Remarque ci-dessous).
> *Paul a proposé à Marie de rester à la maison* (ambiguïté sur le contrôleur, voir § 184).

> **Remarques :**
>
> **1.** Dans une phrase comme *Il leur a donné un livre à chacun*, l'actant représenté par le datif est repris et "détaillé" par *à chacun*. Voir § 265.
>
> **2.** Les tours *demander à Inf* et *apprendre à Inf*, assimilables à des constructions directes (voir § 185), se retrouvent avec un complément en *à N* ou un datif :
> *L'élève demande à sortir à sa maîtresse* (non ambigu : le sujet est contrôleur de l'infinitif ; *Il le lui demande*).
> *Paul apprend à danser à Marie* (non ambigu : le complément indirect est contrôleur de l'infinitif ; voir § 123).

2. Localisation dynamique, *à N* non animé : destination

- avec des verbes comme *jeter*, un destinataire non animé est senti comme une destination, proche d'un circonstant :

> *Paul jette (met, lance) le ballon à l'eau.*
> *Paul accroche (attache, ...) la remorque à sa voiture.*

sauf s'il se rattache sémantiquement à de l'animé :

> *Cette découverte redonne de l'intérêt à cette question.*

- avec des verbes comme *appeler, forcer, inviter, obliger* (pour lesquels c'est le complément direct qui est animé) le complément indirect inanimé est le plus souvent une nominalisation et marque une destination (mais la construction essentielle avec ces verbes est avec *à Inf*, voir § 209) :

> *Paul a appelé son frère au secours (à la rescousse, à l'aide).*
> *Le courage de Paul force ses adversaires au respect.*

3. Localisation statique : personne affectée

- avec des prédicats du type *faire qch*, le complément indirect animé marque la personne affectée (le destinataire étant plutôt en *pour* : *faire qch pour qqn*) :

> *La maladie de Luc a causé beaucoup de soucis à Sophie.*
> *Paul fait un dessin à ses enfants.*

Ça fait de la peine à Marie que Paul soit malade (de voir Paul malade) (tour quasi-impersonnel avec reprise ; voir § 176).

Nombreux emplois avec des "locutions verbales" du type *faire peur (mal, plaisir, peine, ...) à qqn, faire un compliment (une surprise, ...) à qqn, tenir tête à qqn,* etc.

Voir § 207 : *faire faire qch à qqn.*

- *coûter, valoir, il faut :*

   Cette voiture m'a coûté une fortune.
   Son intransigeance a valu à Paul bien des ennuis.
   Il faut du temps aux gens pour s'habituer.

- avec des verbes du type *prendre*, le complément indirect animé marque la personne affectée (qui est source, origine par rapport à l'objet) :

   On a volé (enlevé, pris, ...) sa collection de tableaux à Paul.

Sauf à donner à *à* un sens (de provenance) contraire à son sémantisme général, il faut considérer que le complément en *à* marque ici seulement l'actant affecté. Cf. *Jean passe son temps à donner et à prendre des choses à Paul* (un seul complément en *à N*, senti comme unique, avec *donner* et *prendre*).

Il y a ambiguïté possible sur *Paul a acheté des fleurs (loué une maison) à Marie* : le complément indirect peut marquer le destinataire (le destinataire des fleurs, le locataire) ou la personne affectée (le vendeur, le bailleur).

4. Localisation statique : chose affectée

Le complément indirect non animé marque la localisation (chose concernée) dans des emplois comme :

- *faire attention à qch, porter intérêt à qch, prendre garde à qch :*

   Fais attention à tes doigts !
   Paul porte intérêt à son travail.

La présentation de la relation est inverse dans les expressions du type *avoir qch à cœur* (c'est le complément indirect, formant locution avec le verbe, qui rend possible la construction transitive) :

   Paul a son travail à cœur
   Paul a à cœur de faire son travail correctement

- *dépenser, gagner, passer, perdre, mettre qch à qch :*

   Paul perd (passe) tout son temps (dépense tout son argent) au jeu.

L'objet est restreint (temps, argent); la construction essentielle est avec *à Inf.* Le complément indirect est proche d'un circonstant.

- *changer, comprendre, connaître qch à qch :*

   Je ne comprends rien à cette affaire
   Ce que vous dites ne change rien à ma détermination

- mise en rapport de deux objets : *comparer, préférer* :

Marie préfère (compare) le cinéma au théâtre (Luc à Paul).

(Le verbe *comparer* (comme *mêler*) se construit aussi avec une coordination d'objets directs : *comparer le cinéma et le théâtre* – sans indication qu'un terme serve de point de départ à la comparaison.)

207. Le type *faire faire (voir faire) qch à qqn*

Sous-classe importante. Le complément indirect, animé, est la personne affectée du "faire ...", comme dans *faire qch à qqn*, le "qch" étant le Groupe Infinitival :

Paul fait faire leurs devoirs à ses élèves.
Paul fait travailler la Sonate de Liszt à Sophie.

Le complément indirect est le contrôleur de l'infinitif.

Cet emploi est de rigueur quand l'infinitif a un complément direct. Mais il s'utilise dès que l'infinitif a un complément sous-entendu, même quand le tour avec deux compléments directs (cf. § 195) serait possible :

Je ferai raconter à Paul (sans objet exprimé de *raconter* ; plus courant que *Je ferai raconter Paul*).

Le complément en *à N* (ou le datif) peut être ambigu : dans

J'ai fait porter des fleurs à Marie (ou Je lui ai fait porter des fleurs),

le complément indirect peut être rattaché à *faire* ou *à porter des fleurs*. (L'ambiguïté disparaît avec *par Marie, par elle*.)

> **Remarque :**
> À l'oral, l'intonation peut permettre occasionnellement d'utiliser deux compléments en *à N* l'un à la suite de l'autre : *J'ai fait porter des fleurs à Marie // à Paul* s'interprète préférentiellement avec *Marie* destinataire de *porter des fleurs*.

Ce tour avec complément indirect (ou datif) s'étend à d'autres verbes parmi ceux qui admettent deux compléments directs :

- *laisser* :

Je lui ai laissé conduire la voiture (c'est bien de "laisser qch à qqn" qu'il s'agit, le "qch" étant de "conduire la voiture"; énoncé concurrent de *Je l'ai laissé(e) conduire la voiture*).

- et même *entendre* et *voir* :

J'ai déjà entendu raconter cette histoire à Paul (à côté de *J'ai déjà entendu Paul raconter cette histoire*).

plus couramment avec datif : *Je lui ai déjà entendu raconter cette histoire* (à côté de *Je l'ai déjà entendu(e) raconter cette histoire*).

Je lui ai déjà vu faire ce tour de magie (à côté de *Je l'ai déjà vu(e) faire ce tour de magie*).

> *La malheureuse, qu'est-ce qu'il a pu lui en faire voir, ce salaud de Paul !* (vulgaire, = "que ne lui a-t-il pas infligé !")

Pour *Paul s'est fait arracher une dent*, et *Paul s'est vu décerner le premier prix*, voir § 230.

208. Le type *serrer la main à qqn*

On rencontre souvent un complément indirect en *à N* (ou un datif) dans des phrases d'un type très courant comme :

> *Paul serre la main à Jean (Paul lui serre la main).*
> *L'infirmière lave la figure au malade.*

C'est le complément dit de la **possession inaliénable** : le complément indirect marque le "possesseur" de la partie du corps jouant le rôle d'objet du verbe.

L'exemple n° 1 ci-dessus n'a pas le même sens que *Paul serre la main de Jean*, qui indique simplement l'acte matériel consistant à exercer une pression sur la main de Jean : *serrer la main à Jean*, c'est accomplir un acte hautement socialisé et significatif, qui ne s'adresse pas à la main de Jean mais à Jean tout entier : c'est sa personne entière (et non simplement une partie de son être physique) qui est concernée, et qui a par conséquent statut d'actant dans la phrase.

Ce tour est à rapprocher de

> *Le professeur a corrigé son devoir à Paul,*

qui fait de *Paul* un actant concerné au premier chef, par différence avec *Le professeur a corrigé le devoir de Paul*, où *Paul* n'intervient que comme élément secondaire permettant d'identifier le devoir. Dans *serrer la main à qqn* (et non **serrer sa main à qqn*), c'est le caractère inaliénable de la possession de sa propre main par tout homme qui exclut l'emploi du possessif.

L'énoncé avec le complément indirect *à N* a de préférence (ou prend aisément) un sens symbolique (figuré, métaphorique) ; l'énoncé avec le complément direct *N de N* a, de préférence, le sens littéral. Ainsi :

> *tordre le cou à qqn*
> *casser les pieds à qqn*

sont des expressions familières qui désignent ce qu'on fait à une personne (la tuer, l'ennuyer), et non (ou non seulement) à une partie de son corps.

> par métaphore : *serrer la vis à qqn* (="se montrer plus sévère envers qqn").

Ce tour est très employé avec un datif réflexif (voir § 228) : *se casser la jambe, se prendre les pieds (dans le tapis), se serrer la ceinture* (= "se restreindre" ; impossible sans datif).

Remarque :
Un complément indirect en *à N* (de possession inaliénable) n'est pas associé nécessairement à un complément direct ; cf.

taper sur les nerfs (sur le système) à qqn
courir sur le haricot à qqn (par plaisanterie : "l'indisposer" ; le "haricot" en question n'a guère de valeur référentielle dans la conscience des locuteurs)
enlever le pain de la bouche à qqn
chercher des poux dans la tête à Jean ("chercher des motifs, même spécieux ou insignifiants, pour critiquer Jean", alors que *chercher des poux dans la tête de Jean*, c'est se livrer à la recherche matérielle des parasites en question).

209. Le complément indirect est *à Inf*

Voici quelques cas importants, dans un ensemble de constructions difficile à structurer :

1. avec objet animé : destination

L'infinitif n'a guère ici de correspondant nominal (en dehors de nominalisations) : la construction avec infinitif est la construction principale.

L'infinitif marque la destination : l'activité ou le comportement auquel l'actant objet est conduit; le sens général de la construction est de "faire faire qch à qqn" : le verbe introducteur est clairement modal.

- *amener, conduire, induire, mener, mettre, porter, pousser*
- *appeler, convier, encourager, engager, exciter, exhorter, inciter, intéresser, inviter*
- *accoutumer, dresser, entraîner, exercer, former, habituer, préparer*
- *autoriser, condamner, limiter*
- *contraindre, décider, forcer, obliger*
- aussi *employer*

> *On a forcé Paul à ouvrir la porte.*
> *Paul encourage Marie à travailler.*
> *J'ai décidé Paul à venir avec nous.*

- *aider*. La construction a un caractère moins dynamique (localisation "aider qqn dans son travail").

Le contrôleur de l'infinitif est le complément direct.
La pronominalisation de l'infinitive est possible en *y*.

L'importance et la fréquence des constructions à objet réflexif sont à remarquer (voir § 221) : *se mettre à, s'appliquer à, s'apprêter à, se décider à, se résoudre à, s'acharner à, s'évertuer à ...*

> **Remarque :**
> Ces verbes se rencontrent fréquemment au passif :
> *Paul est appelé à former le nouveau gouvernement*
> (on a la préposition *de* dans *être forcé de*, *être obligé de*, en fonctionnement adjectival).

2. avec objet non animé : localisation

On retrouve des constructions déjà vues avec *à N*, § 206 . Le contrôleur de l'infinitif est le sujet du verbe :

- avec des verbes comme *passer, perdre, mettre, dépenser, employer, gaspiller, hasarder, risquer.*

Objet en inventaire restreint. Le complément indirect est proche d'un circonstant (marquant la cause, le moyen, une concomitance) ; cf. les paraphrases par le gérondif (plus circonstanciel).

Paul passe tout son temps à jouer aux cartes

Tour réflexif : *se hasarder, se risquer à.*

- nombreuses **locutions** du type :

avoir avantage, avoir intérêt à
avoir du mal, de la peine, du plaisir à (mais *le plaisir de*)
(ne pas) avoir le cœur à
attacher de l'importance à
apporter du soin à
faire (très) attention à
prendre goût à, prendre garde à
trouver plaisir à
mettre du zèle à

Vous avez avantage à passer commande sans attendre.
J'ai eu beaucoup de plaisir à faire votre connaissance.

> **Remarque :**
> Le complément en *à* peut parfois s'analyser comme un complément du substantif : cf. *Le plaisir de Paul à chanter est évident.*

3. avec objet non animé : destination *(J'ai du travail à faire)*

On rencontre aussi avec *avoir (il y a)* et *donner* une construction importante, où l'infinitif a une valeur dynamique de destination :

- avec le verbe ***avoir*** :

Paul a du travail à faire.
J'ai encore trois malades à voir (ou *à voir trois malades*).
J'ai à dire que P (l'ordre inverse est difficile, étant donné la longueur respective des deux compléments ; de ce fait, la complétive s'interprète d'autant plus facilement comme étant complément de l'infinitif).

Le contrôleur de l'infinitif est le sujet du verbe. Le complément indirect ne peut pas se pronominaliser en *y*.

Le GN objet est relié à la fois au verbe et à l'infinitif, ce qui soulève des difficultés d'analyse et peut engendrer quelques problèmes d'accord ; mais la nuance est ténue entre *les malades que j'ai eu à examiner* ("qu'il m'a incombé d'examiner") et *les malades que j'ai eus à examiner* ("qui me sont arrivés à des fins d'examen"). L'équivalence entre *avoir qch à faire* et *avoir à faire qch* a permis le développement du tour *avoir à faire* (origine du substantif *affaire*), et plus généralement *avoir à Inf*, avec idée d'obligation.

- les mêmes tours se retrouvent avec *il y a* :
> *Il y a encore du travail à faire !*
> *Il y a sûrement quelque chose à faire ; Il n'y a rien à faire ; Il n'y a que ça à faire.*
> *Il y a beaucoup de choses à voir.*
> *Il y aurait beaucoup à redire (à, dans ce travail).*

Le contrôleur de l'infinitif n'est pas spécifié (on parle quelquefois, sans nécessité, d'une valeur "passive" de l'infinitif pour exprimer que le complément du verbe est également senti comme objet de l'infinitif).

Comme avec *avoir*, l'infinitif tend à capter l'objet, et le GPInfinitif en arrive à être senti comme un complément direct :
> *Il y a à faire* (sans objet ; = "il y a du travail à faire"), d'où :
> *Il n'y a qu'à Inf* (= "il suffit de Inf" ; tour très courant ; quelquefois même écrit, par une imitation plaisante de l'oral, *yaka*).

> **Remarque :**
> Cf. avec les verbes de localisation statique *Il reste (qch) à faire*.

- avec **laisser, donner** :
> *Vous laissez tout à faire !*
> *Marie a donné sa veste à nettoyer* (ou *a donné à nettoyer sa veste*).
> *Ce problème donne du fil à retordre* (= "cause beaucoup de difficultés").

Un actant supplémentaire en *à N* indique fréquemment le bénéficiaire animé (qui est en même temps le contrôleur de l'infinitif) :
> *Marie a donné sa veste à nettoyer au teinturier* (voir § 217).
> *Donne-lui quelque chose à manger.*

Le GPInfinitif est traité comme un GN direct dans
> *donner à manger (à boire) (à qqn)*
> *Voulez-vous à boire ?*

210. Le complément indirect est *à ce que P*

La construction avec une complétive indirecte en *à ce que Psubj* se rencontre avec certains des verbes admettant *à Inf* :

- elle est rare et peu naturelle avec les verbes du type *obliger* ; elle suppose que la subordonnée a un sujet différent du complément direct du verbe :

> *Paul a aidé Marie à ce que tout soit prêt* (peu naturel)

- elle est plus courante après les expressions du type *faire attention à, attacher de l'importance à* :

> *Paul attache beaucoup d'importance (met son point d'honneur) à
> ce que tout soit bien fait.*
> *Prenez garde (faites attention) à ce que rien ne se perde.*

Avec les expressions les plus courantes (*faire attention, prendre garde*), la complétive apparaît sans préposition (mais elle se pronominalise en *y*) :

> *Prenez garde (faites attention) que rien ne se perde.*

211. **L**e complément indirect est en *de*

Le complément en *de* marque au départ l'origine (la cause) ou le point de vue ("au sujet de", "relativement à"), avec le caractère d'un complément plus ou moins facultatif, détachable par l'intonation :

> *J'admire beaucoup Marie (,) d'avoir tenu tête à ses détracteurs
> comme elle l'a fait* (variante : *pour avoir tenu tête*).

Il finit par s'associer à certains types de verbes, et par devenir essentiel (obligatoire) :

> *On n'empêchera pas Paul de parler !* (*empêcher qqn de Inf* :
> "gêner qqn, relativement au fait de faire qch", et par suite
> "faire que qqn ne puisse pas faire qch").

Le rapport d'opposition entre *de* et *à* est manifeste dans des exemples comme :

> *décourager de / encourager à*
> *se méfier de / se fier à*
> *empêcher de / forcer à.*

Nature du complément indirect :

- *de N*
- *de Inf*
- *(de ce) que P*
- aussi percontative indirecte : *Je me moque de qui a fait ça !* (grammaticalité contestée).

Le complément indirect en *de* se rencontre souvent avec un complément direct réflexif : *s'apercevoir de, se méfier de, ...* (voir § 221).

> **Remarque :**
> Les constructions du type *avoir besoin (avoir envie, avoir le temps) de*
> *(de N, de Inf, (de ce) que Psubj)* ne sont pas prises en compte, le com-
> plément en *de* pouvant s'analyser comme un complément du nom.

212. Le complément indirect est *de N*

La frontière entre complément essentiel et complément accessoire est particulièrement incertaine avec les compléments en *de N*.

Ces compléments peuvent avoir différentes valeurs, étroitement reliées :

- origine locale :

- *tirer* : *Ce mot tire son origine du latin* ;
- aussi *faire de qqn un ami.*

- "au sujet de" :

- *dire, croire, ... :*
   On dit beaucoup de bien de Marie (de ce film).
   On dit de Paul qu'il ne reviendra plus.

- *prévenir, informer, avertir, instruire :*
   Il faut prévenir Paul de l'annulation de la réunion.

- *blâmer, complimenter, consoler, engueuler* (familier), *excuser, félici-*
ter, louer, plaindre, punir, récompenser, remercier, ...
- *accuser, soupçonner, suspecter.*
Le complément en *de N* marque à propos de quoi le sujet a l'attitude ou le sentiment en question

   Je félicite les heureux gagnants de leur brillant succès (variante :
      pour leur succès).
   Veuillez excuser cet enfant de sa maladresse.
   Je remercie de leur participation tous ceux qui ont contribué au
      succès de cette manifestation.
   Paul console Sophie de sa mauvaise note en français.
   Il faut convaincre (persuader) Paul du bien-fondé de notre point
      de vue.
   On a accusé Paul de meurtre.

Les compléments indirects en *de N* sont la plupart du temps des nomi-nalisations : ces verbes s'emploient surtout avec *de Inf* (voir § 213).

- *menacer* : *Paul a menacé son fils d'une bonne fessée* (= "il a menacé son fils, à propos d'une bonne fessée", d'où "il a dit d'une façon mena-çante à son fils qu'il pourrait (allait) lui donner une bonne fessée")

- *protéger, garder, dégoûter, priver, détourner* (idée de séparation) :

Cette bombe aérosol protègera vos rosiers de tous les insectes nuisibles.

- *charger* : *charger qqn d'une mission* ; effet sémantique différent dans *charger un camion de sable* (= "avec du sable").

Avec un complément direct réflexif : *se servir de qch, s'apercevoir de, se méfier, se tromper, s'éprendre, se rire, ...* (voir § 221). Aussi *il s'agit de.*

213. Le complément indirect est *de Inf*

Le contrôleur de l'infinitif est le complément direct (sauf pour *menacer*). La pronominalisation se fait par *en*.

Verbes n'admettant pas de complément indirect nominal (la construction en *N de Inf* est la construction essentielle de ces verbes) :

- *empêcher* : *Paul empêche Marie de venir* (cf. le tour complétif direct, de sens légèrement différent : *Paul empêche que Marie vienne*).

- *admirer, approuver, critiquer, envier, haïr, mépriser* :
> *J'admire Marie de toujours garder son calme* (cf. la complétive directe *J'admire que Marie garde toujours son calme*).

- *adjurer, conjurer, convaincre, défier, implorer, persuader, presser, prier, solliciter, sommer, supplier* (verbes marquant un effort (ou une action, une influence) sur qqn, pour le déterminer à faire qch) :
> *Je vous prie d'agréer l'expression de mes sentiments distingués.*
> *Paul (ce raisonnement) m'a convaincu d'y aller.*

Verbes admettant un complément en *de N* :

- *charger* : *Je vous charge de remettre cette lettre à Marie.*

- *blâmer, complimenter, consoler, engueuler* (fam.), *excuser, féliciter, louer, plaindre, punir, récompenser, remercier* (verbes exprimant une attitude ou un sentiment à l'égard de qqn) :
> *Je vous félicite d'avoir mené à bien votre mission.*

- *accuser, soupçonner, suspecter* :
> *Paul accuse Marie de le tromper* = "Paul incrimine Marie, relativement au fait de le tromper", d'où, par suite, "Paul dit d'une façon accusatrice que Marie le trompe".

- *décourager, dégoûter, détourner, dispenser, dissuader, garder, priver* :
> *Marie a dissuadé Paul de se présenter au concours.*

- *prévenir, avertir, instruire* : *Je vous préviens d'avoir à faire attention.*

Le **verbe *menacer*** est à mettre à part, en raison de ce que le contrôleur de l'infinitif est le sujet :

> *Paul a menacé Marie de partir* (le contrôleur de l'infinitif est *Paul*).

Remarque :
Nombreuses constructions réflexives ; voir § 221 :
- *s'efforcer de, s'excuser de, se targuer de, ...*
- *il s'agit de : Il s'agit maintenant de ne plus perdre de temps.*

214. Le complément indirect est *(de ce) que P*

Ce tour se rencontre avec un sous-ensemble des verbes admettant *de Inf.*

De ce que P se réduit presque toujours à *que P*, mais la pronominalisation, quand elle est possible, est en *en* (jamais en *le*).

- avec l'indicatif :

> *Paul a prévenu (averti, informé) Marie qu'il serait en retard* (par rapport à *dire*, le destinataire du message est devenu objet direct, et le contenu du message est passé au rang de complément indirect).
>
> *Paul a convaincu (persuadé) Marie que c'était la meilleure solution.*

- avec le subjonctif :

> *Paul a convaincu Marie qu'elle vienne le rejoindre* (subjonctif, avec coréférence des sujets : le tour avec infinitif ... *de venir* ... est plus naturel).
>
> *Paul a persuadé Marie que tout soit fait comme il voulait .*
>
> *Je vous prie (adjure, supplie) que tout soit fait dans les meilleurs délais.*
>
> *Il ne s'agit pas que vous fassiez des bêtises !*
>
> *Marie prie le ciel que tout se passe bien .*

215. Le complément indirect est *de* + Adjectif

En marge de la série de constructions précédentes, on rencontre, avec quelques verbes du type *traiter*, un complément indirect en *de* + Adjectif (ou GN sans déterminant ; inventaire restreint) :

> *Paul a traité Marie d'idiote* (avec accord).
>
> *On a traité Paul d'assassin.*
>
> *Le gouvernement a qualifié cette démarche de très positive.*

Ce complément en *de* marque une qualification de l'objet (il est souvent appelé "attribut indirect").

Ce tour a le caractère d'une citation : Paul a dit à Marie *"Idiote !"*, ou *"Tu es (une) idiote !"* ; le gouvernement a utilisé officiellement les termes de *très positif* à propos de la démarche.

216. Complément indirect introduit par une autre préposition

Quelques exemples :

- *avec* :

  comparer qch avec qch (voir § 166 Rem.)
  se disputer avec qqn

- *contre* :

  s'emporter contre

- *pour* :

  La France a l'Italie pour alliée (valeur attributive ; on parle souvent d'"attribut indirect").
  prendre (tenir) qqn pour un imbécile
  J'en veux ceci pour preuve.
  Cette initiative a eu pour effet de tout faire échouer (a eu pour effet que tout a échoué).

La frontière avec les compléments accessoires (circonstanciels) est incertaine.

217. Constructions à trois compléments

On rencontre des constructions présentant plus de deux compléments essentiels du verbe, pour autant qu'on puisse encore parler avec certitude de "compléments essentiels" : à mesure que le prédicat s'enrichit, la frontière avec les compléments accessoires devient de plus en plus difficile à déterminer.

Voici simplement quelques exemples de configurations syntaxiques (et actancielles) complexes, obtenues par cumul de différents types de compléments parmi ceux qui ont été examinés :

  Paul nous a dit beaucoup de bien de Marie (dire + qch + de N + à qqn).
  Je me ferai un plaisir de vous rendre service ; je m'en ferai un plaisir (faire + GN objet + de Inf + à N ou datif).

Sur le modèle *donner qch à faire à qqn* (voir § 209) :

Paul a laissé sa voiture à réparer au garagiste (GN objet + *à Inf* de destination + *à N* bénéficiaire ; ordre des constituants variable).

Marie a donné sa veste à rallonger à sa mère; Marie a donné du whisky à boire à ses invités.

Remarques :

1. Les constructions factitives (dont on est proche avec les exemples précédents) sont particulièrement propres à faire intervenir un grand nombre d'actants. Cf. :

Je fais porter des fleurs à Marie par Paul (pour Sophie !).

2. Pour brèves qu'elles soient, des constructions (figées) comme les suivantes n'en ont pas moins une structure complexe, d'analyse délicate :

s'en remettre à
s'en tenir à.

10

LES CONSTRUCTIONS TRANSITIVES À COMPLÉMENTS CLITIQUES

218. Compléments clitiques dans les constructions transitives

On rencontre dans les constructions transitives la gamme complète des pronoms et adverbes clitiques :

Accusatifs : *me, te, nous, vous* (non réflexifs ou réflexifs), *le, la, les* (non réflexifs), et le réflexif *se*

Datifs : *me, te, nous, vous* (non réflexifs ou réflexifs), *lui, leur* (non réflexifs), et le réflexif *se*

Y et *en.*
Sur les questions de cumul et d'ordre, voir § 117.

219. Accusatif non réflexif : *Il le veut*

Me, te, nous, vous :
> Cela me surprend.
> Je te vois.
> On nous appelle.
> Cela vous concerne.

Le, la, les :

LE remplit une fonction de complément direct, et équivaut à ce titre à un des types de complément direct :
> *Il le veut = Il veut ce livre* ou *Il veut réussir* ou *Il veut que tu viennes,* ...

Le contexte ne fournit pas toujours un antécédent sous une forme qui soit substituable à *le* :
> *Quand tu seras prêt, dis-le moi* = "quand tu seras prêt, dis-moi «je suis prêt»", "... dis-moi que tu es prêt".
> *Travaille, puisqu'il le faut* = ?? "il faut que tu travailles", "il faut travailler" ?

Le référent de *le* peut résider dans :

- un GN masc. sg. (animé ou inanimé), déterminé (article défini ou équivalent) :
> *Paul, je le vois d'ici.*
> *Ce livre, je le prends.*

Pour la pronominalisation d'un GN avec article indéfini ou partitif, voir § 232, 233.

- un GPron :
> *Ce que j'ai fait, aucune bête ne l'aurait fait.*

- un Infinitif direct (éventuellement précédé de *de*, voir § 184) :

> *Paul souhaite venir, et Marie le souhaite aussi* ("Marie souhaite venir aussi" ; mais il y a ambiguïté avec l'interprétation : "Marie souhaite aussi que Paul vienne").
> *Il a promis de venir > Il l'a promis.*

L'emploi de *le* est quelquefois recherché, voire artificiel (*Je le peux*). Tous les infinitifs compléments directs ne se pronominalisent pas (ainsi avec les modalités *Je sais nager*).

- une complétive :

> *Paul pense que ça vaut mieux. Je le pense aussi.*

- une percontative :

> *Qui a cassé le vase de Soissons, je voudrais bien le savoir.*

- une phrase :

> *Marie a été reçue à son examen - Je le savais déjà !*
> *Il viendra ; c'est certain, il l'a même juré.*
> *Je démissionne. Dites-le autour de vous.*
> *Ce n'est pas aussi facile que je le croyais.*

Locutions :

> *l'emporter*
> *le disputer à.*

LA reprend un GN féminin singulier déterminé :

> *Marie, je la vois souvent*
> *Ma voiture, je la prends tous les jours.*

Locutions :

> *la ramener* (= être prétentieux)
> *Je la connais, celle-là* (= cette histoire, cf. *Elle est bien bonne !*)
> *se la couler douce* (= ne pas se fatiguer).
> *l'avoir mauvaise* (= enrager).

LES représente un GN pluriel déterminé :

> *Paul et Marie, nous les connaissons bien.*
> *Ces lettres, il faut les conserver.*

220. **A**ccusatif réflexif : actants distincts : *Il se peigne*

Pour les emplois des accusatifs réflexifs, il y a lieu de distinguer plusieurs cas (voir § 119).

Il peut y avoir **deux actants coréférents mais distincts, avec deux rôles actanciels distincts** (par exemple un agent et un objet affecté) ; le sujet est généralement animé, le verbe indique le même procès que si le sujet et l'objet n'étaient pas coréférents, et **le réflexif peut commuter avec un non réflexif** :

- *se coiffer, se déshabiller, s'habiller, se laver, se peigner, se soigner, se tuer, ...*

> *Paul s'est tué d'un coup de revolver* (comme *Paul a tué un passant d'un coup de revolver*).
> *Après avoir coiffé sa sœur, Marie se coiffe (elle-même).*

En cas de sujet pluriel, on distingue entre interprétation **réfléchie** et interprétation **réciproque** :

> *Paul et Marie se regardent* (réciproque : = "ils se regardent l'un l'autre, mutuellement" ; réfléchi : "chacun des deux se regarde").

- avec un deuxième complément direct (voir § 192 sq.) :

> *Je m'entends encore lui dire "À demain".*
> *Je me sens malade.*
> *Marie se sent mourir, revivre.*

- avec un deuxième complément (indirect) :

s'amuser à, s'apprêter à, se fatiguer à, se préparer à, s'obliger à, ...
se borner à, ...
se donner à, se prêter à, ...

> *Je me suis préparé, et j'ai préparé les enfants, à ce qui allait se passer.*
> *Paul s'oblige à faire huit heures de gammes par jour.*
> *Paul se donne à fond à son travail.*

221. Accusatif réflexif : actants indistincts : *Il se trompe*

Mais dans la grande majorité des cas, il n'est guère possible de distinguer des rôles actanciels distincts.

Un très grand nombre de verbes usuels, qui s'emploient communément avec un objet, s'emploient également couramment avec un objet réflexif : il se forme alors une unité sémantique dans laquelle il est malaisé et artificiel (voire même impossible) de démêler deux rôles actanciels distincts. Le sujet (animé) reste à l'origine du procès, mais il ne saurait être considéré comme un agent volontaire à part entière. Ainsi par exemple pour :

- *s'arranger, s'arrêter, s'asseoir, se baigner, se baisser, se brûler, se coucher, se débrouiller, s'endormir, s'installer, se lever, se marier, se pencher, se plaindre, se presser, se promener, se raser, se reposer, se réveiller, se sauver, se taire, se tromper, ...*

Comparer :

> *se promener* (= "faire une promenade") / *promener ses enfants, son chien, sa solitude*
>
> *se réveiller* (peut-on distinguer le "réveilleur" et le patient ? ; = "sortir du sommeil") / *réveiller ses voisins*
>
> *Marie s'est piquée en cueillant des roses, avec une aiguille / La guêpe m'a piqué.*
>
> *Je me suis brûlé / Le dermato a brûlé la verrue de Marc.*
>
> *Paul se trompe* ("il est dans l'erreur") / *Il trompe ses adversaires, des créanciers naïfs.*
>
> *Paul se bat comme un lion / Il bat sa femme.*
>
> *Paul s'arrange (pour ne pas être pris) / Il arrange les fleurs dans le vase.*

Avec sujet pluriel, on retrouve la distinction réfléchi / réciproque :

> *Paul et Jacques se battent tout le temps* (réfléchi : "ils passent tous les deux leur temps dans des bagarres" / réciproque : "ils se battent l'un contre l'autre").
>
> *Paul et Marie se marient* (réfléchi : "chacun de son côté" / réciproque : "ensemble").

Dans certains cas, une interprétation agentive et une interprétation non agentive peuvent s'opposer clairement :

> *Paul s'est tué* : suicide ou accident ?,

mais dans la majorité des cas le sujet possède un certain degré d'agentivité, qui ne peut pas être déterminé de façon stricte, et peut donner lieu à des interprétations divergentes. Ainsi, dans l'exemple suivant (Voltaire) :

> *Le lendemain, après le dîner, Cunégonde et Candide se trouvèrent derrière un paravent (...) ; leurs bouches se rencontrèrent, leurs yeux s'enflammèrent, leurs genoux tremblèrent, leurs mains s'égarèrent.* (Voltaire accumule les constructions réflexives pour en exploiter l'équivoque : les deux jeunes gens, poussés l'un vers l'autre par un mouvement naturel, "se trouvent" - par hasard, mais aussi parce que, sans le savoir ni le vouloir en pleine clarté consciente, ils "se cherchent".)

La réflexivité peut toucher un verbe modal comme *pouvoir* (*Cela se peut*) ou *devoir* (dans *comme il se doit*, où *il* semble bien être, par archaïsme, anaphorique ; voir § 96 Rem.) ou des verbes par ailleurs non transitifs (*se mourir, s'en aller, s'enfuir*).

Avec un complément indirect (type très répandu) :

> *s'accorder à, s'appliquer à, s'attacher à, se décider à, se déterminer à, s'employer à, s'engager à, s'exposer à, s'habituer à, se hasarder à, se mettre à, se plier à, se prendre à, se rendre à, se résoudre à, ...*
>
> *se dépêcher de, s'excuser de, se moquer de, se servir de, se tromper de, ...*

se foutre de (vulgaire)

> *Je m'habitue à ma nouvelle situation.*
> *Paul se met à travailler* (avec passage à la valeur de modalité aspectuelle, proche de *commencer à*).
> *Paul se rend à son travail* (comparer *Vercingétorix se rendit à Jules César ; Je me rends à vos arguments*).
> *Je m'excuse de vous déranger* (au sens de "je vous prie de m'excuser de ...").
> *Je me suis trompé de colonne.*
> *Je me sers toujours de ma vieille machine à écrire.*

Pour certains verbes, la construction à deux compléments n'existe que quand elle est réflexive : *se résoudre à, se moquer de*.

Dans d'autres cas, le verbe en emploi réflexif avec un complément indirect est proche du même verbe employé transitivement avec un seul complément : l'emploi transitif simple correspond au "sens propre", l'emploi réflexif centre le procès sur l'actant sujet, le complément indirect n'étant qu'une occasion, un support de manifestation :

s'attendre à, s'entendre à, s'essayer à, se décider à, se hasarder à, se risquer à, s'offrir à, se refuser à
s'apercevoir de

> *se décider à riposter / décider une riposte*
> *s'essayer à un exercice difficile* : en faisant l'essai de qch, on fait en même temps l'essai de soi-même / *essayer qch, de Inf*
> *Je m'attendais bien à ce genre de réaction* : dispositions psychologiques ("j'étais préparé, je voyais venir, je présageais").
> *Paul s'y connaît (en numismatique).*
> *Paul se risque (se hasarde) à intervenir / risquer (hasarder) une intervention.*
> *Paul se refuse à cette compromission.*
> *Paul s'est aperçu de son erreur.*

222. Accusatif réflexif : verbes toujours réflexifs : *Il s'obstine*

Certains verbes n'existent que sous forme réflexive : il n'est alors plus question de pouvoir distinguer des rôles actanciels distincts.

Sans autre complément :

s'absenter, s'enfuir, s'évanouir, se gendarmer, se marrer (vulgaire), *se pâmer, se pavaner, ...*
s'écrier, s'exclamer, s'égosiller, se récrier.

Le caractère "accusatif" et non "datif" du clitique réflexif, encore intuitivement sensible dans certains cas ("faire de soi-même un absent, un gendarme, un paon"), tend dans d'autres à s'estomper complètement et n'est plus alors manifesté que dans l'accord (mais il n'est pas normal de faire reposer une analyse sur un phénomène qu'elle devrait, à l'inverse, expliquer !) :

> *Marie s'est évanouie.*

> **Remarque :**
> Dans le cas de *s'écrier :* «*P*» (ou *s'écrier que P*), le véritable complément direct est le réflexif, comme en témoigne l'accord (*Elle s'est écriée que P*). La complétive, d'apparence directe, mais non pronominalisable, et sans commutation avec un GN, relève du même type de complémentation que *Il continua :* «*P*» (ou *Il continua que P*).

Avec un deuxième complément (indirect) :

> *s'adonner à, se fier à, se dévouer à, ...*
> *s'acharner à, s'échiner à, s'entêter à, s'évertuer à, s'ingénier à, s'obstiner à, ...*
> *s'efforcer à N / s'efforcer de Inf* (mais toujours *Il s'y efforce* et non **en*)
> *s'éprendre de, se méfier de, ...*
> *se repentir de, se targuer de, ...*

> *Paul s'obstine à vouloir se faire élire.*
> *L'animal se fie à son instinct.*
> *Repens-toi de tes fautes.*
> *Je m'efforcerai de faire mieux la prochaine fois.*

223. Accusatif réflexif : sens moyen ou passif : *Ça se voit*

On rencontre couramment des emplois réflexifs dans lesquels le sujet est un inanimé senti comme plus proche du patient que de l'agent du procès. On parle alors souvent de "sens moyen" ou "passif" (si un agent est impliqué) :

> *Une langue étrangère, ça s'apprend et ça s'oublie vite.*
> *Le verre se casse facilement.*
> *Lima se trouve en Bolivie.*
> *Cette vis se met ici.*
> *Ce phénomène s'explique aisément.*
> *Le pluriel orthographique se forme en ajoutant un -s au singulier.*
> *Le poulet se mange froid.*

Tout verbe admettant en construction transitive un objet inanimé est *a priori* susceptible de présenter ce type d'emploi :

Ça se fait, se dit, se voit, ...
Ça ne se fait pas ! ; Ça ne se dit pas ! (avec valeur modale très sensible = "ça ne doit pas se faire, se dire").

La différence avec l'emploi réflexif à sujet animé ressort pour certains verbes :

Cette opinion se défend (= "elle est défendable, plausible", propriété du sujet, sens "moyen" ou "passif") */ Paul se défend* (énoncé en situation ou propriété, "sens actif" ; voir les § précédents).

Cette vis se met ici / Paul se met là ("Paul va se placer là").

Ce tissu se lave à quarante degrés / Paul se lave.

Cette maison se voit de loin / Marie se voit dans la glace.

Un tableau, ça se regarde de loin / Marie se regarde

Ce livre s'est bien vendu / Paul s'est vendu au plus offrant.

Un spécialiste se paie : ambigu, soit "un spécialiste, ça se paie, ça coûte cher" (moyen), soit "un spécialiste s'assure une rétribution" ("actif").

Les phrases à sujet inanimé énoncent une propriété de leur sujet (des langues étrangères, du verre, de Lima, etc.). Cette propriété est en quelque sorte auto-conférée au sujet par lui-même, par une sorte de métaphore : le sujet est donc, à sa manière, le responsable d'un procès qui ressortit au transitif.

Ce livre s'est vendu à des millions d'exemplaires (ce livre a des qualités qui l'ont fait vendre, il est l'artisan de sa propre vente).

Cette maison se voit de loin (la maison a quelque chose de remarquable, qui la fait voir de loin),

d'où la fréquence des notations du type *tout seul, automatiquement*, sans préjudice d'un complément de moyen en *par, grâce à, ...* :

Le réservoir se remplit tout seul (grâce à notre nouveau système exclusif).

Ce tissu se repasse (se défripe) tout seul.

Ça se remet en place automatiquement.

Différence avec le passif : le sujet du passif est plus inerte, dépourvu de participation active, caractérisé de façon moins typique, plus contingente et plus accessoire :

Le français se parle au Canada : c'est le cas de dire que c'est une "langue vivante" */ Le français est parlé au Canada* (moyen de communication utilisé).

Sur cet appareil, la mise au point se fait automatiquement (par la cellule photoélectrique) : c'est fabuleux ! */ Sur cet appareil, la mise au point est faite automatiquement (par la cellule photoélectrique)* : au passif, l'automatisme n'apparaît plus résider de la même façon dans la mise au point elle-même, qui y perd un peu de magie.

Une langue étrangère, ça s'apprend et ça s'oublie vite : c'est une caractéristique typique des langues étrangères / *Une langue étrangère est vite apprise et vite oubliée* : c'est comme ça !

Corrélativement existe une différence d'aspect, sensible avec les verbes perfectifs : la forme verbale simple du tour réflexif marque le non-accompli, et la forme verbale composée du passif, l'accompli :

La porte se ferme / La porte est fermée.

Différence avec le tour intransitif concurrent pour certains verbes (*Ça se casse / Ça casse* ; voir § 239) : l'intransitif dénote une propriété interne à un sujet (siège, pur réceptacle), avec des effets de sens de type "sens concret", "sens propre", alors que le réflexif, plus dynamique, marque une situation actancielle plus complexe et plus animée (dans tous les sens du mot), avec des effets de sens facilement abstraits ou métaphoriques. Par un effet second et paradoxal, la structure réflexive, bien que limitée explicitement à un seul participant inanimé, a souvent pour effet sémantique de suggérer le rôle d'un participant humain extérieur, quand le sujet est par lui-même trop peu dynamique :

Cette maladie se guérit : propriété de cette maladie, évoquant un processus dynamique de guérison, avec référence implicite à l'activité humaine / *Cette maladie guérit* : donnée scientifique brute.

Le verre, ça se casse : propriété dynamique susceptible de s'actualiser ; à propos, faites donc attention ! / *Le verre casse* : propriété intrinsèque, stable, énoncée comme une donnée scientifique, une propriété physique pure, sans évocation d'actualisation. Par suite :

La branche s'est cassée implique facilement d'autres actants, des causes, un déroulement / *La branche a cassé* : fait brut, constat strictement limité, sans commentaire (la différence entre les deux tours peut ne pas être pertinente).

Le mystère s'épaissit / La sauce épaissit.

Un coup comme celui-là ne se réussit pas souvent !

Ça se sent, que Paul est jaloux = "on peut le sentir, c'est perceptible" ; métaphorique / *Ça sent, dans cette pièce* = "ça exhale une odeur (désagréable)".

Il n'est pas toujours possible de justifier d'une façon décisive le tour réflexif, en le différenciant de ses concurrents passif ou intransitif. On est alors réduit à invoquer en désespoir de cause l'arbitraire des faits lexicaux : ainsi par exemple dans la différence entre *se multiplier* et *doubler*, - sauf à considérer que le sujet est plus "actif" quand il *se multiplie* (comme on *se reproduit*) que quand il *double* ... :

Son capital s'est multiplié par dix
Son capital a doublé.

224. Accusatif réflexif impersonnel : sens moyen ou passif

La construction réflexive se rencontre avec le sujet impersonnel *il* : l'analyse du complément réflexif (qui ne semble jamais être un datif) est alors problématique.

- ***Il se fait tard***

- ***Il se peut que Psubj*** = "il est possible que P"

- ***Il s'agit de*** *(de N, de Inf, que P)* (seul emploi réflexif du verbe *agir*)
  Il s'agit d'une affaire très compliquée (pas de pronominalisation du complément possible).
  Ce n'est pas de vous qu'il s'agit.
  Il s'agit maintenant de faire très attention.
  Il s'agit que tout soit prêt très vite.

- **Variante impersonnelle du tour réflexif à "sens passif ou moyen" :**

  Avec séquence nominale :
  Il s'est produit un accident.
  Il se passe des choses bizarres (Il s'en passe).
  Il se prépare de grands changements.
  Il s'est vendu beaucoup d'exemplaires de ce livre (Il s'en est vendu).
  Il se trouve tous les jours des gens qui ..., pour ... (Il s'en trouve).

  Avec séquence = infinitif ou complétive (tour particulièrement courant) :
  Il se dit partout que P.
  Comment se fait-il que P ?
  Il s'est avéré impossible de le faire / qu'on puisse le faire.
  Il s'est avéré qu'on pouvait le faire.

  Quasi-impersonnel en *ça* :
  Ça se voit (comme le nez au milieu de la figure) que tu mens !
  Comment ça se fait que tu sois encore là ? (familier).

> **Remarque :**
> Le tour réflexif impersonnel *Il s'en faut de ...* (*de peu, de plusieurs heures*) est malaisément analysable. Le complément en *de* marque une mesure (comme dans *La longueur est de 20 mètres*).
> On peut trouver une complétive (*que Psubj*) séquence :
> *Il s'en est fallu de peu que tout soit perdu.*
> (cf. "que P s'en est fallu de peu" = "que P a manqué de peu").

225. Accusatif devant *faire, voir, entendre, laisser* + *Inf*

Un clitique accusatif devant *faire (voir, entendre, laisser) + Inf* est *a priori* ambigu, pouvant être

- soit complément du verbe, c'est-à-dire contrôleur de l'infinitif :

> *Ça me fait dormir* ("ça fait que je dors").
> *Je le fais travailler* (*le = Paul*).
> *Je l'entends chanter* = "j'entends chanter Paul".
> *Je l'ai déjà vu faire* = "j'ai déjà vu Paul à l'œuvre".

- soit complément de l'infinitif :

> *Son chapeau le fait reconnaître aisément* ("son chapeau fait qu'on le reconnaît aisément").
> *Je le fais travailler* (*le = ce morceau*, sous-entendu "à mes élèves").
> *Je l'entends chanter* = "j'entends chanter cette chanson".
> *Je l'ai déjà vu faire* = "j'ai déjà vu faire ça".

> **Remarques :**
>
> **1.** Dans un tour comme
> *C'est ce qui le fait les surpasser*,
> la présence de *les* (nécessairement complément direct de l'infinitif) désambiguïse le pronom *le*. Mais ce tour est exceptionnel.
>
> **2.** *Je l'ai fait lever / Je l'ai fait se lever* : le clitique réflexif n'est généralement pas exprimé derrière *faire*. On peut essayer d'expliquer ce tour en disant soit que le clitique *l'* est complément d'une unité *faire lever*, soit qu'il est en facteur commun, doublement régi par *faire* et par *lever* ; dans les deux cas, la cohésion du groupe *faire + Inf*, et l'intégration des compléments, ressortent.
> Dans quelques cas (type *envoyer promener*, surtout au sens figuré de "se débarrasser de"), le même phénomène se produit avec un GN : *J'ai envoyé promener Paul (J'ai envoyé Paul promener)*. Mais on dit plutôt, au sens propre : *J'ai envoyé les enfants se promener.*

Accord :

> *La Callas, je l'ai souvent entendue chanter à la Scala*
> (accord du participe: le clitique est complément du verbe *ai entendue*)
> *Cette chanson, je l'ai souvent entendu chanter*
> (pas d'accord: le clitique est complément de *chanter*).

Voir § 196.

226. Accusatif réflexif : *Paul s'est fait renvoyer*

Devant *faire* (+ Infinitif), le réflexif peut être complément du verbe (et contrôleur de l'infinitif), mais ce tour est rare :

> *Paul se fait dormir à coups de somnifères.*
> *Paul se fait chier* (vulgaire).

Beaucoup plus fréquemment, *se* est (pour autant qu'on puisse dissocier *faire* et l'infinitif) complément direct de l'infinitif (avec montée) :

> *Paul s'est fait opérer* ("Paul a fait + opérer Paul" ; décision volontaire).

Mais le rôle du sujet de *se faire* (animé) n'est pas, la plupart du temps, celui d'un agent volontaire :

> *Il s'est fait écraser bêtement en traversant la rue.*

Le sujet porte néanmoins toujours une part de "responsabilité", dans la mesure où il est donné comme produisant ("faisant") lui -même ce qui lui arrive (conséquence, résultat, visé ou non, de ce qu'il est ou de ce qu'il fait) :

> *Le voleur s'est fait arrêter par la police* = "il a été arrêté (involontairement)" + cette arrestation résulte nécessairement de l'être et des actes du sujet (indépendamment de toute vision moralisante)
> *Paul s'est fait licencier (par son patron, par sa boîte)* : même si Paul, employé irréprochable, a été licencié à son corps défendant et pour motif économique, il est, inéluctablement, à l'origine de l'événement : sa "responsabilité" (pour autant que le terme soit acceptable) n'est ni matérielle, ni morale, ni psychologique, elle pourrait être qualifiée d'"ontologique".

Il peut y avoir ambiguïté sur la part de visée du sujet :

> *Il s'est fait tuer à la guerre, par témérité inconsidérée.*

Ce tour, très courant, concurrence notablement le passif (qui laisse le sujet dans un rôle de patient inerte).

Il se rencontre également avec les verbes autres que *faire* qui peuvent être suivis d'un deuxième complément direct (à l'infinitif) :

- réflexif contrôleur de l'infinitif :

> *Paul se laisse vivre.*
> *Paul se sent devenir vieux.*

- réflexif complément de l'infinitif (avec montée) :

> *Paul se laisse faire (par les autres).*
> *Il se laisse abuser par les apparences.*
> *Paul se voit récompenser de ses efforts* : le réflexif est complément de *récompenser* : "il voit qqn le récompenser de ses efforts" (à distinguer de *Il se voit récompensé de ses efforts* : le réflexif est complément de *voit,* et le participe est attribut de l'objet). Paraphrase : *Il est récompensé ...*

227. Datif non réflexif

Avec les verbes transitifs, un clitique datif se rencontre fréquemment, représentant un complément en *à N* (*lui* ne peut pronominaliser ni *à Inf*, ni *à ce que P*).

> **Remarques :**
> **1.** Sur les cas de bloquage du datif clitique :
> *Je me livre à vous*
> *Je vous recommande à lui*,
> voir § 117.
> **2.** *Lui* peut correspondre à *le lui* : *Je lui dirai*.

Le datif représente **typiquement un animé** :

    Je lui donne (envoie, rends) un livre.
    Il leur a donné un livre à chacun (avec reprise "détaillante").
    Je vous dois cent francs.
    On m'a dit (assuré, répondu) que c'était vrai.
    Je vous dis la vérité.
    Je vous demande un peu de patience.
    Ça m'a fait mal, ça m'a fait un mal de chien (beaucoup de peine).
    Ça m'a coûté une fortune.
    Il me faudrait encore un peu de temps.

Comme le complément en *à N*, le datif marque l'**actant affecté** avec des verbes comme *prendre* :

    On m'a pris tout ce que j'avais.
    Comment ! il lui donne un cadeau d'une main, et le lui reprend de l'autre !
    Paul lui a acheté des fleurs (ambigu : personne qui vend / personne destinataire).

Opposition *lui* (animé) / *y* (inanimé) :

    Je lui répondrai que P (= à Paul, à mon interlocuteur) / *J'y répondrai que P* (= à cet argument).

Mais le datif **peut représenter un inanimé** (surtout si celui-ci implique lui-même un animé), avec des verbes du type *donner* ou *prendre* :

    Un peu de sel lui donnera davantage de saveur (= à votre plat ; "complément d'attribution").
    Cela lui redonne de l'intérêt (= à cette question).
    Ces choses-là, il ne faut pas leur accorder (leur (ou *y*) *attacher) trop d'importance* : le complément est plus local avec *attacher*, d'où la double possibilité *lui / y*.
    Ces choses-là, il faut leur porter attention (mais *Il faut y faire attention*)
    Ça lui enlève de l'importance (= à votre argument).

Aussi : *La mer, je lui préfère (compare) la montagne.*

Les compléments en *à N* qui sont proches d'un infinitif *(perdre son temps au jeu, contraindre qqn à une action)* ne se pronominalisent pas par un datif, mais éventuellement par *y*.

Le datif, s'il ne pronominalise qu'une partie des compléments en *à N*, a en revanche des emplois préférentiels ou qui lui sont propres :

- son emploi est parfois plus naturel que celui de *à N*, et correspond à une autre préposition (souvent *pour*) :

> *Je lui trouve mauvaise mine (Je trouve mauvaise mine à Paul* est moins naturel que *Je trouve que Paul a mauvaise mine).*
>
> *Mais qu'est-ce qu'elle peut donc lui trouver ?*
>
> *Je lui ai pris une place (= J'ai pris une place pour votre amie).*
>
> *Je lui ai préparé le dossier (= Je l'ai préparé pour le rapporteur).*

- le datif est particulièrement courant et naturel dans le tour décrit au § 208 *(serrer la main à qqn)* :

> *Paul m'a serré la main.*
>
> *Lave-lui la figure !*
>
> *Il va falloir lui serrer la vis* (sens figuré : "le tenir serré, l'assujettir à une discipline plus stricte").
>
> *Tu nous casses les pieds !* (très familier).
>
> *Je vais te casser la gueule* (vulgaire).
>
> *Il lui a enlevé le pain de la bouche* (le datif est lié au complément prépositionnel).
>
> *Ne te mets pas martel en tête !* (= "ne t'entête pas").
>
> *Ça lui change la vie.*

> **Remarque :**
> Très souvent avec réflexif :
> *Paul s'est cassé la jambe* (voir § 228).

- le datif peut marquer un participant concerné par le procès, même s'il n'y intervient pas directement en tant qu'actant (on parle alors de "datif d'intérêt") :

> *Regardez-moi ça !* (le verbe *regarder* n'entre pas dans une construction *regarder qch à qqn*).
>
> *Son petit garçon lui a encore fait une crise d'asthme la nuit dernière* (valeur expressive ; il ne s'agit pas de la construction *faire qch à qqn*).
>
> *Faites-moi donc vos devoirs avant de jouer !*
>
> *Alors, tu te la manges, cette pomme ?* (tour souvent employé par plaisanterie).

- le datif *(te, vous)* marque une participation à l'énonciation ("datif éthique") : le locuteur prend son interlocuteur à témoin d'un fait prégnant :

Elle vous lui détacha un coup de sabot si terrible ... (Alphonse Daudet ; *elle* = la mule du pape ; le verbe *détacha* a un complément direct et un complément indirect, *lui* = Tistet Védène, destinataire; s'y ajoute *vous* : lecteur intéressé à l'histoire ; remarquer la suite *"vous lui"*, qui n'est possible que parce que le premier est un "datif éthique", voir § 117).

Il te mène tout ça tambour battant !

228. Datif réflexif

Le datif réflexif représente le plus souvent un rôle actanciel distinct, avec possibilité de commutation :

Paul s'accorde un peu de repos (comme *Paul accorde un peu de repos à son personnel*).

Paul se donne du mal, se donne trois mois pour réussir.

Paul s'envoie une lettre (Paul est percepteur, il s'envoie une lettre à lui-même en tant que contribuable).

Je me permets de vous demander quelque chose.

On se doit de faire le maximum (comme *Je vous dois la vérité*).

Paul s'est fait une entorse (les rôles actanciels sont distincts, même en l'absence de commutation possible).

Impersonnel : *Il s'est fait jour que P.*

Le sens du verbe se modifie quelque peu du fait de la réflexivité dans des cas comme :

Je me demande où il est passé (= "je voudrais bien savoir").

Je me dis que ça vaut mieux (= "je trouve que").

Je me promets de revenir (= "j'ai la ferme intention de").

Je me propose de venir vous voir (= "j'ai l'intention de").

Emploi très fréquent avec objet inaliénable :

Paul s'est cassé la jambe.

Marie s'est lavé les mains.

Paul et Jacques se serrent la main (sens réciproque).

Il va falloir se serrer la ceinture (figuré : "se restreindre, se priver").

Il s'est pris les pieds dans le tapis.

Paul se bat les flancs pour trouver une solution.

Avec sujet pluriel, on retrouve la distinction sens réfléchi / sens réciproque :

Ils se sont envoyé des lettres (ambigu : chacun de son côté, ou l'un à l'autre).

Le datif réflexif n'est bien entendu pas source d'accord du participe passé :

> *Marie et Paul se sont écrit des lettres*

mais l'accord peut se faire, indépendamment de lui, avec l'objet antéposé :

> *Les lettres que Marie et Paul se sont écrites ...*
> *Les meilleures places, Paul se les est réservées.*

229. Datif devant *faire, voir, entendre, laisser + Inf*

Devant *faire*, un clitique datif peut être :

- soit complément de *faire* (ou de *faire* + Inf), et contrôleur de l'infinitif (quand celui-ci a un objet) :

> *Je lui fais manger sa soupe.*
> *Mes élèves, je leur fais travailler tous les points difficiles.*

> **Remarque :**
> Ce cas se rencontre aussi (dans le français spontané) quand l'objet de l'infinitif n'est pas exprimé :
> *Fais-moi voir.*
> *Je lui ferai faire (= Je le lui ferai faire).*

- soit complément de l'infinitif :

> *Je vous ai fait envoyer une invitation (par mon attaché de presse).*
> *Je lui ferai écrire (par ma secrétaire).*

Des ambiguïtés peuvent s'ensuivre :

> *Je lui fais porter des fleurs*
> - *lui* = contrôleur de l'infinitif : "je fais qu'il (ou elle) porte des fleurs" ; paraphrase : *Je fais porter des fleurs par lui, Je le fais porter des fleurs*. Indication du bénéficiaire : *Je lui fais porter des fleurs à Marie*
> - *lui* = complément de l'infinitif, dont le contrôleur n'est pas précisé : "je fais qu'on lui porte des fleurs". Indication du contrôleur : *Je lui fais porter des fleurs par mon commis.*

L'ambiguïté sur le datif est la même dans

> *Les fleurs, je les lui fais porter.*
> *Des fleurs, je lui en fais porter.*

Avec les autres verbes :

> *Je lui ai laissé conduire la voiture (= laisser qch (conduire la voiture) à qqn ; concurrence Je l'ai laissé(e) conduire la voiture).*
> *On lui a laissé apporter des fleurs :* ambigu (cf. *supra*).
> *Je lui ai souvent entendu dire que P* (ambigu ; dans l'interprétation où *lui* est contrôleur de *dire*, l'énoncé est en concurrence avec *Je l'ai souvent entendu dire que P*) ; *Je le lui ai souvent entendu dire.*
> *Je lui ai souvent vu faire* (ambigu ; *lui* peut être contrôleur de

faire, même en l'absence d'objet exprimé de l'infinitif).

L'emploi d'un datif comme contrôleur de l'infinitif a un caractère naturel et populaire. La diffusion de ce tour ne semble pas contrariée par le risque d'ambiguïté.

230. Datif réflexif : *Paul s'est fait arracher une dent*

Le datif est complément indirect de l'infinitif (ou de l'unité *faire + Inf*) :
> *Je me suis fait offrir une cravate (par mes enfants).*
> *Paul s'est fait faire un costume.*
> *Marie s'est fait faire une décoloration.*

Avec datif de "possession inaliénable" :
> *Paul s'est fait couper les cheveux (par sa femme, chez son coiffeur habituel).*
> *Il s'est fait arracher une dent (par le dentiste, chez le dentiste).*

Ce tour, bien que complexe au regard de l'analyse, appartient **au français le plus courant et le plus spontané**. Il permet de thématiser, de mettre en position de sujet, en tête de phrase, l'actant auquel l'ensemble du procès est rapporté, et qui y intervient à un double titre : comme initiateur (causateur) responsable (= sujet), et comme actant affecté, bénéficiaire, (= datif), - mais non comme contrôleur (agent) de l'infinitif.

Sur la nature de la responsabilité (et le degré de volonté) du sujet, voir § 226. Cf. les exemples suivants :
> *Je me suis fait voler mon portefeuille.*
> *Le chanteur s'est fait lancer des tomates (par le public).*

Ce tour concurrence notablement les autres présentations diathétiques du même événement :
> *Une cravate m'a été offerte (par mes enfants) / Mes enfants m'ont offert une cravate.*
> *Mon portefeuille m'a été volé / On m'a volé mon portefeuille.*
> *Une dent lui a été arrachée par le dentiste* (énoncé improbable, sauf conditions particulières de discours) / *Le dentiste lui a arraché une dent.*

Avec *laisser* :
> *Marie s'est laissé offrir la présidence de la commission.*

Avec verbes de perception (*voir*) :
> *Paul s'est vu attribuer le premier prix (par le jury)* : sens très détourné de *voir,* devenu auxiliaire : ce tour est un subterfuge syntaxique de la langue savante, permettant de conserver *Paul* en position de thème et d'actant principal.

Accord : le datif n'est pas source d'accord ; voir néanmoins § 196.

231. *Y* : *Je vous y invite*

Y représente un complément indirect essentiel en *à* X (non animé).
La relation est une relation de localisation et non d'attribution :

> *J'y attache beaucoup d'importance* (à une chose) / *Je lui accorde (donne) beaucoup d'importance* (à une personne ou à une chose).
>
> *J'y fais attention, à mon petit frère* ("mon petit frère est la chose à quoi je fais attention, l'objet de mon attention" ; emploi familier, critiqué).
>
> *Cela y donne prise.*
>
> *J'y ai mis un terme, à ces pratiques.*
>
> *Il y passe son temps.*
>
> *Prenez-y garde, faites-y attention.*
>
> *Je n'y comprends rien !*
>
> *Ça n'y change rien.*
>
> *Je n'y peux rien.*

> **Remarque :**
> Emplois très familiers ou vulgaires, condamnés par la norme, pour représenter un animé :
> *J'y ai répondu que P.*
> *J'y ai fait faire ses devoirs.*
> *J'y serre la main.*

Avec réflexifs :

> *Il s'y met, au travail.*
>
> *Il faut bien t'y faire* (= "t'y habituer").
>
> *Paul s'y consacre entièrement* (= à son travail, à finir son œuvre).
>
> *Je ne m'y fie pas.*
>
> *Je m'y attendais* (= à cette manœuvre, à ce que P, à devoir revenir).
>
> *Paul s'y connaît (,) en numismatique.*

Y représente en particulier *à Inf* :

> *Personne ne vous y oblige.*
>
> *Quelqu'un m'y a aidé.*
>
> *Je vous y invite (autorise, engage).*
>
> *Il ne s'y hasarde pas.*
>
> *Vous y avez avantage.*

Mais on ne trouve pas : **J'y ai du mal, de la peine, ...*

Y peut représenter aussi un complément accessoire (circonstant) :

> *J'y ai rencontré quelques amis* (= à cet endroit).
>
> *J'y ai lu que P* (= dans le journal).
>
> *J'y ai fait construire trois nouveaux immeubles* (= sur ce terrain).
>
> *On y passe des films anciens* (= dans ce cinéma).

232. *E*n : *Il en veut*

En marque le prélèvement d'une quantité indéfinie, sur un ensemble d'éléments discrétisables (*des oranges*) ou non (*de la patience*). Il correspond alors à un GN avec article partitif : *du* (*de la, des*) *N* ou *de N* (avec négation).

> *J'en veux* (= *du pain, de l'eau, des épinards, des oranges*).
> *Je n'en veux pas.*
> *J'en ai déjà mangé* (= *du requin, de la licorne, des grenouilles*).
> *J'en vois* (= *des fourmis, des explications possibles, de la misère*).
> *Il en faut* (= *du temps, de la patience, des efforts*).
> *Il y en a* (= *du pain, de l'eau, des gens, des fautes d'orthographe*).
> *Je lui en donne.*

Avec réflexif impersonnel :

> *Il s'en fabrique* (= *de l'acier, des disques*).
> *Il s'en trouve facilement.*

Avec prolepse ou reprise du GN source de *en* :

> *Tout le monde en dit (en fait), des bêtises.*
> *Des bêtises, tout le monde en dit (en fait).*
> *Tu en sais (,) des choses !*

Il y a une difficulté concernant le statut et la fonction de *en* : le GN partitif dont il est l'équivalent étant considéré comme un complément direct, on est tenté de considérer *en* par analogie comme un complément également direct ; mais cela est choquant et oblige à traiter différemment le *en* de *J'en vois* et le *en* de *J'en doute*. De surcroît, la pronominalisation par *en* est précisément un des critères retenus pour considérer comme indirects certains compléments (*prévenir que P > en*).

Cette difficulté n'est pas résolue dans l'analyse habituelle, ni dans cet ouvrage : elle nécessiterait la remise en question (ou au moins la relativisation, l'assouplissement) de toute la transitivité.

Ces incertitudes d'analyse se traduisent par des flottements sur le plan de l'accord : *en*, marqueur du prélèvement d'une quantité indéfinie, n'est pas par lui-même porteur de nombre ou de genre, et ne peut donc en principe être source d'accord à aucun titre. Mais il y a souvent hésitation de la part des locuteurs (même à l'oral), et il n'est pas rare de rencontrer des réalisations du type :

> *Des lions, j'en ai déjà vus* (au lieu de la forme canonique *vu*)
> *Des vestes comme ça, j'en ai déjà mises* (au lieu de la forme canonique *mis*),

qui témoignent que *en* est senti comme représentant "direct" d'un GN pluriel; la tendance à l'accord témoigne d'une interprétation "discrète", anaphorique au sens strict.

> **Remarques :**
> **1.** *De* et *en* ont une valeur de prélèvement sensible concrètement dans des exemples comme le suivant :
> *De ce pain-ci, j'en veux bien, mais pas de celui-là !*
> **2.** *En* entre dans un grand nombre de locutions du type
> *en imposer à qqn*
> *en vouloir à qqn.*

233. *Il en veut un*

Le prélèvement marqué par *en* s'accompagne souvent

- d'une quantification (dont le statut reste à éclaircir, entre "GN objet" et "adverbe circonstant") :

> *J'en veux (prends, ai, vois, ...) un (une), deux, dix, 2 352, des milliards, une douzaine, quelques-uns, plusieurs, un grand nombre, peu.*
> *Il en faut encore quatre, autant.*
> *Du beurre, j'en veux un peu, beaucoup, pas trop, davantage, plus que ça.*
> *Il n'en a jamais assez.*
> *Paul en a fait autant* (aussi avec le sens de "Paul a fait la même chose").

Ce tour permet de pronominaliser un GN avec article indéfini :

> *Je veux un livre (une place) - Moi aussi, j'en veux un (une).*

Concernant les problèmes d'accord, l'hésitation disparaît (en principe) si le verbe est suivi de *un* (ou équivalent), qui assume l'essentiel du rôle de complément direct (postposé, donc non source d'accord)

> *Les robes d'été, Marie en a déjà mis une,*

mais néanmoins l'accord du participe passé (*mise*) n'est pas exceptionnel.

- ou d'une quantification avec qualification : *un, une, de*, ou quantificateur + Adj (ou équivalent). On rencontre aussi couramment *des, du, de la* (que la norme académique voudrait toujours remplacés par *de*) :

> *Donnez-m'en une (= une place) bien placée, une à l'orchestre, une où on voit bien, trois au balcon.*
> *Vous n'en auriez pas des (de) moins chères ?*
> *Donnez-m'en d'autres, deux autres.*
> *J'en voudrais une (= une rose) rouge, j'en voudrais des (de) plus belles.*
> *J'en voudrais un (= un beefsteak) bon, deux dans le filet, un qui soit tendre.*
> *J'en ai déjà bu du (de) meilleur.*
> *De la bière, j'en ai déjà bu de bonne, de la bonne, je n'en ai jamais bu d'aussi bonne.*

Il nous en a raconté des vertes et des pas mûres (familier = "il nous a raconté des histoires d'un type peu commun").

On en a vu d'autres ! (référent indéterminé ; effet de sens en situation : "cela ne nous impressionne pas").

Il s'en passe de drôles ici ! (= "il se passe des choses bien curieuses ici").

Avec, dans le français spontané, reprise de *de* après *un (une)* ou un quantificateur, devant adjectif (en particulier si c'est un participe passé) :

Il y en a un de cassé (une de cassée).
Il y en a beaucoup de bons, et trois de très bons.
Il n'y en a qu'un de bien.

- directement **d'une qualification, sans quantificateur :**

J'en connais qui voudraient être à votre place (= *des gens* ; très familier : *J'en connais des qui voudraient être à votre place*).
Il y en a qui ne se gênent pas !
Nous en vendons de tous les pays du monde (= *des livres, de l'artisanat*) *; Nous en vendons qui vient (viennent) de tous les pays du monde.*

234. *Il* en donne la raison

En s'analyse comme **la montée d'un complément secondaire** dans des exemples tels que :

On en connaît les raisons (= *les raisons de son départ*).
J'en vois tout l'intérêt.
On nous en a expliqué le fonctionnement.
Je n'en ai pas l'intention (= *de partir*).
J'en ai besoin, envie, peur (= *de N, de Inf, (de ce) que P*) (sous réserve de l'analyse de la "locution verbale" : voir § 171)
aussi : *Ça en vaut la peine.*
expression figée : *J'en accepte l'augure.*

> **Remarques :**
> **1.** Dans une phrase comme
> *Je lui en ai donné la moitié,*
> *la moitié* peut s'interpréter comme un GN dont *en* est le complément *(la moitié du gâteau)*, ou comme une expression de quantification, comme dans *Je lui en ai donné beaucoup.* On peut dire, en d'autres termes, que le même phénomène est à l'œuvre dans *J'en vois un,* et *J'en vois l'intérêt.*
> **2.** *En* peut difficilement provenir du GN sujet, comme dans :
> *Le maniement s'en acquiert facilement* (= *le maniement de cette arme* ; remarquer le tour réflexif à sens passif).

235. *Je vous en félicite*

En pronominalise le complément en *de* (*de N, de Inf, (de ce) que P*) des verbes transitifs étudiés au § 211 sq. :

> *Vous ne m'en empêcherez pas !* (= *de Inf*)
> *Veuillez nous en excuser.*
> *Je vous en félicite !* (= *de N, de Inf, de ce que P*)
> *On nous en a prévenus.*
> *Son fils, Paul en a fait un homme.*
> *Je n'en sais rien.*

Le caractère inanimé ou animé du complément n'est pas pertinent avec tous les verbes :

> *Alors, le nouveau directeur, qu'est-ce que vous en dites ?* : en concurrence avec *Qu'est-ce que vous dites de lui ?*, plus recherché. Mais *en* est seul compatible avec la postposition du thème dans :
> *Alors, qu'est-ce que vous en dites, du nouveau directeur ?*
> *Il faut nous en protéger* (*d'un danger, de Paul* (en concurrence avec *de lui*)).

Avec réflexifs :

> *Des gens comme ça, je m'en méfie !*
> *On s'en occupe.*
> *Paul s'en est aperçu* (= *de son erreur, que P*).
> *Je m'en doute* (= *(de ce) que P*).
> *Je m'en moque* (= *de tout cela, (de ce) que P*).
> *Paul, moi, je m'en moque* (= "Paul est objet d'indifférence pour moi, il ne compte pas pour moi") / *Je me moque de lui* (sens propre de "se moquer").
> *Je m'en fous* (vulgaire).

En s'emploie dans les tours réflexifs du type :

> *s'en aller, s'en retourner.*

En ne semble pas pouvoir figurer dans un emploi indiscutablement circonstanciel (accessoire).

11

LES CONSTRUCTIONS INTRANSITIVES

236. La phrase intransitive : vue d'ensemble

Dans ce chapitre sont regroupés deux grands types de constructions :

1. verbe sans complément : *Paul dort.*

2. verbe + complément indirect : *Paul procède à une vérification.*

Les structures intransitives n'ont **pas de correspondant passif** (sauf quelques exceptions : *Paul a été obéi*, voir § 244 Rem. ; *Il a été procédé aux vérifications nécessaires*, voir § 248) ; la simplicité et l'uniformité de la structure n'empêchent cependant pas la variété des relations entre sujet et verbe (même pour un même verbe : cf. *Le prisonnier fuit / Le robinet fuit*).

L'absence de complément direct facilite le passage à l'**impersonnel** (*Il est arrivé un accident*, voir § 241, 248).

La distinction nécessaire entre compléments essentiels et compléments accessoires suppose des décisions parfois aux limites de l'arbitraire.

> **Remarque :**
> La **phrase passive** peut également être considérée comme une phrase intransitive, en ceci que son verbe se présente soit seul, soit avec des compléments indirects ; à ce titre, elle pourrait donc figurer dans ce chapitre. Mais elle appartient par ailleurs aux phrases attributives du fait de l'auxiliaire *être*, et c'est ce point de vue qui a été retenu dans cet ouvrage.
> La phrase passive présente les compléments indirects tels qu'ils ont été étudiés au titre du deuxième complément de la phrase transitive : *La lettre a été remise à Marie* (avec *à N* comme dans *remettre qch à qqn*).
> Cf. les clitiques : *Ce livre-ci a été remis à Marie par Paul, et cet autre le lui a été par Jean* (*le = remis*, attribut ; *lui = à Marie*, complément indirect).

237. Le verbe sans complément

L'absence de complément (essentiel) en surface peut ressortir à des cas différents :

- emploi transitif avec complément direct sous-entendu en discours :
   Je peux ? - Oui, tu peux.
   Regarde !
   Je comprends.

La situation et le contexte permettent de spécifier le complément implicite (par exemple *Tu peux sortir ; Regarde qui est là ; Je comprends ce que vous voulez dire*).

- emploi transitif "absolu" :

> *Quand on aime, on ne compte pas.*
> *Ça promet !*
> *Vous avez mangé ?*

Le procès se boucle sur le sujet, l'objet n'étant qu'une place vide.

> **Remarque :**
> Pour *Du caviar à ce prix-là, j'achète !*, voir § 167 Rem. Le GN en pro-
> lepse est moins objet anticipé que simplement thème.

- emploi intransitif :

> *Le soleil brille.*
> *Le timbre colle.*
> *Paul tousse.*

Le procès est complet, sans complément (ni place de complément).

Seule cette dernière catégorie d'emplois est considérée dans ce chapitre (pour autant qu'on puisse toujours la distinguer de l'emploi "absolu").

> **Remarque :**
> Les verbes "exclusivement pronominaux" du type *s'évanouir*, souvent
> rangés avec les intransitifs, sont considérés comme ayant un complé-
> ment direct (voir § 222).

238. Types de verbes

Voici quelques-unes des principales sous-classes sémantiques (entre lesquelles existent beaucoup de recoupements) :

- Verbes marquant l'existence ou le développement :

> *exister* (cf. *être*, § 128), *rester, durer*
> *manquer, suffire*
> *vivre, naître, mourir*
> *apparaître, disparaître*
> *abonder, foisonner*
>
> *pousser, croître, fleurir*
> *doubler, tripler*
> *grandir, grossir, maigrir*
> *blanchir, rougir, ...*
> *changer, évoluer*
>
> *réussir*
>
> *arrêter, commencer, continuer, finir, recommencer*
> *fermer, ouvrir*
>
> > *C'est toujours le temps qui manque.*
> > *Le chômage a doublé.*
> > *La progression de nos troupes continue.*

- Verbes marquant des processus physiques :

Sujet typiquement inanimé :

brûler, chauffer, sécher, casser, coller, cuire, bouillir, fondre (verbes connaissant également des emplois transitifs)

> *La maison brûle.*
> *La soupe chauffe.*
> *Le linge sèche.*
> *Le timbre colle.*
> *Le poulet cuit dans le four.*
> *L'eau bout à cent degrés.*

briller, clignoter, luire
claquer, craquer, crisser, résonner
éclater, exploser

sentir, puer, peser
sonner
fonctionner
barder, clocher (familier)

- Verbes de mouvement :

arriver, courir, descendre, entrer, monter, partir, passer, remonter, rentrer, retourner, revenir, sortir, venir
avancer, baisser, pencher, pendre, reculer, remuer, rouler, tourner (verbes connaissant également des emplois transitifs)
marcher, nager, sauter, tomber, voler, voyager
circuler, fuir
déraper

couler, dégouliner, ruisseler

Sujet animé ou inanimé; quelques exemples de sujet inanimé :

> *Tout arrive !*
> *Le niveau de l'eau a baissé.*
> *La mer descend.*
> *Le temps passe (vite).*
> *Ça marche !*

Des compléments marquant le lieu, le temps, la manière, sont très naturels et très fréquents avec les verbes de mouvement, et posent souvent le problème de la distinction entre essentiel et accessoire. Ils sont obligatoires avec le verbe *aller* (qui ne figure donc pas dans la liste ci-dessus), si ce n'est dans les emplois du type *Ça va = Ça va bien*.

- Verbes de comportements et d'activités humains :

Par définition, sujet humain :

déjeuner, dîner, dormir, pleurer, travailler

déambuler, errer, flâner
gesticuler, gigoter, grimacer
trembler, frémir, tressaillir
exulter, rager
souffrir, gémir, grogner
cracher, tousser
boiter, loucher
expirer, périr
guérir

Avec les verbes ci-dessous, la distinction avec un emploi "absolu" est fragile :

- *rêver* (impliquant un "contenu" indirect en *à* ou *de*)
- *parler* (impliquant un contenu (*de*) et un destinataire (*à*))
- *mentir, sourire, obéir* (impliquant un destinataire : *à qqn*)
- *jouer*
- *écrire, chanter, fumer, lire, dessiner,* ... (impliquant un objet réalisé ou affecté)
- aussi *aboyer, miauler, griffer*.

239. Nature du sujet et interprétation du procès

Le procès reste par définition circonscrit en un seul actant, dont la nature, et en particulier le caractère animé ou inanimé, est un facteur d'interprétation déterminant (encore que d'une façon variable selon les classes de verbes) :

    Paul est arrivé / Un accident est arrivé.

Avec un **sujet inanimé**, le procès se déroule pour ainsi dire de son propre mouvement, sans cause extérieure, dans le sujet, qui en est le vecteur ou le siège :

    L'opération a réussi (pour ainsi dire toute seule : les acteurs humains sont négligés).
    Le verre casse (propriété intrinsèque : "être cassable").
    Le fer rouille.
    La séance commence (finit) tout de suite.
    L'épidémie recule (elle régresse).
    Le robinet fuit ("il y a une fuite au robinet").

On parle parfois, abusivement, de "sens passif" pour les phrases de ce genre : mais il n'y a passif ni du point de vue de la forme, ni du point de vue du sens; le sujet, même inanimé, n'est pas un patient qui subit quelque chose du fait d'un agent, il porte en lui-même la cause du phénomène qu'il manifeste, - ce qui n'empêche pas de pouvoir exprimer en sur-plus des facteurs de causalité extérieurs :

> *Le fer rouille (sous l'action de l'humidité).*

> **Remarque :**
> Pour l'emploi réflexif *La branche se casse*, voir § 223.

Un **sujet animé** est interprété comme plus agentif, avec une participation plus active au procès, même si ce dernier se boucle sur lui et se réalise en lui ; le procès tend souvent à inclure un objet (cf. l'emploi absolu § 167) :

> *Je commence (finis) dans un instant.*
>
> *Ce jeune audacieux a réussi* : le sujet est dynamique, mais la réus-site est en lui, indépendamment de la nature de ce qui est réussi.
>
> *Paul recule* : ambigu : "il régresse" (au classement général) ou "il fait un mouvement de recul" (= *il se recule*).
>
> *Le prisonnier fuit* ("il s'enfuit, prend la fuite").

Certains sujet inanimés, dotés d'une "puissance" qui les rapproche des animés, peuvent le cas échéant avoir des propriétés quasi-agentives, d'où l'ambiguïté de

> *L'alcool brûle* = "est inflammable" / "cause des brûlures" ; les deux propriétés sont localisées dans l'alcool; même ambiguïté pour *Ça brûle !*

Dans certains cas, à l'inverse, un sujet animé est perçu comme méta-phorique, ou "désanimé" par la construction intransitive, et traité comme un inanimé :

> *Paul bout* (effet métaphorique : "Paul déborde d'impatience ou de fureur")
>
> *Paul a remué toute la nuit* (= le corps de Paul, agité) ; différent du réflexif *Paul s'est beaucoup remué dans cette affaire* : emploi métaphorique, avec sujet agentif : "il s'est beaucoup démené".
>
> *Le malheureux a brûlé (vif) dans sa voiture* ; mais le rôle du sujet est plus clairement exprimé par le passif *Le malheureux a été brûlé (vif) dans sa voiture* ; les deux sont très différents de *Je me suis brûlé*, où le sujet est l'instigateur, volontaire ou non, de la brûlure qu'il subit.
>
> *Paul roule par terre* (action purement physique : chute, ...), dif-férent de *Il se roule par terre*, action volontaire et/ou significa-tive (douleur, agitation, ...).

240. Les constructions impersonnelles du type *Il pleut*

Les verbes exprimant des phénomènes atmosphériques (*pleuvoir*, *bruiner, geler, grêler, neiger, pluvioter, venter*) s'emploient avec un *il* impersonnel : *Il pleut.*

Possibilité d'extension (par métaphore) à d'autres verbes :
> *Il pleure dans mon cœur*
> *Comme il pleut sur la ville.* (Verlaine)

Il gèle est concurrencé par *Ça gèle.* On entend aussi *Ça pluviote.*

> **Remarque :**
> Ces verbes peuvent être accompagnés d'une séquence spécifiant la nature (réelle ou imaginaire, métaphorique) de ce qui tombe en pluie ou en neige :
> *Il pleut des cordes.*
> *Il pleut des coups.*
> *Il neige des confettis.*

241. Les constructions impersonnelles avec séquence

Type *Il existe, Il manque, Il reste, Il suffit*

Certains verbes d'existence sont particulièrement courants à la forme impersonnelle (emploi personnel moins usuel) :

Il existe :
> *Il existe une autre possibilité.*
> *Il en existe une autre.*

Cf. *Il est une autre possibilité* (voir § 129), *il y a* (voir § 96).

Il reste :
> *Il reste encore quelques difficultés (il en reste).*
> *Il (me) reste à vous remercier ; Il ne (me) reste qu'à conclure* (remarquer la séquence *à Inf*, avec *à* indice de l'infinitif plutôt que préposition pleine).
> *Il reste que cela ne fait pas avancer nos affaires !*

> **Remarque :**
> Il existe un tour concurrent avec *Reste* (sans *il*) :
> *Six ôté de neuf, reste trois* (formulation usuelle de la soustraction).
> *Reste que cela ne fait pas avancer nos affaires !*
> Faut-il y voir ellipse de *il* ou simple antéposition du verbe par rapport à son sujet nominal (voir § 96 Rem., 103) ?

Il manque :
> *Il manque 100 F dans la caisse.*
> *Il manque des spécialistes (il en manque).*
> *Il manque une page à mon livre.*
> *Il (nous) manque de connaître ses raisons.*

Il suffit :

> *Il suffit d'un peu de bonne volonté* (remarquer la construction *il suffit de*, mais la pronominalisation par *en* est impossible).
>
> *Il suffit pour ça d'un peu d'imagination* (chanson de Charles Trenet)
>
> *Il suffirait que vous fassiez un petit effort !*

Le tour *Il faut ...* est considéré, en raison de la pronominalisation du complément par un accusatif (*Il le faut*), comme une construction transitive (voir § 96).

Type *Il est arrivé un accident*

Le tour impersonnel est très usuel avec la plupart des verbes de survenance ou de mouvement, et concurrence largement le tour personnel (en bonne partie pour des raisons de thématisation ; voir § 97).

- séquence nominale :

> *Il disparaît des langues chaque année.*
> *Il meurt trop de monde sur les routes.*
> *Il est arrivé un accident.*
> *Il est tombé beaucoup de pluie.*
> *Il passe souvent des camions dans cette rue.*
> *Il n'est venu personne ; Il n'est venu que Paul ; Il est venu beaucoup de monde ; Des touristes, il en est venu beaucoup à Pâques.*
> *Il part un train toutes les cinq minutes.*
> *Il atterrit un avion toutes les deux minutes.*
> *Il monte beaucoup de monde à cette station.*

Pour la détermination de la séquence, voir § 97. On remarque la présence de circonstants, antéposés ou postposés, nécessaires à la phrase.

Aussi *Il pleut des cordes* (voir § 240)

- la séquence est une complétive ou infinitif (avec seulement quelques verbes) :

> *Il arrive que l'on soit en retard (d'être en retard).*
> *Il convient que vous fassiez davantage d'efforts (de vous demander si P).*

Le tour quasi-impersonnel en *ça* est inusité, sauf *Ça arrive* :

> *Ça arrive souvent (,) qu'on entende (d'entendre) ce genre de propos.*

Type *Il semble, paraît que P (à N)*

À la différence des précédents, ces énoncés n'ont pas de forme personnelle concurrente (voir vue d'ensemble de *sembler*, § 125) :

> *Il semble que l'orage soit sur le point de se calmer.*
> *Il apparaîtrait qu'aucun candidat n'aurait la majorité.*
> *Il appert que les précautions nécessaires n'ont pas été prises* (archaïsme du langage judiciaire).

Il paraît que P a le sens de "on dit que P" :
> *Il paraît que le premier ministre a démissionné cette nuit.* Aussi sans *il* : *Paraît que P* (très familier).

La construction impersonnelle avec un Infinitif comme séquence suppose un complément datif (ou *à N*) :
> *Il me semble apercevoir Paul* (= *Il me semble que j'aperçois Paul*).

242. Construction à un complément indirect

Le complément est un groupe prépositionnel, généralement (mais pas uniquement) en *à* ou *de* :
> *Paul renonce à son projet.*
> *Cette symphonie commence par un mouvement vif.*
> *Marie doute d'elle-même.*
> *Paul souffre du départ de Marie.*
> *Marie a sympathisé avec Julie.*

La préposition introduit le plus souvent un GN, mais parfois aussi un Infinitif, une complétive, ou une percontative (la préposition *de* disparaît dans certains cas devant complétive ou percontative, mais se fait sentir dans la pronominalisation par *en*) :
> *Paul renonce à entreprendre des études.*
> *Je commencerai par rappeler quelques faits.*
> *Je doute que tout soit fini ce soir (j'en doute).*
> *Paul souffre (de ce) que Marie soit partie.*
> *Ça dépend (de) comment vous faites.*
> aussi *Paul passe pour étourdi (Il passe pour un plaisantin),* voir § 250.

La terminologie habituelle des fonctions est lacunaire et flottante en ce qui concerne les compléments indirects : cela reflète la diversité des constructions en question, et de leur interprétation.

> **Remarque :**
> Sont considérés avec les compléments indirects les infinitifs construits directement avec les verbes de mouvement (*Va voir !*), qui ne commutent avec aucun complément direct.

243. Le complément indirect est en *à*

Selon les verbes, la construction en *à* est la seule construction possible (*renoncer à*), ou une construction possible parmi d'autres (par exemple avec les verbes de mouvement, qui peuvent être suivis de toute préposition à sens local).

Interprétation : la préposition *à* marque une mise en relation, avec ou sans mouvement, sans contact (alors que la construction directe marque un contact, une relation immédiate entre le verbe et le complément). Cette relation fondamentale se spécifie selon le lexique, en fonction des paramètres habituels (par exemple animé / inanimé). L'apport sémantique de la préposition est plus ou moins manifeste selon les cas ; il est parfois indiscernable, la préposition faisant corps avec le verbe.

Exemple de *N arrive à X* :

Les exemples ci-dessous mettent en évidence le rôle du sujet : animé (avec intention, visée) ou inanimé, concret (d'où déplacement spatial : le train) ou notionnel (sans déplacement matériel : l'accident) et le rôle du complément indirect :

> *Le train est arrivé à Marseille* (lieu, point d'arrivée matériel ; > *y*).
>
> *Paul est arrivé à Marseille* (même valeur, avec le cas échéant une idée de visée : Marseille était le but de ses ambitions et de ses efforts ; > *y*).
>
> *Paul est arrivé à ses fins, à la sérénité* (but, destination, visée ; > *y*).
>
> *Paul est arrivé à Marie (dans sa liste)* (Marie est un point d'arrivée matériel : pas de rôle spécifiquement animé ; pronominalisation en *y* ou *à elle*, mais non pas en *lui*).
>
> *Paul est arrivé à rendre son devoir à temps* (= "il y a réussi" ; point d'aboutissement ; > *y*).
>
> *Un accident est arrivé à Paul* ("arrivée" métaphorique ; Paul est la personne concernée ; pronominalisation en *lui*).

Exemple de *N tient à X* :

Avec le verbe *tenir* employé sans objet (*Ça tient*), dans le sens de base de "se maintenir, ne pas se défaire ou s'écrouler", on a les exploitations suivantes de *à X* :

> *Le crochet tient (solidement) au mur* ("le crochet se maintient solidement sur le mur", ou, avec un rôle moins circonstanciel et plus actanciel du mur, "le crochet a de la solidité de par son contact avec le mur, le crochet est lié, attaché au mur" ; pronominalisation ?).
>
> *Le résultat ne tient qu'à un fil* (pronominalisation ?)
>
> *Paul tient à ses habitudes* (du sens (théorique) de "Paul se maintient par le soutien de ses habitudes", on est passé à "Paul s'accroche à ses habitudes, il y est attaché" ; > *y*).
>
> *Je tiens à ce modèle-ci exactement* ("c'est celui que je veux" ; > *y*).
>
> *Je tiens à vous remercier* ("je veux absolument" ; > *y*).
>
> *Paul tient à Marie* (= "Paul a un attachement pour Marie", ou, dans d'autres contextes, sans rôle spécifiquement animé "Paul tient absolument à ce que ce soit Marie qui joue le rôle dont il est question" ; > *à elle* ; voir § 256).

Un continuum relie valeur locale, circonstancielle, et rôle actanciel.

Comparer de même :

> *Le pansement adhère à la plaie.*
> *Paul adhère à un parti.*

Pronominalisation : Il existe selon le cas divers types de pronominalisation pour les compléments en *à* ... :

- pronom clitique datif : *Cela lui arrive souvent*
- *y* : *J'y arriverai ! J'y pense ! Réfléchissez-y !*
- *à* + pronom fort : *Je pense à elle ; Il persiste à ça*
- pronominalisation zéro : *J'hésite [à sortir]*

Voir les indications données dans les § suivants, et § 253 sq.

244. Le complément indirect est *à* N

1. Localisation dynamique, destination :

- verbes de mouvement ou de déplacement :

aller, arriver, monter, venir, ...

accéder, adhérer, parvenir, recourir, tendre

> *arriver à Marseille, à destination, à ses fins* (voir § 243)
> *Paul revient à son point de départ*
> *La séance tire à sa fin*
> *L'ONU recourt à la force.*

Avec sujet inanimé et complément animé, destination métaphorique (pronominalisation = datif) :

> *Comment l'esprit vient aux filles.*
> *Ça n'arrive qu'aux autres.*
> *Cette robe va (convient) (très bien) à Marie.*
> *Ce privilège me revient (de droit).*
> *Votre nom ne me revient pas.*
> *La tête de ce monsieur ne me revient pas* (= "me déplaît" ; familier).

- verbes marquant un effort, un travail, une utilisation dans un certain but :

contribuer, travailler, servir, ...

> *Paul a contribué à la lutte* (nominalisation).
> *Paul travaille à son nouveau roman.*
> *Ça ne sert à rien de se fâcher.*

2. Visée psychologique :

La préposition fait souvent corps avec le verbe : on est aux limites d'une "transitivité indirecte".

- verbes marquant que le sujet porte un intérêt psychologique à quelque chose (ou à quelqu'un) :
- *penser, réfléchir, rêver, songer, veiller* (> *y* / *à lui* ; datif impossible ; voir § 256)
- *procéder, vaquer*
- *consentir, renoncer, répugner, résister* (> *y*)

> *Avez-vous réfléchi aux conséquences de votre acte ?*
> *On a procédé aux vérifications nécessaires.*
> *Chacun vaque à ses occupations.*
> *Paul renonce à ses projets.*

- pour un certain nombre de verbes, la construction avec *à* (> *y*) est une variante (lexicalisée, non libre) de la construction directe. L'objet direct marque un contact plus étroit avec le verbe (objet concret, souvent humain, sens propre du verbe), alors que la construction indirecte marque une abstraction, une distance, une recherche, un effet de sens figuré, une métaphore ... :

> *aider à la réalisation du projet / aider les autres*
> *applaudir à cette idée / applaudir une actrice*
> *aspirer au repos / aspirer de l'air*
> *assister à une cérémonie / assister une personne en difficulté*
> *croire à la liberté / croire qqn*
> *goûter aux délices de l'oisiveté / goûter le vin*
> *manquer à ses devoirs / manquer une réunion*
> *mordre aux maths / le chien m'a mordu*
> *présider aux destinées de la nation / présider l'assemblée*
> *regarder à la dépense / regarder un spectacle*
> *satisfaire aux obligations de sa charge / satisfaire qqn, un besoin naturel*
> *souscrire à cette idée / souscrire un abonnement*
> *toucher au but / Paul a touché le fond*
> *viser à l'essentiel / viser une cible.*

La différence est quelquefois minime ou négligeable :

> *pallier à cet inconvénient / pallier cet inconvénient*
> *réussir à un examen* (l'examen n'est que le lieu de manifestation, l'occasion de la réussite) / *réussir un examen* (l'examen est au centre du propos).

Remarque :
Cf. pour les verbes transitifs les couples *attendre / s'attendre à, essayer / s'essayer à, refuser / se refuser à* ; voir § 221.

3. Actant affecté (le plus souvent animé) :

- *manquer, suffire*
- *plaire*

- *nuire*
- *échapper*
- *obéir, céder, résister*
- *pardonner*

>   *Ça suffit à mon bonheur.*
>   *Vous me manquez.*
>   *Cette pièce manquait à ma collection.*
>   *Le tabac nuit à votre santé.*

L'actant affecté est très souvent un pronom datif : *Ça me plaît.*

> **Remarque :**
> Les verbes *obéir* et *pardonner* ont conservé de leur ancienne construction directe avec objet animé la possiblité d'être mis au passif : *être obéi, être pardonné.*

- verbes de communication impliquant un destinataire (plus ou moins accessoire):
- *écrire, parler, répondre, téléphoner*
- *mentir, sourire*

>   *Marie n'a pas répondu à la lettre de Paul.*

4. Localisation statique

- *habiter, résider*

>   *habiter à Reims* (pure localisation statique) / *habiter Reims* (le lieu d'habitation est un objet affecté ; cf. la possibilité du passif).

- correspondance : *ressembler, correspondre, équivaloir*

>   *Cela ne rime à rien*

- *appartenir* :

>   *Ce château appartient à une très vieille famille.*

- *jouer : jouer au football, au loto*
- *tenir : tenir à un fil*

>   *tenir à qqn* (avec évolution sémantique, voir § 243).

245. Le complément indirect est à *Inf*

Cette construction se rencontre avec un sous-ensemble des verbes admettant *à N.*

Le contrôleur de l'infinitif est (sauf cas particulier signalé) le sujet : les verbes recteurs ont un caractère de modalité.

1. Relation dynamique : destination, but :

- *aboutir, arriver, parvenir, tendre, (en) venir* (mais non *aller* ou *monter* : voir § 251)
- *incliner*

Je n'arrive (parviens) pas à comprendre.
Je tendrais (j'inclinerais) plutôt à penser le contraire.

Avec sujet non humain:

Ces faits tendent à prouver que P
Cela revient à dire que ...

- *concourir, contribuer, œuvrer, travailler*
- *servir*

Votre attitude ne contribue pas à rendre les choses faciles (> y)
Cette clé sert à ouvrir la porte du garage (pas de pronominalisation).

2. Visée psychologique :

- *penser, réfléchir, songer, veiller*
- *aspirer, prétendre, viser*
- *regarder, voir*

Paul songe à se marier.
Pensez à éteindre en quittant la pièce.
J'aspire à pouvoir me reposer.
Je vise à être de retour pour six heures.
Paul ne regarde pas à payer de sa personne.

- *consentir, rechigner, regimber, renâcler, renoncer, répugner, résister, souscrire*
- *hésiter*
- *persévérer, persister, tarder*
- *tenir*

Je consens volontiers à vous suivre (> y).
Paul renonce à faire de nouveaux essais (> y).
Je tiens à vous remercier chaleureusement (> y).
J'hésite à m'engager (pas de pronominalisation).

> **Remarque :**
> La construction en à *Inf* (non pronominalisable par *y*) des verbes transitifs *apprendre, chercher, demander, aimer*, a été signalée au § 185.

3. Relation de localisation statique

Verbes divers :

- *jouer : Les enfants jouent à se cacher.*
- *échouer, exceller, peiner : Paul peine à monter la côte.*
- *réussir : Marie a réussi à passer son diplôme.*
- *consister : Le jeu consiste à marquer le maximum de points* (contrôleur de l'infinitif : indéterminé)
- *équivaloir.*

> **Remarque :**
> *Commencer à Inf, continuer à Inf* (non pronominalisables) ont été signalés au § 185.

Pour *Cela reste à démontrer, Paul reste à ne rien faire*, voir § 147.

Pour *avoir à Inf*, voir *avoir qch à Inf*, § 209.

246. Le complément indirect est *à ce que P*

Cette structure, recherchée, se rencontre avec certains des verbes admettant *à Inf* : elle est souvent peu naturelle, supposant dans la subordonnée un sujet autre que celui du verbe principal, ce qui s'accorde mal avec le caractère modal de celui-ci. Le mode de la complétive est en général le subjonctif, en raison du sémantisme du verbe recteur (visée).

> *Paul est arrivé à ce que tout soit fait selon ses vues.*
> *Ça revient à ce que tout soit changé.*
> *Je souscris à ce que tout le monde vienne.*
> *Veillez à ce que* (ou *veillez que*) *tout le monde soit bien ; veillez-y !*
> *Il a réussi à ce que tout soit fini à temps (il y a réussi).*

Exemples (rares) avec l'indicatif :

> *Cela aboutit à ce que maintenant tout le monde est* (ou *soit*) *mécontent* (l'indicatif s'interprète : "cela aboutit à ceci : tout le monde est mécontent").

Avec *réfléchir, songer*, la construction usuelle est en *que* + Indicatif, mais avec pronominalisation en *y* :

> *Réfléchissez qu'il n'y a pas d'autre solution* (= "songez bien, dites-vous bien que P" ; > *réfléchissez-y*).

> **Remarque :**
> *Chercher à ce que, demander à ce que* : voir § 185 Rem.

247. Autres constructions en *à* (percontatives)

Avec certains verbes tels que *réfléchir*, on rencontre des percontatives :

> *Réfléchissez à qui va faire ça (Réfléchissez-y !)*
> *Réfléchissez si vous voulez le faire ou non (Réfléchissez-y !)*
> *On a joué à qui rira le dernier* (cf. la perspective percontative dans *jouer au plus fin* = "jouer à qui sera le plus fin").

248. Construction impersonnelle

Beaucoup des constructions impersonnelles (avec séquence) mentionnées au § 241 (*il manque ..., il arrive ..., il semble ...*) s'accompagnent souvent d'un complément indirect (souvent au datif) :

> *Il a manqué à notre équipe (il nous manqué) un peu de réussite.*
> *Il suffira aux autres de vous imiter.*
> *Il arrive souvent à Paul (il lui arrive) de se tromper.*
> *Il est venu une idée à Paul.*
> *Il convient au sage de garder le silence.*
> *Il semblerait à un observateur impartial que le bon droit soit de votre côté.*

Avec d'autres verbes :

> *Il a échappé un gémissement au blessé.*
> *Il ne plaît pas (convient) à Marie de devoir attendre.*
> *Il nuit à votre réputation que vous portiez deux jours de suite la même cravate.*
> *Il ne tient qu'à vous de venir.*
> *Il ne tient qu'à vous que tout soit réglé sur-le-champ.*
> *Il a préexisté à cette floraison toute une longue période de gestation.*

Impersonnel passif :

> *Il sera (beaucoup) pardonné à ceux qui auront beaucoup aimé.*
> *Il a été procédé à toutes les vérifications nécessaires (par le personnel compétent).*

Quasi-impersonnel en *ça* :

> *Ça arrive à tout le monde (,) de se tromper.*
> *Ça ne plaît pas beaucoup à Paul que Marie sorte avec Julien.*
> *Ça n'a pas réussi à Jean de changer de patron !*
> *Ça ne convient pas aux malades de respirer cet air.*
> *Ça revient au même de payer en deux fois.*

249. Le complément indirect est en *de*

On rencontre, comme complément indirect en *de*, des GN, des Infinitifs, des complétives (avec généralement réduction de *de ce que* à *que*), à l'indicatif ou au subjonctif, et des percontatives (en particulier avec *dépendre*).

Le contrôleur de l'infinitif est (sauf cas particulier signalé) le sujet.

Pronominalisation par *en* (un complément en *de lui, d'elle*, souligne le caractère animé du complément, avec des verbes comme *parler, rêver, discuter, profiter* ; voir § 257).

1. *De* marquant l'origine :

- **verbes de mouvement et de déplacement** : notamment *venir, provenir*
>   *Paul vient de la campagne, d'ailleurs.*
>   *Les difficultés de Paul viennent de n'avoir pas su s'adapter*
>   (contrôleur : *Paul*).
>   *Ses difficultés viennent de ce qu'il n'a pas su s'adapter.*

Venir de Inf (et, dans une moindre mesure, *sortir de Inf*) marque le passé récent, dont le présent découle directement :
>   *Je viens de vous le dire !*
>   *Je sors d'en prendre !*

- *dépendre*
>   *Le résultat dépend entièrement de vous, et non du hasard.*
>   *Ça dépend du temps qui nous reste* (= "de combien de temps il
>   nous reste").
>   Impersonnel : *Il ne dépend que de vous d'être heureux,*
>   *Il dépend de vous que le problème puisse être réglé très vite.*
>   Quasi-impersonnel : *Ça dépend de vous (,) que P.*

Très courant avec une **percontative**, avec préposition *de* généralement omise :
>   *Ça dépend (de) qui vous voulez voir.*
>   *Ça dépend combien d'argent il vous reste.*
>   *Ça dépend s'il fait beau.*

2. *De* marquant le point de vue : "au sujet de" (avec des exploitations diverses : cause, ...) :

Dans plusieurs cas, la construction indirecte en *de* est proche de la construction directe (voir *discuter, changer, rêver*).

- *manquer : manquer de temps* (littéralement "être en manque, pour ce qui concerne le temps")
Quasi-impersonnel : *Ça manque de soleil ici !*

- *parler, rêver, discuter*
>   *On a parlé de choses et d'autres.*
>   *Paul rêve d'un avenir meilleur, de devenir milliardaire, que demain il sera riche : Il en rêve.* Distinguer de : *J'ai rêvé que je devenais riche : Je l'ai rêvé* (rêve effectif) *; J'avais rêvé un autre avenir pour mes enfants.*
>   *On a beaucoup discuté de la situation* (distinguer de *discuter quelque chose*, qui passe facilement au sens de "contester, critiquer") *; Discutons de ce projet / Discutons ce projet.*

- *douter, désespérer*
- *souffrir, pâtir*
- *pleurer, gémir*

> *Paul doute de lui-même.*
>
> *Marie (doute) désespère de pouvoir devenir un jour danseuse étoile.*
>
> *Je doute (je doute fort) que vous puissiez faire mieux.*
>
> *Paul souffre de sa blessure, de son isolement, d'avoir été battu aux élections, (de ce) que Marie soit (ou est) partie.* Distinguer de *Souffrez que je vous dise encore une chose* (= "permettez" ; > *le*).
>
> *Paul pleure de douleur, de devoir partir, de ce que Marie est (ou soit) partie.*

> **Remarque :**
> On retrouve le même complément en *de* avec des réflexifs transitifs : *se plaindre de, se réjouir de, se contenter de, se servir de* (> *en*).

- *profiter*

> *Il faut profiter de la vie, des bonnes occasions.*
>
> *Je profite de ce que vous êtes* (ou *soyez*) *là pour vous parler de notre affaire.*

- *changer* (voir § 124)

> *Paul change de cravate tous les jours* (="Paul met une cravate différente chaque jour" ; le changement affecte Paul ; plus usuel que le tour transitif *Paul change sa cravate tous les jours*).
>
> *Les Dupont ont changé de voiture* (très proche de *Les Dupont ont changé leur voiture*, moins usuel).

> **Remarque :**
> Le verbe *servir* présente des constructions très courantes en *de* (*servir d'interprète* = "faire fonction d'interprète", littéralement "servir en qualité d'interprète, comme interprète") ; ce complément ne peut pas se pronominaliser.

250. Complément indirect introduit par une autre préposition

Voici quelques exemples de verbes suivis de compléments essentiels introduits par d'autres prépositions que *à* ou *de* (le caractère essentiel de ces compléments étant soumis aux réserves habituelles en la matière) :

AVEC
- *aller, cadrer / détonner, jurer :*

*Tes chaussures ne vont pas du tout avec ta robe ! (= tes chaus-
sures et ta robe ne vont pas du tout ensemble).*

- *fraterniser, sympathiser / lutter, guerroyer, rivaliser :*
Marie a tout de suite sympathisé avec Julie (paraphrase : *Marie et
Julie ont tout de suite sympathisé*).

- *coucher :*
Paul couche avec sa petite amie.

- *interférer :*
Le paramètre A interfère avec le paramètre B.
(paraphrase : *Les paramètres A et B interfèrent*)

- *faire :*
Il faut faire avec ce qu'on a.

APRÈS

chercher après qqn (familier)
courir :
Paul court après les filles, après la fortune (voir § 254)

EN

consister en :
Cette œuvre consiste en trois gros volumes.
La difficulté consiste en ce que nous avons très peu de temps.

PAR

commencer :
Je commencerai par le commencement.
Paul a commencé par exposer son point de vue.
finir :
Paul a fini par exploser.
En France, tout finit par des chansons.

PARMI

figurer parmi :
Paul figure parmi les mieux placés.

POUR

opter pour
compter pour
passer pour :
Paul passe pour étourdi, pour un étourdi
(complément souvent appelé "attribut indirect").
Paul passe pour avoir fait les quatre cents coups.

SUR

donner, déboucher sur :
Cette porte donne sur la cour.

empiéter sur :
 N'empiétez pas sur mon domaine.
tomber sur, fondre sur :
 L'aigle fond sur sa proie.
compter sur :
 Je compte sur vous.
régner sur :
 Le monarque règne sur ses sujets.
Pour *Il lui tombe dessus*, voir § 254.

À côté de ces emplois d'une préposition spécifique à un verbe, il faut signaler que certains verbes peuvent être suivis d'une gamme plus ou moins étendue de prépositions (parmi lesquelles *à* et *de*). C'est le cas en particulier dans le domaine des relations spatiales, au sens strict ou métaphorique :

- *tomber :*
 tomber dans le piège, dans le coma
 tomber en panne
 tomber sur un os

- *aller :*
 aller vers des cieux plus cléments
 aller sur place
 J'allais pour protester, et puis ...

251. Infinitif direct après un verbe de mouvement : *Va voir !*

Cas particulier important : les verbes de mouvement peuvent être suivis d'un infinitif sans préposition, qui se distingue nettement des constructions transitives à l'infinitif étudiées au Chap. 8 :
 Va donc voir ce qui se passe !
 Vous resterez bien boire un verre ? (mouvement zéro)
 Paul est passé prendre des nouvelles.
 Il est retourné chercher sa voiture.
 J'arrive (je viens) tout de suite vous aider.
 Vous venez manger ?

Le verbe *être*, aux temps composés ou au passé simple, s'utilise couramment comme verbe de mouvement, avec un infinitif :
 Hier, j'ai été voir des amis.

As-tu été chercher du pain ?
Il fut alors trouver le Roi (Il s'en fut alors trouver le Roi).

Bien que construit directement, l'infinitif ne peut pas commuter avec un groupe nominal ou une complétive, ni se pronominaliser par un pronom accusatif : il ne s'agit donc pas d'une véritable construction transitive, mais d'un tour plus proche des compléments indirects étudiés dans ce Chapitre.

L'infinitif est souvent considéré comme marquant le but, et il existe avec certains verbes une paraphrase assez voisine en *pour + Inf* :
Paul est passé pour prendre des nouvelles,

mais l'emploi de *pour* dissocie et relie logiquement les deux procès *passer* et *prendre des nouvelles*, alors qu'ils sont indissociables, logiquement et référentiellement, dans *passer prendre des nouvelles*.

> **Remarque :**
> *J'ai été pour partir* = "j'ai failli partir", "j'ai eu l'intention de partir", mais je ne l'ai pas fait.

La construction directe, sans *pour*, a un caractère généralement plus naturel. Certaines combinaisons, comme *aller chercher (Va vite chercher le médecin)* ou *venir voir (Viens voir ce qu'on m'a donné)*, admettent même difficilement *pour* devant l'infinitif, et sont très près de constituer des unités lexicales.

> **Remarques :**
> **1.** À signaler, dans un style très recherché et archaïsant, la possibilité de montée des clitiques compléments de l'infinitif :
> *J'y vais chercher tout ce dont j'ai besoin* à côté de *Je vais y chercher ...*
> **2.** La fusion entre le verbe de mouvement et l'infinitif est à son maximum dans *aller + Infinitif*, qui marque le "futur proche", ou plus exactement le prolongement du présent (entre autres effets de sens de caractère modal) :
> *Je vais devoir vous quitter.*
> *Vous n'allez pas me dire que c'est impossible !*

Une pronominalisation par *y* est naturelle avec *aller* ou *avoir été* :
Tu vas chercher du pain ? - Oui, j'y vais (Non, j'y ai déjà été !)

mais non pas avec les autres verbes :
Vous êtes venu voir les résultats ? - Non, je ne suis pas venu pour ça !

> **Remarque :**
> L'infinitif n'a pas toujours de façon nette un caractère de complément essentiel; dans
> *J'ai été à Paris voir un spectacle*
> les deux compléments peuvent se hiérarchiser de façon différente.

252. Deux compléments indirects

Les constructions vues précédemment peuvent parfois se cumuler : on rencontre ainsi après certains verbes deux compléments indirects. La limite avec les compléments accessoires est incertaine.

Le complément en *à* est très souvent représenté par un datif.

V à X de X :

- *parler : Paul parle à ses enfants de ce qui s'est passé.* (actant concerné + "au sujet de")

- *venir : Ce buffet me vient de mes grands-parents.* (aboutissement / actant concerné + origine).

V de X à X :

marquant le point de départ et le point d'arrivée :
> *venir (aller, arriver) de Marseille à Paris*
> *La réunion durera de 6 à 8.*

Mais les deux compléments peuvent être considérés comme n'en formant qu'un seul : avec *durer*, l'un ne peut figurer sans l'autre.

Avec *en : en arriver à, en rester à, en venir à.*

Aussi *servir à qqn de qch (servir d'interprète au roi).*

V à X à X :

- *servir :*
> *Ce meuble sert à Paul à ranger ses affaires.* (actant concerné + destination)
> *Ça ne lui sert à rien*

- avec des termes de "possession inaliénable" (et surtout avec un datif) (voir § 254) :
> *monter à la tête à qqn*
> *ne pas arriver à la cheville à qqn*
> *venir à l'esprit à qqn*
> *tenir à cœur à qqn*

avec une autre préposition :
> *marcher sur les pieds à qqn*
> *taper sur les nerfs à qqn*

- réflexif : *se plaire à Inf*

> **Remarque :**
> Pour *apprendre à qqn à Inf, demander à qqn à Inf*, voir § 206 Rem.

253. Compléments clitiques

On rencontre les datifs, ainsi que *y* et *en*. Beaucoup d'emplois ont déjà été signalés dans les paragraphes précédents.

254. Datifs

Le datif, qui ne représente jamais un complément en *à Inf* ou *à ce que P*, ne pronominalise qu'une partie des compléments en *à N* des constructions intransitives : essentiellement les compléments animés.

> **Remarque :**
> Pour *Je pense à lui, à elle*, voir § 244, 256.

- aboutissement (métaphorique ou figuré) d'un verbe de mouvement, avec sujet inanimé :

> *Ça m'arrive souvent.*
> *Il m'arrive de me tromper.*
> *Il me vient une idée.*
> *Votre nom ne me revient pas* (= "je l'ai oublié").
> *Ce privilège me revient (de droit).*
> *La tête de ce monsieur ne me revient pas* (= "ne me plaît pas").
> *Cette robe vous va très bien.*
> *Ça me convient parfaitement.*

- destinataire (bénéficiaire) :

> *Marie lui a menti (souri, écrit, parlé, répondu, ...)*

- actant (animé) affecté :

> *Un lapsus lui a échappé.*
> *Son obstination lui a nui, réussi.*
> *Marie lui a cédé (résisté, obéi, pardonné, ...).*
> *Ce dictionnaire me sert beaucoup (me sert de guide).*
> *Ça me plaît.*
> *Il me reste, me manque cent francs.*
> *C'est tout ce qui lui reste.*
> *Il te manque toujours quelque chose !*
> *Il vous suffit de demander.*
> *Cela ne vous appartient pas.*

- terme de correspondance :

> *Sa sœur lui ressemble beaucoup.*

Exemples de datif représentant des compléments non animés :

> *Le calme lui succéda* (= à la tempête)
> *obéir au rythme des saisons, à son instinct > lui obéir*

nuire à des intérêts > leur nuire.

Exemples d'alternance *lui* (animé) / *y* (inanimé) :
> *lui répondre = à qqn / y répondre = à une lettre, à une provocation*
> *Cela lui suffit / Cela n'y suffira pas* = "cela ne sera pas suffisant pour le but visé"
> *Rien ne lui échappe / Personne n'y échappe = à cette contrainte.*

Le datif peut aussi correspondre (avec montée) à un complément animé d'une autre préposition :
> *Il lui court après.*
> *Il lui rentre dedans.*
> *Il lui tombe dessus.*
> *Il lui tourne autour.*
> *Il lui saute dessus* (tours très courants dans l'expression familière).

Ces expressions peuvent avoir un caractère figuré ou métaphorique, beaucoup plus facilement que les énoncés avec forme pronominale forte : *Il tourne autour d'elle, Il est tombé sur elle.*

Datif de la "possession inaliénable" :
> *Paul me tape sur les nerfs.*
> *Ça me porte sur le système.*
> *Il m'a marché sur les pieds.*

255. Datifs réflexifs

Le datif réflexif correspond à un actant distinct (avec commutation possible) dans :
> *Paul se ment (à lui-même).*
> *Marie et Paul se parlent* (sens réciproque).
> *Les siècles se sont succédé.*
> *Il se tape sur la tête* ("possession inaliénable").
> *Marie et Paul se sont plu immédiatement.*

Les actants ne sont plus guère distinguables dans *se plaire à, se complaire à* (= littéralement "plaire à soi-même en faisant qch") :
> *Marie se plaît à inventer des contes pour enfants.*
> *Paul se complaît dans (à) des spéculations hasardeuses.*

256. Y

Y marque une relation spatiale (*J'y vais*) qui peut s'étendre à l'"espace notionnel" : *y* représente un complément en *à N* (inanimé) (ou *sur, dans,*

... *N*), *à Inf, à ce que P*, ou même une subordonnée percontative ou un infinitif sans préposition :

> *J'y suis arrivé = au but, sur les lieux, à comprendre, à ce que tout soit prêt à temps.*
>
> *Réfléchissez-y = à ma proposition, (à ce) que demain il sera trop tard, comment vous allez faire.*
>
> *J'y vais = à Paris, chez Paul* (= "à la maison de Paul"), *chercher du pain.*

Quelques exemples d'emploi :

> *J'y arrive, à Paul* (effet "désanimant"; voir ci-dessous).
>
> *Paul y a adhéré l'année dernière = au Parti du Progrès.*
>
> *Vous y croyez, vous, à toutes ces histoires ?*
>
> *N'y touchez pas !*
>
> *Vous y avez contribué largement.*
>
> *J'y consens.*
>
> *Il ne faut pas hésiter à y recourir.*

Remarque :
Remarquer *J'irai* = haplologie pour **j'y irai.*

Alternance *y* / datif : voir § 254.

Alternance *y* / *à lui* : *Paul y pense / Paul pense à elle* :

Les verbes *penser, songer, tenir, renoncer*, pronominalisent (très normalement) en *y* leur complément en *à*, typiquement inanimé :

> *J'y pense, j'y songe = aux vacances, à partir*
>
> *J'y renonce = à ce projet, à me porter candidat*
>
> *J'y tiens = à cette idée, à vous voir, à ce que P.*

Y peut représenter un complément animé, en tant que celui-ci est simplement l'"objet" des pensées, du songe, de l'attachement, ou du renoncement :

> *Tu penses à moi ? - Oui, j'y pense* ("je pense à toi, c'est-à-dire à ce que tu représentes : à ce que tu m'as demandé, à ce que j'ai à faire pour toi, ..." : réponse "fonctionnelle" plus que "psychologique", peu gratifiante pour l'*ego* du demandeur).
>
> *Sa femme, Paul y tient beaucoup; Paul y tient beaucoup, à sa femme* ("la femme de Paul est pour lui un élément important" ; remarquer que la construction en prolepse s'accompagne quasi-nécessairement d'une anaphore clitique).

Pour que le complément figure pleinement en tant qu'animé, avec toutes ses caractéristiques individuelles, et ne soit pas simplement le titulaire d'un rôle, il faut le pronominaliser (non pas par un datif, exclu avec ces verbes) par un groupe prépositionnel pronominal fort :

Paul pense (songe, tient, renonce) à elle (= *à Marie* ; sa pensée (son attachement, ...) va vers Marie en tant qu'être unique, doté de caractéristiques personnelles uniques).

Remarque :
Rappel : les constructions en *à Inf* de certains verbes de caractère modal ne peuvent pas se pronominaliser :
aimer, apprendre, chercher, demander, servir, hésiter à Inf.

Y circonstant :
Toulouse, j'y ai travaillé autrefois.

Y dans des locutions :
Il y va de notre honneur.

257. *En*

En peut représenter un complément essentiel en *de N, de Inf, (de ce) que P*, ou une percontative :
J'en doute = de ses chances, de pouvoir y parvenir, (de ce) que vous puissiez avoir fini à temps
Votre succès en dépend = de cette épreuve, (de) si vous travaillez ou non
On en parle beaucoup = de cette affaire, de devoir recommencer les élections
Profitez-en = de cette occasion, de ce que vous êtes libre.

Autres exemples :
J'en sors.
Paris, j'en viens.
Paul en change tous les jours = de cravate.
Il en résulte que P

Alternance *en / de lui, d'elle* :
J'en rêve / Je rêve d'elle.
Je t'en parlerai une autre fois, de Paul / Je te parlerai de lui une autre fois.

Le problème est le même que pour l'alternance *y / à lui, à elle* : voir § 256.

En représente une séquence d'impersonnel :
Des avions, il en passe tous les jours.
Il en existe.
Il en existe de meilleurs, d'autres (voir § 120).
Il en manque.

Il en manque un, beaucoup, la moitié.
Il en arrive à chaque instant.

En dans des locutions :
 Il en va ainsi
 en venir à
 en rester à.

258. Le complément est un adverbe

Ce paragraphe mentionne le cas résiduel de compléments adverbiaux essentiels, dans des constructions intransitives (ou parfois transitives). Il s'agit d'un secteur dont la prise en compte est encore très partielle, d'autant plus que, à l'évidence, la détermination du caractère essentiel de ces compléments (qui commutent généralement avec des compléments prépositionnels) est particulièrement problématique.

Voici quelques cas où se rencontrent ces compléments :

- les **verbes de mouvement** (comme *aller, marcher, tomber, tourner*) s'emploient souvent **avec des adverbes de manière (manière d'être)** : *bien, mal, mieux, comment ?, comme P* : le mouvement est une manière d'être (cf. *être*, § 153) :

 Comment allez-vous ? - Très bien, merci.
 Vous tombez mal ! (= "vous arrivez à un mauvais moment")
 Paul (l'affaire) a mal tourné.
 Les affaires marchent mal (= "elles sont mauvaises").

De même des **verbes (surtout réflexifs) indiquant la manière d'être** : *se trouver, se conduire, se porter, se tenir* :

 Portez-vous bien !
 Paul s'est trouvé mal (= "a été victime d'un malaise").
 Il s'est conduit comme un idiot.
 aussi : *Paul s'y est très mal pris* (= "a agi d'une façon maladroite et inefficace").
 aussi *présenter : Paul présente très bien* (= "il a une bonne présentation").

- verbes de mouvement avec des **adverbes de manière du type *vite*, *doucement, prudemment*** :

 Ne va pas trop vite !
 Va doucement !

- les verbes de mouvement et de localisation se construisent naturellement avec des **adverbes de lieu** :

 Où vas-tu ?
 Il est allé ailleurs.

> *Le patron a mis tout le monde dehors.*
> *Remettez votre plateau là-bas.*

- des verbes (typiquement transitifs : *faire*) marquant une **activité** sans en spécifier l'objet sont souvent employés avec des **adverbes de manière essentiels** :

> *Je n'ai pas pu faire mieux, faire autrement.*
> *Fais comme je t'ai dit.*
> *Comment faites-vous ?*
> *Je n'ai pas fait exprès* (ou *Je ne l'ai pas fait exprès*).

On rappellera que certaines constructions transitives sont rendues possibles par un adverbe de manière (ou un GPrép) :

> *Marie a très mal pris (reçu, accueilli) les remarques de Paul.*
> *Paul a fait exprès de laisser tomber son verre.*
> *Je vois mal que vous puissiez le faire tout seul.*

Remarques :

1. Le cas des quantificateurs du type *Il travaille beaucoup, Il boit beaucoup*, a été évoqué § 166 Rem.

2. *Je préfère demain (quand tout le monde sera là, une autre fois), là-bas (ailleurs, où il fait jour)* : la localisation (spatiale ou temporelle) est traitée comme un terme nominal.

3. *Aimer ailleurs* est une formule précieuse et archaïsante pour *aimer quelqu'un d'autre.*

12

LES COMPLÉMENTS ACCESSOIRES : NOMS ET ADJECTIFS

259. Les éléments accessoires : vue d'ensemble

Les éléments accessoires (voir § 42) constituent un vaste ensemble, très divers. Ils comprennent formellement trois grands groupes :

- des **éléments variables, adjectivaux ou nominaux**, se rapportant à un terme de l'énoncé ou de la situation d'énonciation ; ainsi :
> *contente,* dans *Marie est partie contente*
> *mes amis,* dans *Mes amis, il est l'heure !*

- des **éléments invariables, adverbiaux ou prépositionnels** (pouvant inclure des structures de phrase comportant un élément connecteur), dont la portée n'est pas marquée formellement; ainsi :
> *franchement,* dans *Je parle franchement.*
> *quand P,* dans *Venez quand vous voulez.*
> *pour + GN,* dans *J'ai fait cela pour mes amis.*
> *pour + GInf,* dans *J'ai fait cela pour vous faire plaisir.*
> *pour + Complétive,* dans *J'ai fait cela pour que tout le monde soit content.*

Ces éléments invariables sont les **circonstants**, ou, plus traditionnellement, les "compléments circonstanciels".

- des **structures phrasoïdes sans connecteur** : éléments ayant une structure de phrase, verbale ou non verbale (ou une structure voisine de la structure de la phrase), mais qui ne sont pas enchâssés par connexion ; ainsi :
> *Le soir venant,* dans *Le soir venant, nous rentrâmes.*
> *La tête la première,* dans *Il tomba la tête la première.*

Les questions de place, de construction (liée ou détachée), de portée, et d'interprétation seront abordées lors de l'étude de chaque type.

Le présent Chapitre est consacré aux compléments accessoires nominaux et adjectivaux. Les compléments accessoires adverbiaux et prépositionnels sont étudiés dans les Chap. 13 à 15, les compléments accessoires de structure phrastique sans connecteur, au Chap. 16.

260. GN et Adjectifs compléments accessoires : différents types

Les emplois des éléments nominaux ou adjectivaux comme compléments accessoires peuvent être regroupés en quatre grands types :

- **Attribution accessoire, interne au prédicat** : caractérisation supplémentaire (essentiellement par un adjectif) de l'un des actants de l'énoncé (essentiellement le sujet), en tant que participant au procès verbal :

> *Marie est partie contente.*
> *Ils vécurent heureux.*

À la limite de ce fonctionnement, l'adjectif, invariable et proche d'un adverbe, porte sur l'idée verbale :

> *La voiture s'arrêta net.*

- **Caractérisation énonciative** (très marquée) du sujet de l'énoncé :

> *Paul s'est encore trompé, ce crétin !*

Cette caractérisation peut concerner l'énoncé lui-même :

> *Paul est parti - ce qui est étonnant (chose étonnante)!*
> *Ô surprise !, il ne s'est pas trompé !*

- **Apostrophe** : l'énonciateur invoque directement son destinataire, par une désignation (**vocatif**) ou une caractérisation :

> *Paul, viens ici !*
> *Mes amis, il est l'heure.*
> *Tais-toi, idiot !*

- **Thématisation** d'un élément (typiquement un GN) par dislocation : l'énonciateur lance (ou rappelle) un élément, hors syntaxe :

> *Les vacances, ça passe toujours trop vite* (prolepse, valeur de présentation).
> *Il s'est encore trompé, Paul* (antitopique, valeur de rappel).

Exemple de cumul de ces différents types :

> *Jean !, Paul, il est parti tout seul, ce crétin !* avec *Jean* = vocatif, *Paul* = prolepse, *tout seul* = attribut accessoire, *ce crétin* = caractérisation énonciative.

> **Remarques :**
> **1.** Pour les GN équivalents à des GPrép (avec préposition zéro) en fonction circonstant, du type *ce matin* (*Ce matin, il fait plutôt frais*), *l'année prochaine, tous les jours,* etc., voir § 308.
> **2.** Pour les GPrép en fonctionnement quasi nominal ou adjectival (ainsi *en mauvais état* dans *Mon livre, vous me l'avez rendu en mauvais état,* comme *Vous me l'avez rendu abîmé*), voir § 264.

Dans bien des cas ces compléments accessoires ont un caractère énonciatif très accentué : ils sont pour ainsi dire surajoutés à l'énoncé (ou à sa structure syntaxique canonique), avec un caractère d'énonciation indépendante, et ne sont pas enchâssables en discours rapporté au style indirect.

Les compléments accessoires nominaux ou adjectivaux posent dans bien des cas des problèmes délicats de frontière, de niveau d'analyse :

- d'une part, l'attribut accessoire est parfois difficile à distinguer d'un attribut essentiel ;

- d'autre part et surtout, le rattachement (naturel et nécessaire) des compléments accessoires nominaux ou adjectivaux à un terme de l'énoncé rend parfois difficile de les distinguer d'avec les compléments secondaires : leur dépendance tend à faire d'eux des constituants secondaires (à rattacher à un GN, même quand ils en sont séparés, et quelque gêne qu'on éprouve à avoir éventuellement un constituant secondaire non contigu à la tête à laquelle il se rattache), en contradiction avec leur autonomie syntaxique et énonciative (souvent manifestée par un détachement intonatif), qui fait d'eux des constituants de phrase, accessoires mais primaires. La distinction n'est pas toujours aisée ni sûre. (Rappelons que les compléments secondaires, liés ou détachés, ne sont pas étudiés ici.)

261. Attribution accessoire

Exemple : *joyeuse* dans *Marie est partie joyeuse.*

L'adjectif, en position liée derrière le verbe, se rapporte au sujet, avec lequel il s'accorde, tout en étant sémantiquement intégré au prédicat verbal : il qualifie le sujet en tant que celui-ci est sujet du verbe, en tant qu'il est agent (ou siège, etc.) du procès considéré : la relation passe par le verbe (d'où le fait que la fonction de l'adjectif est une fonction primaire). L'adjectif est donc un attribut accessoire (il n'est pas nécessaire à la phrase, et les relations instaurées dans *Marie est partie* restent inchangées quand il s'y ajoute).

La possibilité d'avoir des adjectifs attributs accessoires auprès d'un verbe à l'infinitif (sans sujet exprimé) montre bien le lien au verbe, et le fait que l'adjectif ne se rapporte au nom sujet qu'en tant que celui-ci est sujet:

Pour vivre heureux, vivons cachés.
Il ne faut pas rêver tout éveillé.

Différence entre un attribut accessoire et un adverbe circonstant : quand une même qualité est susceptible de s'attacher *mutatis mutandis* à un actant et à un procès :

Paul est parti joyeux / Paul est parti joyeusement,

les deux énoncés, bien que proches, peuvent être distingués.

Dans *Paul est parti joyeusement*, l'adverbe de manière circonstant porte sur le verbe (dans sa relation au sujet) ; *partir joyeusement* caractérise proprement le départ : il y a "départ joyeux" au sens de "départ accompagné de manifestations joyeuses". Ces manifestations n'impliquent le sujet qu'en tant que participant obligé du procès, c'est-à-dire d'une façon tout extérieure (cf. *Paul est parti joyeusement, pour faire bonne figure, alors qu'il avait la mort dans l'âme*).

Dans *Paul est parti joyeux*, l'adjectif attribut accessoire se rapporte au nom *Paul* en tant que sujet (dans sa relation au verbe) ; il y a "départ joyeux" au sens de "départ d'un sujet joyeux" ; la joie est celle qu'éprouve le "sujet-qui-part" et non celle qui accompagne extérieurement le départ (cf. *Paul est parti joyeux, mais sans vouloir le laisser paraître*). On peut à la limite *partir joyeusement* sans être joyeux, et *partir joyeux* sans partir joyeusement. On peut opposer de même *mourir bêtement* à *mourir idiot*.

Selon les cas, **la relation de l'attribut accessoire au verbe peut être plus ou moins étroite** : il existe en fait un continuum, depuis l'attribut essentiel (Chap. 7), inséparable du verbe, jusqu'à un fonctionnement délié du verbe, en passant par le stade des attributs accessoires, ce continuum se traduisant par le passage graduel d'une construction très liée à une construction franchement détachée (on rencontre ici les problèmes de frontière et la contradiction évoqués § 43 ; voir aussi § 47).

Exemples avec *tomber* :

Paul est tombé malade : attribut essentiel.

Paul est tombé évanoui ; Il est tombé raide mort : essentiel ou accessoire ? on peut chercher un critère dans le sens propre (chute) ou figuré (comme dans *tomber malade*) de *tomber*.

Dans les rênes lui-même il tombe embarrassé (Racine ; cit. Damourette et Pichon (§ 542), qui commentent : "Hippolyte ne s'embarrasse dans les rênes que du fait de sa chute" ; attribut accessoire).

La neige tombait si épaisse que P : attribut accessoire plus lâche, avec glose possible par *étant* : "qualités accessoires que le fait verbal saisit sans être pour rien dans leur genèse" (disent Damourette et Pichon) ; une pause (virgule) est possible, transformant l'attribut accessoire en épithète détachée, comme dans :

Il est tombé, mort de fatigue : épithète détachée, en fonction secondaire.

Dans ce dernier exemple, comme dans *Marie est partie, toute joyeuse*, le détachement brise la relation entre l'adjectif et le verbe (relation nécessaire pour qu'il y ait attribut) ; l'adjectif n'est plus en relation qu'avec le nom auquel il se rapporte, mais il n'est pas sémantiquement intégré au prédicat verbal (la phrase n'implique aucunement un "départ joyeux" ; il y a simplement concomitance entre le départ et l'état joyeux de Marie) : c'est un complément secondaire (épithète) détaché. L'éloignement progressif du verbe affaiblit (jusqu'à dissoudre) le lien "attribut", cependant que le lien au substantif support se maintient nécessairement.

Exemple de cumul de deux attributs accessoires, le second plus "lâche" que le premier (et portant sur l'ensemble formé par le verbe et le premier attribut) :

Paul est parti soldat jeune.

L'attribut accessoire n'est pas pronominalisable.

Nature : l'attribut accessoire est, typiquement, un Adjectif (ou GAdj), parfois un N sans déterminant, très rarement un GN. Dans certains cas, un GPrép (voir § 264) peut jouer un rôle comparable.

Il faut faire une place à part aux attributs accessoires indéfinis (*Nous avons dix francs chacun*) ; voir § 265.

Détail des types d'attributs accessoires :
- attribut accessoire du sujet (voir § 262)
- attribut accessoire de l'objet (voir § 263)
- occasionnellement, attribut accessoire d'autres compléments (voir *chacun, tous, l'un l'autre*, § 265)
- attribut accessoire de l'idée verbale (voir § 266).

262. Attribut accessoire du sujet : *Ils vécurent heureux*

Dans le cas le plus fréquent, l'attribut accessoire est attribut du sujet (cf. tous les exemples du § précédent).

Types de verbes usuellement accompagnés d'attributs accessoires du sujet :

- *naître, mourir, vivre, ...*
>	*Marie est née riche.*
>	*Ils vécurent heureux.*
>	*Paul s'est marié trop jeune.*
>	*Paul est mort pauvre (content, abandonné, chrétien) ; Je ne veux pas mourir idiot ; Mozart est mort jeune.*

- verbes de mouvement ou de position :
>	*Nous restons à la maison bien tranquilles.*
>	*Paul est revenu de son stage complètement transformé.*
>	*Mais ne te promène donc pas toute nue !* (Feydeau)
>	*Le pays est sorti très éprouvé de la guerre ; Le linge sort propre de la machine.*

- autres :
>	*Chez lui la peur éclatait soudaine et féroce* (cf. "éclat soudain et féroce") A.France, cit. Damourette et Pichon, § 542.

- verbes en emploi transitif :
>	*Il a perdu ses parents très jeune.*

Paul a fini la course très éprouvé.

Il suivait tout pensif le chemin de Mycènes (Racine ; les tragédies de Racine offrent de nombreux exemples d'attributs accessoires).

- verbes employés au passif (emploi très fréquent ; cf. pour les mêmes verbes à l'actif, les attributs accessoires de l'objet, § 263) :

Ils ont été retirés morts de l'eau.

Deux inconnus ont été trouvés noyés dans le lac.

Types d'attribut accessoire :

- Essentiellement, Adjectifs (ou participes passés) : exemples ci-dessus.

> **Remarque :**
> L'attribut accessoire, quand il est "lâche", est souvent proche d'une expression temporelle (ce qui ne justifie pas de le qualifier de "complément circonstanciel") :
> *On est mieux couché qu'assis (= quand on est ...)*
> *rêver tout éveillé (= rêver quand on est éveillé)*
> *Victor Hugo gardera-t-il mort la place qu'il a occupée vivant ?*
> (A.France, cit. Damourette et Pichon)

- Participe :

Il est mort croyant toujours que P

Il avait beaucoup voyagé étant jeune

- Nom sans article : valeur adjectivale, attribution d'une qualité

Paul est parti soldat (la qualité de soldat est liée à son départ).

Reviens vainqueur ou vaincu.

Je me souviens d'avoir fait ça enfant (= étant enfant, quand j'étais enfant).

Il était à Rosny soldat auxiliaire (J.Paulhan ; cit. Damourette et Pichon : le complément essentiel intercalé, *à Rosny*, locatif essentiel, empêche d'interpréter *soldat auxiliaire* comme un attribut essentiel ; = *comme, en tant que soldat auxiliaire*)

- Noms propres :

Je mourrai Mlle d'Esgrignon, dit-elle simplement au notaire. (Balzac, cit. Damourette et Pichon)

cf. derrière le participe *née* : *Mme Dupont, née Durand ; la comtesse de Ségur, née Rostopchine.*

Pour *le premier, le dernier*, voir § 265.

> **Remarque :**
> L'adjectif attribut accessoire du sujet est parfois proche de l'adjectif invarié (voir § 266) comme dans :
> *Jamais les vents n'avaient soufflé plus tièdes* (Gide, cit. Damourette et Pichon).
> On serait tenté d'écrire : *plus tiède*, avec adjectif invarié portant sur l'idée verbale (*souffle tiède*).

263. Attribut accessoire de l'objet : *Prenez-le vivant*

L'attribut accessoire peut aussi être **incident à l'objet**, dans quelques constructions transitives :

Nous avons quitté Marie rassurée.

On a retrouvé son corps affreusement mutilé.

J'ai un peu d'argent déposé à la Caisse d'Épargne : on a affaire ici au tour qui est à l'origine des formes verbales composées avec *avoir* ; voir § 169.

Prenez-le mort ou vif.

Un corsage que j'ai mis propre ce matin ! (oral, cit. Damourette et Pichon)

Paul boit toujours son café tiède.

emploi figé : *Paul s'est fâché tout rouge* (effet de sens : "jusqu'à devenir tout rouge" ; cf. l'allemand *sich rot ärgern)*.

Des **ambiguïtés** peuvent se produire : dans

Pierre a quitté Paul content,

en l'absence de marques discriminantes (et de contexte différenciateur), il est impossible de savoir si l'attribut se rapporte au sujet ou au complément. Un doute est permis sur l'interprétation du deuxième *"jeunes"* dans

Nous voyons toujours jeunes les gens que nous avons connus jeunes (Proust).

De plus, outre cette ambiguïté de rattachement, on retrouve les ambiguïtés liées au continuum signalé § 261 : dans la séquence ... V N A ... l'adjectif peut être :

- attribut (essentiel) de l'objet,

- attribut accessoire de l'objet,

- simple épithète du nom objet (voir aussi la discussion du § 201).

Exemples avec *conserver, trouver, voir* :

La Thermos conserve l'eau chaude (fonction et interprétation de *chaude* ? ; la possibilité d'antéposer l'adjectif au nom objet est un indice en faveur de l'attribut essentiel).

Je trouve cela bon : au sens de *juger* : attribut essentiel / *Je l'ai trouvé prêt à partir* : au sens de *découvrir* : attribut accessoire.

J'aime mieux la voir morte ; au sens de *constater, savoir* : attribut essentiel / *Je l'ai vu encore tout tremblant de peur* ; au sens propre, de perception : attribut accessoire ; de même *J'ai vu, Seigneur, j'ai vu votre malheureux fils / Traîné par les chevaux que sa main a nourris* (Racine).

Remarque :
Dans le vers de Racine
Je t'aimais inconstant : qu'aurais-je fait fidèle ?,
le premier adjectif est un attribut accessoire de l'objet ; le second est
un attribut d'attache vague, très elliptique, sans support grammatical
explicite : *toi (étant) fidèle.*

264. Localisation accessoire (Groupe Prépositionnel "direct")

Des GPrép peuvent être "locatifs accessoires", parallèlement aux Adjectifs attributs accessoires (de même qu'il existe des locatifs essentiels, du sujet (voir § 146 sq.) ou de l'objet (voir § 200), parallèles aux attributs essentiels). Ainsi, dans

La voiture a été retrouvée sans plaque d'immatriculation,

le GPN *sans plaque d'immatriculation* ne porte pas sur le procès *retrouver*, mais se rattache à *la voiture*, à l'instar d'un attribut accessoire.

- locatif accessoire du sujet : cette structure se manifeste particulièrement clairement dans les phrases passives, comme l'exemple ci-dessus.

Dans les autres types de phrases, le locatif accessoire du sujet se distingue mal d'un simple circonstant.

- locatif accessoire de l'objet :
On les a choisis sans défaut.
Mon livre, vous me l'avez rendu en très mauvais état.
On l'a retrouvé à bout de forces.
On l'a retrouvé en train de dormir.
La frontière avec le circonstant est souvent délicate. Voir § 201.

265. Attribution quantifiante accessoire : *Ils ont dix francs chacun*

À côté des attributs accessoires des § précédents, dont l'apport était de type qualifiant, il existe une attribution accessoire de type quantifiant :
Paul et Jacques ont dix francs chacun (ou chacun dix francs).

Le terme *chacun* marque une sorte de retour pour préciser et désambiguïser l'interprétation de la relation entre le sujet et le prédicat.

Ce type se distingue du type qualifiant par la nature des termes quantifiants (une série de termes, adjectifs ou pronoms, numéraux ou "indéfinis"), et par le fait qu'il se rencontre auprès de n'importe quel verbe (sauf incongruité sémantique). La quantification accessoire peut porter sur le sujet ou sur l'objet (avec de fréquentes ambiguïtés). Elle est cumulable avec une qualification accessoire (ou plusieurs) :

> *Nous sommes tous partis contents.*
> *Ils sont partis soldats jeunes tous les deux.*

- ***chacun, tous*** : *Nous irons tous, Elles sont toutes revenues, Je les ai tous comptés* (remarquer le placement de *tous* entre auxiliaire et participe), *Nous les avons tous vus* (ambigu).

> **Remarque :**
> L'adjectif attribut accessoire (distributif) peut être rattaché à un datif : *On leur a donné dix francs chacun* (ou *On leur a donné chacun dix francs*) est ambigu, *chacun* pouvant renvoyer à *on* ou à *leur* ; l'ambiguïté disparaît dans *On leur a donné à chacun dix francs* (ou *On leur a donné dix francs à chacun*).
> Avec *tous*, le français familier admet également le rattachement à un datif (d'où l'ambiguïté de *On leur a tous donné dix francs*) ; mais le français soigné veut dans ce cas *à tous*.

- cardinaux (emploi archaïsant) :

> *Nous partîmes cinq cents* (Corneille) (forme moderne usuelle avec GPrép : *Nous sommes partis à cinq cents ; Ils ont travaillé à quatre,* seule expression possible).
> *Ils partirent tous deux (tous les deux).*

- ordinaux, *premier, dernier* :

> *Paul est arrivé premier, trente et unième (trente et unième et dernier !)* : fait étroitement partie du prédicat : "arriver n-ième"

- *seul* (à la limite entre qualification et quantification) :

> *Paul a fait cela seul.*
> *Il mange tout seul.*
> aussi *nombreux : Venez nombreux !*

- en marge de la quantification : ***moi-même****, toi-même, lui-même, elle-même, soi-même, nous-mêmes, vous-mêmes, eux-mêmes, elles-mêmes* :

> *Je le ferai moi-même.*
> *Il le verra lui-même* (probabilité de portée sur le sujet, mais l'énoncé reste ambigu).
> *Il faut faire ses expériences soi-même.*

> **Remarque :**
> Rattachement (avec préposition) à un datif :
> *Il faut se faire confiance à soi-même.*
> *Je le lui ai dit à lui-même.*

- avec article défini : ***le premier, le dernier*** :

> *Il a terminé son devoir le premier* (attribut plus "lâche" que sans article; qualifie le sujet : = *Il a été le premier à terminer son devoir*).

- tous les deux, toutes les trois, ...
>   *Elles sont parties toutes les trois se promener.*
>   *Nous vous embrassons bien affectueusement tous les quatre* (ambigu hors contexte).

- l'un l'autre : expression de la réciprocité, spécifiant expressément la relation symétrique entre le sujet et un complément, direct ou indirect :
l'un l'autre, l'une l'autre
>   *l'un (l'une) à l'autre (de, pour, ..., l'autre)*
les uns les autres, les unes les autres

>   *les uns (les unes) aux autres (des, pour les, ..., autres)* :
>   *Marie et Sylvie s'estiment l'une l'autre.*
>   *Ils se sont nui l'un à l'autre (les uns aux autres).*
>   *Aimez-vous les uns les autres.*
>   *Ils se méfient les uns des autres.*

266. Attribut accessoire de l'idée verbale : *Il chante juste*

On rencontre derrière certains verbes des adjectifs, très liés intonativement au verbe :
>   *Jean a parlé clair.*

Cet emploi est proche de celui d'un adverbe (*Jean a parlé clairement*) mais s'en distingue néanmoins.

Dans *Jean a parlé clairement*, l'adverbe est un adverbe de manière qui qualifie la façon dont Jean a parlé, qu'il s'agisse de clarté dans la manière de parler (d'où retentissement sur le sujet) ou de clarté dans le contenu du parler.

Dans *Jean a parlé clair* (tour d'allure directe, énergique), l'adjectif ne porte pas sur la manière dont le sujet a parlé (et ne peut retentir sur lui), mais qualifie, résultativement, son parler : "Jean a eu un parler clair, il a fait entendre des propos clairs".

Ces adjectifs sont parfois considérés comme des adverbes, en raison de leur emploi à côté d'un verbe et de leur invariabilité; mais la forme est clairement celle d'un adjectif, et l'emploi à la forme du masculin singulier s'explique par le rapport à un nom (théorique) abstrait non marqué en genre ni en nombre (c'est-à-dire masculin singulier), représentant l'idée verbale : un "parler clair", un "chant juste".

Ce tour se rencontre dans des associations très usuelles (semi-figées) entre certains verbes (le plus souvent sans complément) et certains adjectifs de forme courte :

arrêter (s'arrêter) net (cf. *un arrêt net*), *boire sec, chanter juste (faux)* (cf. *un chant juste, faux*), *couper court, discuter ferme, filer doux, marcher droit, parler bas (haut, fort, franc, net), porter beau, pousser dru, raisonner juste, ratisser large, répondre juste, rire jaune, sonner creux (sonner faux), taper fort, tenir bon (tenir chaud,* au sens de *rester chaud : Le café tient chaud longtemps* ; différent de *tenir chaud (à qqn)* dans *La fourrure tient chaud), sentir mauvais (bon), tourner rond, voir clair (grand, juste),* etc.

Associations plus récentes (une certaine créativité semble possible) : *s'habiller jeune (court), voter utile.*

Emploi avec des verbes en construction transitive :
hacher menu une viande, arrêter (stopper) net son élan, aller droit son chemin, sentir bon le chèvrefeuille.

L'adjectif invarié admet dans quelques cas une quantification : *parler très bas, taper trop fort, arrêter tout net, croire dur comme fer à qch, voir plus clair, déclarer tout net que P.*

L'adjectif invarié, qui se trouve typiquement juste derrière le verbe, en diction très liée, peut parfois en être séparé par un complément : *regarder quelqu'un droit dans les yeux.*

> **Remarque :**
> Autres emplois d'adjectifs derrière un verbe :
> *avoir froid, prendre froid,* voir § 168
> *rapporter gros, parier gros, boire chaud, manger épicé, voir rouge, dire vrai, faire court,* etc., voir § 168
> *peser lourd (cent kilos), valoir (coûter) cher (cent francs), acheter (vendre) cher (cent francs) un livre,* voir § 175
> *parler français,* voir § 168.
> La distinction entre les différents types n'est pas toujours aisée.

267. Caractérisation énonciative du sujet : *Paul délire, ce fou !*

Un GN détaché en fin d'énoncé (position typique) peut représenter une caractérisation énonciative du sujet, comme dans :
> *Paul s'est encore trompé, ce crétin !*
> *Elle en pleurait, la malheureuse (la pauvre) !*
> *Il en rougit, le traître !*

Ce GN (marquant une réflexion du locuteur, qui caractérise le sujet d'une façon défavorable) comporte nécessairement *le* ou *ce* (*un* est exclu), anaphorisant le sujet, suivi d'un terme appartenant à un inventaire restreint (mais mal délimité) de termes nominaux (ou nominaux-adjectivaux) péjoratifs ("noms de qualité" ; Milner) :

- termes injurieux : *ce salaud, cette ordure, ce sacripan, cet imbécile, ...*

- termes de caractérisation défavorable : *le malheureux, le pauvre, cet idiot, ce coquin, cet incapable* (ces termes sont également des adjectifs, mais les purs adjectifs comme *stupide* ne peuvent s'employer comme noms de qualité).

Ces GN sont en construction détachée (avec une intonation spécifique), typiquement en fin d'énoncé : ils représentent à certains égards un énoncé non verbal autonome (qui peut figurer seul entre pauses ou ponctuations fortes). Le nom de qualité porte sur le terme sujet à l'exclusion de tout autre terme, et expressément en tant que sujet du prédicat :

> *Paul s'est encore trompé, ce crétin !* : c'est en tant qu'il s'est encore trompé que Paul est traité de crétin par le locuteur (qualification occasionnelle).
>
> *Jean s'est encore fait battre par Paul, le malheureux (cet incapable) !* : c'est Jean qui reçoit les caractérisations, en tant qu'il s'est fait battre, - et non Paul, bien que plus proche des GN caractérisants. Si même il était possible de rattacher le GN final à *Paul*, ce serait alors une apposition secondaire banale, sans effet de caractérisation énonciative occasionnelle.

La construction détachée donne à la caractérisation une latitude de placement (même si la position finale est largement dominante) :

> *Paul (cet imbécile !) a encore (cet imbécile !) voulu (cet imbécile !) sauter sans parachute (cet imbécile !).*

Remarques :

1. Dans *Paul, cet imbécile, ...,* la caractérisation énonciative tend à se fondre dans le GN et à perdre son statut de terme de phrase.

2. La caractérisation énonciative peut être complètement incorporée à un GN ordinaire (auquel cas elle perd évidemment son statut de terme de phrase) :

Cet imbécile (cet idiot, ce crétin, ...) de Paul s'est encore trompé !
Il s'est encore trompé, cet imbécile de Paul !
J'ai été battu par ce crétin (salaud) de Paul !
Ce pauvre (malheureux) N s'est encore planté !

Ces variations de place, de fonctionnement et de statut de la caractérisation énonciative illustrent la contradiction entre l'autonomie énonciative et le rattachement syntaxique à un terme (contradiction évoquée § 260).

Une adjectivation très restreinte du N caractérisant est possible, par quelques adjectifs (tels que *pauvre, petit*) ou par *espèce de* :

> *le pauvre imbécile, ce petit crétin, ce satané idiot*
> *cet espèce de crétin* (remarquer que *espèce* peut ne pas se construire comme un substantif féminin).

La caractérisation énonciative du sujet est à distinguer des constructions voisines :

- par différence avec la caractérisation énonciative de l'allocutaire (voir

§ 271), elle porte sur un actant de l'énoncé (le sujet), et non sur l'allocutaire : *Paul s'est trompé, ce crétin / Tout est à refaire, crétin !* (pseudo-vocatif).

- par différence avec un terme de reprise (antitopique, voir § 276), elle porte sur un terme déjà identifié, déjà doté de sa référence (alors que l'antitopique donne sa référence au pronom qui l'annonçait cataphoriquement) ; son rôle dans l'énoncé n'est aucunement de constituer un actant en thème :

dans *Il en pleurait, l'idiot !*, comme dans *Paul en pleurait, l'idiot !*, le sujet porte en lui-même sa référence : directement dans le cas de *Paul*, indirectement avec *il*, anaphorique qui tire sa référence d'un terme précédent de l'énoncé ; l'article de *l'idiot* reprend anaphoriquement ce sujet ; / dans *Il en pleurait, Paul* (reprise), le pronom sujet *il* est cataphorique de *Paul*, qui lui donne sa référence.

Remarque :
Dans *Il s'est encore trompé, ce crétin de Paul !*, le GN final (antitopique) incorpore la caractérisation énonciative.

- par différence avec une simple apposition interne au GN (en fonction secondaire : *Paul, notre médecin de famille, ...* ; cas non traité ici), la caractérisation énonciative est limitée à l'emploi de quelques termes péjoratifs ou injurieux se rapportant au sujet; l'apposition, illimitée sémantiquement, moins limitée du point de vue de la détermination, est en revanche nécessairement contiguë au N auquel elle se rapporte.

Remarque :
Pour *Ah! les braves gens !*, voir § 351.

268. Le tour *tout Président qu'il est (soit)*

Un adjectif, épithète détachée (en fonction secondaire) d'un terme de l'énoncé (typiquement le sujet), peut, dans une langue recherchée, être étoffé par une relative avec *que + être* :

Il n'a pas réagi, surpris (ou *surpris qu'il était*) *par cette charge agressive.*
J'ai accepté, convaincu (ou *convaincu que j'étais*) *par ses arguments.*

La relative souligne le caractère causal, explicatif, de la précision apportée par l'adjectif.

Remarque :
Tour comparable avec *comme* intégratif :
Jolie comme elle est, Marie a tous les suffrages.

Mais le tour avec relative se présente sous une forme particulière avec *tout*. La structure :

tout + Adjectif (ou Nom sans article) + *que* + *être*,

généralement qualifiée de "concessive", prend une autonomie énonciative particulière, qui tend à en faire un terme de phrase (fonction primaire) :

> *Tout affaibli qu'il est, l'ennemi peut encore résister* = "bien qu'il soit affaibli (il a beau être affaibli, quelque affaibli qu'il soit), l'ennemi peut encore résister"
>
> *Tout Président qu'il est, Paul est resté simple* = "bien qu'il soit Président, ..."
>
> *Tout Premier ministre que vous êtes, permettez-moi de vous dire que nous contestons cette décision*
>
> *Tout responsable que je suis, je ne peux cependant répondre de tout.*

Cette structure, toujours en construction détachée, porte sur un terme de l'énoncé (généralement le sujet), qui est repris (ou annoncé) par le sujet clitique de la relative; elle asserte la possession franche et entière (*tout*) d'une qualité, mais implique que cette qualité n'a pas les effets qu'elle est supposée entraîner normalement (un ennemi affaibli est censé ne pas pouvoir résister, quelqu'un devenu Président est présumé avoir perdu sa simplicité, etc.) ; d'où l'effet de sens "concessif".

> **Remarque :**
> **Graphie et prononciation de *tout* :** selon la norme, *tout* reste invariable devant un adjectif masculin ou devant un adjectif féminin à initiale vocalique (ou *h* muet), c'est-à-dire quand il se prononce /tu/ ou quand la graphie *tout* suffit à marquer une prononciation /tut/ :
> *tout responsable(s), tout hardi(s)* (/tuardi/)
> *tout étonné(s)* (/tutetone/), *tout habile(s)* (/tutabil/) *qu'il(s) est (sont)*
> *tout étonnée(s)* (/tutetone/), *tout heureuse(s)* (tutørøz/) *qu'elle(s) est (sont),*
> mais il s'écrit *toute* ou *toutes* devant adjectif féminin à initiale consonantique (ou *h* "dur"), pour indiquer la prononciation /tut/ :
> *toute(s) responsable(s), toute(s) hardie(s)* (/tutëardi/) *qu'elle(s) est (sont).*

Le même tour se rencontre aussi au subjonctif (par influence des tours également concessifs *quelque ... que* (voir § 336) ou *si ... que* (voir § 337)) ; l'interprétation est peu différente de celle du tour à l'indicatif, mais le subjonctif dans la relative, allant en sens inverse du *tout*, peut ajouter une valeur d'indétermination sur le degré de possession de la qualité prédiquée :

> *Tout affaibli qu'il soit, ...* = "si affaibli (quelque affaibli) qu'il puisse être, ..."; on remarque l'équivalence ici entre un indéfini (*quelque*), un intensif (*si*), et un marqueur de totalité (*tout*).

> **Remarques :**
> **1.** Autres tours voisins à valeur concessive :
> *Pour grands que soient les rois, ...* (voir § 337), et même *Pour si grands que* + subj. Mais la structure et l'emploi deviennent incertains.
> **2.** Pour le tour *Malheureux que je suis*, voir § 272.

269. Caractérisation de l'énoncé : *Il ne dit rien, ce qui m'étonne !*

Dans un énoncé comme
> *Chose étonnante, Paul ne s'est pas trompé !*
> ou *Paul, chose étonnante !, ne s'est pas trompé.*
> ou *Paul ne s'est pas trompé, chose étonnante !,*

le groupe *chose étonnante*, en construction détachée, ne peut être rattaché à aucun terme : il porte sur l'énoncé *Paul ne s'est pas trompé*, par rapport auquel il marque une caractérisation énonciative du locuteur (proche d'une énonciation indépendante, sans verbe).

Cette caractérisation de l'énoncé peut être marquée par :

- un GN (ou N) sans déterminant du type
> *Chose remarquable (incroyable, ...)*
> *Miracle !*
> *Coup de veine !* (familier)

- un N précédé de *ô* (langage littéraire) :
> *Ô surprise !, ô merveille !*

Pour les caractérisations d'énoncé par des phrases nominales du type *Quelle chance !*, voir § 351 ; par des expressions ou jurons du type *La barbe, Merde !*, voir § 273.

- un Adjectif au comparatif, du type
> *Plus grave encore, il a voulu tuer son beau-frère !*
> *Pire encore, il a voulu se pendre !*

> **Remarque :**
> Ce tour est à rapprocher de l'emploi de certaines relatives en *qui* (ayant P pour antécédent) suivi d'un comparatif : *qui plus est ; qui pis est* (= *ce qui est pire*) ; *qui mieux est* (= *ce qui est mieux*) (archaïsmes figés) :
> *Qui pis est, il a voulu tuer son beau-frère !* ou *Il a voulu tuer son beau-frère, qui pis est !*

- un GPron en *ce* + relative, dans lequel *ce*, antécédent du relatif, reprend anaphoriquement une phrase. Ce type de structure est extrêmement naturel et courant :
> *Elle est repartie, ce qui m'étonne.*
> *Il a claqué la porte, ce à quoi on pouvait s'attendre.*

- un GPron en *quoi* précédé d'une préposition : *à quoi, après quoi, moyennant quoi, sans quoi, faute de quoi, ...* (L'ensemble n'est pas un GPrép, mais, l'élément connecteur étant *quoi*, et la préposition étant en rapport avec le verbe de la relative, une relative en *quoi*, c'est-à-dire un GPron) :

Il a dit non, - à quoi je répondrai que ...
Il dîna, après quoi il s'en alla tranquillement.

À la différence des précédentes, la structure en Prép + *quoi* n'indique pas une caractérisation énonciative.

> **Remarques :**
>
> **1.** Les GPron en *quoi* peuvent s'employer derrière ponctuation forte, comme des énoncés quasi-indépendants (cf. le "relatif de liaison" en latin) :
> *Il dîna; après quoi, il s'en alla tranquillement.*
>
> **2.** Le français familier utilise ***comme quoi*** :
> *Je suis tombé, - comme quoi, j'aurais mieux fait de rester couché !*
> (*comme quoi* = "comme la phrase précédente [est, l'indique]"; effet de sens : "étant donné ce qui vient de se passer, P").

270. **A**postrophe : identification de l'allocutaire : *Paul, viens ici !*

Le locuteur précise souvent l'identité de son allocutaire (de son (ou de ses) destinataire(s)) par l'emploi d'un Nom Propre :

Paul, viens ici ! (association fréquente avec l'impératif)
René Legrand, (et) Jacques Lepetit, levez-vous !
Jacques, tu exagères ! (association fréquente avec une seconde personne présente dans l'énoncé)
Alors, Marie, quelles sont les nouvelles ?
emploi d'un pronom personnel fort : *Toi! viens ici ! ; Vous là, venez ici !*

Ce terme (appelé **vocatif**) est toujours en position détachée, avec intonation particulière, et généralement placé en début d'énoncé en raison de sa fonction d'appel (mais sa construction détachée lui donne une grande latitude de placement). Il a une forte autonomie énonciative (on parle parfois de "sous-phrase interpellative") et n'est pas enchâssable en discours rapporté au style indirect.

Certains termes appellatifs ou honorifiques s'emploient fréquemment comme vocatifs, sans article; ils peuvent être suivis ou non d'un patronyme ou d'un terme de fonction (par exemple *Directeur*):

Monsieur, Madame, Mademoiselle, Messieurs, ...
Monsieur Legrand, Madame Dupont
Monsieur le Directeur, Madame le Ministre, Monsieur le Professeur
Docteur (Docteur Knock), Professeur (Professeur Tournesol), Seigneur, Sire, Monseigneur, Excellence

Capitaine (Capitaine Haddock), Général ; le possessif (incorporé dans *Monsieur, Madame*) se retrouve dans *mon Capitaine, mon Général.*

D'autre part l'identification de l'allocutaire par un vocatif s'accompagne souvent de la mention de qualités annexes (permanentes, non liées à la prédication de l'énoncé), par exemple par l'adjectif *cher* :

Cher Paul (Mon cher Paul), Cher Monsieur (Mon cher Monsieur), Mon cher oncle, Cher Monsieur le Directeur

Chers amis (Mes amis, Mes chers amis) ; Cher confrère (Mon cher confrère)

Cher lecteur.

L'identification du destinataire peut se faire dans certains cas par une simple qualité, marquée par un Adjectif :

Petit, viens ici !

Françaises, Français, l'heure est grave.

ou par l'emploi en situation d'un GN déterminé :

Les enfants, écoutez-moi bien ! (identification de l'allocutaire par l'appartenance à un ensemble)

Mes amis, l'heure est venue.

Ma biche, Ma poulette, Mon canard (appellations marquant une relation très familière).

Le terme vocatif réalise alors à la fois une identification (désignation) et une qualification (caractérisation) : il peut donc être difficile de dire si le terme assure la désignation de l'allocutaire par le biais de la qualification, ou tout en lui adjoignant secondairement le rappel d'une qualité, ou encore si, l'identification de l'allocutaire étant assurée par ailleurs, le GN est un pur apport de qualification (on parle alors parfois de **pseudo-vocatif**). Ainsi dans :

(Chérie, ma chérie,) j'ai une surprise pour toi (, chérie, ma chérie) !

Attends un peu, mon bonhomme (mon petit) !

La place du terme vocatif dans l'énoncé est *a priori* pertinente, sinon déterminante, à cet égard : plus il est situé en début d'énoncé, plus il a des chances de jouer un rôle dans l'identification de l'allocutaire.

Même syntaxiquement annexe, la qualité peut néanmoins contribuer à l'identification, en levant par une propriété discriminante l'ambiguïté situationnelle possible de *tu* ou *vous*, ou du destinataire implicite :

Eh, toi, le petit, viens ici !

Eh vous, là, l'homme à la casquette, venez ! (le *vous* est d'abord localisé, puis qualifié).

En revanche, l'effet est purement qualifiant dans les formules courantes avec le possessif :

Mon cher, mon vieux, mon pauvre ami.

271. Caractérisation de l'allocutaire : *Travaille, fainéant !*

Dans les exemples ci-dessous, le terme détaché ne joue pas de rôle d'identification, mais seulement de caractérisation (qualification), toujours affective, de l'allocutaire :

> *Travaille donc, fainéant !*
> *Tu as fait du beau travail, idiote !*
> *Ce n'est pas comme ça qu'il faut faire, idiot(e/s/es) !* (l'allocutaire peut ne pas être représenté dans l'énoncé, mais il y est toujours fortement impliqué).

On retrouve ici l'utilisation des termes dits "de qualité" (au sens du § 267), toujours sans article. Ce qui est dit à ce § concernant l'inventaire de ces termes, leur liberté de placement, leur possibilité d'adjectivation, est valable ici.

> *Ce n'est pas comme ça qu'il fallait faire, crétin !*
> *Fais attention, imbécile !*
> *Va donc, pauvre imbécile (pauvre type, espèce d'andouille) !*
> *Malheureux, arrête-toi !*
> *Va-t-en, méchant (vilain) !* (termes de reproche enfantins)
> *Mettez-vous au travail, tas de fainéants (bande d'incapables) !*

La qualification est attribuée à l'occasion de la prédication : elle concerne l'allocutaire en tant qu'il est impliqué comme actant dans le procès de l'énoncé : c'est parce que TU n'a pas "fait comme il fallait faire" que JE le traite de "crétin".

> **Remarque :**
> *Idiot que tu es !*, voir § ci-dessous.

272. Caractérisation de l'énonciateur : *Idiot que je suis !*

La caractérisation de l'allocutaire peut être soulignée par une relative en *que + être* :

> *Tu as fait du beau travail, idiote (pauvre idiote) que tu es !*
> *Il faut vous mettre au travail, (bande de) fainéants que vous êtes !*
> *Malheureux (imbécile) que tu es, ce n'est pas comme ça qu'il fallait faire !* ou *Ce n'est pas comme ça qu'il fallait faire, malheureux (imbécile) que tu es !*

mais ce tour est surtout précieux parce qu'il permet en outre au locuteur de se caractériser lui-même (ce qui n'était pas possible par un simple nom ou adjectif) :

> *Malheureux (imbécile) que je suis, j'ai tout perdu !* ou *J'ai tout perdu, malheureux (imbécile) que je suis !*

Ce n'est pas comme ça qu'il faut faire, idiot (pauvre idiot) que je suis !

On retrouve les noms de qualité. La subordonnée est assertive, à l'indicatif. L'ensemble du groupe peut être entre parenthèses; le point d'exclamation peut se trouver en fin de groupe ou en fin de phrase.

> **Remarques :**
>
> **1.** *Que* dans cette structure est parfois rapproché de *que* adverbe de degré.
>
> **2.** Avec l'adjectif *pauvre* existe un autre tour : *pauvre de moi !* À rapprocher sans doute du § 203.

Les différences avec le tour *tout Président qu'il est* sont multiples : caractère d'énonciation indépendante, impossibilité de *tout* et du subjonctif, restriction à la première et à la deuxième personne.

273. Prise à témoin (*Mon Dieu !*), jurons (*Bon Dieu !*)

Le locuteur peut placer son discours sous le **patronage d'une instance** (typiquement : un dieu) qu'il prend à témoin (comme deuxième allocutaire, sur un plan différent de l'allocutaire réel de discours) ou à qui il offre pour ainsi dire son discours :

Mon Dieu (Dieu, Grands dieux) ! mais qu'est-ce qui vous arrive ?
Ciel ! Juste ciel !
Bonne mère ! Sainte Vierge ! Doux Jésus ! (invocation pathétique ou plaisante)
Diable ! ; en emploi lié derrière un terme en *qu-* : *Que diable allait-il faire dans cette galère ?* (phrase de Molière, devenue expression courante)
Coquin de sort !

L'invocation peut devenir **juron**, par antiphrase :

Bon Dieu ! (ou *Bondieu !*, la graphie en un seul mot témoignant que la formation n'est plus sentie) ;
avec altérations de *sacré* ou de *Dieu,* par euphémisme : *sacrédieu, sacrédié, sacrebleu, morbleu, sapristi.*

Ces termes sont employés en construction détachée (sauf exception) et peuvent être sentis comme des énonciations indépendantes sans verbe.

Autres types d'exclamations ou de jurons de forme nominale ou adjectivale :

- termes caractérisant l'énoncé ou la situation :
Vous êtes fou, ma parole ! = "vous êtes fou, cela est ma parole (= je m'en porte garant)"
Mince, j'ai oublié mes clefs ! (familier) : l'adjectif *mince* marque

la surprise et la contrariété, à l'occasion de quelque chose qu'on déclare par antiphrase être "mince", c'est-à-dire de peu d'importance. Aussi *flûte !* (peu clair).

La barbe, il va encore falloir se déranger ! (familier) = "il va encore falloir se déranger, c'est la barbe, c'est assommant !"

Nombreux jurons puisés dans le vocabulaire ordurier ou sexuel : *Crotte, merde, bordel : Merde, il va encore falloir se déranger !*

Des termes comme *la vache* (très familier) ou *putain* (vulgaire) caractérisent au départ le sujet (*La vache, il m'a eu !* ; voir § 267), et s'emploient par extension dans des énoncés sans sujet auquel ils puissent se rapporter (*La vache, qu'est-ce que c'est dur !*).

Pour *Quelle barbe !, Quelle vacherie !*, voir § 351.

- termes nominaux d'invocation, paraphrasables par des GPrép en *par* ou *à* (cf. les GN circonstants du type *le matin*, § 308) :

Ma foi = "par ma foi"

Nom de Dieu ! = "par le nom de Dieu"; d'où, sans doute par euphémisme ou par plaisanterie, *Nom d'un chien, Nom d'une pipe, Nom d'un petit bonhomme !*

Tonnerre ! Tonnerre de Brest ! Mille sabords !

Les jurons ont des emplois et des valeurs très variables selon les groupes sociaux, les individus, les situations.

Les diverses formes de jurons se cumulent souvent de diverses façons : réduplication (*Bon Dieu de bon Dieu !*), cumul de jurons vulgaires, etc.

274. Thématisation (énoncé disloqué)

Un terme nominal peut être jeté en début de phrase (ou repris en fin de phrase) en construction détachée (par l'intonation ou la ponctuation), et repris (ou annoncé) par un pronom anaphorique (ou cataphorique) qui en précise la fonction :

L'informatique, ça me passionne (je trouve ça fascinant).

Ça me passionne (je trouve ça fascinant), l'informatique.

La nouvelle secrétaire, elle s'appelle Sophie (tout le monde la trouve très bien).

Elle s'appelle Sophie (tout le monde la trouve très bien), la nouvelle secrétaire.

Ces termes posent (ou rappellent) un actant de l'énoncé, pour lui-même, en lui conférant valeur de thème, indépendamment de son insertion dans la structure syntaxique (et même sémantique) de l'énoncé. On parle alors de **phrase "disloquée" (ou disjointe, détachée, segmentée).**

L'élément détaché en début de phrase est dit en **prolepse** (ou disloqué à gauche); l'élément détaché en fin de phrase est dit en **reprise** (ou disloqué à droite).

Le terme détaché en prolepse ou reprise est, du point de vue syntaxique, un complément accessoire : il y a, formellement, double expression d'un constituant, par un terme syntaxiquement essentiel, intégré (le pronom), et par un terme syntaxiquement accessoire, périphérique (la prolepse ou reprise). Mais, d'un autre point de vue, les termes en prolepse ou en reprise, loin d'être des ajouts accessoires à la relation prédicative, sont à la base même de cette relation : ce sont les actants "profonds" sur lesquels se construit l'énoncé, leur reprise anaphorique (ou annonce cataphorique) n'étant qu'un réajustement de surface.

Ces constructions, très naturelles, sont très fréquentes dans le langage spontané; on en trouve aussi d'abondants exemples dans certains types de prose soutenue :

> *Ce qui rapproche, ce n'est pas la communauté des opinions, c'est la consanguinité des esprits* (Proust).

Remarques :

1. Il est à signaler que les marques intonatives de détachement sont fréquemment peu perceptibles, sinon absentes (par exemple dans des énoncés comme *Paul il a toujours tenu ses promesses* ou *Moi j(e n)'aime pas ça les pommes de terre*). Ceci est en contradiction avec le statut théorique hors phrase de l'élément "disloqué", et peut faire évoquer l'idée d'une évolution du français vers une nouvelle structure, dans laquelle chaque actant devrait être toujours représenté à côté du verbe par un pronom conjoint, que cet actant soit par ailleurs présent sous une forme lexicale complète (par exemple un GN) ou non. Mais cette double expression est exclue dans certains cas (voir ci-dessous les contraintes sur la détermination), et on peut faire valoir que les marques de détachement sont toujours latentes (la virgule est toujours de rigueur à l'écrit avec un terme disloqué nominal).

2. L'absence de marques de détachement est particulièrement nette et usuelle dans les énoncés quasi-impersonnels en *ce* ou *ça* :
Ça m'ennuie qu'il ne soit pas encore revenu.
À quoi ça sert de faire ça ?
C'est difficile de faire autrement,
où *ça* n'a pas toujours une valeur cataphorique certaine (voir § 94) : la frontière entre le tour à dislocation et le tour (quasi-) impersonnel est ici incertaine.

3. Le tour à dislocation *Il est arrivé, le Beaujolais nouveau* (avec *il* cataphorique du GN défini) se distingue de *Il est arrivé un accident* (tour impersonnel lié, avec *il* vide et GN à déterminant indéfini spécifique).

La dislocation est soumise à des contraintes sur la détermination : peuvent être disloqués des noms propres, des GN définis, ou des GN indéfinis à valeur générique :

Paul (mon frère), il est encore en vacances.
La guerre, c'est une chose terrible.
La guerre de 39-45, elle a été terrible.
Paris, c'est la capitale de la France.
La capitale de la France, c'est Paris.
L'État, c'est moi.
Votre devoir, je vous le rendrai demain.
Les gens, ils sont fous.
Des magasins chics, il y en a beaucoup à Deauville.
Un éléphant, ça trompe énormément.
Une affaire pareille, ça ne se rate pas !
Un bus, ça (ne) se tourne pas comme une voiture,

mais non des GN avec article indéfini de première présentation, à valeur spécifique (le détachement proleptique est exclu pour *un ami commun* dans *Un ami commun m'a donné de vos nouvelles*) : l'élément disloqué est un thème, au sens de "ce dont on parle", et souvent aussi au sens de "élément déjà là" (déjà utilisé, directement ou indirectement, dans ce qui précède du discours) ; il ne peut pas être un nouvel actant individualisé, non relié à ce qui précède, lors de sa première présentation. Un nouvel actant individualisé ne peut faire l'objet d'une prolepse qu'après avoir été introduit, par exemple par *(il) y a : (Il) y a un ami commun qui m'a donné de vos nouvelles ; et justement, cet ami, il m'a appris votre promotion.*

On rencontre très couramment dans un même énoncé deux (sinon trois) termes en prolepse ou reprise, ou une combinaison de termes en prolepse et en reprise :

Moi, le cinéma, je n'y vais pas souvent (ou *Le cinéma, je n'y vais pas souvent, moi*).
L'informatique, moi, (franchement, vous savez), ça ne m'intéresse pas.
Mes vacances, moi, je les prends toujours en septembre.
Jean, les mobylettes, il les répare drôlement bien ! (exemple de Culioli) ou *Les mobylettes, Jean, il les répare drôlement bien !* (différence de thématisation : dans un cas, on parle d'abord de Jean, dans l'autre, on parle des mobylettes).

La dislocation peut se trouver dans des structures enchâssées, ou en dépendance lointaine :

Je trouve que l'informatique, c'est fascinant.
L'informatique, je trouve que c'est fascinant.
Des vacances, je ne crois pas pouvoir en prendre encore cette année.
Il ne voudra jamais que Marie vienne, Paul !
Cette réunion, jamais je n'aurais dû te dire d'y aller!
Ce genre d'attitude, je n'ai jamais pu m'y faire !

> **Remarque :**
> En dislocation à droite, on rencontre des GPrép de reprise : *Je n'y comprends rien, à l'informatique* ; voir § 276.

Le tour disloqué est à distinguer de plusieurs autres tours :

- *Paul vient-il ?* (lié), interrogation avec inversion complexe ; voir § 104

- *L'imbécile, il s'est encore trompé !* ou *Il s'est encore trompé, l'imbécile !* (voir § 267)

- *Le chocolat, (moi,) j'adore !* ou *(Moi,) j'adore, le chocolat !* (voir § 167 Rem.)

- Pour l'emploi de *lui* dans *Paul, lui, (il) n'aurait jamais accepté ça !* ou *Paul, il n'aurait jamais accepté ça, lui !*, voir § 49 Rem.

275. Terme en prolepse : *Le théâtre, j'adore ça*

Un terme détaché en prolepse (exemple ci-dessus) est clairement jeté en avant, posé pour lui-même, hors fonction et hors structure, comme si l'énonciateur commençait par indiquer le ou les objet(s) de son discours, avant même d'avoir arrêté un projet de phrase syntaxique ; le terme lancé est ensuite, *a posteriori*, "récupéré" et intégré syntaxiquement par une anaphore. Les motivations énonciatives et communicatives de ce tour (qui redonne une liberté appréciable d'ordre des mots, en permettant de choisir l'ordre de présentation des actants) sont très perceptibles ; en posant nettement le thème, il l'oppose clairement au rhème (d'où les jugements souvent contradictoires sur ce qui est "mis en relief" ou "en valeur") :

> *Le nouvel ordinateur du labo,*
> > *il est beaucoup plus puissant que l'ancien*
> > *je ne comprends pas son fonctionnement.*
> *Des (ou de) bons élèves, il n'y en a que deux.*

Sur les contraintes de détermination du GN proleptique, voir § précédent.

Les pronoms forts sont fréquemment en prolepse :

> *Moi, je ...; nous, on ...; celui-là, il ...* (associations très fréquentes, souvent liées par l'intonation)
> Aussi *Ce qu- P, c'est ...* (très fréquent) : *Ce qui m'inquiète, c'est qu'il ne soit pas encore là.*

Les équivalents du GN, systématiques ou occasionnels, peuvent s'employer en prolepse :

- Infinitif :
> *Partir, c'est mourir un peu* (énoncé d'identification : infinitif en prolepse sans *de*).

(De) prendre des vacances, ça lui a fait du bien.
dans *Paul, faire une chose pareille, c'est impossible !*, la prolepse
en deux parties peut s'interpréter comme une énonciation
indépendante.

- complétive : *Qu'il se soit fâché, c'est compréhensible.*

- percontative : *Qui a tué Henri IV, moi, je n'en sais rien !*
   Comment il a fait, je vous le demande ! (une percontative en prolepse peut aussi s'interpréter comme une interrogation indépendante).

- intégrative : le français a perdu depuis l'époque classique l'usage des
intégratives pronominales en prolepse, du type : *Qui ferait cela, il agirait
sagement* (obsolète).

- fragment utilisé en mention :
   "Par", c'est une préposition
   "-Ation", c'est un suffixe de nominalisation.

Peuvent également s'utiliser en prolepse des termes non nominaux,
auxquels le tour confère une valeur quasi-nominale :

- certains adverbes ou formations adverbiales :
   Ici, c'est très humide (type usuel).
   Quand je marche [intégrative adverbiale], *ça me fait mal* (voir
   § 93).

- adjectif rappelé par le pronom conjoint *le* (*l'*) (tour recherché) :
   Triste, il a toutes les raisons de l'être ! (= "pour ce qui est d'être
   triste, ...")
   Ravissante, elle l'est assurément !
   cf. *Président, il ne le sera jamais !* (Nom sans déterminant).

Remarque :
On rencontre rarement un GPrép en prolepse : la construction prépositionnelle préjuge de l'intégration syntaxique du terme, et lui retire une
partie de son autonomie existentielle, de ses titres à figurer comme
entité thématisée. Ainsi on a plus facilement
Paris, moi, je n'y vais jamais.
(avec *Paris* = actant, entité nominale, indépendamment de son rôle)
que *À Paris, moi, je n'y vais jamais*. De même
Moi, on ne me donne jamais rien (plutôt que *À moi, on ne me donne
jamais rien*)
Ce magasin, on n'y voit jamais personne (plutôt que (?) *Dans ce magasin, on n'y voit jamais personne*, douteux).

Rappel anaphorique : les instruments typiques du rappel sont les pronoms clitiques (toutes personnes, y compris *ce* (*c'*, *ça*), *on, en, y*). Les pronoms *ce* et *ça* jouent un rôle important :
   Ça (non clitique), *ça* (clitique) *ne m'étonne pas !*

Pour la distinction entre le rappel par *il* (*le, la, lui*) et le rappel par *ce* (*ça*), voir § 93.

Le rappel peut se faire en n'importe quelle fonction : sujet, complément direct (clitique accusatif), complément indirect (clitique datif, *en, y*), complément secondaire monté devant le verbe (voir § 118) :

> *Moi, on m'a dit le contraire.*
> *Les vacances, je les passe toujours sur la Côte.*
> *j'y pense toute l'année.*
> *Paul, on ne lui connaît pas d'ennemi*
> *Des choses comme ça, il en arrive tous les jours.*
> *Des cartes postales, nous en avons d'autres.*
> *Des pommes de terre, il ne m'en reste plus de nouvelles.*
> *Ce procédé, on en connaît les inconvénients.*
> *Ton succès, tout le monde en a été très heureux !*
> *Ce magasin, on n'y voit jamais personne* (mais le rappel en fonction circonstant est rare).

Dans certains cas, le rappel, étant impossible par pronom clitique, se fait par forme non clitique :

> *Paul, tout le monde se méfie de lui.*
> *Paul, tout le monde va voter pour lui.*
> *Le poisson congelé, j'ai horreur de ça !* (sans doute plus courant que *j'en ai horreur*)

Le rappel peut être réalisé par un possessif :

> *Paul, on connaît ses habitudes* (je n'aime pas sa façon de parler)
> Dans *Moi, mes parents, ils sont très ouverts* (type courant ; cit. Blanche-Benveniste, qui parle d'effet de "point de vue"), le premier terme en prolepse est repris dans le second, auquel il sert de repère, et ne figure que secondairement dans le réseau actanciel autour du verbe ; de même :
> *Jean, son frère, on ne l'a pas vu depuis longtemps.*

276. Terme en reprise : *J'adore ça, le théâtre*

La dislocation peut être à droite, avec annonce cataphorique par un pronom clitique d'appel. Le système est fondamentalement le même que celui de la dislocation à gauche : mêmes clitiques, mêmes termes en dislocation :

> *Il est arrivé, le Beaujolais nouveau.*
> *Ils sont fous, ces Romains !*
> *Vous la retrouverez, votre casquette !* (Flaubert)
> *Elle l'est assurément, ravissante !*
> *Il n'y en a que deux, de* (ou *des*) *bons élèves.*

Il y en a beaucoup, des gens comme ça.
Nous en avons d'autres, des (ou *de*) *cartes postales.*

Le terme de reprise est comme extérieur, surajouté à la phrase, qui est syntaxiquement et intonativement complète sans lui. Son intonation propre est typiquement une intonation de glose (dite sur un ton bas, uniforme, après une pause) : la reprise s'interprète comme le rappel *a posteriori* du thème (on parle parfois d'"antitopique"), avec souvent valeur de rappel d'une information partagée.

> **Remarque :**
> Il a été signalé ci-dessus que les marques de détachement ne sont pas toujours présentes. En particulier on a communément une intonation liée dans des exemples du type :
> *À quoi ça sert de faire ça ?*
> *C'est difficile (,) de faire autrement !* (emploi de *de* systématique devant l'infinitif)
> *Ça me fait mal (,) quand je marche; ça fait du bien (,) quand ça s'arrête !*
> Le terme de fin de phrase tend alors à n'être plus senti comme une reprise et à prendre une valeur rhématique.

Reprise par un GPrép. : Si le terme en dislocation à droite est annoncé par un clitique datif, ou par *en* ou *y* (ou par un possessif), il est normalement repris sous forme d'un GPrép : il ne peut plus être présenté comme indépendant, comme s'il n'avait pas encore sa fonction :

> *Je n'y vais pas souvent, moi, à Paris* (à côté de *Paris, moi, je n'y vais pas souvent*).
> *On n'y voit jamais personne, dans ce magasin*
> *Je n'y arrive pas, à résoudre ce problème*
> *Je m'en méfie, de ce truc-là*
> *On connaît ses habitudes, à Paul.*

Les tours disloqués à gauche dans lesquels le rappel se fait par pronom non clitique n'ont généralement pas de correspondant par dislocation à droite : ainsi pour *La secrétaire, le patron n'a pas été correct avec elle* (la reprise à droite de *la secrétaire* serait également impossible par GN seul ou par GPrépN). Mais certains admettent

> *(?) Tout le monde se méfie de lui, Paul.*

Le tour par dislocation à droite est à distinguer de l'attribution quantifiante accessoire : *On leur a donné dix francs chacun* (ou *à chacun*) ; voir § 265.

13

LES COMPLÉMENTS ACCESSOIRES : ADVERBES ET GROUPES ADVERBIAUX

277. Éléments accessoires invariables : les circonstants

Les éléments accessoires invariables (outre les sous-phrases sans connecteur étudiées au Chap. 16) sont, formellement, de deux types :

- les adverbes (et groupes adverbiaux), par exemple *longtemps ;*
- les groupes prépositionnels, par exemple *de bonne heure* :
  Longtemps, je me suis couché de bonne heure. (Proust)

Ces deux types peuvent être rapprochés (voir § 11 Rem.), tant du point de vue de leur formation que du point de vue de leur fonctionnement :

- de nombreux adverbes sont des formations prépositionnelles figées (*aujourd'hui*); une préposition sans complément se distingue mal d'un adverbe (*avant*) ;

- ils peuvent aisément commuter (*longtemps / pendant des années ; de bonne heure / tôt*) et se coordonner *(Paul a fait son travail rapidement et avec beaucoup de soin).*

> **Remarque :**
> Pour l'emploi comme circonstant de certains GN (*ce matin, l'autre jour*), voir § 308.

Ces constituants de phrase accessoires et invariables sont appelés **circonstants** ou compléments circonstanciels : ce terme, très général, recouvre des réalités de fonctionnement et de signification très diverses, bien au-delà du sens ordinaire du mot de "circonstance" : il s'agit de tous les constituants de phrase, invariables, qui sont syntaxiquement accessoires (voir § 42), quel que soit l'apport sémantique qu'ils représentent (circonstance de temps ou de lieu au sens ordinaire , – ou autre). La nécessité de cette notion de "complément primaire accessoire", mais aussi ses difficultés, ont été évoquées au § 43 et à maintes reprises dans les chapitres précédents.

Un même énoncé peut comporter une quantité indéfinie (théoriquement infinie) de circonstants.

> **Remarque :**
> **Les "subordonnées circonstancielles".** Les constituants ainsi dénommés dans la tradition (*quand P, alors que P, pour que P, ...*) **sont des GAdv ou des GPrép.** Certes la spécificité de ces structures est notable (contenir une structure de phrase), et elles sont par définition irremplaçables pour contraster ou rapprocher deux situations ou événements avec toute la richesse d'une présentation phrastique, mais elles n'en restent pas moins des formations adverbiales (*quand P, alors que P*) ou prépositionnelles (*pour que P*), et sont par conséquent incluses dans l'étude de ces deux types de constituants.
> C'est tout le groupe (adverbial ou prépositionnel) qui est circonstant ; quand ce groupe inclut une subordonnée (généralement en *que*), cette

> subordonnée, en fonction secondaire, ressortit à un des types réper-
> toriés de subordonnées (intégratives, relatives, complétives). Les
> séquences introductrices de ces structures (les traditionnelles "locu-
> tions conjonctives de subordination") sont en règle générale très clai-
> rement analysables.
> Ce n'est que dans le cas des adverbes connecteurs intégratifs (*où P,
> quand P, comme P, si P, que* (adv.) *P*) que l'ensemble du GAdv cir-
> constant constitue en même temps une proposition (subordonnée
> intégrative) et peut donc à bon droit être dénommé "subordonnée cir-
> constancielle" au sens strict.

On étudiera donc

- d'abord les catégories formelles de circonstants : les adverbes et GAdv (dans le présent Chapitre), puis les GPrép (Chap. 14), – y compris les dites "subordonnées circonstancielles", réparties dans les deux caté-gories (et, par conséquent, dans les deux Chapitres),

- et ensuite le sémantisme des circonstants, essentiellement à travers leur place et leur portée, qui conditionnent leur interprétation dans l'énoncé (Chap. 15).

278. Adverbes et groupes adverbiaux circonstants

L'adverbe est la catégorie type de la fonction circonstant, et, récipro-quement, la fonction circonstant est la fonction type de l'adverbe.

> **Remarque :**
> Certains auteurs parlent même de "fonction adverbiale" pour désigner
> la fonction de circonstant, et emploient le terme d'adverbe de façon
> étendue pour désigner des constituants qui, sans être morphologi-
> quement des adverbes, remplissent une "fonction adverbiale" (*sans
> doute*). Le présent ouvrage se tient à un emploi strictement morpholo-
> gique de "adverbe".

279. Les types d'adverbes circonstants

Les adverbes forment une classe composite, très discutée. On indi-quera simplement ici deux principes fondamentaux de classement :

Morphologiquement, deux types d'adverbes peuvent être distingués :

- adverbes en -*ment* (formés dans la plupart des cas sur des adjectifs): *aimablement, facilement, seulement, ...* (liste ouverte)

- adverbes sans marque spécifique : hérités du latin (*où, quand, hier, tard, tôt, certes, ...*) ou de formation plus tardive (*comment, combien, peut-être, ...*). Peu nombreux, ils constituent un inventaire fermé, encore que difficile à clore. Dans de nombreux cas, ce sont des groupes prépositionnels figés, soudés dans la graphie :

pourquoi, enfin, pourtant, aujourd'hui, davantage, debout, parfois, ...
dedans, dehors, dessus, dessous
sur-le-champ, tout à coup, tout à l'heure,

mais les incertitudes sur la graphie et le statut des éléments sont nombreuses.

Pour les prépositions-adverbes (*avant, après, depuis, devant, derrière*) voir § 294.

> **Remarque :**
> Pour les rapports entre les adverbes et le GN, dans le domaine de la quantité (*un peu, beaucoup*), voir § 17 Rem.

Sémantiquement : la série des adverbes en *qu-* suggère un classement à très grands traits, en quatre grandes catégories conformes à l'intuition : le lieu (*où*), le temps (*quand*), la manière (*comment* et *comme*), la quantité et le degré (*combien* et *que* adverbe). S'y ajoute par opposition une cinquième catégorie, formée de tous les adverbes n'ayant pas de correspondant en *qu-*, c'est-à-dire les adverbes énonciatifs (au sens large).

> **Remarque :**
> À ces domaines sémantiques on pourrait être tenté d'ajouter la cause, à partir de *pourquoi*, mais il n'y a guère d'adverbes de cause (sauf *pourquoi* et *car*). Aussi bien la formation de *pourquoi* (GPrép) montre-t-elle que ce n'est pas un adverbe sur le même plan que les autres adverbes en *qu-*. Voir aussi § 72.

- **lieu :** *où*
    ici (repère déictique, c'est-à-dire par rapport aux coordonnées de l'énonciation)
    là, là-bas, là-haut (déictiques ou anaphoriques)
    en, y (anaphoriques)
    partout, ailleurs

- **temps :** *quand*. Domaine complexe :
    - date : *hier, aujourd'hui, demain, maintenant, autrefois, jadis* (repères déictiques)
    alors, ensuite (non déictiques)
    avant, après, depuis (voir § 294)
    tôt, tard
    - durée : *longtemps*
    - fréquence : *souvent, parfois, quelquefois, toujours*
    encore (fréquence ou durée)

- **manière :** *comment* (interrogatif), *comme* (exclamatif ; intégratif),
    bien, mal ;

*ainsi (*anaphorique).

C'est le domaine par excellence des adverbes en *-ment* : *facilement, prudemment, sagement, rudement, aimablement, ...*

- **degré, quantité :** *combien* (interrogatif, exclamatif), *que* (adverbe exclamatif; intégratif)

    peu, beaucoup, ...
    plus, moins, tant, autant, aussi, ...
    trop, assez, ...

Cas particulier : les adverbes de négation (non étudiés).

> **Remarques :**
>
> **1.** Les adverbes de quantité s'emploient souvent en fonction secondaire (*Paul est assez distrait*). Un adverbe comme *très*, toujours en fonction secondaire, ne peut pas être circonstant.
>
> **2.** Le statut et la fonction de constituants comme *beaucoup* dans *Il lit beaucoup* font difficulté ; voir § 166 Rem.

- **adverbes énonciatifs :** ensemble disparate des adverbes qu'on peut appeler énonciatifs, en ce qu'ils marquent non une circonstance interne à l'événement, mais un enchaînement, un rapport logique, une opinion, ... : *certes, peut-être, pourtant, mais, ...* Les "conjonctions de coordination" ressortissent à cette catégorie.

Ces diverses catégories (qui sont de moins en moins "circonstancielles" au sens ordinaire du mot) ne sont pas strictement disjointes : *longtemps* marque une quantité de temps, un adverbe de temps (*alors*) ou de manière (*comme, franchement*) peut prendre des valeurs énonciatives selon sa place, sa portée, le contexte (voir § 309 sq.).

280. Les types de groupes adverbiaux circonstants

- **adverbe seul :** un adverbe est souvent employé seul :
    Où se cache-t-il ? Quand part-il ? Comme c'est gentil !
    Je travaille ici ; Il fait beau aujourd'hui
    J'y ai rencontré des amis
    Il conduit prudemment.

- **subordonnée adverbiale intégrative**, introduite par un adverbe connecteur en *qu-* ou par *si* :
    Partez quand vous voulez.
    J'ai fait mon devoir comme vous m'aviez dit de le faire.
    Si j'étais riche, j'irais sous les Tropiques.

Voir § 282 à 288.

- **groupe adverbial :** beaucoup d'adverbes peuvent être quantifiés :
    très vite

encore plus maladroitement.

Certains adverbes peuvent régir un GPrép :
heureusement pour vous
près de la mairie
loin de se décourager (loin de Inf).

- cas particulier : **GAdv incluant une sous-phrase** : certains adverbes peuvent être élargis par une sous-phrase en *où* ou *que*. Les "locutions conjonctives" ainsi formées sont analysables.
là où je suis (là + relative en *où)*
maintenant que nous sommes arrivés (maintenant + que P relatif)
aussitôt qu'il la vit (aussitôt + que P corrélatif)
loin que cette idée lui fasse peur (loin + que P complétif).

Voir § 290 à 292.

281. **A**dverbes employés seuls. *En* et *y* circonstants

Un adverbe s'emploie typiquement seul : il n'a besoin d'aucune détermination. Les spécifications fondamentales de lieu, temps, manière, quantité, lien logique, sont le plus couramment apportées par un seul terme :
Où l'as-tu trouvé ?; Quand l'as-tu vu ?; Comment fait-il ?; Combien l'as-tu payé ?
Je l'ai trouvé ici ; Je l'ai vu hier ; Paul parle clairement ; Marie travaille trop ; Finalement, j'accepte.

Certains adverbes, parmi les plus fondamentaux, sont non quantifiables et inaptes à recevoir des expansions : par exemple les clitiques *en* et *y*, et les adverbes en *qu-* (abstraction faite de leur rôle connecteur).

EN et *Y* : En tant qu'adverbes conjoints (clitiques) en fonction de circonstant, ils ont des emplois limités : l'anaphore des circonstants de lieu ou de temps se réalise généralement par d'autres adverbes (*là, alors* ; voir aussi le type *là-dessus*, § 304). *En* et *y* reprennent souvent des éléments thématisés, au statut sémantique plus actanciel que circonstanciel; beaucoup de leurs emplois sont à la frontière du complément essentiel et du circonstant, ou se rencontrent dans des expressions consacrées :

EN : *Le cancer, il a fini par en mourir.*
Cette affaire, moi, je n'en dors plus.
Ce truc (ce type), qu'est-ce qu'on en fait ? (familier)
Je n'en sais rien !

Y : *J'arrive au palais ; il y régnait une atmosphère étrange.*
C'était sa maison : il y a vécu, il y est mort.
Je connais bien Marseille, j'y ai même de très bons amis.

Ce théâtre, on y joue plutôt du classique que du moderne ; on peut aussi y voir de la danse.

Je n'y peux rien, je n'y comprends rien.

282. Adverbes connecteurs : subordonnées adverbiales

Les adverbes en *qu-* et *si* (voir § 21, 22 ; voir aussi la percontation, § 23) servent de par leur rôle connecteur à introduire des circonstants d'une importance particulière, les **subordonnées intégratives adverbiales (subordonnées circonstancielles)**.

La nature des intégratives ressort de la correspondance entre l'emploi interrogatif et l'emploi intégratif (dans la réponse), dans des couples d'énoncés tels que :

Où avez-vous pris ce livre ? - Je l'ai pris où je l'ai trouvé.

Quand partirez-vous ? - Je partirai quand j'aurai terminé mon travail.

Comment a-t-il supporté le choc ? - Il a supporté le choc comme il a pu (à *comment* interrogatif répond *comme* intégratif).

L'interrogatif et l'intégratif ont en commun l'indéfinition (le parcours des valeurs) ; mais cette indéfinition (dont l'interrogation vise à sortir) est conservée positivement dans l'intégratif : toute valeur (la valeur quelle qu'elle soit) qui vérifie le prédicat subordonné vérifie du même coup le prédicat principal.

Autres exemples de subordonnées intégratives adverbiales circonstancielles, pris dans des dictons :

Où il y a de la gêne, il n'y a pas de plaisir.

Quand on veut, on peut.

Comme on fait son lit, on se couche.

Pour *si,* voir § 288.

L'analyse des subordonnées intégratives a déjà été présentée § 24, dans le cadre général des types de subordonnées. Rappel :

- Le terme introducteur est un adverbe connecteur. Son rôle de connecteur (c'est-à-dire de conjonction) est clair et reconnu par la tradition. Mais le connecteur ne cesse pas pour autant d'être un adverbe, en fonction de circonstant dans sa subordonnée : cf. "il y a de la gêne quelque part, il n'y a pas de plaisir à cet endroit-là", "on fait son lit d'une façon *x*, on se retrouve dans son lit de cette même façon".

Remarque :

Pour la tradition, tout se passe comme s'il y avait à choisir entre "adverbe" et "connecteur" (ou "conjonction"). Or il n'y a aucune difficulté à conjoindre le fait d'être adverbe et le fait d'être connecteur, pas plus qu'il n'y en a à conjoindre la qualité de pronom et le rôle connecteur : dans *Qui dort dîne*, on admet comme évident que le morphème *qui* est un pronom connecteur : il a un rôle subordonnant ("conjonctif", disent certaines grammaires, c'est-à-dire "de connexion"), sans pour autant rien perdre de sa nature de pronom doté d'une fonction grammaticale (en l'occurrence, sujet de *dort* dans la subordonnée). Il en va, très logiquement, de même dans *Quand on veut, on peut*, et les autres intégratives adverbiales.

- **L'ensemble est un GAdv** d'un type particulier (subordonnée adverbiale), **en fonction de circonstant** (ce qui est clairement reconnu par la tradition).

Le connecteur adverbial intégratif, portant sur deux verbes à la fois (directement et par lui-même sur le verbe de la subordonnée, médiatement et avec toute sa subordonnée sur le verbe principal) a donc pour effet de **"cheviller"** (comme disent Damourette et Pichon, § 3046) **deux structures, autour d'une circonstance commune**, de temps, de lieu, ou de manière. Il y a, dans tous ces exemples, identité entre la fonction du terme introducteur dans la subordonnée (fonction du connecteur par rapport au verbe de la subordonnée), et la fonction de la subordonnée intégrative dans la phrase (fonction par rapport au verbe principal) : c'est là le fonctionnement type de la "cheville". Par suite, de même que *comme* marque une "comparaison de manière" (ou plus précisément une comparaison d'égalité de manière), on pourrait à bon droit dire que *quand* et *où* marquent une comparaison d'égalité de temps et de lieu.

Dans ce processus, l'adverbe connecteur reste par lui-même indéfini : il marque une égalité, c'est-à-dire une relation abstraite, et ne porte pas de spécification (absolue) de temps, lieu ou manière.

Cette analyse reste fondamentalement valable quand les connecteurs, en fonction de leur emploi et du contexte, ont par extension des effets de sens au-delà du temps, du lieu ou de la manière (*Comme je vous l'avais annoncé, ...*) ; voir § 332. Ces extensions de sens et d'emploi sont le fait de tous les adverbes.

Les intégratives adverbiales (qui sont les seules authentiques "subordonnées circonstancielles") sont d'un emploi extrêmement fréquent. *Que* (adverbe) a des emplois intégratifs particuliers (voir § 285), spécialement importants avec corrélation :

Marie est aussi jolie qu'elle est gentille ; voir § 286.

Si se retrouve dans les différents types de subordonnées conditionnelles (voir § 288).

Remarques :

1. *Combien* ne s'emploie pas intégrativement : au lieu de *Je l'ai payé combien je l'ai payé* (compréhensible, mais inusité), on dit : *Je l'ai payé le prix que je l'ai payé* (ou *ce que je l'ai payé*).

2. *Pourquoi* n'a ni emploi ni correspondant intégratif : dans *Pourquoi P1 ? - Parce que P2* (anciennement *pour ce que P2*), il n'y a pas de circonstance causale commune, mais P2 est cause de P1. Voir *car*.

3. L'adverbe *car*, malgré son appartenance étymologique à la famille des termes en *qu-* (latin *qua re*, "par laquelle chose", "pour laquelle raison"), ne rentre pas dans le cadre du fonctionnement général de ces termes, et pose problème. Il marque, en français moderne (dans un langage recherché), une explication (plutôt qu'une cause proprement dite, comme *parce que*, ou une justification, comme *puisque*), venant toujours à la suite de ce qu'il faut expliquer. Dans *P1 car P2*, il n'a semble-t-il jamais eu le sens intégratif que pourrait justifier son étymologie ("P1, pour laquelle raison P2", c'est-à-dire "P1, pour la raison (quelle qu'elle soit) pour laquelle P2" : une circonstance causale commune à P1 et P2) ; il a en revanche exprimé deux mises en rapport différentes entre P1 et P2 :

a) avec valeur de rappel anaphorique de P1 : "P1, pour laquelle chose (= P1) P2", c'est-à-dire "P1, c'est pourquoi P2" : P1 est cause de P2 ; sens attesté en ancien français (*car* = "c'est pourquoi") ;

b) avec, à l'inverse, prise de P2 comme facteur causal : "P1, pour la raison que P2" : P2 est cause de P1 ; c'est le sens moderne, attesté également dès l'ancien français (*car* proche de *parce que*, avec un caractère différent).

283. Subordonnées circonstancielles en *où P, quand P, comme P*

OÙ P (indicatif) :

Les circonstancielles intégratives en *où P* sont peu fréquentes, étant généralement remplacées par *là où P* (avec *où* relatif). Elles se rencontrent principalement dans des expressions plus ou moins figées, ou des énoncés recherchés :

> *Où il y a de la gêne, il n'y a pas de plaisir* (dicton).

QUAND P (indicatif) :

En revanche, les intégratives en *quand P* sont très fréquentes : elles sont l'instrument type du circonstancement temporel d'un procès par un autre :

> *Quand il fait beau, les oiseaux chantent.*

Quand, marqueur de "comparaison d'égalité de temps" (voir § 282) indique toujours la simultanéité, une **relation de concomitance** : une circonstance temporelle est commune aux deux procès et les cheville. Cette relation peut être précisée par *juste quand P, même quand P.* Dans

> *Quand j'aurai écrit ma lettre, je la posterai.*
> *Quand l'affaire fut terminée, chacun rentra chez soi,*

même si l'action indiquée dans la subordonnée est antérieure à celle du verbe principal, *quand* exprime en fait comme toujours une simultanéité entre deux procès linguistiques, à savoir ici un procès à l'aspect accompli (exprimé par un temps composé) et un procès à l'aspect inaccompli (exprimé par le temps simple correspondant) : il y aura simultanéité entre le moment où ma lettre sera écrite et le moment où je la posterai, il y eut simultanéité entre le moment où l'affaire fut terminée et le moment où chacun rentra chez soi.

Le fait que l'énoncé puisse renvoyer à une circonstance précise et unique n'invalide pas le **caractère indéfini du connecteur** : la précision est fournie par le temps du verbe et le lexique, et le connecteur est parfaitement compatible avec cette précision contextuelle, sans la contenir par lui-même.

La valeur sémantique du connecteur peut varier selon sa place et sa portée (voir § 309 sq.), et selon le temps des verbes : on passe naturellement d'un rapport de temps à un rapport logique. Ainsi une subordonnée en *quand* + conditionnel (temps de l'indicatif), antéposée, et suivie d'un verbe principal au conditionnel, évoque une circonstance temporelle hypothétique, avec paraphrase en *même si* :

> *Quand (quand bien même) vous me promettriez des millions, cela ne changerait rien à mon refus.*

Remarque :
Il y a peu de phénomènes d'ellipse après *quand*. Dans certaines régions, *quand lui* (ou *quand et lui*) s'emploie au sens de "en même temps que lui", parallèlement à *comme lui* (= "de la même façon que lui").
À signaler *quand même*, "locution adverbiale" adversative.

COMME P (indicatif) :

Les intégratives en *comme* sont généralement étiquetées "comparatives" (comparaison d'égalité de manière), l'effet de sens comparatif découlant du fonctionnement même de *comme*, adverbe ("cheville") de manière :

> *Je l'écoutais (l' = la Berma) comme j'aurais lu Phèdre* (Proust) : "je l'écoutais de laquelle façon (indéterminée, non spécifiée) j'aurais lu Phèdre".
> *Réunis à jamais, tu dormiras près d'elle, / Comme un jour mon ami dormira près de moi* (Millevoye ; cit. Damourette et Pichon, § 3122).

Il ment comme il respire (de la même manière, c'est-à-dire avec la même facilité).

La valeur indéfinie de *comme* (de même que celle de *où* et *quand*), qui ressort très nettement quand elle soulignée et multipliée par des marqueurs de généricité (par exemple dans des proverbes), s'estompe souvent en contexte, avec par exemple des temps verbaux dénotant une occurrence unique d'un procès ponctuel. Mais sa valeur reste toujours une valeur de parcours : c'est toujours "la façon quelle qu'elle soit".

On trouve souvent derrière *comme* le verbe *faire* (dit verbe vicaire, "pro-verbe" : verbe de remplacement) :

> *Il parle comme fait un journaliste à la télévision = comme parle ...*

On est sur la voie de l'ellipse (voir § 284).

Pour les effets de sens de *comme P* (valeur de comparaison, mais aussi de temps ou de cause) selon les temps, selon sa position et sa portée, voir § 332.

> **Remarque :**
> Les intégratives en *où P, quand P*, et surtout *comme P* ont d'autres emplois que comme complément accessoire (circonstant) :
> - complément primaire essentiel : *Allez où vous voulez, Il est comme il est, Il faut prendre les gens comme ils sont* ;
> - complément secondaire : *des souvenirs de quand j'étais enfant, des fleurs comme vous les aimez.*

284. Emploi de *comme* avec ellipse

Une comparaison suppose deux procès nécessairement distincts et semblables à la fois : par économie, on ne retient le plus souvent du terme de comparaison (dit "échantil" : vieux terme remis en honneur par Damourette et Pichon) que ce qui est pertinent, c'est-à-dire ce qui permet de le poser, en l'individualisant dans sa différence avec le terme comparé. Il y a alors ellipse derrière *comme* : cf.

> *Paul travaille ...*
> ... *comme les autres* (échantil : la façon dont les autres travaillent), *comme moi* (pronom fort), *comme une brute*
> ... *comme avant* (échantil : la façon dont Paul travaillait avant)
> ... *comme moi avant* (échantil : la façon dont je travaillais avant)
> ... *comme si c'était pour lui* (échantil : la façon dont Paul travaillerait si c'était pour lui)
> etc.

On rencontre donc après *comme*, non seulement des GN, mais une grande variété de termes (ou de combinaisons de termes) syntaxiques (le groupe *comme + X* restant en tout état de cause un GAdv) :

> *Il a fait ça comme en se jouant.*

Ça marche comme sur des roulettes (familier).

Comme par hasard, il a pris le meilleur morceau.

Je te frapperai sans colère / Et sans haine, comme un boucher, / Comme Moïse le rocher (Baudelaire ; l'impossibilité de faire de *"Moïse le rocher"* un constituant bien formé atteste la nécessité de supposer l'ellipse du verbe).

Il s'est jeté sur son déjeuner comme la misère sur le pauvre monde.

comme quand P : Il a bafouillé comme quand on ne sait pas quoi dire (= Il a bafouillé comme on bafouille quand on ne sait pas quoi dire)

comme si P : Il fait comme s'il ne voyait rien (= Il fait comme il ferait s'il ne voyait rien).

Je l'écoutais (l' = la Berma) (...) comme si Phèdre elle-même avait dit en ce moment les choses que j'entendais. (Proust)

On a (malgré la présence d'un verbe) un échantil elliptique dans

Je ferai comme vous voudrez (= comme vous voudrez que je fasse).

Remarque :
Ces phénomènes d'ellipse se rencontrent aussi dans des emplois non circonstants :
Il est comme un poisson dans l'eau.

Les ellipses posent souvent des problèmes de restitution, éventuellement difficiles ou insolubles : on doit admettre que le fonctionnement de l'ellipse n'implique pas qu'on puisse toujours restituer le texte manquant avec précision et certitude (par exemple en ce qui concerne les temps) ; on peut aussi chercher une restitution à un niveau actanciel plus profond que la syntaxe de surface. Les incertitudes peuvent aller jusqu'à des ambiguïtés :

Paul travaille comme autrefois : l'échantil peut être selon le contexte "la façon dont Paul travaillait autrefois" ou "la façon dont on travaillait (généralement) autrefois".

Jean n'a pas fait de bonnes affaires (,) comme Paul : l'échantil peut être positif ou négatif ; une pause entre *affaires* et *comme* oriente vers un échantil négatif.

Paul traite Marie comme Jean = ... comme il traite Jean, ou *... comme Jean traite Marie.*

Remarque :
Les exemples d'ellipse posent le problème de l'analyse (en termes de fonction) du terme subsistant de l'échantil, derrière *comme*. Il y a deux possibilités, reposant sur deux points de vue légitimes, mais difficiles à concilier :
- traiter l'échantil elliptique comme une phrase, dont ne serait en général remplie explicitement qu'une seule fonction,

- parler de **"complément du comparatif"** (comme ce fut un temps l'usage), dans le cadre du GAdv.

La seconde solution, compte tenu des apories de la première, pourrait sans doute être remise à l'honneur prudemment (et sans empêcher d'évoquer des phénomènes sous-jacents), pour sortir du silence régnant sur ces questions.

Les valeurs de *comme* avec ellipse :

On trouve fréquemment la valeur normale de ***comme* : valeur de comparaison** (comparaison d'égalité de manière) ; on a souvent *comme + GN* (déterminé), avec effet de comparaison sur les sujets :

Paul travaille comme Jean.

> **Remarque :**
> Effet de coordination : *Le lion comme le tigre sont des animaux dangereux.* Il en va de même pour *ainsi que.*

Dans beaucoup d'expressions toutes faites, *comme + GN* indique l'échantil par excellence :

aller (= "convenir") *comme un gant, se battre comme un lion, boire comme un trou, tomber comme une masse, se vendre comme des petits pains,* etc. ; dans *battre quelqu'un comme plâtre,* la comparaison porte sur l'objet et non sur le sujet ;

être bête comme ses pieds, être fort comme un Turc, être haut comme trois pommes, être aimable comme une porte de prison (par antiphrase) ;

comme tout : Ce problème est facile comme tout ; Marie est gentille comme tout : tout fonctionne comme échantil universel, bon à tout faire ;

comme ça : Il faut faire comme ça ; avec clivage : *Ce n'est pas comme ça que vous réussirez.*

Les séquences *comme + GN* sont souvent proches d'adverbes de manière en *-ment : comme un père = paternellement, comme un traître = traîtreusement, comme un sot = sottement.*

Mais ***comme + N (sans déterminant)*** prend une autre valeur, qu'on peut appeler **valeur qualifiante**, dans laquelle il n'y a pas comparaison entre deux termes :

Paul travaille comme caissier (= Paul fait un travail de caissier, il travaille "sur le mode" du caissier, "en tant que caissier", "en qualité de caissier", c'est-à-dire en définitive qu'il est caissier ; différent de *comme un caissier, comme une brute,* comparant).

Ce type d'emploi, très usuel, pose des problèmes difficiles concernant sa formation (s'agit-il encore d'une ellipse, quand celle-ci est sans alternative et sans restitution claire ?), sa nature (le GAdv de manière se rapproche de l'adjectif ou du nom), et son fonctionnement dans la phrase : le groupe *comme N* est rattaché à un nom et non plus à un verbe dans

> *Comme caissier, Paul est de toute confiance* ("en tant que caissier")

et il est "hors fonction", avec une forte valeur de thématisation (cf. la dislocation), dans

> *Comme caissier, je vous recommande Paul* ("s'agissant de caissier, pour ce qui est d'un caissier, ...").

Exemples de valeur qualifiante de *comme N* :

> *Il les laissait jouir de leurs biens comme empereur juste, et écrivait contre eux comme philosophe* (Voltaire, cit. Damourette et Pichon).
>
> *Comme enfant, Paul était impossible* ("en tant que, en qualité de"), à distinguer de *Enfant, il était souvent malade* (= "quand il était enfant").
>
> *Comme dessert, qu'est-ce que vous avez ?* ou *Qu'est-ce que vous avez (,) comme dessert ?*
>
> *Comme Richard, j'aime mieux Wagner, et comme Strauss, j'aime mieux Johann* ("pointe" contre Richard Strauss).
>
> *Qu'est-ce qu'il peut y avoir comme monde ! Qu'est-ce qu'il a pu tomber comme pluie !* (emploi familier très courant dans les phrases exclamatives commençant par *que, ce que,* ou *qu'est-ce que*).

Des ambiguïtés peuvent se produire, sous certaines conditions de détermination de N, entre valeur comparante et valeur qualifiante :

> *Comme Chimène, Sophie est sensationnelle ;* ambigu : "de même que Chimène" (comparant; en ce sens, le nom propre est équivalent à un GN déterminé) / " en tant que Chimène, dans le rôle de Chimène" (qualifiant)
>
> exemple d'équivoque volontaire, dans une comédie du XVIIIe siècle : *Et comme ma maîtresse elle connaît mon cœur* (Boissy) = "de même que ma maîtresse" (comparant) / "en tant que ma maîtresse" (qualifiant) ; (exemple relevé et analysé par Damourette et Pichon, § 3126)
>
> *Paul a parlé comme le maître* (= "de même que le maître" / "comme étant le maître").

> **Remarques :**
>
> **1.** Cet emploi qualifiant de *comme* se retrouve dans la construction à attribut de l'objet (voir § 198, 263) :
> *J'utilise des herbes comme remèdes.*
>
> **2.** Valeur qualifiante avec un adjectif :
> *Comme incapable, on ne pouvait pas trouver mieux !*
> *On considère cette question comme prioritaire* (attribut de l'objet).

3. *Comme* + *GN* peut encore avoir une valeur qu'on peut qualifier de **valeur approximante**, dans des emplois tels que :
Ils ont comme un air de famille.
On entendait comme un grondement lointain.
Il y a comme un défaut !
Il s'agit là d'une comparaison dont il ne subsiste que l'échantil, le terme comparé étant implicite : formellement on a affaire à un GN à tête sous-entendue "N (quelque chose) comme un air de famille", d'où "une sorte de". On n'est plus alors dans le domaine des GAdv circonstants.
Ce type d'emploi peut s'étendre à d'autres catégories que le GN :
Il était comme hypnotisé.
Il a comme hésité.

4. Pour *comme quoi*, voir § 269 Rem.

285. Subordonnées circonstancielles en *que* (adverbe intégratif)

L'adverbe *que*, employé intégrativement, marque une **identification de degré (indéfini) sur deux prédicats** :
"P1, au degré, quel qu'il soit, auquel P2".

Il est peu utilisé à ce titre (l'égalité en degré se faisant généralement avec une corrélation, du type *autant que*, ou sous l'angle de la manière, par *comme*), si ce n'est dans un registre familier :

> *Il ment (,) que c'est une honte !* (= "il ment à un degré auquel c'est une honte (de mentir)").
> *Elle danse qu'on ne peut pas mieux* (très familier = "elle danse à un degré (par rapport) auquel on ne peut pas mieux").

Mais les intégratives en *que P*, outre leur fonctionnement en corrélation (§ 286), sont utilisées avec des valeurs dérivées : les deux structures sont mises en relation non pas au titre d'une égalité de degré, mais d'une manière vague, sous l'angle d'une **identité de conditions d'existence** indéterminées, le contexte se chargeant de spécifier dans une certaine mesure :
"P1, dans lesquelles circonstances (conditions) P2".

La subordonnée, non déplaçable, est toujours derrière le verbe principal.

Avec **l'indicatif**, cette identification de circonstances s'utilise pour un effet de rapprochement - contraste, particularisé par les temps :

- rapprochement-contraste d'ordre temporel (valeur proche de *alors que* ; registre archaïsant ou recherché) :

> *La vie s'achève que l'on a à peine ébauché son ouvrage.*
> (La Bruyère)
> *Il était à peine arrivé qu'il était déjà assailli.*

Mozart n'avait pas cinq ans qu'il écrivait déjà des symphonies (remarquer la négation, et les adverbes du type *déjà, encore*).

- rapprochement-contraste d'ordre logique, avec deux conditionnels (registre familier) :

> *Vous me le diriez que je ne le croirais pas.*
> *On me les donnerait, vos meubles, que je n'en voudrais pour rien au monde.*
> *Il aurait bu que je n'en serais pas surpris.*

Que a dans ces deux séries d'exemples un apport sémantique faible : les deux structures sont mises en rapport d'une manière vague, et la relation sémantique se crée entre les deux en fonction de leur contenu lexical et temporel, le fait sémantique essentiel étant celui qui est contenu dans la subordonnée (on parle de "subordination inverse"). Le connecteur n'est même pas indispensable à l'établissement de cette relation, et il est souvent qualifié d'"explétif" (cf. les paraphrases où il n'apparaît pas : *Mozart n'avait pas cinq ans, il écrivait déjà des symphonies ; Vous me le diriez, je ne le croirais pas*).

Avec le **subjonctif**, l'identification de circonstances se prête à différents effets contextuels :

> *Sauve-toi, que je ne te voie plus !* ("... dans lesquelles circonstances je ne puisse plus te voir" ; effet de sens proche de *pour que, afin que* ; la proposition en *que* peut être rendue plus ou moins indépendante (séparée) par l'intonation; elle se rapproche alors d'une énonciation indépendante, avec *que* complétif; voir § 375).
> *Viens ici, que je t'embrasse* ("..., dans lesquelles circonstances je puisse t'embrasser").
> *Tu ne partiras pas d'ici que tu ne nous aies répondu* (emploi recherché, après un verbe principal négatif, et avec le discordanciel *ne* dans la subordonnée ; proche de *avant que, sans que*).

Remarque :
Que exceptif *(ne ... que)*. On peut faire l'hypothèse que le *que* adverbial intégratif du dernier exemple ci-dessus (proche en contexte de *sans que*) se retrouve, avec ellipse, dans le tour exceptif *(ne) que* :
Il ne boit que du lait = "il ne boit pas qu'il ne boive du lait", "il ne boit pas dans des circonstances où il ne boive du lait", d'où "quand il boit (s'il boit), c'est du lait ; il boit seulement du lait".
Il n'y a que ça à faire = "il n'y a rien à faire qu'il n'y ait ça à faire".
Dans *Il ne boit pas que du lait*, la négation porte sur l'exception ("il ne boit pas uniquement du lait").

Que en coordination : *que* adverbe intégratif s'emploie également en reprise (coordonnée) des autres adverbes connecteurs intégratifs *quand, comme*, et même *si* :

Quand il est arrivé et qu'il a vu ce qui se passait, il a réagi.
Comme il faisait beau et que j'avais le temps, je suis allé me pro-
mener.
Si vous aviez le temps et que cela vous convienne (ou *convenait*),
voici ce que vous pourriez faire.

On voit que *que* est apte à représenter n'importe quel type de rapport
ou circonstance chevillant deux propositions.

> **Remarque :**
> Quand la locution conjonctive comporte elle-même *que*, on peut sup-
> poser, de façon naturelle, que le *que* de reprise (*pour que ... et que ...*)
> est la réduplication du premier, quelle que soit sa nature. Mais on ne
> saurait exclure qu'il reprenne en bloc toute la locution (comme il
> reprend *quand* ou *si*). Les deux fonctionnements sont en fait parfaite-
> ment neutralisés.

286. Subordonnées en *que* corrélatif (comparatif ou consécutif)

Les emplois intégratifs de l'adverbe *que* sont particulièrement importants et vivants avec une corrélation :

Marie est aussi jolie qu'elle est gentille = "Marie est jolie à l'égal
du degré auquel elle est gentille".
Marie est plus aimable que ne (discordanciel) *l'*(= "aimable")
était sa sœur (ou *que n'était sa sœur*) = "Marie est aimable
supérieurement au degré auquel sa sœur était aimable".

Le *que* marqueur de comparaison n'est autre que l'adverbe de degré
(cf. *Qu'elle est gentille !*) en fonctionnement intégratif, marquant ce degré
indéterminé qui sert de repère commun aux deux termes, et par rapport
auquel s'affirme l'égalité ou la différence. À la différence de *comme*,
l'adverbe *que* (qui reste par lui-même marqueur d'égalité) ne suffit pas à
"cheviller" seul ce type de structures. Il renvoie à un terme (qu'on peut
appeler antécédent : *aussi, plus*) marquant une quantification relative, par
rapport à laquelle la subordonnée corrélative fournit l'échantil.

Les corrélatives sont ici considérées comme des circonstants (subordonnées circonstancielles), c'est-à-dire des constituants de phrase (constituants primaires), au rebours de la tendance actuelle : celle-ci, en rupture
avec la tradition, est d'exclure les corrélatives des circonstancielles et d'en
faire des constituants secondaires à l'instar des relatives, en considérant
que *plus aimable que ne l'était sa sœur* forme un GAdj (= *aimable* + quantification par un GAdv discontinu *plus ... que P*) et que la corrélative n'a

aucune autonomie de placement dans la phrase (ni même par rapport à son antécédent).

Le point de vue ici adopté s'appuie sur le fait que les corrélatives (toujours facultatives) sont en fait souvent séparées de leur antécédent, d'une façon incompatible avec la structure d'un groupe :

> *Marie est plus aimable (me semble-t-il), que ne l'était sa sœur.*
> *Il a plus souvent cherché à faire vite qu'il n'a cherché à faire de son mieux,*

et les traite comme des compléments adverbiaux de degré, des constituants du même type que : "par rapport au degré d'amabilité de sa sœur", "par rapport au nombre de fois où il a cherché à faire de son mieux", conformément aux principes d'analyse exposés.

> **Remarque :**
> Les corrélatives sont d'autant moins autonomes qu'elles sont elliptiques : voir § 287.
> Elles sont considérées comme des constituants secondaires dans le cas des "locutions conjonctives" du type *si bien que* (voir § 290) où elles sont inséparables de leur antécédent.

La corrélation s'étend du domaine de la quantité (avec antécédent adverbial) à celui de la qualité (avec antécédent adjectival).

- Corrélation de quantité : inégalité / égalité

Le premier terme de la corrélation est un adverbe de degré. C'est la comparaison proprement dite :

supériorité :	*plus*	(portant sur V, Adj, Adv, *de N*)	*que (ne)*
infériorité :	*moins*	(portant sur V, Adj, Adv, *de N*)	*que (ne)*
égalité :	*autant*	(portant sur V, *de N*)	*que*
	aussi	(portant sur Adj, Adv)	*que*

> *Paul a plus vite retrouvé son équilibre qu'il ne l'avait fait l'an dernier* (avec *faire*, verbe vicaire).
> *Il ne travaille plus avec autant de soin qu'il travaillait auparavant.*

Avec une négation, on rencontre aussi *(ne pas) tant* au lieu de *autant* et *(ne pas) si* au lieu de *aussi*.

> **Remarques :**
> **1.** Les adverbes *autant* et *aussi* sont formés de *autre + tant* (ou *si*).
> **2.** Dans le registre familier, l'adverbe *plus*, dans tous ses emplois, est souvent remplacé par *davantage*.
> **3.** Il existe des comparatifs syncrétiques : *meilleur* (adverbe : *mieux*), *pire* (adverbe : *pis*), *moindre*.
> **4.** Par attraction sémantique, le verbe *préférer*, équivalant à *aimer mieux*, se construit souvent avec une corrélative :
> *Il préfère aller se promener que travailler.*

5. Dans *le plus (le mieux, du mieux) que je peux (faire)*, la subordonnée n'est pas une corrélative mais une relative : cf. *le mieux qu'il est possible de faire, le mieux qui soit possible* (ou *qu'il soit possible*) ; noter l'impossibilité du discordanciel.

6. Pour le tour *Si grands que soient les rois, ...*, voir § 337.

- Corrélation de qualité : altérité / identité

La notion de degré s'estompe dans la corrélation de qualité :

Antécédent adjectival :

autre (attribut ou épithète) *que (ne)*
(le) même (attribut ou épithète) *que*
tel (attribut) *que.*

> *Paul est devenu autre qu'il n'était autrefois.*
> *Paul est resté le même qu'il a toujours été.*
> *Marie est restée telle qu'elle était.*

= "N1 est autre (même, tel) par rapport à ce que N2 est" : le degré se réduit à la simple manière (d'être) et à la qualité ; l'adverbe corrélatif *que* se distingue ici mal de *que*, pronom relatif.

La corrélative est presque toujours elliptique derrière *autre* ou *même* (voir § 287).

Antécédent adverbial :

autrement que (ne)
ailleurs (= "en un autre lieu") *que (ne)*
ainsi (= "de la même façon") *que*

> *Il a répondu autrement que je ne l'aurais fait à sa place.*
> *Il a agi ainsi que je le lui avais dit* (peu usuel : on dit plutôt *comme ;* *ainsi que* s'emploie avec des valeurs dérivées, voir § 290).

- Corrélation de conséquence

La conséquence est une extension de la comparaison d'égalité, en fonction du lexique et des temps : elle s'exprime avec des antécédents marqueurs d'égalité. Comparer :

> *Cet exercice n'est pas si difficile qu'on le croit* = "cet exercice n'est pas difficile à un degré égal au degré auquel on croit qu'il est difficile". Effet de sens : comparaison ;
> *Cet exercice est si difficile qu'on ne peut pas le faire* = "cet exercice est difficile à un degré égal au degré (de difficulté) auquel on ne peut pas le faire", d'où "le degré de difficulté est égal à : on ne peut pas le faire". Effet de sens : conséquence.

Antécédent adverbial :

> *si, tellement* (portant sur Adj, Adv) *que*
> *tant, tellement* (portant sur V, de N*) que.*

Le français courant emploie surtout *tellement* (dont le sens est devenu plus quantitatif que qualitatif), utilisable dans tous les contextes.

Antécédent adjectival :

> *tel* (attribut ou épithète) *que.*

La structure où se trouve l'antécédent est affirmative. L'indicatif dans la corrélative consécutive (affirmative ou négative) marque l'assertion d'un résultat :

> *Il faisait si (tellement) chaud qu'on s'est baigné.*
> *Il est si (tellement) malin qu'il s'en tire toujours.*
> *Il s'est donné tant (tellement) de mal qu'il a fini par réussir.*
> *C'est si bon que c'est presque un péché !*
> *Il était tellement fatigué qu'il s'est endormi.*
> *Il s'est mis dans une telle colère qu'on ne pouvait plus lui parler.*

> **Remarque :**
> Pour *Il s'est endormi, tellement il était fatigué*, voir § 346.

On rencontre, dans un style recherché, des consécutives au subjonctif après *si* ou *tant* (employés avec une négation) : la consécutive au subjonctif indique non plus un résultat acquis, mais une éventualité :

> *Cet exercice n'est pas si difficile qu'on ne puisse le faire* (ou *qu'on ne puisse pas le faire*) = "cet exercice n'est pas difficile à un degré égal au degré (de difficulté) auquel on ne pourrait pas le faire". Effet de sens : mélange de comparaison et de conséquence ;
> *Il n'a pas tant de défauts qu'il ne soit accessible à un sentiment humain.*
> *Il n'est pas si bête qu'il ne puisse comprendre ce raisonnement.*
> *Il n'est pas si bête qu'il aille se jeter dans la gueule du loup* (très recherché : subjonctif sans discordanciel ni négation : "il n'a pas une bêtise égale à : aller se jeter dans la gueule du loup"; plus usuel : *il n'est pas assez bête pour Inf*).

> **Remarque :**
> Le tour corrélatif est à la base de nombreuses **"locutions conjonctives"**, formées sur des adverbes : *aussitôt que, si bien que,* etc. (voir § 290), *d'autant que, à moins que* (voir § 303), ou sur *tel* : *de telle sorte que,* etc. (voir § 299).

287. Emploi de *que* (comparatif) avec ellipse

Le principe de la comparaison elliptique derrière *que* est le même qu'avec *comme* : voir § 284.

Marie est plus jolie ...

    ... *que Sophie* : échantil : le degré de joliesse de Sophie

    ...*qu'autrefois* : échantil : le degré de joliesse de Marie autre-fois

    ... *qu'aimable* : échantil : le degré d'amabilité de Marie

    ... *que sa sœur au même âge* : échantil : le degré de joliesse de sa sœur au même âge.

Il pense plus à jouer qu'à travailler : échantil : le degré auquel il pense à travailler.

Je bois une seconde gorgée où je ne trouve rien de plus que dans la première, une troisième qui m'apporte un peu moins que la seconde (Proust) : "où je ne trouve rien de plus que (je n'ai trouvé de choses) dans la première ; qui m'apporte un peu moins que la seconde (ne m'a apporté)".

Noter les "ellipses cachées" : une structure de phrase derrière *que* peut ne constituer qu'une partie de l'échantil complet :

Marie est plus intelligente que vous ne croyez (= "que vous ne croyez qu'elle est intelligente") : échantil : le degré d'intelligence de Marie dans votre croyance.

Il fait plus chaud qu'on n'avait annoncé ("qu'on n'avait annoncé qu'il ferait chaud").

J'ai payé plus cher que je n'aurais voulu (payer).

Expressions elliptiques courantes :

Ça ne m'amuse pas plus (pas tant) que ça.

Ce n'est pas plus difficile que ça.

Autant que possible, ...

L'ellipse est source potentielle de difficultés de restitution et d'ambi-guïtés :

Pouvez-vous sauter plus haut que la Tour Eiffel ? : non, s'il s'agit de "sauter plus haut que la Tour Eiffel n'est haute" ; oui, s'il s'agit de "sauter plus haut que la Tour Eiffel ne saute haut".

Cette femme aime son fils plus que son mari.

L'ellipse est de règle dans le discours spontané avec les marqueurs de corrélation de qualité : *autre, autrement, ailleurs, même, ainsi*, en particu-lier quand ils sont épithètes :

Paul a pris une autre route ...

    ... *que celle que j'ai prise* (= "que n'est celle ...")

    ... *que la mienne*

    ... *que moi*

    ... *que l'autre jour, que d'habitude.*

Vous n'avez pas autre chose que ça ?

Ce serait impossible pour tout autre que vous.

Il n'y a pas d'autre moyen pour réussir que de travailler.

Avez-vous des remarques à faire autres que formelles ? (= d'autres remarques que des remarques formelles)
Il a fait ça autrement que moi.
Il n'a pas pu faire autrement que de partir.
Il faut jouer cette pièce ailleurs qu'à Paris.
Paul porte le même costume que la saison dernière : la question reste ouverte de savoir s'il s'agit d'une identité de type (un costume du même genre) ou d'exemplaire (le même spécimen de costume).
Paul m'a fait les mêmes reproches ...
... que Jean
... qu'à Jean
... que d'habitude
... que si j'avais tué père et mère.
Jean a agi de la même façon que Paul.
Cette observation vaut pour les élèves de 6e, ainsi d'ailleurs que pour ceux des autres classes.

Remarques :
1. Le tour complet (inusité), avec corrélative + relative :
Marie a remis la même robe que (est ou était) celle qu'elle avait mise la veille,
s'abrége de deux façons :
Marie a remis la même robe qu'elle avait mise la veille (avec relative complète; l'antécédent est tout le GN *la même robe*, sans valeur spécifique de corrélation) /
Marie a remis la même robe que la veille (avec corrélative elliptique ; antécédent : *même* ; tour le plus usuel).
Cf. les doublets :
Il utilise les mêmes techniques dont se servaient déjà ses prédécesseurs / les mêmes techniques que ses prédécesseurs.
Il a agi avec la même spontanéité avec laquelle il fait tout / avec la même spontanéité qu'il fait tout.
2. Par analogie, l'adjectif *pareil* se construit avec *que* en français familier :
Les marguerites, c'est pareil que les boutons d'or.
Elle portait une robe pareille que sa sœur.

288. Subordonnées circonstantielles en *si P*

Comme les adverbes en *qu-*, l'adverbe *si* connaît (entre autres) une dualité entre emploi percontatif et emploi intégratif. Dans son emploi percontatif, *si* pose la question de la vérité de la proposition en termes de choix "oui / non" : *Dis-moi si tu m'aimes.*

> **Remarque :**
> *Si* exclamatif y ajoute un parcours sur le haut degré, avec des prédi-
> cats gradables (*Vous savez si je vous aime !*) ; il se retrouve dans
> l'emploi comme antécédent de corrélation comparative ou consécu-
> tive (*si ... que*).

Dans son emploi intégratif, *si* oscille pour ainsi dire entre la vérité et la non-vérité de la proposition, sans trancher (sauf effets contextuels) : *Si P1, P2* = "prenons le cas que P1 est vrai (soit une situation telle que P1, admettons que P1); alors, dans ce cas, P2" :

> *Si tu m'aimes, tu dois me faire confiance* = "prenons le cas où tu m'aimes; dans ce cas, tu dois me faire confiance".

Si est bien une cheville (voir § 282), qui joue un rôle auprès des deux structures qu'il assemble : les deux sont dans un même monde, créé par *si*. L'assertion de P1 et de P2 (liée à l'indicatif des deux verbes) est valable dans ce monde créé par *si*, monde de la vérité conditionnelle. La vérité de *si P* dans le monde réel n'est *a priori* ni exclue ni affirmée : une proposition en *si* est facilement, mais pas nécessairement, contrefactuelle ; *si* lui-même est neutre à cet égard.

À partir de cette base très générale et abstraite peuvent se développer différentes relations entre P1 et P2, selon les éléments du contexte (le lexique, la place, et en particulier les temps) : *si* ne peut pas se réduire à un opérateur logique d'implication.

Exemple du rôle de la place :

> *Si j'ai le temps, j'irai vous voir* : la subordonnée marque un cadre, posé pour lui-même, dans lequel vient se placer le procès du verbe principal / *J'irai vous voir si j'ai le temps* : la conditionnelle, liée au verbe, prend valeur d'une condition nécessaire et suffisante sur le verbe principal.

Exemples des différents temps :

- *Si* + présent : le monde dans lequel la vérité de P1 est posée à titre de "base de travail" est le monde présent, étroit ou large, avec toute la marge des valeurs de ce temps ; la réalité effective de P1 ne peut pas être préjugée :

> *Si tu veux bien (s'il te plaît), donne-moi la main.*
> *Si tu ne comprends pas, ...*
> > *... tu n'as qu'à me demander* : (maintenant (peut-être est-ce le cas que tu ne comprends pas présentement), ou en général)
> > *... il faut demander* (en général, ou maintenant)
> > *... tu n'auras qu'à demander à la maîtresse* (le cas échéant, quand cela se produira éventuellement).
> *S'il pleut, je reste à la maison* (= "quand il pleut", "chaque fois qu'il pleut").
> *S'il pleut demain, je resterai (je reste) à la maison* (emploi du futur impossible après *si*).

Si vous bougez, je tire.
Si tu as soif, il y a de la bière dans le frigidaire ("pour le cas où tu aurais soif, maintenant ou plus tard, sache que ...").

Exemples de valeur dite "concessive" : "s'il est vrai que P1 (bien que P1), (néanmoins) P2" : P1, qui pourrait impliquer le contraire de P2, s'interprète comme véridique dans le monde réel :

Si je suis ton ami, je ne suis pas (pour autant) ton complice
Si le revenu n'est pas très élevé, vous êtes du moins assuré de ne jamais voir fléchir le capital (Proust).

- *Si* + passé composé : on reste dans le monde présent, avec des valeurs d'accompli :

Si je vous ai fait du tort, je vous présente toutes mes excuses ("pour le cas où").
Si vous avez terminé, remettez votre copie.
Si vous avez fini demain matin, vous pourrez partir immédiatement (emploi du futur antérieur impossible après *si*).

- *Si* + imparfait : on est dans un monde décalé par rapport au monde présent : typiquement, valeur d'irréel du présent ou de potentiel (par rapport à l'avenir) ; mais d'autres valeurs sont possibles (en particulier selon le type de verbe principal et son temps) :

S'il faisait beau, j'irais me promener (irréel du présent, ou potentiel ; verbe principal au conditionnel).
S'il était ici, ça ne se passerait pas comme ça ! (irréel du présent).
S'il revenait (un jour), tout pourrait changer (potentiel).
S'il faisait beau, j'allais me promener ; S'il pleurait, tout le monde se précipitait : plus rare, avec deux imparfaits, = "quand" : valeur d'itération dans le passé.
Ce jour-là, si Françoise avait la brûlante certitude des grands créateurs, mon lot était la cruelle incertitude du chercheur (Proust ; valeur adversative = *alors que*).

- *Si* + plus-que-parfait : irréel du passé (sauf effets particuliers) :

Si vous me l'aviez dit plus tôt, les choses ne se seraient pas passées comme ça ! (verbe principal au conditionnel passé).
*S'il avait continué, il perdait tout (*irréel du passé, avec verbe principal à l'"imparfait fictif").
Si j'avais fini mon livre à Noël prochain, je pourrais partir en vacances (effet particulier : potentiel ; le plus-que-parfait vaut ici comme l'accompli de *Si je finissais*).
Variante : plus-que-parfait du subjonctif (style littéraire recherché) : *Si je l'eusse voulu, ...* (avec verbe principal au plus-que-parfait de l'indicatif ou du subjonctif).

- les autres temps sont exceptionnels ; ainsi le passé simple :

S'il fut souvent cruel, il lui arriva de se montrer généreux ("s'il est vrai que ...").

Remarques :

1. Pour des variantes sans *si*, paratactiques (*Vous me le diriez, je ne le croirais pas*), voir § 345.

2. "Locutions conjonctives" en *si* : *si ce n'est que, si tant est que.*

3. Dans un style latinisant, on peut rencontrer *Que si P*, équivalent rhétorique de *Si P.*

4. Ellipse : *si possible.*

5. La proposition introduite par *si* peut être réduite à *oui* ou *non* (d'où *sinon*).

- *Si P*, forme nominalisée de P, entre percontative, et intégrative. La structure phrastique P1 derrière *si* peut être reprise comme terme de P2, par une anaphore (en *ce, ça, le, en*), dans des énoncés qui rappellent la dislocation :

> *Si nous sommes tous réunis ici aujourd'hui, ce n'est pas le fait du hasard, c'est que ... (c'est pour, parce que, ...) : ce* = P1 = "(le fait que) nous sommes tous réunis ici ce soir".
>
> *Si vous réussissez, c'est formidable !*
>
> *Si Paul dit ça, c'est parce que .. (c'est pour ...).*
>
> *Si ça ne vous plaît pas, je m'en moque.*

On thématise P1, en mettant fictivement en doute sa réalité. Le tour de la phrase est intégratif, mais la reprise anaphorique de P1 est plus compatible avec P1 percontatif. *Si P1* apparaît en tout état de cause comme une sorte de nominalisation de P1, à titre de réalité envisagée sur le mode du *si* (même quand sa réalité est patente) :

> *Si la porte est ouverte, (c'est parce que) quelqu'un a forcé la serrure* (avec ellipse).
>
> *Si ça vous dérange, dites-le moi franchement.*
>
> *Mais dites-le, si vous n'êtes pas d'accord !* (avec *dire*, si P peut s'interpréter comme percontatif ou intégratif).

Avec l'ordre inverse (postposition de *si P*), on a une structure en *C'est ... si* qui peut commuter le plus souvent avec *C'est ... que ...* (ce qui oriente l'interprétation de *si P* vers la percontative) :

> *Ce n'est pas par hasard si je dis ça / que je dis ça.*
>
> *C'est grâce à la collaboration de chacun (,) si nous avons réussi / que nous avons réussi.*
>
> *C'est à peine (c'est tout juste) s'il me dit bonjour quand il me voit (*qu'il me dit bonjour).*

De même :

> *Ça ne fait rien si vous n'en voulez pas / que vous n'en vouliez pas.*
>
> *Ça m'ennuierait s'il ne pouvait pas venir / qu'il ne puisse pas venir.*

Remarques :
1. Phénomène comparable avec *quand P* :
Ça me fait mal, quand je marche, voir § 93.
Quand tu seras prêt, dis-le moi.

2. On a, sans anaphore, une ambiguïté (Bally) entre percontative et intégrative dans :
Écrivez-moi si vous voulez venir me voir.

289. Adverbes élargis

À gauche, c'est la zone de la **quantification**, par d'autres adverbes (en fonction secondaire) :
> *très facilement, plus tard, moins bien, beaucoup mieux*
> *encore plus maladroitement*
> *jusque-là, jusqu'ici, jusqu'où* (mais *jusqu'à quand*),

ou par un GN exprimant la quantité, ou un groupe prépositionnel :
> *trois jours plus tard* (*trois jours* quantifie *plus tard*)
> *un kilomètre plus loin*
> *dix fois trop*
> *d'autant plus* (*d'autant* quantifie *plus*)
> *à peu près, à une seconde près, à un poil près* (familier), *à peu de chose près, à beaucoup près* : le GPrép donne la mesure de la proximité.

Remarque :
Le superlatif des adverbes se présente avec une structure de GN :
le plus souvent, le plus vite possible, le plus vite qu'il pouvait (relative),
le plus tranquillement du monde.

À droite, c'est la zone de l'adjectivation ou de la rection (GPrép ou sous-phrase).

Remarque :
Dans *aujourd'hui même (particulièrement, seulement, surtout, encore),*
le deuxième adverbe porte sur la relation que le premier entretient avec l'énoncé.

L'adjectivation est limitée à quelques types, peu nombreux, mais très usuels :
- les adverbes *là* et *ici* peuvent être suivis des adjectifs *bas* ou *haut* :
> *là-bas* (marque l'éloignement)
> *là-haut* (marque la hauteur)
> *ici-bas* (= "en ce monde")
> Pour le type *là-dessus, ci-après,* voir § 304.

- les adverbes *demain* et *hier* peuvent être précisés par quelques noms :

demain (hier) matin (midi, après-midi, soir) (aussi *hier au soir*) ;
pour *demain à huit heures,* voir § 307.

La **rection d'un groupe prépositionnel** est limitée à quelques adverbes.

- GPrépNominal :
  parallèlement à sa carrière de journaliste
  indépendamment de ces considérations
  heureusement (malheureusement) pour toi
  hélas pour lui
  près de, loin de, hors de, lors de (*lors* adverbe : cf. *dès lors, lorsque*) (souvent considérés comme des "locutions prépositionnelles")

- GPrépInfinitival (rare) :
  près d'arriver à ses fins
  loin de se décourager (mais cette construction des adverbes *près* et *loin,* au fonctionnement très proche de celui d'un adjectif, se rencontre surtout derrière *être,* en fonction de complément essentiel : *Je suis près (loin) d'avoir fini*).

Certains adverbes peuvent être suivis d'une subordonnée

- en *où* (subordonnée relative, derrière adverbes de lieu ou de temps):
  là où je suis
  aujourd'hui où (que) nous sommes hors de danger

- en *que* : les adverbes élargis par une subordonnée en *que* sont considérés par la tradition comme formant des "locutions conjonctives" introduisant des "subordonnées circonstancielles" :
  aussitôt que, alors que, bien que.

En réalité le constituant remplissant la fonction de circonstant est l'ensemble du GAdv (et non la subordonnée en *que* par elle-même), celui-ci incluant une sous-phrase en *que*, intégrative (corrélative), complétive ou relative, qui n'est pas à soi seul un constituant primaire de la phrase : il n'y a donc pas de "subordonnée circonstancielle". Il convient par conséquent de décomposer ces GAdv, en analysant les "locutions conjonctives", qui sont ici classées selon que le *que* qu'elles comportent est corrélatif (*aussitôt que*), relatif (*alors que*) ou complétif (*bien que*).

> **Remarque :**
> Il existe des difficultés d'analyse (qui seront exposées ci-dessous) :
> - d'une part sur les locutions les plus soudées : la fusion de l'adverbe et du connecteur (dans *puisque, lorsque*), allant jusqu'à l'inexistence de l'adverbe en dehors de la locution (dans le cas de *tandis que*), rend celle-ci synchroniquement opaque ;
> - d'autre part sur la série du type *bien que, déjà que* : l'adverbe, tout en conservant plus ou moins distinctement sa signification propre, a néanmoins un mode d'articulation au connecteur difficile à dégager.

Ces difficultés ne doivent pas obscurcir les principes centraux de fonctionnement : toutes les "locutions conjonctives" sont par définition composées, et donc à analyser, ce qui passe nécessairement par l'analyse de *que*, et renvoie aux cadres généraux de la subordination, d'une façon claire dans la majorité des cas. La déclaration d'existence d'une "partie du discours" ("conjonction" et "locution conjonctive" de subordination) ne vaut pas par elle-même analyse, en tout état de cause, et ne dispense pas d'essayer d'élucider la formation et le fonctionnement de *puisque* ou de *bien que*.

L'exposé qui suit joue la carte de la distinction entre les différents *que* , plutôt que celle de l'indistinction (neutralisation ou ambivalence). Voir *puisque, lorsque, surtout que*.

290. Adverbes élargis par *que P* (corrélatif) : *aussitôt que P*

Le mécanisme de la corrélation est à l'œuvre, d'une façon morphologiquement transparente, dans nombre de locutions comparatives ou consécutives du type *aussitôt que, si bien que* : un adverbe de temps ou de manière (*tôt, bien*) est lui-même quantifié par un double système adverbial corrélatif (*aussi, si + que P*, corrélative en fonction secondaire (voir § 286 Rem.)). Le sens de l'adverbe peut se modifier (évoluant par exemple du temps ou de la manière vers des relations logiques).

Le mode de la subordonnée corrélative est l'indicatif. Comme il est logique, il n'existe aucune distribution complémentaire avec l'infinitif, et aucune contrainte sur la coréférence des sujets.

- aussi longtemps que P ind :

> *Restez ici aussi longtemps que vous voulez* = "restez ici un temps d'une longueur égale au degré (de longueur de temps) auquel vous voulez rester".

- aussitôt que, sitôt que P ind : de l'emploi au sens littéral de *tôt* (comme dans *Il est arrivé aussi tôt que moi*), on passe facilement à :

> *Aussitôt qu'il aperçut Marie, Paul se précipita* (le moment où Paul se précipite est "aussi tôt", n'est pas plus tardif, que le moment où il aperçoit Marie).

Remarques :

1. *Aussitôt (sitôt)* s'emploie avec un participe :
Aussitôt arrivé, il se mit au travail = "dès qu'il fut arrivé".
L'adverbe est senti comme un subordonnant suivi d'une structure elliptique, mais il peut s'analyser aussi comme dépendant syntaxiquement du participe.
Pour *Aussitôt dit, aussitôt fait*, voir § 357.

2. Ellipse après *que* : *aussitôt que possible*.

- ***plutôt que (plus tôt que) P ind*** : la graphie est en deux mots dans les emplois proprement temporels :

> *Il est arrivé plus tôt que je ne pensais.*
> *Il n'eut pas plus tôt dit ces mots qu'il partit* = ""avoir dit ces mots" ne fut pas plus tôt que "partir"".

et en un seul mot dans les emplois non temporels (marquant la meilleure adéquation d'un terme, une préférence) :

> *Il crie plutôt qu'il ne chante* (avec *ne* discordanciel).

La construction est le plus souvent elliptique après *plutôt que* :

> *Je voudrais celui-ci plutôt que celui-là.*
> *Je préfère partir plutôt que de rester.*
> *Il a agi par amitié plutôt que par calcul.*

> **Remarque :**
> Dans un cas comme
> *Je voudrais que vous restiez plutôt que (je ne voudrais) que vous partiez,*
> il y a difficulté du fait que l'ellipse laisse en contact *"que que"*, mal toléré. La solution la plus courante est de ne garder qu'un seul *que* :
> *Je voudrais que vous restiez, plutôt que vous (ne) partiez,*
> mais il vaut encore mieux éviter ce tour.

- ***si bien que P ind*** (variante : *tant et si bien que*) : prend un sens consécutif, et marque un résultat :

> *Paul s'est montré odieux avec Marie, si bien qu'elle est partie.*

Une subordonnée en *si bien que* s'utilise facilement comme une énonciation indépendante :

> *Paul s'est montré odieux avec Marie. Si bien qu'elle est partie.*

Le terme antécédent de la corrélation peut être un unique adverbe : *ainsi que, tant que* :

- ***ainsi que P ind*** marque une égalité de manière :

> *Faites ainsi qu'on vous a dit.*

Les emplois de *ainsi que* sont proches (avec une trace de recherche en plus) de ceux de *comme* : ils comprennent en particulier des emplois comme adverbe de phrase (voir § 332) :

> *Nous commencerons par l'appel des présents, ainsi qu'il est d'usage.*

Ainsi que peut également prendre une simple valeur de coordination, avec ellipse du verbe :

> *Paul, ainsi que Jacques, était présent* (ou *étaient présents*).

- ***tant que P ind***, marqueur d'égalité de quantité, se porte sur le domaine temporel (égalité de quantité de temps) et devient synonyme de *aussi longtemps que* :

Il a continué tant qu'il a pu (où on voit le passage de la quantité vers le temps).
Tant que je vivrai, je m'en souviendrai.
Tant qu'il y a de la vie, il y a de l'espoir.

Dans ce sens comparatif et temporel, *tant* et *que* sont inséparables et unis par l'intonation, à la différence du *tant que* consécutif et quantitatif, séparable (*Il a tant travaillé (,) qu'il a réussi = si bien que*). Des ambiguïtés sont possibles à l'écrit.

Dans deux locutions, où *que* est synchroniquement inanalysable (on peut parler de neutralisation), la comparaison et la corrélation ne sont reconnaissables qu'à la lumière de l'étymologie :

- **tandis que P ind** : étymologiquement comparatif temporel (= "aussi longtemps que", du latin *tam diu* + *s* adverbial), s'est chargé de sens adversatif :

> *Tandis que je travaille pour vous, vous vous amusez !* (valeur temporelle encore sensible ; cf. *cependant que*)
> *Paul est très nerveux, tandis que son frère est calme* (valeur d'opposition).

- **puisque P ind** : étymologiquement temporel (= "après que" en ancien français; cf. le sens conservé de l'adverbe *puis* = "ensuite") a évolué conformément à l'adage *Post hoc, ergo propter hoc* : "après cela, donc en raison de cela". Il se distingue nettement de *parce que* en ce qu'il marque une relation logique de consécution, une causalité déduite, reconstruite par le raisonnement (et non inscrite dans les faits eux-mêmes) ; il justifie une énonciation (il n'est pas clivable) et non un état de fait :

> *Puisque vous insistez, (je vous dirai que, sachez que) ma décision sera rendue publique le moment venu.*
> *Puisqu'il pleut, prends donc ton parapluie !*
> *La figure ABCD est bien un carré, puisqu'elle a deux côtés égaux et un angle droit* (= "il est nécessaire, évident, que ...").

La nature du *que*, soudé graphiquement (sauf dans *puis donc que*, très recherché) est synchroniquement indécidable : comme dans *après que* et *avant que*, on hésite entre *que* corrélatif ("après" = "plus tard" ; cf. latin *postquam, antequam*, avec le *quam* du comparatif) et *que* complétif, - pour autant qu'il ne s'agisse pas d'un cas de neutralisation totale de cette opposition. *Puisque* est ici rangé avec les corrélatifs, au risque d'arbitraire, en raison de l'étymologie de *puis* (qui est un ancien comparatif), et de son absence d'emplois prépositionnels (emplois dévolus à *depuis*).

Remarque :
La prononciation (remarquable) du *s* de *puisque* peut aussi faire avancer l'hypothèse d'un découpage inconscient *puis - (ce) - que*, avec *ce* antécédent de *que*, dont la nature complétive se trouverait de ce fait

établie (voir § 373). Cette hypothèse (*s* prononcé = *ce*) peut être étendue à *jusque, presque, lorsque*.

On retrouve la formation adverbe + corrélative dans :
- *de même que* (voir § 305)
- *d'aussi loin que, à moins que, pour autant que, d'autant que, d'autant plus que* (voir § 303).

291. Adverbes élargis par *que P* (relatif) : *alors que P*

Certains adverbes de temps peuvent être élargis par un *que* relatif :
> *Maintenant que tout est terminé, nous pouvons tirer les leçons de cette affaire* ("tout est terminé maintenant ; nous pouvons maintenant ...").

Cet emploi du relatif sur antécédent adverbial est une extension d'un emploi comparable derrière des GN (temporels) dans *chaque fois que, un jour que* (voir § 308), *du moment que* (voir § 299), où *que* reprend clairement son antécédent, et joue clairement un rôle fonctionnel dans sa subordonnée. La structure relative est moins claire dans les deux locutions construites sur l'adverbe *lors* (*lorsque* et *alors que*).

Le mode est l'indicatif, mode normal des relatives.

- aujourd'hui que P ind, maintenant que P ind. Le lien temporel se colore d'une valeur causale de type "puisque" : "puisque tout est terminé maintenant, ..."

- alors que P ind (*alors même que*) : la valeur temporelle le cède à une valeur logique d'opposition. Très usuel :
> *J'ai échoué, alors que je pensais avoir tout réussi !*
> *Paul a refusé, alors que tous les autres ont accepté* (= "tandis que").

- lorsque P ind : s'est écrit longtemps en deux mots, comme il subsiste dans *lors même que, lors donc que* (recherché). C'est un équivalent soutenu de *quand*, dans une valeur strictement temporelle :
> *J'avais cinq ans lorsque mes parents sont venus s'installer ici.*

L'analyse du *que* fait difficulté (voir § 290, Remarque sur *puisque*). On pourrait s'appuyer sur *lors de GN* pour interpréter *lors (de ce) que P*, avec *que* complétif.

Avec *où P ind* relatif (cf. *le jour où / le jour que*) :
- maintenant où
- aujourd'hui où.

La valeur est plus strictement temporelle avec *où* qu'avec *que* (de même pour *au moment où / du moment que*).

292. Adverbes élargis par *que P* (complétif) : *loin que P, bien que P*

1. Quelques adverbes régissent, dans un langage soutenu, une complétive en *que* ou *de ce que*, commutant avec d'autres expansions prépositionnelles en *de* :

- *loin (de ce) que P subj*, comme *loin de GN, loin de Inf* :
> *loin que* (= *(de ce) que*) *l'adversité le décourage* (subj) / *loin de son pays / loin de se décourager.*

- *indépendamment de ce que P ind* (= *indépendamment du fait que*), comme *indépendamment de GN* :
> *Ce scrutin est très significatif, indépendamment même de ce que les résultats ne sont pas encore complets / indépendamment même des résultats.*

Cas particulier :

- *cependant que P ind* est une variante de *pendant que P ind* : l'adverbe *cependant* est formé de *ce* et de *pendant* , avec *ce* antécédent de *que* complétif (voir § 373) ; *cependant que* a un sens plus adversatif et moins strictement temporel que *pendant que* :
> *Cependant que les habitants dormaient tranquillement, le commando se préparait à l'attaque.*

2. Autre groupe :

Certains adverbes, qui normalement ne sont pas suivis d'un régime, sont suivis d'une proposition en *que* : *bien que, encore que, déjà que, surtout que, même que, non que.* La subordonnée n'est pas, malgré les apparences, régime de l'adverbe ; bien plutôt c'est ce dernier qui porte sur l'énonciation de la subordonnée. Le tour s'apparente à la parataxe (voir § 341 sq.) : le GAdv comportant la subordonnée, qui ne peut être qu'une complétive, est posé parataxiquement, sous la lumière modale indiquée par l'adverbe (cf. *Toujours est-il que P*) et par le mode de son verbe ; il est extraprédicatif, non clivable ; une relation logique (par exemple de contraste, interprétable comme une "concession") naît du rapprochement avec le reste de l'énoncé.

- *bien que P subj* : expression type de la relation dite de "concession" :
> *Bien que je lui aie défendu de sortir, il l'a fait.*

= "bien [y ait-il] que P1 (=je lui ai défendu de sortir), (néanmoins) P2", ou, dans une glose légèrement différente, "quelque bien (si bien) que je lui aie défendu de sortir, il l'a fait", c'est-à-dire "je le lui avais pourtant bien défendu", au double sens (jouant sur les valeurs d'adverbe de degré et d'adverbe d'énonciation de *bien*) de "il est bien vrai que je le lui avais

défendu", et "je lui en avais fait bonne défense". Cf. *avoir beau*, § 345
Rem.

> *Il a échoué, bien qu'il ait tout essayé pour réussir.*

Malgré le subjonctif, la coréférence des sujets des verbes principal et
subordonné est possible (*Bien que je ..., je ...*), ce qui témoigne de l'indépendance des deux structures propositionnelles.

- encore que P subj : se distingue de *bien que* en ce qu'il s'emploie surtout
postposé au verbe principal, avec la valeur adversative d'une modulation
rétroactive :

> *J'aime mieux cette solution, encore qu'elle ne soit pas non plus
> sans inconvénients* : "mais il faut encore (tout de même) ajou-
> ter que ..."

Remarques :

1. *Encore que* adversatif, et, à un moindre degré *bien que*, passent
facilement à l'indicatif, et à une énonciation assertive indépendante :
*J'aime mieux cette solution. Encore que, c'est vrai, elle n'est pas non
plus sans inconvénients.*

2. *Bien que* et *encore que* s'emploient avec ellipse du verbe :
Bien qu'étant jeune (bien que jeune), il parvint à s'imposer.
Le procédé est efficace, encore que discutable.

- déjà que P ind (familier) :

> *On ne va pas augmenter les cadences, déjà qu'on nous fait tra-
> vailler dix heures par jour !* = "P1, alors qu'il y a déjà que P2
> (qui est une raison suffisante pour ne pas avoir P1) !", "P1,
> alors que déjà P2".

- surtout que P ind (familier) marque la justification par excellence :

> *Fais attention à ne pas tomber, surtout que ça glisse !* = "P1, sur-
> tout du fait qu'il y a que P2", "P1, et voici une justification
> plus forte que les autres de mon dire : il y a que P2".

- même que P ind (familier) :

> *Il a été grossier, même qu'il m'a traité de ...* = "il y a même que P".

- non (non pas) que P subj : "ce n'est pas que P", "non pas du fait que P,
non pas relativement au fait que P" : permet, dans un style rhétorique,
d'écarter une mauvaise explication pour en présenter une bonne :

> *Il a échoué, non (non pas) qu'il ne soit pas capable, mais par
> manque de volonté.*

Remarque :

Les propositions en *déjà que, surtout que, même que, non que*, sont
souvent réalisées comme des énonciations indépendantes (asser-
tives) à l'indicatif :
P1. Déjà (surtout, même, et même) que P2 !
P1. Non (non pas) que P2 (ind ou subj), *mais ...*

14

LES COMPLÉMENTS ACCESSOIRES : GROUPES PRÉPOSITIONNELS

293. Groupes prépositionnels circonstants

Les groupes prépositionnels sont, avec l'adverbe, les représentants types de la fonction circonstant, et c'est à ce titre qu'ils sont étudiés ici, abstraction faite du rôle qu'ils jouent au niveau des compléments essentiels et au niveau des compléments secondaires. La délicate distinction entre ces niveaux ne sera pas remise en question ici.

Bien qu'en nombre restreint et fini, les prépositions forment un ensemble divers, auquel on a coutume d'ajouter des GPrép sentis comme globalement équivalents à une préposition, appelés "locutions prépositives" (*de peur de*). Les prépositions (et les locutions) sont étudiées, comme les verbes, selon les compléments qu'elles régissent, leur étude recouvrant une partie des traditionnelles "circonstancielles" :

> *pour Paul* (GPrép Nominal)
> *pour vivre* (GPrép Infinitival)
> *pour que tout soit bien* (GPrép Complétif)
> *pour demain* (GPrép Adverbial).

Pour la place et la portée des GPrép, voir Chap. 15.
Pour les GN circonstants du type *ce matin*, voir § 308.

294. Les types de prépositions

Le classement des prépositions est rendu difficile par leur caractère abstrait et fortement polysémique, ainsi que par la diversité de leur origine et de leur formation. Certaines sont formées à partir d'une autre catégorie, encore reconnaissable (ce qui permet d'éclairer leurs emplois). En combinant les points de vue, on peut distinguer plusieurs groupes :

- prépositions fondamentales, "à tout faire" :
à, de, en, par, pour (prépositions héritées du latin)

- prépositions essentiellement spatiales (ou spatio-temporelles) :
- *dans, sur, sous, vers, dès* (héritées du latin classique ou tardif)
- *avant, après, devant, derrière, depuis* ("prépositions-adverbes", résultant elles-mêmes d'anciens GPrép figés, fréquemment employées sans complément)

- prépositions évoquant des relations "notionnelles" :
avec, chez, contre, entre, envers, malgré, outre, parmi, sans, selon (d'origine et formation diverses)

- anciens gérondifs (sans *en*) suivis d'un objet :
suivant, concernant, touchant, ...,

- anciens participes en -*ant* : le régime de la préposition est l'ancien sujet du participe (le tout formant à l'origine une proposition participiale, voir § 334) :

durant, pendant, moyennant, nonobstant

- anciens participes passés (même analyse) :
excepté, hormis, passé, supposé, vu, ...
attendu (que P), pourvu (que P)

- prépositions-adjectifs (même analyse) :
sauf ; en français oral familier *plein (plein les poches).*

Cas particuliers :

- formations isolées avec *à* :
jusqu'à : formé de l'adverbe *jusque* + *à* (cf. *jusqu'ici*)
quant à GN : expression adverbo-nominale de quantité + *à* : "(pour) tout ce qui (touche, a trait) à GN"
quitte à Inf : "quitte (Adjectif = "tiré d'affaire"), moyennant le fait de Inf", "en admettant le risque de Inf". Cf. aussi *sauf à Inf.*

- préposition zéro : on peut parler de préposition zéro devant
- *faute de* (= "par défaut de, par manque de" : *faute de temps, faute d'avoir compris*),
- *histoire de Inf* (familier; = "pour, dans l'intention de" : *histoire de s'amuser*),
- *rapport à* (familier; = "par rapport à, à propos de"),
- peut-être aussi *savoir* (variante de *à savoir* = "c'est-à-dire", quand on détaille un ensemble).
Dans ces tours, les substantifs ou *savoir* tendent à être considérés eux-mêmes comme des prépositions, ou comme formant des locutions prépositives.

- *face à, grâce à* viennent de sous-phrases nominales (voir § 335) du type *face à ses ennemis* : "la face [étant] du côté de ses ennemis" ; *grâce à vous* : "remerciements [étant] à vous".

- prépositions étrangères empruntées : latin *via*.

Les **"locutions prépositives"** (type *de peur de*) peuvent être décomposées et analysées ; voir § 299.
Pour les adverbes élargis prépositionnellement : *près de, loin de, hors de, lors de*, voir § 289.
Pour le type *dessus, dessous, dedans*, voir § 304.
Pour *il y a, voilà*, voir § 340.

295. Les types de groupes prépositionnels circonstants

Les prépositions ne sont généralement pas quantifiables ni adjectivables (par des adverbes). Dans la mesure où elles le sont, c'est en raison de ce qu'elles ont d'adverbial :

tout contre quelqu'un
bien avant (juste avant, loin devant) les autres
peu après (deux ans après) sa naissance
(cf. *jusqu'à*, senti comme une préposition autonome).

Bien souvent, l'élément ajouté porte en fait sur la relation dans laquelle joue la préposition :

Il a trouvé la réponse absolument par hasard.

Mais **les prépositions ont** (c'est leur raison d'être) **des compléments** (voir § 11 Rem.), qui peuvent s'étudier de la même façon que les compléments des verbes :

- complément zéro (emploi absolu) : *Je vote pour !*
- GN (complément type), avec ou sans déterminant : *pour ses amis, pour mémoire*, ou GPron (*pour vous, pour ce que vous savez*)
- équivalents du GN :
    - Inf (*pour vaincre*),
    - Complétive (*pour que tout soit prêt*),
    - Intégrative pronominale (*pour qui vous savez*)
- occasionnellement et dans quelques cas, adjectif (*pour sûr*),
- adverbe (*pour demain, pour quand vous voulez*)
- GPrép : *pour dans quinze jours.*

> **Remarque :**
> D'autres types de GPrép, isolés, relèvent en synchronie d'une étude lexicale au cas par cas : *à bouche que veux-tu, à tâtons, ...*

Le tableau ci-après présente les principales constructions des prépositions.

Pour le *ce*, antécédent du *que* complétif, derrière *à (jusqu'à, quant à, quitte à), de, en, par, sur*, voir § 373. Pour le mode derrière *que*, voir § 302.

Pour les complémentations non prises en considération dans ce tableau (+ Adj, Adv, GPrép), voir § 303 sq.

Il n'y a pas de coupure entre préposition et "locution conjonctive" (devant *que P*) : les constructions peuvent être unifiées à partir de la seule catégorie de "préposition", en s'appuyant sur le parallélisme entre :

pour + GN :   *pour le départ*
pour + Inf :   *pour partir*
pour + que P : *pour que nous partions.*

Pour les "locutions prépositives" (*de peur de*), voir § 299.

Tableau des principales constructions des prépositions

Préposition	+ ∅	+ GN	+ Inf	+ Complétive
à	-	+	+	+ (à ce que)
après	+	+	+	+
avant	+	+	+ (de)	+
avec	+	+	-	-
chez	-	+	-	-
contre	+	+	-	-
dans	-	+	-	-
de	-	+	+	+ (de ce que)
depuis	+	+	-	+
dès	-	+	-	+
derrière	+	+	-	-
devant	+	+	-	-
durant	-	+	-	-
en	-	+	en -ANT	+ (en ce que)
entre	+	+	-	-
envers	-	+	-	-
excepté	-	+	-	+
hormis	-	+	-	+
jusqu'à	-	+	+	+ (j. à ce que)
malgré	-	+	-	+
outre	-	+	-	+
par	-	+	(+)	+ (parce que)
parmi	-	+	-	-
pendant	-	+	-	+
pour	+	+	+	+
pourvu	-	-	-	+
quant à	-	+	+	+ (q. à ce que)
quitte à	-	-	+	+ (q. à ce que)
sans	+	+	+	+
sauf	-	+	-	+
selon	+	+	-	+
sous	-	+	-	-
suivant	-	+	-	+
sur	-	+	-	+ (sur ce que)
vers	-	+	-	-

296. Les prépositions sans complément

L'emploi de prépositions sans complément, au total limité, est courant pour certaines d'entre elles, en général avec un caractère familier.

De même que pour les verbes transitifs employés sans complément (*Il mange*, voir § 167), il peut être discuté s'il s'agit d'adverbes ou de prépositions à complément zéro (avec ellipse de discours), mais il y a très généralement un complément latent :

- après, avant, derrière, devant, depuis (prépositions-adverbes) : emploi courant et normal

> *Paul est parti avant* : se comprend généralement par rapport à une donnée point de repère : *avant midi, avant les autres, avant que Jean n'arrive, ...,* c'est-à-dire en emploi anaphorique avec anaphore zéro.
>
> *Paul marchait devant* : "devant les autres".
>
> *Paul veut toujours marcher devant* : complément virtuel, générique; = "au premier rang".
>
> *Ça va mieux depuis* : "depuis ce jour".
>
> *Il est arrivé un quart d'heure après* : "après les autres".

- avec : emploi courant :

> *La caisse, le caissier est parti avec* (familier ; valeur de reprise anaphorique du terme en prolepse).
>
> *Ce marteau, je te le prête, mais ne fais pas de bêtises avec !*

- sans : *Il faudra bien faire sans* (= "s'en passer" ; familier).
> *Il s'est débrouillé sans.*

- pour : *Je vote pour, C'est prévu pour* (familier).

- contre : *Mets l'échelle contre* (contre le mur).

- entre : *Entre, vous pouvez voir ...* (ellipse de discours très sensible).

- outre : dans *passer outre.*

> **Remarque :**
> Emplois essentiels (et non circonstants accessoires) : *être pour ou contre, c'est selon* (familier, = "ça dépend").

Comme dans le cas des verbes, une ellipse de discours peut toujours entraîner l'emploi (*a priori* improbable) d'une préposition sans complément.

Voir aussi les formations du type *dessus*, § 304.

297. Groupe prépositionnel nominal circonstant : N sans déterminant

Comme avec les verbes, et pour les mêmes raisons, on distinguera selon que le nom complément est déterminé ou non, en commençant par l'absence de déterminant.

Les **constructions figées** sans déterminant sont très nombreuses, avec toutes les prépositions. Exemples :

> *à côté, à genoux, après coup, contre vents et marées, d'abord, d'habitude, en effet, en face, entre guillemets, outre mesure, par*

> *conséquent, par hasard, pour mémoire, sans cesse, sans doute, sous huitaine, sur place, ...*

Avec *tout* antéposé : *tout à trac, tout de suite*

Avec adjectif antéposé : *à grands frais, à pleins poumons, de bonne grâce, de bonne heure, de plein fouet*

Avec adjectif postposé : *en règle générale.*

Les GPrép de ce type sont facilement (mais sans nécessité) considérés comme des adverbes ou des "locutions adverbiales". Beaucoup (*à côté, en face*) entrent dans des "locutions prépositives" avec *de* (voir § 299).

Constructions plus généralisables :

> *à Paris, Issy, Arles* (noms de villes) ; *au Brésil, aux États-Unis* (voir *en*) ; *à midi, au printemps* (voir *en*)
>
> *avec joie* (paraphrase : *joyeusement*), *avec tristesse*
>
> *de jour, de nuit ; (trembler) de peur, de froid*
>
> *en France, en Italie, en Corse* (noms de pays et d'îles de genre féminin sans article), *en Iran* (noms de pays de genre masculin commençant par une voyelle) (mais *au Brésil* (nom de pays masculin commençant par une consonne), *aux États-Unis* (voir § 298)) ; *en Bretagne* (provinces) ; la recommandation de l'usage de *en* devant un nom de ville commençant par *A-* (*en Arles*) relève d'un usage recherché, sinon affecté ;
>
> *en janvier, ..., décembre ; en été, automne, hiver* (mais *au printemps*) ; *en 1900, ... ;*
>
> *en bois, fer, tergal, or, ... ;*
>
> *en français; en histoire ;*
>
> *en voiture, avion, bateau ;*
>
> *(agir) en traître, en (véritable) ami*
>
> *jusqu'à absorption (complète), épuisement, ...*
>
> *par amour, pitié, politesse, devoir, ...*
>
> *pour raison (de santé), cause (de maladie), être condamné pour vol ...*
>
> *sans excuse, hésitation, retard, pitié, ...*
>
> etc.

L'article réapparaît en règle générale si le substantif est adjectivé :

> *avec une joie évidente*
>
> *par le plus grand des hasards*
>
> *pour une raison inconnue, être condamné pour le vol de GN*
>
> *sans la moindre excuse, sans le moindre doute*
>
> *sous des délais très courts,*

sauf pour *en*, généralement suppléé par *à* (*aux États-Unis*) ou *dans* : *dans un bois très dur, dans un excellent français, dans une voiture de luxe, dans sa voiture* (voir § 298). Pour la distinction entre *en N* et *dans le N*, voir § 298.

298. Groupe prépositionnel nominal circonstant : GN déterminé

C'est le complément par excellence de la préposition.

Emplois figés :

au contraire, au hasard, dans l'immédiat, du reste, sur ces entrefaites, ...

Avec N précédé de *tout* : *à tout hasard, à toute force, à toute vitesse, de toute urgence, en toute rigueur (humilité, hypothèse), pour tout potage.*

Emplois libres : chaque préposition déploie ici ses valeurs sémantiques. L'interprétation de la relation entre la préposition et son complément (comme entre le verbe et son complément) est fonction, à partir du sens de base de la préposition, de paramètres tels que le type de N complément, la place et le contexte.

Exemples avec *pour* :

- importance de la distinction animé / inanimé :

  acheter un livre pour quelqu'un (destination animée, c'est-à-dire bénéficiaire) / *acheter un livre pour son plaisir* (but)

  être puni pour ses fautes (= "en échange de ses fautes", c'est-à-dire "à cause d'elles") / *être puni pour quelqu'un* (= "en échange de qqn", c'est-à-dire "à sa place")

- importance de la place et de la portée (voir § 309 sq.) : les emplois périphériques, détachés, correspondent plus facilement à des valeurs "énonciatives", thématisantes, du type "en ce qui concerne", d'où "au sujet de" (+ non animé), "aux yeux de" (+ animé)" :

  Pour le prix, nous en reparlerons ("au sujet du prix, ...").

  Pour moi, c'est inacceptable (ambigu : "à mes yeux" / "du point de vue de mes intérêts").

  Pour moi, vous devriez faire un effort (ambigu comme l'exemple ci-dessus),

alors que les emplois postverbaux liés correspondent à des valeurs actancielles, la différence avec les emplois détachés étant particulièrement accusée pour l'animé :

  C'est inacceptable pour moi ("c'est contraire à mes intérêts").

  Vous devriez faire un effort pour moi (bénéficiaire).

Problèmes d'emploi particuliers :

- Restrictions à l'emploi de déterminant après *en* :

L'impossibilité (sauf artifice) de faire suivre en français moderne *en* des articles *le* (séquence ayant abouti en a.fr. à *el*, devenu *ou*, finalement remplacé par *au*) ou *les* (séquence ayant abouti à *ès*, qui n'a survécu que dans *licence (doctorat) ès Lettres (Sciences)*) entraîne une forte tendance à éviter tout emploi de *en* + déterminant : *en + la, mon, ce, un*, ... sont des formes généralement marquées, absentes du langage spontané. *En* est alors suppléé par *à* ou *dans*.

En suivi d'un déterminant subsiste néanmoins (en plus de ses emplois essentiels, par exemple derrière *changer* ou *consister*) :

- dans des expressions figées ou des tours consacrés :
en l'occurrence, en l'espace de (de huit jours)
en un sens, en d'autres termes
en ce cas (mais *dans un cas semblable*), *en ce temps-là*
en mon (votre) nom (mais *au nom de*), *en mon absence (en l'absence de Paul)*
en quelle année ?

- quand le déterminant est un cardinal :
en trois (plusieurs) fois, en douze mensualités

- quand *en* s'oppose sémantiquement à *dans* :
Paul mange en une heure = "il met une heure à manger" / *L'avion décolle dans une heure* = "il va s'écouler une heure avant le décollage"
en l'air (facilement abstrait ou métaphorique) / *dans l'air* (pur milieu spatial)
en classe (localisation spatiale et notionnelle : implique les activités de la classe, le travail, etc.) / *dans la classe* (localisation purement spatiale dans la salle de classe).

En s'emploie devant un pronom : *en soi, en cela, en ce qu-, en tout, en qui, en quoi*. Aussi *en lequel*.

- Prépositions-participes et prépositions-adjectifs :

1. Les participes passés et les adjectifs devenus prépositions (voir § 294) sont, à ce titre (et par définition), antéposés et invariables :
> *excepté les non-résidents, passé cette date, vu les difficultés, sauf quelques-uns.*

Mais ils peuvent aussi dans certains cas s'employer encore selon la syntaxe de leur catégorie originelle, c'est-à-dire en postposition et (pour les adjectifs) avec accord :
> *les non-résidents exceptés, cette date (étant) passée, ces difficultés (étant) vues*
aussi avec *une fois : une fois passée cette date.*

Plutôt qu'un GPrép, on a alors une sous-phrase nominale (voir § 335).

2. De même, *durant* peut être postposé, d'où la double possibilité *durant trois jours / trois jours durant* ("pendant toute la durée de trois jours", à propos de quelque chose qui s'étend sur toute la période marquée par le circonstant) :

> *Il a travaillé toute sa vie durant* (= "sa vie entière").

3. Le sens originel de la construction de *sauf* est sensible dans la formule figée *sauf le respect que je vous dois* (= "le respect que je vous dois étant sauf, sauvegardé").

4. *Plein les poches* (= "dans les poches, jusqu'à les remplir") est différent de *les poches pleines* (voir § 335), qui n'est pas une indication de lieu.

> **Remarque :**
> Dans des emplois tels que
> *Il a fait de Paul son meilleur copain*
> *Vous voyez en moi le plus dévoué de vos collaborateurs,*
> le GPrép est proche, sémantiquement, d'un attribut de l'objet.
> Pour *au loin, au plus,* voir § 303.

299. "Locutions prépositives" nominales : *de peur de GN / de Inf / que P*

Un nom complément d'une préposition est lui-même souvent développé par un GPrép (*avec le frère de Paul*) ou une sous-phrase. Mais dans des exemples comme :

> *à l'occasion de cette cérémonie*
> *au moment de partir*
> *sous prétexte qu'il était fatigué,*

on tend facilement à considérer le premier substantif (surtout s'il est sans déterminant) comme un pur outil, et à voir dans les séquences *à l'occasion de, au moment de,* des "locutions prépositives" (nominales) globalement équivalentes à une préposition (ainsi qu'une "locution conjonctive" dans *sous prétexte que*), en privilégiant un découpage *à l'occasion de // cette cérémonie* au détriment de *à // l'occasion de cette cérémonie* (et de même pour les autres).

Néanmoins, les structures de ce type, dont le degré de coalescence est très variable, restent toujours analysables, et le N complément de la préposition y a toujours une existence et une valeur propres. Dans bien des cas, son emploi est possible derrière la même préposition avec un (autre) déterminant ou un adjectif :

> *à cette occasion, sous un prétexte futile, à un mauvais moment*
> (ces variations ne sont pas possibles dans le cas de *de peur de* ou *de crainte que*),

et sa complémentation telle qu'elle est dans la "locution prépositive" se retrouve à l'état libre :

> *L'occasion de cette cérémonie fut déterminante.*
> *Le moment de partir arriva.*
> *Le prétexte qu'il était fatigué n'a trompé personne.*

> de même, *peur* se construit dans *de peur de* comme le substantif libre *peur* (*la peur d'un accident / de tomber / que le ciel ne me tombe sur la tête*).

En sens inverse, l'emploi du nom dans la "locution" se distingue souvent de la libre syntaxe du substantif par l'absence d'article ou par une expansion impossible sur le substantif seul à l'état libre.

Le cas de **afin** (*afin de Inf, afin que P*) illustre bien cet état intermédiaire entre l'emploi libre et le figement : on y retrouve, soudé graphiquement à la préposition, le substantif (sans déterminant) *fin* au sens de "but visé", encore usité en ce sens dans quelques dictons et dans le langage recherché (*La fin justifie les moyens ; arriver à ses fins ; agir à des fins partisanes ; à toutes fins utiles*), avec quelques possibilités d'expansion, très limitées (comme *des fins manifestes d'enrichissement personnel* ou en langage juridique *une fin de non-recevoir*). Le mot survit dans le sens de "but" avec l'aide de la locution : son identité s'y manifeste encore dans la variante *à seule fin de Inf, à seule fin que* (due à une altération de *à celle fin* = "à cette fin").

L'exemple de *afin de* est extrême : la très grande majorité des "locutions prépositives" est d'analyse synchronique transparente, et manifeste une combinatoire libre ou semi-libre.

Ces locutions sont très nombreuses (inventaire ouvert), à partir de toutes les prépositions : de la série très limitée et plus ou moins fermée des prépositions, on passe ainsi à une série illimitée et ouverte, qui permet un enrichissement considérable de la gamme des relations exprimables.

Ces locutions conservent souvent des éléments archaïques : vieux mots comme *guise* (= "manière"; cf. *agir à sa guise*) dans *en guise de* (*en guise de récompense*), *fur* (= "mesure", comme le synonyme qui le suit et l'explicite), totalement disparu en dehors de la locution *au fur et à mesure de* ; sens anciens : *raison* au sens de "proportion" dans *à raison de* (*à raison de deux heures par jour*), *dépit* au sens de "mépris" dans *en dépit de* (= "sans tenir compte de, malgré" : *en dépit de toutes les difficultés*), *part* au sens de "partie d'un lieu" (comme dans *quelque part, nulle part*) dans *de la part de* (*de la part de Marie* = "provenant du côté de Marie"). L'élément nominal de la locution ne repose pas toujours sur un substantif : l'article permet des nominalisations de participe passé : *à l'insu de* (*à l'insu de tout le monde* ; construction désuète ; cf. *au su et au vu de*), d'adverbe (*auprès de*), d'adjectif (*au long de, au haut de*).

Les GPrép appelés "locutions prépositives" finissent le plus souvent par *de*, quelquefois *à*. Ils deviennent "locutions conjonctives" quand ils se terminent par un connecteur : *que* (complétif ; corrélatif ou relatif dans quelques cas), *où* (adverbe relatif).

Voici un choix de locutions parmi les plus usuelles :

À :

- lieu : *à côté de, à droite de, à gauche de, au bord de, au milieu de, à l'avant de, à l'arrière de* (voir § 304), *autour de, aux environs de, à l'endroit de/où, à travers* (nature peu claire), *au travers de* :
> *à l'endroit de l'accident / où a eu lieu l'accident*

à la place de, au lieu de/que P subj ont un sens abstrait de remplacement :
> *au lieu de ce que je demandais / au lieu de réfléchir / au lieu que ce soit Paul qui soit nommé.*

Pour la série *au-dessus de*, voir § 304

- temps : *à l'heure de/où, au moment de / où, au temps de / où, à l'époque de / où, à l'occasion de, à mesure (au fur et à mesure) de / que P ind* :
> *au moment du départ / de partir / où je partais*
> *à mesure de vos progrès / que vous progresserez*

à chaque fois que P ind

- autre valeur : *à cause de, à condition de Inf / que P subj, à défaut de / que P subj, afin de / que P subj, à force de, à la faveur de, à l'insu de, au su et vu de, à la mode de, à proportion de, à raison de* :
> *à condition de rembourser / que je puisse rembourser*
> *à défaut de caviar / de manger du caviar / à défaut que ce soit du caviar*
> *à force de courage / d'insister*
> *à raison de deux comprimés par jour*

à tel point (au point) que P ind, à telle enseigne que P ind (= "telle preuve en étant que").

Certaines locutions avec N sans déterminant ont un doublet (moins usuel) avec GN déterminé : *au côté (aux côtés) de, à la droite (gauche) de, à la condition (à la condition expresse) de / que, à la mesure de.*

DANS : *dans le but de / que P subj, dans l'intention de / que P subj* :
> *dans l'intention de surprendre l'ennemi / que tout soit terminé rapidement.*

DE :

du côté de, de la part de

du moment que P ind, du temps de / où (que) :
> *du moment que vous êtes d'accord* (= "puisque", sens causal)

de peur (de crainte) de / que P subj, du fait de / que P ind :
> *de peur d'une chute / de tomber / qu'il (ne) fasse une chute* (avec
> *ne* explétif)

de façon (manière) à Inf / à ce que P subj :
> *de façon à réussir / à ce que tout soit prêt* (voir § 373 Rem.)

de (telle) façon (manière, sorte) que.

EN :

> *en face de, en marge de, en regard de*
> *en bas de, en haut de* (voir § 305 Rem.)
> *en cas de, en comparaison de, en compensation de / de ce que P ind, en
> dépit de / de ce que P ind, en échange de / de ce que P ind, en faveur de, en
> guise de, en raison de / de ce que P ind, en sorte de Inf / que P subj, en vue
> de / de ce que P subj :*
>> *en compensation de cette perte / de ce que vous perdez votre
>> prime*
>> *en raison d'un arrêt de travail / de ce que certains ouvriers ont
>> cessé le travail.*

PAR : *par égard (respect) pour, par rapport à, par manque de.*

POUR : *pour la (bonne) raison que P ind.*

SOUS : *sous couleur de, sous prétexte de / que P ind :*
> *sous prétexte de maladie/ d'être malade / qu'il était malade*
> *sous le prétexte que.*

SUR : *sur les lieux de.*

Préposition zéro :

> *façon de, faute de / que P subj, histoire de Inf / que P subj, rapport à
> face à, grâce à :*
>> *faute de temps / d'avoir compris assez vite / que tu t'en sois occupé*
>> *histoire de s'amuser / qu'on s'en souvienne*

> *le long de, chaque fois que* : voir § 308.

Des "locutions prépositives" aux "locutions conjonctives" :

1. Les **locutions suivies d'un Inf** (*de peur de tomber*) sont reprises au § 300 Rem.

2. Pour les **locutions suivies de *que P* complétif**, voir § 302. Sur les complétives en *de ce que*, voir § 373. On prendra garde de ne pas les confondre avec des relatives : *en raison de ce que vous dites* (*que* relatif, objet de *dites*) / *en raison de ce que les ouvriers ont cessé le travail* (= "du fait que P"; *que* complétif, sans fonction dans la subordonnée).

3. Locutions **suivies de *que P* corrélatif (consécutif) :**

à telle enseigne que, à tel point (au point) que
de (telle) façon que, de (telle) manière que, de (telle) sorte que, en
sorte que ; le mode de la subordonnée est l'indicatif ou le subjonctif selon qu'elle asserte un résultat (*de telle manière qu'il*
est tombé) ou installe une visée (*de telle manière que ce soit*
fini rapidement). *De façon que P subj* peut s'interpréter
comme une forme raccourcie, soit de *de façon à ce que* (complétif), soit de *de telle façon que* (corrélatif).

4. Locutions **suivies de *que P (où P)* relatif :**

au moment où (temporel) / *du moment que* (logique =
"puisque")
au cas où
du moment que, en cas que
à chaque fois que (voir aussi § 308).

> **Remarques :**
> Autres types de "locutions prépositives" :
> - infinitivales (*à commencer par*), voir § 300 Rem.,
> - participiales (*en admettant N / de Inf / que* : = gérondif), voir § 301,
> - adverbiales (*en plus de*), voir § 303.

300. **G**roupe prépositionnel infinitival : *pour Inf, sans Inf*

Les prépositions pouvant être suivies d'un Infinitif (l'état de la langue
a beaucoup fluctué sur ce point) sont peu nombreuses ; (voir tableau
§ 295). Pour certaines, comme *à, de*, ou *par*, cette construction ne se rencontre guère que quand la préposition est appelée par un verbe (type
consentir à Inf, commencer par Inf) ou un autre mot (*heureux de Inf*),
mais pour d'autres, comme *pour, sans, après, avant*, la construction avec
infinitif formant un GP circonstant est extrêmement usuelle.

Ces mêmes prépositions admettent aussi, avec les mêmes valeurs
sémantiques, une complétive, le plus souvent au subjonctif (*pour que*,
voir § 302) : le parallélisme entre le GInf et la complétive, déjà vu derrière les verbes, se retrouve derrière les prépositions.

- *À Inf* : à côté des très nombreux emplois comme complément indirect
essentiel, quelques emplois comme circonstant, dans des expressions
consacrées ou un style archaïsant : marque une mise en relation peu spécifiée, paraphrasable par *si P* ou *quand P* :

À vaincre sans péril on triomphe sans gloire (Corneille)
À franchement parler ; à y regarder de plus près.

Ce type d'emploi refleurit à l'époque actuelle dans un certain style recherché (par exemple le style lacanien), où il est sans doute apprécié pour l'indétermination du rapport logique qu'il institue entre le circonstant et le centre phrastique.

On retrouve *à Inf* dans :

- ***jusqu'à Inf*** : *Il s'est énervé, jusqu'à lancer des insultes.*
- ***quant à Inf*** : *Quant à m'abaisser à ce point, pas question !*
- ***quitte à Inf*** : *Disons la vérité, quitte à faire de la peine.*
- ***sauf à Inf*** : *La vérité s'impose, sauf à être de mauvaise foi.*

- *Après Inf* : très usuel avec l'infinitif accompli (composé): *après avoir mangé.*

L'infinitif simple s'est conservé dans quelques expressions : *après boire.*

- *Avant de Inf* : très usuel (remarquer le *de* devant l'infinitif) : *avant de partir.*

- *Pour Inf* : très usuel. Emploi typique avec des valeurs de but ou de conséquence, mais aussi toute la gamme des valeurs de *pour* :

Il faut manger pour vivre et non pas vivre pour manger ("dans le but de").

Il faut manger, pour vivre ("de façon à rester en vie").

Il faut le voir pour le croire.

Pour ne pas être en retard, j'ai pris le métro.

Pour faire une chose pareille, il faut être fou !

Paul est très adroit pour bricoler.

Il est trop poli pour être honnête (assez, trop ... pour).

Il est parti pour ne plus revenir (= "et il ne devait plus revenir").

Il a été condamné pour avoir volé un pain (Infinitif accompli, marquant la cause ; cf. *pour vol*).

Pour avoir fait ça, il faut qu'il ait perdu la tête !

Pour crier, il crie ! ("pour ce qui est de")

Pour être dévot, je n'en suis pas moins homme ! (Molière)

- *Sans Inf* : très usuel : *Il est parti sans dire au revoir.*

locutions : *sans rire, sans mot dire.*

- *Excepté (de) Inf, sauf (de) Inf* : l'Infinitif est ici dans un emploi très nominal :

Il avait tout prévu, excepté (sauf) de se tromper.

Le **contrôleur** de l'Infinitif, dans un GPInf circonstant, est, en règle générale, le sujet du verbe auquel se rattache le circonstant :

Paul a vu Marie avant de partir (l'infinitif se rapporte à *Paul*, et non à *Marie*).

> **Remarque :**
> Avec *c'est ... que* (*C'est pour partir que Paul a acheté une valise*), le contrôleur est le sujet du verbe derrière *que*.

Un GPInf circonstant rattaché lui-même à un Infinitif a le même contrôleur que celui-ci ; ainsi dans

Paul a permis à Marie de sortir pour dîner
Paul a promis à Marie de sortir pour dîner
Paul a offert à Marie de sortir pour dîner,

si le circonstant se rattache à *sortir* (et non au verbe principal,- l'énoncé étant ambigu sur ce point), le contrôleur de *dîner* est le même que celui de *sortir* (voir § 184).

Mais l'usage manifeste une certaine liberté : l'infinitif peut rester avec un contrôleur non spécifié, au niveau d'un générique implicite :

Pour bien vivre, la philosophie donne des préceptes,

ou renvoyer à un autre actant que le sujet :

On a acheté une valise à Paul pour partir.

(Ces emplois peuvent aussi donner à penser que la recherche systématique d'un contrôleur déterminé syntaxiquement est trop rigide : on peut concevoir l'infinitif comme complet sémantiquement avec une simple place de sujet, le contexte fournissant le cas échéant pour la remplir un contrôleur strict.)

Dans certains emplois, l'infinitif renvoie au sujet énonciateur. C'est le cas dans des emplois figés (*à franchement parler, pour finir, sans rire,* et les "locutions prépositives" du type *à supposer* ...) ou dans des énoncés comme *Pour être plus exact, Paul est arrivé à 8h 27* (au sens de "pour parler plus exactement, ..." ; mais l'énoncé est ambigu, l'infinitif pouvant avoir *Paul* comme contrôleur).

> **Remarques :**
> **1. "Locutions prépositives" à l'Infinitif :**
> *à supposer que P* (ind ou subj)
> *à commencer par* (GN, Inf)
> *à partir de* (GN, Adv) : *à partir d'aujourd'hui*
> *sans compter* (GN, que P ind).
>
> **2. "Locutions prépositives" nominales suivies d'un Inf :**
> *à condition de, à défaut de, afin de* (*à seule fin de*)*, à force de, au lieu de, au moment de Inf*
> *de crainte de, de peur de, du fait de Inf*
> *de façon à, de manière à Inf*
> *dans le but de, en vue de, sous prétexte de Inf*
> derrière préposition zéro : *faute de, histoire de Inf* (familier).

301. Groupe prépositionnel participial (gérondif) : *en partant*

La seule préposition susceptible de se construire avec une forme en -*ant* (invariable, qui ne peut être en synchronie, par définition, que le participe) est *en* (qui, en revanche, ne peut se construire avec un infinitif) : *en mangeant*. Cette construction, appelée **gérondif**, est très usuelle. Elle est souvent considérée comme la "forme adverbiale" du verbe (par opposition au participe, forme adjectivale) : cette appellation (inexacte morphologiquement) est due à son caractère circonstanciel.

> **Remarque :**
> Certains emplois de la forme en -*ant* seule, en particulier à l'initiale (*Partant à neuf heures, vous arriverez vers midi*) sont très proches du gérondif en raison de leur valeur plutôt adverbiale (instrumentale : = "si vous partez", "à condition de partir") qu'adjectivale (caractérisante : = "vous qui partez, allez ou devez partir").
> On considérera néanmoins, d'un point de vue strictement synchronique, qu'il n'y a de gérondif vivant qu'avec *en*, si ce n'est dans quelques locutions conservées, du type *chemin faisant, tambour battant* (sans *en*), ou *à son corps défendant* (= "en défendant son corps", "pour se défendre, malgré soi", avec *à*).

Valeurs sémantiques du gérondif : il marque un **procès concomitant et annexe** par rapport au procès principal. La concomitance peut avoir une valeur essentiellement temporelle :

Il sifflote en (tout en) travaillant (="pendant que"),

ou se charger d'autres valeurs selon la place du gérondif et le contexte (en particulier le temps du verbe principal, à travers lequel le gérondif s'interprète) :

Il travaille en (tout en) sifflotant (accompagnement, manière).

Paul a réussi en travaillant (= "par son travail", moyen ; effet quasi assertif : Paul a travaillé).

En travaillant, vous auriez des chances de succès (= "si vous travailliez", condition).

Il a réussi en ne travaillant pas ! (= "sans travailler" (= *tout en ne travaillant pas*) ou "par le fait de ne pas travailler").

En travaillant, vous auriez eu des chances de succès (= "si vous aviez travaillé").

Comme l'infinitif d'un GPInf circonstant, et avec la même problématique, le gérondif a pour **contrôleur** (support) le sujet du verbe auquel il se rattache :

Il admirait Léon Blum, tout en combattant sa politique trop ouvriériste (*Le Monde* ; le gérondif a pour support *il*, sujet de la phrase, et non pas le GN le plus proche, objet du verbe, *Léon Blum*).

Avec *c'est ... que*, le gérondif a pour support le sujet de la proposition introduite par *que* :

C'est en forgeant qu'on devient forgeron (proverbe).

On trouve fréquemment des emplois plus libres (critiqués par les puristes) où le gérondif a un contrôleur différent du sujet, ou bien indéterminé ou implicite :

En regardant de plus près, tout s'explique (= "si on regarde ...").
L'appétit vient en mangeant (proverbe).

Le gérondif renvoie au sujet énonciateur dans les **"locutions conjonctives"** suivantes, sans support déterminé dans la phrase :

en admettant (GN, de Inf, que Pi ou Ps),
en attendant (GN, de Inf, que Ps),
en supposant (GN, de Inf, que Pi ou Ps).

302. Groupe prépositionnel complétif : *pour que P, parce que P*

Certaines prépositions peuvent prendre comme complément une structure de phrase en *que P* : *dès qu'il est arrivé, pour que tu sois heureux*. On a alors l'habitude de parler de "locution conjonctive" et d'analyser *dès que / P* ou *pour que / P*, mais la commutation avec des GN et des Inf (*dès son arrivée, pour ton bonheur, pour être heureux*) montre la légitimité d'une analyse *dès // (que / P)* ou *pour // (que / P)*, malgré l'absence habituelle de démarcation entre la préposition et *que* (la même absence habituelle n'empêche pas d'analyser *Je dis // que P*).

Les possibilités de coordination entre constituants de nature différente derrière préposition sont restreintes sans être nulles : *pour vous faire plaisir et que vous soyez rassuré* est possible sans être courant (**dès GN et que P* est impossible); la coordination de deux complétives est très usuelle : *dès (pour, ...) que P1 et que P2*.

Sur les complétives à antécédent *ce*, voir § 373.

Les prépositions ont devant une complétive les mêmes **valeurs sémantiques** que devant GN ou Inf, compte tenu de la nature différente des compléments : c'est le domaine des relations temporelles et/ou logiques (cause, but ...) entre deux représentations d'événements ou d'états.

Le **mode** est déterminé par la préposition. On peut opposer les prépositions actualisantes, entraînant une proposition assertée à l'indicatif, et les prépositions virtualisantes, n'entraînant pas assertion :

parce que Pi / pour que Ps ;
depuis que Pi / jusqu'à ce que Ps ;
après que Pi (rétrospectif) / *avant que Ps* (prospectif ; mais
l'usage est flottant pour *après que*) ;
vu que Pi / pourvu que Ps.

- À ce que Pi (indicatif en emploi circonstant), rare :
On l'a reconnu à ce qu'il portait son habituel chapeau (= "au fait
que ...")

À ce que P se retrouve dans :

- jusqu'à ce que Ps, courant :
Reste là, jusqu'à ce que je revienne.

Pour les datations, *jusqu'à ce que Ps* (marquant une visée) est fortement concurrencé par *jusqu'au moment où Pi*, en particulier pour les
emplois rétrospectifs : *Cela a duré jusqu'au moment où il est revenu* (ou
jusqu'à ce qu'il soit revenu).

- quitte à ce que Ps :
Allons le voir, quitte à ce qu'il nous dise des injures !

- Avant que Ps, usuel : *avant qu'il (ne) soit trop tard*

- Après que Pi ou Ps : la norme prescrit l'indicatif :
Après qu'il eut donné ses ordres, il se retira.
Tu pourras aller jouer après que tu auras fait tes devoirs,

mais le subjonctif (sans *ne*) est courant :
Après qu'il eût donné ses ordres, ... (il y a peut-être confusion
latente entre le passé antérieur et le plus-que-parfait du subjonctif)
Je suis arrivé après qu'il ait fini (à l'indicatif, on hésiterait entre
le passé composé et le passé surcomposé).

L'insécurité sur le choix du mode amène certains locuteurs à éviter
après que, en aménageant la phrase pour rendre possible *après + Inf*
(accompli), ou en employant *quand* (*quand tu auras fait tes devoirs*).

> **Remarque :**
> Sur la nature de *que* derrière *avant* et *après*, voir § 374.

- Depuis, dès, pendant que Pi :
Depuis qu'il est revenu, Paul n'est plus le même.
Dès qu'il la vit, il se précipita.
Pendant que je travaille, toi, tu t'amuses !

- Parce que Pi (avec figement graphique) ; moyen d'expression fonda-
mental de la cause :
Pourquoi pleures-tu ? - Parce qu'on m'a battu.
Je le dis parce que je le pense : cause objectivée, dissociée (avec

coréférence des sujets).

On entre dans une librairie (...) parce qu'on n'a plus rien à lire, par pur appétit de caractères d'imprimerie (Le Monde) : parallélisme formel et sémantique entre *parce que P* et *par GN*.

Parce que (relation causale objective, instrumentale) se distingue de *puisque* (voir § 290), *comme* (voir § 332) et *car* (voir § 282 Rem.).

> **Remarques :**
>
> **1.** On trouve parfois un adjectif seul derrière *parce que* (style recherché) : *Cette demande n'a pas été satisfaite, parce qu'excessive.*
>
> **2.** *Par* n'a pas de construction causale correspondant à l'infinitif. Cf. *pour* : *Il se retrouve en prison pour avoir volé un pain.*

- Pour que Ps : usuel, expression type du but (quand la subordonnée met en jeu un sujet autre que le sujet du verbe principal) :

Paul a tout fait pour que Marie soit heureuse (/ pour être heureux).

Ce point est trop évident pour qu'il soit utile d'insister : trop (assez)... pour que (conséquence).

Le sémantisme de *pour* est beaucoup plus restreint devant *que P* que devant un Infinitif (voir les exemples § 300).

Pour la négation, le langage familier utilise *pour (ne) pas que Ps* (concurremment avec *pour que ne pas*) :

Je vous préviens, pour (ne) pas que vous soyez surpris.

- Malgré que Ps = "bien que" :

Malgré qu'il ne soit pas aimable, ...

Cet emploi est critiqué, *a fortiori* quand la subordonnée est à l'indicatif, en langage très relâché (selon une tendance générale aux concessives).

Pour *Malgré que j'en aie,* voir § 336.

- Outre que Pi, sauf que Pi. La complétive est très nominale : "outre (sauf) le fait que ...".

- Selon que Pi, suivant que Pi :

Selon que vous serez puissant ou misérable, ... (La Fontaine)

- Sans que Ps, usuel : *sans que personne (ne) le sache*

- Avec prépositions-participes :
- *attendu, vu que Pi*
- *excepté, hormis, supposé que Pi* (complétive très nominale)
- *pourvu que Ps : Il réussira, pourvu qu'il soit sérieux.*

Contrainte sur les sujets coréférents : la contrainte et ses motivations sont fondamentalement les mêmes que pour les complétives objet (voir § 186). En règle générale :

- une complétive au subjonctif avec un sujet coréférent au sujet du verbe principal est impossible (elle met en question l'unité du sujet); la construction avec infinitif s'impose alors :

Je fais cela pour que je ... est impossible (mon but ne peut être dissocié de moi-même) > *Je fais cela pour vous être agréable*

Vous partirez avant que vous ... > *Vous partirez avant de manger*

- mais le sujet supporte la double expression (coréférente) si la complétive est à l'indicatif :

Je le dis parce que je le pense (dualité objective ; seule possibilité).

Vous partirez après que vous aurez mangé (ou *Vous partirez après avoir mangé*).

Cette contrainte explique que les prépositions suivies d'une complétive au subjonctif soient plus nombreuses à pouvoir être suivies d'un Infinitif, et inversement : ainsi *depuis, dès, pendant* suivies de *que P* indicatif n'ont pas de construction avec infinitif. De même pour *parce que*. Les contre-exemples (de coréférence au subjonctif) supposent une dissociation nette (éventuellement artificielle) entre le prédicat principal et la subordonnée :

Paul agit pour qu'il (coréférent) *soit reconnu de tous* = "en vue du résultat suivant : « être (il soit) reconnu de tous »" ; le tour usuel serait avec infinitif.

Paul réussira, pourvu qu'il soit aidé (indépendance énonciative de ce circonstant ; *pourvu que*, dépourvu de construction infinitive, est toujours extra-prédicatif).

Il faut aussi tenir compte de l'antéposition, le cas échéant, du groupe circonstant comprenant la complétive (antéposition impossible avec une complétive objet) :

Pour que l'homme survive, il doit manger.

Remarques :

1. De nombreuses "locutions prépositives" (liste ouverte, voir § 299) peuvent être suivies d'une complétive. Elles passent alors, selon la tradition, dans les "locutions conjonctives" :

afin (à seule fin) que Ps, à condition que Ps, à mesure que Pi, au lieu que Ps

dans l'idée que Pi ou *Ps*

de façon à ce que, de manière à ce que, de crainte (de peur) que Ps

en dépit de ce que Pi, en raison de ce que Pi, en sorte que Pi (ou *Ps* selon le sens)

pour la raison que Pi, sous prétexte que Pi

avec préposition zéro : *faute que (de ce que) Ps, histoire que (de ce que) Ps*

Pour l'analyse de *que P* (complétive sur antécédent nominal ou pronominal), voir § 373.

2. *Que* n'est pas complétif, mais corrélatif dans *de (telle) façon que* (voir § 367), et relatif dans *du moment que* (voir § 370).

3. Pour d'autres "locutions conjonctives" en *que*, complétif (*bien que*), corrélatif (*tant que*) ou relatif (*alors que*), voir § 290-292 (formations adverbiales).

303. Groupe prépositionnel adverbial : *d'ici*

Il existe plusieurs types importants de GPrép adverbiaux, dans le domaine de la quantité, et dans le domaine des relations spatio-temporelles (avec extension sémantique).

Quantité, degré : la combinaison d'une préposition et d'un adverbe de quantité (*plus, moins, autant, ...*) fournit de nombreuses expressions (libres ou figées, "adverbiales"), y compris une série de "locutions conjonctives" avec *que* corrélatif :

- à moins, à moins de Inf, à moins que Ps :
> *On s'indignerait à moins.*

Dans *Vous ne trouverez rien à moins de cent francs*, *moins de* peut être considéré comme un quantificateur interne au GN *moins de cent francs*, régime de la préposition *à*.

Dans *Vous n'obtiendrez rien à moins d'insister* ("vous n'obtiendrez rien dans des conditions dans lesquelles vous ferez moins que : insister"), l'adverbe *moins* n'est pas senti comme une quantification comparative portant sur l'infinitif, mais comme constituant d'une "locution prépositive" *à moins de* (= "sauf si").

D'où *à moins que Ps* : *Je viendrai, à moins qu'il ne pleuve.* (Mais on peut aussi interpréter *"à moins (de ce) qu'il ne pleuve"*, avec un *que* d'ordre complétif, plutôt que le corrélatif.)

- de plus (= "en outre"), **de beaucoup, de trop, d'autant, d'autant plus (moins)**, d'où les locutions de proportionnalité **d'autant que, d'autant plus (moins) que Pi :**
> *Paul a d'autant plus travaillé que c'était très important pour lui* = "Paul a fourni un supplément de travail égal au fait que c'était très important pour lui" ;

- en plus (de GN) : *en plus de tous ces avantages, ...*

- en outre (*outre* fonctionnant ici comme un adverbe)

- par trop (recherché)

- pour autant, pour si peu, pour autant que Ps, pour peu que Ps (voir § 337 Rem.) :
> *Pour peu qu'il soit en retard, tout est perdu*
> ("s'il est en retard si peu que ce soit")

Emploi même avec des procès non gradables : *Pour peu qu'il refuse, ...*

> **Remarque :**
> Avec des adverbes nominalisés par l'article :
> *au moins, à tout le moins, au plus, tout au plus, du moins* ;
> Superlatifs : *au plus vite, de votre mieux, du mieux qu'il vous sera possible.*

Temps et lieu : certaines prépositions se combinent facilement avec des adverbes tels que *ici, là, hier, aujourd'hui, où* et *quand* :

> *À bientôt ! à demain !*
> *Depuis quand ?, depuis hier, depuis longtemps*
> *Jusqu'à demain*
> *Dès demain, dès lors* (d'où *dès lors que Pi* ="du moment que", notionnel)
> *Pour quand ?, pour plus tard* (aussi *pour si P*)
> *Entre hier et aujourd'hui*
>
> *D'où ?, d'ici, de là*
> *De près, de loin* (*de très loin, de plus loin, du plus loin qu'il peut* (relatif), *d'aussi loin que je me souvienne* (corrélatif)) (avec article *au loin, auprès (de)*)
> *Par où ?, par ici*
> *Vers où ?* (critiqué)
> *Excepté (sauf) ici, hier.*

304. Le type *dessus, là-dessus, au-dessus (de)*

La préposition *de* entre dans plusieurs séries de composition avec certains adverbes ou prépositions de lieu, d'une manière qui illustre les passages entre adverbe, préposition, et N, ainsi que le rôle structurant des relations spatiales, avec leur extension au temps et à l'espace notionnel.

Série *deçà* (= de + ça) / *delà* (= de + là).

Les adverbes ainsi constitués s'emploient dans l'expression *deçà, delà,* et derrière préposition :

> *au deçà (de N)* (rare) / *au delà* (ou *au-delà*) *(de N)*
> *en deçà (de N)* / *en delà (de N)* (rare)
> *par deçà N* (rare) / *par delà* (ou *par-delà*) *N*
>
> *par-delà nos différences, ...*
> *au-delà de tout ce qui est permis*
> *en-deçà du minimum.*

Formations comparables : *de-ci de-là; par-ci par-là.*

Série du type *dessus / dessous* :

dessus (= *de* + *sur*) / *dessous* (= *de* + *sous*)
dedans (= *de* + *dans*) / *dehors* (= latin tardif *deforis*)
devant (= *de* + *avant*) / *derrière* (= latin tardif *de retro*)

> **Remarques :**
> **1.** Sont de formation comparable *depuis* (= *de* + *puis*), qui n'est plus senti comme composé, et n'a pas les mêmes combinaisons, et *devers* (dans *par devers N*).
> **2.** A *devant / derrière* fait concurrence *avant* (lat. *ab ante*) / *arrière* (lat. tard. *ad retro*), d'où
> *à l'avant (de N) / à l'arrière (de N)*
> *en avant (de N) / en arrière (de N)*.

Les formes de la série *dessus / dessous* **s'emploient :**

- **comme préposition** : emploi normal pour *devant (devant la maison)* et *derrière (derrière la maison)*, emploi marginal (rare, populaire et archaïsant) pour les autres,

- **comme adverbe** (ou préposition en emploi absolu) : emploi courant pour les six termes : *Il fait meilleur dedans que dehors,*

- **comme nom** (avec article) : *le devant, le dessus* (pour les six termes),

- **et dans deux séries de compositions :**

1. derrière préposition (formation capricieuse, avec ou sans article, avec ou sans trait d'union; nous suivons le *Petit Robert*). Les formes résultantes ont des emplois prépositionnels (avec ou sans *de*) ou sans complément :

à :   *au-dessus (de N) / au-dessous (de N)*
         au-dedans (de N) / au-dehors (de N)
         au-devant (de N) / (inusité ; voir Rem. ci-dessus)

Il existe une concurrence entre *au-dessus* et *dessus*, entre *au-dessus de* et *sur*.

de :   *de dessus (N) / de dessous (N)*
         de dedans (N) / de dehors (N)
         de devant (N) / de derrière (N)

en :   *en dessus (de N) / en dessous (de N)*
         en dedans (de N) / en dehors (de N)

par :   *par-dessus (N) / par-dessous (N)*
         par-devant (N) / par derrière (N).

Avec cumul de prépositions :
     d'en-dessous (de N)
     de par dessous (N)
     par en-dessous (de N)
     de par en-dessous (de N ou N).

Exemples d'emplois spatiaux :
sauter par-dessus un obstacle
comparaître par-devant la justice
retirer qch de derrière un meuble

Emplois non spatiaux :
par-dessus tout
Par-dessus le marché, il ment ! (= "en plus de tout")
Il agit toujours par en-dessous (="d'une manière dissimulée").

2. derrière les adverbes *ci* (déictique) et *là* (anaphorique ou déictique) :
ci-devant (temporel = "précédemment"; obsolète)
ci-dessus (dans un texte) / *ci-dessous* (dans un texte)
là-dessus / là-dessous
là-dedans / là-dehors (archaïque)

Là-dessus et là-dessous sont des termes anaphoriques importants : = "sur (sous) cela", avec emplois spatiaux et non spatiaux :
Il ne faut rien écrire là-dessus
Il y a quelque chose de louche là-dessous
Là-dessus, il prit son chapeau et s'en alla (temporel : "après cela")
Là-dessus, j'ai quelque chose à dire (= "sur ce point")
Je n'ai rien à voir là-dedans (= "dans cette affaire").

Formations du même type : *ci-après* (dans un texte), *ci-contre* (dans un texte : "à côté"), *là-contre* (= "contre cela" : *Je ne dis rien là-contre*, archaïsant).

305. Groupe prépositionnel adjectival : *à nouveau*

La construction d'une préposition avec un adjectif est restreinte à quelques emplois :

- emplois figés (quasi-adverbiaux) : *à nouveau, de nouveau, en général, ...*

- quelques séries du type *peindre en bleu (rouge, ...), nettoyer à sec, chauffer à blanc*

- quelques constructions particulières :
   De raisonnable (qu'il était auparavant), Paul est devenu insupportable (point de départ pour une qualité évolutive).
   Pour sérieux, il l'est ! (= "en ce qui concerne la qualité « sérieux », ...")

- *de même* (= "de la même façon"), si tant est que *même* soit ici un adjectif. Structure importante de comparaison : *de même que Pi* (avec corrélative), proche de *comme, ainsi que* :
   Paul est compétent en histoire, de même qu'il est compétent en mathématiques.

Avec ellipse : *de même qu'en mathématiques.*

Aussi *tout de même* (*C'est malheureux, tout de même !*, réaction de protestation).

Dans *boire à même la bouteille, dormir à même le sol, même* n'est plus senti comme un adjectif du substantif qui le suit.

> **Remarques :**
>
> **1.** Dans *pour de bon, pour de vrai* (langage enfantin ou familier), on a sans doute affaire à un adjectif substantivé, *de* étant un partitif très proche de la préposition.
>
> **2.** Dans *en bas, en haut*, les termes *bas* et *haut* semblent être nominaux (sans article derrière *en*) ; cf. *dans le bas.*

306. Cumul de prépositions : *de chez Paul*

On rencontre des prépositions suivies d'une autre préposition, c'est-à-dire ayant pour complément un GPrép :
J'ai rapporté ce livre de chez un ami.

Toutes les combinaisons ne sont pas possibles. Les prépositions régissantes sont essentiellement *de, pour, sauf* :

- de : *Je l'ai retiré de sur la table* (familier)
d'avec : démêler le bon d'avec le mauvais.

Cas particuliers :

- *d'après* : passé au sens notionnel de *selon* (*d'après mes informations, ...*)

- *de par* : *par* est ici une altération de *part* (*De par le roi, je vous l'ordonne = de la part du roi, ...*), mais cette origine n'est plus ressentie, et l'expression semble une sorte de redoublement de prépositions, exprimant à la fois origine et moyen (*de par mes pouvoirs = en vertu de mes pouvoirs*).

- pour : *Je vous donne ce devoir pour dans quinze jours* (familier).

- sauf (excepté, hormis), sans exclusion dans les prépositions régimes : *Il y a des livres partout, sauf dans la salle de bains.*

Sauf à Inf, voir § 300.

À signaler la facilité d'emploi comme préposition régie de *chez* (étymologiquement : "la maison de") :
de, par, derrière, vers, ... chez Paul
entre chez Paul et chez Jacques.

> **Remarque :**
> Cumuls du type *par en-dessous, par devers*, voir § 304.

307. Groupe prépositionnel double : *de cinq heures à sept heures*

On rencontre des circonstants formés de deux parties indissociables, indiquant respectivement un point de départ (origine) et un point d'arrivée :

locutions figées :
> *de temps en temps ; de temps à autre*
> *de-ci de-là ; par-ci par-là*

formations libres ; temps et lieu :
> *de Paris à (jusqu'à) Marseille*
> *du 1er janvier au 31 décembre*
> *de chez Paul à chez Jean*
> *d'ici à ce que Ps* (usuel dans le discours familier) *: D'ici à ce qu'il vienne faire la loi ici, il n'y a pas loin !*

En dehors du temps et du lieu :
> *de plus en plus, de moins en moins*
> *de mal en pis.*

À côté de ces cas, on rencontre souvent des groupes circonstants, dans lesquels il est difficile de dire si l'on a affaire à un ou à deux constituants, comme par exemple :
> *hier (,) à huit heures* : la seconde partie précise la première; le recours à la ponctuation (présence ou absence de virgule) n'offre pas de solution sûre.

308. Groupe nominal circonstant : *ce jour-là*

On rencontre très fréquemment certains types de GN marquant le temps (ou le lieu), non rattachés à un support nominal, et jouant le rôle d'un complément circonstanciel (d'où la place de ce paragraphe) :
> *Le matin, Paul se lève à 8 heures.*

Il n'y a pas lieu de parler de préposition zéro, s'agissant d'un type d'emploi du GN pour marquer la mesure et l'étendue (cf. les GN de quantité et de mesure : *un peu, beaucoup, ... ; mesurer trois mètres, ...* ; cf. aussi la formation des adverbes *longtemps, autrefois, quelquefois, toutefois, toujours*).

Temps : GN circonstants formés sur *jour* et noms des jours, noms des parties de la journée, *semaine, mois* (mais non pas les noms des mois seuls), *année, temps, fois, ...* :

un jour (un beau jour), l'autre jour, tous les jours, ce jour-là, ...
Jeudi (jeudi prochain), nous partons.
Le jeudi (générique, avec article), *nous avons 2 heures de maths.*
L'armistice fut signé le 11 novembre ; le 1ᵉʳ juillet, nous partons
le soir, ce matin, ce midi, ...
La nuit, on dort ; J'ai mal dormi cette nuit.
Nous rentrons fin août (début septembre), mais *en août (en sep-*
tembre) ou *au mois d'août (au mois de septembre).*
L'été, on va à la campagne ; l'été (l'hiver) dernier (mais plutôt *au*
printemps, au printemps dernier)
l'année dernière (l'an dernier), l'année prochaine (l'an prochain)
tout ce temps-là, toute sa vie, toutes les cinq minutes, tous les trois
quarts d'heure
Attendez-moi cinq minutes.
une fois, dix fois (par jour), chaque fois (aussi *à chaque fois*)
des fois (équivalent de *parfois* ; familier ou vulgaire).

Noter l'expansion par le relatif *que* ou *où*, sur *jour, fois, temps*, notamment ("locutions conjonctives") :
Le jour où je me suis marié, ...
Un soir que nous devions aller chez des amis, ...
Une fois que vous serez installé, ... (proche de *quand vous serez*
installé)
Chaque fois que j'y pense, ... (aussi *à chaque fois que*)
La fois où il est tombé à l'eau, ... (familier)
Le temps que les secours arrivent (le temps pour les secours
d'arriver), il était trop tard
Tout le temps qu'il a habité Paris, ...

Lieu : noms des rues, et expressions diverses :
Avenue de l'Opéra (rue de Rivoli), vous pourrez admirer les
belles boutiques.
Ça continue encore 10 kilomètres.
Il y a une grille tout le long (le long du château).
nulle part, autre part, quelque part sont généralement considérés
comme des adverbes.

Une préposition réapparaît quand le substantif n'est plus une simple notation de temps ou de lieu, mais fait pour lui-même l'objet d'une adjectivation non stéréotypée :
En ce jour (cette journée) de fête, ...
Durant toutes ces années de misère et de privations, ..
Dans l'avenue de l'Opéra, qui est une des plus belles de Paris, ...

Remarques :

1. On retouve une structure de GN déterminé dans les superlatifs des adverbes ou adjectifs invariés :

le plus, le plus souvent, le plus calmement

le plus (le plus souvent) que je peux (*que* relatif)

le plus souvent possible, le mieux du monde

parler le plus fort (le plus fort possible).

2. Autre type particulier de GN (?) dans un emploi de type circonstant :

cas par cas, jour après jour, jour pour jour, sou pour sou.

15

LES COMPLÉMENTS ACCESSOIRES : PLACE, PORTÉE ET INTERPRÉTATION

309. L'interprétation des circonstants : les paramètres

Ce chapitre porte sur les circonstants, c'est-à-dire les compléments accessoires étudiés dans les deux chapitres précédents : Groupes Adverbiaux et GPrép., y compris les dites "subordonnées circonstancielles", et les GN du type *ce soir*. Des remarques ont déjà été faites sur l'interprétation de ces compléments : il s'agit ici de les systématiser.

En ce qui concerne les autres compléments accessoires, nominaux ou adjectivaux, les questions de place, de portée et d'interprétation qu'ils soulèvent ont été abordées au Chap. 12. Il en sera de même pour les sous-phrases sans connecteur au Chap. 16.

L'interprétation d'un circonstant est fonction de :

- son **sens** intrinsèque : il faut ici distinguer entre "sens" en langue et "signification" en discours (dans un énoncé donné) : le sens est le signifié lexical de l'unité en elle-même (ou du groupe en lui-même) ; la signification est ce que l'unité (ou le groupe) signifie en contexte (en conservant l'équivoque ou l'ambivalence du suffixe *-ation* : opération et/ou résultat) ;

- sa **place** ;

- son type de **construction** : construction détachée (par des moyens prosodiques ou la ponctuation ; voir § 47), ou non ;

- sa **portée** (non directement observable, et qui se déduit elle-même de son sens, de sa place et de sa construction). La portée peut, le cas échéant, infléchir ou conditionner notablement l'interprétation d'un circonstant.

En résumé :

sens + place et construction ⟶ portée ⟶ signification.

Exemple pour l'adverbe circonstant *justement* (sens : "d'une manière juste") :

> *Il a répondu très justement que ce n'était pas son rôle* (*justement* porte sur le verbe *répondre* = "... d'une manière très adéquate, avec beaucoup de justesse").
> *Justement, j'allais vous en parler* (*justement* porte sur l'énonciation de la phrase = "pour dire les choses adéquatement, avec justesse, je dirai qu'il se trouve précisément que j'allais ...").

La variabilité de signification des termes circonstanciels (comme *justement*) est à mettre au compte de leurs conditions d'emploi et de leur portée : un sens originel unique, de base, est modulé en contexte, la pluralité des significations étant à aborder dans une perspective de dérivation polysémique (et non de multiplicité homonymique des sens de l'unité).

Selon le cas, les circonstants sont plus ou moins susceptibles d'avoir des portées différentes, et, selon le cas, une différence de portée peut induire une signification plus ou moins différente du circonstant.

310. Le sens des termes circonstanciels

En matière de sens des termes circonstanciels, et pour procéder aux regroupements indispensables, on en restera ici essentiellement à une liste très simple de grands domaines sémantiques (voir § 279) : le lieu, le temps, la quantité et le degré, la manière, les relations logiques et le rapport à l'énonciation. Cette liste fournit un point de départ, mais non pas nécessairement un étiquetage de chaque circonstant.

La tradition grammaticale (qui vise pour sa part à un tel étiquetage) n'a jamais pu aboutir à une liste cohérente et exhaustive de types sémantiques de compléments circonstanciels. La liste, plus ou moins longue, et toujours présentée comme incomplète, peut aller jusqu'à plusieurs dizaines de sortes de compléments circonstanciels : non seulement le temps (avec ses subdivisions), le lieu, la manière, le moyen, l'instrument, l'accompagnement, la cause, le but, mais aussi la "privation" dans *vivre sans pain*, la "relativité" dans *Pour un savant, il a fait une étrange erreur*, l'"échange" dans *rendre le bien pour le mal, ...* ; on n'est pour autant pas assuré de pouvoir rendre compte de valeurs complexes, mixtes (par exemple temps + cause), ou peu spécifiables, sans parler des relations logiques ou modalités énonciatives.

Quant à la liste type habituelle des dites "subordonnées circonstancielles" (subordonnées de temps, cause, but, conséquence, condition, concession, et, souvent encore, comparaison, auxquelles s'ajoutent quelquefois le lieu, l'exception, ...), elle se raccorde mal à celle des compléments circonstanciels simples. Cette discordance peut dans une certaine mesure s'expliquer, un terme phrastique entretenant avec sa structure matrice d'autres rapports, *a priori* plus abstraits, qu'un terme simple ; mais elle est fâcheuse en ce qu'elle contribue à masquer l'équivalence fondamentale entre les différents types syntaxiques de circonstants (*pour GN, pour Inf, pour que P*), et à aggraver les incertitudes sur la structuration sémantique des circonstants.

Ces difficultés et ces risques d'incohérence montrent qu'il est vain de vouloir construire une liste finie de catégories sémantiques de circonstants, et surtout de vouloir à toute force ranger chaque circonstant dans une et une seule de ces catégories sémantiques ("complément circonstanciel de temps / manière / cause / ...") : un tel étiquetage (qui, en tout état de cause, ne relève pas de la syntaxe) suppose trop de décisions hasardeuses ou arbitraires ; il est artificiel de vouloir distinguer systématiquement entre manière, moyen, instrument et accompagnement, ou entre concession et opposition, tout comme il est artificiel de séparer les différents types de compléments d'une préposition. L'étiquetage sémantique, pour rester utile et éclairant, ne doit pas être mené d'une manière trop systématique, et avec une rigueur illusoire.

On en restera donc à la liste très simple de référence mentionnée, en essayant de voir comment le sens originel de l'élément circonstanciel s'adapte (éventuellement) en fonction de ses conditions d'emploi.

Le principe général est que le sens d'un circonstant se modifie d'autant plus que celui-ci a une relation distante avec le verbe : ainsi par exemple

- les adverbes de manière sont par vocation des adverbes de prédicat, portant sur le verbe ; détachés, employés comme adverbes de phrase, ils s'éloignent de leur sens propre (cf. l'emploi de *naturellement, justement, précisément*, et beaucoup d'autres, comme adverbes d'énonciation ou portant sur l'énoncé, voir § 309 et § 332) ;

- les circonstants de temps, bien que moins sensibles que les adverbes de manière aux différences de place et de portée, passent néanmoins plus facilement à l'expression de rapports logiques lorsqu'ils sont employés comme circonstants de phrase (*alors que*) et non pas de prédicat (voir § 320).

Échappent à ces variations certains circonstants qui impliquent par eux-mêmes, lexicalement, une portée sur la phrase (par exemple *à mon avis*) : ils ne changent ni de portée ni de sens quelle que soit leur place.

311. **L**es places des circonstants

Une phrase peut comporter des circonstants au début, à la fin, et à toutes les frontières de constituants primaires. Ainsi la phrase *Paul envoie une lettre à Marie* peut comporter des circonstants en cinq points :

×	*Paul*	×	*envoie*	×	*une lettre*	×	*à Marie*	×.

Une position supplémentaire s'y ajoute, en cas de forme verbale composée, entre l'auxiliaire et le participe :

... *a* × *envoyé* ...

Remarques :

1. Ce dernier cas souligne l'autonomie relative de l'auxiliaire et du participe.

2. On peut aussi rencontrer, en particulier dans un style soutenu, des circonstants (détachés) dans quelques configurations de constituants secondaires - à moins de chercher à démontrer, à l'inverse, le caractère de constituant de phrase de chacun des éléments situés de part

> et d'autre du circonstant : ainsi par exemple les insertions du circonstant *l'autre jour* dans les phrases :
> *Je vous ai demandé l'autorisation, l'autre jour, d'emprunter des livres* (le GN est ici une structure de phrase nominalisée).
> *Je n'ai pas eu le temps, l'autre jour, de terminer mon travail* : l'insertion renforce la coupe *avoir le temps* ("locution verbale") / *de Inf* (complément).
> *Marie était contente, l'autre jour, de ses résultats.*
> *J'ai retrouvé un livre, l'autre jour, que je cherchais depuis longtemps* (insertion devant une relative).
>
> **3.** Les problèmes spécifiques des circonstants rattachés à un Infinitif ou à un participe isolé ne seront pas étudiés.

Une phrase peut comporter un nombre illimité de circonstants. La seule restriction (outre les limitations de fait par souci d'intelligibilité) est une exigence de cohérence et de non-contradiction sémantiques, qui interdit deux circonstants incompatibles (par exemple deux circonstants de cause, non reliés l'un à l'autre, en *parce que*).

Il est fréquent que deux ou plusieurs circonstants se trouvent côte à côte en une même position :

> *Hier, pour me reposer, je suis resté au lit.*

Il peut alors se poser des problèmes de **structuration** : combien y a-t-il de circonstants dans *hier matin, juste avant neuf heures* ?

On retiendra dans cette étude trois **positions-clés**, dans le schéma de référence de la phrase canonique (sujet - verbe - compléments essentiels) :

- **position initiale,**
- **position post-verbale,**
- **position finale.**

Toutefois l'assignation d'une position n'a de sens que si elle correspond à une configuration linguistique pertinente, et ne va pas toujours de soi : parler de position initiale au même titre pour *où* dans *Où Paul a-t-il trouvé ce livre ?*, et pour *à votre avis* dans *À votre avis, où Paul a-t-il trouvé ce livre ?* n'aurait guère d'intérêt ; de même le circonstant de *Il parle vite* est à la fois post-verbal et final. Les positions devront donc être définies dans le cadre d'une vue fonctionnelle de la phrase.

L'étude de la position des circonstants et de son influence sur l'interprétation sera détaillée dans la suite de ce chapitre.

312. La construction des circonstants

Deux modes de construction s'opposent, la construction liée (de caractère intégrant, cohésif), et la construction détachée (marquant une rupture ; voir § 47) :

> *Tout est explicable naturellement* (= "tout a une explication naturelle") / *Il n'a rien voulu expliquer, naturellement ! (=* "..., comme on pouvait s'y attendre, conformément à la nature des choses !").

Il est donc naturel d'associer :

- la construction liée et la portée interne au prédicat,
- la construction détachée et la portée externe au prédicat.

Le rôle discriminant de la construction est particulièrement net en position finale.

La présence ou l'absence de marques de détachement n'est toutefois pas toujours sans équivoque :

- à l'écrit, une ponctuation (et, à l'oral, une marque prosodique correspondante) peut être due à des causes diverses : longueur des constituants, éloignement par rapport au verbe, nécessité de séparer des groupes, effet de "redémarrage", ...

- une construction liée n'entraîne pas toujours nécessairement une portée interne au prédicat : certaines places (position initiale, ou entre auxiliaire et verbe) et certains termes lexicaux induisant une portée extra-prédicative (*peut-être, à mon avis*) s'accompagnent fort bien d'une construction liée : cf. *Hier il a fait beau* (détachement en quelque sorte présumé ; pause virtuelle) ; *Paul est peut-être reparti* ; et même, en position post-verbale, *Paul viendra sans doute* (où il n'est même pas évident qu'on puisse parler de "pause virtuelle" ; voir § 325).

313. La portée des circonstants

Le problème de la portée des circonstants est que, faute d'une marque morphologique discriminante (comme dans le cas des adjectifs), on les rattache tantôt à des termes, tantôt à des relations entre termes, et que les cas d'incertitude sont nombreux.

L'approche la plus intuitive est de les traiter comme on fait des adjectifs, en cherchant à les rapporter à un terme : on cherche par exemple si l'adverbe se met à droite ou à gauche du terme auquel il se rapporte ; ainsi l'ambiguïté de *Je voudrais bien comprendre* provient-elle de ce que *bien* peut se rapporter à *voudrais* (*vouloir bien = désirer*) ou à *comprendre* (= "je voudrais comprendre à fond").

Mais, à l'examen (et en suivant Guillaume, dont le point de vue, appliqué à l'adverbe, est ici étendu à l'ensemble des circonstants), il apparaît qu'un circonstant qui porte "sur un verbe" porte en fait sur une des relations tissées autour du verbe :

- relation entre le verbe et l'objet dans *Paul boit seulement de l'eau* (*seulement* porte sur *boire de l'eau*), ou *Paul range soigneusement ses affaires* (*soigneusement* porte sur *ranger ses affaires*),

- relation entre le verbe et l'attribut dans *Il est de plus en plus inquiet* (*de plus en plus* porte sur *être inquiet*),

- relation entre le verbe et un circonstant dans *Le docteur reçoit seulement le matin* (*seulement* porte sur *recevoir le matin* (GN circonstant)),

- relation entre le verbe et le sujet (ou plus exactement la place du sujet, indépendamment du terme qui la remplit effectivement : cf. les attributs accessoires sans sujet exprimé : *pour vivre heureux*, ...) dans *Il conduit prudemment, Il remplit soigneusement le questionnaire*.

En pratique, toutefois, il est assez difficile de penser et de mettre en pratique ce type de relation, et on revient facilement à la portée sur un terme (sur le modèle de la relation entre le nom et l'adjectif) : on se contente volontiers de dire, d'une façon rapide, que le circonstant porte sur le verbe.

Remarque :
De surcroît, quand il est manifeste qu'un circonstant porte sur une relation entre deux termes, on cherche à le rattacher plutôt à l'un ou à l'autre (conformément aux exigences du découpage en groupes) : faut-il découper *Paul boit // seulement de l'eau* ("c'est de l'eau seule que Paul boit"), ou *Paul boit seulement // de l'eau* ("la seule boisson de Paul, c'est de l'eau") ? Quelle est la pertinence de la différence sémantique, infime, entre les deux ?
Les deux découpages sont plausibles, et peuvent peut-être correspondre à des genèses différentes de l'énoncé par le locuteur, comme à des cheminements d'interprétation différents du récepteur. (On pourrait d'ailleurs continuer à soutenir, même dans ce cas, que l'adverbe n'en porte pas moins sur des relations, mais d'un autre niveau, plus abstrait.)
De même, il y a plusieurs façons de construire et de comprendre *Il est de plus en plus inquiet*, ou *Il est vraiment malade* (selon la portée des circonstants). Et, d'une façon générale, plus le prédicat est complexe, plus il y a de façons de le construire. Il est fallacieux de considérer que chaque constituant est en relation directe avec le verbe (selon une structure en étoile, dont le verbe serait le centre), indépendamment des autres.
À la limite, il y a autant de représentations syntaxiques d'une phrase que de chemins pour la construire (en production ou interprétation), et il n'y a pas de syntaxe "neutre", c'est-à-dire atemporelle, statique, indépendante de ces processus de construction. Cette voie mène à dire que la syntaxe d'une phrase, c'est le mouvement qui la construit.
En même temps, on risque de ce fait de multiplier les ambiguïtés (jusqu'à l'infini), en surdéterminant systématiquement l'interprétation. Il convient donc en tout état de cause de préserver des interprétations "grossières", dont la pertinence est indiscutable (elles correspondent

> à des interprétations peu exigeantes, par exemple dans le cas d'une lecture rapide), et dont les mécanismes (mal connus) sont du plus haut intérêt.
>
> D'autres cherchent, sous la surface, modelée par les contraintes de la linéarité, qui induisent des phénomènes secondaires, un niveau de structure profonde, lieu des relations clairement établies et réduites à l'essentiel.

On distingue donc fondamentalement deux grands types de portées de circonstants (sans préjudice d'analyses plus fines) :

1. les circonstants de prédicat

2. les circonstants de phrase (ou **circonstants extra-prédicatifs**).

Circonstants de phrase et de prédicat peuvent se cumuler :

> *À mon avis, hier* (circonstants de phrase), *les enfants se sont couchés trop tard* (circonstant de prédicat).

La distinction entre les deux types n'est pas toujours évidente, et peut donner lieu à des **neutralisations**, s'il revient au même dans certains cas qu'un circonstant caractérise le prédicat ou la phrase (en particulier en position finale).

314. Portée interne au prédicat : circonstant de prédicat

Les circonstants de prédicat (ou **circonstants intra-prédicatifs**, ou simplement **circonstants prédicatifs**), rattachés au verbe, font partie du prédicat, qu'ils spécifient sous un (ou plusieurs) rapport(s) :

> *Paul travaille à Billancourt.*
> *Paul travaille sérieusement* voir, § 324.

Ces spécifications, plus ou moins prévisibles et attendues selon le verbe (un verbe de déplacement appelle des circonstants de lieu, un verbe de sentiment fait attendre des spécifications de manière ou de degré, etc.), peuvent poser des problèmes de délimitation avec les compléments essentiels (*Paul travaille à la réalisation d'un grand projet*).

Facultatif et accessoire du point de vue syntaxique, le circonstant de prédicat joue un rôle sémantique de premier plan : rhématique, il a vocation à porter **l'information** primordiale.

Cette caractéristique entraîne que le circonstant de prédicat est **inclus dans la portée de la négation** (si le verbe est négatif) **ou de l'interrogation** (si la phrase est interrogative); c'est même, normalement (du fait de son rôle rhématique), l'élément focalisé par la négation ou l'interrogation :

Paul ne travaille pas dans la restauration s'interprète comme "ce n'est pas dans la restauration que Paul travaille", avec la négation focalisant *dans la restauration* (rhématique) ; on attend une suite du type *... mais dans les assurances.*

Est-ce que Paul travaille chez Renault, ou chez Citroën ? = "est-ce chez Renault, ou chez Citroën, que Paul travaille ?"

Paul ne travaille pas régulièrement ; Est-ce que Paul travaille régulièrement ? (mêmes effets de focalisation)

Marie ne pleure pas parce que Paul est parti (= "ce n'est pas parce que Paul est parti que Marie pleure, - mais pour une autre raison").

Le circonstant de prédicat peut être pris dans le clivage *c'est ... que* (mais ce tour est peu naturel avec un adverbe de manière en *-ment*) :

C'est chez Renault (dans la restauration) que Paul travaille.

Ce n'est pas comme ça qu'on doit travailler.

Ces propriétés sont souvent utilisées comme tests du caractère intra-prédicatif du circonstant.

Place : la place du circonstant de prédicat est relativement fixe : c'est la position **post-verbale, avec construction liée** (comme dans les exemples de ce §), et dans le même groupe intonatif que le verbe.

La portée intraprédicative recouvre une multiplicité de portées et de relations variables dans le détail (voir § 324).

315. Portée externe au prédicat : circonstant de phrase

Les circonstants de phrase, ou **circonstants extra-prédicatifs** (ensemble d'élément très divers, plus hétérogène que les circonstants de prédicat) n'appartiennent pas au prédicat, mais portent sur la phrase dans son ensemble; en termes de relations, on considère qu'un "circonstant de phrase" porte sur la relation (ou méta-relation) entre P et son énonciation, ou entre P et l'état du monde :

Franchement, je n'aime pas ça ("je dis franchement: P").

Malheureusement, il est trop tard ("P est malheureux", "P est valide d'une façon malheureuse").

Hier, j'ai rencontré Paul ("P est (est valide dans le cadre de) hier").

Ces éléments se situent sur un plan différent du reste de l'énoncé, qu'ils "surplombent", en renvoyant d'une façon ou d'une autre à l'énonciation.

Quand ils sont compatibles avec une négation ou une interrogation (ce qui n'est pas toujours le cas, pour des raisons sémantiques), ils ne sont pas affectés par elle :

> *Dans la restauration, on ne travaille pas le lundi.*

L'adverbe *hier* s'emploie et s'interprète de la même façon dans les trois énoncés

> *Hier matin, il a plu / Hier matin, il n'a pas plu / Hier matin, qui as-tu vu ?* :

le cadre qu'il trace peut être rempli au choix par une phrase affirmative, négative, ou interrogative (l'interrogation ne commence qu'avec *qui*).

Il existe une grande variété de circonstants de phrase, plus ou moins extérieurs par rapport au prédicat :

- tantôt l'énonciateur détache un élément qui pourrait porter sur le prédicat :

> *À dix heures, je me suis couché* : une localisation temporelle (qui pourrait spécifier simplement le prédicat, comme dans *Je me suis couché à dix heures*), est donnée comme un cadre dans lequel l'ensemble de l'événement vient se se placer ;

- dans d'autres cas, l'énonciateur, par le circonstant extra-prédicatif, caractérise son énonciation ou porte un jugement sur son énoncé :

> *Franchement, cette idée est surprenante* ("je le dis franchement : P")
>
> *Heureusement, les secours sont arrivés à temps* : "P (= les secours sont arrivés à temps) est heureux".

Voir § 317 et suivants.

Place et construction : l'extériorité des circonstants extra-prédicatifs se manifeste normalement par la multiplicité des places qu'ils peuvent occuper, en construction détachée (avec des variations mineures de portée et d'effets de sens; voir les § consacrés aux différentes positions) :

> *(Heureusement,) les secours (, heureusement,) sont (, heureusement,) arrivés (, heureusement,) à temps (, heureusement).*

Certains circonstants de phrase (du type *sans doute, probablement*) s'emploient en construction liée derrière le verbe à une forme simple (voir § 325) ou entre auxiliaire et participe (voir § 326) :

> *Il n'a probablement pas réussi.*

316. L'interprétation des circonstants : étude à partir de la place

La suite de ce chapitre est consacrée à une étude plus détaillée et systématique des circonstants à partir de leur position.

317. Les circonstants en début de phrase

Un circonstant en début de phrase est un élément préfixé, un préambule, énoncé avant que ne commence la structure fortement cohésive sujet - prédicat (et même avant un terme en *qu-*) : on pourrait parler de position "pré-initiale" :

>*Le soir du crime, où étiez-vous ?*

De par sa position, le circonstant initial est *a priori* en rapport avec le reste de la phrase dans son ensemble, et presque sur un pied d'égalité (un circonstant initial fait souvent figure de phrase réduite) : les circonstants initiaux sont des circonstants de phrase, extra-prédicatifs, - nonobstant la grande variété de détail de leurs portées. La construction (liée ou détachée) n'a pas à cet égard une grande pertinence : le détachement intonatif (ou par la ponctuation) ne fait que souligner l'extériorité du circonstant, présumée en tout état de cause.

> **Remarque :**
> L'antéposition d'un complément intra-prédicatif, avec focalisation par l'intonation,
> *À trois heures il est arrivé, et pas à cinq heures !* (= "c'est à trois heures que ..."),
> est un procédé exceptionnel (par exemple pour rectifier un énoncé précédent, erroné).

Nature : On rencontre comme circonstants initiaux aussi bien des Adverbes (et Groupes Adverbiaux) que des Groupes Prépositionnels. Certains termes (souvent courts et dépourvus d'accent propre) ne se rencontrent que comme premier élément de phrase : ainsi *et* ou *mais* (quand ils coordonnent deux phrases).

Le début de phrase (lieu privilégié pour de nombreuses notations : voir § 48) favorise et conserve la polysémie des éléments, en l'absence (ou dans l'attente) d'un filtrage contextuel ; les circonstants initiaux n'étant pas rattachés à un terme précis de l'énoncé, leur signification peut parfois rester dans une relative indistinction (cf. un début de phrase en *Pour Paul, ...*) ; voir § 320.

Différents types de circonstants peuvent se cumuler à l'initiale d'une phrase : ce sont comme des couches successives de préparation de l'énoncé, à des titres différents :

>*Et d'ailleurs, si vous étiez à ma place, franchement, que feriez-vous ?*

> **Remarque :**
> Pour la structure à circonstant initial et sujet nominal postposé (CC - V - S), voir § 103.

On distinguera successivement, par ordre d'extériorité décroissante,

les circonstants initiaux
- portant sur l'énonciation : *Franchement (à vrai dire), P*
- portant sur l'énoncé comme un tout : *Heureusement, P*
- donnant un cadre à la phrase : *Hier (à trois heures), P*
- indiquant une "manière de phrase" : *Avec effort, P.*

318. Circonstant initial portant sur l'énonciation

Certains circonstants initiaux portent sur (certains aspects de) l'énonciation même de la phrase.

> **Remarque :**
> Un adverbe (interjection) comme *hélas !* représente à lui tout seul une énonciation autonome, à la manière d'une phrase incidente (voir § 339), plutôt qu'il ne porte sur une (autre) énonciation.

On peut distinguer quelques grandes catégories de circonstants d'énonciation (non exhaustives, et avec beaucoup de chevauchements), selon que le circonstant concerne :

- la prise de parole et sa légitimité :
bon, bien, eh bien (éléments purement phatiques de "démarrage") ;
justement, à propos, au fait (éléments soulignant la pertinence de la prise de parole, en marquant un lien, réel ou factice, aux propos qui viennent d'être tenus) ;
seulement :

> *À propos (au fait) , savez-vous qui j'ai rencontré ?*
> *Justement (précisément), j'allais vous en parler !*
> *Pour la dernière fois, ne faites pas ça !* (= "je vous dis pour la dernière fois : ne faites pas ça")
> *Si je vous comprends bien, ...*
> *"Seulement, hélas ! ce qui coûte trois cents francs ailleurs coûte deux mille francs chez eux."* (Proust).

- l'indication d'une source du dire :
à mon avis, personnellement, puisque vous me demandez mon avis
selon moi, selon mes informateurs,
d'après des sources bien informées, d'après mon expérience, si j'en crois mon expérience.

- la relation à l'allocutaire :
en confidence, sans vous offenser, sauf votre respect.

- l'affirmation de véracité du discours : le locuteur revendique la franchise, la conformité au réel, au savoir général, ... (on est très proche des modalités épistémiques : voir § 319) :

*franchement (pour être franc, si vous voulez que je vous dise la vérité),
à vrai dire (à dire vrai), sans mentir, honnêtement
en vérité, vraiment, en réalité, réellement, en fait
comme chacun sait
décidément*

> *Honnêtement, je n'aurais pas cru que vous y arriveriez* (pour *Honnêtement, il rendit tout l'argent* : manière de phrase, voir § 321).
> *Franchement, cette idée est stupide* (les GPrép de manière du type *avec franchise* ne peuvent pas porter sur l'énonciation).
> *Franchement, qu'en pensez-vous ?* : peut s'interpréter aussi bien "je vous le demande franchement" ou "dites-moi franchement" (différence par l'intonation ?) : le locuteur propose un "contrat de confiance" à son allocutaire : une question franche appelle une réponse franche.
> *Vraiment, vous exagérez !*

- lien au discours précédent (coordination, rapport logique) :
*et, mais, or, donc
d'ailleurs, de plus
par conséquent, en revanche, malgré cela, en effet*

- organisation du discours :
*tout d'abord (en premier lieu, premièrement), ensuite, enfin (pour finir, finalement)
bref (pour être bref)
en d'autres termes.*

319. Circonstant initial portant sur l'énoncé comme un tout

Certains circonstants initiaux marquent une appréciation ou un jugement de l'énonciateur sur le contenu propositionnel de l'énoncé :

> *Heureusement, tout est terminé* : "(le fait que) P (tout est terminé) est heureux"; l'adverbe ne qualifie pas le verbe. Différent de *Tout est terminé* (ou mieux *s'est terminé*) *heureusement* avec adverbe de prédicat : "tout a eu une fin heureuse".

- modalité appréciative (évaluation) :
*heureusement, malheureusement
par bonheur
naturellement
paradoxalement
contrairement à ...*

Heureusement, il n'est pas tombé (l'adverbe est hors de la portée de la négation).

Malheureusement, les secours sont arrivés trop tard.

Naturellement, Paul s'est encore trompé ! = "évidemment, bien entendu, comme d'habitude!" : "P (il se trompe) est naturel, conforme à ce qui se passe ordinairement".

Contrairement à son habitude, Paul s'est couché de bonne heure.

Pour *heureusement que P*, voir § 356

Aussi :

normalement, généralement (en règle générale)
> *Généralement, je ne cherchais pas à me rendormir tout de suite.* (Proust)

- modalité épistémique :

apparemment, évidemment, manifestement, visiblement
selon toute probabilité
> *Évidemment, les choses ont changé.*
> *Visiblement (manifestement, apparemment), personne ne comprenait.*

> **Remarque :**
> Des circonstants de phrase modaux comme *probablement, certaine-ment, sûrement, peut-être, sans doute*, s'emploient surtout
> - soit en position post-verbale, et spécialement entre auxiliaire et participe (*Il a sûrement été retardé* ; voir § 326),
> - soit en position initiale, mais avec postposition du sujet clitique (*Sans doute Paul a-t-il été retardé* ; voir § 104 Rem.),
> - soit en position initiale, mais suivis de *que P* (*Peut-être qu'il pourra venir* ; voir § 356).

320. Circonstant initial donnant le cadre de la phrase

Un circonstant initial peut appartenir au contenu propositionnel de l'énoncé : il ouvre un champ, crée un monde, qui constitue le cadre de validité de la phrase, le domaine où elle vient se placer. C'est typique-ment le cas pour les **circonstants initiaux de temps ou de lieu** :
> *Au sud de la Loire, le temps sera ensoleillé.*
> *Hier, il était encore parmi nous.*

Le circonstant initial peut constituer un véritable **thème** ou une **partie du thème** (en liaison avec le sujet) :
> *La nuit, tous les chats sont gris* (thème : la nuit, qu'on veut carac-tériser).
> *Demain (,) il fera jour !* (thème : le lendemain, et de quoi il sera fait).

> *En France, on n'a pas de pétrole, mais on a des idées* (aphorisme cocardier, ayant pour thème : la France et les Français).
> *En l'an 2000, ...* (thème : voici ce que sera l'an 2000).
> *Au XVIIᵉ siècle, la condition paysanne était rude* (thème : la condition paysanne au XVIIᵉ siècle).
> *Le matin, je suis à mon bureau ; l'après-midi, je travaille chez moi* (contraste thématique).
> *(Qu'est-ce que tu as fait hier ?) - Hier, je suis allé me promener.*
> *Jamais je ne t'oublierai* : "jamais il ne sera vrai que je t'oublierai" : on nie par avance toute possibilité d'oubli; expression marquée, emphatique, par rapport à *Je ne t'oublierai jamais* : "l'oubli ne se produira à aucun moment".

Même s'il n'apparaît pas, psychologiquement, comme ce dont l'énoncé parle, le circonstant initial de temps ou de lieu sert de **repère**, permettant de localiser ou de dater un événement ou une situation dans son ensemble :

> *Maintenant, nous allons passer au point suivant.*
> *Dans nos tumultes à nous, où sont nos renégats ? (Le Monde)*
> *Hier matin, vers huit heures, juste au moment où j'allais prendre mon petit déjeuner, ...*
> *Quand il eut fini d'écrire, il se leva* (datation relative de deux événements).
> *Après avoir longuement réfléchi, il déchira sa lettre.*

Exemple d'ambiguïté : dans

> *À trois heures, le directeur est parti* (exemple cité d'après A.-M. Berthonneau),

le circonstant initial peut s'interpréter (hors contexte) comme

- thème générique : "trois heures est une heure où le directeur est parti" : on envisage toutes les occurrences de *à trois heures* ; le passé composé est un pur accompli ;

- thème générique mais référant à la situation présente : "comme il est trois heures présentement, le directeur n'est plus là" ;

- repère, datation d'un événement passé unique : "tout à l'heure (hier), à trois heures, il est parti" ; le passé composé est un temps du passé ; dans cette valeur (et dans celle-là seulement), la phrase se rapproche de *Le directeur est parti à trois heures* (mais il reste la différence de point de vue et de thématisation).

Le monde créé par le circonstant initial peut être présent, passé, futur, ou imaginaire :

> *Sans vous (un peu plus), je me noyais* (= "si vous n'aviez pas été là, je me serais noyé" : l'imparfait asserte véridiquement, mais dans le cadre d'une situation qui se comprend comme fictive).

L'instant d'après, le train déraillait : ambigu entre une situation effective : = *déraille*, et une situation fictive : = *aurait déraillé* ; le propre de l'imparfait est de conserver sa force assertive tout en permettant une interprétation fictionnelle du circonstant (que n'autoriseraient pas le passé simple ni le passé composé). Dans *Le train déraillait l'instant d'après,* la position post-verbale liée interdit la lecture fictionnelle.

Les termes spatio-temporels (*là, alors, maintenant, ...*) se chargent facilement de valeurs dérivées, logiques ou pragmatiques :

Là, vous dépassez les bornes !

et le circonstancement initial peut s'étendre sans limite à n'importe quel domaine sémantique. Un GPrép initial est souvent ambigu ou peu spécifié, et requiert le contexte de droite :

Avec quelqu'un comme ça, tout peut arriver.

Avec tout cela, ... (ambigu : valeurs diverses possibles).

Pour Paul, c'est la meilleure solution (ambigu : "à ses yeux" / "en ce qui le concerne" / "dans son intérêt").

Cadre logique (avec des valeurs énonciatives évidentes) :

si P (valeur différente en emploi post-verbal lié : voir § 228)

comme P (voir § 332)

bien que P, puisque P (par eux-mêmes extra-prédicatifs), etc.

"Avec ces valeurs de tout premier ordre (...), si le revenu n'est pas très élevé, vous êtes du moins assuré de ne jamais voir fléchir le capital." (Proust)

On se retrouve près des circonstants énonciatifs d'organisation du discours avec

quant à ..., en ce qui concerne ..., pour ce qui est de ... : instruments de thématisation (cf. les GN en prolepse) ;

moralement, légalement, logiquement, du point de vue de la morale (de la légalité, de la logique) ... : domaine, point de vue.

Remarques :

1. Dans une phrase comme

Lundi prochain, n'oubliez pas que nous avons une réunion,

le circonstant initial est un circonstant de phrase de la complétive qui est "monté" (dépendance lointaine).

2. Les circonstants initiaux en *qu-* constituent un cas particulier (*À quelle heure est-il arrivé ?*) : ils sont toujours intra-prédicatifs (mais voir *pourquoi,* § 72) et liés à la suite ; ils marquent en fait le commencement de la structure devant laquelle se placent les circonstants ici étudiés.

321. Circonstant initial de "manière de phrase"

Une phrase peut aussi commencer par un circonstant de manière, G Prép ou même Adverbe en *-ment* :

> *Avec beaucoup d'hésitation, il tendit la main.*
> *Sans rien regarder, il fonça.*
> *Honnêtement, Paul a rendu tout l'argent.*

Pour marquer que l'adverbe de manière en *-ment* ne qualifie pas le prédicat (ce qui est son rôle habituel), on dit souvent qu'il est "orienté vers le sujet" ; en fait l'adverbe porte sur la mise en relation du sujet et du prédicat : s'il qualifie le sujet, c'est en tant que celui-ci accomplit l'action considérée (Guimier) :

> *Astucieusement, Paul a répondu* : "le fait de répondre a été astucieux de la part de Paul", "Paul a eu l'astuce de répondre, a été astucieux de répondre" : ce n'est pas la manière de répondre qui est qualifiée d'astucieuse, mais le fait de répondre / *Paul a répondu astucieusement* : adverbe post-verbal, de prédicat : "Paul a fait une réponse astucieuse".
>
> *Courageusement, il fit face.*
>
> *Prudemment (sagement), il n'a pas répondu* = "il a manifesté prudence (sagesse) en ne répondant pas"; l'adverbe n'est pas sous la portée de la négation / *Il n'a pas répondu prudemment (sagement)* : "il n'a pas fait une réponse prudente (sage)".
>
> *Brusquement, Paul est parti* : l'adverbe prend une valeur presque temporelle : "d'un seul coup, tout à coup" : le départ de Paul est un fait qui a surgi brusquement, mais les modalités du départ lui-même ne sont pas qualifiées de brusques (cf. *Brusquement le souvenir de sa femme morte lui revint* (Proust; sans ponctuation) / *Paul est parti brusquement* : la brusquerie caractérise la manière dont Paul est parti : "Paul est parti avec brusquerie".
>
> *Bêtement, il a démissionné* : "le fait pour Paul de démissionner a été bête", "il a été bête de démissionner" / *Il a démissionné bêtement.*

Dans *Astucieusement, le programme a été changé*, l'adverbe ne rejaillit pas sur le sujet (non humain), mais sur l'agent non exprimé : "le fait que le programme ait été changé est astucieux de la part de X".

Un énoncé comme

> *Lentement, il se redressa* ("il y eut quelque chose de lent, à savoir : il se redressa")

est certes très proche de *Il se redressa lentement*, mais s'en distingue en ce qu'il dissocie la manière de ce à quoi elle s'applique : la lenteur est pertinente pour elle-même (cf. *Lentement, il se redressa, il avança un bras, ...*).

Voir § 326 (circonstant entre auxiliaire et participe).

322. Variante : circonstant entre sujet et verbe

On rencontre occasionnellement, dans un style soutenu, des circonstants entre le sujet (non clitique) et le verbe (précédé de ses clitiques éventuels) :

> *Paul, manifestement, n'avait rien vu.*

Cette position est une variante de la position initiale (et s'oppose à la position post-verbale) : on y rencontre les mêmes catégories de termes qu'à l'initiale, avec une portée extérieure au prédicat, et très généralement détachés :

> *Marie, franchement, n'aurait jamais dit ça.*
> *Les secours, malheureusement, sont arrivés trop tard.*
> *L'ourque* (type d'embarcation), *vraisemblablement, venait d'Espagne* (V. Hugo).
> *La priorité, aujourd'hui, est de reconnaître une plus grande capacité d'action à notre société (Le Monde).*
> *Cette affaire, moralement, est indéfendable* ("envisagée du point de vue moral").
> *Paul, prudemment, resta silencieux.*

En interrompant le déroulement attendu de l'énoncé et en détachant intonativement le sujet, ces circonstants prennent facilement un rôle thématique, tout en renforçant celui du sujet (qui devient presque un terme proleptique) :

> *La bourgeoisie, au XVIIe siècle, ...* (association sémantique avec le sujet).

L'action sur le sujet est souvent renforcée par des termes "paradigmatisants" (renvoyant à une liste de termes comparables) tels que *en particulier, au contraire* :

> *La gauche française, au contraire, a plus compté sur l'intervention de l'État que sur le développement (...) (Le Monde)*
> *Le parti communiste, en particulier, continue à diriger de nombreuses associations. (Le Monde)*

Un circonstant en cette position se distingue parfois mal d'un constituant secondaire dans la mouvance du sujet.

> **Remarque :**
> Cas particulier : *y* et *en*, clitiques (peu fréquents comme circonstants ; voir § 281).

323. Les circonstants après le verbe

La position post-verbale est l'antithèse de la position initiale : c'est la position d'intégration maximale. Dans le fonctionnement le plus typique et le plus normal, la liaison intonative cimente et double les liens établis par la position :

Marie travaille à l'Université.

C'est nécessairement à droite d'un verbe à une forme verbale personnelle (et simple) que se placent ses spécifications circonstancielles (le choix droite - gauche se retrouve partiellement, par rapport au participe, en cas de forme verbale composée).

Nature des circonstants post-verbaux : entre verbe et objet, on rencontre 2/3 d'adverbes pour 1/3 de GPrép (la proportion d'adverbes est encore plus forte entre auxiliaire et participe); plus on s'écarte du verbe, plus la proportion de GPrép croît au détriment des adverbes (cf. Guimier).

Portée :

- les circonstants post-verbaux sont typiquement liés au verbe et de portée intra-prédicative :

Paul travaille à l'usine.

- la position post-verbale admet cependant très naturellement certains types de circonstants extra-prédicatifs liés intonativement :

Il partira peut-être (sans pause).
J'y pensais justement (pause virtuelle).

Ce sont ceux-là mêmes qui se rencontrent préférentiellement entre l'auxiliaire et le participe :

Il est peut-être parti.
Il a justement commencé à s'en occuper.

- les circonstants post-verbaux en construction détachée marquent une rupture : ils sont sur une "autre scène" :

J'ai compris - trop tard ! - à qui j'avais affaire.

324. Circonstant post-verbal lié : circonstant de prédicat

Un prédicat peut être spécifié d'un nombre illimité de façons. Par exemple :

Paul travaille ...

> *à Billancourt, à l'usine, à contrecœur, à son compte*
> *avec ses collègues, avec ardeur, avec les moyens dont il dispose*

> *pour un patron, pour gagner sa vie, pour que le droit l'emporte,*
> *pour un salaire de misère*
> *efficacement, régulièrement, très bien, vite, comme les autres,*
> *comme on a toujours fait, comme caissier*
> *beaucoup, énormément, autant que ses collègues*
> *le matin, nuit et jour*
> (pour *travailler dur* : voir § 266 ; *travailler seul* : voir § 262)
> etc.

Ces compléments ont tous un lien étroit avec le verbe, avec lequel ils constituent une unité sémantique : *travailler* n'a pas la même signification dans *travailler comme caissier, travailler régulièrement,* et *travailler pour que le droit l'emporte* : ce sont de véritables "verbes de discours", construits à partir du verbe de langue *travailler.* Cette unité se retrouve fréquemment dans des GN construits sur une nominalisation du verbe : *un travail de caissier, un travail régulier* (la régularité de la correspondance entre V + Adv et Nom déverbal + Adjectif fait que l'adverbe est souvent qualifié d'"adjectif du verbe"). Ces circonstants sont sous la portée de la négation : *Il ne travaille pas à l'usine (mais dans un bureau).*

Domaines sémantiques

Manière : un adverbe de manière derrière le verbe est dans sa place type, où il retient *a priori* son sens fondamental :

> *Ma pauvre grand-mère entrait, priait ardemment son mari de ne pas goûter au cognac* (Proust).
> *Paul n'est pas parti brusquement, il est parti normalement* (la négation focalise l'adverbe).
> *Le langage s'est formé naturellement.*
> *Paul est parti joyeusement* (sur la différence avec *Paul est parti joyeux,* voir § 261).

L'adverbe peut (s'il s'y prête sémantiquement) rejaillir sur le sujet, ou sur l'objet (Guimier) :

> *Paul conduit prudemment* : l'adverbe rejaillit sur le sujet : cf. les paraphrases *Paul est prudent dans sa conduite, Paul est un conducteur prudent.*
> *Paul a disparu mystérieusement* : l'adverbe ne rejaillit pas sur le sujet, en raison de son sémantisme.
> *Paul a écrit lisiblement son adresse* : "l'adresse est lisible".

Un adverbe en -*ment* peut concerner le temps (*réfléchir longuement*), un moyen (*s'exprimer métaphoriquement*), une quantité ou une intensité (*oublier complètement*), etc.

La manière (au sens large : moyen, instrument, cause, ...) peut s'exprimer sous d'autres formes : autres adverbes, GPrép, *en* + -*ant* :

Faites comme je vous l'ai dit.

Je prendrais volontiers un autre café.

Je le ferai avec joie : "mon action s'accompagnera de joie" / *Je le ferai joyeusement* : "mon action s'accomplira d'une manière joyeuse".

Il a réussi en travaillant (voir § 301).

Quantification : impossibles en position initiale, les quantificateurs (nécessairement internes au prédicat) sont ici à leur place naturelle :

Il parle trop.

Il réfléchit beaucoup.

Temps et lieu :

- datation, localisation :

(Quand est-il arrivé ?) - Il est arrivé hier.

Je partirai quand j'aurai fini.

Je ne partirai pas tant que je n'aurai pas fini.

Il est né en 1938 à Carpentras.

Asseyez-vous un instant.

Par différence avec l'effet de cadrage de la position initiale (voir § 320), l'interprétation du circonstant post-verbal est bridée, limitée, par le prédicat asserté et actualisé :

Le train déraillait l'instant d'après : pas de lecture fictionnelle possible

Le directeur est parti à trois heures : pas d'interprétation générique.

- adverbes aspectuels (*souvent, toujours, jamais, encore, ...*) :

Il dort toujours.

Je ne t'oublierai jamais.

Relations logiques :

Je ne dis pas cela pour vous faire plaisir.

Je ne le fais pas parce que c'est mon intérêt particulier, mais parce que je crois que c'est l'intérêt général.

Les circonstants de prédicat peuvent se trouver aux limites de l'actance essentielle :

Faites cela pour moi (ambigu : "pour me faire plaisir", "à ma place", ...).

325. Circonstant post-verbal lié : circonstant de phrase

Dans une phrase comme

Paul reviendra probablement,

l'adverbe *probablement* présente des caractéristiques contradictoires :

- d'une part, sa place, sa liaison intonative naturelle avec le verbe l'apparentent à un circonstant intra-prédicatif (le détachement : *Il reviendra, probablement,* est possible mais donne le sentiment d'une structure différente ; voir § 327) ; il admet une paraphrase en Nom déverbal + Adjectif : on peut parler de *retour probable* ;

- mais d'autre part, il marque non pas une manière sur le prédicat (comme ferait *revenir précipitamment*) mais un jugement de l'énonciateur sur la totalité de l'énoncé ; il admet la paraphrase en "P est Adj" ou "il est Adj que P" : *Il est probable qu'il reviendra* ; il est incompatible avec une interrogation ou une négation qui le focaliserait : si le prédicat est nié, *probablement* lui est extérieur :

> *Il ne reviendra pas, probablement* (le détachement est indispensable ; *probablement* porte, de l'extérieur, sur le contenu propositionnel négatif).
>
> Dans *Il ne reviendra probablement pas,* l'adverbe *probablement* porte sur la négation, et non l'inverse.

Au total, il s'agit donc d'un adverbe de phrase. S'il est rattaché au verbe comme un adverbe de prédicat, c'est au verbe en tant que relateur et non comme lexème (cf. § 326). Cet emploi (et, plus encore, son emploi entre auxiliaire et participe ; voir § 326) est d'ailleurs son emploi type : *probablement* n'apparaît pas, normalement, en position initiale (sauf avec *que* : *probablement que P*, voir § 356).

On rencontre dans ce type d'emploi principalement des **adverbes de modalité** (essentiellement **épistémique**). Aux adverbes épistémiques cités § 319 s'ajoutent :
véritablement, probablement, vraisemblablement, certainement, sûrement, peut-être, sans doute, nécessairement, vraiment, réellement, ... :

> *Il considère naturellement que P* (= "bien entendu")
> *Il viendra peut-être (sans doute, probablement).*
> *Vous avez certainement raison.*
> *Le monde se bornait habituellement à M. Swann* (Proust).
> *… Un État dont les interventions se multiplient nécessairement (Le Monde).*

La plupart de ces adverbes ne sont pas inclus dans la portée de la négation : quand la négation est sémantiquement possible, ils se placent devant le terme négatif (*pas, jamais, rien*) qu'ils tiennent sous leur portée :

> *Je n'ai naturellement pas la moindre objection.*
> *Il ne reviendra sans doute pas.*
> *Il n'écoutait visiblement pas.*
> *Ce n'est évidemment pas (vraiment pas) le cas.*

Mais on a

> *Ce n'est pas nécessairement* (aussi : *pas vraiment*) *le cas* (adverbe focalisé par la négation, comme les adverbes de prédicat).

L'emploi des **adverbes (et GPrép) d'énonciation** est légèrement différent, en ce que la construction, qui peut être liée, peut plus facilement être détachée (pause virtuelle, aléatoire), sans effet de rupture (sans se confondre avec un détachement prononcé, comme celui des exemples du § 327) :

> *Vous conviendrez en effet que P* : tous les enchaînements prosodiques sont possibles, de la liaison au détachement (marqué par des virgules), sans différence appréciable de portée ou d'effet de sens ; on aura fréquemment des réalisations minimales de détachement ;
>
> *Il semble précisément (pourtant, du moins) que P*
> *J'en parlais justement à Marie*
> *Nous examinerons tout d'abord les causes et origines*
> *Je considère pour ma part que P.*

> **Remarque :**
> Sont exclus de la position post-verbale les coordonnants monosyllabiques, sauf *donc* :
> *Je dirai donc que P.*

Avec des marqueurs de **rapport logique** (naturellement extra-prédicatifs) :

> *Je n'en parlerai pas (,) puisque vous ne le souhaitez pas* (la virgule est usuelle à l'écrit, mais la pause à l'oral n'est que facultative).
>
> *Je le ferai si je veux !* : condition nécessaire et suffisante (et non pas cadre de phrase).

> **Remarque :**
> **Manière extra-prédicative :** quelques adverbes de manière en -*ment* s'interprètent non pas comme des adverbes de prédicat, mais comme des adverbes (de phrase) "orientés vers le sujet" :
> *Il a démissionné bêtement* (qualifie non pas la manière de la démission, comme dans *réagir bêtement / intelligemment,* mais le fait de démissionner)
> *Vous donnez sottement vos qualités aux autres* (Molière).
> Voir § 326.
> Certains adverbes peuvent présenter une ambiguïté entre manière et domaine :
> *Paul et Marie ne sont pas mariés légalement* : "d'une manière légale" (intra-prédicatif) / "du point de vue de la loi" (avec pause virtuelle; extra-prédicatif). En pratique les deux interprétations se distinguent mal (Guimier).

326. Cas particulier : circonstant entre auxiliaire et participe

En cas de verbe à une forme composée, les circonstants post-verbaux liés (étudiés aux § 324 et 325) n'ont pas tous le même comportement :

- à *Paul arrive demain* correspond la seule forme :

> *Paul est arrivé hier* : le circonstant reste au contact exclusif de la partie lexématique du verbe, qu'il circonstancie : il s'agit toujours de "*arriver* + datation"

- à *Paul remplit soigneusement le questionnaire* correspondent les deux formes :

> *Paul a soigneusement rempli le questionnaire / Paul a rempli soigneusement le questionnaire* (voir ci-dessous).

- à *Paul reviendra peut-être* correspond la seule forme :

> *Paul est peut-être revenu* (lié) : le circonstant se place au cœur du dispositif prédicatif : il ne s'agit pas d'un circonstancement de *revenir*, mais d'une mise en question de la relation entre le sujet et le prédicat.

Enclavé entre l'auxiliaire et le participe, le circonstant distend ses liens avec le verbe en tant que lexème, au profit d'une mise en rapport avec l'auxiliaire (qui est l'instrument de la mise en relation du sujet et du contenu lexical prédicatif). Un circonstant enclavé entre auxiliaire et participe est *a priori* extra-prédicatif et porte, non pas sur l'énoncé comme un tout, mais spécifiquement sur la jointure (la mise en relation) du sujet et du prédicat.

> **Remarque :**
> Ce qui est dit de la position enclavée vaut, au moins en partie, pour les cas de construction avec un verbe modal (proche de l'auxiliaire) :
> *Paul pourra peut-être venir.*

Par suite, les circonstants (adverbes à 90 %) qu'on rencontre en cette position sont, typiquement, les adverbes d'énonciation ou de modalité, naturellement extra-prédicatifs, signalés au § 325.

Les adverbes d'aspect et de quantité s'enclavent habituellement, sans modification appréciable de leur portée.

Dans le cas des adverbes de manière, qui peuvent s'enclaver ou non, l'enclave modifie leur portée et leur valeur, dans une proportion plus ou moins sensible selon les cas.

Adverbes énonciatifs :

> *On a donc choisi* (position obligatoire pour *donc*, enclitique lié).
> *Je vous avais pourtant prévenus !*

Modalités appréciatives et épistémiques : la position enclavée est leur position d'emploi par excellence :

> *Il n'a malheureusement pas pu venir* (adverbe antéposé à la négation et portant sur elle).
>
> *Paul a malencontreusement laissé tomber ses clés.*
>
> *On ne peut évidemment pas tout savoir.*
>
> *Il (n') a sûrement (certainement, probablement, sans doute, peut-être) (pas) pris l'avion.*
>
> *Paul a vraiment tout essayé, Paul a vraiment été gentil, Paul n'a vraiment pas été gentil* : "il a vraiment été : pas gentil, méchant" (différent de *Paul n'a pas vraiment été gentil* = "il n'a pas été : vraiment gentil, très gentil", comme *Il n'a pas été vraiment gentil*).

Postposés à un verbe simple (comme il est inévitable), ces adverbes portent sur lui en tant que relateur, et non en tant que lexème à circonstancier. La position (unique) derrière un verbe à une forme simple correspond aux deux positions enclavée et non enclavée en cas de forme composée.

Temps et lieu : la position enclavée est la position normale (obligatoire ou préférentielle) des **adverbes aspectuels** :

> *On a souvent (déjà, toujours, encore) dit que ...*

Adverbes aspectuels niés (sous la portée de la négation) :

> *On n'a pas souvent l'occasion de l'entendre.*
>
> *Paul n'est pas encore parti.*
>
> *On n'a pas toujours réagi comme il aurait fallu* (mais aussi, hors portée de la négation, *toujours pas* : "c'est toujours (= encore) le cas que ...ne pas ..." : *On n'a toujours pas compris les raisons de ce phénomène*).

Les circonstants de datation et de localisation ne se rencontrent normalement pas en position enclavée (si ce n'est en construction détachée : voir § 327) : la position enclavée se prête mal, non seulement aux circonstants de prédicat, mais aussi aux circonstants de cadrage de l'ensemble de la phrase.

Quantité : les adverbes de quantité (surtout monosyllabiques) sont généralement enclavés :

> *Il a peu (trop, assez) travaillé.*
>
> *Il a beaucoup travaillé* ; avec négation *Il n'a pas beaucoup travaillé* ou *Il n'a pas travaillé beaucoup.*
>
> *Il (n') a (pas) seulement fait semblant ; Il a seulement mangé un peu de soupe* (ou *Il a mangé seulement un peu de soupe* : portée sur la relation verbe - objet).

Aussi *à peine, presque.*

Manière : les adverbes enclavés en -*ment* portent *a priori* sur la relation entre sujet et prédicat ; ce ne sont donc plus strictement des adverbes de manière, et ils prennent facilement des valeurs d'adverbes **"orientés vers le sujet"**.

L'effet de la position peut être insignifiant : on en arrive à des variantes stylistiques (comme dans le cas de la position de l'adjectif par rapport au nom).

Comparer :

> *Il a simplement parlé* : "il n'a pas fait autre chose que de parler" / *Il a parlé simplement* : adverbe de manière, dans son sens propre "il a parlé avec des mots simples".
>
> *Il a bêtement démissionné* : orienté sujet : sujet qualifié en tant qu'accomplissant : cf. *Il a démissionné, l'idiot !* ; différent de *Il a réagi bêtement* (manière).
>
> *Il a aimablement proposé de nous prêter sa voiture* : orientation vers le sujet : "il a eu l'amabilité de" / *Il a proposé aimablement de nous prêter sa voiture* (manière) : "la manière dont il a fait la proposition était aimable".
>
> ... *Françoise avait précipitamment rentré les précieux fauteuils d'osier de peur qu'ils ne fussent mouillés* (Proust) : l'adverbe devient "orienté vers le sujet" = "s'était précipitée pour rentrer" (plutôt que "avait rentré avec précipitation", d'où "à la va-vite, sans soin", comme ce serait plutôt le cas avec adverbe après le participe).
>
> *Paul a admirablement travaillé* (cf. *un admirable travail*) / *travaillé admirablement* (cf. *un travail admirable*) : l'adverbe ne saurait être qu'intra-prédicatif ; l'antéposition est la forme stylistiquement marquée. De même *avoir énormément changé* / *avoir changé énormément ; avoir considérablement augmenté* / *avoir augmenté considérablement*.

Dans certains cas, la prosodie peut permettre d'opposer un rattachement à l'auxiliaire et un rattachement au participe :

> *Il a clairement exprimé son avis* : ambigu : orientation vers le sujet : "il a fait qch de clair, - à savoir : exprimer son avis" ; interprétation obligatoire en cas de pause entre l'adverbe et le participe / manière : "il a donné une expression claire (une claire expression) de son avis" (comme *Il a exprimé clairement son avis*) ; interprétation obligatoire en cas de liaison (rattachant par la gauche l'adverbe au lexème verbal : [klɛrmãksprime]).

Remarque :

Bien, obligatoirement enclavé, peut prêter à ambiguïté : dans *J'ai bien essayé*, il peut être rattaché à l'auxiliaire (valeur énonciative, concessive : *j'ai eu beau essayer*), ou au participe (*bien essayer*, manière).

Cumul de plusieurs circonstants enclavés :

> *Paul n'a malheureusement pas beaucoup travaillé*
>
> *Mon grand-père dans l'esprit de qui la nature avait malheureuse-*
> *ment aussi complètement omis d'inclure la possibilité de s'inté-*
> *resser passionnément aux coopératives suédoises (...) qu'elle*
> *avait oublié ...* (Proust).

327. Circonstant post-verbal détaché

Entre l'auxiliaire et le participe, ou derrière un verbe à une forme simple, un circonstant en construction clairement détachée marque une rupture dans le cours normal de la phrase, et sa portée est extérieure au prédicat (on considérera ici les constituants détachés en position non finale ; voir § 330).

Le constituant ainsi détaché s'apparente à une proposition incidente (voir § 339) : c'est un nouveau plan d'énonciation qui s'installe :

> *Je voudrais, si vous me le permettez, vous faire une petite*
> *remarque.*
>
> *J'ai (hélas, trop tard !) compris qui il était.*
>
> *Nous avons dû, - malheureusement (à notre grand regret) (!),*
> *mettre fin à ces expériences.*
>
> *Paul a, immédiatement, flairé le danger* (= "et ce, immédiate-
> ment").

Cette rupture énonciative est sensible même lorsqu'il s'agit d'un circonstant de temps ou de lieu, qui aurait pu figurer comme cadre inaugural de la phrase :

> *J'ai, ce jour-là (ce jour-là pour la première fois), compris qui il*
> *était.*
>
> *Nous avions (dès 1962) prévu ce qui allait arriver.*

Le détachement d'un constituant qui était déjà par lui-même extra-prédicatif accentue sensiblement son extériorité par rapport au prédicat :

> *Il vous accordera, probablement, ce que vous lui demandez* :
> l'adverbe porte sur tout l'énoncé, comme en position initiale,
> mais il intervient comme une rectification par rapport à
> l'assertion initiale : "du moins, c'est probable".
>
> *Cela n'aurait pas, évidemment, produit les mêmes résultats* (hors
> de portée de la négation).
>
> *Nous avons, naturellement, procédé aux vérifications nécessaires*
> ("comme c'est évident, - veuillez m'excuser de le rappeler !").

Le détachement d'un circonstant irréductiblement intra-prédicatif produit un effet de correction (rectification) énonciative :

J'ai examiné, à fond, toutes les éventualités (correction dans le sens d'un renchérissement : "je veux dire : j'ai examiné à fond").

328. Circonstants et compléments essentiels : places respectives

Toutes choses égales d'ailleurs,

- un adverbe circonstant se place avant un complément essentiel,
- un GPrép circonstant se place après un complément essentiel,
- un adverbe se met avant un GPrép,
- un circonstant de manière se place avant un circonstant de lieu ou de temps,
- un constituant court se place avant un constituant long (progression par masses croissantes).

Quand la phrase est longue, à mesure qu'on avance dans les compléments, le rattachement au verbe devient de plus en plus lointain, les circonstants tendent à être détachés (pour des raisons de souffle, de lisibilité), et la différence entre portée interne et externe au prédicat tend à s'estomper.

L'**ordre attendu** dans une phrase transitive est donc :
V - (Adv circonstant) - Objet - (GPrép circonstant) :

> *Paul coupe le saucisson avec un couteau.*
>
> *Paul fait soigneusement ses devoirs / Il fait ses devoirs avec soin* : le GPrép est moins étroitement lié au verbe que l'adverbe ; il porte sur la relation V - Objet une fois construite et présentée.
>
> *Il a trouvé facilement la solution / Il a trouvé la solution le plus facilement du monde* (caractère rhématique du circonstant) / *Il a trouvé la solution en cinq minutes / Il trouve généralement la solution en cinq minutes.*
>
> *Le libero-brésilien Mozer a quitté Lisbonne pour 20 millions (Le Monde).*
>
> *J'entourais complètement ma tête de mon oreiller* (Proust).

Ordre différent :

- un GPrép circonstant se trouvera avant l'objet si celui-ci est développé, et qu'il gagne du même coup un surcroît de poids rhématique :

> *J'ai lu dans le journal que P*
>
> *J'ai lu dans le journal un article qui m'a bouleversé* : le circonstant de lieu, en cette position, n'ayant pas un caractère fran-

chement rhématique, et n'étant pas susceptible d'être focalisé par la négation, n'a pas une portée clairement interne ou externe au prédicat; un détachement intonatif est possible, sans conséquence marquée. Il y a ici peu de différence avec l'emploi du même circonstant à l'initiale.

Badie avait conservé, derrière son masque d'empereur romain, un flegme impayable (*Le Monde*) : même commentaire; à la lecture, les virgules peuvent être rendues par une pause marquée ou non, sans grande différence signifiante. Le circonstant ne serait possible en position finale qu'à condition d'être détaché (non rhématique).

- deux circonstants (adverbe de manière - GPrép local) précèdent l'objet :

Un foulard (...) mêlait étrangement sur sa face ridée la beauté du type à la laideur de la décrépitude (A. France, cit. Damourette et Pichon)

... arracher subrepticement au passage quelques tuteurs de rosiers (Proust).

Dans ces deux exemples, le GPrép local a le même mode de rattachement que dans les exemples ci-dessus.

329. **L**es circonstants en fin de phrase

La position finale n'a pas de spécificité évidente : bien souvent (en particulier si la phrase est courte) un circonstant final est un circonstant post-verbal lié ordinaire, appartenant au groupe prédicatif :

Je me suis couché de bonne heure.

En particulier un adverbe final lié (par-delà des compléments) a une valeur rhématique marquée, surtout s'il est court ou isolé :

Inscrivez votre nom et votre adresse lisiblement.

Pensez-vous être saint et juste impunément ? (Racine)

Je pense tous les jours à vous très tendrement (F. Coppée).

Si le circonstant final est détaché, il est dans une extériorité par rapport à la phrase comparable à celle de la position initiale : il porte rétrospectivement sur toute la phrase (voir § 320) :

Je n'ai pas tout retenu, malheureusement.

La spécificité de la position finale réside en fait dans ses ambiguïtés, et, plus encore, dans leur neutralisation : voir § 331.

Les circonstants de fin de phrase sont très majoritairement des GPrép.

La fin de phrase offre un espace disponible pour une accumulation de circonstants, souvent avec de longues subordinations :

Il s'est bien plu à vivre en Turc à Tunis (*Le Monde*) : deux circonstants intra-prédicatifs par rapport à *vivre* : comment les structurer ?

Des milliers d'apostats (...) moururent sans remords ni regrets dans la religion de Mahomet (*Le Monde*) : même remarque.

Ma mère (...) le regardait avec un respect attendri, mais pas trop fixement pour ne pas chercher à percer le mystère de ses supériorités (Proust) : deux circonstants de manière, intra-prédicatifs, coordonnés par *mais* (GPrép + GAdv) ; le GPrép en *pour Inf* (qui soulève des problèmes de rattachement : voir § 331) s'interprète plutôt extra-prédicatif, malgré l'absence de ponctuation.

M. Swann, qui (...) était à peu près la seule personne qui vînt chez nous à Combray, quelquefois pour dîner en voisin (plus rarement depuis qu'il avait fait ce mauvais mariage, parce que mes parents ne voulaient pas recevoir sa femme), quelquefois après le dîner, à l'improviste (Proust) : imposante architecture de circonstants, défi à une analyse minutieuse des portées ...

330. Circonstant final détaché

Le circonstant final clairement détaché marque une post-phrase, un post-scriptum (ou "post-dictum"); il se place après la fin de la phrase, marquée par son intonation conclusive. C'est une réplique (affaiblie) de la position initiale (ou "pré-initiale) :

> *Paul va à la pêche, le dimanche* (avec l'intonation "parenthétique" des constituants post-finaux : voir § 47).

On retrouve les mêmes domaines sémantiques qu'en position initiale : circonstants portant sur l'énonciation, jugements de l'énonciateur sur l'énoncé (avec le caractère d'un jugement après-coup) :

> *J'allais vous en parler, justement.*
> *Je n'y crois guère, franchement.*
> *Nous considérerons les causes du phénomène, pour commencer.*
> *Je ne peux rien pour vous, malheureusement.*
> *Les choses ont changé, évidemment.*

Un circonstant de temps ou de lieu post-final a valeur de rappel d'un élément thématique, de cadrage (cf. la reprise d'un GN, par dislocation à droite) :

> *Je travaille chez moi, l'après-midi.*

Les effets de "création de monde imaginaire" signalés en position initiale ne se retrouvent pas avec la même netteté en position finale.

La position finale détachée est propice à de longs circonstants, annexés à la phrase, marquant des rapports logiques complexes :

> *Bien sûr, Bernard Tapie bénéficie de l'état de grâce (sauf avec le maire, M. R. Vigouroux, avec lequel les relations n'ont jamais été cordiales) (Le Monde).*
>
> *M. C. (...) a été placé en garde à vue, mercredi 13 septembre, pour être entendu comme témoin dans le cadre d'une enquête sur une escroquerie (...) (Le Monde).*
>
> *si P, tandis que P, alors que, quoique, ...*

331. Les ambiguïtés du circonstant final de phrase

La fin de phrase occasionne de fréquentes ambiguïtés de rattachement et de portée pour un GPrép final, derrière un ou plusieurs compléments. L'alternative est typiquement la suivante :

- ou bien le GPrép se rattache au verbe, dont il est séparé ; il a dans ce cas, du fait de cette séparation, une portée généralement extra-prédicative, sur la phrase ;

- ou bien le GPrép se rattache à un complément du verbe (GN, Adjectif, Infinitif, ...), derrière lequel il se situe ; il a dans ce cas une portée intra-prédicative, ou même, presque toujours, une portée directe sur le complément (il apparaît alors comme un constituant secondaire).

Exemples :

> *Il voit le toit de la tour* : le Gprép peut être rattaché au verbe (comme circonstant) ou rattaché au nom.
>
> *On le savait malade depuis longtemps* : circonstant de *savait* / rattaché à l'attribut de l'objet *malade*.

Bien entendu, les problèmes redoublent en cas d'enchâssement de phrases.

À l'oral, la prosodie, mis à part le cas d'un détachement marqué, est facilement ambiguë : une pause légère peut s'interpréter comme une simple démarcation de constituants, surtout quand la phrase devient longue.

À l'écrit, la ponctuation, en principe discriminante (une virgule sépare le GPrép du terme adjacent), n'est pas non plus toujours un outil de discrimination efficace : elle peut jouer simplement un rôle de démarcation, de structuration (N. Fournier, in Guimier 1993).

L'ambiguïté peut être réelle dans certains cas :

> *Rapportez les livres empruntés avant le premier avril.*

Nombre d'ambiguïtés sont perçues comme des maladresses (ou des plaisanteries) et spontanément corrigées :

Il a menacé de tuer son propriétaire par téléphone.

Je vous écrirai demain sans faute : portée sur la relation *écrire demain* ("sans y manquer") ou sur *écrirai* ("sans faute ... d'orthographe", avec *demain* intercalé).

Ce jus d'orange ne contient ni colorant, ni conservateur conformément à la réglementation en vigueur (mention sur des emballages de jus d'orange) : sans virgule, le circonstant est sous la portée de la négation, d'où l'interprétation aberrante : "contient des colorants ou des conservateurs non conformes ..." ; une virgule (ou la position initiale) enlèverait tout risque d'ambiguïté.

Mais il est remarquable que dans la plupart des cas, l'ambiguïté passe totalement inaperçue et reste purement théorique :

La fébrilité qui règne autour de l'équipe pourrait constituer un obstacle majeur pour la conquête d'un titre européen (*Le Monde*) : "constituer, pour la conquête ..., un obstacle" / "un obstacle pour la conquête".

M. Bush et ses collaborateurs n'avaient-ils pas professé la plus grande prudence à l'égard de Moscou ? (*Le Monde*) : "professer à l'égard de Moscou la prudence" / "la prudence à l'égard de Moscou".

Il n'y a pas de démocratie sans partis (*Le Monde*) : "sans partis, il n'y a pas de démocratie" / "il n'y a pas de démocratie-sans-partis; une démocratie sans partis, ça n'existe pas".

Aucun compromis n'est envisageable avec le régime de M. Najibullah (*Le Monde*).

Les groupes de pression qui cherchent à obtenir des avantages salariaux en refusant d'améliorer le fonctionnement de leur entreprise ... (*Le Monde*) : à quoi faut-il rattacher le gérondif ?

Dans tous ces cas, il n'y a pas d'enjeu interprétatif réel, et la distinction entre les deux interprétations a quelque chose d'artificiel. À la lecture, ces phrases de journal peuvent être dites, *ad libitum*, liées ou avec une pause légère devant le GPrép, la pause elle-même pouvant être motivée par des raisons de souffle ou de clarté de découpage, autant que par une volonté d'empêcher le rattachement du GPrép au GN.

Il se produit donc en contexte un phénomène de neutralisation ou d'équivalence : comme si venir en fin de course apporter une touche finale à un prédicat grossi de plusieurs apports, ou porter sur la phrase dans son ensemble, tendaient à se confondre.

Ainsi encore dans le dernier circonstant (*de peur que P*) de

... même quand (...) et que Françoise avait précipitamment rentré les précieux fauteuils d'osier de peur qu'ils ne fussent mouillés (Proust).

332. Exemple : l'interprétation de *comme P*

Les effets de sens associés à *comme P* (comparaison, analogie, conformité, cause, etc.) sont le résultat des diverses mises en fonctionnement de *comme* en contexte, à partir d'une valeur sémantique fondamentale : la manière (indéfinie ; voir § 282).

Concernant la place, la position de *comme* étant invariable dans la subordonnée (même si sa portée peut varier), le seul paramètre observable est donc la position de la subordonnée par rapport au verbe principal.

En position postverbale liée, *comme P* est adverbe de prédicat (cffet de sens : comparaison d'identité de manière). Dans les autres positions, *comme P* est adverbe de phrase, avec des effets de sens variés.

Les variations d'emploi et de sens de *comme* sont bien celles d'un adverbe : on sait qu'un adverbe en *-ment* perd une partie de ses caractéristiques sémantiques et fonctionnelles de départ quand il est employé autrement que comme adverbe de prédicat. Dans tous ces cas, *comme* cheville deux structures propositionnelles, en les marquant à l'identique.

Comme P post-verbal lié : *comme,* adverbe de prédicat

C'est le fonctionnement type, avec lien intonatif étroit (d'où absence de toute ponctuation) :

> *Paul (n') a (pas) fait comme je lui avais dit de faire.*
> *Je vous dis les choses comme on me les a dites.*
> *Je l'écoutais (l' = la Berma) comme j'aurais lu Phèdre* (Proust).

Dans chaque exemple, il y a caractérisation des deux prédicats, du point de vue de la manière, et sous la portée de la négation. P1 et P2 sont reliés en tant que leurs prédicats ont une seule et même caractérisation de manière, d'où la valeur de comparaison de manière (sens propre).

Les emplois de ce type sont très courants, en particulier avec ellipse dans la subordonnée (voir § 284) :

> *Tout à coup, tombant comme le marteau du commissaire-priseur,*
> *ou comme un oracle de Delphes, la voix de l'Ambassadeur ...*
> (Proust).

Le glissement de l'identité de manière à l'analogie

Si la relation se distend avec le prédicat (ce qui se marquera le plus souvent par la ponctuation et l'éloignement), *comme* glisse vers l'adverbe de phrase. L'évolution sémantique va de pair : la stricte "manière" se dilue, devient une caractéristique vague et non spécifiée, - quitte à ce que certains contextes lui redonnent une nouvelle spécification.

> *Je pensais qu'on devait être empêché de bien voir par les autres*
> *spectateurs comme on l'est au milieu d'une foule* (Proust).

Dans une interprétation "manière (stricte)", les deux empêchements se réalisent précisément de la même manière (cf. *ainsi que*) ; dans une interprétation "analogie", les deux situations d'empêchement sont simplement comparables (cf. *de même que*). L'une des deux interprétations peut-elle être exclue ?

> *Ils* (= les applaudissements) *étaient mécaniquement soulevés par la force des applaudissements antérieurs, comme dans une tempête une fois que la mer a été suffisamment remuée elle continue à grossir, même si le vent ne s'accroît plus* (Proust).

La subordonnée est ici en position finale, et clairement détachée par la ponctuation; elle ne contient pas d'élément anaphorique. On a affaire à une comparaison, passablement rhétorique, entre deux processus complexes présentant des points communs évidents, sans qu'il s'agisse d'une identification précise entre les caractéristiques de deux prédicats précis. On est passé de la manière à l'analogie, de l'adverbe de prédicat à l'adverbe de phrase.

Comme P, initial de phrase : adverbe de phrase

> *Quelquefois, comme Ève naquit d'une côte d'Adam, une femme naissait pendant mon sommeil d'une fausse position de ma cuisse* (Proust).

La mise en parallèle entre les deux naissances peut encore s'entendre soit comme portant sur la manière de naître, soit comme une simple analogie, ce que favorise la position initiale.

Les exemples de *comme P*, tout spécialement en début de phrase, livrent deux effets de sens particuliers que la tradition grammaticale enregistre en parlant de valeur "temporelle" et de valeur "causale" de *comme*.

Valeur temporelle : la concomitance

> *Juste comme je dressais l'oreille avant que commençât la pièce, deux hommes entrèrent par la scène bien en colère, ...* (Proust).

l'intégrative peut se paraphraser par "juste au moment où P1, juste à ce moment P2". Toutefois, la concomitance marquée par *comme* est moins strictement et chronologiquement temporelle qu'elle n'est avec *quand* (indépendamment des différences induites sur l'interprétation des temps): l'intégrative en *comme P1* indique tout un contexte circonstanciel pour P2 : même si des raisons lexicales ou textuelles nous font retenir en premier lieu les repérages temporels, elle marque plutôt une circonstance d'accompagnement de P2 qu'un renseignement d'horloge (une simple indication de simultanéité).

Valeur causale : la solidarité

La valeur dite "causale" est représentée dans des exemples tels que les suivants:

> *Comme vous n'avez pas répondu, j'ai pensé que ma proposition ne vous intéressait pas.*
>
> *Comme j'avais du temps de libre, j'en ai profité pour aller faire un tour.*
>
> *Comme les liqueurs étaient défendues à mon grand-père, ma grand-tante lui en faisait boire quelques gouttes* (Proust).
>
> *Et comme elle* (= ma mère) *était incapable de mentir à mon père, elle s'entraînait elle-même à admirer l'Ambassadeur pour pouvoir le louer avec sincérité* (Proust).
>
> *Comme il* (= M. de Norpois) *était lui-même colossalement riche, il trouvait de bon goût d'avoir l'air de juger considérables les revenus moindres d'autrui* (Proust).

La relation entre le premier fait et le fait principal est une relation de suite naturelle, de prolongement, de continuation évidente (fût-elle perverse, comme dans l'exemple de la grand-tante du narrateur) : la subordonnée annonce et enclenche le fait principal, comme un engrenage. *Comme* marque, abstraitement, ce chevillage, cette solidarité, que notre connaissance du monde achève de tourner en causalité.

Comme, adverbe d'énonciation : de la conformité à la légitimation

> *Comme je vous l'avais promis, je vais vous donner une récompense* (ambigu : = *ainsi que* ou *puisque*).
>
> *Comme vous (le) savez, la guerre vient d'éclater.*
>
> *Comme on pouvait le craindre, le conflit s'est généralisé.*
>
> *Comme son nom l'indique, M. Pain est boulanger.*

On remarquera que la proposition P2 est contenue dans P1, sous forme d'un pronom d'annonce, et que les verbes de P1 sont des verbes de type métalinguistique ou énonciatif : verbes déclaratifs (*dire, ...*), verbes d'attitude propositionnelle (*craindre, ...*) ou de commentaire (*indiquer*), ... La proposition en *comme*, détachée par une virgule, se situe donc à un autre niveau d'énonciation que le contenu de P2 : P2 est conforme à ce qu'on savait (avait promis, craignait, ...).

Les circonstances marquées par *comme* deviennent ici des conditions d'énonciation (ou de vérité) et *comme* confère une analogie d'ordre énonciatif, une même légitimité, une commune justification, à P2 et P1 :

"au même titre et dans les mêmes conditions (de vérité) que je vous avais promis une récompense, à ce même titre et dans les mêmes conditions (de vérité), je vais vous donner une récompense".

Les exemples d'emplois détachés pourraient se rencontrer en d'autres places que la position initiale.

16

LES COMPLÉMENTS ACCESSOIRES : SOUS-PHRASES SANS CONNECTEUR

333. Les sous-phrases sans connecteur

Il existe de nombreuses sous-phrases accessoires (de structure de base sujet - prédicat), qui ne sont reliées à la phrase qui les domine par aucun terme connecteur, aucune cheville :

> *L'âge aidant, le radicalisme des origines le hantait toujours* (*Le Monde*).

Le rapport entre les deux structures est alors assuré par divers facteurs : modes verbaux (comme dans l'exemple ci-dessus), intonation, place, rapports sémantiques, ...

Beaucoup de ces sous-phrases ont un statut fragile : les unes tendent à perdre complètement leur nature de phrase (c'est chose faite pour *nu-pieds* dans *Il était nu-pieds*, et quasiment faite pour *il y a trois ans* dans *Il est parti il y a trois ans*) ; pour d'autres, il y a hésitation sur leur rapport à la structure dominante : quel est leur degré de dépendance ou d'autonomie relative ? La notion même de phrase est alors souvent mise en question. Dans cet ensemble disparate, on étudiera successivement :

- des sous-phrases "dégradées" au niveau du verbe, que celui-ci n'apparaisse que comme participe ou n'apparaisse pas du tout :

> *Le soir tombant, nous rentrâmes* (**proposition participiale**).
> *Il est tombé dans le panneau la tête la première* (**sous-phrase nominale**).

- des tours où on retrouve **les termes en** *qu-* et le **subjonctif**, et où c'est plutôt ce dernier qui relie (paratactiquement) la sous-phrase à la phrase :

> *Quelles que soient les difficultés, il faut continuer.*
> *Si fort que soit Paul (si fort soit-il), il ne pourra pas soulever cette valise.*

- des sous-phrases à l'indicatif, en décalage de plan énonciatif par rapport à la structure qui les enchâsse :

> *J'accepte, dit-il, et je vous remercie* (**incise**).
> *Il a (on s'en doute) accepté avec empressement* (**incidente**).
> aussi *Il est parti il y a trois ans.*

- une série de **structures paratactiques**, au point de passage entre l'indépendance et la subordination :

au subjonctif :

> *Dût-il m'en vouloir, je le ferai quand même.*
> *Que vous soyez d'accord ou non, j'y vais.*

à l'indicatif :

> *À peine est-il arrivé, il prend les choses en main.*
> *Je serais vous, j'accepterais.*
> *J'ai beau essayer, ça ne marche pas* (§ 345 Rem.).

> *Il s'est endormi, tellement il était fatigué.*
> *Plus il crie, moins on l'écoute.*

voire à l'impératif :

> *Chassez le naturel, il revient au galop !* (§ 345 Rem.)

Voir aussi des structures à certains égards comparables, dans d'autres chapitres :

- *tout président qu'il est (soit)*, § 268
- *malheureux que je suis*, § 272
- parataxe de phrases nominales : *œil pour œil, dent pour dent*, § 357.

334. Sous-phrase participiale : *Le soir tombant, ...*

La sous-phrase participiale (ou, plus traditionnellement, proposition participiale) est une structure de phrase intacte, à l'exception du mode de son verbe : le participe en *-ant* (au lieu de l'indicatif) "déclasse" la phrase en lui faisant perdre son statut d'entité autonome, ce qui permet d'en faire un constituant interne, en fonction de circonstant, typiquement en construction détachée et à l'écart du réseau syntaxique du reste de la phrase.

> *Marie ayant eu un accident, Paul est désemparé.*

L'**élément prédicatif** de cette structure peut être :

- un participe en *-ant*, simple ou composé (accompli) :

> *le soir tombant, ...*
> *son père étant mort, ... ; les personnes interrogées n'ayant pas répondu, ...*
> *cette affaire étant réglée, ... ; cette affaire ayant été réglée, ...*

- un participe passé (marquant l'accompli ou le passif) : tout se passe comme s'il y avait ellipse de *étant* (qui pourrait être restitué dans nombre de cas) :

> *le soir venu, ...*
> *son père mort, ... ; ses amis revenus, ...*
> *cette affaire réglée, ...*

Le participe passé fait transition entre la sous-phrase participiale et la sous-phrase nominale (voir § 335).

Le **"sujet" de la proposition participiale** (contrôleur et support du participe) est normalement un GN, quelquefois sans déterminant dans des expressions plus ou moins figées (*bras croisés* ou *les bras croisés, pieds et poings liés*), et fréquemment dans une relation de possession inaliénable (voir § 208) avec le sujet de la phrase :

> *Paul marchait, les bras chargés de cadeaux (la tête penchée, les yeux baissés, ...).*

On évite généralement (contrairement à l'usage classique) la reprise du "sujet" de la sous-phrase comme sujet du verbe principal, mais d'autres relations anaphoriques sont possibles :

Paul étant souffrant, nous ne le verrons pas.
Paul ayant épousé Marie, celle-ci est donc notre cousine par alliance.
Marie l'ayant abandonné, Paul est déprimé.

> **Remarque :**
> Le participe n'a pas de support dans le cas d'une structure impersonnelle (*il s'agit, il y a*) : *s'agissant de cette affaire* (usuel), *y ayant avantage à ce que P* (rare).

La sous-phrase participiale comporte souvent un adverbe (ou équivalent adverbial) du type *aussitôt, sitôt, une fois, à peine* :

sitôt cette affaire réglée
une fois cette affaire réglée (une fois réglée cette affaire, cette affaire une fois réglée)
Parfois, à peine ma bougie éteinte, mes yeux se fermaient (Proust).

Cet adverbe (ou équivalent), le plus souvent à l'initiale du groupe, tend à être senti comme une sorte de connecteur (cf. *une fois que P*).

> **Remarque :**
> Le sentiment de la nature verbale de certains participes antéposés s'est affaibli, d'où une tendance à l'invariabilité (pour les participes passés) et même un passage à la catégorie des prépositions (*durant, pendant* ; voir § 294) :
> *nonobstant une vive résistance, moyennant des garanties*
> *passé telle date, vu les difficultés*
> *hormis, excepté, y compris, non compris les frais d'envoi*
> *étant donné que Pi, étant admis que Pi ou Ps*
> *attendu, vu que Pi*
> *pourvu que Ps.*

Valeur et emploi : Le participe *-ant* marque une concomitance par rapport au point de repère (quel qu'il soit) que constitue le verbe principal (comme dans le gérondif). Véritable "caméléon", il n'a pas de valeur modale propre, mais tire son interprétation du contexte, pouvant livrer aussi bien des effets de quasi-assertion (exemples ci-dessus) que des effets d'hypothèse contrefactuelle :

Les enfants étant au collège, ce serait différent (= "si les enfants étaient au collège, ...").

Il en va de même pour le participe passé : concomitance entre l'accompli du participe et le temps du verbe principal, avec la valeur modale de celui-ci :

Cette affaire réglée, nous pourrions passer à autre chose.

La sous-phrase participiale est une ressource importante du syle soutenu :

> *Ma mère, (...), ayant exprimé le regret que le professeur Cottard*
> *fût en voyage et qu'elle-même eût entièrement cessé de fré-*
> *quenter Swann (...), mon père répondit qu'un convive éminent,*
> *un savant illustre, comme Cottard, ne pouvait jamais mal faire*
> *dans un dîner, mais que Swann (...)* (Proust) : la phrase commence par une ample proposition participiale (*ma mère ayant*
> *exprimé ...*), à laquelle répond symétriquement la seconde
> partie, autour du verbe principal (*mon père répondit ...*).

Remarque :
Locutions : *le cas échéant, Dieu aidant, toutes affaires cessantes* (avec un participe accordé, par conservation de l'usage ancien), ...

335. Sous-phrase non verbale : *les mains dans les poches*

Ce type de sous-phrase prolonge la construction précédente, sans solution de continuité, mais avec un caractère phrastique moins accusé :

> *Paul se promène, les mains dans les poches.*

Tout se passe comme si on avait affaire à une phrase à verbe *être* ("les mains (de Paul) sont dans les poches (de Paul)"), "déclassée" non plus seulement par un changement de mode, mais par l'ellipse du verbe ; il ne subsiste alors plus rien de verbal, ce qui fait perdre le sentiment qu'il s'agit d'un constituant de type phrastique. On peut parler de "sous-phrase non verbale" ou "proposition nominale", au même sens qu'on parle de "phrase nominale" ou "phrase non verbale" (Chap. 17 ; par exemple *Les mains sur la tête (!)* peut être une phrase, de caractère injonctif, ou une sous-phrase).

L'**élément prédicatif** de cette structure peut être un adjectif, un GPrép, etc. : d'une façon générale tout constituant susceptible d'être complément de *être* (voir Chap. 7) :

- un adjectif :
> *la tête basse, la voix tremblante d'émotion, les bras ballants, les*
> *mains vides*
> *Il errait, l'air furieux (hagard, ...).*
> *Paul malade, nous avons dû rebrousser chemin (= Paul étant*
> *malade, ...).*

L'adjectif, en relation d'attribut par rapport au nom, doit marquer une qualité transitoire, non essentielle : on peut rencontrer dans cette construction *les yeux rouges*, mais non pas *les yeux bleus*.

- N sans article, ou *le premier* :
> *Cicéron Consul, Giscard Président* (= *Giscard étant Président*)
> *Il est tombé la tête la première.*

- Adverbe ou Groupe Prépositionnel :
> *lui derrière et moi devant* (Brassens)
> *les mains dans les poches, les yeux au ciel*
> *la pipe aux dents, l'écume à la bouche, le sourire aux lèvres, le*
> *fusil sur l'épaule, les armes à la main*
> *Il errait, l'air d'un fou*
> *moi d'abord, les autres après*
> *Le Président Mitterrand à l'Élysée* (= ... *étant à l'Élysée*)
> *à part toi* = "toi étant à part".

Le **"sujet"** est un GN, fréquemment dans une relation de possession inaliénable avec le sujet de la phrase, et souvent sans déterminant dans certaines expressions figées (très usuelles) :
> *(la) tête basse, bouche bée*
> *sac au dos*
> *La cavalerie avance, sabre au clair, musique en tête.*

> **Remarque :**
> Dans *à part que Pi* (= "étant (mis) à part le fait que"), usuel à l'oral, le rôle de "sujet" est tenu par la complétive.

Noter l'ordre des mots et la graphie (avec absence d'accord) dans les expressions usuelles *nu-pieds, nu-tête* (en concurrence avec *pieds nus, tête nue*). L'emploi de *sauf* et *plein*, devenus invariables, dans ce genre de construction (*Tous ont péri, sauf Paul ; avoir de l'argent, plein les poches*) est à l'origine de leur fonctionnement prépositionnel.

Emploi :

- emploi comme circonstant, équivalent à un adverbe, en construction détachée (c'est l'emploi attendu de la sous-phrase non verbale : emploi comparable à celui de la proposition participiale) :
> *Il ne soufflait mot, l'air perplexe.*

- circonstant très lié au verbe (comme un adverbe de manière) :
> *Il est arrivé les mains vides.*
> *Le voleur a été pris la main dans le sac* ("sur le fait, en flagrant délit").
> *Il a gagné les doigts dans le nez* (= "très facilement", familier).

- emplois de type adjectival, comme épithète, liée ou détachée (à la frontière du constituant de phrase), ou attribut :
> *Paul est arrivé, joyeux, l'air souriant.*
> *Nous avons croisé un homme fatigué et l'air hagard.*
> *Il était pieds nus, tête nue* (*nu-pieds, nu-tête*) (emploi limité à quelques sous-phrases).

336. Le tour *Quoi que tu fasses, ...*

Il s'agit d'une construction archaïsante, généralement qualifiée de concessive, dans laquelle ressort clairement la valeur fondamentale indéfinie des termes en *qu-* :

> *Qui que tu sois, écoute* (= "que tu sois tel, tel, ou tel : écoute").
> *Quelles que soient les difficultés, il faut persévérer* (= "que les difficultés soient telles, telles, ou telles : il faut persévérer").
> *Où que tu ailles, fais attention* (= "que tu ailles à tel, tel, ou tel endroit : fais attention").

On envisage toutes les valeurs possibles, pour dire que P est valable dans tous les cas.

Le premier élément, indéfini, fonctionne comme antécédent du deuxième, relatif. Le verbe est au subjonctif. Le sujet est communément postposé au verbe dans la subordonnée (*quelles que soient les circonstances*). L'ensemble de la structure, suppressible, est en construction détachée, et en fonction de circonstant.

Premier élément : indéfini.

Pronoms : on a le système indéfini (par opposition au système relatif), sans aucune limitation concernant le non-animé :

qui **(animé ; toutes fonctions)**
> *qui que tu sois, qui que tu ailles voir*
> *à qui que tu puisses t'adresser*

quoi **(non animé ; toutes fonctions)**
> *quoi qu'il en soit, quoi que tu fasses*
> *à quoi que vous puissiez penser*

Adjectifs :

quel **(attribut)** :
> *quelles que soient vos raisons*

quelque **(épithète ; variable)** :
> *quelques raisons que vous puissiez avoir*
> *de quelque façon qu'il s'y prenne*

Adverbes :

où : *où que vous alliez*
> *d'où que vienne le vent*

quelque **(adverbe de degré, invariable**, devant adjectif ou adverbe) :
> *quelque respectables que soient vos avis*
> *quelque brillamment qu'il ait réussi.*

On remarque l'emploi de *quelque* (qui est l'indéfini vivant de la famille en *qu-* (cf. *quelque chose*), formé de "quel + que"), venant remplacer l'adjectif *quel* d'une part et l'adverbe de degré *que* de l'autre.

> **Remarques :**
>
> **1.** Dans l'usage courant, la confusion est largement répandue, entre *quel (-s, -le, -les) que* (en deux mots) et *quelque(s)* (en un seul mot : adjectif variable ou adverbe invariable) ; c'est le signe que la structure n'est plus analysée et comprise.
>
> **2.** La confusion affecte parfois aussi *quoi que* et *quoique* (voir ci-dessous).
>
> **3.** A l'inverse, certains locuteurs, férus de cette tournure, lui rajoutent des formes hyper-savantes : *lesquelles que ce soit, combien que ce soit.*

Deuxième élément : relatif.

L'extension des emplois de *que* est ici la même que dans le clivage : cf. le passage de *C'est lui que je vois* à *C'est à lui que je m'adresse ; C'est de cette façon qu'il s'y prend ; C'est là que je vais.* Mais cette généralisation fait que *que* tend à ne plus être senti comme relatif : il tend à être considéré commme purement invariable et hors fonction, voire à être assimilé au *que* introducteur formel du subjonctif.

Témoignent de ces difficultés d'analyse les réticences à l'emploi de *qui*, forme normale attendue quand le relatif est en fonction sujet : les tournures (régulières et attestées)

qui qui l'emporte
quoi qui puisse se passer (cf. *ce qui se passe*)
quelque envie qui me saisisse

paraissent suspectes à beaucoup de locuteurs, qui préfèrent recourir à un tour périphrastique :

qui que ce soit qui l'emporte; quel que soit celui qui l'emporte
(l'emportera)
quelle que soit l'envie qui me saisit (ou *saisisse*),

ou, quand c'est possible, à *qu'il* :

quoi qu'il puisse se passer (cf. *ce qu'il se passe*).

> **Remarque :**
> À l'inverse, certains usages hyper-savants se complaisent à souligner la nature relative du deuxième terme, par le recours à *dont* ou à des formes indirectes du relatif *lequel* :
> *quelque porte à laquelle vous frappiez* (en concurrence avec : *à quelque porte que*)
> *quelque argument dont vous puissiez faire état* (en concurrence avec : *de quelque argument que*).
> Cf. la concurrence dans le clivage entre *c'est lui dont* et *c'est de lui que.*

Emploi et formation de ce tour. Fait remarquable, la subordonnée, malgré les apparences (la lourde présence des deux termes initiaux en *qu-*), n'est pas reliée par connexion au reste de la phrase : elle constitue une parenthèse, toujours suppressible, et ni son premier élément (indéfini) ni son second (relatif) n'ont aucune fonction par rapport au verbe principal. Il semble donc que ce tour soit une forme particulière de proposition paratactique au subjonctif, le subjonctif de l'idée envisagée se combinant avec le parcours marqué par l'indéfini :

"soient les difficultés quelles qu'elles soient, il faut persévérer"
> *Quelles que soient les difficultés, il faut persévérer*

"fassiez-vous quoi que vous fassiez, vous serez critiqué"
> *Quoi que vous fassiez, vous serez critiqué*

"aille Paul où qu'il aille, il n'est jamais bien"
> *Où que Paul aille, il n'est jamais bien.*

Des relations anaphoriques peuvent exister entre un terme de la subordonnée et un terme du reste de l'énoncé :

Les difficultés, quelles qu'elles soient, ne doivent pas vous arrêter.
Quelles que soient les difficultés, elles ne doivent pas vous arrêter.
Le directeur, qui (quel) qu'il soit, devra prendre une décision.
Quoi que je fasse, ça n'est pas bien !

La subordonnée (qui peut être liée) semble alors proche d'un constituant secondaire, mais l'analyse demeure : le premier terme en *qu-* n'a aucune fonction par rapport au verbe principal ni par rapport à aucun terme ; la subordonnée reste constituant de phrase (insertion de type énonciatif).

Remarque :
Le système des périphrases du type *qui que ce soit qu-* ... (*quoi que ce soit que* ..., *où que ce soit que* ...) permet la constitution d'un système de pronoms ou adverbes indéfinis (comparables à l'anglais *anybody, anything, anywhere*) :
qui que ce soit (fût), quoi que ce soit
quel qu'il soit
où que ce soit
de quelque façon que ce soit, à quelque moment que ce soit.
Ces termes sont utilisés comme terme de phrase (avec fonction par rapport au verbe principal) dans un contexte négatif ou interrogatif :
Il agit sans consulter qui que ce soit (= "sans consulter qui que ce soit [qu'il consulte]").
Je ne veux pas que tu le dises à qui que ce soit (= "à qui que ce soit [que tu le dises]")
Comment voulez-vous que je réussisse quoi que ce soit dans ces conditions ?
Il ne veut pas aller où que ce soit.
Il ne veut pas le faire de quelque façon que ce soit.

Le mécanisme des formations en *qu- qu-* a abouti à des **"locutions conjonctives" concessives** (proches de *bien que, encore que*) :

Quoique Ps : c'est le figement graphique de *quoi que*, le *que* étant au départ le relatif neutre, attribut de P, avec ellipse de *être* (c'est le principe de la formation des complétives ; voir § 373) :

quoique P = "quoi que P [soit]"

La confusion orthographique est fréquente entre *quoi que* (*quoi que j'aie pu faire pour l'en empêcher*, où *que* reste relatif et fonctionnel) et *quoique* (*quoique j'aie essayé de l'en empêcher*, où *que* est devenu pur connecteur et sans fonction).

Malgré que Ps : cette locution vient d'un emploi du type *malgré que j'en aie* = "[quelque] mauvais gré que j'aie de cela" (encore usité dans un langage recherché : *Il dut se soumettre, malgré qu'il en eût*). Par la suite, on est passé à *malgré que Paul soit absent* : "[quelque] mauvais gré [que j'aie de ce] que Paul soit absent" (emploi toujours critiqué par certains), et à *malgré l'absence de Paul* (avec passage complet de *malgré* à la préposition).

Cf. aussi *bien que Ps*, § 292.

Derrière *quoique* et *malgré que*, on peut rencontrer l'indicatif, la subordonnée étant traitée comme une énonciation indépendante avec son assertion propre.

337. Le tour *Si malin que soit Paul, Si malin soit-il*

Le tour, également recherché,

Si malin que soit Paul, il ne trouvera pas la solution

est une autre forme particulière de proposition paratactique au subjonctif, de sens concessif, le subjonctif de l'idée envisagée se combinant avec le degré indéfini. La comparaison d'égalité par *si* (ou *aussi*) + Adj ou Adv, au subjonctif, ouvre un parcours dans le haut degré : on envisage un degré, aussi grand qu'on veut, dans la qualité, pour dire qu'il n'empêchera pas P2 :

"soit Paul aussi malin qu'il le soit (quel que soit ce degré), [néanmoins] P2".

Ce tour se réalise sous deux variantes :

Première variante :

> *si malin que soit Paul (si malin qu'il soit)*

C'est la variante la plus courante : la corrélative est conservée (au subjonctif) :

Si difficile (aussi difficile) que puisse vous paraître ce problème, il ne faut pas vous décourager.

Si (aussi) vite que Paul vienne, il ne sera pas là à temps.

Si bien (aussi bien) que ce soit, ça ne vaut encore pas la peine.

Expressions adverbiales figées :

si peu (aussi peu) que ce soit
si loin qu'il aille, de si loin (d'aussi loin) qu'il vienne, d'aussi loin
que je me souvienne.

Dans la subordonnée corrélative, le sujet ne connaît pas de restriction particulière : il peut être nominal (souvent postposé) ou clitique (toujours antéposé), à toutes personnes :

Si fort que tu sois, tu ne pourras pas soulever ce poids.

L'ensemble, en construction détachée, est constituant de phrase (insertion énonciative), quelles que soient les relations d'anaphore éventuellement existantes avec d'autres termes de l'énoncé :

Si grandes que puissent être les difficultés, vous ne devez pas vous décourager.
Si grandes que puissent être les difficultés, elles ne doivent pas vous décourager.
Les difficultés, si grandes qu'elles puissent être, ne doivent pas vous décourager.

Deuxième variante :
> *si malin soit-il*

On a alors une subordonnée paratactique, par l'effet du subjonctif et de la postposition du sujet clitique ; la comparaison reste implicite. Cette deuxième variante, moins courante, n'est possible qu'avec un sujet clitique postposé, et avec le verbe *être* :

Si malin sois-tu, tu ne trouveras pas.
*? *si difficile soit le problème* (meilleur : *si difficile que soit le problème*)
? *si vite vienne-t-il* est très douteux, à côté de *si vite qu'il vienne*, indiscutable
expression figée hors système : *tant soit peu* = "si peu soit-il", cf. *si peu que ce soit.*

En raison du sujet clitique de la subordonnée, il y a nécessairement des relations d'anaphore dans la phrase (le constituant, insertion énonciative, restant constituant de phrase) :

Le problème, si difficile soit-il, est soluble.
Si difficile soit-il, le problème est soluble.

Remarques :
1. Ce tour ne permet pas de comparaison corrélative sur un terme nominal ; on recourt à *quelque N que* (*quelque mal qu'il se donne*, ...)
2. Tour voisin avec *pour* :
Pour peu que Ps : Je réussirai, pour peu que tu m'aides : on passe de "si peu que tu m'aides" à "pourvu seulement que" (usuel).

> *Pour grands que soient les rois, ...* = "Quelque grands que soient les rois, ..."
> *Pour autant que Ps : pour autant que je sache* = "dans la mesure de mes connaissances".
>
> **3.** Par suite, une contamination s'établit entre *pour ...* et *si ...*, d'où *pour si ... que Ps* (= *si ... que*).
>
> **4.** Pour le tour *tout président qu'il est (soit)*, voir § 268.

338. Incises : *J'accepte, dit-il*

On appelle **incise** une suite d'éléments tels que *dit-il*, insérés en construction détachée dans une autre phrase, par lesquels on rapporte les paroles de quelqu'un :

> *J'accepte, dit-il*
> *J'accepte, dit-il, et je vous remercie de cette offre* : le texte peut continuer, enjamber l'incise.

De multiples ponctuations sont utilisées : les paroles rapportées peuvent être (mais ne sont pas nécessairement) entre guillemets ou entre virgules ; l'incise peut être entre deux virgules, deux traits d'union ou deux parenthèses. L'intonation sur l'incise est basse (changement de niveau) et uniforme.

Ordre des mots : l'incise est un cas particulier (voir § 102 Rem.), où se conserve la syntaxe de l'ancien français : on y rencontre la **postposition simple du sujet, nominal** (*dit Paul*) **ou pronominal** (clitique : *dit-il*), avec même valeur ; la postposition complexe y est inusitée.

Cette postposition simple n'est pas à mettre en relation avec un caractère rhématique du sujet (puisque ce dernier est le plus souvent un actant déjà présent dans le texte, et qu'il consiste souvent en une anaphore), mais sans doute avec l'impossibilité d'avoir deux constituants majeurs devant le verbe (* "P", N V). Dans la structure "P" V N, la nature de l'objet (P) et celle du sujet (N animé), ainsi que les niveaux intonatifs, écartent toute ambiguïté.

Analyse : une phrase comportant une incise peut être analysée d'une double façon contradictoire :

- d'une part, du point de la rection syntaxique, le verbe de l'incise est le verbe principal, ayant pour complément les paroles rapportées, comme dans *Il dit : "J'accepte"* ; l'ordre verbe - sujet dans l'incise peut se justifier par l'antéposition de l'objet ;

- d'autre part et en sens inverse, du point de vue énonciatif, compte tenu de la place des constituants et de la prosodie, ce sont les paroles rapportées qui constituent le texte de premier plan, l'incise n'étant qu'une interruption accessoire, une glose d'un niveau inférieur relative à la source. C'est ce second point de vue qui tend à l'emporter, et qui fait de l'incise un type de construction particulier.

Voici un exemple (Proust, conversation entre le narrateur et M. de Norpois), dans lequel Proust mélange librement les indices linguistiques de hiérarchisation, comme s'il voulait assurer alternativement (sinon simultanément) la prééminence de chacun des deux plans d'énonciation, discours rapporté et paroles du narrateur (introduisant et commentant ce discours) :

"Précisément",
> [discours de M. de Norpois au premier plan, placé entre guillemets]

me dit-il tout à coup comme si la cause était jugée et après m'avoir laissé bafouiller en face des yeux immobiles qui ne me quittaient pas un instant,
> [incise entre virgules, placée dans une des respirations du discours de M. de Norpois ; son poids inhabituel lui donne de l'importance]

"j'ai le fils d'un de mes amis qui, mutatis mutandis *est comme vous"*
> [poursuite du discours de M. de Norpois, au premier plan]

(et il prit pour parler de nos dispositions communes le même ton rassurant que si elles avaient été des dispositions non pas à la littérature, mais au rhumatisme, et s'il avait voulu me montrer qu'on n'en mourait pas).
> [retour au plan du commentaire du narrateur, entre parenthèses, en coordination par *et* avec l'incise ; mais l'ordre des mots (sujet - verbe) et l'ampleur du développement sont d'un premier plan]

Aussi a-t-il préféré quitter le quai d'Orsay (...)
> [retour au discours de M. de Norpois, qui se réinstalle énergiquement au premier plan ; ce discours se prolonge sur plusieurs phrases et se termine par des guillemets fermants (malgré l'absence de guillemets ouvrants)].

Verbes utilisés en incise

Verbes déclaratifs, par définition (mêmes verbes que les verbes introducteurs de citation, voir § 190) :
> *répondis-je, dit-il (dit Paul), dis-je, disais-je*
> *Pourquoi, direz-vous, en faire l'analyse approfondie dans un quotidien du soir réputé pensant ? (Le Monde)*
> *Les bourgeois, c'est comme les cochons (...), disent-ils, M. le Commissaire (Jacques Brel)*
> *s'écria-t-il, m'expliqua-t-il*

aussi : *fait-il, fit-il* (= "dit-il")
a-t-il admis (reconnu, avoué, ...).

Extension à des verbes non déclaratifs par eux-mêmes :
continua-t-il (= "dit-il, en continuant")
s'étonna-t-il (= "dit-il avec étonnement")
Tiens ! Ah ! vous voilà vous autres ! s'étonna un peu de nous voir
M. Putu (Céline, cit. Damourette et Pichon ; emploi quelque
peu forcé).

Extension à des verbes de connaissance : *apprendre, croire*
C'est la meilleure solution, estime-t-on (pense-t-on, croit-on)
généralement.
Le projet est modifié, avons-nous appris (ai-je appris) récem-
ment.
Mais avec *je* : *C'est l'heure, je crois (je pense, ...)*

On parle alors souvent d'**incise modale**, - ce qui peut être aussi le cas
avec des verbes déclaratifs : dans
Conclusion banale, dira-t-on

le terme final *dira-t-on* se comprend davantage comme l'équivalent d'un
adverbe modal (= "assurément") que comme un introducteur de discours
rapporté. On se rapproche ici beaucoup de l'incidente.

> **Remarque :**
> Le français relâché emploie parfois *que* devant une incise (*qu'il me dit,*
> *qu'il croit*) :
> *Et toi, qu'est-ce que tu veux ? - qu'il me demande alors.* Voir § 374 Rem.

339. Incidentes : *Il a (on s'en doute) accepté*

Une phrase (ou proposition) dite **"incidente"** est une phrase insérée
comme une incise (avec les mêmes marques de ponctuation et la même
intonation), mais une **phrase complète** (généralement courte), comportant souvent un élément anaphorique du reste de l'énoncé : *ce, le, ainsi, ...*.
La phrase incidente marque un commentaire du locuteur, une remarque,
une réflexion à l'usage de l'allocutaire :
Des milliers d'apostats s'intégrèrent fort bien, on le devine, dans
leur nouvelle patrie (Le Monde : "on devine que des milliers
d'apostats ...")
On a organisé (c'était l'usage à l'époque) un grand tournoi.

À la jointure entre *cette affaire* et *doit être réglée très vite* dans *Cette*
affaire doit être réglée très vite, on peut trouver entre autres :
je le répète ; Paul l'a bien dit (l'incidente mentionne le fait qu'un
autre l'a dit, mais ne rapporte pas un discours ; la différence
entre incidente et incise n'est toutefois pas toujours nette) ;

> *vous le savez ; je (le) crois ; vous en conviendrez ; tout le monde en a bien conscience ; c'est évident ;* etc.

La phrase incidente a la syntaxe de la phrase autonome, avec l'ordre sujet - verbe. Toutes les modulations de l'assertion sont possibles dans une incidente, ainsi que l'interrogation (avec ordre des mots de l'interrogation; interrogation souvent rhétorique), et l'exclamation :

> *Un soir, t'en souvient-il ?, nous voguions en silence.* (Lamartine)
> français familier : *Un jour (tu te souviens ?), ...*
> *comment dirais-je ?, que dis-je ? que sais-je encore ?*
> *comprenez-vous ? ; voyez-vous ?*
> *où va-t-on maintenant !*

Incidente à l'**impératif** :

> *Je dis cela (comprenez-moi bien !) dans votre intérêt*
> *Paul a réalisé le temps de (tenez-vous bien !) 26 secondes 4 centièmes !* (= "attention, prenez vos précautions pour la suite !" ; remarquer le point d'insertion de l'incidente, dans un GN, juste avant l'information capitale)
> Certains impératifs n'ont plus qu'un rôle voisin de celui d'une interjection : *figurez-vous, écoutez, tenez, allez*
> *voyons, allons, disons*
> *tiens, dis donc.*

Incidente au **subjonctif**, spécialement avec *soit* :

> *(ceci) soit dit en passant.*

Phrase nominale incidente :

> *Il a voulu (quelle drôle d'idée !) se baigner en hiver.*

> **Remarques :**
> **1.** On trouve la postposition du sujet clitique dans quelques cas (qu'on peut interpréter comme des incises modales) :
> *paraît-il*
> *(me) semble-t-il,* à côté de *il me semble.*
> **2.** Des traits de syntaxe archaïque sont conservés dans certaines incidentes figées :
> *ce me semble* (avec *ce* au lieu de *il*)
> *il est vrai, il n'importe* (avec un emploi archaïque de *il* = *cela* ; voir § 96 Rem.)
> **3.** La construction incidente est à la base de l'emploi de *n'est-ce pas ?* : *C'est mieux comme ça, n'est-ce pas ?*
> et de la formation de *peut-être* :
> *Il viendra peut-être* = "il viendra (cela peut être)".

La construction incidente n'est pas une forme syntaxique stable : il suffit que la remarque (incidente) soit en fin de phrase (ou en début de phrase si la configuration de l'énoncé s'y prête) pour qu'elle apparaisse comme une phrase indépendante ou peu s'en faut (cf. la parataxe, § 341) :

Cette affaire doit être réglée très vite, c'est clair.
C'est clair, cette affaire doit être réglée très vite.
Dans *Cette affaire doit être réglée très vite. C'est clair.*, il y a deux
phrases indépendantes.

340. Le tour *Il est parti il y a trois ans*

Certaines structures de phrase perdent dans certains emplois leur
autonomie, et jusqu'à leur caractère propre de phrase.

Dans
> *Il m'a montré je ne sais quel papier*
> *Vous pouvez faire n'importe quoi*
> *Il est on ne peut plus aimable,*

on a une sorte de dérivation parallèle, comme si une seconde phrase nais-
sait au milieu d'une autre, en un point qui l'appelle sémantiquement,
d'une part, mais d'autre part l'interdit syntaxiquement. Cette seconde
phrase se développe néanmoins sur une voie mineure, pour se fondre
finalement dans un constituant de la première structure.

La perte de caractère phrastique est totale dans
> *Je passe pour un je ne sais quoi* (Brassens)
> cf. *un goût de revenez-y, un m'as-tu vu, le qu'en-dira-t-on*
> *Il y en avait en veux-tu, en voilà*
> *C'est on ne peut plus facile.*

Le tour *Il est parti il y a trois ans*

En disant *il y a trois ans* (*de cela* = "depuis cela"), le locuteur évalue la
durée écoulée depuis un événement jusqu'à son présent (il calcule le
temps à partir de l'événement, et non l'inverse). Cette réflexion peut
s'articuler de plusieurs façons à l'énoncé qui relate l'événement en cause :
- subordination :
> *Il y a trois ans que Paul est parti* (voir § 202).
- parataxe :
> *Il y a trois ans (de cela), Paul est parti.*
> *Il y a dix ans disparaissait un grand peintre.*
- intégration :
> *Paul est parti il y a trois ans (de cela)* : *il y a ...*, postverbal et lié
> intonativement, est senti comme intégré : on a alors un cir-
> constant *il y a trois ans,* proche d'un GPrép.

L'intégration, derrière *c'était* :
> *C'était il y a trois ans*
engendre la structure composée complexe :

C'est il y a trois ans qu'il est parti.

La perte d'autonomie phrastique est complète dans
Il était là jusqu'à il y a cinq minutes.

Les mêmes constructions, sauf les deux dernières, se retrouvent avec
voilà et **ça fait** (ce dernier tour étant plus familier) :
voilà dix ans (de cela) ; ça fait dix ans (de cela)
Voilà dix ans (ça fait dix ans) qu'il est parti
Voilà dix ans (ça fait dix ans), il est parti
Il est parti voilà dix ans (ça fait dix ans).

> **Remarque :**
> L'énonciation se fait jour également dans l'énoncé par la formule
> *c'est-à-dire.*

341. Subordination et parataxe

Il existe des stades intermédiaires entre la subordination et l'indépendance syntaxique de deux phrases : ces stades peuvent être appelés situations de parataxe. L'ensemble du phénomène est aujourd'hui hors d'atteinte d'une approche syntaxique classique, mais on essaiera du moins d'en étudier quelques manifestations caractéristiques.

1. Il y a **subordination** dans
Marie prépare le dîner, pendant que Paul lit le journal (une seule phrase, avec enchâssement d'une autre structure de phrase).

2. Il y a **indépendance syntaxique** dans
Marie prépare le dîner. Paul lit le journal (en diction normale). : la complétude et l'autonomie syntaxiques des deux phrases vont de pair avec une complétude et une autonomie sémantiques, même si les deux phrases ne sont séparées que par une pause imperceptible (ou une virgule), et même si un lien sémantique se crée entre elles (paraphrasable par exemple par *pendant que*). L'établissement d'un lien sémantique est normal, inévitable et nécessaire, entre deux phrases qui se suivent dans un discours (ou texte). Deux phrases indépendantes peuvent être coordonnées, c'est-à-dire reliées tout en restant sur un pied d'égalité.

3. Il y a, sous certaines conditions, **stade intermédiaire** dans
Marie prépare le dîner [avec forte montée de la voix] - *Paul lit le journal !,*
à savoir si une forte montée de l'intonation en fin de P1 crée une incomplétude, une attente de P2, avec un effet de rapprochement-contraste entre les deux, du type : "alors que P1, P2 (curieusement !)", "si P1, P2", "il suffit que Marie se mette à préparer le dîner, pour que Paul se mette à lire le journal !". Le récepteur interprétera alors la première phrase non

501

plus comme un constat en situation présente, mais comme une sorte de subordonnée conditionnelle, renvoyant à une classe de situations ("si, quand, chaque fois que"), et la seconde phrase comme valable dans le cadre posé par P1. L'autonomie sémantique de P1 n'existe plus, sa complétude et son autonomie syntaxiques sont au moins remises en question par la prosodie. Le terme de **parataxe**, aux contours mal définis (= subordination non marquée, c'est-à-dire en pratique non marquée autrement que par la prosodie) vise à décrire les situations telles que celle existant entre les deux phrases en 3.

Les stades 2 et 3 eux-mêmes ne sont pas des points totalement stables et définis, mais des points de repère : le rapport entre les deux phrases peut se modifier en continu, selon les variations de la prosodie (continues elles aussi, nonobstant les efforts de discrétisation des spécialistes de l'intonation) ; le contraste entre les deux phrases peut être plus ou moins accusé, violent.

Cette difficulté (le caractère continu de la sémantique et de la prosodie, en l'absence d'une analyse totale en intonèmes discrets) est cause que la syntaxe de la phrase trouve ici sa limite, traditionnelle : on renonce à l'étude de ce qui distingue 3 de 2, parce que non inscrit dans la forme de l'énoncé, ailleurs que dans ce qu'elle a de plus insaisissable, la prosodie.

Le présent ouvrage s'en tient à cette limite traditionnelle de la syntaxe de la phrase (qu'on souhaite pouvoir dépasser bientôt, grâce aux progrès des études en intonation et en phono-syntaxe), en essayant toutefois de l'étendre au maximum, jusqu'aux structures de phrases qui, bien que ne comportant aucune marque (morphémique) de subordination, sont néanmoins d'emploi difficile ou impossible en dehors de situation de parataxe. On parlera alors de phrase ou de subordonnée, paratactique.

Les facteurs décisifs sont les facteurs déjà rencontrés à propos des modalités de phrase : mode verbal, ordre des mots, en particulier place et rôle du sujet clitique, présence d'un terme en *qu-* . La question de la modalité de la phrase est liée à celle de son autonomie, l'interrogation étant une forme parmi d'autres d'incomplétude.

342. Parataxe au subjonctif : *Dût-il m'en vouloir, ...*

Le subjonctif, peu propre à des énonciations indépendantes, peut assurer des effets de subordination paratactique, en liaison avec d'autres facteurs, tels que la postposition du sujet clitique, ou la présence de *que*.

On peut rencontrer, dans un style recherché et archaïsant, des propositions au subjonctif (sans *que*), avec postposition du sujet clitique ; c'est surtout le cas avec le subjonctif imparfait et plus-que-parfait de certains verbes, c'est-à-dire là où le subjonctif a gardé des valeurs d'éventuel, héritées du subjonctif latin.

Subjonctif imparfait, avec postposition du sujet clitique

La proposition équivaut alors à "(même) si P". Cet usage s'est conservé pour *avoir, être*, et *devoir* (à toutes personnes sauf la deuxième du singulier) :

- *fussé-je, fût-il, ...* :

> *Fussé-je réduit à la dernière extrémité, je persisterais* = "même si j'étais réduit".
>
> *Nous voulons de l'amour, n'en fût-il plus au monde* (Offenbach ; ="même s'il n'y en avait plus").

- *eussé-je, eût-il, ...* :

> *Y eût-il d'autres possibilités, je resterais fidèle à mon choix* (= "même s'il y avait").

Souvent avec *ne que* exceptif : *ne fût-ce que* (= "même si c'était seulement" ; cf. *ne serait-ce que*), *n'y eût-il que* (= "même s'il y avait seulement" ; cf. *n'y aurait-il que*) :

> *Ne fût-ce que pour le principe (n'y eût-il qu'une chance de succès sur mille), il faudrait essayer.*

- *dussé-je, dût-il, ...* :

> *Dussions-nous y laisser toutes nos forces* = "même si nous devions, quand bien même nous devrions".

Avec *dût, dussent*, on rencontre également la postposition simple du sujet nominal : *dût le ciel ...*, voire (plus difficilement) la postposition complexe : *le ciel dût-il ...* "même si le ciel devait".

Subjonctif plus-que-parfait, avec postposition du sujet clitique

Cet emploi fournit la subordonnée d'un système hypothétique, dans un fonctionnement tout à fait comparable à celui qu'on a avec des temps de l'indicatif (voir § 345) :

> *En eût-il conçu le projet, il n'aurait* (ou *il n'eût*) *probablement pas eu le courage de l'exécuter* (= "(même) s'il en avait conçu le projet").
>
> *L'eût-il demandé, nous eussions* (*aurions*) *immédiatement accepté* (= "s'il l'avait demandé").

Il existe des paraphrases avec *que* intégratif (voir § 285 ; dit "explétif") :

> *En eût-il conçu le projet qu'il n'aurait probablement pas eu le courage de l'exécuter.*

N'eût été s'emploie (mais avec sujet nominal postposé) comme équivalent à "s'il n'y avait pas eu" (cf. *n'était*) :

> *N'eût été la dernière question, vos réponses étaient parfaites (auraient été parfaites).*

Le **subjonctif présent** n'offre pas le correspondant de ces tours. Il ne se prête pas à des effets de subordination paratactique, si ce n'est en poésie :

> *Vienne la nuit sonne l'heure / Les jours s'en vont je demeure* [sans ponctuation] (Apollinaire) : le poète joue sur la marge d'autonomie possible des propositions au subjonctif (avec sujet nominal postposé) : quel est leur rapport à la suite ?

ou dans l'emploi de *soit* : à partir de *Soit un triangle ABC*, on passe à une hypothèse disjonctive *soit que P1, ou (soit) que P2* (complétive sujet de *soit*) :

> *Soit qu'il ait été distrait, soit qu'il ait eu un malaise, il a perdu le contrôle de son véhicule.*
> *Il a fait cela soit [qu'il l'ait fait] par maladresse, soit par méchanceté.*

Aussi dans *tant soit peu* (= "si peu que ce soit").

343. Parataxe au subjonctif avec *que* : *Que ça lui plaise ou non ...*

Il dépend de facteurs prosodiques et contextuels que la structure en *que Ps* (avec *que* complétif) ait statut de phrase indépendante, de subordonnée paratactique, ou de terme nominal proleptique : l'intonation (courbe mélodique, pause) a une importance décisive pour marquer le degré de cohésion et la nature du lien.

Exemples de *que Ps* comme **subordonnée paratactique** :

> *Qu'il parte, tout est à recommencer* (proche de *s'il part*).
> *Que Marie dise la moindre chose, Paul la contredit immédiatement* (= *si, quand Marie dit la moindre chose, ...*).
> *Aucun dictionnaire, qu'il soit grand ou petit, ne vous renseignera là-dessus* (proche de *si petit ou si grand qu'il soit*).

Remarque :
La coordination par *et* est possible, attestant l'autonomie syntaxique du premier volet dans ce cas :
Qu'il parte, et tout est à recommencer.
Que Marie dise la moindre chose, et Paul la contredit immédiatement.

L'emploi comme circonstant est particulièrement net (et sans concurrence possible d'une structure de coordination) dans le cas d'une **hypothèse alternative** :

> *Que je dise blanc ou que je dise noir, Paul n'en fait qu'à sa tête.*

Qu'il parte ou qu'il reste, nous, nous continuons !
Je pars, que cela vous plaise ou non !

344. Parataxe à l'indicatif : *À peine est-il arrivé, ça commence*

L'indicatif, mode par excellence de l'indépendance syntaxique (dans la phrase assertive), est du même coup le plus susceptible de glisser vers la subordination paratactique.

Du moins certains traits dénoncent-ils l'absence d'autonomie de la phrase : au premier chef, la **postposition d'un sujet clitique**, qui met en question l'assertion, et dont la valeur est comparable à *si* : "prenons le cas que, envisageons que P".

Dans
> *A-t-il un problème, tout le monde s'en occupe*

la première phrase (ou proposition) est très proche d'une interrogation en suspens, et pourrait être suivie d'un point d'interrogation.

Avec *à peine* :
> *À peine est-il arrivé, il prend tout en main.*
> *À peine était-il arrivé, il prenait les choses en main* (mais la postposition du sujet clitique est liée à l'adverbe : voir § 104 Rem.).

Exploitation dans des couples de phrases qui se répondent au même temps :

Deux structures à l'imparfait (la première est équivalente à *si* + imparfait) :
> *Pleurait-elle, tout le monde se précipitait* (= "si elle pleurait, quand, chaque fois qu'elle pleurait").

Deux structures au conditionnel (la première est équivalente à *si* (ou *même si*) + imparfait) :
> *Seriez-vous vingt contre moi, j'irais quand même.*
> *Les ennemis seraient-ils plus nombreux* [avec postposition complexe], *nous attaquerions.*

Avec un verbe autre que *être* :
> *Iriez-vous, moi, je n'irais pas.*

Cf. les emplois comparables du subjonctif, § 342.

Des paraphrases avec *que* "explétif" existent dans tous ces cas (voir § 285).

Emplois figés avec *être* et *avoir* :

- *serait-ce* = "même si c'était" surtout avec *ne que* exceptif

ne serait-ce que ... (cf. *ne fût-ce que*)
ne serait-ce que pour le principe (cinq minutes, GN) ="même si c'était seulement"
Ne serait-il arrivé que deux personnes de plus, ça changeait tout.

- y aurait-il = "même s'il y avait", surtout avec *ne que* exceptif
n'y en aurait-il qu'un, ... (cf. *n'en fût-il qu'un*)
Y aurait-il eu du monde, ça n'aurait rien changé.

> **Remarque :**
> La langue recherchée utilise *n'était* = "s'il n'y avait pas", mais avec sujet nominal postposé (cf. *n'eût été*) :
> *Je serais bien tranquille, n'était mon talon.* (Offenbach)
> *La crise, n'étaient ses retombées, ...*
> *n'était que P* = "s'il n'y avait (pas) que P.

345. Parataxe à l'indicatif : *Je serais vous, j'accepterais*

En l'absence de postposition du sujet clitique, la distinction entre un emploi indépendant et un emploi paratactique dépend des facteurs sémantiques et prosodiques évoqués § 341.

Dans

> *Tu lui parles, il n'écoute même pas !* (= *si, quand*)
> *Vous faites un geste, vous êtes mort !* (= *si*)
> *Christine peut faire ce qu'elle veut, sa mère ne lui dit rien* (tour fréquent avec *pouvoir*, à valeur concessive : "quoi qu'elle fasse, ..."),

la première phrase sert de cadre, de condition logique à la seconde (remarquer l'identité de temps dans les deux) ; il y a un seul acte de discours.

Ces phrases appartiennent au registre familier et expressif (dont elles présentent souvent simultanément d'autres traits).

> **Remarque :**
> Le même glissement vers la subordination paratactique se produit avec l'**impératif** : une phrase impérative terminée par une intonation montante et suivie d'une phrase indicative peut s'interpréter comme le premier élément d'un système conditionnel :
> *Chassez le naturel, il revient au galop* (dicton ; = "si vous contrariez vos penchants naturels, ils reprennent vite le dessus")
> *Parlez-lui, il ne vous écoute même pas !*
> *Demandez-lui pourquoi il pleure, il n'en sait rien.*

Exploitation dans des couples de phrases au même temps :

Deux imparfaits :

- rapprochement-contraste d'ordre temporel :
> *Il était à peine arrivé, il avait déjà tout pris en main* (= "alors même qu'il était à peine arrivé, ...").

En particulier avec une première phrase négative:
> *Il n'avait pas cinq ans, il savait déjà lire* (= "alors qu'il n'avait pas cinq ans, il savait déjà lire").
> *Mozart n'avait pas cinq ans, il composait déjà des symphonies* (remarquer le jeu des adverbes de temps : *pas (pas encore, à peine) / déjà*).

- rapport de condition :
> *Il arrivait, tout était encore possible* (= "s'il était arrivé, tout était (= aurait été) encore possible" ; valeur de l'imparfait très discutée : valeur assertive sous condition, avec impression de véracité, de certitude).

Deux conditionnels, simples ou composés :

> *Je serais vous, j'accepterais immédiatement* (= "si j'étais vous").
> *Quelqu'un d'autre que vous me le dirait, je ne le croirais pas.*
> *Mon père, il verrait ça, il serait furieux !* (familier)
> *Vous me l'auriez demandé, je serais venu tout de suite* (= "si vous me l'aviez demandé").

Des paraphrases avec *que* intégratif (dit explétif) existent dans la plupart des cas (voir § 285).

> **Remarque :**
> ***Avoir beau*** : il existe un tour très usuel d'expression de la concession avec *avoir beau* :
> *J'ai beau essayer, je n'y arrive pas.*
> *Il a eu beau recommencer, il n'a pas réussi.*
> L'adjectif *beau* portait originellement sur l'infinitif : "il a fait un bel essai ; il n'a pas réussi". La structure en *avoir beau* ne peut constituer une énonciation indépendante. Cf. *bien que*.

346. Parataxe à l'indicatif : *Plus il crie, moins on l'écoute*

1. Type comparatif :

Il existe un type très usuel de corrélation, par deux phrases à l'indicatif dont la particularité est de comporter l'adverbe comparatif à l'initiale. Aucune des deux phrases ne pourrait se rencontrer isolément sous cette forme.

> *plus (moins) ... , plus (moins) ...*
> *autant ... , autant ...*

Il n'y a pas de mélodie conclusive sur la première partie, qui a valeur de subordonnée :

> *Plus il crie, moins on l'écoute !* (paraphrase : *d'autant plus que :*
> *On l'écoute d'autant moins qu'il crie,* moins naturel).
> *Plus il a d'argent, plus il en veut.*
> *Autant il était aimable auparavant, autant il est devenu désa-*
> *gréable !* Remarquer l'impossibilité de *aussi* ou *si* (qui réap-
> paraissent dans la paraphrase comparative : *Il est devenu*
> *aussi désagréable qu'il était aimable*).
> *La ratatouille, plus c'est réchauffé, meilleur c'est.*

Cette formation se retrouve dans

- *tantôt ..., tantôt ... :*
> *Tantôt il pleure, tantôt il rit*

- *autre (chose) ... , autre (chose) ...*
> *Autre chose est de récriminer, autre chose est de se mettre à*
> *l'ouvrage !* (paraphrase comparative : *C'est autre chose de se*
> *mettre à l'ouvrage que de récriminer*).

Remarque :
Les deux propositions (ou phrases) peuvent être coordonnées par *et :*
Plus il crie, et moins on l'écoute.

2. Type consécutif : *P, tellement (tant) ...*

C'est la première proposition (autonome, avec mélodie conclusive) qui marque le fait important (la conséquence), la seconde marquant la cause. Tour très usuel.

> *Il s'est endormi, tellement il était fatigué* (paraphrase : "il était tel-
> lement fatigué qu'il s'est endormi").
> *Il s'est rendu malade, tellement il avait fait d'efforts* (ou *des*
> *efforts,* familier) (paraphrase : "il avait fait tellement d'efforts
> qu'il s'est rendu malade").

L'emploi de *et* entre les deux propositions est exclu.

17

LA PHRASE SANS VERBE (DITE "PHRASE NOMINALE")

347. La phrase sans verbe , dite phrase nominale

Une phrase sans verbe comme
Heureux les pauvres !

est une phrase complète, car elle se compose, selon la définition de la phrase, de deux termes mis en relation par l'énonciateur : celui-ci affirme la convenance d'un **prédicat** (*heureux*) à un **sujet** (*les pauvres*), il porte un jugement assertif, sur le terrain de la vérité. L'absence de forme verbale n'empêche pas la manifestation d'une **modalité de phrase** et d'un acte de discours.

Les moyens syntaxiques mis en œuvre pour prédiquer et asserter sont essentiellement la prosodie et l'ordre des mots.

L'absence de verbe n'est cependant pas sans conséquence :

- d'une part, un énoncé sans verbe (sans marques temporelles ni aspectuelles) est nécessairement **lié au présent** (même si ce présent peut s'étendre sans borne comme dans *Deux et deux, quatre* ou *Heureux les pauvres*) ;

- en l'absence de relation (et d'accord) sujet - verbe, il ne va pas de soi qu'on continue à parler de **sujet** : dans le type très usuel
Délicieux, ce café !,

le GN, en construction détachée après une pause (comme dans *Il est délicieux, ce café !*), fait plutôt penser à un **thème postposé** qu'à un sujet au sens strict : certes c'est *ce café* qui fait l'objet de la prédication, mais on peut considérer qu'il est implicitement présent dans la situation d'énonciation au moment où le locuteur articule *Délicieux !* (ce qui conduit à envisager des phrases sans verbe à un seul terme explicite : *Délicieux !*). La verbalisation de *ce café*, nullement obligatoire, intervient après coup, soit comme rappel de connaissance partagée, soit à des fins de désambiguïsation. On parlera donc de sujet avec prudence, sachant qu'il n'est pas toujours aisé de déterminer le rôle de tous les éléments en présence dans une phrase sans verbe.

> **Remarque :**
> Dans la dénomination usuelle de **"phrase nominale"** (c'est-à-dire phrase à prédicat nominal), le terme de "nominal" recouvre, selon l'ancienne tradition, à la fois le substantif et l'adjectif. Même à ce compte, cette dénomination est encore trop restrictive (*À vous de jouer !*).
> À l'inverse, "phrase sans verbe" risque d'être compris comme incluant tous les énoncés tronqués en discours, tels que par exemple les réponses elliptiques, contenant uniquement une partie rhématique, du type *Demain !* (non étudiés ici).
> On utilisera donc selon le cas l'un ou l'autre terme.

Les phrases sans verbes sont courantes dans deux registres, sous des formes différentes :

- d'une part dans l'expression spontanée en situation, où elles ont une allure vivante et naturelle (réaction immédiate, commandée par une dynamique de communication),

- d'autre part, avec d'autres procédés, dans des formes de communication écrite recherchant l'économie : titres de journaux, panneaux, etc. (la motivation fondamentale est alors la volonté de sténographie).

348. Phrase nominale et modalité. Assertion et exclamation

Une phrase nominale peut, bien qu'étant dépourvue de verbe, avoir différentes modalités de phrase et correspondre à des actes de langage divers. Entrent en jeu ici, à défaut de mode verbal, à l'oral l'intonation, d'une façon décisive, et la présence de morphème en *qu-* (comme *quel*) ; à l'écrit, le contexte et le message lui-même viennent étayer les indices que la ponctuation peut fournir.

L'ordre des termes (important du point de vue des relations thématiques) ne semble pas d'une grande pertinence sur le plan des modalités : aucun sujet clitique n'est possible en phrase nominale et il ne saurait donc y avoir remise en question d'une assertion par postposition du sujet clitique.

La phrase nominale est normalement équivalente à une phrase indicative.

Dotée d'une intonation conclusive, elle est franchement **assertive** : elle présente un constat sur l'état du monde, et l'affirme comme véridique :

À ma gauche, notre premier invité de ce soir
Deux fois deux, quatre.

Ce constat est souvent présenté de surcroît avec affect (montée de la voix, effets intonatifs particuliers, marqués par un point d'exclamation à l'écrit) ; on parle alors souvent de valeur **exclamative**, au sens intuitif du mot, et sans pouvoir définir strictement une classe d'énoncés exclamatifs :

Délicieux, votre café !
Impossible (,) d'y arriver !

La plupart des exemples ci-après sont exclamatifs en ce sens.

Il existe néanmoins des énoncés nominaux comportant certains déterminants (défini et surtout démonstratif), qui ne sauraient être simplement assertifs :

Ce culot ! Cette audace !

> *(Oh! là là!) cette tête ! (Cette tête qu'il fait !)*
> *Cette chance ! (Cette chance qu'on a eue !)*
> *Cette raclée ! (Cette raclée qu'on leur a donnée !)*

L'emploi exclamatif de *Ce N* + relative est à rapprocher des emplois de *Ce que P !* (qui constituent des phrases nominales) tels que

> *Ce que c'est beau !* (paraphrases : *Que c'est beau !*, voir § 364 ;
>   *Qu'est-ce que c'est beau !*, voir § 364)
> *Ce qu'il peut être assommant !*
> *Ce qu'il a pu faire comme bêtises !*

Les termes en *qu-* fournissent également des énoncés nominaux exclamatifs :

Quel N ! :

> *Quelle tête ! Quelle chance ! Quelle raclée !*
> *Quel idiot, Paul !*
> *Quel chef-d'œuvre, cette pièce !*
> *Quelle joie, de se retrouver !*
> *Quel gâchis !*
> *Quelle triste époque (que la nôtre) !*

Que de N ! :

> *Que d'eau ! Que d'eau !*
> *Que de bruit !*

Abstraction faite des énoncés interrogatifs tronqués en reprise d'un discours antérieur (du type *Quel nom [as-tu dit] ?*), non étudiés ici, la phrase nominale se prête mal à une remise en question de l'assertion pouvant conduire à une claire interrogation. On trouve néanmoins, sinon des demandes d'information, des demandes de confirmation ou des formes d'expression du doute (surtout dans les titres, et pour les phrases existentielles) :

> *Négociations dans l'impasse ?*
> *Rien pour moi ?*

La phrase nominale peut prendre des **valeurs distinctes de l'assertion**, comme une phrase verbale à l'impératif ou parfois au subjonctif, et correspondre à des actes de langage du type ordre, souhait, ... :

> *Pas un bruit !* peut être un constat ou une consigne
> *Les mains en l'air !*
> *Au diable les soucis !*

349. Les différents types de phrase nominale

Les phrases nominales peuvent être étudiées par référence aux phrases à verbe *être* (et jamais par référence à des phrases transitives).

On distinguera donc :

Phrase nominale attributive

ordre prédicat - sujet (ou thème) :

Heureux les pauvres !
Délicieux, ce café !
Difficile de faire autrement !
Quel crétin, ce type !
Quel bonheur d'être ici !
cas particulier : *Triste nouvelle que la mort de Paul !*

un seul terme (prédicat) :
Délicieux !
Difficile !
Quel crétin !

ordre sujet - prédicat :
Négociations suspendues.
Deux fois deux, quatre.

Phrase nominale locative

ordre prédicat - sujet (ou thème) :

Au diable les soucis !
À ma gauche, notre premier invité de ce soir.
À vous de jouer.

un seul terme (prédicat) :
À vous !

ordre sujet - prédicat :
(les) Négociations dans l'impasse.
Les mains en l'air !
cas particulier : *Heureusement que Paul est arrivé !*

Phrase nominale existentielle

La nuit. La pluie.
Pas un bruit !
Mort de M. Dupont.

> **Remarque :**
> Pour les phrases à infinitif de narration, qu'il est possible d'analyser comme des phrases nominales (l'infinitif étant la forme nominale du verbe), du type
> *Grenouilles aussitôt de rentrer dans les ondes*, voir § 80.

350. La phrase nominale attributive : type *Heureux les pauvres* !

Ordre prédicat - sujet (ou thème)

C'est l'ordre le plus habituel.

Comme dans la phrase à verbe *être*, la relation instaurée dépend de la nature du prédicat et des rapports de détermination.

Adj prédicat - GN sujet (ou thème)

En construction liée, cette structure, peu courante, se rencontre surtout dans des formules consacrées, de caractère générique :

> *Heureux les pauvres* ! (l'antéposition de l'attribut est sensible (comme elle le serait dans *Heureux sont les pauvres* !), mais c'est le seul ordre possible sans expression du verbe).
> *Heureux le poète insensible* !
> *Heureux qui comme Ulysse a fait un beau voyage* (Du Bellay ; intégrative pronominale sujet).

En revanche la structure est très vivante dans des emplois en situation : un GN déictique est repris en construction détachée (disloquée), comme une sorte de reprise qui n'aurait pas été annoncée par une cataphore; il joue davantage un rôle de thème qu'un rôle de sujet.

Le prédicat marque une qualité momentanée, transitoire.

> *Délicieux, votre café! Incroyable, cette histoire! Bizarre, ce truc! Très réussie, votre mousse au chocolat!*
> *Très bien, votre intervention* ! (avec adverbe attributif)
> *Merveilleux, ces roses!*, sans accord (= "c'est merveilleux, ces roses") / *Merveilleuses, ces roses!* (= "elles sont merveilleuses, ces roses")
> *Incroyable, ce que Paul peut être jaloux* ! (*ce que P* = GPronominal ; comme *Incroyable, la jalousie de Paul* !)
> Pause souvent non réalisée (mais toujours possible) dans *Finies* (ou *fini* : avec ou sans accord) *les vacances* ! *Oubliées les bonnes résolutions! Chauds les marrons!*
> Dans *Haut les mains! Bas les pattes!*, l'adjectif initial est devenu invariable; le caractère pressant et impératif de ces phrases explique sans doute l'absence de pause.

Adjectif prédicat - *de Inf* ou *que P* sujet (ou thème)

Emplois très vivants avec quelques adjectifs (négatifs ou utilisés avec des marques restrictives). Les mêmes énoncés peuvent avoir une structure liée ou une structure disloquée :

Impossible de faire autrement ! Impossible de vous tromper !
(paraphrases : *Il est impossible de Inf, C'est impossible de Inf* ;
ce type d'emploi est exclu avec *possible*)

Difficile de faire plus mal !

Fini de rire !

Interdit de fumer

Impossible que tout soit fini ce soir ! (*? *possible*) (Le mode de la
complétive dépend de l'adjectif)

Encore heureux (,) qu'il ait fait beau ! (la présence de *encore* est
nécessaire)

Dans *Bien sûr (,) qu'il peut le faire !*, le premier élément *bien sûr*
fonctionne plutôt comme circonstant (= "bien entendu, certainement, évidemment" ; cf. *Évidemment qu'il peut le faire !*,
§ 356).

GN prédicat - GN sujet (ou thème)

N'existe qu'en structure disloquée (deux GN successifs sans pause
seraient mal tolérés) :

Calomnies, toutes ces accusations !

Triste nouvelle, la mort de Paul !

Seul remède, le repos !

Une folie, cette entreprise !

Un bon type, ce brigadier !

Une merveille (la merveille des merveilles), cet ordinateur !

Le fin du fin, ce dessert !

Avec *quel* :

Quel artiste, cet homme !

Quel imbécile, ce Paul !

Quel chef-d'œuvre, cette pièce !

Quel gaspillage, tout cet argent dépensé pour rien !

GN prédicat - *de Inf* ou *que P* sujet (ou thème)

En structure liée ou disloquée :

Dommage (,) qu'il soit arrivé trop tard ! (*dommage*, sans déterminant, fonctionne comme un adjectif)

Une chance qu'il n'ait rien vu !

*Le grand malheur (la belle affaire) (,) d'être obligé de marcher
un peu !*

Quel malheur (,) d'être obligé d'en passer par là !

Quelle joie (,) de se retrouver !

Quelle chance (,) qu'il ait fait beau !

351. La phrase nominale attributive à un seul terme : Parfait !

Un terme unique ne fait phrase que s'il est prédicatif (un terme unique à valeur thématique n'est pas un énoncé complet).

Adj prédicat

L'adjectif est le prédicat d'un sujet qui reste implicite en situation (et dont l'explicitation ramène au type *Excellent, ce café !*, § 350).

> *Excellent ! Parfait ! Bizarre ! Curieux !*
> *Impossible !*
> *Très bien ! Mal !* adverbes de manière attributifs
> *Fini ! Bien joué !*
> *Enfin tranquille !*

> **Remarques :**
> **1.** Cas particulier : l'adjectif (ou nom sans article : termes "de qualité", voir § 267, 271) apostrophe et caractérise l'allocutaire :
> *Idiot ! Crétin ! Pauvre imbécile ! (Tas de) fainéants !*
> *Malheureux !*
> *Comédien ! Assassin !*
> Avec relative :
> *Crétin que tu es !*
> Aussi *Idiot que je suis !* (voir § 272).
> La phrase nominale est très proche du complément accessoire .
>
> **2.** Le sujet implicite est *je* dans :
> *Enchanté !* (= "je suis enchanté de faire votre connaissance")
> *D'accord* (= "je suis d'accord").

GN prédicat

Emploi moins naturel qu'avec un adjectif. Un GN isolé (déterminé) est malaisément interprété comme le prédicat (attribut) d'un autre terme resté implicite; il tend plutôt à être pris comme terme thématique, hors structure, ou comme prédicat existentiel (terme dont on pose l'existence), - quand ce n'est pas comme une caractérisation de l'énoncé.

> *Dommage !* (usuel ; quasi adjectival)
> *Sottises ! Imaginations! Calomnies !* (sans article)
> *Triste nouvelle !*
> *Une folie ! Une chance !* (exclamation)
> *La belle affaire !*
> *L'imbécile ! Le salaud !* ("noms de qualité")
> *Les braves gens !*

Avec *quel* :

> *Quel idiot!* (le thème peut être *je, tu,* ou *il*)

Quelle idiotie !
Quelle souplesse ! Quel talent !
Quel drôle de truc !
Quel dommage ! Quelle chance ! Quel malheur !
Quel gaspillage !

Avec *ce N* ou *ce que* :
Ce culot !
Ce culot qu'il a !
Ce qu'il peut être culotté !

> **Remarque :**
> Le tour
> *Le sot projet qu'il a de se peindre !*
> contient en un même GN sujet et prédicat : "sot est le projet qu'il a de
> se peindre".

352. Le tour *Triste nouvelle que la mort de Paul !*

Le tour nominal recherché
Triste nouvelle (,) que la mort de Paul !,

proche de *Triste nouvelle, la mort de Paul !* (d'où le fait que *que* est
déclaré "explétif"; - mais il s'agit en fait de deux structures différentes),
comporte une subordonnée elliptique (voir § 158) : "triste nouvelle, (ce)
que la mort de Paul [est]" (qu'on trouve aussi dans la phrase verbale *C'est
une triste nouvelle que la mort de Paul !*) :
Sottises que tout cela !
Admirable époque que celle de la Renaissance.
Étrange croyance que la métempsychose !
Triste époque que la nôtre !
La douce chose que d'aimer ! (remarquer l'article, dont la valeur
est proche de *quelle*).

Avec *quel* :
Quelle étrange affaire que l'affaire Calas !
Quelle triste époque que la nôtre !

353. La phrase nominale attributive : type *Deux et deux, quatre*

Ordre sujet - prédicat

L'ordre sujet - prédicat, normal en phrase verbale, est peu pratiqué en
phrase nominale.

GN sujet - Adjectif prédicat

Dans *Faire autrement (?/,), impossible !*
Ce Paul, quel imbécile !,

le premier terme est senti comme un terme thématisé, autonome, et le second terme (qui renvoie implicitement au premier) vaut à lui seul phrase nominale. Ces exemples ne sont donc pas considérés comme des cas de phrase nominale à ordre sujet - prédicat.

La structure de phrase nominale à sujet initial se rencontre néanmoins, mais dans des conditions très différentes : à l'écrit, en particulier dans les titres, les écriteaux, et d'une manière générale quand on estime prioritaire d'être informatif avec le moins de mots possible, fût-ce au détriment de la syntaxe normale. On conserve l'ordre et l'économie de la phrase canonique, mais en supprimant des marques grammaticales comme le verbe *être* ou les déterminants.

Le prédicat est souvent un participe passé, exprimant le résultat d'un procès (un adjectif marquant un pur état, comme *content*, serait impossible). Il est lié intonativement au GN, ou en est séparé par une faible pause. On remarquera l'utilisation de divers procédés morphologiques de nominalisation (noms d'action, noms d'agent).

> *Stationnement interdit* (à côté de *Interdit de stationner*, voir § 350, et de *Interdiction de stationner*, voir § 355)
> *Livraisons autorisées de 6h à 10h ; Trafic interrompu pour raisons techniques.*
> *Négociations suspendues.*
> *Emploi impossible sans déterminant.*
> *L'épidémie enrayée* (valeur anaphorique de l'article)
> *L'Arménie ravagée par un violent tremblement de terre.*
> *Paris libéré !* d'où *Paris enfin libre !*
> *Chang battu en trois sets ; Chang brillant vainqueur en finale,* avec nom d'agent.

GN sujet - GN prédicat

Dans quelques cas, rares, le prédicat est une expression de type nominal : valeur d'identification très forte (valeur équative ; cf. les calculs arithmétiques). La structure est liée ou disjointe à l'oral, mais la virgule s'impose à l'écrit :

> *Deux et deux, quatre* = "deux et deux égale(nt) quatre" ; on disait encore à l'époque classique *Deux et deux sont quatre* ; le français moderne utilise comme copule équative le verbe *faire* : *Deux et deux font quatre.*
> *Traduttore, traditore* (dicton italien souvent emprunté, jouant sur la forme et le sens : "traducteur, traître").

Chose promise, chose due.
Diseur de bons mots, mauvais caractère.

354. La phrase nominale locative : À *vous l'honneur !*

Ordre prédicat - sujet

GPrép (ou Adverbe) prédicat - GN sujet

La construction, liée dans quelques expressions consacrées, est surtout vivante sous forme disjointe : le terme sujet, indispensable, ne peut être pas ici être considéré comme une reprise. On remarquera la variété des actes de langage :

À *chacun sa vérité! À chacun son métier!*

Chacun son tour (en interprétant : "à chacun son tour" ; dans l'interprétation *Chacun à son tour*, on est dans l'ordre inverse avec préposition zéro).

À *père avare, fils prodigue ; À bon chat, bon rat.*

À *vous l'honneur ! À vous, maintenant, les honneurs et les charges !*

Au diable toutes ces fadaises !

Au vestiaire (,) l'arbitre ! A mort (,) le dictateur !

À *gauche, le tenant du titre ; Au centre de la photo, le Président* (constat descriptif : "en un lieu [est] N"; on est proche de la phrase existentielle, voir § 355).

À *l'affiche ce soir, un chanteur venu d'outre-Atlantique.*

Sur la table, un vase (indication scénique, ou début de roman).

Mais dans À *refaire, ce devoir !,* le GN est un thème repris (qui pourrait facilement rester implicite).

GPrép prédicat - *de Inf* sujet (ou thème)

À *vous de jouer ! À vous, maintenant, de faire vos preuves !*

Un terme locatif : GPrép

Le caractère de phrase locative sans verbe est net dans

À *vous!* = "[c'est] à vous (de jouer, l'honneur, ...),

mais les GPrép ou Adverbes isolés ont un statut souvent difficile à déterminer : ils correspondent à des actes de langage très divers (beaucoup d'ordres, en combinaison avec des vocatifs), impliquent souvent des mouvements, et peuvent aussi bien représenter une phrase tronquée qu'une phrase "nominale" (la localisation ne peut pas, comme l'attribution, se restreindre à *être*) :

À table ! À la porte ! Ici ! Debout !
peuvent s'analyser diversement.

Préposition + Infinitif :
À refaire! = "[c'est] à refaire", valeur injonctive.

Ordre sujet - prédicat

GN sujet - GPrép prédicat

Cet ordre se rencontre dans les titres de journaux, comme pour la phrase nominale attributive :

(Les) négociations dans l'impasse (= "les négociations sont dans l'impasse" ; constat).
Des milliers de personnes sans abri,

ainsi que dans des expressions diverses :

L'arbitre (,) au vestiaire ! Les aristocrates (,) à la lanterne ! Les resquilleurs (,) à la queue ! (souhait ou volonté).
Chacun à son tour.
Les mains en l'air !
Sabre au clair ! (commandement de cavalerie)
Ceci, pour vous.
Même chose pour vous (constat, pouvant valoir consigne).

355. La phrase nominale existentielle : *Pas de chance !*

Un terme nominal seul peut représenter un **prédicat d'existence**, sans qu'il y ait de sujet (ou de thème) :

Le silence. (= "c'est le silence ; il y a le silence").
La nuit. La pluie. (Verlaine ; = "il fait nuit et il pleut" ; intonation conclusive, pas d'exclamation).

À l'oral, un élément vient généralement "appuyer" la prédication d'existence, lui donner son indispensable **ancrage situationnel**. Ce peut être :

- une **localisation** :

Partout (,) le silence
Dans *Un collègue*, avec deixis, le geste de présentation fournit la localisation

- une **localisation abstraite**, indication de relation :

Contre la fatigue, un seul remède : le terme dont l'existence est prédiquée (*un seul remède*) peut ensuite être le premier terme d'une relation équative (*Contre la fatigue, un seul remède : le repos*) : les mises en relations se succèdent.

- une marque équivalant à une forme de **présentatif** :

> *Tiens, un revenant ! Oh! un bal de village !*
> *Oh ! une voiture qui a grillé le feu rouge !*

- une **indication temporelle** :
> *Encore vous ! Encore ce type !*
> *Encore un carreau de cassé !*
> *Bientôt la fin !*

- une **négation** :
> *Pas un bruit!* (constatation ou ordre)
> *Pas de chance! Plus d'espoir ! Pas d'autre solution ! Pas une*
> *goutte d'eau ! Plus jamais ça ! Pas vous, pas ça ! Pas de pitié*
> *pour ...! Pas besoin (pas question) de ça !* (actes de langage
> divers)
> *Rien ! Personne ! Rien à faire!*

- *que de N !* exclamatif :
> *Que d'eau ! Que de bruit !*

- un **démonstratif** : *Ce N* (fréquemment suivi d'une relative) ou *Ce que
P !* (exclamatif), généralement accompagné de marques du type *oh là là !,
ah ! dis donc !* :
> *Ah, cette raclée (qu'on leur a donnée) !*
> *Ah, là là, cette chance (qu'on a eue) !*
> *Oh, alors, ce qu'il peut être ennuyeux !*

Les titres de journaux (et écrits comparables) ont, ici encore, leurs
structures spécifiques : des **nominalisations**. Le GN constituant unique
incorpore ce qui pourrait être déployé en une phrase :
> *Tremblement de terre en Arménie* (= "il y a (eu) un tremblement
> de terre en Arménie").
> *(Nombreux) désordres en Turquie.*
> *Brillante victoire de Chang en finale* : caractère constatif et peu
> affectif, non exclamatif.
> *Mort de M. Dupont* : annonce de l'événement / *La mort de M.
> Dupont* : rappel anaphorique (par l'article) d'un événement
> déjà connu, ou censé l'être; peut aussi servir de cadre circons-
> tanciel de départ, pour la suite du texte : *La mort de M.
> Dupont : tous les détails de l'enquête.*
> *Importante chute de neige en altitude* (noms d'action).
> *Interdiction de stationner. Défense de fumer.*
> *Possibilités de crédit. Larges facilités de paiement.*

356. Le type *Heureusement que P*

Une phrase telle que
> *Heureusement (,) que les secours sont arrivés à temps !,*

d'un type très usuel, est anomale, et se rattache à la phrase "nominale", en ce que le prédicat est non verbal (l'adverbe), avec une complétive pour sujet :

> *Heureusement que P* = "heureusement [est, il y a] que P" (para-
> phrases : *Heureusement, P ; Il est heureux que P*)

La complétive *que P* représentant par ailleurs "(ce) que P [est]"), on a au total

> "heureusement [est] (ce) que P [est]",

avec P = "les secours sont arrivés à temps" : glose complexe, conforme au caractère énonciatif (métalinguistique) de l'énoncé en question. (L'analyse est la même pour *Triste nouvelle que la mort de Paul !*, voir § 352.)

Cette structure se rencontre avec une série d'adverbes de phrase : *heureusement, sûrement, vraisemblablement, évidemment, apparemment, probablement, peut-être,* ainsi que *bien sûr, sans doute.*

> *Sûrement que Paul sera là*
> *Peut-être (,) que Marie viendra*
> *Sans doute qu'elle a été retardée.*

Tours comparables avec :

- *vivement* (marque d'optatif) :
> *Vivement la fin ! / Vivement que ce soit fini !* (subjonctif ; pas de
> paraphrase sans *que*)

- *plus souvent* (familier) :
> *Plus souvent que je me donnerais encore du mal pour lui !*

- *avec ça* (familier) :
> *Avec cela que je ne l'aurais pas reconnue !* (Proust)

> **Remarque :**
> Voir aussi *bien que P*, § 292.

357. La phrase nominale subordonnée et paratactique

Il existe des **sous-phrases nominales**, étudiées au § 335 :
> *les mains sur la tête*
> *les mains dans les poches.*

Il existe des **emplois paratactiques** des phrases nominales :

- une phrase nominale existentielle sert de subordonnée paratactique à une phrase verbale :
> *Une difficulté, - (et) il abandonne.*
> *Un pneu qui éclate, - (et) c'est la catastrophe.*

La phrase (ou le terme) nominale sert de cadre, de thème.

- une phrase nominale sert de subordonnée paratactique à une autre phrase nominale :

> *Œil pour œil, dent pour dent.*
> *Point d'argent, point de Suisse.*

Avec une relation de conséquence de la première vers la seconde :

> *Pas vu, pas pris.*

Avec corrélation :

> *Aussitôt dit, aussitôt fait.*
> *Autant de gens, autant d'avis.*
> *Tel père, tel fils.*
> *Autres temps, autres mœurs.* (dictons)

18

RÉCAPITULATIF : QUE, LES CONNECTEURS

Les § 358 à 377 de ce chapitre reprennent, sous une forme légèrement différente, notre article "*Que* en français : essai de vue d'ensemble" (paru en 1992, dans *Subordination*, Travaux Linguistiques du Cerlico, 5, Presses Universitaires de Rennes 2, pp. 43 à 71).

358. Que : vue d'ensemble

La richesse et la complexité des emplois de *que* tiennent à plusieurs facteurs:

1. Il existe à la base **deux morphèmes homonymes** (tout en étant apparentés) : *que* **pronom** (cf. latin *quid* et *quod*) et *que* **adverbe** (cf. latin *quam*) ;

2. Chacun des deux a plusieurs emplois : le principe de cette **diversité d'emploi** est commun à **tous les termes en *qu*-**, qu'ils soient pronoms (*qui, que*), adverbes (*où, quand, ...*), ou adjectif (*quel*) ;

3. *Que* connaît au surplus des **développements spécifiques** importants, comme le fonctionnement en tant que "complétif";

4. Il existe des cas de **neutralisation** entre ces différents *que*, qui attestent que les frontières entre eux ne sont pas infranchissables, et posent le problème d'une unité syncrétique.

Que reste toujours fondamentalement un pronom ou un adverbe, avant d'être un connecteur ou un "complémenteur" : son rôle connecteur n'exclut nullement son appartenance à une catégorie (pronom, adverbe, ...), et c'est à partir de ces emplois que se construit, en bout de chaîne et sans solution de continuité, le fonctionnement apparent de "connecteur pur".

Avant d'aborder ce qui concerne en propre *que*, rappelons quelques points essentiels (voir § 21) concernant la famille des termes en *qu*- dans son ensemble :

a) **les termes en *qu*- sont fondamentalement des indéfinis**, c'est-à-dire des marqueurs du parcours de toute la classe : classe des animés (*qui*), des lieux (*où*), des moments (*quand*), etc. ;

b) selon que l'indéfinition originelle est conservée ou prise comme un stade à dépasser, ils connaissent dans la phrase simple des emplois **interrogatifs** (grec *tis* accentué, latin *quis*, fr. *qui : qui est là ?* = "quelqu'un est là - qu'il faut identifier"), ou **indéfinis** (emplois plus fragiles : grec *tis* inaccentué, latin *quis* dans *si quis* ... ; français *quelque*, formé par redoublement : *quelqu'un, quelque chose, quelque part, quelque temps, ...*) ;

c) les termes en *qu*- sont **connecteurs**, avec la même dualité d'emploi :

- interrogatifs (= **percontatifs**) : *Dis-moi qui est là, Je sais qui est là* ;

- indéfinis (= **intégratifs**, terme également repris de Damourette et Pichon) : *Qui vivra verra* ("quiconque vivra, – celui-là verra") ; *Quand on veut, on peut* ("auquel moment, quel qu'il soit, on veut, – à ce moment-là on peut") ;

d) les termes en *qu*- sont également (dans de nombreuses langues, comme le latin et le français) des relatifs : *l'homme qui est là, la maison où je suis né.*

Tableau d'ensemble des emplois de *que*

	phrase simple		en phrase	complexe	
	Interrogatif (exclam.)	Percontatif (exclam.)	Intégratif	Relatif	Complétif
Pron. indéf.	+ (a)	(+) (b)	(-) (c)	+ (g) =>	+ (h)
Adv. indéf.	+ (d)	(+) (e)	+ (f)		

Exemples-types :

Premier groupe d'emplois : *que* pronom (indéfini) :
    (a) *Que dis-tu ?*
    (b) *Je ne sais que dire.*
    (c) *(Advienne que pourra).*

Deuxième groupe d'emplois : *que* adverbe (indéfini) :
    (d) *Que c'est gentil !*
    (e) *Si vous saviez que d'ennuis il a eus !*
    (f) *Il'ment que c'est une honte.*
      Paul est plus grand que Jean.

Troisième groupe d'emplois : *que* pronom devenu relatif :
    (g) *l'homme que je vois*

Quatrième groupe d'emplois : *que* devenu complétif :
    (h) *Je crois qu'il va pleuvoir.*

Nous allons maintenant considérer chacun de ces emplois, en indiquant leurs principales exploitations. Dans la plupart des cas, on se contentera d'un renvoi aux paragraphes concernés des chapitres précédents ; quelques développements seront ajoutés sur certains points.

359. Premier groupe d'emplois : *que* pronom indéfini (non humain)

Le pronom *que* est ici l'héritier du latin *quid* et il représente l'indéfini non humain (neutre). Ses emplois sont loin d'avoir la même extension et la même vitalité que ceux de l'indéfini humain *qui*. Il reste à *que* quelques emplois interrogatifs, simples ou connecteurs (= percontatifs), et des traces d'emploi indéfini connecteur (= intégratif).

Pas d'emploi comme simple indéfini (remplacé par *quelque chose*).

360. Que pronom (indéfini) interrogatif : *Que dis-tu ?*

Sur les rapports entre indéfini et interrogatif, voir § 66.

Les emplois de *que* comme pronom interrogatif neutre sont bien établis, mais restreints : *que*, pronom atone, s'emploie comme **régime direct** (attribut, objet) **à l'initiale de phrase** :

> *Que fais-tu ? Que faire ?* (avec concurrence de *quoi,* tonique, postposé : *Tu fais quoi ? Quoi faire ?*)
> *Qu'est-ce ?* (concurrence de *C'est quoi ?*).

Le fait marquant est ici que *que* ne peut pas s'employer comme sujet (non plus que *quoi*, si ce n'est dans des cas très limités), et qu'on est contraint de recourir à un tour supplétif périphrastique :

> *Qu'est-ce qui ne va pas ?*,

dans lequel on retrouve *que*, attribut, comme premier terme (= "que est ce qui ne va pas ?") : on interroge, non pas directement sur la chose elle-même, mais, indirectement, par le relais d'une identification avec ce qu'elle est.

Le même tour concurrence également *que* pronom interrogatif objet :

> *Qu'est-ce que tu fais ?* (le premier *que* est le pronom interrogatif, le second est le relatif)

et se retrouve dans l'exclamation (voir § 73) :

> *Qu'est-ce qu'il s'est donné comme mal !*
> *Qu'est-ce que Marie est jolie !*

Le pronom neutre s'emploie (notamment avec une négation) avec le sens d'un *pourquoi* exclamatif, comme le latin *quid* :

> *Que ne me l'avez-vous dit plus tôt !* ("relativement à quoi, en raison de quoi ... ?").

361. Que pronom (indéfini) connecteur percontatif : *Je ne sais que dire*

Les emplois de *que* comme pronom percontatif (= en emploi "interrogatif indirect") sont encore beaucoup plus restreints : il ne se rencontre que comme **objet d'une percontative à l'infinitif** (voir § 187) :

> *Je ne sais que dire* (avec concurrence de *Je ne sais pas quoi dire,* plus naturel).

Dans une proposition percontative à l'indicatif, *que* est remplacé par la structure supplétive *ce qui* (sujet) ou *ce que* (objet), avec *qu-* relatif :

> *Dis-moi ce que tu fais.*
> *Dis-moi ce qui t'intéresse.*

Voir, ci-dessous, § 369.

362. Que pronom indéfini connecteur intégratif (*Advienne que pourra*)

Les emplois de *que* comme pronom intégratif (= "relatif sans antécédent") ont disparu ; cf. encore par archaïsme, chez La Fontaine, le tour elliptique *faire que sage* :

> *Celuy-ci s'en excusa;*
> *Disant qu'il ferait que sage*
> *De garder le coin du feu* ("... disant qu'il ferait ce que [ferait] un sage, en gardant le coin du feu").

Il n'en subsiste que quelques **expressions figées** telles que

> *Advienne que pourra,* avec *que* sujet du verbe subordonné (= fr. mod. *Qu'advienne ce qui pourra advenir*).
> *Si j'étais que vous* (= "si j'étais ce que vous [êtes]")
> *Si j'étais que de vous* (= "si j'étais ce que [il en est] de vous"). Cf. ci-dessous § 371.

Dans ce type d'emploi (comme dans l'emploi percontatif), *que* a été suppléé par *ce qu-* (avec *qu-* relatif) :

> *Ce qui s'est passé (ce que j'ai vu) est étrange.*

*   *   *

Au total les emplois de *que* pronom neutre indéfini (interrogatif, percontatif ou intégratif) sont restreints et manifestement en perte de vitesse : *que* est concurrencé et presque complètement remplacé par un tour analytique.

Mais l'emploi de *que* intégratif est à la base de la formation du *que* relatif et à l'origine du *que* complétif (*Je dis que P* ; voir ci-dessous § 374).

363. Deuxième groupe d'emplois : *que* adverbe indéfini de degré

Que est ici l'héritier du latin *quam*. Il marque un degré indéfini sur un prédicat.

Si les emplois exclamatifs simples et connecteurs sont restreints, les emplois intégratifs sont extrêmement étendus, en particulier avec corrélation.

Pas d'emploi comme simple indéfini (qui signifierait "à quelque degré").

364. Que adverbe exclamatif : *Que c'est gentil !*

En phrase simple, *que* prend une valeur exclamative et marque le haut degré (quantité / qualité) :

> *Que Marie est jolie !* "à quel (haut) degré Marie est jolie !" ; le locuteur laisse à son interlocuteur le soin de répondre à cette question fictive. L'adverbe est senti comme portant sur l'adjectif attribut (quantifiant "être jolie").
> *Que de mal il s'est donné !*
> *Que d'ennuis il a pu avoir !* (l'adverbe porte sur l'élément quantifiable du prédicat, c'est-à-dire le GN)
> *Que d'eau ! Que d'eau !*

Dans cet emploi exclamatif, *que* est d'un usage restreint, et passablement livresque. Il est concurrencé par d'autres adverbes (*comme, combien, si*) et par le tour *qu'est-ce que* (déjà vu § 360) ou simplement *ce que* (voir § 361, 369) :

> *Qu'est-ce que Marie est jolie !* (le premier *que* est interrogatif, le second est relatif) / *Ce que Marie est jolie !* avec *que* relatif.
> *Qu'est-ce qu'il s'est donné comme mal ! / Ce qu'il a pu se donner comme mal !*
> *Qu'est-ce qu'il a pu avoir comme ennuis ! / Ce qu'il a pu avoir comme ennuis !*

365. Que adverbe connecteur percontatif : *Vous savez que d'ennuis il a eus !*

Par rapport aux emplois exclamatifs en phrase simple, les emplois exclamatifs connecteurs sont encore plus restreints :

> *Si vous saviez que d'ennuis il a eus !*
> *Voyez que d'eau il y a !* (voir § 187).

Ces **restrictions d'emploi** sont à mettre en rapport avec les risques de confusion entre *que* adverbe et *que* complétif, étant donné que les mêmes verbes peuvent être suivis d'une percontative ou d'une complétive. Le risque est écarté avec *que de N* (exemples ci-dessus, où la subordonnée ne peut s'interpréter comme une complétive), mais la subordonnée s'interprète naturellement comme une complétive dans :

> *Vous savez que Sophie est jolie.*
> *Vous savez que Paul peut être désagréable.*

De fait, en pratique, *que* se trouve généralement remplacé par d'autres adverbes (*combien, comme, si*) ou des formes supplétives en *ce que*, qui éliminent le risque d'ambiguïté avec la complétive :

Si vous saviez ce que Sophie est jolie !
Vous voyez ce qu'il s'est donné comme mal !
Vous savez ce que Paul peut être désagréable !

366. Que adverbe connecteur intégratif : *Il ment que c'est une honte !*

L'adverbe *que* marque une identification de degré (indéfini) sur deux prédicats :

"P1, au degré, quel qu'il soit, auquel P2".
Il ment (,) que c'est une honte ! (= "il ment à un degré auquel c'est une honte (de mentir)").

Dans d'autres registres, *que*, par extension, marque une identification, non plus de degré, mais de circonstances ou de conditions: "dans lesquelles circonstances, (conditions)" : il s'utilise alors pour rapprocher deux événements dont le rapprochement ne va pas de soi : d'où un effet de rapprochement - contraste, particularisé par les modes et les temps.

Il était à peine arrivé qu'il était déjà assailli.
Vous me le diriez que je ne le croirais pas.
Sauve-toi, que je ne te voie plus ! (Un emploi de ce genre peut être à l'origine de l'emploi métalinguistique de *que* comme marque du subjonctif).
Tu ne partiras pas d'ici que tu ne nous aies répondu.

Pour le commentaire et d'autres exemples, voir § 285.

Extensions d'emploi :

- *que* exceptif :
Il ne boit que du lait = (hypothèse) "il ne boit pas qu'il ne boive du lait", "il ne boit pas dans des circonstances où il ne boive du lait", d'où "quand il boit (s'il boit), c'est du lait ; il boit seulement du lait".

- *que* en coordination :

Que adverbe intégratif reprend (en coordination) les autres adverbes connecteurs intégratifs *quand*, *comme*, et même *si*, ainsi que toutes les "locutions" en *que* :

Quand il est arrivé et qu'il a vu ce qui se passait, il a réagi.
Comme il faisait beau et que j'avais le temps, je suis allé me promener.
Si vous aviez le temps et que cela vous convienne (ou convenait), voici ce que vous pourriez faire.
Pour que (tant que, alors que) P1 et que P2, ...

On voit que *que* est apte à représenter n'importe quel type de rapport ou circonstance chevillant deux propositions.

367. Que adverbe connecteur corrélatif : *Paul est plus grand que Jean*

Mais les emplois intégratifs de l'adverbe *que* sont particulièrement importants et vivants avec une corrélation :

> *Marie est aussi jolie qu'elle est gentille* = "Marie est jolie à un degré égal au degré auquel elle est gentille".

Le *que* marqueur de comparaison n'est autre que l'adverbe de degré (voir § 286). La comparaison est souvent elliptique :

> *Paul est plus grand que Jean* (voir § 287).

L'emploi corrélatif de l'adverbe *que* comporte de très nombreuses exploitations, parmi lesquelles :

- le tour

> *Si grands que soient les rois, ...* (nous glosons : "[soient] les rois grands à un degré auquel degré ils sont grands, ...") ; voir § 337.

- le passage à une **corrélation qualitative** (où l'idée de degré s'est estompée) : *autre que, même que, tel que.*

> **Remarque :**
> Dans ces cas, la distinction entre corrélative et relative n'est pas toujours nette.

- le **passage de la comparaison à la conséquence** (en fonction du lexique et des temps):

> *Cet exercice est si difficile qu'on ne peut pas le faire* = "cet exercice est difficile à un degré égal au degré (de difficulté) auquel on ne peut pas le faire". Effet de sens : conséquence.

La "conséquence" est une extension de la comparaison d'égalité.

- la **formation de nombreuses "locutions conjonctives"** :

> *ainsi que*
> *aussitôt que, sitôt que, plutôt que*
> *si bien que*
> *tant que*
> *de même que*
> *de (telle) sorte que.*

* * *

Au total, *que* adverbe indéfini de degré a des emplois exclamatifs résiduels, mais des emplois intégratifs nombreux et importants (en particulier en corrélation), dans lesquels il est irremplaçable, et où sa valeur originelle est encore clairement reconnaissable à l'analyse.

368. Troisième groupe d'emplois : *que* pronom relatif (humain ou non humain)

Que occupe une place prépondérante dans le système relatif : non seulement il est très employé en tant que pronom objet, mais il connaît de très nombreuses extensions d'emploi.

Une question fondamentale se pose : comment expliquer qu'un indéfini puisse devenir anaphorique (l'hypothèse d'une homonymie fortuite entre l'indéfini interrogatif et le relatif étant écartée) ?

Le latin peut fournir une partie de la réponse, à partir de la morphologie de son relatif (le latin *qui* vient de **kwo-i*, c'est-à-dire du thème *kw-* élargi par la particule épidéictique *-i*, présente au masculin *qui* et au féminin *quae*, mais non au neutre *quod*), et de certains traits de son fonctionnement : cf. *qui* ..., *is* ... : "celui-là quel qu'il soit qui ..., celui-là ..." (*quas litteras mihi scripsisti, eae* ... : "laquelle lettre, quelle qu'elle soit, tu m'as écrite, celle-là ...").

Ces faits donnent à penser que le relatif est en fait à l'origine, non pas un véritable anaphorique, mais un indéfini (intégratif) que vient ultérieurement instancier, saturer, un terme nominal, qui, à ce titre, ne devrait pas être appelé "antécédent".

Le latin dans son évolution a modifié ce rapport, en assujettissant le relatif au nominal qui le sature et qui est devenu son "antécédent" (cf. la transmission des marques par le relatif : *qui* induisant le pluriel du verbe) : la construction se comprend alors comme un mouvement procédant de l'antécédent vers le relatif.

En français cette évolution s'est conservée, et, dans son fonctionnement type tout au moins, la subordonnée relative fonctionne à peu près comme un adjectif déterminatif ou qualificatif (bien qu'étant, par formation, pronominale).

369. Que pronom relatif, régime direct : *l'homme que je vois*

Dans son emploi type, *que* relatif est

- connecteur,
- doté d'une fonction : **régime direct** du verbe subordonné (COD, attribut, "sujet réel", ...),

- **représentant d'un animé ou d'un inanimé**. Le système des pronoms relatifs *qui / que* est différent du système indéfini-interrogatif. Pourquoi cette différence ? : tout se passe dans le fonctionnement du relatif comme si tout sujet (fonction agentive par excellence) participait de l'animé, tout régime étant réputé non animé :

> *l'homme que j'ai vu ...*
> *le livre que j'ai lu ...*
> *le spécialiste que vous êtes ...*
> *de rouge qu'il était, il est devenu écarlate*
> *les quelques personnes qu'il y avait à la réunion ...*
> *les mots qu'il faut ...*
> *la vie que j'ai vécue ...*

> **Remarque :**
> Dans *Malheureux que je suis !*, le relatif est (éventuellement) chargé d'une valeur de haut degré, ce qui rend la phrase proche de *Que je suis malheureux !* (avec *que* adverbe) ou *Malheureux comme je (le) suis !* (avec *comme*, adverbe intégratif). Voir § 272.

Avec antécédent pronominal :

> *Voilà celui que je préfère.*
> *Ce que tu as fait est à refaire* (*ce que* supplée les carences du pronom indéfini intégratif).
> *Dis-moi ce que tu penses* (*ce que* supplée les carences du pronom indéfini percontatif).

Cet usage de *ce qui, ce que* en remplacement de *que* (pronom indéfini) dans de nombreuses structures est un fait majeur de la syntaxe du français. Par des procédés différents (analytiques), la suite "pronom démonstratif (généralisant, non anaphorique) + relatif" revient à exprimer la même chose que le pronom indéfini seul, et le supplée sans difficulté dans son utilisation en perspective percontative, comme en perspective intégrative (perspectives qu'elle tend au demeurant à neutraliser).

Ce que supplée de même *que* adverbe indéfini de degré dans des énoncés exclamatifs :

> *Ce que Paul peut être ennuyeux !* (paraphrase et concurrent de *Que Paul peut être ennuyeux !* ; un énoncé exclamatif en *Ce que ... !* est formellement une phrase nominale).
> *Si vous saviez ce que Paul peut être ennuyeux !* (*ce que* supplée les carences de l'adverbe indéfini en emploi percontatif ; voir § 365).
> *Ce qu'il a pu avoir comme ennuis !*
> *Si vous saviez ce qu'il a pu avoir comme ennuis !*

Le pronom *ce* marque ici une sorte de complément de mesure (comparable aux accusatifs de mesure dans certaines langues) ; il est relayé avec la même valeur par *que* relatif (voir § 175).

Que relatif avec antécédent indéfini en *qu-* :
    qui que vous soyez, ...
    quoi que vous fassiez, ...
    quelles que soient vos raisons, ...
    Voir § 336 .

370. Que pronom relatif : extensions d'emploi

- *C'est Marie que j'aperçois là-bas* ("clivage") ; (voir § 155)

Le pronom *que* a une double portée, et appelle simultanément deux analyses distinctes (contradictoires au moins en apparence) :

- selon les apparences formelles, *que* est un relatif banal, ayant pour antécédent le substantif qui le précède Marie ;

- selon le sens, *que* est un pronom neutre, lié à *ce* ; en ce cas, selon le rapport entre les deux (et selon l'intonation), on peut encore hésiter à voir dans le démonstratif soit l'antécédent d'un *que* relatif ("ce que j'aperçois là-bas est Marie"), soit plutôt l'annonce cataphorique d'un *que* intégratif ("c'est Marie, (ce) que j'aperçois là-bas").

Il s'agit d'un cas de "captation" (partielle) de *que* par le substantif adjacent (on retrouve ici ce qui a été dit plus haut sur la genèse du relatif à partir de l'indéfini). De même la subordonnée en *que* a à la fois le statut de terme de phrase (sujet sémantique de *est*), et celui de terme adjoint dans le GN *Marie* ...

L'antécédent est un nom, un pronom ou un équivalent :
    C'est toujours ce qui ne va pas que l'on remarque en premier.
    C'est beaucoup plus de dix francs qu'il me faut.
    C'est hurler qu'il fait, et non pas chanter.
    C'est à boire qu'il nous faut (le Groupe Prépositionnel Infinitival est équivalent à un nom).

Version interrogative du même tour syntaxique, avec des variantes d'ordre des mots :
    C'est Marie que vous voulez voir ? / Est-ce Marie que vous voulez voir ?
    C'est qui que vous voulez voir ? / Qui c'est que vous voulez voir ? / Qui est-ce que vous voulez voir ? (Pour le registre de langue, voir § 159)
    Qu'est-ce que tu fais ? (voir § 73).
    Qu'est-ce que Paul a pu faire comme bêtises ! (exclamatif).
    Qu'est-ce que Paul peut être ennuyeux !

- *maintenant que nous sommes ici.*

Que, relatif "étendu", a pour antécédent un terme tel que : GN en fonction de circonstant, adverbe, groupe prépositionnel, ... ; de ce fait, *que* n'est plus régime direct, mais il remplit une fonction de type circonstanciel, plus ou moins spécifiable.

> *(à) chaque fois que j'y pense* (*que* est clairement anaphorique, et fonctionnel dans sa subordonnée : complément circonstanciel du verbe *pense* ; cf. *J'y pense chaque fois*)
> *un jour que j'étais à Paris* (cf. *J'étais à Paris ce jour-là*)
> *du temps que les automobiles n'existaient pas* (cf. *Les automobiles n'existaient pas de ce temps-là*)
> *du moment que* (plus notionnel et logique que *au moment où*, temporel).

Avec antécédent adverbial :

> *maintenant que nous sommes tous réunis* (cf. *Nous sommes tous réunis maintenant*).

> **Remarque :**
> On pourrait considérer ici le relatif *que* comme adverbial, mais il est plus simple, pour éviter d'avoir à multiplier les types de relatifs homonymes, de considérer que *que* reste une sorte de pronom lâche pouvant représenter un antécédent de nature quelconque (adverbiale, prépositionnelle), dans une fonction de type circonstant.

C'est ce type d'emploi que l'on retrouve dans les "locutions conjonctives" *alors que* et *lorsque*.

Aussi : *où que vous alliez* (voir § 336).

- *C'est maintenant qu'il faut agir.*

L'emploi de *que* avec antécédent non nominal, combiné avec le mécanisme du clivage, permet la généralisation du tour *c'est X que*, où X peut être un groupe adverbial ou prépositionnel (voir § 157) :

> *C'est maintenant qu'il faut agir.*
> *C'est ici que je voulais en venir.*
> *Ce n'est pas comme ça qu'il faut faire.*
> *C'est à vous que je parle.*
> *C'est pour cette raison que je suis ici.*
> *C'est en forgeant qu'on devient forgeron.*

Version interrogative de ce tour (voir § 73) :

> *Quand est-ce qu'il doit venir ?*
> *Où est-ce que vous voulez en venir ?*
> *Comment est-ce qu'on devient forgeron ?*
> *À qui est-ce que vous voulez parler ?*
> *Pour quelle raison est-ce que ... ?*

Un tour voisin du clivage se rencontre avec *Il y a X que* ou *Ça fait X que* (voir § 202, 176) :

Il y a dix ans que nous habitons ici.
Ça fait vingt minutes (Ça fait longtemps : formation substantivale) *que j'attendais ça.*

Ce tour pose les mêmes problèmes d'analyse de la relative que le clivage (dans quelle mesure a-t-elle le substantif adjacent pour antécédent ? quelle peut être par ailleurs sa fonction, en tant que terme de phrase, par rapport au verbe principal ?). Le fonctionnement de *que* par rapport au verbe subordonné est difficile à préciser, mais il est clair du moins qu'il inscrit un complément de temps.

> **Remarque :**
> À signaler aussi les **usages du relatif déviants** par rapport à la norme :
> - *que* connecteur, anaphorique et fonctionnel, mais équivalent à un GPrép (*à qui, de qui, dont*) :
> *Voilà la personne que je vous ai parlé* (pour *de qui* ou *dont* ; à rapprocher de l'emploi du relatif dans *C'est à vous que je parle*) ;
> *Dis-moi ce que tu as besoin* (pour *ce dont*) ;
> - *que* connecteur, ? anaphorique, mais non fonctionnel :
> *l'homme que je lui cause* (fonction exprimée par un autre terme, le pronom conjoint).

371. Que pronom relatif : relatives incomplètes

Un autre type d'extension d'emploi de *que* relatif fournit des phrases telles que :
C'est une chose étrange que cet aveuglement ! (voir § 158)

Cette structure est très proche du clivage, à ceci près que la "relative" est incomplète, par ellipse de *être*. Comparer :

c'est Marie	*que je*	*vois*
c'est une chose étrange	*que cet aveuglement*	*[est]*
"c'est Marie,	(ce) que je	vois
"c'est une chose étrange,	(ce) que cet aveuglement [est]"	

> **Remarque :**
> Le parallélisme entre les deux énoncés est limité par la différence entre *X être Marie* (identification) et *X être une chose étrange* (caractérisation). À rapprocher aussi de *Si j'étais que vous* (voir § 158 Rem.)

Version interrogative :
Qu'est-ce que cela ? (sc. " ... est ?")
Qu'est-ce donc que tout ce bruit ?
Qu'est-ce que la métempsychose ?

La langue parlée utilise même couramment un tour comportant encore un cran supplémentaire d'identification :

Qu'est-ce que c'est que ça ? (sc. " ... est ?")
= "(quoi est (ce que est (ce que ça [est])) ?)"

Les relatives incomplètes se retrouvent en phrase nominale (voir § 352) :

Chose étrange que cet aveuglement !
Drôle de croyance que la métempsychose !
La douce chose que d'aimer ! (" ... ce que (d')aimer [est]")

Dans tous ces cas, il existe des paraphrases sans *que* (cf. *C'est une chose étrange, cet aveuglement ! ; Qu'est-ce que c'est, ça ? ; Drôle de croyance, la métempsychose !*), ce qui revient simplement à constater la très grande proximité existant entre "(ce) que GN [est]" et "GN".

> **Remarque :**
> Il y a donc deux séries de "*que* explétif" (la première étant l'adverbe intégratif dans *Vous me le diriez que je ne le croirais pas* ; voir § 285).

Le même fonctionnement est à l'origine du connecteur concessif *quoique P* = "quoi que P [soit]", avec une évolution sémantique, de "quoi que P soit (= représente)", à "en dépit de l'existence de P".

* * *

Au total, les extensions d'emploi du relatif montrent que le pronom relatif *que* est un strument d'une remarquable plasticité, jusqu'à finir par représenter un constituant quelconque, dans des structures dont on n'est plus sûr qu'il s'agisse encore de relatives ! Un pas de plus dans la voie ouverte par les relatives incomplètes mène au *que* dit complétif.

372. Quatrième groupe d'emplois : *que* "connecteur pur" complétif

Que est le seul terme en *qu-* à accéder à un autre type d'emploi, l'emploi complétif :

Je crois qu'il va pleuvoir,

dans lequel il est dépourvu de fonction dans la subordonnée et non anaphorique : *que* est ici pur connecteur, outil de nominalisation d'une structure de phrase dont il ne fait pas partie.

Mais les complétives apparaissent à l'analyse comme des relatives (ou des intégratives) incomplètes, le *que* complétif étant un pronom neutre, attribut d'un *être* sous-jacent. Cette origine est encore sensible en synchronie dans les cas (nombreux) où le *que* est dans la dépendance d'un nom ou d'un pronom (en particulier de *ce* ; voir § 373) ; elle ne l'est plus dans les autres cas (voir § 374, 375).

Une complétive est, en toute rigueur, un groupe pronominal : *que* (relatif ou intégratif) *P [est]*, d'où sa facilité à jouer tous les rôles du nom dans la phrase.

373. Complétive (avec antécédent) : *Il a cette particularité qu'il est gaucher*

La valeur d'antécédent du nom est sensible dans certains emplois tels que *le fait que P* (sc. "... est, constitue") :

> *Le fait qu'il a gagné* (ou *ait gagné*) *ne prouve rien* ("le fait que P (= il a gagné) [est] ne prouve rien" ; P est le fait considéré).
>
> *Paul refuse l'idée que tout va mal* ("Paul refuse l'idée que P (= tout va mal) [est]" ; P est l'idée refusée par Paul).

La valeur d'antécédent du nom est particulièrement nette avec un démonstratif : *ce N que P*, où on a clairement "P est le N en question" :

> *Il a cette particularité qu'il est gaucher* ("«il est gaucher» est la particularité en question")
>
> *Nous nous heurtons à cette difficulté que la commutation est impossible* ("«la commutation est impossible» est la difficulté en question").
>
> *On l'a reconnu à ce détail caractéristique qu'il portait un chapeau gris.*

Ce type de **complétive à antécédent nominal** peut également avoir, à l'instar d'une relative ordinaire, un fonctionnement appositif :

> *Cette idée - que tout va mal - se répand = cette idée (qui est, je vous le rappelle, que tout va mal) ...*

Le connecteur est encore très proche du relatif quand il suit (en le reprenant) le pronom démonstratif *ceci (cela)*, éventuellement étoffé par une adjectivation, dans des énoncés tels que :

> *La difficulté réside en ceci que nous devons agir très vite* ("en ceci que P [est]").
>
> *Ces deux hypothèses sont équivalentes, à ceci près (qui fait toute la différence !) que la première s'intègre mieux à l'ensemble* : le pronom *ceci* supporte deux expansions par connecteur en *qu-*
>
> *Il a dit ceci (de très curieux) que les deux opinions étaient équivalentes.*

Où faire passer la frontière entre relative incomplète et complétive ? On considère en pratique qu'on a affaire à une relative dans ... *que N [est]*, et à une complétive dans ... *que P [est]* :

> *C'est une drôle de chose que cette théorie !* (relative incomplète).
>
> *C'est une drôle de chose qu'il en soit arrivé là !* (complétive).

Dans les "**complétives indirectes**", *que,* ne pouvant suivre directement certaines prépositions, est appuyé sur le pronom démonstratif *ce,* qu'on retrouve une nouvelle fois comme antécédent de *que* :

> *à ce que* P (= "à ce que P [est]"), *jusqu'à ce que*
> *de ce que*
> *en ce que*
> *parce que* (avec figement graphique)
> *sur ce que*
> cf. *avec ça que* ("avec en plus le fait que")
> cf. *cependant que* P = "pendant ce que P".

Dans de nombreux cas, une complétive d'apparence directe repose en réalité sur une construction prépositionnelle en *de ce que* : cf. l'anaphore de la complétive par *en* :

> *Je doute que P = Je doute de ce que P (J'en doute)*
> *Je suis heureux que P = Je suis heureux de ce que P (J'en suis heureux)*
> *loin que P = loin de ce que P (On en est loin)*
> *l'idée que P = l'idée de ce que P (L'idée en est intéressante, J'en ai eu l'idée)*
> *l'impression que P = l'impression de ce que P (J'en ai l'impression)*
> *la peur que P = la peur de ce que P (J'en ai peur).*

Dans certains cas (*l'idée que P*), on peut hésiter à interpréter la complétive comme articulée directement sur le substantif, ou comme supposant ellipse de *de ce.* Dans les deux cas, la complétive a un antécédent.

> **Remarque :**
> Les complétives à antécédent nominal se retrouvent dans les "locutions conjonctives" du type *de peur (de ce) que, afin (à seule fin) que,* etc.
> Dans *de façon que,* la subordonnée peut s'interpréter soit comme complétive (= *de façon à ce que*), soit comme corrélative (= *de telle façon que*).

374. Complétive (sans antécédent) : *Je crois qu'il va pleuvoir*

Dans les emplois typiques des complétives, en particulier derrière un verbe transitif, *que* n'a pas d'antécédent, et il est à interpréter comme d'origine intégrative :

> *Je dis que P* = "je dis que [intégratif = ce que] P est"
> *Je veux qu'il vienne* = "je veux [ce] que "il vienne" [est]".

Le morphème *que* n'est plus senti que comme connecteur pur, permettant de nominaliser et d'enchâsser une structure de phrase, avec toute la gamme des fonctions du nom :

- terme nominal libre :
> *Que P, c'est possible*
> *Ça m'ennuie, que P*

- sujet, objet, attribut, "sujet réel" :
> *Que P est normal*
> *Que P prouve que P*
> *Le plus important, c'est que P*
> *Il est nécessaire que P*
> *Il reste que P*

- régime de préposition. Ainsi sont formées (à côté de celles qui nécessitent *ce* : voir ci-dessus) les "locutions conjonctives":
> *depuis que P*
> *pour que P*
> *sans que P*
> *outre que P*
> etc. (voir § 302)

Pour *avant que* et *après que*, on peut hésiter sur la nature de la subordonnée : complétive, comme dans *depuis que*, ou corrélative, comme dans le latin *antequam* (cf. l'usage du discordanciel).

Ces emplois des complétives, de caractère nominal, se retrouvent dans des phrases nominales (voir § 350) :
> *(Il est) encore heureux qu'il ait fait beau*
> *(Il est) impossible que P*
> *(Il est) dommage que P.*

On peut conjecturer que tel est le point de départ des structures du type
> *Heureusement (,) qu'il a fait beau !*
> = "heureusement [est] que P" ("que P" = sujet) (voir § 356).
> *Vivement qu'il finisse !*
> = "vivement [soit = vienne] que P" (cf. *Vivement la fin !*).

De même peut-on voir des emplois elliptiques avec recomposition de "locution conjonctive" dans :
> *bien que : Il a fait ça, bien que je lui aie dit de ne pas le faire* : "il a fait ça ; bien est (= c'est bien le cas [pourtant]) que je lui ai(e) dit de ne pas le faire" (voir § 292)
> *encore que*
> *déjà que*
> *même que*
> *non (non pas) que.*

Remarque :
Dans le tour populaire *«P», qu'il me dit*, on peut interpréter de même "«P», (ce) qu'il me dit [est]".

375. Statut de la complétive : *Qu'il parte ou qu'il reste, …*

Selon la prosodie et le contexte, la complétive peut avoir statut de phrase indépendante, de terme nominal en prolepse, ou de terme circonstanciel :

> *Qu'il parte !* est une énonciation indépendante : terme quasi nominal, non assertif, susceptible de prendre en situation des valeurs modales différentes (équivalent d'une injonction, simple évocation, …). De là vient le très métalinguistique *que* "indice du subjonctif".

> *Qu'il parte (!/,) c'est la meilleure solution* (le premier terme est plus ou moins indépendant selon l'intonation ou la ponctuation : c'est soit une proposition indépendante, soit une proposition nominalisée, en prolepse, reprise par *c'*).

> *Qu'il parte, qu'il reste, qu'est-ce que ça peut faire ?* (même latitude d'interprétation que dans l'exemple précédent, mais la tendance à l'intégration est plus forte).

> *Qu'il parte ou qu'il reste, c'est pareil ! :*
> - il peut partir ; il peut rester; c'est pareil (énonciations indépendantes)
> - son départ et son maintien, c'est pareil (prolepse double, disjonctive)
> - dans le cas de son départ comme dans celui de son maintien, la situation est la même (interprétation de type circonstant, comme dans l'exemple suivant).

> *Qu'il parte ou qu'il reste, nous, nous continuons !* (l'éventualité disjonctive, non reprise anaphoriquement, est sentie comme posant dans la phrase un constituant subordonné, à valeur circonstancielle ; comparer : *Succès ou pas, il faut continuer ! ; Content ou pas, c'est pareil !*).

Remarque :
Mentionnons deux autres emplois :
- le tour latinisant *que si P1, P1* = "quant au fait que "si P" [est], P2" ;
- dans *Oh! que non !*, le *que* semble participer à la fois du complétif (= "je tiens à dire que non") et de l'adverbe exclamatif de degré (= "c'est mille fois non !", comme dans *Oh! que c'est pas beau !*).

* * *

Sans aller jusqu'à soutenir (comme on pourrait être tenté de le faire) qu'"un connecteur pur, ça n'existe pas", il faut reconnaître que le *que* complétif est encore sensiblement plus proche de ses origines relatives ou intégratives (selon le cas) qu'on ne le dit d'ordinaire.

Pour autant, le discours habituel sur la nominalisation de *P* par *que* est juste ; *que* est un connecteur presque pur parce qu'il marque une identification elliptique de la phrase à elle-même :

que P = "ce que P [est]",

par une manifestation de ce tour (déjà vu dans les questions sur l'inanimé) qui consiste, faute de pouvoir appréhender et manier directement une entité, à lui substituer "ce qu'elle est" : ne pouvant demander **quoi se passe ?*, on demande *qu'est-ce qui se passe ?* ; de même, pour manier et enchâsser *P*, on lui substitue *(ce) que P [est]*.

376. Que : diversité et syncrétisme

Les différents emplois de *que* sont donc à relier les uns aux autres :

- l'indéfini sous-tend les emplois connecteurs percontatifs et intégratifs : ainsi le *que* exclamatif et le *que* comparatif sont des emplois du même adverbe (cf. Culioli) ;

- de l'indéfini intégratif au relatif, puis au complétif, il y a un continuum, dont on peut encore marquer les étapes en français contemporain ;

- la dualité pronom / adverbe permet d'opposer clairement des familles d'emplois; mais elle n'est pas toujours insurmontable : le *que* intégratif se fond avec le relatif dans *tel qu'il est* et avec le complétif dans *Viens ici, que je te voie* ou dans le *que* marque du subjonctif (voir § 366).

Resterait alors à étudier systématiquement les points de contact entre les différentes entités distinguées : si certaines ambiguïtés paraissent systématiquement écartées (ainsi l'impossibilité d'une interprétation exclamative de *Vous savez que Marie est jolie*), divers cas de syncrétisme, de valeurs et fonctionnements mixtes ou indéterminés existent, et certains ont été signalés en chemin :

- entre intégratif (corrélatif) et relatif : *tel qu'il est* ; aussi : *J'ai un rhume épouvantable, que je ne peux pas arriver à m'en débarrasser !* (cit. Damourette et Pichon ; = "au point que" / "dont" (relatif anomal),

- entre intégratif (corrélatif) et complétif (*de façon que P, avant que P, après que P, oh que non !*),

- passage graduel entre relatif et complétif : § 373. Cf. aussi *l'homme que tu dis que tu as vu, Que crois-tu qu'il a fait ?* (voir § 74).

377. Liste d'exemples de que

§ 360 *Que dis-tu ?*
Que faire ?
Qu'est-ce ?

Qu'est-ce qui ne va pas ?
Qu'est-ce que tu fais ?
Qu'est-ce qu'il s'est donné comme mal !
Qu'est-ce que Marie est jolie !
Que ne me l'avez-vous dit plus tôt !

§ 361 *Je ne sais que dire.*

§ 362 *Il ferait que sage.*
Advienne que pourra.
Si j'étais que vous
Si j'étais que de vous

§ 364 *Que c'est gentil !*
Que Marie est jolie !
Que de mal il s'est donné !
Que d'ennuis il a pu avoir !
Que d'eau ! Que d'eau !

§ 365 *Si vous saviez que d'ennuis il a eus !*
Voyez que d'eau il y a !

§ 366 *Il ment (,) que c'est une honte !*
Elle danse qu'on ne peut pas mieux.
La nuit tombe, qu'il est encore là à se battre.
La pluie avait cessé que nous roulions encore.
La vie s'achève que l'on a à peine ébauché son ouvrage.
Il était à peine arrivé qu'il était déjà assailli.
Vous me le diriez que je ne le croirais pas.
On me le donnerait que je n'en voudrais pas.
Il aurait bu que je n'en serais pas surpris.
Sauve-toi, que je ne te voie plus !
Viens ici (,) que je t'embrasse.
Tu ne partiras pas d'ici que tu ne nous aies répondu.
Il ne boit que du lait.
Il n'y a que ça à faire.
Il ne boit pas que du lait.
Quand il est arrivé et qu'il a vu, il a réagi.
Comme il faisait beau et que j'avais le temps, je suis sorti.
Si vous pouvez et que cela vous intéresse, venez.

§ 367 *Marie est aussi jolie qu'elle est gentille.*
Marie est plus jolie que Sophie.
Il y a autant de vin que d'eau.
Si grands que soient les rois ...
J'ai la même voiture que mon frère.
Marie est restée telle qu'elle était.
Cet exercice n'est pas si difficile qu'on croit.

> *Cet exercice n'est pas si difficile qu'on ne puisse le faire.*
> *Cet exercice est si difficile qu'on ne peut pas le faire.*
> *ainsi que, aussitôt que, si bien que, de telle sorte que, …*

§ 369 *L'homme que j'ai vu …*
> *Le livre que tu m'as prêté …*
> *Le spécialiste que vous êtes …*
> *De rouge qu'il était, il est devenu écarlate.*
> *Malheureux que je suis !*
> *Voilà celui que je préfère.*
> *Ce que tu as fait, tu peux le refaire.*
> *Dis-moi ce que tu penses.*
> *Ce qu'il a pu avoir comme ennuis !*
> *Si vous saviez ce qu'il a pu avoir comme ennuis !*
> *Ce que Paul peut être ennuyeux !*
> *Si vous saviez ce que Paul peut être ennuyeux !*
> *Quoi que vous fassiez, …*
> *Quelles que soient vos raisons, …*

§ 370 *Voilà la personne que je vous ai parlé.*
> *Dis-moi ce que tu as besoin.*
> *L'homme que je lui cause …*

C'est Marie que j'aperçois là-bas.
> *C'est à boire qu'il nous faut.*
> *C'est Marie que vous voulez voir ?*
> *C'est qui que vous voulez voir ?*
> *Qui est-ce que vous voulez voir ?*
> *Qu'est-ce que Paul a pu faire comme bêtises !*
> *Qu'est-ce que Paul peut être ennuyeux !*

Chaque fois que j'y pense, …
> *Un jour que j'étais à Paris, …*
> *Du moment que …*
> *Maintenant que nous sommes ici, …*
> *Alors que, lorsque, …*
> *Où que vous alliez, …*

C'est maintenant qu'il faut agir.
> *C'est ici que je voulais en venir.*
> *Ce n'est pas comme ça qu'il faut faire.*
> *C'est à vous que je parle.*
> *C'est pour cette raison que je suis ici.*
> *C'est en forgeant qu'on devient forgeron.*
> *Quand est-ce qu'il doit venir ?*
> *À qui est-ce que vous voulez parler ?*
> *Pour quelle raison est-ce que … ?*

Il y a dix ans que nous habitons ici.
Ça faisait longtemps que j'attendais ça.

§ 371 *C'est une chose étrange que cet aveuglement !*
Qu'est-ce que cela ?
Qu'est-ce que la métempsychose ?
Qu'est-ce que c'est que ça ?
Chose étrange que cet aveuglement !
Drôle de croyance que la métempsychose !
La douce chose que d'aimer !
quoique

§ 373 *Le fait qu'il a (ait) gagné ne prouve rien.*
Paul refuse l'idée que tout va mal.
Il a cette particularité qu'il est gaucher.
Nous nous heurtons à cette difficulté que ...
Cette idée - que tout va mal - se répand.
La difficulté réside en ceci que nous devons agir très vite.
À ceci près (qui fait tout la différence !) que ...
Il a dit ceci de très curieux que ....
à ce que, jusqu'à ce que, de ce que, en ce que, parce que ...
Je doute (de ce) que ...
Je suis heureux (de ce) que ...
loin (de ce) que ...
l'idée (de ce) que ...
de peur que, afin que, ...
de façon que ...

§ 374 *Je crois qu'il va pleuvoir.*
Que Paul soit le meilleur, c'est possible.
Ça m'ennuie, que P ...
Que P est normal ...
Qu'il ait gagné prouve qu'il avait fait le bon choix.
Le plus important, c'est que P
Il est nécessaire que P
Il reste que P
Depuis que, pour que, sans que, outre que, ...
avant que, après que

Encore heureux qu'il ait fait beau !
Impossible que P
Dommage que vous ne puissiez pas rester !
Heureusement (,) qu'il a fait beau !
Vivement qu'il finisse !
encore que, déjà que, bien que, même que, non que

§ 375 *Qu'il parte !*
Qu'il parte (!/,) c'est la meilleure solution.

Qu'il parte, qu'il reste, qu'est-ce que ça peut faire ?
Qu'il parte ou qu'il reste, c'est pareil.
Qu'il parte ou qu'il reste, nous, nous continuons.
que si P ..., alors ...
Oh ! que non !

§ 376 *J'ai un rhume épouvantable, que je ne peux pas m'en débarrasser.*
L'homme que tu dis que tu as vu.
Il n'est si bon cheval qu'il (/qui) ne bronche.

378. Les "conjonctions" et "locutions conjonctives" (tableau)

Adverbes connecteurs

Introduisant une subordonnée intégrative adverbiale (§ 282-288)
comme (comme si, comme quand, comme quoi)
où
quand
que (Adv)
si (si ce n'est que)

Groupes adverbiaux

- Adverbe + *que P* corrélatif (§ 290)
ainsi que
aussi longtemps que
aussitôt que
puisque
plutôt que (plus tôt que)
si bien que
sitôt que
tandis que
tant que
tant et si bien que

- Adverbe + *que P* (*où P*) relatif (§ 291)
alors que
aujourd'hui que (où)
lorsque
maintenant que (où)

- Adverbe + *que P* complétif (§ 292)
cependant que

indépendamment de ce que P
loin que

bien que
déjà que
encore que
même que
non que
surtout que

Groupes prépositionnels

- Préposition + *que P* **complétif** (§ 302)
à ce que
après que
avant que
depuis que
dès que
de ce que
en ce que
jusqu'à ce que
malgré que
outre que
parce que
pendant que
pour que
quant à ce que
quitte à ce que
sans que
selon que
suivant que
sur ce que

attendu que
excepté que
hormis que
pourvu que
supposé que
vu que

sauf que

- Préposition + GN avec *que P* **corrélatif** (§ 299)
à telle enseigne que
à tel point (au point) que
de (telle) façon que

de (telle) manière que
de (telle) sorte que

- Préposition + GN avec *que P* (*où P*) relatif (§ 299)
à chaque fois que
au moment où
au cas où
du moment que
en cas que

- Préposition + GN avec *que P* complétif (§ 299, 302 Rem.)
afin que (à seule fin que)
à condition que
à mesure que
au lieu que
dans l'idée que
de façon (manière) à ce que
de crainte que
de peur que
du fait que (de ce que)
du moment que
en cas que
en sorte que
par peur que
sous prétexte que (de ce que)
etc.

avec préposition zéro :
faute que (de ce que)
histoire que

- Préposition + GInf avec *que P* complétif (§ 300 Rem.)
à supposer que
sans compter que

- Préposition + GParticipial avec *que P* complétif (§ 301)
en admettant que
en attendant que
en supposant que

- Préposition + GAdverbial avec *que P* corrélatif (§ 303)
à moins que
d'autant que
d'autant plus (moins) que
d'aussi loin que
pour peu que

- Préposition + GAdverbial avec *que P* relatif (§ 303)
dès lors que P

- Préposition + GAdjectival (?) avec *que P* corrélatif (§ 305)
de même que

Groupe nominal avec *que P* relatif (§ 308)

chaque fois que
le temps que
etc.
cas particulier : *quoique* (§ 336)

Sous-phrase sans connecteur

n'était que (§ 344)
ne serait-ce que
soit que (§ 342)

379. Que P dans les "locutions conjontives" (tableau)

Que P = complétive (§ 373, 374)

- dépendant d'une préposition
à ce que
après que
attendu que
avant que
de ce que
depuis que
dès que
en ce que
excepté que
hormis que
jusqu'à ce que
malgré que
outre que
parce que
pendant que
pour que
pourvu que
quant à ce que

quitte à ce que
sans que
sauf que
selon que
suivant que
supposé que
sur ce que
vu que

- dépendant d'un nom
(ou d'une préposition dépendant elle-même d'un nom)
à condition que
à défaut (de ce) que
à force que
à mesure que
afin que (à seule fin que)
au fur et à mesure que
au lieu que
dans l'idée que
de crainte (de ce) que
de façon à ce que
de manière à ce que
de peur que
du fait que
faute (de ce) que
histoire que
par peur (de ce) que
sous couleur (de ce) que
sous prétexte (de ce) que
etc.

- dépendant d'un verbe
à supposer que
en admettant que
en attendant que
en supposant que
sans compter que

- dépendant d'un adverbe
(ou d'une préposition dépendant elle-même d'un adverbe)
à moins (de ce) que
cependant que
loin (de ce) que

bien que
dejà que
encore que
même que
non que
sinon que
surtout que

- sujet de *être*
n'était que
si ce n'est que
soit que

Que P = **corrélative** (§ 367)

- à antécédent adverbial
ainsi que
aussi longtemps que
aussitôt que
d'aussi loin que
d'autant plus que (d'autant moins que)
d'autant que
plutôt que (pas plus tôt que)
pour peu que
si bien que
sitôt que
tant que

? puisque
? tandis que

- à antécédent adjectival
       (l'adjectif antécédent peut être sous-jacent)
à tel point que (au point que)
à telle enseigne que
de même que (?)
de telle façon que (de façon que)
de telle manière que (de manière que)
de telle sorte que (de sorte que)
en sorte que

Que P = **relative** (§ 370)

- dépendant d'un nom
à chaque fois que
chaque fois que

du moment que
en cas que
le jour que
le temps que
tout le temps que

cas particulier : *quoique*

- dépendant d'un adverbe
alors que
aujourd'hui que
dès lors que
lorsque
maintenant que

INDEX

(Les chiffres renvoient aux paragraphes)

BIBLIOGRAPHIE SOMMAIRE

ARRIVÉ Michel, GADET Françoise, GALMICHE Michel, 1986 : *La grammaire d'aujourd'hui : guide alphabétique de linguistique française*, Paris : Flammarion

BLANCHE-BENVENISTE Claire *et al.*, 1990 : *Le français parlé. Etudes grammaticales*, Paris : Editions du CNRS

CULIOLI Antoine, 1990 : *Pour une linguistique de l'énonciation. Opérations et représentations*, Paris : Ophrys

DAMOURETTE Jacques & PICHON Edouard, 1911-1940 (1930-1950) : *Essai de grammaire de la langue française. Des mots à la pensée*, 7 volumes, Paris : D'Artrey [rééd. 1968-71]

FUCHS Catherine *et al.*, 1993 : *Linguistique et Traitements Automatiques des Langues*, Paris : Hachette

GREVISSE Maurice, 1986 : *Le bon usage*, Paris - Gembloux : Duculot (12e édition refondue par André GOOSSE)

GROSS Maurice, 1975 : *Méthodes en syntaxe. Régime des constructions complétives*, Paris : Hermann

GUIMIER Claude (éd.), 1993 : *Mille et un circonstants*, Caen : Centre de Publications de l'Université de Caen

MAINGUENEAU Dominique, 1991 : *Précis de grammaire pour examens et concours*, Paris : Bordas

MOIGNET Gérard, 1981 : *Systématique de la langue française*, Paris : Klincksieck

POTTIER Bernard, 1987 : *Théorie et analyse en linguistique*, Paris : Hachette [2e édition 1992]

ROSSI Mario *et al.*, 1981 : *L'intonation : de l'acoustique à la sémantique*, Paris : Klincksieck

SOUTET Olivier, 1989 : *La syntaxe du français*, Paris : Presses Universitaires de France (Coll. Que sais-je ?)

TABLE DES MATIÈRES

RÉFÉRENCES

Les citations du *Monde* (longues au maximum d'une phrase complète) sont extraites du numéro daté du **vendredi 15 septembre 1989**.

Références des articles

Alain TOURAINE, "L'automne des partis", p. 2 :
  phrases citées p. 467, 467, 467, 471, 481, 481

Jan KRAUZE, "Washington s'interroge sur ses erreurs", p. 6 :
  phrases citées p. 481, 481

Jean-Pierre RIOUX, "La mort de Vincent Badie", p. 12 :
  phrases citées p. 435, 478

Philippe BROUSSARD, "Marseille : la victoire pour lever les doutes",
  p. 13 : phrases citées p. 477, 480, 480 (encadré p. 13), 481

Antoine DE BAECQUE, "Valmy, plus qu'une simple canonnade", p. 16 :
  phrase citée p. 204

Bertrand POIROT-DELPECH, "Ellipses", p. 17 et 20 :
  phrases citées p. 159, 438, 497

Jean-Pierre RIOUX, "Un western en turbans", p. 21 :
  phrases citées p. 159, 159, 464, 479, 479, 498

Pour les citations des p. 152 et p. 287, les références exactes du *Monde* n'ont pas été retrouvées.

Imprimé en France par I.M.E. - 25110 Baume-les-Dames
Dépôt légal n° 9203-01/1994
Collection n° 11 - Edition n° 01
14/4846/3